着力打造中国企业家当代《资治通鉴》

中国企业家档案

（2013—2016）

主　编　晋　珀
副主编　吴蕴庭　行连军　石贵明　马田艳
　　　　宁仁梅　杨文连　魏明明

中国财富出版社

图书在版编目（CIP）数据

中国企业家档案 . 2013—2016 / 晋珀主编 . —北京：中国财富出版社，2017.4

ISBN 978 - 7 - 5047 - 6453 - 9

Ⅰ. ①中⋯　Ⅱ. ①晋⋯　Ⅲ. ①企业家—生平事迹—中国—2013—2016

Ⅳ. ①K825.38

中国版本图书馆 CIP 数据核字（2017）第 077906 号

策划编辑　谢晓绚　　　　责任编辑　梁　凡

责任印制　何崇杭　石　雷　责任校对　杨小静　孙丽丽　张营营　责任发行　董　倩

出版发行　中国财富出版社

社　　址　北京市丰台区南四环西路 188 号 5 区 20 楼　　邮政编码　100070

电　　话　010 - 52227588 转 2048/2028（发行部）　010 - 52227588 转 307（总编室）

　　　　　010 - 68589540（读者服务部）　　　　010 - 52227588 转 305（质检部）

网　　址　http：//www.cfpress.com.cn

经　　销　新华书店

印　　刷　北京辉腾印刷有限公司

书　　号　ISBN 978 - 7 - 5047 - 6453 - 9/K · 0221

开　　本　710mm × 1000mm　1/16　　　　版　　次　2017 年 5 月第 1 版

印　　张　48.25　彩色 1　　　　　　　　印　　次　2017 年 5 月第 1 次印刷

字　　数　938 千字　　　　　　　　　　定　　价　388.00 元

大型系列丛书《中国企业家档案》
编委会名单

（排名不分先后）

吴晓波　著名财经作家，"蓝狮子"财经图书出版人，《南方人物周刊》2009 年度"中国青年领袖"

刘　彤　企业管理出版社副社长（副总经理），中国企业十大新闻评选委员会副秘书长，中国纪实文学学会理事

吴蕴庭　政治学硕士研究生，法学博士研究生，管理学博士研究生，曾任职于《人民日报》、中国法学会、国家新闻出版广电总局等，资深媒体人，舆情管理专家，危机管理专家，中组部厅局级干部考评专家库成员

雷　景　《中国企业报》副总编辑

石贵明　《中国企业报》报社社长助理

黄如论　著名慈善家、世纪金源集团董事局主席

李安平　山西振东集团董事长、山西振东制药（上市公司，股票代码为 300158.SZ）董事长、振东商学院院长、北京大学客座教授

张红军　陕西白水杜康集团董事长

张根发　上海联孚新能源科技有限公司董事长兼总裁，获 2014 年度、2016 年度中国企业十大新闻人物（民营）

张俊发　中国绿色供热产业联盟、中国三水能源股份有限公司董事长

雷在荣　2005 年农业部"第五届全国乡镇企业家"，攀枝花兴辰钒钛

有限公司董事长兼总经理，攀枝花七星光电科技有限公司总经理

黎昌仁　联想集团控股企业、拜博口腔医疗集团董事长

曹建军　山西汇丰兴业集团董事长

行连军　山西投资集团公司董事、副总经理，山西晋非投资集团公司董事长，《中国企业家档案（2013—2016）》副主编

张万准　著名书法家，西北大学经济管理学博士，陕西省委党校客座教授，中国中小企业党性建设中心主任

常建功　笔名晋珀，企业史学者、财经作家，北京国力基柱企业文化交流中心总编辑，《中国企业报》"创业实现中国梦"专栏总主笔，大型系列丛书《中国企业家档案》主编

孟育建　中国国际展览中心总裁办副主任

江金骐　《中国企业报》主编

许先锋　北京清墨九州文化传播有限公司创始人

段光平　《现代消费导报》总编室副主任

魏明明　《中国报刊订阅指南》总编辑，创作有历史小说《清明上河图》

武剑波　品牌中国战略规划院副秘书长、北京草木神州信息科技有限公司创始人

陈俊健　山西第八建筑集团有限公司中层管理

常　平　东方宝泰旅游文化开发（北京）有限公司董事长

李民刚　北京智慧引领教育科技有限公司总经理

刘　亮　北京国力基柱企业文化交流中心总裁助理

王军军　北京凯泽仑商务咨询有限公司副总经理

张兴坤　北京广锐通讯科技有限公司总经理

杨宗岳　企力智库执行理事长

白　洪　北京德滋文化传播有限公司董事长

宁仁梅　山西师范大学临汾学院人文科学系副教授

杨文连　中共山西省大同市委党校副教授

王安龙　中共党员，太原钢铁（集团）有限公司哈斯科科技有限公司
　　　　钢铁冶金工程师，国家注册安全工程师

杨婷婷　北京国力基柱企业文化交流中心原总编辑助理

马田艳　北京国力基柱企业文化交流中心总编辑助理

赵博超　北京国力基柱企业文化交流中心总编辑助理

马　霞　山东财经大学金融工程专业本科生

吴　迪　中央财经大学国民经济学硕士研究生

吴路路　新疆塔里木大学广播电视学本科生

高　凯　山西大学晋中学院新闻学本科生

杨　漠　澳门科技大学新闻传播专业学生

白宗战　北京大学法律系学生

张　磊　山东外事职业翻译学院商务日语专业学生

邵　琦　北京工业大学生物医学工程专业研究生

任敏睿　北京化工大学生物技术专业学生

宋小宽　桂林航天工业高等专科学校模具设计与制造专业学生

闫红梅　山西师范大学临汾学院思想品德专业学生

陈小敏　燕山大学汉语言文学专业学生

孙鸣远　山西省警官学院民爆专业学生

李美君　山西省太原师范学院法学专业学生

胡　祁　北京工商大学保险学专业学生

薛艺抒　广州医科大学临床专业学生

侯丽丽　福建泉州师范学院数学与应用数学专业学生

宁泽慧　山西师范大学临汾学校英语专业学生

常　珀　北京师范大学 HND2014 班学生

王　丰　北京建筑大学土木工程专业学生

著名财经作家吴晓波为本书作推荐语

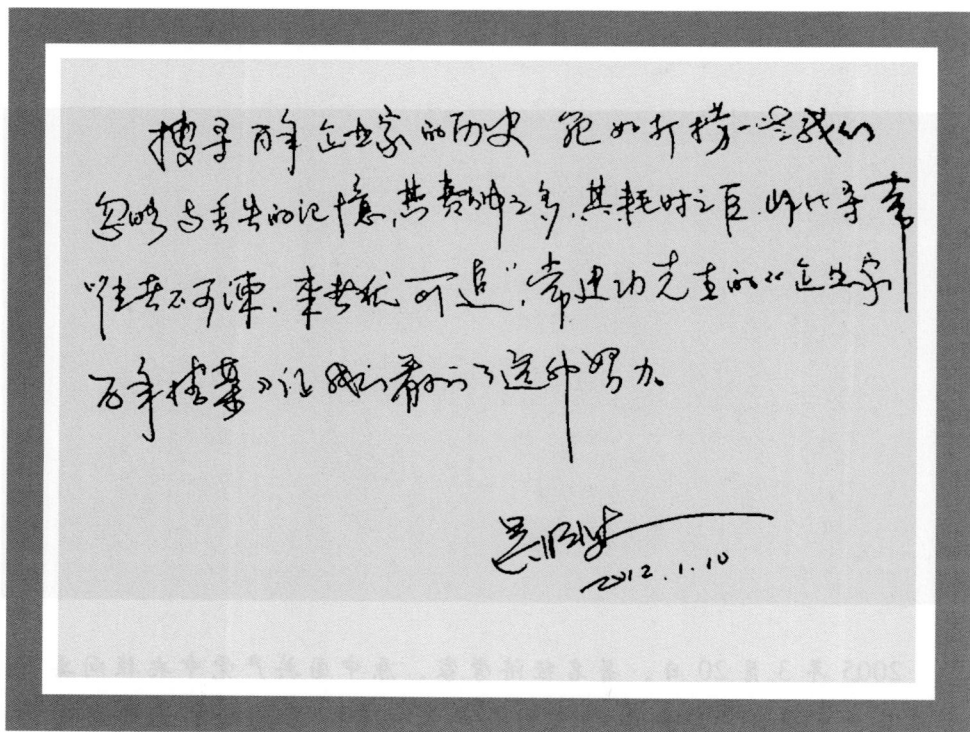

"搜寻百年企业家的历史，宛如打捞一些我们忽略与丢失的记忆，其费神之多，其耗时之巨，非比寻常。'往者不可谏，来者犹可追。'常建功（晋珀）先生的《企业家百年档案》让我们看到了这种努力。"

吴晓波

2012. 1. 10

著名慈善家、企业家黄如论为本书作推荐语

（手写推荐语）

黄如论

2012年3月6日

"我以普通企业家身份向广大的企业家朋友推荐这部书。该书内容浩大，收录了二百多位企业家的事迹、精神和思想，塑造了企业家的积极、向上的社会形象；其客观、公正、全面、权威，不愧为中国企业家诞生百年来第一部完整'档案'。"

黄如论

2012. 3. 6

　　黎昌仁，拜博口腔（原拜尔口腔）医疗集团董事长。朝着"口腔百年老店"的目标前进。目前在全国40个省会及一线城市开设有200余家连锁机构。图为位于北京天坛祈年大街上的拜博口腔医院。

　　张根发，上海联孚新能源科技有限公司董事长，中国民族汽车安全气囊产业创始人，获 2014 年度、2016 年度中国企业十大新闻人物（民营）。图为张根发同志在"中国企业十大新闻人物"颁奖仪式上。

　　雷在荣，攀枝花兴辰钒钛有限公司董事长兼总经理、攀枝花七星光电科技有限公司总经理，第五届"全国乡镇企业家"。2008 年以来，面对全球经济危机，他努力做好企业"顶层设计"，积极创新升级，使公司再次处于行业发展领先地位。图为雷在荣与来访的外商洽谈。

　　远勤山，大运集团有限公司董事长，2015 年"全国劳动模范"，著名"摩托大王""卡车大王"。图为气势恢宏的山西运城大运汽车厂区局部图。

　　范忠义，洪洞大槐树寻根祭祖园有限公司董事长。独具特色的"大槐树祭祖习俗"，被列为第二批"国家级非物质文化遗产"，而范忠义则被誉为民族之根的"忠义""管家"。图为景区大门。

　　肖英，北京华冠商业经营股份有限公司副董事长兼总经理，曾先后被授予全国"三八"红旗手、"中国杰出创业女性""中国商界杰出女性""爱心大使"等荣誉称号。2015年10月13日，肖英荣获第五届"诚实守信"类全国道德模范提名奖。图为肖英在检查商品质量。

　　倪岩，宁夏中卫市海原县惠农科技服务有限公司总经理，残疾人创业典范。曾获全国优秀科技特派员、宁夏"青年五四奖章"、第二届自治区道德模范、第十届（2014）"感动宁夏人物"等荣誉称号。2015年获"全国第五届道德模范"提名奖。图为倪岩工作照。

　　朱云成，山东皓宇橡胶有限公司董事长兼总经理，获中国（橡胶行业）品牌十大创新人物、和谐中国 2011 年度中国优秀创新企业家、和谐中国 2012 年影响力人物杰出诚信企业家、最具社会责任感的山东优秀企业家等荣誉称号。

赵德友的新昊绿色旅游集团开发的梅花山旅游小镇。

　　王正华，2004年创立春秋航空集团公司并担任董事长，被誉为"中国廉价航空第一人"。2016年获"2015—2016年度全国十大优秀企业家"荣誉称号。

　　周厚健，现任海信集团有限公司董事长，荣获"全国劳动模范""全国优秀青年企业家"等称号，第九、十、十一、十二届全国人大代表。2016年获"2015—2016年度全国十大优秀企业家"荣誉称号。

　　边中虎，忠华瑞古典家具公司董事长。木匠世家，自幼深受传统文化的重陶和洗礼。1992 年开始从商，周折历尽，靠自己果决的判断力一次次渡过难关，坚守传统文化的初心未改，始终秉承着晋商的诚信精神做人、为商，将中国传统文化与红木水乳交融的产品送向世界，做成了红木家具界的明星品牌。图为边中虎亲自雕刻红木物件。

迎接企业家发展的新的春天

晋　珀

《中国企业家档案（2013—2016）》终于完稿。它延续了此前《中国企业家档案（1978—2008）》和《中国企业家百年档案（1912—2012）》两本书的使命和体例，以红色、金色、灰色、黑色以及褐色五个色系分门别类记叙了200余位企业家的事迹，实录、信史、权威、公正，力求如实反映中国企业家在中国共产党第十八次全国代表大会（下称"十八大"）以来的生存与发展状况，吸取经验教训，探讨他们健康成长与发展的客观规律，构筑他们健康成长与发展的社会环境。

（1）

"十八大"以来，中国历史最显著的特点就是政治清明。以习近平同志为核心的党中央高举反腐大旗，从八项规定到全面从严治党和全面依法治国，"老虎""苍蝇"一起打，反腐没有死角没有特例，赢得了全党全国人民的热烈拥护。其中，有一些企业家"一手官印，一手算盘，亦官亦商，左右逢源"。但问题是，他们打的不是企业和国家的"大算盘"，而是自己的"小算盘"，坑害国家坑害企业，本身就是企业家队伍中的害群之马。习近平总书记讲道："非公有制经济要健康发展，前提是非公有制经济人士要健康成长。""新型政商关系应该是什么样的？概括起来说，我看就是'亲''清'两个字。对领导干部而言，所谓'亲'，就是要坦荡真诚同民营企业接触交往，特别是在民营企业遇到困难和问题的情况下更要积极作为、靠前服务，对非公有制经济人士多关注、多谈心、多引导，帮助解决实际困难，真心实意支持民营经济发展。所谓'清'，就是同民营企业家的关系要清白、纯洁，不能有贪心私心，不能以权谋私，不能搞权钱交易。对民营企业家而言，所谓'亲'，就是积极主动同各级党委和政府部门多沟通多交流，讲真话，说实情，建净言，满腔热情支持地方发展。所谓'清'，就是要洁身自好、走正道，做到遵纪守法办企业、光明正大搞经营。企业经营遇到困难和问题时，要通过正规渠道反映和解决，如果遇到政府工作人员故意刁难和不作为，可以向有关部门举报，运用法律武器维护自身合法权益。靠旁门左道、歪门邪道搞企业是不可能成功的，不仅败坏了社会风气，做这种事心里也不踏实。"

总书记语重心长地要求广大非公有制经济人士，"要加强自我学习、自我教育、自我提升"。他的话同时也是对国有企业家讲的，而且对他们的要求更高更严。

难能可贵的是，在本书"红色"和"金色"部分，一些企业家用自己的"特立独行"正面诠释了总书记的讲话。"达则兼济天下。"慈善是企业家发展的最高境界，也一直是中国企业家追求的人生目标。他们不仅在商场做出了卓越的成绩，而且也是商德的模范。他们不迷方向，不失商德，不违法律，坚持挣良心钱、辛苦钱、创新钱，永不行贿，成了中国企业家中童童如车盖的常青树，也昭示了最基本的创业规律。

（2）

"十八大"以来，我国经济发展进入新常态，广大企业家积极响应"创新、绿色、协调、开放、共享"五大发展新理念，坚持敬业奉献，创新驱动，掀起了大众创业、万众创新的热潮。

企业家们坚持创新驱动，在努力技术创业的同时，更有经营理念的扬弃与创新。以董明珠为代表的实业家，"让世界爱上中国造"；以李辉忠为代表的"买卖人"，让百年老店续写辉煌；IT（信息技术）领域异军突起，"互联网＋"风靡全国，新技术的革命造就了大量的高新企业家。以 BAT（百度、阿里巴巴、腾讯）为代表的互联网巨头，成为世界经济的"领头羊"；被总理接见的 90 后 CEO（首席执行官）王锐旭，后生可畏，显示出"互联网＋"的勃勃生机和无限前景。

同时，习近平总书记提出了"一带一路"的战略构想，中国企业（家）们大胆地走出去，让世界共享中国改革开放新成果。这一部分本书涉及不多，正在筹划的新作《"一带一路"上的中国企业家档案》将专集收录。

当然，创新必然争鸣。一些新兴行业的快速发展，打乱了原有的产业布局和营商理念，商业活动不再首先考虑提供商品的使用价值，而是侧重于其交换价值及变现，年轻人"弃学从商"在空想中构思创富神话……本书截稿时，董明珠、宗庆后、马云等中国企业家"大腕"正在进行激烈的"经济虚实大辩论"，衷心希望他们不是零和博弈而能实现共赢。

（3）

　　史书撰写的最大难点在于对那些有争议的"似是而非"或"似非而是"的人物、思想和事迹的收录，这正是本书"灰色档案"的艰难使命和最大"亮点"，也是本书的最大"风险"。2016年11月，《中共中央国务院关于完善产权保护制度依法保护产权的意见》（下称《意见》）颁布，我们不禁额手称庆：13年来我们坚持的观点与之不谋而合。"有恒产者有恒心。"终于，公产和私产均有机会在法律层面得到保护；对于纠纷，民事的归民事，商事的归商事，有错必纠，对一些案例的探讨也不必再顾左右而言他。善待企业家、保护企业家，这才是优异的营商环境，也是我们努力的方向。

　　本书截稿时，关于国内企业税负的问题、企业家"外逃"的问题又引起了高度关注。其更深层的含义是，国内如何能为企业家的生存与发展提供更好的土壤？其实，《意见》的颁布，对他们来说既有利好的一面，也反映出民间投资的"断崖式下降"的艰难局面。一位网友问得好："中国的土地上为什么很少有真正优秀的本土企业家？"这确实是一个严重的问题。

　　中国企业家的生存窘境在2013年6月著名企业家柳传志与王瑛的"正和岛争"中有深刻的思想体现。中国的企业家如果能够挺直腰杆名正言顺、理直气壮地创业和发展，对经济对社会、对国家对民族都是一笔精神财富。但如何在政治上"避嫌"，如何不做改革和政治的"牺牲品"，就不仅仅是一个"技巧"问题。其实，中国企业家自从诞生以来，就一直在这样的矛盾和夹缝中发展。

（4）

　　当今，中国的营商环境面临内外两个问题。内是诚信和契约精神的缺失，外是大环境理念的"不市场"。内在而言，企业中也往往存在"新官不理旧账"的现象，这些问题是部分中国企业家的软肋、死穴。如果不能彻底解决这一问题，未来的发展将是异常艰难的。

　　外在而言，市场主体本来应该是公平的，但一旦企业与各方产生了纠纷，却不时出现责任划分的偏颇。在权衡之下，企业难免成为弱势和受损的一方。

（5）

　　2015年是中国人民抗日战争和世界反法西斯战争胜利70周年。为缅怀在战争期间做出巨大牺牲和贡献的民族企业家们，我们曾在《中国企业报》开辟"抗战中的企业家"专栏。本书中，也专门开出一个"褐色档案"部分以收录他们。"褐色"是纪念碑的颜色，让我们世代记住他们吧。

（6）

司马迁的《史记·货殖列传》是有史以来第一篇，也是《史记》中唯一一篇记述商人的传记。有大方之家民国时期的著名经济学家、教育家潘吟阁称赞说："读中国书而未读《史记》，可算未曾读书；读《史记》而未读《货殖传》，可算未读《史记》。美哉《货殖传》！"司马迁在该文总结道："廉者归富。"廉者，君子也，博爱、公正、精明、创新、冒险、担当。这也正是本书想告诉企业家们创业、致富、久富的基本规律。

本书付梓之际，正是 2017 年的春天。想必这将是企业家发展的又一个春天。让我们张开双臂，迎接中国企业家发展的又一个新春天吧！

是为序。

2017 年 3 月

企业家在抗战中的牺牲与贡献

晋 珀

2015 年是中国人民抗日战争和世界反法西斯战争胜利 70 周年，中国的企业家对抗日战争是做出了巨大贡献的。在此重大历史节点上，同样有回忆和梳理的必要。

1. 与日寇不妥协、不合作，其豪迈言行体现崇高的民族气节

在上海等地区，企业家们都坚决不与日寇合作。当时著名的"火柴大王"刘鸿生，日寇要他当上海商会会长，他严词拒绝。"中国唯一的财团"荣氏兄长荣宗敬身患重病还整日为国忧虑，他叮嘱后人："开办工厂不易，你们千万不要把它们留给日本人……"

范旭东创办的天津永利碱厂和南京𫗧厂亚洲一流，日寇对它们觊觎已久。1937 年秋，日寇欲夺取永利碱厂，其代表刀根几次"拜访"留守的李烛尘，大谈"日中亲善"，李烛尘置若罔闻。刀根又几次找到范旭东，要求把永利碱厂"买"下来，范旭东回答："厂子我不卖，你要能拿走，就拿走好了。"日寇终于失去耐心。1937 年 12 月 9 日，刀根拿着预先拟好的"协办"碱厂文本，逼迫李烛尘签字。李烛尘忍无可忍，怒斥道："世界上哪有强盗抢了东西还要物主签字的道理！"日军逼近南京前夕，有意将南京𫗧厂完整保存下来为其所用，范旭东断然拒绝："宁举丧，不受奠仪！"

穆易是上海兴中机器造船厂的总经理，毕业于日本东京帝国大学。他的大学学长、日本造船局局长亲自登门劝降，不解地问他："为什么在日本留过学的中国学生回国后总是要抗日？"穆易正色答道："日本精神教育一向以忠君爱国为中心，中国民犹存，国犹在，你是大学教授，教本国学生要忠君爱国。如果要我做汉奸，也是你们的耻辱……"

新中国成立后曾担任全国人大常委会副委员长、中国民主建国会中央委员会主席的胡厥文，题写"抗日必胜"四个大字放在自己的办公桌上。他当时忙于

抗日救亡活动，甚至都顾不上理发和剃须，他表示要"蓄之以记国难，等赶走了倭寇时再剃"，人称"美髯公"。

最著名的"豪言壮语"，莫过于著名华侨企业家陈嘉庚的那份提案。1938年12月，陈嘉庚以参政员的身份提出了"在敌寇未退出国土之前，公务人员任何人谈和平条件者当以汉奸国贼论"的提案。这份电报被誉为古今中外伟大的提案之一。

2. 直接参与对日前线战斗

从松花江到长江再到珠江，企业家们一直站在对敌战斗的最前线。国民政府迁都重庆后，日寇军舰沿长江紧随其后。国民政府唯一的选择就是长江沉船，阻断航道。1937年8月和1938年4月，国民政府在江阴的鹅鼻嘴和马当组织了两次沉船，国营的轮船招商局和民营的虞洽卿三北轮船公司、杜月笙的大达公司，还有卢作孚的民生公司及民营的大通公司等都毅然参加。宽阔的江面上，波涛汹涌，自沉的船只笛声呜咽，船体倾覆，蔚为悲壮！此两次沉船，招商局轮船损失40%，三北公司损失一半，民生公司损失惨重，大达、大通等公司全数沉没。日寇"三个月灭亡中国"的呓语失灵，企业家们在这一危机时刻拯救了国家！

沉船的同时，还要抢运众多的人员、工厂、设备从宜昌向西大撤退，史称"中国的敦刻尔克大撤退"。卢作孚的民生公司大小24艘船承担了90%以上的人员和物资运输，正常情况下，这10多万吨的物资需要运输一年的时间，而当时，必须在40天内全部运完。他们冒着日机的狂轰滥炸，精心组织，夜间装卸，白天行船，分段转运。在此次的战斗中，他们抢运的物资设备每月可造手榴弹30万枚、迫击炮弹7万枚、飞机炸弹6000枚。整个抗战期间，民生船只运输军队270.5万人，武器弹药等30多万吨……他们也付出了重大的牺牲，9只轮船被炸沉、6艘被炸坏，船员共牺牲117人，伤残76人……

对日寇的另一类作战也让杜月笙等"另类"人生得到改写。杜月笙是有名的"黑帮头子"，但在国家危难时，他毫不犹豫地"捐献"出自己大达公司的所有船只自沉长江。同时，他公开反日，避走香港。在那里，他发挥自己的"黑帮"特长，组织人民行动委员会，从事收集情报和策划暗杀汉奸等活动，成功刺杀了大汉奸、日寇任命的"上海特别市长"傅宗耀和投日的上海黑帮三巨头之一的张啸林，给当时的汉奸们以极大震慑。

3. 虽自己损失惨重，仍积极募捐、支前和劳军

在抗日的前方后方，到处都有企业家的身影，竺梅先就是其中普通的一员。

九一八事变后，竺梅先在上海《申报》上刊登《告全国同胞书》，要求对日宣战。一·二八淞沪战争时，他募集巨款，相当于购买了一架飞机。他亲赴前线慰劳十九路军，举办难民收容所，把历年积存的上百件银器作为救济难民之用。为了救治伤员，他两次设立"国际红十字会伤兵医院"。短短几个月中，治疗伤员4000 多人。

荣氏企业，因始终抵制日寇遭到忌恨。荣家产业聚集于上海和江苏，全数在日军的炮火覆盖之下。淞沪会战时，申新五厂、六厂、七厂被战火烧毁，福新一厂、三厂、六厂被日军强占。日军向设备最为先进的申新一厂、八厂投下了18枚炸弹，炸死 70 多人，伤 350 多人，荣德生的大儿子荣伟仁险遭不测。日军把纱料当被子，把机器和面粉包当掩体。申新三厂曾经为国军制造过军用服装，更成日军报复对象，他们用硫黄、火药和柴油焚烧了工厂和仓库。战事中，荣氏产业三去其二。面对惨景，荣家兄弟唯一能做的事情是，尽量把工人疏散到安全的地带，把茂新四厂库存的几万包面粉和数千担小麦，全部运出来给中国军队做军粮。

有着"一品百姓"之称的虞洽卿，更是倾其所有。1945 年 4 月 26 日他因急性淋巴结炎去世，弥留之际还捐献黄金千两用于抗战，国民政府赠予他"输财报国"的匾额。

当然了，在此方面最突出的要数陈嘉庚。早在 1928 年济南惨案发生后，陈嘉庚就担任"山东惨祸筹赈会"主席，积极筹款救济难民。抗日战争全面爆发后，陈嘉庚成立了南洋华侨筹赈祖国难民总会（下称南侨总会），把南洋 1000 多万名华侨组织起来。他带头筹款，定期汇往祖国，并组织 3000 多名华侨司机、技工回国支援抗日。在陈嘉庚率领下，1941—1945 年共计捐款约 15 亿元，几乎相当于当时国民政府一年的军费。由于陈嘉庚对抗战的重大贡献，毛泽东主席以"华侨旗帜，民族光辉"誉之。在今天中国人民抗日战争纪念馆罗列的 79 位"抗战人物"中，陈嘉庚作为唯一一位企业家，名列第 74 位。

4. 工厂自救与重建，力保国家元气

工厂内迁以后，重建任务便显得极为繁重。刘鸿生到重庆后，时刻准备投资设厂。他让儿子刘念智潜回上海，准备把原有的机器设备偷运到重庆。刘念智先是买通了一个日本少将，将共 500 余吨的机器设备从上海偷运了出来。原计划由越南转运昆明，但此时越南成为了日军的囊中之物。刘念智被迫临时决定由香港经缅甸仰光转运重庆。然而，由于交通阻塞和官僚腐败，器材运到仰光后滞留了

将近一年，始终无法运回国内。后来，刘鸿生又买进了 12 辆美国道奇卡车，准备自己来运输。最后，不仅设备没有运回，刘念智还在缅甸走进原始森林，九死一生，方回到重庆。同样，范旭东的经历可谓如出一辙。为了恢复生产，他从美国购买生产器材，并从美国购置福特牌载重汽车 200 辆，准备将器材运送回国。最后，还是功亏一篑。

几乎所有内迁到西部的民营企业都不复当年的风光。即使本身就在西部的企业家，同样也要遭受压榨。但他们为了抗战，宁愿牺牲。当时已经成为世界著名"猪鬃大王"的古耕虞，战胜重重困难，将其旗下的"虎牌"猪鬃通过各种途径，源源不断输往美国，换回宝贵的外汇，支撑起中国抗战的财政命脉。

5. 在企业家的帮助下，陕甘宁边区有了完整的企业体系

被称为延安"边区工业之父"的沈鸿，早年在上海创办了"利用"五金厂，专门生产各种民用锁。上海沦陷后，他将厂子迁到武汉。一个偶然的机会，他听了八路军驻武汉办事处的范长江介绍陕甘宁边区情况的演讲，同时他又阅读了斯诺撰写的《西行漫记》，便对延安产生了向往。于是，沈鸿把厂子迁到了延安。此后，沈鸿以他带来的 10 部机器为"母机"，为边区制造出了油墨机、造纸机、制药厂的压片机等各种机器设备。在他的帮助下，到 1944 年，陕甘宁边区已有 103 家各类工厂，相当于原有的 25 倍。边区不仅拥有了轻工业工厂，而且拥有像机器制造、军工、冶炼、化工等重工业工厂。毛泽东主席这样评价他："有工业家沈鸿先生自愿以其私有的 10 部机器迁来边区，为八路军服务，沈先生亦来边区工作。从这时起，又有许多科学技术人员先后来边区工作，使得边区聚集了一批科学技术人才，作出建立工业的指导力量。"

王光英早年就倾向革命。1944 年，他与友人合办天津近代化学厂，试制成功了一种高纯度硫化青染料。他知道解放区条件困难，千方百计将这种染料运往解放区供土布染色用。为了躲避敌人的搜查，他的商标设计别出心裁：染料罐上的商标当中是个凹凸交叉的十字形，十字隔成的四块空处有 T. M. C. C. 四个英文字母（是天津近代化学厂英文译名的首字母），周围加一个盾形的框。这个商标很像一具欧洲古代战士用的盾牌，敌人还以为是外国货。同时，王光英还向解放区大量运送医用橡皮膏，大大支援了解放区的斗争。

没有人把当时的企业家作为主角来系统地统计他们曾经为抗战做出的贡献与牺牲。但上述简单事例足以说明，中国企业家作为民众的一部分，已经构成了抗战时期国家经济和战略的强大后盾。让我们记住他们吧：陈嘉庚、卢作孚、荣氏

家族、王光英、范旭东、李烛尘、胡厥文、胡子昂、古耕虞、穆藕初、沈鸿、杜月笙、虞洽卿、陈光甫、方液仙、刘鸿生、胡仲实、竺梅先、穆易……正是在他们的熏陶下，才涌现出了众多名企业家，如新加坡华德私人有限公司董事长陈立人（陈嘉庚长孙），新加坡李氏基金会董事长李成义（陈嘉庚外孙），民生实业有限公司总裁卢晓钟（卢作孚孙子），海尔地产集团原董事长卢铿（卢作孚孙子），著名作家卢晓蓉（卢作孚孙女），前中国首富、中信泰富董事局前主席荣智健（荣毅仁之子），香港荣文科技有限公司董事长、方正数码非执行董事兼荣誉主席荣智鑫（荣毅仁侄子），上海商业银行董事长、上海申南纺织有限公司副董事长、香港南洋集团有限公司董事、香港基本法起草咨询委员会委员荣智权（荣毅仁侄子），德国尤尼可公司经理荣智美（荣毅仁侄女），巴西环球商务旅游国际服务有限公司总裁荣智宽（荣毅仁侄子），中信泰富公司执行董事荣明杰（荣毅仁孙子），中信泰富集团财务部董事、中信泰富信息科技有限公司副主席、香港东区海底隧道公司董事荣明方（荣毅仁孙女），中信泰富主席助理、中特集团董事、兴澄特钢董事荣明棣（荣毅仁侄孙），方正数码执行董事荣文渊（荣毅仁侄孙），澳门安世集团董事荣文灏（荣毅仁侄孙）……在先辈的抗战精神激励下，我们今天的企业家们才能承前启后，继往开来，历尽艰难，砥砺前行，为实现中华民族伟大复兴的中国梦而不懈奋斗！

　　为抗战胜利 70 周年，是为志。

2015 年 3 月

目　录

第一部　红色档案·奉献篇 ………………………………………… 1

董明珠：让世界爱上中国造 ……………………………………… 3

吴栋材：敬业奉献富乡亲 ………………………………………… 7

宋志平："中国的稻盛和夫" ……………………………………… 11

马　云：我们对你寄予厚望 ……………………………………… 15

余彭年：华人慈善第一人 ………………………………………… 19

孙东林：生死诚信"接力赛" ……………………………………… 22

范海涛：让群众打心窝里说党好 ………………………………… 26

李辉忠："十八街麻花"的继承与创新 …………………………… 31

宁凤莲：20年无一假货与投诉 …………………………………… 35

田洪武：慈善路上的"马拉松冠军" ……………………………… 39

刘　勇：越是残疾，越要美丽 …………………………………… 42

张全收：农民工的贴心人 ………………………………………… 46

贺　军：富而不庸才是真正的富有 ……………………………… 50

高宝华：医者仁心的好院长 ……………………………………… 53

杨茂义："红色产业"领路人 ……………………………………… 57

肖　英：做生意更应该算清"诚信账" …………………………… 61

易　勤：武汉最美"犟妈" ………………………………………… 65

谢子龙：一切为了"老百姓" ……………………………………… 70

陈逢干：醉心于慈善事业的企业家 ……………………………… 74

马依尔江：帕米尔高原的雄鹰 …………………………………… 78

陈怀德、胡　静："夫妻双双把善修" …………………………… 81

许荣茂：不为锦上添花者，甘做雪中送炭人 …………………… 85

孙世福：守好"桂顺斋"的百年品牌 ……………………………… 89

李晓东：重义轻利的"傻帽儿老板" ……………………………… 92

王景海：让孩子们喝上放心奶 ……………………………… 96

丁贵宾：他办事，放心 ……………………………………… 100

贾合义：沿着"丝绸之路""走出去" ……………………… 104

单增卓玛：造福他人的"疯子" …………………………… 108

阿不力孜·买买提尼牙孜：浴火重生的"活雷锋" ………… 111

孙　澎：两亿元资产献国家 ……………………………… 114

贾秀芳：一路拼搏一路爱 ………………………………… 117

刘永好："新希望"的希望在创新 ………………………… 121

倪　岩：不靠双腿也能走出精彩人生 …………………… 125

黄春光：坚持诚信经营，打造百年品牌 ………………… 129

温作金：合同履约率 100%，客户满意率 100% ………… 133

李志民：努力成为两个文明建设的"双标杆" …………… 136

黄怒波：诗意地创新 ……………………………………… 140

黄如论：企业的决策应与党中央保持一致 ……………… 144

党彦宝：慈善当成传家宝 ………………………………… 148

张连水：做好企业的每一次转型 ………………………… 152

范忠义：民族之根的"忠义""管家" …………………… 156

崔根良：2016"袁宝华企业管理金奖"获得者 ………… 160

赵志全：时代楷模大爱无疆 ……………………………… 164

梁金辉：立志打造"中华第一贡" ………………………… 168

关彦斌：让有太阳的地方就有"葵花" …………………… 172

丁水波："我们必须出色" ………………………………… 176

彭建武：打造强劲"中国心" ……………………………… 180

谢旭辉："让天下的创意成为现实" ……………………… 184

周厚健：坚持以"中国造"推进行业发展 ………………… 188

王正华：中国廉价航空第一人 …………………………… 192

第二部　金色档案·创客篇 ……………………………… 197

王健林：亲近政府，远离政治 …………………………… 199

褚时健：最励志的创业者 ………………………………… 202

任正非：我的家人永不接班 ……………………………… 206

黎昌仁：两小时谈妥联想十亿元投资 …………………… 210

远勤山：远有梦山勤为径 …………………………………………… 214

雷在荣：创新升级，做行业"领头雁" …………………………… 219

赵德友：没有终点的奉献 …………………………………………… 223

张天福、郑家平：立德为本，恒之行事 ………………………… 226

边中虎：用"工匠精神"做文化精品 …………………………… 230

赵中柱：由木材工人到地产总裁 ………………………………… 234

景希强：北方的袁隆平 …………………………………………… 238

罗建纯：厚道的"老醯儿" ……………………………………… 241

张文泉：由"煤黑子"到"红酒主" …………………………… 245

朱云成：退休第二天再创业 ……………………………………… 249

陶华碧："老干妈"获政府奖励"顺、发"车牌 ……………… 253

戴国芳：不屈的创业者 …………………………………………… 257

王锐旭：总理会见的第一位"90后"CEO ……………………… 260

苏　菂：创新型孵化器 …………………………………………… 264

张根发：5年，500亿元，世界500强 ………………………… 268

周群飞：女性创业者的杰出代表 ………………………………… 274

王凤英：中国汽车业中唯一的女总裁 …………………………… 278

常学军：用延安精神制好药 ……………………………………… 281

原立峻：被省委书记"钦点"的"面食大王" ………………… 285

张　勇："双11"购物狂欢节的创始人 ………………………… 288

王　微：创造一些东西，比生命留存得更久一点 …………… 292

何享健：卸任后的"另一段人生" ……………………………… 296

陈　生、陆步轩：把猪肉卖出"北大水平" …………………… 300

王　石：从"君万之争"到"万宝之争" …………………… 304

雷　军：站在风口上的"猪" …………………………………… 309

李书福：没有政策边界是危险的 ………………………………… 313

刘强东：这几年的愁与乐 ………………………………………… 317

康永戈：夯实了企业文化好走路 ………………………………… 321

陈东升：追逐"互联网＋大健康"的医养梦 ………………… 325

俞荣仁：绿荫下奏响悠扬的钢琴声 …………………………… 329

黄　章："中国的乔布斯" ……………………………………… 332

孙宏斌：几经沉浮的地产大鳄 ………………………………… 335

王玉锁：做创新清洁能源的领跑者 ·················· 339

高小叶：蝇蛆养鸡奔小康 ·························· 343

俞敏洪："留学教父"的二次创业 ·················· 346

李　宁：创新，一切皆有可能 ···················· 350

姚劲波：让人们的生活更便捷 ···················· 354

李兴浩：重出江湖又"志高" ······················ 358

钱金波：中国鞋文化第一人 ······················ 362

周鸿祎：互联网行业的红衣大炮 ·················· 366

毛大庆："优客工场"创始人 ······················ 370

冯　军：诚信的"爱国者" ························ 374

贾跃亭：《福布斯》"中国上市公司最佳 CEO" ········ 378

王思聪：富二代创客典型代表 ···················· 382

第三部　灰色档案·沉思篇 ······················ 385

李经纬："三水健力宝星"悲情陨落 ················ 387

柳传志：在商言商，不谈政治 ···················· 393

王　瑛："企业家不要再跪下被宰割" ·············· 396

王庆来：43 亿身价 43 岁亡 ······················ 400

宗庆后：遇袭后为什么没喊冤 ···················· 403

王检忠：负"巨债"赴黄泉 ························ 406

马胜利："老马"马年随风去 ······················ 410

雍　波：英逝在"马路"上 ························ 415

吴　英：死缓改"无期" ·························· 418

张祥青：突发心脏病英年早逝 ···················· 422

吴清勇、吴明鸿：父子高管"携款潜逃" ············ 426

田寨禾："煤老板"在记者的劝说下自首 ············ 429

刘巨勇："巨亮"熄灭，LED 暗淡 ·················· 432

彭世明：500 天牢狱＝3200 万元保释款 ············ 436

李亚鹤：地产大亨刑满释放 ······················ 440

高　民："我害了很多人……" ···················· 444

吴长江：悲剧源于企业家精神缺失 ················ 448

董顺生："非法集资"的不归路 ···················· 452

吴　海：做企业这么多年太憋屈了 …………………………… 455

马泽华：中远集团党委主体责任缺失严重 ……………………… 461

陈增友：早年赞助《红楼》，晚年受到赞助 ……………………… 465

于润龙：46 公斤黄金的曲折回归路 …………………………… 468

释永信：和尚企业家的是与非 ………………………………… 472

张　兰："辞职"俏江南 ……………………………………… 476

顾雏军：我说无罪几人信 ……………………………………… 480

李嘉诚：吾身本无乡，心安是归处 …………………………… 484

孙大午："英雄"亦是普通人 ………………………………… 487

赖克江：冤案对我打击太大 …………………………………… 491

许家印：东风日产还是恒大人寿 ……………………………… 495

张　剑、顾新剑：天价敲诈案和百亿账外账 ………………… 499

李彦宏：为魏则西之死反思竞价排名 ………………………… 503

任志强：地产"大 V"被留党察看 ……………………………… 507

昝宝石：优秀民营企业家遭绑架 ……………………………… 511

王　欣：涉嫌"快播"淫秽物品被判刑三年半 ………………… 514

范垂华：糟糕政治生态的受害者 ……………………………… 518

牟其中：与信用证诈骗没有直接的法律关系 ………………… 522

陈光标：慈善界的"另类""光标" …………………………… 526

卫宪法：10 年冤情何时了 …………………………………… 530

第四部　黑色档案·警钟篇 ……………………………………… 533

庞云峰：法网恢恢，疏而不漏 ………………………………… 535

梁耀辉："性都""太子辉" …………………………………… 538

张志友："亿万官老板"的兴衰路 …………………………… 541

赵　晋：万丈高楼"网"来织 ………………………………… 545

荣兰祥：邪恶的"职教教父" ………………………………… 549

宫明程：2.4 亿元国资变"民资" …………………………… 553

连国胜：组织领导黑社会获刑 20 年 ………………………… 556

张文江：下属捐款修家庙 ……………………………………… 559

张新华：广东第一贪 …………………………………………… 563

丁书苗：政商之间女掮客 ……………………………………… 567

王明南：套取公款 3000 万元被判死缓 …………………………… 571

刘伯权：典型的"双面"富豪 …………………………………… 574

李宝俊：人大代表"坑"了北京大街 …………………………… 577

李东光：中铝股份副总裁涉嫌受贿被调查 …………………… 580

彭　曙、胡浩龙："十八大"后贪官首获死刑 …………………… 583

张雷达：日记"雷达"捕获 29 名贪官 …………………………… 587

刘　汉、刘　维：涉黑"汉龙"终伏法 …………………………… 590

廖永远："染缸"的堕落 ………………………………………… 594

戴学民："红通"落网第一人 …………………………………… 598

华　雄：将贪一窝贪 …………………………………………… 602

石　涛：掀开一汽案中腐败的遮羞布 ………………………… 605

冯　杰：顶风作案被调查 ……………………………………… 608

徐敏杰：老婆"美容"，自己"贪污" …………………………… 611

刘延涛："不是杀了你，是剁了你！" …………………………… 614

徐建一：被"双开"的首个央企老总 …………………………… 617

于学伟、董社轩：天津港"8·12"大爆炸的罪魁祸首 ………… 621

王宗南：商业教父"沦陷"上海滩 ……………………………… 625

邓志平：国企老总嗜赌渎职 …………………………………… 629

王天普："少帅"终成阶下囚 …………………………………… 632

宋　林：悲哀的国企"精英" …………………………………… 636

张　海："身怀绝技"的"企业屠夫" …………………………… 639

徐　翔：给中国股民上了重要的"一课" ……………………… 642

马　乐："老鼠仓"中大"硕鼠" ………………………………… 646

王志忠："从工人到世界 500 强一把手再到阶下囚" ………… 650

廉金枝：涉嫌"非法"吸金 112.3 亿元被逮捕 ………………… 654

邹园林："以暴力换取暴利"的"80 后"人大代表 …………… 658

王　华："漯河杜月笙" …………………………………………… 662

石学和：涉嫌强奸多名女学生，禽兽不如 …………………… 667

王义芳：中国最大钢企河钢集团原董事长落马 ……………… 671

闫永明："红通 5 号"回国"投案自首" ………………………… 675

常小兵：涉嫌受贿被"立案" …………………………………… 679

张津津："吃喝"贪腐变花样 …………………………………… 683

司献民：南航最不合格的"机长" ……………………… 686

于铁义：贪腐 3 亿元，新中国第一贪 ………………… 690

第五部　褐色记忆·不朽篇·抗战中的企业家 …………… 695

陈嘉庚：华侨旗帜民族光辉 …………………………… 697

范旭东：用实业对抗侵略 ……………………………… 700

李烛尘：一心报国无所惧 ……………………………… 703

卢作孚：梦寐不忘国难 ………………………………… 706

穆藕初：衣被天下 ……………………………………… 714

虞洽卿：我更是一个中国人 …………………………… 717

古耕虞："猪鬃大王"撑起"抗战命脉" ……………… 719

胡厥文：抗战美髯公 …………………………………… 722

附录　中国企业家大事记（2013—2016） ……………… 727

跋 ………………………………………………………… 745

第一部　红色档案·奉献篇

本部主要收录2013—2016年在国家建设、促进就业、照章纳税、科技创新、低碳环保、捐资助学、抗震救灾等方面做出突出贡献的企业家。这些荣获"中华慈善奖""全国道德模范"和中企联"全国优秀企业家"等荣誉的优秀企业家，让全社会"善可为法"。

董明珠：让世界爱上中国造

> **董明珠** 女，1954 年 8 月生，江苏南京人，珠海格力电器股份有限公司董事长。2014 年 9 月 17 日，董明珠被联合国正式聘为"城市可持续发展宣传大使"。2015 年《福布斯》"亚洲商界权势女性的 50 位"榜单中位于第 4 位。2015 年年底，入选"十三五"国家发展规划专家委员会成员。董明珠，是中国制造业的代表和骄傲。

"格力，掌握核心技术。"这句话，中国的消费者早已耳熟能详。而在格力的官网上，还有三句宣传语更加铿锵有力：一个没有创新的企业，是没有灵魂的企业；一个没有核心技术的企业，是没有脊梁的企业；一个没有脊梁的人，永远也站不起来！截至 2014 年年底，格力拥有近 1 万名技术研发人员，14 万个专利。早在 2009 年，美国《商业周刊》就评论：格力是中国科技创新的典范之一。在核心科技的促进下，早在 2005 年，格力家用空调产销量跃居世界第一，迄今为止持续占据这一位置 11 年。2014 年，格力电器实现营业总收入 1400.05 亿元，净利润 141.55 亿元，纳税 148.07 亿元，连续 13 年位居中国家电行业纳税第一。2015 年 1 月 9 日，格力第三次获得国家科技进步奖。

　　格力是如此之"霸气"，她的老板董明珠又好生了得！其实，老板与企业是"息息相通"的，有什么样的老板就有什么样的企业，有什么样的企业家就有什么样的产品和企业文化。虽然董明珠是 2012 年当选的格力电器董事长，但其实她早在 1990 年就来到格力——自此至今 27 年里她基本上没有休过假。她由一个小小的业务员做起，先后从销售尖子做到经营部长、销售经理、电器公司总裁，到集团董事长兼总裁。其间，她创下了非凡的销售和经营业绩，1992 年她个人的销售额就占到全公司的 1/8；在 1994—2005 年她任经营部长的 11 年里，格力电器连续 11 年空调产销量、销售收入、市场占有率均居全国首位。2003 年至今，连续当选为第十、十一、十二届全国人大代表。2002 年以来，她获得荣誉无数。2013 年，董明珠获福布斯亚洲商界权势女性榜第 11 名；2014 年 9 月 17 日，董明珠被联合国正式聘为"城市可持续发展宣传大使"；2015 年，《福布斯》"亚洲商界权势女性的 50 位"榜单中她位于第 4 位，另外，她还获得全国劳动模范、中国社会责任杰出企业家奖等。

　　不过，董明珠取得的上述荣誉都是官方的。真正让她在老百姓和消费者中树立口碑的，是她本人的"霸气"——日常的称谓和衣着、与国美等家电代理巨头的抗争、代言自己产品乃至央视的广告、与小米手机创始人雷军的"10 亿赌约"、格力手机的"忽明忽暗"、"让世界爱上中国造"的豪言壮语等。董明珠的"霸气"，简直是无时不在，无事不在，无处不在。

　　董明珠今年 63 岁，但却毫不服"老"，她喜欢穿高雅得体的裙装，更喜欢别人称呼她"董小姐"。这既是个人充分自信的体现，更是对中国优秀传统文化的热爱。

　　家电代理销售，如今已经成为一种世界模式。但格力和董明珠却不认可，她就是要打破国美等家电销售巨头的垄断。2004 年 2 月，成都国美和成都格力发生争端，原因是国美在没有提前通知厂家的情况下，突然对所售的格力空调大幅度降价。董明珠说："我要定一个合理的价位（随意降价更不行）……你不销我可以到别的地方去卖。"于是，格力自行对国美进行"清场"，依靠自己的 1200 多家直销店，其后的销售仍然是全国第一！

　　还有明星广告，也被董明珠和格力"打破"。2010 年以来，成龙一直是格力的代言人，从 2009 年到 2013 年，格力电器的总营收额实现了从 426.37 亿元到 1186.28 亿元的飞跃，成龙代言功不可没。但同时，格力也付出了高额的代言费用。2014 年以来，董明珠亲自上阵代言格力产品，还拉上了著名企业家王健林为其"站台"。2015 年，董明珠又与京东董事长刘强东联手做起了广告。两人精美的卡通形象出现在画面里，刘强东说："没有互联网，你会明珠暗淡。"董明珠说："没有制造业，你是空中楼阁。"最后两人握手说："那我们携手，让世界爱上中国造！"

董明珠自己做广告，少了明星的"演技"，但多了真实与亲近感，其广告效应和经济效益相得益彰。

应该指出的是，董明珠不仅给自己的格力产品做广告，而且还与王健林、柳传志等大腕一起给 CCTV 做代言。"懂中国，看央视"，更是彰显了"霸气"企业家对媒体和公众的影响力。

与小米手机雷军的"赌约"更能彰显董明珠的"霸气"。小米手机凭借互联网的营销手段，近年来"异军突起"，雷军与董明珠一起获得 2013 年"中国经济年度人物"称号。在 2013 年 12 月 12 日的颁奖典礼上，主持人说："近来因为小米手机粉丝太多卖得太火雷军有点烦。"问董明珠如何看待在当年的"双 11"上小米手机 3 分钟卖了一个亿（指销售额）。其实，当时的情况下，尽管小米国际市场的全球份额排第三名，营业额占到了 5.3%，但截至 2014 年年底销售额却只相当于格力的一半。主持人的"煽风点火"引起了一场"掐架"，雷军表示，5 年内如果小米模式营业额击败格力，愿董明珠赔 1 元；董明珠则"霸气"地表示，如果被击败，愿意赌 10 亿元！雷军表示，小米最重要的就是轻资产：第一，它没有工厂，所以它可以用世界上最好的工厂；第二，它没有渠道，没有零售店。而格力董事长董明珠立即反问："不给你做怎么办？"听到此话雷军说："我觉得董总是挑拨离间，因为我刚才讲了，小米可以找最好的工厂和最好的供应链系统。"董明珠再次强调："我不给你做了。"二人均不示弱，现场争论十分激烈。雷军现场邀请马云做担保，马云笑答"支付宝不敢担保"。

日后，因为雷军"涉足房地产"，所以每每被问及"赌约"时，董明珠便以此为由说失效了。或者是为了给雷军制造爽约的"借口"吧，董明珠也"玩"起了手机。有人说，2015 年是格力手机的"表演年"：2015 年 3 月 18 日，在中山大学的一个演讲会上，董明珠毫无征兆地拿出了她的格力手机，她说："我已经在使用了。"格力手机开机时会出现来自董明珠的问候语，问候语中写道：感谢您选择格力手机，这是格力跨进全球 500 强后推出的首批手机之一，它不仅可用于人际沟通，还能开启格力"智能环保家居"的大门。除了问候语之外，开机界面上方有董明珠的头像，下方则有她的"亲笔签名"。董明珠"霸气"地说："这是对客户的尊重！"

随后不久，董明珠给出格力手机 2015 年的销售目标：一亿部——和小米手机目标一样！但到了 6 月初，这一数字又变成了"5000 万部"。7 月中旬，董明珠在接受媒体专访时释放新的信息："格力手机二代、三代将于年内推出。"

截至 2015 年年底，格力手机仍未上市销售。有网友惊呼："一代还没见着就二代了，格力手机更新换代是不是太快了！"

代言也罢，赌约也罢，手机"表演"也罢，其实董明珠最大的隐患是背后的股权危机。2015 年 12 月 21 日，格力电器放量成交 2.91 亿股，成交总金额约 66 亿元，最后以涨停报收。龙虎榜数据显示，6 个机构专用席位出现在格力电器的买卖金额最大行列。其中，买入金额最大的前两名均是机构专用席位，买入金额分别为 11.02 亿元和 1.28 亿元。与此同时，卖出金额最大的前五名中出现了四名机构专用席位，卖出金额分别为 4.98 亿元、1.79 亿元、9077 万元和 5952 万元。根据三季报披露，中国人寿保险股份有限公司以 4756 万股，位列格力电器第九大股东，格力电器董事长兼总裁董明珠以 4381 万股的份额位列第十大股东。12 月 21 日排名埋单第一的机构专用席位抢购格力电器 11.02 亿元，若按照该股当天 22.605 元/股的加权平均价计算，该机构一举吃进 4877 万股。参照三季报数据，该机构将直接成为格力电器第八大股东，而董明珠则将被挤出十大股东之列。

2016 年 10 月 18 日，一则《关于董明珠同志免职的通知》悄然流传，并被证属实，董明珠被免去了珠海格力集团董事长、董事以及法人的职务，仅为格力电器的董事长、总裁兼法人。此前大家一直担心董明珠会不会成为第二个王石，如今一语成谶。但董明珠本人在公开场合一直明确地表示："我从来就没有失误、我从不认错，我永远都是对的。"事实上，她也确实没犯过什么错。（撰稿/晋珀、吴蕴庭）

编者点评：制造业是国民经济的基石，格力和董明珠依靠 20 年孜孜不倦的技术创新成为了中国制造业的骄傲，是毋庸置疑的。离开了制造业，互联网只能是空中楼阁，董明珠的话是坦诚的真理，也是毋庸置疑的。我们现在最担心格力的股权之争。我们不希望世界因格力爱上了中国造，而我们却不知道该爱谁。

资料来源：

[1] 凤凰财经. 董明珠雷军当场豪赌 10 亿，马云不敢担保. http：//finance. ifeng. com/a/20131212/11264968_ 0. shtml ［2013 - 12 - 12］.

[2] 21 世纪经济报道. 格力终止与成龙合作，董明珠称一年可省一千万. http：//tech. sina. com. cn/e/2014 - 06 - 11/16219431015. shtml ［2014 - 06 - 11］.

[3] 财经网. 格力遭 11 亿元抢购，董明珠恐被挤出 10 大股东之列. http：//business. sohu. com/20151223/n432377863. shtml ［2015 - 12 - 23］.

吴栋材：敬业奉献富乡亲

吴栋材 男，1936 年 8 月生，江苏人，江苏省张家港市南丰镇永联村党委书记、江苏永钢集团董事长。他带领永联村成功践行了"先富带后富"的社会主义新农村道路，并在 2013 年第四届全国道德模范的评选活动中被评为"全国敬业奉献模范"。

吴栋材是江苏省张家港市南丰镇永联村的党委书记。他小学毕业就从军，参加过抗美援朝战争。退伍返乡后历任小学教师、保卫干事、生产队长等。1978年 8 月，吴栋材被任命为永联村党支部副书记，由此开启了他用智慧谱写永联村神话的传奇一生。

2013 年 9 月，第四届全国道德模范评选中，吴栋材被评为"全国敬业奉献模范"。树立起新时期最有影响力的道德标杆。

2014 年 7 月 8 日，吴栋材做客人民网，与广大网友分享如何践行习近平总书记提出的"三严三实"。吴栋材认为，践行"三严三实"的关键是要清正廉洁，尤其是自身要起模范带头作用。他回忆起刚办厂的时候，自己家用了公家的废钢头，便要求经理称斤、算钱。他表示自己从来不占公家的便宜。此外，吴栋材对所有人一视同仁，即使是他的亲戚假公济私也会被开除，这件事在厂里树立了正气，使得永钢上上下下都变得清正廉洁。

任村干部 39 年来，吴栋材勤勤恳恳、兢兢业业，始终将永联村村民的利益放在首位。1978 年，吴栋材刚担任永联村的党支部副书记时，永联村是江苏最贫穷的村落之一，集体负债 6 万多元，基本靠国家的救济才能生活。吴栋材了解这一情况后，组织村民召开动员大会，号召大家齐心协力脱贫致富。吴栋材深知靠农业不能从根本解决问题，恰逢十一届三中全会召开之际，农村改革开放形势大好，他打破"以粮为纲"的传统思想，因地制宜，带领村民挖塘养鱼。在全体村民并肩作战数日后，终于挖成 80 亩的鱼塘，并填平了 30 余亩的低洼田。第二年，渔业获得了大丰收，永联村收获了"第一桶金"。接下来几年，吴栋材又乘胜追击，先后办起了玉石厂、家具厂、枕头套厂等小工厂，为村里积累了一定的集体资产。

1984 年，吴栋材决定带领村民办轧钢厂，迎接即将到来的盖房潮。然而办厂之路困难重重，银行不批复贷款，工商局不给办理营业执照，其他工厂不让学技术。这给了吴栋材"当头一棒"，但他并没有被困难打倒，他知道自己肩负着全村人的希望。最后经过多方努力，供销社给永联村批复了第一笔资金。一切开始走上正轨，轧钢厂历时 4 个月便初见规模。次年，轧钢厂的工业总产值突破1000 万元，永联村的经济实现了质的飞越。

1997 年开始，受金融风暴的影响，钢铁原料告急，不能满足轧钢厂正常运行的需求，连续几年总产值都呈低迷状态。2002 年，吴栋材做出了又一开拓性的举动——自办炼钢厂，从源头解决原料不足的问题。当时全国都在大搞钢铁，投资炼钢项目的风险太大，所以这一次转型只许成功不许失败。最终凭借着吴栋材和村民们脚踏实地的努力，炼钢厂仅用一年便建成投产。炼钢厂的建成不仅解决了原料告急的问题，也使得永钢集团实现了从单一轧钢厂到综合型钢铁企业的转型升级。

"企业全部转给私人后，百姓就不能得到实惠，这样的事情我不能干。"2002年，企业面临改制。事后证明，这一阶段也是许多乡镇干部以权谋私的最佳时间。当时永钢集团部分干部也不同意给村里留股份，但吴栋材咬定要与村民共建共享。他说："村民的土地都用于支持企业发展了，现在转制将村民扔一边，这对吗？我不仅是企业的董事长，更是永联村的党委书记，要对村民负责。"这次转制中，吴栋材带头将自己一半股份捐给了村里，随后总经理和几位副总经理也都拿出部分股份，最终为永联村保留了永钢集团 25% 的股份。如今，这 25% 的股份使得永联村每年可支配收入高达 8000 万元以上，村民每年也可得到 6000 元以上的补助。这 25% 的股份不仅是村里的摇钱树，也是村民们的定心丸，使得永联村村民的幸福指数一直攀升。

永联村经过 20 多年的发展，从当年那个贫穷的小村庄摇身一变成为富甲一方的富裕村。但与此同时，永联村的富裕将周边村的贫穷衬托得愈加明显。从 1995 年开始，在乡镇领导的鼓励下，吴栋材主持给永联村并队扩村，先后并进 9400 多亩土地和 9300 多人。新村民贡献少，老村民贡献多，许多人认为应该多照顾老村民，但吴栋材这个当家人不这么想："并村就是要先富带后富，走共同富裕之路，搞差别待遇不是社会主义。"他说："如果留下一个'尾巴'，迟早要出问题，也不利于村庄治理。"他最终说服老村民，以每人 1 万元一次性买断他们的贡献，从此新老村民待遇一律平等，这为这个万人村庄的和谐打下了坚实的基础。至此，永联村带领周边村落实现了共同富裕，践行了先富带动后富的社会主义道路。

21 世纪初，永联村早已摆脱了贫穷的帽子，走在新农村的前列。但在吴栋材看来，这远没达到他的理想。吴栋材认为，不仅要让村民口袋里有东西，也要让村民脑袋里有东西。他决定首先改善村民的居住环境，大力建设现代化农民集中住宅区，变村民为居民，并增设小区休闲娱乐设施，大大丰富居民的文化生活。其次，完善当地学校的软硬件设施，使得永联村的孩子能接受先进的教育。对于贫困学生，吴栋材主动给予资助，除此之外，吴栋材还在村里设立"文明家庭奖"等奖项，鼓励大家互相帮扶，促进大家实现经济和文化的同步发展。如今，永联村 96% 的村民实现了城镇化居住，还享受着比城里人更优越的福利和保障，基本实现居住方式城镇化、就业方式多样化、生活方式市民化、管理方式规范化和收入方式多元化。

如今的永联村，人均纯收入 28766 元，村级可用财力近 1 亿元。与此同时，永联村还带动周边村落一起发展，通过合村并队达到 10400 余人。如今，永联村在全国 64 万个行政村中列发展指数前三甲，在"中国十大经济强村"中名列第六，充分彰显了它在新农村发展中的成功典范作用。村民齐心协力建起来的永钢集团也拥有上万名员工，高达 160 多亿元的年收入使得它早已跻身全国 500 强企业。除此之外，吴栋材也成为人民爱戴的好领导、干部们争相效仿的好模范。2013 年 9 月，在第四届全国道德模范的评选活动中，吴栋材被评为"全国敬业奉献模范"；2016 年 9 月 24 日，在第十六届全国"村长"论坛上，永联村老书记吴栋材被评为"中国功勋村官"，永联村被评为"中国十大国际名村"。（撰稿/吴蕴庭、宁笑娟）

编者点评："先富带动后富"是实现共同富裕的手段。吴栋材凭借自己的智慧以及敢闯敢拼的精神、脚踏实地的努力，带领永联村从一个贫穷的小村发展成排名前三的富裕村。如果全国能涌现出一大批像吴栋材这样的优秀干部，那么离2020 年全面建成小康社会的目标还会远吗？

资料来源：

［1］新华网. 善用政策铺就致富路——记追逐共富梦的村书记吴栋材. ht-tp：//www. js. xinhuanet. com/2013 – 04/12/c_ 115359532. htm ［2013 – 04 – 12］.

［2］人民网. 吴栋材谈基层工作：关键要清正廉洁　打铁需要榔头硬. ht-tp：//dangjian. people. com. cn/n/2014/0708/c117092 – 25252868. html ［2014 – 07 – 08］.

宋志平："中国的稻盛和夫"

宋志平　男，1956 年 10 月生，山西人，1979 年毕业于河北大学化学系。2009 年 5 月至 2014 年 4 月，宋志平同时担任中国建材集团和中国医药集团两家央企董事长职务，并分别将它们带入了世界 500 强，被誉为"中国的稻盛和夫"。

日本有个著名的实业家、哲学家稻盛和夫，他是"二战"以后日本乃至世界极为著名的企业家。27 岁的时候，他创办了京都陶瓷株式会社（现名京瓷 Kyocera）；52 岁的时候，创办第二电信（原名 DDI，现名 KDDI，目前在日本为仅次于 NTT 的第二大通讯公司）。在他的带领下，这两家公司分别在 2002 年和 2006 年进入世界 500 强。这在当时的世界企业史和经济史上是绝无仅有的，甚至有人觉得是空前绝后的。然而令人意外的是，仅仅几年之后就有一个中国人改写了这一状况。他身兼二职，相继带领中国建材集团公司和中国医药集团公司分别于 2011 年 7 月 7 日和 2013 年 7 月 8 日成为世界 500 强，他也因此被誉为"中国的稻盛和夫"。

这个人就是宋志平。

1979 年，宋志平大学毕业后，被分配到一家名叫北京新型建筑材料总厂

（下称北新）的企业工作。公司名头听起来很大，所有的建筑却是几间小活动板房。宋志平报到上班的当晚，绝望到连铺盖卷都没打开，席地而卧。

但是，回去太丢人，一定要干出个样子来。这是宋志平坚持的最直白的原因和理由。14 年后的 1993 年，宋志平成为厂长，那一年他 36 岁。但当时的北新陷入困境，即将倒闭。宋志平丝毫没有"新官上任"的喜悦。那一年春节，他愁眉苦脸回老家过年，几乎 6 天没和人讲话。

节后一上班，宋志平就把失望透顶的工人叫到一个生产石膏线的炉子旁，对他们说："其实我最想点燃的是你们心中的火，你们心中的火没扔进去，也会灭掉的。"这些人跟着年轻的宋厂长，一起集资 400 万元，为北新后来的发展注入了活力。

再后来，北新香港上市，"工资年年涨，房子年年盖"不再只是口号。宋志平因此晋升为母公司中国建材集团有限公司的董事长，辉煌的职业董事长生涯也由此开启。

宋志平崇拜亚科卡，他创造了福特和克莱斯勒所代表的一个时代的辉煌。"不管遇到天崩地陷都要勇往直前。"这句话成为宋志平每次挑战自己时给自己鼓劲的力量源泉。

宋志平刚到中国建材时，公司有着 33 亿元的债务，经过风卷残云般重组，900 多家水泥企业，上演了一幕幕惊险的"蛇吞象"，成就了坐拥 4.5 亿吨产能的世界水泥大王，才有了现在大家看到的一个港交所上市的全球第二大建材企业。2010 年中国建材集团营业收入达 1346 亿元，利润达 66.7 亿元，资产总额 1458 亿元，多种产品产能位居国内第一。

在宋志平董事长的带领下，中国建材集团实现了营业收入与资产总额从百亿元到千亿元的历史性跨越，充分发挥了作为中央企业应有的行业影响力与带动力，为建材行业的结构调整与产业升级做出了巨大贡献。

2009 年，中国建材集团董事长宋志平受命兼任国药集团董事长，带领集团先后完成了与中国生物技术集团公司、上海医药工业研究院、中国出国人员服务总公司等四家央企的重组，新集团成为中央企业的医药健康产业平台。

同时宋志平还让中国医药集团率先改制。首先，引入战略投资者上海复星医药，成立了国药控股股份有限公司，并于 2009 年在香港 H 股整体上市。目前，国药集团旗下拥有国药控股、天坛生物、国药股份、现代制药、国药一致五家上市公司，具有良好的融资能力。

在一系列动作之后，国药逐渐从困局中走出。2013 年国药集团财报数据显示，其营业收入从 2009 年的 400 多亿元跃升至 2013 年的 2035 亿元，成为中国医药行业中目前唯一进入世界 500 强的企业。

两个集团被誉为"充分竞争领域快速成长的企业典范"，成为新中国实体经济发展的标杆。

2014 年 4 月 15 日，宋志平从国药集团董事长的位置上完成了历史使命。现在，他仍然是中国建筑材料集团公司的董事长和党委书记。

2014 年 12 月 18 日，在《中国经营报》和中国社会科学院工业经济研究所联合主办的"2014 中国企业竞争力年会"上，宋志平凭借"国企深化改革"领域的突出成就荣获"2014 中国经济年度关注人物"。

2014 年 12 月 10 日，宋志平荣获"2014 中国创新榜样"年度大奖。

宋志平从小就喜欢读书，即使当了领导干部，当了企业家，不管工作多么繁忙，他每天都要坚持读书。在他的床头，总是放着一个塑料筐，里面放着他准备读的书籍。每天不管多晚，也不管多累，躺在床上，总是要读个几十页，这已经是他多年的习惯。他不仅爱读书，更爱思考，还结合自己的工作实践写书。宋志平出版过多本有关企业管理的书籍，《包容的力量》讲的是企业文化，从这本集子可以看出，宋志平的经营思路是一贯的，那就是以人为本、和谐包容。什么是包容？包容就是兼收并蓄，共生共赢。这是宋志平做好企业的心理和态度基础，是"世界观"。而另外两本集子，《央企市营》和《经营方略》讲的则是"方法论"。"央企市营"指的是总体方向，即使国有中央企业，也必须走市场化经营的路子，这是基本的问题。这个观点及其一系列做法甚至被总结为"宋志平模式"。宋志平说："其实'央企市营'也是被逼出来的。像中国建材这样的企业，其实是充分竞争的，我把它叫作'草根央企'，底子薄，基础差，所以就是'草根'。这种企业就必须市场化，国家不可能接济。所以在那个时刻，我就觉得我们必须迈开双脚，义无反顾地进入市场。""因为我是做国企的，我的想法就是必须市场化经营。那么怎么去做大这个企业呢？我的模式就是优化整合，把资源整合起来，在整合的基础上进一步提高企业的技术素质。"而后者则是宋志平二十多年来做大型企业一把手的经验和体会，是典型的企管成功案例。宋志平创造性提出并实施"央企市营""整合优化""格子化管控""辅导员制""八大工法"等一系列新的理念与举措，强化机制创新、管理创新、技术创新、文化创新，使企业始终站在时代前沿，广为业界所推崇。这些构成了宋志平自己的理论和实践框架。

对于未来的工作，宋志平有清醒和坚定的想法。党的十八届五中全会提出"创新、协调、绿色、开放、共享"五大发展理念，为建材产业的转型升级指明了新的方向；国企改革"1＋N"方案陆续发布，国企改革的顶层设计日渐完成，为国有企业改革铺平了道路；中央提出"供给侧改革"的新政策思路，为产能过剩行业走出困境指明了方向，为根本解决行业供给体系完善和供给结构优化问题提供了切实可行的方案。我们相信，只要认真按照中央的大政方针，立足于执行，埋头苦干，一定能克服重重困难，迎来凤凰涅槃般的新生。

国有中央企业的主管部门国务院国有资产监督管理委员会对宋志平有着高度评价：五年来，宋志平同志为两家央企的迅速发展呕心沥血、辛勤付出，从未向组织叫苦叫累，表现出了一名党员领导干部的高尚风范。五年来，他很好地处理了两个企业董事长职务的关系，不仅在中国建材集团领导班子中依然发挥着核心作用，而且在国药集团的领导班子中树立了很高的威信，有力地促进了两家企业的发展和领导班子建设。特别是在国药集团工作期间，他锐意改革，致力于整合企业内部资源、科学地制定发展战略规划，促进了国药集团的快速发展。国资委对宋志平同志在国药集团期间的工作是充分肯定、非常满意的。

香港《大公报》称其为"国之栋梁"。

宋志平曾说："我是忙碌的蜜蜂，没有悲哀的时间。我希望我的墓志铭可以是，我是一个眺望远方的人，希望为大家眺望远方。"（撰稿/晋珀、吴蕴庭）

编者点评： 作为国有企业尤其是央企的领导干部，宋志平是优秀的。听党的话，服从组织安排是他的基本党性；不论在哪里工作，都没有私心，不拉帮结派，不贪污受贿，不违法乱纪；不论面临什么样的局面，甚至是临危受命，他都有办法、有能力把工作搞好。有这样的干部，是央企之大幸、国民之大幸！无论是"中国的稻盛和夫"还是"国之栋梁"，宋志平都当之无愧！

资料来源：

［1］中国新闻网. 国药改革派宋志平离职　摊大饼后面临"造血"难题. http：//business. sohu. com/20140419/n398492087. shtml ［2014－04－19］.

［2］羊城地铁报. 艾问宋志平：被倒逼的央企领导. http：//news. 163. com/15/0130/05/AH6E11AO00014SEH. html ［2015－01－30］.

［3］中国经济网. 中国建材董事长宋志平：在转型升级中推进国企改革. http：//news. 163. com/15/1231/13/BC5T065L00014JB5. html ［2015－12－31］.

马云：我们对你寄予厚望

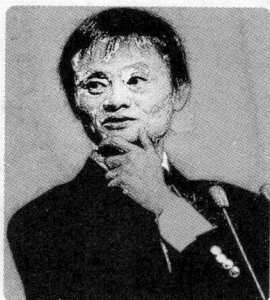

马云　男，1964 年 10 月 15 日生，浙江杭州人，著名互联网企业阿里巴巴创始人。现任阿里巴巴集团董事局主席、TNC（美国大自然保护协会）中国理事会主席及全球董事、全球互联网治理联盟理事会联合主席等职。近年来，马云通过立体化地改变消费方式使人们的生活更便捷。同时，他通过一次性捐赠 100 亿元，将中国慈善事业领上了一个高台阶，他的廉洁创业精神也得到了政府和全社会的认可。

马云的创业事迹，我们在此前的两本书《中国企业家档案（1978—2008）》和《中国企业家百年档案（1912—2012）》中均有记载。如今，又是四年多过去了，马云的事业有了"马步青云"的发展，极大地改变了人们的消费和生活方式，使人们的生活更便捷、观念更先进。

构建电商市场，无疑是马云改变人们消费方式的第一步。早年间，他第一个利用互联网开设了"中国黄页"，使中国的商品信息迅捷地走向全球。近年来，他先后创立了淘宝和天猫两个互联网市场，使中国人有了自己的全球性连锁电子商场。2003 年 5 月 10 日，淘宝网成立，很快超越 eBay 易趣、日本雅虎、沃尔玛，成为亚洲最大购物网站。淘宝网第一次在中国实现了一个可能——互联网不仅仅是作为一个应用工具存在，它将最终构成生活的基本要素。当时有调查数据显示，每天有近 900 万人上淘宝网"逛街"。2009 年淘宝网成为中国最大的综合卖场，全年交易额达到 2083 亿元。2011 年 6 月 16 日，阿里巴巴集团旗下淘宝公司分拆为三个独立的公司，即沿袭原 C2C（消费者对消费者）业务的淘宝网（taobao）、平台型 B2C（企业对消费者）电子商务服务商淘宝商城（tmall）和一站式购物搜索引擎一淘网（etao）。2012 年 1 月 11 日淘宝商城正式宣布更名为"天猫"。2015 年 12 月 24 日，阿里巴巴集团与国家认证认可监督管理委员会信息中心正式签署合作框架协议，双方共同推出"云桥"数据共享机制，阿里巴巴成为首家直接接入国家 CCC 认证信息数据库的电商平台，直接导入了 CCC 认证信息数据库，实现自动校验和标注，从而避免无证以及假冒认证产品。

之后，他们又设计了三个虚拟"集市"——"双 11""双 12"和"年货节"。据统计：2009 年"双 11"销售额仅为 0.5 亿元，但以后几年却呈几何数地增长：2010 年 9.36 亿元，2011 年 33.6 亿元，2012 年 191 亿元，2013 年 350.19 亿元，2014 年 571 亿元，2015 年 912.17 亿元，2016 年 1207 亿元。2012 年 12 月 12 日，阿里巴巴又推出"双 12"购物模式，"买家说了算"的理念让人耳目一新。2015 年 12 月 23 日，马云又在革命圣地延安开启了首届"年货节"。马云表示，年货节将以"全球年货、团圆盛宴"为主题，土货进城，洋货下乡，城乡充分互动，通过移动互联网销售各种各样的"年货"，使我们中国人的"年"更有"年味"。

为了配合人们购物的快速乃至"疯狂"，阿里巴巴又在支付方式和送货方式上进行了"革命"。2004 年设计了"支付宝"，为消费者提供更大的"信任"。自 2014 年第二季度开始，支付宝成为当前全球最大的移动支付厂商。支付宝与国内外 180 多家银行以及 VISA（维萨）、MasterCard（百事达卡）国际组织等机构建立战略合作关系，成为金融机构在电子支付领域最为信任的合作伙伴；余额宝是支付宝打造的余额增值服务，把钱转入余额宝即可获得收益。余额宝内的资金还能随时用于网购支付，灵活提取。2015 年 4 月，余额宝"全球第二"，规模逆市增千亿元。

支付宝在支持了人们购物支付"革命"的同时，还在理财和金融领域实现了"革命"。除支付功能外，支付宝的理财服务还包括网购担保交易、网络支付、转账、信用卡还款、手机充值、水电煤缴费、个人理财等多个领域。在进入移动支付领域后，为零售百货、电影院线、连锁商超和出租车等多个行业提供服务。2015 年 6 月 25 日，阿里网络银行正式开业。与传统银行相比，阿里网络银行的最大区别是没有实体网点，没有总分支组织机构，并大量使用互联网技术开展业务。马云表示："我们建立一个新的金融体系，能够支持和服务那些 80% 没有被服务过的消费者，还有小企业。"网络银行无疑是对传统银行的一种"颠覆"，被称为"传统银行的第一张死亡通牒"。

购物的"疯狂"，对送货速度提出了特殊的要求。因此，马云的整个网商运动极大地刺激了全国物流业的发展。2013年5月28日，阿里巴巴集团、银泰集团联合复星集团、富春控股、顺丰集团、三通一达（申通、圆通、中通、韵达）、宅急送、汇通以及相关金融机构共同成立了"中国智能物流骨干网"（CSN）。他们希望通过8～10年的努力，将CSN项目建成一张能支撑日均300亿（年度约10万亿）网络零售额的智能物流骨干网络，让全中国任何一个地区做到24小时内送货必达。CSN第一期投资额为1000亿元。

天马行空。马云，为中国人民乃至人类描绘了一幅无比美好的生活前景。

马云不仅为企业取名"阿里巴巴"，而且其企业文化也像阿里巴巴一样将财富分给大家，让慈善的阳光普度众生。从2010年开始，阿里巴巴就开始关注公益。2013年5月11日，马云出任TNC（美国大自然保护协会）中国理事会主席，并捐赠了500万美元。2014年4月24日，马云宣布捐出阿里2%的股份成立个人公益信托基金，而随着阿里巴巴9月19日在美国上市，该基金的规模已达到了40多亿美元，约合人民币300亿元，相当于全国百强县一年的财政收入。2014年12月15日，"浙江马云公益基金会"正式成立，并于2015年4月3日作出首笔捐赠，设立了一亿元的"杭州师范大学马云教育基金"。2015年4月10日，马云联手马化腾、沈国军、朱保国、欧亚平等人在宁波宣布成立"桃花源生态保护基金会"。取名"桃花源"，希望中国能拥有更纯净的水和空气。2015年4月28日晚，在由民政部、中央综治委办公室、全国总工会、团中央、全国妇联联合指导，《公益时报》社编制发布最"官方"的"2014年度中国慈善榜"中，因为124亿元的捐款额和国际视野的公益方式，马云成为了新一届的"中国首善"。发布会上的评价是："十年前，中国每年的慈善捐款不足百亿元，而现在马云一人的捐助额就达到了百亿元级别，他的善举是划时代的。"

马云创业最大特点是"永不行贿"。这一点，马云不仅身体力行，而且无数次大张旗鼓地予以宣扬。在2015年10月25日的第三届世界浙商大会上，马云被推选为浙商总会首任会长，他在大会上再次倡议"永不行贿"。2015年11月17日，中央纪委机关报《中国纪检监察报》发表《永不行贿的马云们，好日子在后头！》的评论。

2015年12月16日，在浙江省乌镇出席第二届世界互联网大会的习近平总书记与马云作了交流。习近平表示："阿里巴巴不仅是一家中国的公司，也是一家在全世界具有影响力的世界级公司，要在全球经济、社会治理中发挥积极影响力。阿里巴巴现在在全球的影响力，可以说是肩负重任，压力也很大。你们现在虽然有很多压力，很多挑战，还是要不断创新，不断突破。我对你们寄厚望。"

度过了辉煌的 2015 年，2016 年里马云也取得了瞩目的成就。

2016 年 5 月 8 日，马云任中国企业家俱乐部主席；5 月 13 日，法国政府为马云举行了授勋仪式，授予"法国荣誉军团勋章"，以表彰他在中法合作中的杰出贡献；7 月 9 日，马云参加由杭州市政府、阿里巴巴公益基金会主办的首届全球 XIN 公益大会；9 月 21 日，联合国秘书长潘基文亲自签发任命书，宣布马云受邀出任联合国贸易和发展会议青年创业和小企业特别顾问。（撰稿/晋珀、吴蕴庭）

编者点评： "天马行空"式的"阿里巴巴"，是人们对马云最直观的感觉。使人们的生活更便捷更美好，并从中发现巨大商机成为"第一个吃螃蟹的人"，这是马云成功的最大秘诀。"永不行贿"，从市场中发现利润，是马云成功的重要法则。"互联网+"作为一个新生事物，其发展势头不可限量。当然了前进中一定会遇到问题，这些成长中的烦恼相信都会有"马云"式的解决方法。马云，我们对你寄予厚望！

资料来源：

[1] 新浪网. 马云和公益那点事儿：捐款 124 亿获"中国首善". http：//www. gs. xinhuanet. com/2015 – 07/23/c_ 1116021115. htm [2015 – 07 – 23].

[2] 中国纪检监察报. 永不行贿的马云们，好日子在后头！http：//news. ifeng. com/a/20151117/46273206_ 0. shtml [2015 – 11 – 17].

[3] 中国网. 习近平乌镇寄望阿里"不断突破". http：//tech. cnr. cn/techhlw/20151217/t20151217_ 520831442. shtml [2015 – 12 – 17].

[4] 新京报. 马云下场论：历史顶尖企业家多无善终 我也恐惧. http：//business. sohu. com/20151218/n431728203. shtml [2015 – 12 – 18].

余彭年：华人慈善第一人

余彭年（1922—2015）　　男，本名彭立珊，祖籍湖南涟源，彭年酒店董事长兼总经理。半个多世纪以来，他矢志慈善，被誉为"华人慈善第一人"。2015 年 5 月 2 日因病在深圳逝世，享年 93 岁。

余彭年 1922 年出生于湖南省涟源市蓝田镇的一个商人家庭。新中国成立前，在上海做过书籍生意和新闻记者。20 世纪 50 年代，他被诬陷为"逃亡地主"，被捕入狱三年。1958 年，余彭年远走香港，行囊中只有一套换洗衣服。在香港，由于语言不通，他干过清洁工、勤杂工、建筑工。20 世纪 60 年代初，余彭年辗转到中国台湾发展房地产。而后，他看中香港股票市场的持续升温，将全部资金投放进去。随着 1967 年股灾降临，股票指数从 1700 点高位狂跌至 300 点，余彭年资产所剩无几。

不过，香港地产业又给了余彭年东山再起的机会。1973 年，著名华人影星李小龙去世，留下一套豪宅。香港人信风水，认为名气太大的人住过的房子不能住，无人敢买。余彭年从银行贷款，加上自己的积蓄，花 100 万元买下房子，租给外国人住。到 1996 年，这套房子的价值达到 7000 万元。奇妙的香港房地产界为余彭年重新崛起提供了机遇。他在香港这片土地上获得了巨大的成功。

20 世纪 90 年代初期，商业上快速发展的余彭年做出了一个"令人费解"的决定：收缩分布在中国香港地区、中国台湾地区及海外的投资，集中资金到深圳投资，建设了庞大的"彭年广场"。余彭年曾表示："这座大厦是我用真金白银建造出来的，一不要还借款，二不欠利息。我还预留了一部分后备资金。这座大厦就是母鸡，我把它的全部利润永久性地捐给社会，70 年不变。"2000 年 10 月 12 日，位于彭年广场上的彭年酒店正式营业。

从 20 世纪 80 年代起，余彭年开始在内地从事慈善捐赠。

1981 年起，余彭年向湖南捐资 2500 多万元，兴建社会慈善福利事业项目 20 多个。其义举受到社会各界的赞誉，被长沙市人民政府评为"十佳市民"。1988

年 6 月，"彭立珊长沙福利基金会"成立。

1995 年，余彭年投资 18 亿元在深圳市罗湖商业中心区建造了 57 层的五星级酒店——彭年大厦，并许下诺言：酒店收益的纯利润全部永久地捐献给社会福利和教育事业。余彭年还向深圳市人大提出立法请求：他百年之后，彭年大厦的产权不赠予，不继承，将成立专门资产管理委员会负责经营管理，所得利润继续无偿永久捐献。

2003 年，余彭年为帮助白内障患者启动了"光明行动"计划，用 5 年左右的时间，投资 5 亿元，免费为内蒙古、西藏、甘肃、湖南、辽宁等 17 个省 4 万名白内障患者施行手术，使他们重见光明。2008 年，这一行动扩展至蒙古、朝鲜、越南、老挝和柬埔寨五国，为诸多白内障患者免费实施复明手术。

从 2004 年 1 月 1 日起，余彭年辞去深圳彭年酒店董事长职务，成为一个专职慈善家。

2005 年中国大陆慈善家排行榜中，余彭年以捐赠 7500 万元位列第二。余彭年多次表示，他做善事并不是为了要在慈善家排行榜上留名。"我做我的善事，只要真的有效果，我就很开心。"余彭年是美国《时代》周刊 2007 年评出的"全球 14 大慈善家"之一，与他同时上榜的中国人只有华人首富李嘉诚。而 2006 年至 2010 年，他更是连续五次蝉联胡润中国慈善榜榜首，几年来累计捐款 62 亿元，被誉为"中国最慷慨的慈善家"。

2008 年，余彭年召开新闻发布会做出承诺，将捐出价值亿元的李小龙故居，并向港府提出兴建李小龙纪念馆的计划。"李小龙故居是香港市民的集体回忆。"余彭年还向公众作出承诺："我愿意将李小龙的故居金巴伦道 41 号无偿捐献，不换取任何回报，不但出地出钱，还要亲自出力、亲自做到、亲自看到。"

2010 年，88 岁的余彭年宣布将其名下剩余的所有资产共计 32 亿元，全部放入"余彭年慈善基金会"。此时，基金会总价值已达 82 亿元（约合港币 93 亿元），成为中国第一个超 10 亿美元的民间慈善基金会。余彭年表示："这是我最后一次捐赠。"

2014 年 8 月 14 日，余彭年在深圳召开新闻发布会，计划拿出 20 亿元在国内 20 所高校设立奖学金，再捐赠 14 亿元为贫困地区开展免费白内障治疗手术。此为余彭年首次进行大规模的教育领域捐赠。他表示，将在有生之年将自己所积累的财富都捐献出来，实现"裸捐"的承诺。

2006 年，黑龙江省政府给他颁发"丁香－紫荆金质奖"，吉林省慈善总会授予其"感动吉林慈善特殊贡献奖"，中国生产力学会和建设和谐社会与企业、社会责任论坛组委会授予其"2006 年度企业社会责任建设贡献奖"。在胡润 2006 中国慈善排行榜上，余彭年以捐资 20 亿元排在首位。2009 年 CCTV 中国经济年度人物评选中，余彭年荣获中国经济人物公益奖，是两位社会公益奖获得者之一。

余彭年曾承诺要捐赠过百亿元，现在看来，他的愿望完全实现了。不仅如此，余彭年还是真正"裸捐"第一人，不愧为华人首善。（撰稿/晋珀、吴蕴庭）

编者点评：余彭年的慈善理念是：儿子强如我，留钱作什么。儿子弱如我，留钱作什么；宁可我助天下人，不愿天下人助我；我喜欢直接帮助穷人，我见不得穷人难过；行善就是我的养生之道。正是这一养生之道，使他成为慈善界的寿星。

资料来源：

南方都市报. 93 岁慈善家余彭年辞世，曾低价购进李小龙豪宅出租. http：//d. youth. cn/shrgch/201505/t20150503_ 6610095. htm ［2015 – 05 – 03］.

孙东林：生死诚信"接力赛"

孙东林 男，1970 年 12 月生，湖北省武汉市黄陂区泡桐镇人，武汉东方建筑集团有限公司副总经理、湖北信义兄弟建设集团有限公司董事长。2010 年 2 月，与哥哥孙水林生死接力还薪，被称作"信义兄弟"，2010 年度感动中国十大人物、全国道德模范、全国"五一劳动奖章"获得者。近年来，孙东林热心公益，成立了信义兄弟农民工帮扶基金会，继续将信义温暖洒向人间。

2010 年 2 月 9 日（腊月廿六），孙水林，即孙东林的哥哥，为了让家里的工人们过一个愉快的春节，不顾雨雪路滑，将 26 万元现金打包，放在了后备厢，在夜色中向家出发了。可是，天气预报已经在之前报道了，新闻也提醒了市民谨慎出行，因为这期间天津至武汉沿线的部分高速公路可能会因雨雪封路。

行前，孙水林给一个老工友打电话："我这两天就动身，回家就给你们发工钱。"这位老工友知道，老板是一个诚实守信的人，二十年来未曾改变。

第二天一早，孙东林得知哥哥还没有回来，电话一直处于无人接听状态……下午 2 时，噩耗传来，哥哥在河南省兰考县的高速公路上出事了！

事情是那么的突然，孙东林措手不及。当他推开兰考县人民医院太平间的门，哥哥孙水林静静地躺在担架上，脸庞扭曲……孙东林无法相信眼前的事实，泪水早已无法抑制，还没走出太平间门口便已瘫倒。但是，他很快又站了起来。他和哥哥一生为善，带领农民工兄弟在外建高楼大厦的时候，也将诚信浇筑在了自己的心田里。现在，哥哥躺在这里，工人们的工资还没有发，大家还在等着过年……哥哥的遗愿一定要完成！孙东林毫不犹豫，带上事故车上的 26 万元，驱车 15 小时返乡替哥哥发放农民工工钱。

26 万元现金不够发，孙东林毫不犹豫地从银行里取出自己家的 6.6 万元；还差一万多元没有着落，在孙东林愁眉不展的时候，老母亲宋腊梅把自己的一万元养老钱给了儿子："东林，把这笔钱给大家拿去发工钱！"

孙东林号啕大哭，他对大家说："发钱的一整天，我心里一直挺乱，可当钱发完时，我一下子如释重负……2009 年，我们兄弟俩发放工钱 300 多万元，春节前结清的是部分尾款。现在我可以向所有人说，我们兄弟俩不欠别人一分钱！"

孙东林对工友说："哥哥赶回来就是为了发工钱，我不能让他欠下一笔来生账！"

全社会给了他们兄弟热情的关怀和崇高的荣誉。面对荣誉，孙东林没有自满，他说："我只是做了我应该做的事。"之后的半年时间里，孙东林已记不清参加过多少颁奖、报告等活动。"获奖后的一年多时间里，我接到的工程总额跟前一年相比翻一番，现在接到的工程总额超过 400 万元。"孙东林说，现在接建筑项目的时候，只要说起"信义兄弟"孙东林，对方都愿意把项目交给他做。

同时，孙东林回到武汉发展，也开辟出了一片新天地。孙东林不仅在黄陂盘龙城承接到 400 多万元的道路施工工程，还承接了一项工程款总额达到 4000 万元的厂房建设项目。在社会各界关心下，孙东林筹资成立了湖北省信义兄弟建筑工程有限公司，出任董事长、总经理。某劳务公司和某建筑集团也邀请孙东林出任副总经理。

在天津、武汉两地的工地，如今慕名跟着孙东林干的农民工，已经达到 400 多人。"只要跟着我干，我就不能让农民工兄弟们吃亏。"孙东林说，他现在的公司规定，农民工不用等到工程完工或到年底才能结工钱，只要家里孩子上学，或购买农资需要，每月的 1 日、10 日、20 日 3 天，农民工可随时到公司支取工钱。

孙东林介绍，他以前开的一家建筑公司，每年只做到 100 多万元的产值，年景最好时也不超过 1000 万元，现在一年超过 3 亿元。孙东林成功地完成了从农民工到企业家的转型："我深切体会到，讲诚信是不吃亏的！我的经历就验证了一句古话，好人有好报！"

2013 年 3 月，孙东林成立信义兄弟志愿服务队，带领他们一起做公益。

2013 年 6 月 1 日，儿童节。孙东林带着学习用品，到阳新革命老区列宁小学看望孩子们。这是一个典型的农村学校，全校有 400 多名留守儿童。这一次慰问经历，让孙东林感触颇深。"你们谁记得父母的电话？"孙东林问孩子们，他要让孩子们用自己的手机跟父母通话。一个女孩打通电话后，听到爸爸那熟悉的声音，竟"哇"的一声大哭起来。"爸爸，你什么时候回来，爷爷挖不动地了，你什么时候回来帮忙……"这一幕差点让孙东林流下眼泪。

孩子们打电话的事情孙东林记住了。2013 年 11 月，孙东林启动"亲情电话屋"项目，将 176 部电话覆盖武汉市远城区，以及革命老区阳新、英山等地留守儿童学校。仅列宁小学就装了 3 部电话，留守孩子每周可免费跟父母通话一次，一次 5 ~ 10 分钟。

孙东林说，自己在农村长大，又来自建筑行业，特别了解农民工心声，一定要好好为农民工代言。针对庞大的农村留守儿童群体普遍面临亲情缺失的问题，他启动"亲情电话屋"项目，也是回报社会，尽了自己的绵薄之力。

2014 年 3 月，孙东林注册"信义兄弟志愿服务网"，运用互联网做慈善。截至目前，已经有 1700 多名志愿者参加。2015 年 1 月，信义兄弟志愿服务队又开通了微信公众平台。孙东林说："目前，这个平台起到的最大作用是传播慈善信息，是个宣传平台，我们要将其开发成一个互动平台，可以在平台实现小额捐款，爱心人士还能查询到每笔款项的使用情况……这个解决了传统做慈善的很多弊端。"

2014 年中秋节，孙东林一家过得最为愉快。"哥哥的二女儿孙云，尤其让家里两位老人感到满意和放心。"孙东林说，过中秋节时，两位老人还吃到了孙云用自己的工资买回的月饼，这是孙云取得护士资格证、正式到医院上班后，领到的第一笔工资。他将父母接到黄陂的工地，与工人们一起过中秋节。父母看到他盖的楼越来越高，跟着他干的农民工越来越多，打心眼儿里高兴。

2015 年 3 月，作为全国人大代表的孙东林在全国"两会"上呼吁，国家要进一步规范农民工工资管理，对恶意欠薪、恶意讨薪者都应严厉打击。他指出，建筑业劳动用工制度不规范现象大量存在，企业"以包代管"现象普遍，很多农民工都没有签订正式劳务合同。他建议，加强对农民工务工合同监管，扶持建筑劳务企业收编零散的包工头队伍，最终让劳动用工环境得到有效改善。"信义兄弟"孙东林履职三年来始终关注农民工问题，他没有忘记当初的承诺。

现在，孙东林兼顾公司管理和社会事务，让他有些疲惫，但他感到内心非常充实。在孙东林看来，在他最困难的时候，社会给了他帮助，如今所做的一切都为感恩。他每天早晨 7 时出门，晚上 10 时回家，一天休息 5 小时。除了处理公司事务，他把大部分时间用于自己的公益和社会事务。孙东林表示，等公司步入良性发展轨道，有了专业管理团队，他将专心做公益，这才是他的梦想。（撰稿/吴蕴庭、邵琦）

编者点评：在当今浮躁的社会，有几个人能够不受利益的驱使而坚守自己道德的准则呢？又有几个人真正继承并实践了中华民族的传统美德呢？平凡中的伟大，"信义兄弟"用生死接力的方式叩击着每个中华儿女的心，他们是中华民族的优秀儿女。他们的事迹是一面镜子，这面镜子值得全社会照，值得每一个人掏出心窝来照。

资料来源：

［1］楚天都市报．孙东林简介．http：//ctdsb．cnhubei．com/html/ctdsbfk/20140820/ctdsbfk2419368．html［2014 – 08 – 20］．

［2］人民网．"信义兄弟"孙东林：践信守诺 感动中国．http：//politics．peple．cn/GB/8198/219101/219129/15530939．html［2011 – 08 – 07］．

范海涛：让群众打心窝里说党好

范海涛　男，1964 年生，河南省辉县市孟庄镇南李庄村党支部书记，河南孟电集团党委书记、总经理，全国人大代表，曾荣获"全国劳动模范""全国五一劳动奖章""河南省劳动模范""河南省优秀共产党员""感动中原十大人物""河南省光彩慈善公益功勋人物""河南省创先争优优秀共产党员"等称号。2013 年，又荣获了第四届全国道德模范——全国诚实守信模范称号。

　　曾几何时，河南省辉县曾被称为"灰县"，有这样的"顺口溜"描述当时的生活环境："走路闭着眼，吃饭盖着碗，睡觉蒙着脸，一年吃下一块预制板。""顺口溜"虽有调侃之意，倒也不失真实。而让辉县昔日的"灰色天空"蜕变为今日的"蓝天碧水"的人，就是范海涛。

　　2002 年 3 月，范海涛从父亲范清荣手中接过孟电集团，挑起一个拥有员工 3000 人的民营企业的重担。

　　2003 年，孟电集团在范海涛的带领下，主动请缨关停了三条生产技术落后、产品质量低、规模小、污染严重的立窑水泥生产线，放弃 4000 万元的投资、

6000 万元的年产值，以"敢为天下先"的气魄拉开了辉县乃至新乡市（注：新乡是地级市，辉县市是县级市，二者是上下属关系）关停小水泥厂、改善环境的大序幕。

2007 年 10 月 26 日，矗立云端的烟囱、巍然挺拔的凉水塔在一声巨响之中轰然倒地。当时正值国家推行"压小上大、节能减排"的产业政策，要求拆除能耗高、污染重的小火电项目。范海涛二话没说就炸毁了 20 年前父亲亲手为孟电集团置办的设备。这些设备是孟电集团创立、发展中的"开国元老"，仿佛是父亲一手"养大的孩子"。但"君子喻于义，小人喻于利"。范海涛的不舍之情还是淹没在了深厚的家国情怀、民族责任感之中。在现场观看的时任国家发改委能源局局长的赵小平说："全国爆破拆除小火电，孟电人觉悟最高，损失最大，配合最好。没有家国情怀、社会责任感，做不到！"当面对爆破后接踵而至的失业问题时，范海涛当即对员工做出承诺："工资照发，福利照发。"当建孟电花园小区时承诺的"双气入户"因设备原因不能兑现时，他立即决定架设临时供暖管道，额外损失 400 万元。

2008 年，范海涛出任辉县市孟庄镇南李庄村党支部书记。为从根本上改变南李庄村的落后面貌，他先后出资 80 多万元为村里打深水井、修路、修建健身活动场地、支持村民参加养老保险。

2010 年，范海涛在党员干部大会上郑重承诺："我任支部书记期间，要出资为全体村民建设新社区，把群众的住房问题解决好。"为此，他顶着企业 26 亿元项目资金短缺的重压，仍坚持抽出 1.6 亿元，为 351 户村民每户无偿建造一套 280 平方米上下、具有 34 根防震柱的复式别墅。"当年拆迁，当年建设，当年入住"成为广为流传的佳话。今日的南李庄村脱去了蒙有灰尘的"外衣"，脱去了满是泥巴的"裤腿"，"矗立"于阳光之下，像是一位朝气蓬勃的小伙子，一副欣欣向荣的模样。建了新社区的范海涛，依然不停歇地忙碌着。

2011 年，他出资 3000 万元，利用建新村节约出来的土地，为南李庄村建成了服务中心和家具建材城，为村民提供 500 个就业岗位，促进农民增收致富。

2013 年，他又出资 250 万元建设了敬老院。每个房间里报警器、热水器、闭路电视、电话等生活设施一应俱全，还贴心地配套建有医疗室、活动室、餐饮室、厨房，做到了吃住就医"一站式"服务。

建筑工地上，范海涛同工人们同吃同住，即便病重依然拖着羸弱之躯奋战；资金有缺口，他就拿自家的房产作抵押向银行贷款。范海涛就这样日复一日地用点滴行动践行着他的承诺。

2013 年 9 月，范海涛当选为第四届"全国诚实守信道德模范"；26 日，他到北京参加了"第四届全国道德模范"颁奖仪式。范海涛注意到，在这一届的评选中，共有 54 人荣获道德模范称号，其中 11 位已不在人世。纷至沓来的荣誉和掌声让他有了一种惭愧的感觉。"道德模范"这顶帽子让他觉得沉甸甸的。

"海涛去北京，领回来的不是奖励，不是荣誉，倒是'收获'了满脑壳的自责和鞭策。"这是范海涛的好朋友对他领奖后的评价。以前的范海涛心里装的是一村的父老乡亲，今日作为"全国诚实守信道德模范"，他心里装的就不仅仅是一乡而是一县了！

从北京领奖回来的大巴车上，范海涛得知自己身边坐着的谢宇慧（第四届全国道德模范提名奖获得者）在母亲离世后，自己一人边上学边照顾瘫痪的父亲时，偷偷地将一万元塞进了她的口袋。

在颁奖期间他听说新乡市评选出的"最美新乡人"中有一位名叫任少云的残疾妈妈，他当即便与活动主办方新乡市委宣传部联系，强烈表示要为这位"最美妈妈"提供帮助。从北京领奖回来，他就带着米面，揣着慰问金直奔新乡市获嘉县后李村，去看望这位"最美妈妈"。而后，又资助她女儿姣姣的学业，拿出 18 万元为其购置新房。

范海涛就这样操持着他的慈善事业。每年，他都拿出 30 万元帮助全市的困难党员解决燃眉之急，拿出 50 万元为全市的贫困职工贴补生活；他设立 200 万元的教育专项基金，资助数百名寒门学子圆了大学梦；出资百万元，为南村镇南东村修建蓄水池，解决了 2000 多人的饮水问题；捐赠一部价值 10 万元的汽车，注入 10 万元启动资金，在新乡市社会福利院建立"海涛爱心屋"，让特殊群体感受社会的关爱等。

范海涛心里时刻谨记自己的双重身份：河南省辉县市孟庄镇南李庄村党支部书记和河南孟电集团党委书记。

2014 年以来，在范海涛的带领下，孟电集团旗下的热力公司实施了增压风机变频及旁路改造，每年节约用电 1500 多万度，折合 700 多万元；水泥公司北厂完成煤磨机、生料入库提升机等 30 项技术改造项目；一二厂投资 50 万元对磨输送和磨内技术进行改造；南厂改造二线水泵房循环水路，实现了循环水零排放。在结构调整、环保升级、产能过剩、竞争激烈的整体经济形势下，范海涛力求保证"安全生产""环保达标""质量过关"三个前提，同时压缩企业生产成本，依然保持着良性的发展。范海涛在总结经验时说："只有走科学发展的道路，在搞好环保的前提下，企业的路子才能越走越宽！"

在村庄，范海涛努力贯彻党的群众路线，让群众真正当家做主，让群众生活得有尊严。南李庄村严格落实民主科学决策制度，对涉及群众及集体利益的事务，严格按照"四议两公开"（即"4+2"工作法，即农村所有村级重大事项都必须在村党组织领导下，按照"四议两公开"的程序决策实施。"四议"：党支部会提议、"两委"会商议、党员大会审议、村民代表会议或村民会议决议；"两公开"：决议公开、实施结果公开）程序执行，党员和村民代表共同决策，做到该开的会一个也不少开，会议的结果全部公示告知全体村民。群众不仅要过上富裕的日子，还要有尊严，那就是要发展集体经济，走共谋发展、共同富裕的道路。2014 年，南李庄村村级可用财力达到 1600 多万元，村民人均纯收入达到 2.5 万元。集体经济的壮大，也让村两委在群众最困难、最需要帮助的时候能够给力、能够发力。2012 年，在建材市场做塑料生意的申贵烈，店铺不小心失火，他和妻子被烧成了残疾，背负的十几万元的医药费，让这个普通农户家庭一夜返贫。就在此时，南李庄村村两委雪中送炭，决定由村集体救助他家两年，又在建材市场给他安排了力所能及的岗位，帮他渡过了生活的难关。在人居环境和物质条件得到极大改善的前提下，南李庄村村两委在村里开办"道德大讲堂"，每年举办十多场，一批专家学者、镇村干部登上讲坛，围绕身边好人和道德建设进行文化"滴灌"。同时，村里每年进行"星级文明户""好媳妇""好婆婆""孝老爱亲"模范等评选活动，评选结果在村便民服务中心展示，让村民感悟到"榜样就在身边"。2015 年 2 月，南李庄村被评为"全国文明村"后，经过走访推荐、集体表决、公示告知等程序，评选出了"好媳妇""好婆婆""孝老爱亲"模范各 10 名，并进行隆重表彰。如今，南李庄人真的变得文明了，有教养了，彬彬有礼了。走进村里，你即便特意搜寻也看不到一片随意丢弃的纸屑，听不到一声农村里司空见惯的吆喝声和吵闹声；家家户户门前和小院里的枣树、石榴树、梨树上结满了大大小小的果实，却从没有人会去惊扰它们，连孩子们都不去动一动。

南李庄村的广场上立着一块全体村民自发竖立的"感恩"石，上面的红色铭文"吃水不忘打井人，永远感谢共产党"。在南李庄村，没一个村民不说共产党好。（撰稿/吴蕴庭、杨婷婷）

编者点评：起于底层，他做过工人、警察，办过企业。身为党员，他爱党，恪尽职守；爱乡亲，富一方百姓；爱社会，奉献一片爱心。无论身处何方，对党的赤子之心，对故乡不可抑制的桑梓之情，以及对"与人为善"的信仰，这三股力量成了支撑他一路前行的坚固支柱。用他的话说："我们就是党的'形象代表'，把乡亲期盼的事办好，就是为党增了光。"

资料来源：

［1］全国道德模范范海涛的心路历程：道德模范的道德自觉. http：//images1. wenming. cn/web_ wenming/ddmf_ 296/dx/201401/t20140124_ 1713586. shtml［2014 – 01 – 24］.

［2］人民网. 范海涛：让群众打心窝里说党好. http：//henan. people. com. cn/n/2015/1124/c351638 – 27167910 – 2. html［2015 – 11 – 25］.

［3］勇担社会重任的共产党员（一）——记全国劳动模范、河南孟电集团党委书记、总经理范海涛. http：//www. ha. xinhuanet. com/zyyc/2011 – 06/24/content_ 23086285. htm［2011 – 06 – 24］.

［4］共产党员网. 道德模范的道德自觉. http：//news. 12371. cn/2014/01/24/ARTI1390514680294452. shtml［2014 – 01 – 24］.

李辉忠："十八街麻花"的继承与创新

李辉忠　男，1951 年 12 月生，中共党员，研究生学历，天津市桂发祥麻花饮食集团有限公司董事长、党委书记。享受国务院津贴，曾获全国劳动模范、中华老字号影响力品牌领袖大奖、天津市优秀企业家和天津市劳模等荣誉。2013 年 10 月被评为第四届全国道德模范——全国诚实守信模范。

天津风味小吃数不胜数，扬名全国享誉海外。桂发祥麻花被誉为"津门三绝"之一，李辉忠 1971 年军队转业后就与麻花"拧"在一起，自 20 世纪 90 年代起就一直担任桂花祥麻花掌门人。几十年过去了，今天，历尽沧桑的天津桂发祥稳居小吃行业龙头，经销网点达到 3000 多家，年销售收入近 6 亿元，把昔日前店后厂的"小作坊"做成了现代化特色食品生产的"大产业"。

老字号的食品产业在现代市场生存，如何把握传统和新事物之间的平衡是最难的。传统是企业的招牌，市场接受这个企业是因为它悠久的传统。但是只保留传统是不行的，百年前的那种经营模式，很明显已经不能适应如今的企业竞争，企业要想在竞争激烈的食品行业杀出重围，就要改变一些传统的东西。如何改，改多少，哪些能改哪些不能改，李辉忠有他自己的思路。

　　桂发祥麻花最核心的技术就是和面，这样才能保证麻花香、甜、酥、脆、耐放。曾有负责开发新产品的技术人员提出，使用添加剂可以丰富麻花口感，降低研发成本，提高企业效益，但被李辉忠当面否决了。"十八街麻花之所以能叫'津门一绝'，就在于它的'原汁原味'。"李辉忠这样说，他的公司一直坚持从南方购买桂花花苞，原料精中选精，每一个环节都精益求精，硬是把企业绝活儿做到了极致。这是他对传统的坚持和继承，他一直采用的是古老的麻花制作方法，不偷工减料，他深信消费者选择一家老字号的企业，最看重的就是这一点。

　　他继承的桂发祥的另一个传统是诚信经营的理念，这是老一辈非常看重的东西。"一根麻花不合格，对企业的影响没什么，但对消费者的伤害却是百分之百。"这是李辉忠经常挂在口头上的一句话，他认为食品企业算的是良心账。桂发祥制定了一套严密的食品安全检验体系和规章制度。他们严格检验原材料"三证"，主要原材料需经化验室检验；在同行业率先通过 ISO 9001 质量管理体系认证和 QS 食品安全生产许可证；2002 年又兴建了全封闭无菌净化生产车间，从原材料采购、加工等 8 大节点强化质量控制。在生产车间，质检部门每天都要不间断地对麻花炸制用油进行抽检，并及时更换。近几年，油、面、糖等主要原材料大幅涨价，如果降低标准就能降低生产成本。这一点李辉忠也了解，却不愿也不会选择偷工减料。多年来，集团商检抽箱合格率达到 100%，向客户提供食品安全率达到 100%，产品出口十几个国家和地区。在企业"道德讲堂"上，李辉忠告诫全体职工："诚信是金，可以实现互利共赢；如果不讲诚信，100 元钱就是一张纸。"桂发祥一直采购杭州一家老字号桂花酱做原料，这种无添加剂的天然桂花酱制作复杂、产量低、成本高。李辉忠得知他们经营困境后，主动提出每吨上涨 2000 元，又预付 60 万元帮助他们，缓解了桂花采购的燃眉之急。对合作伙伴的赤诚相待，成就了桂发祥在业内的金字招牌。

　　如果说继承传统解决了老字号企业的生存问题，那么创新绝活儿则关系到老字号未来的发展问题。李辉忠认为，现代企业与传统作坊相比，优势在于产品的丰富和产业链的延长。所以他坚持在开发新产品上大做文章，先后研制出多种规格的麻花品种，加速了产品结构的整合，使过去品种单一的麻花产品发展成为四大系列 50 余个品种的系列化、礼品化产品，并开发出中西糕点、休闲食品、节令食品上百个品种，形成了"经营一代、储存一代、开发一代"的产品布局。对于新上马的产品，李辉忠是很谨慎的，他认为："做一个品种就要保证它在市场上生存，否则会给企业带来负面影响。因为桂发祥已经是金字招牌，新产品只能给它增辉。"李辉忠的信条是：桂发祥将发展放在首位，在发展中不断进行价值创新，不断改变自己的生存状态，最终让桂发祥从一间小小的手工作坊走向了世界，赢得了大市场。"继承企业核心技术的是人，经营企业的还是人。桂发祥视人才为财富，十分重视用感情留人、用环境留人、用事业留人。"李辉忠这样说。他在老字号企业中采用了非常先进的人力资源管理模式。桂发祥公司有132位掌握技术的职工，他们被当成宝贝。所有掌握全面技术的人员都要签保密协议，除非身体条件不允许，一律没有退休。同时他们都享有较高的工资和各种福利，不用担心后顾之忧。桂发祥车间一位老主任介绍说："我在桂发祥干了几十年，也见证了桂发祥的发展历程。我们对桂发祥很有感情，也深知桂发祥的牌子对我们的意义，可以说我们这些老职工爱桂发祥，就像是爱自己的荣誉一样。"现在公司也采用分化技术，一项技术需要8个人来分别完成。此外，桂发祥还大胆改变用人观念，大胆引进人才，激励人才，加强对人才的教育和培养工作，为企业发展注入新鲜血液。"这也是解决老字号年龄老化的一个方法，"李辉忠认为，"在吸纳、选拔、使用人才的同时，注重加强对人才的教育和培养工作，从一线选拔品德优良的管理人员，帮助他们调整知识结构，使他们在理论和实践的结合之上提高管理水平。"天津市桂发祥十八街麻花老店经理刘美翔就是从一线提拔起来的年轻的中层干部，在企业的安排下，他参加了经济管理专业的学习，已经取得了大本学历，并在工作中学以致用，完全掌握了现代化的电脑管理监控系统。

　　"对于未来，百年老字号桂发祥在开掘历史积淀和全面提升自身的同时，将会以崭新的面貌和经营思想面对市场，"李辉忠说，"我们未来的总体战略是以创新、战略升级、持续发展为核心，把桂发祥发展成为现代传统食品企业及中国传统食品现代化的典范。"这也就意味着桂发祥会为传统食品赋予安全、绿色、健康、时尚的含义，并推行现代化的生产工艺和美食理念，让桂发祥的绝活儿在传承中创新。

　　2016年11月18日，天津桂发祥十八街麻花食品股份有限公司在深圳证券交易所成功挂牌上市。（撰稿/吴蕴庭、白宗战）

　　编者点评：中华老字号桂发祥，这个百年老字号确实给人别样的感觉，它不但有百年的工艺配方流传至今，同时还融入了现代的自动化生产元素，可谓传统与现代的结合。我们也为他们的掌门人李辉忠及其团队情系桂发祥、投身桂发祥的精神所折服。一个企业如何能做成百年老店？最主要的是让顾客代代相传地信任你。而要做到这一点，你就必须代代相传地诚信。李辉忠能被评为第三届道德模范和第四届道德模范候选人，正说明了这个理念。

资料来源：

［1］天津日报. 李辉忠：诚信才是永远的金字招牌. http：//news. 163. com/11/1009/07/7FTHFKN300014AED. html ［2011 – 10 – 09］.

［2］今晚报. 十八街麻花掌门人李辉忠：把小作坊发展成大产业. http：// news. jwb. com. cn/art/2013/9/30/art_ 179_ 3589607. html ［2013 – 09 – 30］.

宁凤莲：20年无一假货与投诉

宁凤莲　男，1954年2月生，中共党员，吉林省人大代表，白山市方大集团董事长、党委书记、总经理。2013年4月被评为第四届"吉林慈善奖——最具爱心慈善行为楷模"和"第四届全国道德模范——全国诚实守信模范"；9月，荣获"全国劳动模范"称号。20多年来，他诚信经营，"无一假货与投诉"令人赞不绝口。

　　1990年，改革开放进入第12个年头，国有企业的脱贫解困摆上了国家经济工作的日程。当时被称为"吉林省白山市亏损大户"的白山糖酒站也在此列。在这种艰难状况下，36岁的宁凤莲临危受命，出任白山糖酒站的总经理。能不能扭转企业亏损状况，是宁凤莲面临的第一个挑战。

　　令人惊奇的是，他以当地市民买不到真正的国内名酒为突破口，抓住商机，依靠经营国内名酒使企业在一年内恢复了生机与活力，不仅扭转了企业亏损状况，而且让企业销售额以每年1000多万元的速度递增。年复一年，到1999年年底，企业已累计销售国内名酒100余箱，销售额达到了7亿多元。白山糖酒站一跃成为誉满全国的东北最大的"国内名酒集散地"，被誉为"东北酒王"。从亏损大户到盈利赢家，白山糖酒站越过低谷，攀爬顶峰。

2000 年 8 月，以白山糖酒站为龙头，白山市原三户老国有商业企业资产重组，"风风火火"地成立了白山方大集团，宁凤莲当选董事长、总经理。这对于白山方大集团来说是历史性的一刻，白山方大集团开始冲出吉林，走向全国。为了适应市场经济的需要和建立现代企业制度的要求，宁凤莲在大力实施名牌发展战略的同时，首开白山连锁业的先河。在白山一次性建立 12 家连锁超市，方大家电超市在白山市所属各县市区建立连锁店，占白山家电整体销售额 60% 以上，在全市建立国内名酒专卖店 30 个，白山方大在小山沟中做到全国同行业最大。这些举措，进一步推动了白山方大集团"走出去"战略的实施。

随着经济的逐步升温，方大集团面临的是越来越激烈的市场竞争，有竞争就会有优胜劣汰。面对这一形势，宁凤莲并没有害怕，"兵来将挡，水来土掩"。他开始指挥企业利用"白山方大"的品牌、网络和信誉优势，面向市辖各县区发展五粮液专卖连锁店、旗舰店和茅台、剑南春、国窖 1573、水井坊等名酒专卖店，并利用长春省会城市的独特优势，把国内名酒的营销网络发展到了省内各大城市。这样，不仅促进了企业发展，而且满足了广大顾客日益增长的消费需求，使"白山方大"的品牌更加深入人心。

不仅如此，宁凤莲积极改革创新，成立了方大家电超市，又一次开创了白山卖场专营化的先河。其中日用百货应有尽有，让人叹为观止。"送到家、搬上楼、安装好"和"七日内不满意可退（换）"的服务承诺让广大消费者真正放心。与此同时，实力和信誉与日俱增的白山方大集团吸引了海尔、海信、长虹等国内知名厂家合作，实现了更大的飞跃。

2006 年年底，白山方大集团由国有企业改制为民营企业，但是宁凤莲依然怀着一颗诚信经营的心。他坚持从基础做起、从源头抓起，严守商品进货关口，对所经销的国内名酒坚持一律厂家直接进货；他经常告诫员工，民无信不立，"一时失了信，百客不登门"，一个只图眼前利益的企业是走不长远的。尤其在以品质服务为核心理念的酒类经营企业中，诚信经营更是企业生存的唯一底线，任何时候都要坚守。他要求员工始终秉承"诚实守信、打造名牌"的根本宗旨，教育员工把提高自律意识和自我约束能力作为企业诚信建设的核心内容，将全体员工的职业道德教育作为打造企业诚信品牌的重点，制定《诚信服务公约》《员工礼仪守则》等有关规定，引导员工牢固树立"以顾客（客户）为中心"的经营思想和服务理念。他要求所有员工：做人讲素质、讲道德，做事讲诚信、讲质量——这是方大永恒的准则。他们的诚信不仅写在墙上、挂在嘴上，更记在心里、渗透在工作中。他们将 50 万元诚信保证金交予吉林省消费者协会保管，承诺消费者在方大所属的酒站买到假酒，可以到消协领取 10 倍赔偿金。他们还与吉林人保财险公司签订保险合同，如果在方大买到假酒，保险公司可直接向消费者赔付 10 倍赔偿金。

就这样，20 多年如一日，一路走来，他们创下了"经销名酒 20 年无一假货，诚信重诺 20 载无一投诉"的辉煌业绩。

2010 年，"白山方大"被国家工商总局认定为"中国驰名商标"，是国内流通领域酒类行业唯一获此殊荣的民营企业。

宁凤莲卖给顾客的是真酒、好酒、名酒，同时他们整个公司都"嗜酒如命"。2013 年，方大集团创立的吉林省中外名酒贸易博览中心，以白酒藏酒量 67 大类、5759 个品种，创造了吉尼斯"最多数量白酒收藏"的世界纪录，宁凤莲由此成为名副其实的"白山酒家"。

20 多年间，白山方大集团公司先后获得了"全国精神文明建设工作先进单位""全国五一劳动奖状""全国守合同、重信用企业""全国酒类流通行业诚信企业""全国诚信单位""全国诚信维权工作先进单位""全国青年文明号"等多项国家级荣誉称号。

2013 年 9 月，宁凤莲获得全国道德模范荣誉称号。

2015 年 12 月 15 日，宁凤莲被中国消费者协会评为"最美消费维权人物"。在当月举办的 2015 中国酒业流通峰会暨中国酒类流通协会 20 周年庆典上，宁凤莲表示："坚持名牌发展，谁拥有品牌，谁就拥有市场；谁拥有品牌，谁的企业就拥有未来。"

"水深而鱼生之，山深而兽往之，人富而仁义附焉。"宁凤莲深知自己作为一个共产党员和白山方大集团的董事长的责任，他要把党和社会的温暖像阳光一样洒向身边的每一个人。他曾一次性资助贫困学生 50 名，带领企业员工捐赠款物 200 余万元，先后为 1000 余名下岗职工提供就业机会。16 个失学儿童要参加运动会，宁凤莲每人捐赠 1000 元，并为他们精心挑选了尺寸合身的运动服、尺码合脚的鞋子。珠宝沟小学、河东小学、白山市朝鲜族学校、白山市儿童福利院都印着宁凤莲的足迹。几台饮水机、几台冰柜、几台蒸饭车、几台消毒柜、一套校服和一双运动鞋，无不体现着宁凤莲那颗慈爱的心！

"国家长治久安、社会繁荣稳定靠的是人民军队。国家遇到重大自然灾害，是谁冲在第一线？是军人。"关心子弟兵建设一直是宁凤莲的一项重要社会工作。

早在 2011 年，宁凤莲就获得了"白山市首届十大拥军模范"。多年来，宁凤莲踏风冒雪，去过许多的解放军的边远哨所，坚持为边防战士送生活用品，冰天雪地里给他们送去温暖。白山方大集团更是积极负责安置复转退伍军人，为驻地兵官家属解决就业，让军人们没有后顾之忧。宁凤莲拥军情结根深蒂固，不可动摇。

（撰稿/吴蕴庭、马霞）

　　编者点评：《庄子》中有言："真者，精诚之至也，不精不诚，不能动人。"人生于天地间，不管做什么事情，都要怀着真诚，只要心怀真诚，前方即使是黑暗，也总有一束光照亮你前行的路，会有人在你迷路之时拉你一把。作为一个企业家更是如此，人无信不立，如果缺少真诚，未来的路将会遥遥无期；成功则像盲人摸象，再怎么努力也不会找到胜利的关键。对于此，宁凤莲做到了，不论是一步一个脚印走出来的企业，还是一日一夜积累出来的慈善，他都怀着真诚之心。

　　资料来源：

　　[1] 新华网. 记省市人大代表、白山方大集团董事长宁凤莲. http：//www. jl. xinhuanet. com/zhibo/2015 – 02/10/c_ 1114325290. htm ［2015 – 02 – 10］.

　　[2] 第八届"全国优秀创业企业家"获奖企业家介绍. 宁凤莲同志事迹材料. http：//www. cec – ceda. org. cn/001/view. php？ id = 89 ［2016 – 10 – 15］.

田洪武：慈善路上的"马拉松冠军"

田洪武 男，1966 年 5 月生，黑龙江省齐齐哈尔市克山县人，黑龙江省齐齐哈尔市克山县洪武马铃薯种薯有限公司董事长、黑龙江省克山洪武孤困儿童福利院院长。曾荣获"全国十大杰出爱心人物"称号，2013 年获得"第八届中华慈善楷模奖"，2015 年当选为"第五届全国道德模范——助人为乐模范"候选人。

农村出身，个头偏矮，皮肤黝黑，小学文凭，16 岁开始出门打工跑汽车运输，这样的成长经历使田洪武的身份显得"贫瘠"，而其大爱之心又让人不禁觉得他的精神世界是那么"富有"。

2013 年 4 月 19 日，由国家民政部指导，中华慈善捐助信息中心主办的第八届"中华慈善奖"报告会上，田洪武说："2010 年我去黑河市发展，遇到火灾，当地消防队无法及时赶到，情急之下我和群众一起救火，不幸掉进火海当中，腿上缝了 22 针。于是 2010 年 5 月，我投资组建了全国首家民办消防队。"一语道出了他建立民间消防队最朴实的初衷。

如今的黑龙江省黑河市爱辉区罕达气镇，一座占地 3 万余平方米、营房建筑面积 2310 平方米的消防队赫然而立，8 辆消防车有序罗列，车辆之后是个人装备架，消防服、消防装备应有尽有。这就是田洪武投资 650 余万元建造的全国首家私人自办消防队——"洪武消防队"，为当地群众和企业实行免费火灾救援。田洪武认真地说："我聘用的队员全部都是现役消防部门的转业人员，队长都是原消防大队的教导员。别小看我这支消防队伍，他们都是很专业的！"拥有专业的设备，专业的人群，洪武消防队自成立以来，接到当地企业和群众求助 120 次，保护财产近千万元。

田洪武在追忆自己的童年时说道："我是黑龙江克山县一个农民的儿子，从小家庭非常贫寒，8 口人，靠父母微薄的收入养家糊口。10 岁时我就随父母捡破烂。当时左邻右舍看到我们家里生活困难，经常救济我们，我母亲更是经常教育我要懂得知恩图报。所以乐善好施从小就深深地埋藏在我心里。因为有了党的好政策，才有我的今天。从1994年创业开始，我的爱心捐赠从来没有停止过。"

1994年，他投资6.4万元为克山县古北乡东北小学修建围墙640延长米，并且每年为学校送10吨煤。

1996年开始，他每年都拿出7000元资助两名贫困大学生，保证他们的求学、生活无后顾之忧。一名叫王舒婷的女孩，因父母重病缠身，高额学费无人来付，田洪武得知后，就长期资助她上学。2014年，王舒婷以齐齐哈尔市克山县高考理科第一名685分的成绩考入浙江大学。

2005年始，他扶贫助困优秀学子——考入中国人民公安大学的任立东和考入中国人民大学的张建生缴纳每年1.7万元的上学费用。

2006年，在克山县社会福利院资金周转困难的情况下，田洪武无声地拿出7000元，帮助福利院渡过难关。2006—2009年，他每年给福利院赞助5000元医药费。

2006年，他又出资180万元，修建了一条7米宽、1200米长的水泥路，被克山县委、县政府命名为洪武街。投资64万元治理车站主排水沟——洪武广场排水沟840米，彻底解决了车站长年雨季排水阻塞问题及周边居民雨季污水倒灌问题。

在2001年，田洪武成立了克山县深源燃料有限责任公司，主营批发和零售煤炭。之后，经济不断增长，在克山县委县政府的帮助下，2011年6月，他在家乡克山县建立起了黑龙江省第一家民助公办的孤困儿童福利院，总投资约520万元，占地3060平方米，建筑面积875平方米，寝室、教室、阅览室、活动室、医务室、餐厅、篮球场、游乐场、果蔬菜园等各种生活设施一应俱全。更有专业的12名工作人员，25名爱心志愿者无微不至的照顾。在2013年，田洪武与克山县妇联联系，成立了留守儿童之家。古有杜甫"安得广厦千万间，大庇天下寒士俱欢颜"来表达潦倒寒士之美好愿景，今日田洪武给无依无靠的孤儿建得了遮风避雨之门庭。截至目前，此"门庭"已收纳孤困儿童30名余名，下至3岁孩提，上至18岁成人，都可在这温暖的"门庭"学习、生活。这些孩子每年的花费从9000元到20000元不等，每年总花费30多万元。这并非常人可以日复一日履行的，然而朴实的田洪武却说："我不会讲什么大道理，但是，一句话，慈善无大小，小奉献也许成就一个人未来的命运的转变。"

田洪武用行动彰显了"父亲"所有的担当，孩子们一声声的"田爸爸"让人心底涌起暖流，也在他脸上开出灿烂的花。正是这些"马拉松之路"的一个个"加油站"，每一次都能让有了倦意的他信心满满。当有记者问他，办福利院后悔不后悔时，他的回答干脆利落："不后悔，我有 30 个'儿女'，很幸福。"

黑龙江克山县是中国马铃薯之乡，2012 年田洪武在曙光乡全富村成立了洪武马铃薯种薯基地，占地面积 5200 亩，获得了大丰收。洪武马铃薯种薯合作社在全富村经营上拥有先进的科学技术，属于现代农机专业合作社。但是，这里村民的贫苦生活却与这些现代化显得"格格不入"。于是，田洪武投资 63 万元将村民绝大部分住的泥草房换成了别墅式村民住宅板房。

2015 年，在中央宣传部、中央文明办、解放军总政治部、全国总工会、共青团中央、全国妇联主办的第五届全国道德模范评选表彰活动中，黑龙江组委会按照规定的推荐标准，本着"综合考量，优中选优"的原则，从基层和群众推荐的候选人中，确定黑龙江省 10 名同志为第五届全国道德模范候选人，其中，田洪武凭借助人为乐、致富思源而榜上有名。

田洪武有一句非常有名的话："德行善举是唯一不败的投资。"在这条"马拉松慈善路"上，他是稳健而有朝气的领跑者，每一步他都在尽心尽力，尽管也会"放慢脚步""弯腰气喘"，可他从不"驻足掉头"。而之所以从一而终地奉行"德行善举"，大抵与"漂母的一饭之恩"一样。田洪武幼年贫穷，乡邻很是关照，因而有所成就的他始终不忘这一乡的亲人。

在第八届中华慈善奖报告会上，田洪武在发言最后坚定地说："不但我要做，我的儿子田宇也要将这份事业做下去。"这是一位父亲对儿子的期盼，也是田洪武给自己的一份责任感，一份使命感。

田洪武一路慈善，就像是一场没有终点的马拉松，永不停歇地跑着，乐此不疲。（撰稿/吴蕴庭、杨婷婷）

编者点评："投我以木桃，报之以琼瑶。"慈善是可以一节一节开出花的。田洪武的慈善马拉松是平凡的，又是不易的，拥有一颗"乐此不疲"的心，才可将这一场马拉松跑成没有终点的接力赛。

资料来源：

[1] 人民网. 田洪武成为第五届道德模范候选人. http：//hlj. people. com. cn/n/2015/0804/c351378 – 25842089. html［2015 – 08 – 04］.

[2] 新华网. 田洪武：从 1995 年开始捐赠学生　我的爱心活动从没有停. http：//news. xinhuanet. com/politics/2013 – 04/19/c_ 124604799. htm［2013 – 04 – 19］.

[3] 黑龙江新闻网. 田洪武投 520 万建孤困儿童福利院　三年资助 30 名孩子. http：//hlj. hljnews. cn/system/2014/08/14/010143446. shtml［2014 – 08 – 14］.

刘勇：越是残疾，越要美丽

> **刘勇** 男，1974年11月生，中共党员，深圳市残友集团股份有限公司副董事长、新疆喀什市残友科技有限公司董事长。刘勇曾荣获中国青年"五四"奖章、全国民族团结进步模范个人、中华慈善奖、第三届新疆维吾尔自治区道德模范等称号。2015年，获得第五届全国道德模范——助人为乐模范奖提名。

"深圳人""汉族""残疾人"，这是很多年前介绍刘勇时最常出现的词汇。而现在，人们提起他首先想到的会是"新疆""喀什""维吾尔族""残友"以及"成功人士"。在这种转变的背后，是常人难以体味到的辛酸与付出。

三岁那年，刘勇发生了一次意外，给他的人生蒙上了一层抹不去的阴影。当时还年幼的他在玩耍时不小心掉进地窖里，造成身体粉碎性骨折，至今体内仍有32根钢钉支撑着他柔弱的身体。

长大后，对于刘勇以及他的父母来说，如何让他有一份工作来养活自己成了他们最关心的事。但是，现实是残酷的，1999年，屡次求职失败的刘勇想申请经营一个报刊亭。在漫长的排队等待后，他却等来了这样一句话："就你这样子，还申请经营报刊亭呢，你这样是会影响市容的！赶紧回家吧。"

但刘勇并没有气馁。没过多久，在深圳残联的帮助下，刘勇终于找到了第一份工作——在一家公司做艺术品加工，他的父母激动得热泪盈眶。虽然两个月后这家公司因为经营不善倒闭了，但这令刘勇又重新振奋起来，他重新拾回了勇气。

似乎是为了回应他这份勇气，一次机缘巧合之下，刘勇认识了和自己经历十分相似的残疾人郑卫宁，两人一拍即合，很快就成了无话不谈的好朋友。在一番周折之后，郑卫宁用母亲留给他的 30 万元积蓄和刘勇一起开了一个网吧。闲暇时，刘勇会跟着郑卫宁学编程，并且两人还兼职帮人做程序。很快，他们的事业稳定下来，并且有很多残疾朋友慕名而来想要加入。

有了资金，有了资源，成立一家公司便是水到渠成的事。从创建中华残疾人服务网到开办深圳市信息无障碍研究会，再到创立深圳市残友软件有限公司，刘勇的人生一步步走向巅峰。而让他更高兴的是，他创办的残友软件公司顺利通过了 IT 行业领域最权威的国际 CMMI（能力成熟度集成模型）五级认证，这也意味着"残友"正式跻身全球软件行业顶尖行列。

学海无涯，创业无止境。2009 年，也就是在创建深圳残友软件有限公司之后的两年，刘勇又成功创办了深圳市残友动漫文化发展有限公司，并且一度成为美国欧特克公司技术外包基地。

然而，在 2011 年，刘勇的一个举动让所有人都感到十分意外。他放弃了在深圳的优渥生活，带领自己的团队来到了新疆喀什，开始了自己设想已久的援疆之行。这一来，他就一直待到了今天。

时至今日，刘勇回想起当时的情景时，仍有诸多感慨。虽说启动资金与资历经验对于他来说都不是问题，但是他们要去的地方在我国最西部，一个语言、文化背景及宗教信仰等人文环境都不尽相同的地方，这对刘勇和他的团队来说是最大的考验。此外，刘勇的身体状况也对他在新疆的创业提出了不小的挑战。刘勇说，当时他很庆幸大家普遍都很支持他，因为大家都了解并且相信他。对于刘勇来说，外部条件的制约总会有办法克服，唯独自己不能失去勇气和信心。

2011 年 6 月 30 日，深圳残友集团下属"喀什残友"正式揭牌营业，刘勇也顺理成章的担任起"喀什残友"的董事长。

"喀什残友"企业所在地位于新疆喀什的一处大院内，院内坐落一排平房，地面平坦没有一个台阶，全部都是无障碍设施。刘勇说，这是为了方便残疾人。楼道内，刘勇与全体员工的合影十分显眼，合影上那句"越是残疾，越要美丽"

更是把他们映衬得格外美丽。但是，或许你不会想到，在招聘伊始，甚至很长时间都没有人前来企业问询。

传统习俗中，许多残疾人是不愿意"抛头露面"的。这种情况给刘勇以极大的挑战。思索之后，刘勇改变策略，他积极与社区街道负责人沟通交流，并联合当地残联向广大残疾人朋友宣传自己的理念，讲述自己奋斗的经历，告诉他们"越是残疾，就越要让自己变得美丽"。

正是这份体贴与不懈的坚持，让新疆残友们慢慢地开始接受刘勇，接受"喀什残友"。如今，昔日冷清的残友大院已经变得喧嚣。在这里，员工也是学员。刘勇说，我们并不是用岗位来招人，而是根据他们的需求和特长来进行培养，之后让他们在自己喜欢或者擅长的岗位上工作。

如何让残疾人朋友们掌握一门生存的技巧或许才是他们面临的最重要的问题。"喀什残友"正好开创了这样一种模式，既给了他们一份能够养活自己的工作，同时又能让他们学有所长，能够从容地面对以后的生活。让残疾人拥有自食其力奉献社会的美丽人生，这正是刘勇来新疆创业的最主要原因。刘勇坦言，当初之所以会选择来喀什，纯粹是一种偶然。他自己不是新疆人，但他想把在深圳已经成功的残疾人模式带到新疆，带到喀什，他想让维吾尔族的残友们也能变得更加美丽。

2013 年，已经在新疆站稳脚跟的刘勇发起了"美丽梦想"圆梦活动，活动旨在让喀什残友们能一圆看海的梦想。活动受到了来自各界的欢迎和支持。同年9 月，刘勇带着 10 余名喀什残友来到了深圳，一边欣赏着蔚蓝的大海一边尽情释放着自己。

如今，刘勇和他的残友集团已经由小变大，由弱变强，成为拥有 1 家基金会、11 家社会组织、33 家分公司，涉及软件、动漫、电子商务、电子产品组装与培训等多个领域，使数千名残疾人集中稳定就业的残友事业公益平台。

"残友"在不断地发展壮大，刘勇身后的荣誉也在不断地增加。2012 年年底，刘勇被选为喀什市人大代表；2013 年 8 月，他荣获第三届维吾尔自治区道德模范奖；2014 年 5 月，他获得了"中国青年五四奖章"；2014 年 9 月，他所在的深圳市残友集团被国务院授予"全国民族团结进步模范集体"；2015 年，他又获得第五届全国道德模范助人为乐模范奖提名。此外，他还获得过全国民族团结进步模范个人、中华慈善奖等殊荣。（撰稿/吴蕴庭、张磊）

编者点评：美国有句谚语："当你想成功的时候，全世界都会为你让路。"生理上的缺陷往往不是制约一个人发展的最大阻碍，勇敢地面对一切困难，去克服它，成功没有你想象的那么遥不可及。这，正是刘勇带给我们最大的启示。

资料来源：

［1］光明网. 越是残疾 越要美丽. http：//politics. gmw. cn/2012 − 10/17/content_ 5400499. html ［2012 − 10 − 17］.

［2］新疆日报. 激扬的人生闪光的足迹. ［2012 − 10 − 20］.

张全收：农民工的贴心人

张全收　男，1969 年 8 月生，中共党员，河南省驻马店市上蔡县朱里镇拐子杨村党支部书记、村委会主任，深圳市全顺人力资源开发有限公司董事长。他秉承守望相助、有难必帮的高尚情怀，创造帮助农民工就业、维权的"全顺模式"，先后安排农民工就业 200 多万人次，创收 100 多亿元，累计帮助农民工义务维权 300 多次，垫付农民工工资 1000 万元，被大家亲切称为"农民工的贴心人"。

"立正……稍息……蹲下。"

早晨 7 时，深圳平湖，太阳刚刚升起，400 多名穿着蓝色制服的河南农民工在一片空地上整齐站立，张全收拿着小喇叭开始用河南话讲话。这个厂要进行民主表决，小组长站成一排背对着员工，张全收拿着扩音器站在凳上喊：

"跟王继红的兵站起来！赞成王继红的举手。"

"哎呀，坐下……坐下，还没李亚伟的多呢。"

一个厂训话结束，张全收又到另一个厂。他每天就是这样忙碌着。

这样的表决是张全收管理机制中的特色之一，为了防止公司里的农民工受到不公的待遇或欺压，组长和主管们的停职检查、涨工资或维持不变全部由工人民主表决。张全收在对员工讲话时说："要工人买一根烟我都'枪毙'你，有问题反映到我这里来。"全顺公司有铁的纪律：组长不能向工人借钱，不允许让工人买水买烟，工人随时可以投诉。"如果是工厂的老总对工人不好，我们工人全部走人，我们老板（即张全收）不再与这个厂往来。"一位主管自豪地说。

著名三农学者于建嵘在对张全收的工人多次调研后说，张全收的公司好比是一艘船，他保护了船上千万个农民工，他被称为"农民工的贴心人"。

张全收的故事还要从 1993 年说起。当时，他怀揣借来的 170 元钱来到深圳，在火车站附近开了一家餐馆。常有河南老乡来餐馆吃饭，谈起在深圳面临打工难、讨薪难的情况。"看到他们整天掉眼泪，找不到工作，没钱回家、没钱吃饭、没钱住店，又没有暂住证，随时都会被收容遣送，我就特别难受。我心里想着，我也是从这条路上走过来的，就想帮着他们做一些事。"这样，张全收就利用空闲时间，四处奔走联系工厂，专门为河南老乡找工作。

1999 年，餐馆生意刚刚有些起色的张全收，创办了深圳全顺玩具加工厂，专门招收河南老乡。他在平湖汽车站门口挂了一个大牌子："河南人找工作，张全收与你搞合作。张全收的公司，将一流的服务为你承诺：内厂外厂任你挑，不欺不诈信誉高。若是骗了家乡妹，怎对家乡众父老。"由于他的古道热肠、重情重义，前来寻求帮助的老乡越来越多。一次，张全收的朋友打电话给他，说自己的厂子赶工时间太紧张了，问张全收能不能把工人借给他用。这次合作很顺利，张全收思来想去觉得这样做，对自己和跟着自己干的农民工都有保障。于是张全收开始四处奔波，联系需要招工的厂子。这一联系，他发现深圳还真有不少厂子愿意通过这种"租工人"的方式用工。后来，张全收的加工厂倒闭了，他就专职招人，"借人给别人使"。

2004 年，珠三角地区出现"民工荒"现象，张全收抓住机遇成立了深圳全顺人力资源开发有限公司，并出任总经理。

"全顺人力"建立了员工"准"军事化和亲情化的管理机制，提高农民工素质，打造精英团队，用"团队作战"的方式为员工们同用工单位签订包括工资待遇、生活标准、人身安全等十几项内容的协议。员工的合法权益如果受到侵害，由公司负责出面协调。张全收首创了包年薪、包月薪、大病和意外伤害实行全面负责的"全顺模式"。

刚开始，只有一些河南的同乡来投奔张全收的公司。后来，公司名气越来越大，邻近的安徽、陕西、河北、山东等省的农民工也纷纷要求加盟公司。就这样

"全顺人力"用人力租赁的方式，先后与上百家外资和民营企业进行了合作，服务范围跨越深圳、广州、福州、大连等地区，涉及电子、食品等诸多行业，为一万多名农民工提供了就业机会。

2008年、2013年，张全收相继被选为第十一届、第十二届全国人大代表。他说："当上了人大代表可以为农民工撑上一把保护伞，可以更好地保护农民工的合法权益，能够更好地为农民工办实事了。"张全收曾经带到北京的两份议案，一份专门讲中原的"人才战略"，另一份是关于加强农民工培训。他建议河南省建立一批优质人才市场，开办一批大型技能培训学校。这些议案得到很多人大代表的支持和肯定："农民工能掌握一技之长，对他们来说是终身受益的事情，有技术可以拿到高工资嘛。因此要搞好农民工的培训，要订单式地培训，有目标、有方向地培训，不要盲目地培训。"2014年9月，张全收与福州飞毛腿公司共同出资，联合驻马店职业技术学院，以"前校后厂"模式，打造农民工就业培训新模式。

张全收除了代表农民工发言，更把视野投在了农村食品安全、农村法制建设、留守儿童等三农问题上。张全收还牢记自己担任着村党支部书记、村委主任的职责，从不忘回报家乡和社会。

2015年春节，张全收径直来到村文化大院，给聚集在这里的30多名老人一一拜年，并为每人送上一个大大的红包。97岁的五保老人龚梗感动地说："今年我已是第8次收到全收送的红包了。"他还先后为家乡捐款183万元修通水泥路，捐款60万元修建敬老院，捐款80多万元建设希望小学。十多年来，累计向社会捐献资金达2000多万元……

近年来，时常发生老板"跑路"拖欠农民工工资的事。河南工人小月说："那一次，老板跑了，走的时候还欠着我们大半年的工资……全厂几百个河南姐妹的工资，都是张大哥掏的腰包，听说有240万（元）呀……多亏我们有他这个老乡，但也真苦了他，他的钱挣得也不容易呀。"包括小月在内，许昌的韩彩娟、信阳的王娇……每个河南外出务工的农民谈起这位老乡，都不约而同用了这样的比喻："他就像我们的哥哥。"

每每看着这些乡亲，张全收就会联想到儿时的自己。谈起过往的人生经历，张全收总是感慨万千："唐僧师徒西天取经，经历九九八十一难，我经历的苦难也不少，一路走来，很不容易。"

张全收出生于1969年，小学毕业时碰上村里的初中停办，他家庭经济条件不好，干脆就不读了。从此，他再也没有跨进过学校门，开始了闯荡生涯。之后，他爆过米花，卖过馒头，去山西搞过建筑，还跟一个师傅当学徒，搞油漆，却一次次遭到命运的戏弄。尝够了出门打工的苦，知道出门在外的难处，正因为这样，张全收了解农民工的难处和心声，才成了他们的贴心人。

十多年来，张全收由于成绩突出，先后受到党和国家领导人的亲切接见。"为农民工服务是一个艰辛的活儿，我的电话还是 24 小时全开，如果农民工兄弟要找工作，请直接打这个电话，我会认真服务。"（撰稿/吴蕴庭、任敏睿）

编者点评：张全收，从一个小小的打工娃，不懈努力成为全顺公司的大老板，成为人人称道的"好大哥""好司令"，从中我们看到的是他那淳朴而浓郁的乡情、亲情、人情。真情值千金，这正是张全收成功的基本动力和基因。

资料来源：

和讯网. 村党支部书记张全收代表：推行医养模式解决农村养老. http：//news. hexun. com/2017 - 03 - 11/188455762. html［2017 - 03 - 11］.

贺军：富而不庸才是真正的富有

贺军　男，1962年9月生，陕西榆林市靖边县人，陕西紫靖餐饮管理有限公司董事长。他热衷于慈善事业，常年从事社会公益活动，荣获陕西省道德模范、2013年第四届全国道德模范——全国助人为乐模范候选人、2015年第五届全国道德模范提名奖。

贺军于20世纪60年代初出生于一个普通农村家庭。家里有5个孩子，靠做泥瓦匠父亲的微薄收入来勉强支撑。可以说，贺军是从小过着苦日子长大的，经常饥一顿饱一顿。然而，贺军的母亲作为一名共产党员经常帮助那些比自己家还要困难的人。有这样一位伟大的母亲，贺军的童年是幸运的。母亲经常教导他要行善积德，让他明白学会了吃亏和吃苦才能成为一个真正的人，一个对社会有贡献、对人民有帮助的人。

2006年，贺军不顾家里人的反对毅然辞掉了待遇丰厚的国企工作，和两个伙伴开起了一个600平方米大小的火锅店，走上了自主创业的道路。他在靖边县租赁了一个旧游泳馆，改装成靖边县第一家苏杭园林景观式生态式酒店——紫靖城生态园林酒店。2007年，他注册成立陕西紫靖餐饮管理有限公司，注册资金

1000 万元。现拥有员工 620 人，固定资产 5200 万元。

从 2007 年开始，贺军便开始尽可能助人行善。靖边县刘春梅一家六口全部残疾，贺军就成了这一家人的"亲人"，每年都给这一家人送去柴、米、油、盐等生活必需品以及孩子们上学的费用。到现在，贺军帮助的贫困家庭达 70 多户，遍及靖边、榆林、横山、米脂、绥德、西安等地。

2009 年，贺军在企业内部成立了员工"两元爱心基金会"，专门帮助公司内部有困难的员工。每个员工每月扣除至少两元用作爱心基金，企业领导人 1000 元左右，而贺军至少捐 2000 元。这个爱心基金会成立以来，帮扶过 300 多名有困难的职工；为汶川、雅安、鲁甸等地震灾区捐款 20 多万元；向靖边县慈善协会捐款 100 万元；向榆林市慈善协会捐款 100 万元。

直到 2010 年，经过四年的打拼，贺军的公司基本步入正轨。贺军说："任何一个企业家，之所以能够创造财富，归根结底是因为全社会的支持。"他觉得是时候开始体现社会责任和回报社会了。当时，他就想到了要给社会底层民众发放免费早餐，因为他自己体验过饥饿的感觉是多么的难受，简简单单饱餐一顿是多么幸福！

贺军和另外两名股东决定把整个公司年利润的 10% 用于慈善事业，并于 2010 年 3 月 5 日——学雷锋活动日创建"爱心香粥"志愿服务品牌，常年向社会的弱势群体、孤寡老人、环卫工人、外来务工人员免费提供白粥、馒头、小菜等爱心早餐。然而"爱心香粥"的开张可谓是一波三折。面对群众的质疑以及顾虑，贺军亲自上阵，放下身份和架子去大街上拉人来试吃。这样做之后，来吃的人慢慢多了起来。不仅附近的环卫工人和外来务工人员，连一些退休老人也被贺军请来了。因为这份"爱心香粥"，贺军结缘了两位特殊的老人。一位是王兆宽，他家里还有一个瘫痪的老伴和一个残疾的儿子，他总要剩半份早餐留给家人。贺军认识他以后，老人一家的三餐贺军都安排员工送到家里，还每月定期给老人打扫房间卫生、清洗衣服。还有一个叫田建华的残疾人，以前一直靠捡破烂为生。为了一天不挨饿，他每天早上都会在贺军的店里吃掉四五份早餐。贺军看他无依无靠，就给他安排了一个在饭店看车的工作，每月给老人 2000 多元的工资。

"爱心香粥"的慈善品牌影响力越来越大。后来，一些爱心人士也来他这里"吃"早餐，有的放下 500 元，有的 1000 元，有的甚至是 2000 元。后来，当地许多企业家也加入到了这个奉献爱心的行列。

从最初的 2 家爱心香粥铺每天 800 份免费早餐，到今天的 6 家爱心香粥铺每天 2400 份免费早餐，三年来，贺军累计投入达 300 多万元。

现在在靖边提起贺军，从领导干部到出租车司机，从环卫工人、拾荒者到学生，都知道这位爱心大使，他是百姓心中最美的"平民英雄"。"爱心香粥"不断发展壮大，目前已有志愿者近 400 人。志愿服务队还创建了"七个一"工作模式：一是"日捐一元"，就是每个志愿者每日捐款一元钱；二是"日行一善"，倡导每位志愿者每日给家人或身边的人做一件有益的小事，积德行善，争当榆林好人；三是"周送一餐"，就是每个志愿者每周参加上门奉送"爱心香粥"一次；四是"季捐一物"，就是志愿者坚持每季度捐衣物或生活用品一件，目前已经募捐到衣物 800 余件，并且全部发放到贫困户手中；五是"季捐一书"，就是要求所有志愿者坚持每季度捐赠有益书籍一本，现在他们把捐来的 480 册书籍全部转捐给了靖边县羊羔山村小学，帮他们建起了图书室；六是"年扩一人"，就是每位志愿者每年要发展一个新志愿者加入他们的团队来保障团队的壮大；七是"年扶一村"，就是常年要帮扶一个贫困村脱贫致富。目前，该志愿者队伍已坚持帮扶靖边县羊羔山村达三年之久。如今，贺军的"爱心香粥"志愿服务队已经成为榆林市乃至陕西省众多志愿服务团队中的一支品牌志愿服务队。

贺军先后荣获或被评为靖边县首届十大道德模范，榆林市社会扶贫工作先进个人、榆林市道德模范、陕西省道德模范"感动陕西"年度人物和 2013 年第四届全国道德模范——全国助人为乐模范候选人、2015 年第五届全国道德模范提名奖，荣登"中国好人榜"。贺军表示，他需要走的慈善道路还很长，需要他帮助的人还很多。只要这个企业还在，"爱心香粥"就会一如既往地坚持下去。
（撰稿/吴蕴庭、彭子航）

编者点评：勿以恶小而为之，勿以善小而不为。贺军给企业家做慈善做了一个很好的榜样，他的坚定的信念能感染更多的人，给后面的人当了指路明灯。取之于民，用之于民，这样才不会枯竭。只有实现了人生真正意义价值的人，他的人生才是成功的。

资料来源：

［1］榆林日报. 陕西紫靖餐饮公司：敬老爱老让老有所养. http：//yl. wen-ming. cn/wmdw/201402/t20140226_ 1036288. shtml ［2014 - 02 - 26］.

［2］中国文明网. 爱心香粥"掌勺人"贺军：简单早餐传递的爱心不简单. ht-tp：//www. wenming. cn/sbhr_ pd/hrhs/201308/t20130829_ 1439864. shtml ［2013 - 08 - 29］.

高宝华：医者仁心的好院长

高宝华　男，1955 年 4 月生，吉林农安人，中共党员，毕业于白求恩医科大学，现任吉林省农安县宝华骨科医院院长。行医数十年，他为近 5000 名肢体残疾人免费手术，为 3 万多名贫困患者减免费用，总计为患者减免手术费 600 余万元。2015 年当选为"第五届全国道德模范——助人为乐模范"候选人。

1955 年，高宝华出生于吉林省农安县的一户贫民家庭。童年的高宝华，总是跟在当医生的叔叔身后给人"看病"。那时候，高宝华最喜欢看到的就是病人经叔叔治疗痊愈后满脸的笑容。对于这份助人为乐后的满足感、幸福感，高宝华很是向往。

正是这种向往，1975 年，高宝华以优异的成绩考入著名的白求恩医科大学。白求恩医科大学于 1939 年成立于晋察冀抗日根据地、以著名的国际主义战士和国际著名的胸外科大夫白求恩的名字命名，具有优良的革命传统。毛泽东主席在《纪念白求恩同志》一文中，对白求恩给予高度评价。他说："一个外国人，毫无利己的动机，把中国人民的解放事业当作他自己的事业，这是什么精神？这是国际主义的精神，这是共产主义的精神，每一个中国共产党党员都要学习这种精神。""白求恩同志毫不利己专门利人的精神，表现在他对工作的极端的负责任，对同志对人民的极端的热忱。每个共产党员都要学习他。""白求恩同志是个医生，他以医疗为职业，对技术精益求精。""我们大家要学习他毫无自私自利之心的精神……只要有这点精神，就是一个高尚的人，一个纯粹的人，一个有道德的人，一个脱离了低级趣味的人，一个有益于人民的人。"大学三年，高宝华对白求恩精神心领神会。

1978 年，高宝华大学毕业，回到农安县的一家医院做了一位外科大夫。自此，他终于如愿穿上了那身"白大褂"，开启"悬壶济世、救死扶伤"的生涯。然而做了医生的高宝华曾一度陷入困惑：医院收费制度僵化，下岗职工、残疾人等弱势群体"看病难""看病贵"，患者因错过最佳治疗时期，因病致死，更有些无良医生竟向患者索要"红包"——这些可是一些贫困的农民们将家里最值钱的东西都变卖之后换来的"救命钱"啊！高宝华厌恶之余又无奈地说："我看不了那个场面。"于是，他"暗暗地"给自己定下了目标：办一家自己做主的医院。

时光荏苒，转眼间到了 2003 年，我国的医疗体制改革进入了一个新阶段。当年 4 月，高宝华筹资 200 多万元，创办了农安宝华骨科医院。建院之初，高宝华就以院长的身份向社会公开承诺：凡下岗职工、生活困难的患者，军烈属和五保户，免收处置费，免收 20% 手术费；先、后天肢体畸形患者，100% 免收手术费。慕名而来者络绎不绝。

77 岁的老太太吕海琴患肩周炎来高宝华处求医。高宝华诊治时，一手举起她的右胳膊，一手按压肩膀，笑着说："能抬这么高，就别花钱了，回去锻炼锻炼就好了，您有福，儿女孝顺才带您来看病。"老太太笑得合不拢嘴。

从黑河赶来的农民张新石说："腿弯了 30 多年了，在电视里看到高宝华大夫能免费治，就来了，没想到这天底下还有这样的好人，没花钱就把这腿给直过来了。"

外乡农民冯柏昌腿软组织扭伤，高宝华仔细诊断后，给他开了个土方子：温水泡脚，做腿部拉伸，买个护腿带上，回家坚持练。

一个 8 岁的小男孩腿疼，家人坚持要做 CT 检查，高宝华满目慈爱看着孩子说："没什么大事儿，回去锻炼，你舍得花钱，我还心疼孩子呢，不舍得让他吃放射线。"

在高宝华的办公室里，有一份免费治疗的存档记录，小到几十元的心电图，大到上万元的手术费，整齐装订成册的是高宝华的"医者仁心"。据不完全统计，农安宝华骨科医院成立以来，已免费为3000多名特困肢残患者实施了矫形手术。

这就是高宝华一直秉持着的最朴实的原则："不让患者花冤枉钱。"医院从不给科室下达经济指标，不给医生搞"开单提成"。他的人格魅力就像是冬日里的暖阳，四面八方，照耀散开，暖了患者，也感染了同事。千里迢迢来看病的人越来越多，大批有志之士也被吸纳过来。为使农安宝华骨科医院拥有更先进、更全面的技术支持，高宝华特意将昔日同窗——曾任吉林大学第二医院骨科主任的张满江，聘请到了自己的医院。

如今，到了耳顺之年的高宝华本已功成名就，但他在医院里却从未有过一刻的松懈。身患糖尿病的他承接如此高强度的工作，经常不能按时注射胰岛素和吃饭。对此，高宝华却说："那么多远道而来的病人还饿着肚子等着我看病，手术室里麻醉好的患者也在等着我做手术，撂下病人去吃饭，我于心不忍！"

创办12年，"农安宝华"在高宝华的带领下，经营规模较当年已扩大了一倍，医院拥有雄厚的技术、先进的设备、优雅的环境。设有骨科、矫形外科、内科、外科、康复科、中医科、检验科、电诊科、麻醉科、放射科10余个业务科室。现在，他又打算进一步扩大规模，在原址基础上，扩建住院部，并计划开办老年康复中心。

建院12年，高宝华一直以"回报家乡，奉献社会"为己任。在他的带领下，先后共为2万余名患者减免费用400多万元，各项累计捐款达到20多万元。由医院出资，连续10年为新阳乡顺山小学解决冬季全校取暖煤问题。2012年，为18名大学生捐款助学。除此之外，医院还定期为全县老干部、劳动模范、千名教师做免费体检。"他是一位仁医"，人们都这样说。

2013年由吉林省出版集团新文化报社、吉林年鉴社、新文化网等单位联合举办的第十一届"感动吉林"年度十大人物评选活动上，对于高宝华有着这样的推荐理由："10年间，为3000多名特困肢残患者免费手术，为万余名贫困患者减免费用。"

高宝华的妻子李丽说："他对家里的事情漠不关心，对工作却越来越疯狂。后来我知道了，这就是他的快乐，就是他的兴奋点。"

对于自己的工作他是满怀热爱的，在创办医院之时，高宝华就幽默地自嘲道："有点虎，沾点风，就愣头愣脑往前冲。"对于工作，他真的是废寝忘食。医院里的同事称他为"战神"，手术室里平均每天10台手术，高宝华就要做三四台。对于这样有医术又有医德的人，患者们都说："高医生就是给了我第二次生命的恩人。"

高宝华先后被授予长春市职业道德十佳标兵，吉林省、长春市优秀共产党员，吉林省、长春市劳动模范，全国残疾人三项康复工作先进个人，全国"五一"劳动奖章，第十一届"十大感动吉林人物"，全国劳动模范等称号。2015 年当选为"第五届全国道德模范——助人为乐模范"候选人。

在第十一届"十大感动吉林人物"的颁奖会上，高宝华这位 60 岁的东北汉子，眼里噙着泪花，真诚地说："患者把生命和全家幸福托付给了我，作为一名医生，我有责任解除他们身体的病痛，解决他们精神和经济压力。如果我能再活十年的话，我想每年再给 500 个贫困残疾人免费治疗，再拯救 5000 个家庭，这是我的梦想！"（撰稿/吴蕴庭、杨婷婷）

编者点评：大医有德，大爱无疆，医者仁心。"我的白大褂，非常重，它是患者的生命，是自己的良心。"高宝华这样说。他心系患者，是一份"仁心"。为医数十载，身负使命，衣沾晨光；受命之日，寝不安席，倾其心血，劳其神思；两袖清风，志在仁和。这才是一个医生和院长的最高境界！正如毛主席评价白求恩所说，高宝华也是"一个高尚的人，一个纯粹的人，一个有道德的人，一个脱离了低级趣味的人，一个有益于人民的人"。

资料来源：

［1］新文化报. 感动吉林新篇章　手术台上的"战神"高宝华. http：//news. 365jilin. com/changchun/20131025/927013. html ［2013 - 10 - 25］.

［2］和讯网. 医生高宝华：回报家乡，奉献社会. http：//news. hexun. com/2015 - 01 - 12/172266018. html ［2015 - 01 - 12］.

［3］长春新闻网. 高宝华：治病救人是医者的本分. http：//www. ccnews. gov. cn/ds/spxw_ 1474/201403/t20140303_ 1199408. htm ［2014 - 03 - 03］.

杨茂义："红色产业"领路人

杨茂义　男，蒙古族，1968年3月生，吉林洮南人，中共党员，现任吉林省洮南市北方金塔实业有限责任公司董事长、总经理。把诚信当作企业生命的杨茂义，先后获得吉林省十大杰出青年、吉林省"创业先锋"、全国"创业之星"、洮南市特等劳动模范、吉林省劳动模范等荣誉称号。2015年6月24日，杨茂义获第五届全国道德模范提名奖。

2015年8月，位于吉林省洮南市的吉林金塔实业集团股份有限公司传出好消息：金塔股票在新三板上市了！金塔集团领头人杨茂义，在洮南是妇孺皆知的人物。他凭借着对"小辣椒"的独有情怀，以其过人的胆识和魄力，经过十年磨砺，终于创造了"红冠神州，辣誉全球"的大产业神话。

2001年，刚过而立之年的杨茂义已是洮南市市长助理。当年秋天，本着"拉动一方经济、造福一方百姓、振兴一项产业"的信念，他毅然决然选择了辞职，并创办了洮南市北方金塔实业有限责任公司，从此开始了自己下海经商的历程。

创业之初，杨茂义把目光锁定在了当地盛产的红干椒上。洮南辣椒，是中国地理标志性产品。洮南市属中温带大陆性季风气候，四季分明，光照充足，雨热同步，适宜辣椒生长。洮南辣椒种植历史悠久，所产辣椒品质上乘。特别是该县福顺乡辣椒果型美、个头均匀、皮质厚、味道秀、色素和维生素含量高。当地拥有"无公害红干椒生产基地""中国辣椒之乡""中国辣椒第一市"等荣誉称号。万事开头难。刚开始经营的第一年，杨茂义就遭遇到了事业上重重的困难和窘境，资金紧缺无疑是公司当时面临的最大难题。在多方筹措无果的情况下，杨茂义只好一次次去拜访自己当年工作时结识的域外客商，恳请他们的帮助。杨茂义用自己的行动和诚意感动了他们。经过多次的沟通、商谈，终于有几家客商同意与他合作。当年，由于辣椒紧缺，行情看好，短短几个月时间他就净赚了40多万元，使公司在激烈的市场竞争中站稳了脚跟。

2002年对于杨茂义和他的公司来说是难忘的一年。那一年，辣椒价格暴跌，按照企业年初与农民签订的收购订单，收上来1斤要赔几角钱，不少辣椒贩子为了保住口袋里的钞票，纷纷想尽办法避免自己的利益遭受损失。杨茂义却没有那样做，他不惜自断"后路"，贷款200多万元，兑现了年初的全部合同。为此，他足足损失了208万元。

杨茂义宁愿赔钱也要履行合同的诚信事迹，不仅保住了自己企业的招牌，更赢得了广大农民和客户的信任。2003年年初，数千户农民与杨茂义签订了1万多亩种植合同。当年由于种植量的减少，辣椒市场上出现了供不应求的现象，辣椒价格好得不得了，辣椒种植户的收入提高了，杨茂义的公司也打了场漂亮的翻身仗。

2004年，杨茂义的公司出口韩国一批辣椒片。在发货前的抽检过程中，杨茂义发现个别袋分量不足，最多的缺少150克。虽不超规定标准，但把诚信当成企业生命的杨茂义决不允许自己的产品缺斤短两，当即安排员工返工。30名员工，足足干了18个小时，才将2000个定装袋保质保量返工完成。杨茂义这一举动换回了国际信誉。

2007年，在韩国公司物流差错导致假种苗事件中，杨茂义又一次当机立断，替韩国客商预先赔付椒农406万元。这不仅感动了椒农，同时也赢得了韩国公司由衷的钦佩。

创办企业十年来，杨茂义坚持"利民兴企、造福一方"，宁肯自己吃亏不赚，也不让客户受损不满。讲真诚、重信用的金塔集团受到客户信赖，与一大批国内外客商建立长期稳定的合作关系，产品远销韩国、日本、美国、德国、西班牙等国家，杨茂义本人则被誉为"中国东北辣椒大王"。

在杨茂义的带领下，如今的金塔已经发展成为集辣椒种子培育、基地种植、原料收购、食品加工、色素提取、科技研发、市场营销于一体的综合性大型民营企业，辣椒种植基地面积超20万亩，为辣椒系列制品的生产提供了丰富的原料。公司下辖农资、食品、生物科技、包装印刷、高新技术农场等多个子公司，是目前国内辣椒行业唯一全产业链生产企业，创造了优质品牌辣椒种植基地规模、辣椒粉生产能力、冷冻辣椒出口量和辣椒红色素单机日产规模四个全国第一，被命名为"农业产业化国家重点龙头企业"，他们的品牌"吉塔"被评为中国驰名商标，2012年他们被中国商业企业管理协会授予"中国辣椒第一家"称号。2015年8月，金塔公司上市，成为杨茂义在创业路上具有里程碑意义的又一个关键节点。

俗话说："吃水不忘挖井人。"杨茂义在带领他的企业一步步走向成功的过程中，并没有忘记回报社会，与社会分享他的成功果实。

在辣椒收购方面，杨茂义采取了"企业连农户，订单加服务"的方式，切切实实地给农民带来了实惠。在国家土地流转政策正式出台之前，金塔集团已经提前迈出了"农企合作，承包经营"的跨越式步伐。土地连片运营，大型机械化设备就有了用武之地，从土地中解放出来的农村剩余劳动力可以录用为公司的职工。这种模式下，农民有了土地承包收益，又有工资进账，年收入很快突破10万元。金塔集团还率先创建了高新技术农场，成功实现建1000栋大棚、招100户农民入住、建设3万亩现代化农场企业的发展格局。杨茂义的辣椒产业使得一大批农民脱贫致富，富上加富。

多年来，杨茂义十分关注社会公益事业，先后帮助3名大学生完成了学业，累计捐款20余万元；同时，为一名白血病患者捐款20万元，为单位困难职工捐资56万元。金塔集团为汶川大地震和吉林大雪、南方洪灾等累计捐款24万元，为洮南市市歌、全市劳模表彰大会、城市美化绿化、文化活动建设等社会公益事业累计捐款200余万元，为辖区特困职工捐资捐物累计17万元，为农场义务修路投资185万元。同时，为吉林大学、吉林农业大学和大连民族学院设立"金塔集团奖学金"，用以奖励品学兼优的在校大学生。金塔集团在获得"发展辣椒产业特殊贡献奖"的同时，成为了名副其实的"中国辣椒第一家"。

在2015年的新三板挂牌仪式上，他们还宣布了自行研制的新型食疗饮品"金塔清风肽"上市的消息。"金塔清风肽"葵花盘粉是金塔专家组历经5年，最终在葵花盘海绵体中通过研磨、蒸煮、酶解、膜分离等技术，提取出的高纯度生物碱小分子肽，一举获得两项国家专利。金塔清风肽对痛风、降低血尿酸有神奇效果，是一种肽类食品，这对全国1.2亿高血尿酸、7500万痛风人群来说无疑是一件好事。

辣椒，红红火火；辣椒，饱含道德的"正能量"。作为"东北辣椒大王"，杨茂义头顶着一项项荣誉的光环：吉林省创业先锋、吉林省首届创业之星、白城市首届农村百业科技致富大王、白城市首届道德模范、吉林省劳动模范、全国道德模范提名奖、洮南市第二届创业标兵、百名现代服务业高端人才、2012年度最受关注企业家、首届中华十大信义人物、全国道德模范提名奖、全国劳动模范等。这些荣誉光环，无不体现着社会对杨茂义的肯定，无不诠释着杨茂义对于事业和人生的踏实和负责。

如今，杨茂义依旧奋斗在当初自己所选择的路上，他带领集团继续奉行金塔辣椒"红冠神州、辣誉全球"的价值理念和企业追求，努力把"金塔"打造成国内著名、国际知名的辣椒产业航母，朝着广阔的蓝海远航！（撰稿/吴蕴庭、吴路路）

  编者点评：杨茂义的创业过程说明，诚信是最好的营销策略。在现代经济社会中，诚信不仅仅是一种道德规范，也是能够为企业带来经济效益的重要资源。人无信不立，企业也同样！

  资料来源：

  [1] 中工网. 杨茂义：将小辣椒做成大产业. http：//character. workercn. cn/350/201410/16/141016145652166. shtml［2014－10－16］.

  [2] 吉林农网. 创一地红火——记金塔集团党委书记杨茂义. http：//www. jlagri. gov. cn/Html/2015_01_09/2_1986_2015_01_09_237166. html［2015－01－09］.

  [3] 中国吉林网. 杨茂义：变身"东北辣椒王". ［2015－10－10］.

肖英：做生意更应该算清"诚信账"

肖英　女，1962 年 8 月生，中共党员，北京华冠商业经营股份有限公司副董事长兼总经理、党支部书记，曾先后被授予全国"三八"红旗手、"中国杰出创业女性""中国商界杰出女性""爱心大使"等荣誉称号。2015 年 10 月 13 日，在第五届全国道德模范颁奖典礼上，肖英荣获"诚实守信"类全国道德模范提名奖，同年，分别获得 2015 北京榜样十大人物和首都道德模范称号。在 CCFA（中国连锁经营协会）举办的 2016 中国全零售大会上，肖英荣获"2016CCFA 中国连锁业年度人物"称号。

2015 年 9 月 28 日，对于华冠来说，注定是不平凡的一天。说这一天不平凡，不仅仅是因为北京华冠商业经营股份有限公司迎来了 20 岁的生日，更是因为华冠与"京东到家"签署了《战略合作协议》。此次签约成功，意味着华冠在探索社区商业和 O2O（线上到线下）领域中揭开了崭新的篇章。而华冠的总经理肖英也因此被视为解决"互联网＋实体商业"的开创性企业家之一，同时也是未来"社区商业 O2O"的实践者和探索者。

作为北京市房山区的本土企业，华冠所走过的 20 年，是由小到大、由弱到强、由年轻到成熟辉煌的 20 年。从 1995 年华冠在北京市房山区开设第一家自选超市，到 2001 年成功地实现了由国有企业向民营股份制企业的转制，再到如今成为拥有多家购物中心和连锁超市的大型商业公司；从最初百余平方米的营业面积、百万元的销售额，到如今直营门店近 70 家，形成以房山为中心，以丰台、亦庄、河北涿州为辐射的战略格局，创造年销售额 30 亿元的业绩；从单一涉足零售行业，到如今在零售连锁的基础上，不断地创新经营模式、扩大经营业态、引进国际先进的经营理念和模式，走多元化发展道路，打造了具有国际化特色的购物中心、集区域性购物娱乐为一体的新型百货业态——华冠天地，以及以社区服务为主要功能的社区超市、便利店，最终确立了以商品物流事业部、超市事业部、百货事业部、便利店事业部、电商事业部为集团的五大业态支柱，实现了产业链的构建和品牌的升级。外界普遍认为，华冠 20 年的发展历程，亦是中国现代零售业的发展与变革的历程，因为华冠的成长历程与中国零售连锁业的发展是一致的，可以说它是中国零售连锁业的一个缩影、一面旗帜。

近两年，在互联网时代背景下，华冠更是顺应时代潮流，转变传统的实体零售方式，进军电商。不仅与京东、百度、美团等多家线上企业合作，还独立开发属于自己的在线网上商城和 APP（手机软件），推出购物、娱乐、缴费、家政、美食等服务。

经历了 20 年的风风雨雨，华冠在中国的零售行业仍然能够保持它旺盛的生命力，并不断走向壮大，其重要原因是总经理肖英始终坚守两个字：诚信。她在接受媒体采访时曾说："做生意很多人都在算金钱账，在我看来，更应该算清楚诚信这笔账。"这么多年来，肖英就靠着诚信这把金钥匙解决企业发展过程中遇到的种种难题。

1995 年，开第一家华冠超市以来，肖英就对消费者许下了"民生商品 8 分利"的经营承诺。到如今，这份承诺已经坚守了 20 年。正是这份承诺打动了全球最大自愿连锁组织——国际 SPAR，华冠成为其在北京的唯一合作伙伴。2003年，华冠设立了"临期商品专区"，降价销售临近保质期的商品。这是华冠一直以来重视对食品保质期的管理的具体体现。肖英曾经说过："华冠在食品保质期的管理上坚持两点：超过 1/3 保质期的商品坚决不收；还差 1/5 到期的商品，我们坚决不卖。"虽然刚开始有不少人提出了异议，但肖英仍坚持己见。设立"临期商品专区"的这一做法得到工商局、食药局等部门的认可，并在北京市所有的销售单位进行了推广。2005 年，肖英带领华冠承担起商务部"万村千乡"市场工程试点任务，在农村拓展华冠益佳加盟店，把假冒伪劣商品挤出了农村，让农民享受到了质优、安全、放心、价廉的商品和服务。2007 年，北京市商务局联合房山区商务局和商联会，为华冠授予"京郊农村现代流通网络建设示范单位"的称号。2011 年 3 月 17 日，面对席卷全国的"抢盐风波"，肖英顶住异议，不涨价、不断货、不限购销售，风波过后又无条件为顾客退货。

不仅如此，在面对不法商人和不良企业把已退厂的问题商品"变身"后再销售的问题时，肖英果断采取就地销毁、把过期面包踩碎后再退回的方法，严格恪守"诚信面前无小事、维护消费者利益无小事"的销售理念。由此引发了肖英开发保质期预警系统的动力，至今系统每日都在监控临期商品。同时率先与消费者协会签订了《先行赔付保障协议》，并向房山区工商局缴付了 2 万元先行赔付基金。2013 年，华冠又向社会公众公开承诺"无障碍退换货"，并坚定不移地贯彻执行，赢得了广大老百姓的良好口碑。几年下来，华冠拥有了 50 万名不离不弃的忠实会员，连续 5 年被北京市工商局 12315 评选为"绿色通道"优秀企业。

更值得一提的是，肖英始终把依法纳税作为自己的重要职责和企业的荣耀，华冠连续 7 年被北京市国税、地税评为纳税 A 级企业。

"人无信不立，业无信不兴。"这是肖英常教育员工的一句话。作为华冠带头人之一，肖英始终心怀诚信，靠诚信渡难关解难题，以诚信赢顾客聚人气，用诚信谋经营促发展，助力北京华冠商业越做越好、越做越强，更赢得了老百姓的信赖和认可。

凭借着一份在商界的诚信和坚持，肖英本人获得了诸多荣誉：2004 年 3 月被全国妇联授予"'三八'红旗手"荣誉称号，2005 年 3 月被北京市妇联、北京市女企协授予"优秀创业女性"光荣称号，2007 年 3 月被中国女企协评选为"中国杰出创业女性"，2007 年 9 月被北京市妇联授予"巾帼建功"标兵称号，2008 年 7 月被中国妇女发展基金会授予"爱心大使"称号，2008 年 10 月被北京市委统战部授予"首都统战系统参与奥运服务奥运先进个人"荣誉称号，2015 年 5 月被中商联评为"中国商界杰出女性"。2015 年 10 月 13 日，在第五届全国道德模范颁奖典礼上，肖英荣获"诚实守信"类全国道德模范提名奖，同年分别荣获"2015 北京榜样"和第五届"首都道德模范"称号。在 CCFA（中国连锁经营协会）举办的 2016 中国全零售大会上，北京华冠商业总经理肖英荣获"2016CCFA 中国连锁业年度人物"称号。（撰稿/吴蕴庭、吴路路，修改/杨焕平）

编者点评：人无信不立，业无信不兴。诚信是中国传统文化的精髓，不仅对一个人非常重要，对一个企业更是如此。通过华冠我们认清了，一个企业想要发展壮大、长久繁荣，就一定离不开诚信。诚信是企业的一个重要的信念支撑，坚守诚信是企业的最大法宝，是现代企业基本的社会责任。真诚地希望社会上能有更多的肖英涌现出来。

资料来源：

[1] 联商网. 跨界 O2O 实体落地　华冠 20 周年当天牵手京东到家. http：//www. linkshop. com. cn/web/archives/2015/334612. shtml〔2015 - 09 - 29〕.

[2] 微口网. 华冠肖英：霸气女总裁的"诚信经". http：//www. vccoo. com/v/22bea9〔2015 - 10 - 19〕.

易勤：武汉最美"犟妈"

易勤　女，1965年10月生，湖北武汉人，中共预备党员，湖北省武汉市东方红食品有限公司法人代表。从2005年到现在，她始终秉承一个商人所应有的爱心和担当，坚持聘用智力残疾员工，既当老板，又当"妈妈"，被称为"助残犟妈""诚信犟妈"。先后获得全国劳动模范、全国"五一"劳动奖章、全国"三八"红旗手、全国助残先进个人等荣誉称号，并荣登"中国好人榜"。

　　每天早上，在位于湖北省武汉市的东方红食品厂的门口，总能看到一道别样的风景——几十名员工排好队，集体跺着脚进入工厂大门。这在外人看来有些"滑稽"的行为，却是为了不把身上的灰尘带到工厂里，以保证作为一家食品工厂所应有的洁净。这些员工中的绝大部分都是智力残疾人士；而他们的老板，同时也是他们的"妈妈"，就是被誉为"助残犟妈""诚信犟妈"的易勤。

　　说起易勤的创业史，还要把时间的指针拨回到1997年。那一年，原是武汉市拖拉机厂下岗职工的易勤与丈夫接手了东方红食品有限公司，生产糕点和饮料。当时有 20 个员工。在夫妻俩的共同努力下，公司发展得越来越好。到 2005 年时，这家规模并不大的食品公司每年可盈利 40 多万元。后来，政府下达政策，要求每个企业要按一定比例安排残疾人上岗。易勤心想，不安排也照样要交人头钱，那就不如安排两个，多少做善事。这样，国家每年可以免除企业一定的税费，何乐而不为。

于是，易勤就安排了两个智力残疾人士在公司打杂。结果这一安排不要紧，东方红食品厂接收智力残疾人士这件事就迅速传开了，一些在外面经常受人欺负、打工处处碰壁的智力残疾人士一下子看到了希望，在其家长的陪同下纷纷找到易勤，一把鼻涕一把泪的请求易勤收下他们。面对此情此景，朴实善良的易勤如何能够拒绝？她用一颗如妈妈般包容的心接纳了那些智力残疾人士，并为他们打造了一个与正常人平等的工作平台。

就这样，当初本想借国家政策捞点"好处"、为自己公司图点便利的易勤，把她的这家民营小厂的命运和这些智力水平只相当于 3～5 岁孩子的智力残疾人士牢牢地"绑"在一起。

凡是来到东方红食品厂的智力残疾人士都是幸运的，因为他们从易勤那里享受到了如慈母般的照顾与关爱。为了保护智力残疾人士的自尊心，易勤立下了很多的规矩，包括语言禁忌，如禁止说"苕"（武汉方言"傻子"之意）和"不清白"（武汉方言"糊涂人"之意）等敏感的字眼。由于智力有缺陷，洗手消毒、拖地、封装这些简单的事，易勤都要喊着"一二三四"，同时还要配合肢体语言手舞足蹈地示范，才能教会他们。智力残疾人士记忆力差，一句简单的话，易勤总是不厌其烦地重复几十甚至上百遍，直到他们记住才罢休。由于长年用嗓过度，她的咽部长满了息肉，声音长期嘶哑，但因为要反复提醒，她不得不常年使用扩音器逐个提示，每天说话量超过常人的 10 倍。从 2005 年至今，东方红食品厂的智力残疾人士从 1 名增加到了 12 名，易勤都视如己出，对他们倾注了特别的关爱，从没有歧视或排挤过他们，久而久之，这些工人们都信任、依赖上了这位"犟妈妈"。

然而，这些被"犟妈妈"易勤的慈母胸膛所深深温暖和感化着的智力残疾人士却在不知不觉中将易勤的食品公司一步步推到"悬崖"的边缘。

智力残疾的员工越来越多，意味着企业面临的问题也就越来越多。智力残疾员工生产效率低下，食品厂年销售额保持在 90 万元左右，原料成本、房租水电等各项开支也在 90 万元左右，而智力残疾员工月工资加上社保每人 2000 元，这项支出每年要 20 多万元。按福利企业的退税政策，虽然厂里每年能拿回 9 万多元的退税，但即使这样算下来，每年还是要填补 10 万元左右的缺口。更严重的是，自 2005 年起，由于与智力残疾员工出现越来越多的矛盾，一些健康员工遂纷纷选择离去。短短几年下来，原本欣欣向荣、蒸蒸日上的食品厂，效益一路下滑，连年亏损。

看到公司出现这种情况，易勤非常痛心。为了这个公司，她倾注了大量的心血。每天清晨五时，她就早早起床在厂房里忙活。为了赶订单，她要在工人们上班前，把一天用的原配料准备好。到了夜里，当工人们已经下班的时候，她还要留在厂房，把做坏的废品一一返工。不管怎么说，易勤毕竟是个女人，都说爱美是女人的天性，易勤也不例外。年轻的时候，易勤也和其他的女孩子一样，喜欢打扮自己，且能歌善舞。但自从有了公司，她渐渐意识到了肩上的重担，将自己的绝大多数时间都留给了公司，对自己却越来越"冷漠"。这些年来，时间改变的不只是容颜，长期的劳作使她患上严重的腰椎病和颈椎病，十指上布满裂口，左脚小指出现增生，为了减轻磨脚的疼痛，每双新鞋易勤都会剪开一个口子。

当然，不仅仅是易勤在这样废寝忘食地付出，还有她的丈夫和女儿。在厂里，易勤负责抓生产，丈夫刘宏涛负责跑销售，女儿刘欣则是食品化验员兼车间打杂工人。尤其是她的女儿刘欣，大学毕业后本可以找到更好的工作，但却被身为妈妈的易勤"狠心"拉进了厂里，一来有个健全人帮她做事效率会高些，二来也想让孩子多锻炼锻炼。原本喜欢追求时尚的刘欣整天只能穿着工作服和智力残疾员工待在一起，早起晚睡不说，还没有双休日，更没有一分工资可拿。为了赶订单，一家三口饿着肚子一直忙到下半夜是常有的事。虽然很辛苦，但从小就在严谨的家风下成长起来的刘欣从没抱怨过，也没退缩过，因为她心里比谁都清楚"一分耕耘，一分收获"的道理。

现实终归是现实，虽然一家人为了公司的明天都倾巢而出，但还是不得不面对公司连年亏损的局面。尤其到了 2013 年，8 年来，东方红食品厂经营形势每况愈下，濒临破产。明眼人都知道，造成这一结果的"罪魁祸首"就是那些智力残疾的员工。一位食品同行曾对媒体说：对一个以残疾人为生产主体、效益低下的工厂，如此饮鸩止渴般不计回报的投入，这哪里是在办工厂，这纯粹是在搞慈善！亲友们多次劝易勤放弃智力残疾的员工，甚至因为易勤倾家助残，家庭关系一度变得异常紧张。但易勤的"犟"劲儿上来了，她并没有抛弃那些智力残疾的员工。经过这些年的相处，易勤已经与那些智力残疾员工培养出了难以割舍的感情。

　　为了照顾好那些智力残疾员工，也为了维持公司的发展，2005 年，易勤卖掉了位于汉阳的一套 30 平方米的老房子，换了 6 万元补贴厂里；2007 年，易勤又不得不抵押了自己最后的住所，用换来的 20 万元资金来维持厂子的运转。没了房子的一家人，只能勉强住进厂房一个 9.8 平方米的小屋，过着十分清苦的日子。

　　虽然公司连年亏损，但凭良心做事的易勤从没有在食品质量上动过歪脑筋。为了给消费者提供安全健康的食品，除了在原料采购和食品生产过程中严格把关外，易勤在一些细节上也非常在意，因为这直接关系到企业的招牌。她要求员工们无论冬夏，手必须洗净，在消毒液里浸泡 30 秒，进门不但要跺脚，还要用透明胶布清除衣服上的杂物。至于易勤为什么没在公司发展最困难的时期放弃智力残疾员工，有一个很重要的原因就是，智力残疾员工虽然手脚很慢，但心思单纯，不会投机取巧；做事一丝不苟，一举一动齐整规范，这是易勤所看中的。就这样，带领这样一群特殊工人，在这样一个困难重重的厂子里，"犟妈"易勤却做出了 100% 的优质产品。她说："从做老板赚钱的角度，我们是败了；但是论产品质量和食品安全，我们胜了。"

　　72 岁的肖作楞老人，家住江汉区复兴村小区。肖作楞的女儿萍萍，由于智力残疾，一直都未能找到工作。在江汉区残联牵线下，东方红厂收下了她。"您的伢（方言，孩子）在这里，我们会一视同仁，不会亏待她，您放心。"2011 年 11 月，患有先天性皮肤病的萍萍突然猛烈咳嗽，后因病重辗转多家医院治疗。带着女儿治疗几个月后，肖作楞意外得知，易勤仍在帮女儿交社保和医保。更让他感动的是，女儿住院的最初四个月里，易勤还给女儿发放了工资。"本来按法律规定，工人三个月不上班，工厂怎样处理都行。我真没有想到，还有这样大义的老板。"肖作楞说，从 2011 年 11 月女儿住院到 2012 年 8 月出院，治疗费用花去了 20 多万元，因为易勤帮忙及时交了医保，最后帮他们节省了 10 万元费用。更让人惊喜的是，经过积极治疗，曾经被医生"判了死刑"的女儿如今已经基本痊愈，可以正常生活了。

　　29 岁的智力残疾员工周雷"最可怜，没爹没妈，没人疼"。易勤不仅帮助他改掉了不讲卫生的坏毛病，2012 年元旦，易勤还带着周雷到江汉路步行街，给他买了"一件上衣，一条裤子，还有一条围巾"，帮另一个员工周运峰也买了衣服。

　　"我们都叫他干妈。"工人只会通过这样简单的言语表达对易勤的爱。

　　易勤凭着一股"犟"劲儿，扶弱助残、多来年坚守良心办厂的事迹，经过大大小小的媒体报道后，深深感动了全社会，社会各界纷纷伸出援助之手。2014年岁末，经营举步维艰的东方红食品厂终于获得新生，搬进了新的厂房，并更名为武汉市犟妈食品有限公司。而易勤本人，先后获得全国劳动模范、全国"五一"劳动奖章、全国"三八"红旗手、全国助残先进个人等荣誉称号，并荣登"中国好人榜"，得到了社会的极大认可。

2015年7月，又有27名智力残疾员工加入了她这个"犟妈"食品公司。（撰稿/吴蕴庭、吴路路）

编者点评："犟妈"易勤是智障孩子心目中宽容仁慈的母亲，是坚守道德良心的践行者，更是社会主义核心价值观的最好诠释者。她的事迹感动了江城，也感动了全国。易勤曾在一篇文章中写道："帮智障人圆梦，让'中国梦'更完美！"愿社会上能有更多的"犟妈"涌现出来，合力助推中国梦的早日实现！

资料来源：

［1］楚天都市网. 助残犟妈易勤的八年坚守 因为爱所以犟. http：// news. ctdsb. net/yaowen/2014/0111/182261. shtml ［2014－01－11］.

［2］武汉文明网. "犟妈"易勤帮智障人圆梦 让"中国梦"更完美. http：//hbwh. wenming. cn/oldweb/jh/201503/t20150324_ 1644818. html ［2015－03－24］.

［3］荆楚网. 助残犟妈易勤感动全国 社会各界伸援手帮其建造新厂. http：//news. cnhubei. com/xw/sh/201412/t3139509. shtml ［2014－12－31］.

谢子龙：一切为了"老百姓"

谢子龙　男，1966 年 9 月生，湖南人，现任老百姓大药房连锁股份有限公司董事长、第十一届全国人大代表、湖南省工商业联合会副主席、湖南省光彩事业促进会执行会长、湖南省青年企业家协会副会长、中国医药商业协会连锁药店分会副会长、湖南中华文化促进会副会长。2015 年，获得第五届全国道德模范——诚实守信模范提名。

　　2015 年 4 月 23 日，老百姓大药房连锁股份有限公司登陆上海股权交易所。从 2001 年到 2015 年，经过 14 年的发展，老百姓大药房已经覆盖了全国 15 个省份，并建有千余家连锁店，老百姓大药房的名声已经家喻户晓。2014 年，老百姓大药房的营业收入近 40 亿元。"老百姓"为什么能有这样的成绩？谢子龙说："我们的秘诀就是'创新'。"

　　在回答记者提问时，谢子龙表示："创新一直是老百姓大药房发展历程中的一个重要基因。不管是什么样的创新，我们都会以顾客需求为重，帮助更多的老百姓吃得起药、看得起病。未来我们还将创新管理模式，创新运营模式，创新人才模式，用'创新'来强化我们的潜力，推动'老百姓'的进步与发展。"

创新，是老百姓大药房发展壮大的秘诀，而要实现创新，必然离不开决策者的勇气和胆识。最初开始做医药零售时，谢子龙的做法就显得与众不同。他不惜重金，花费二三十万元做市场调查；他独树一帜，喊出"比国家核定零售价平均低45%"的口号，打造亲民的药品平价大卖场。正是谢子龙的大胆突破与创新，成就了现在的"老百姓大药房"。

除了创新，在谢子龙看来，诚信和责任也是成就老百姓大药房必不可少的法宝。谢子龙爱好摄影，所以他追求真实与美丽。而诚信与责任，则是他创建与管理企业的"美丽"理念。

"打造百年老店的精髓首先是讲诚信，诚实守信是老百姓大药房的经营宗旨，也是我们整个企业员工的行为规范。'老百姓'14年来一直在内部强化树立'诚信'意识，这也是我们企业的一大法宝，更是制胜的关键。另外一个就是'责任'，不管是企业还是个人，如果缺少了责任心，那么所有的事情都做不好，正因为我个人的这种责任意识很强，正因为我们企业的文化基因里面这种责任意识很强，所以才造就了我和老百姓大药房的今天。"正是因为谢子龙始终坚持诚信与责任，才能让"老百姓"被人们交口称赞，为老百姓所信赖。2005—2014年，谢子龙连续10年组织老百姓大药房各省公司开展"过期药品回收"活动，为防止过期药品流入社会危害群众健康或因随意丢弃而污染环境，老百姓大药房每年都会投入大量资金，制作海报在门店和社区宣传栏进行张贴，号召市民合理购药以免浪费，对过期药品进行回收，并根据药品价格水平兑换相应的礼品或现金券。公司每年都会回收数十吨的过期药品，联合各地政府监督部门一起进行销毁，每年投入到过期药兑换新药或现金券活动的费用就达200余万元。

"人人都是百姓，老百姓要帮助老百姓。"这是谢子龙曾经说过的话。在他看来，帮助别人，是一种责任。

2003年"非典"期间，谢子龙坚持药品绝不涨价，并进行免费赠药，为此牺牲400多万元利润，被授予"抗非典先进单位"；2008年湖南冰灾，谢子龙亲自将15万余元的抗冰救援物资送往京珠高速株洲援助站，并捐资、捐物100多万元；同年的汶川大地震发生后，谢子龙第一时间捐款116万余元，并向灾区捐赠价值510.6万元的救灾急需药品。同时，他还派出由公司专业医护人员组成的"老百姓大药房青年志愿者救护队"，携带药品奔赴灾区一线参与救援。据统计，自老百姓大药房成立以来，已累计为公益事业捐款捐物以及赠药总价值达4120

万余元，为消费者让利 99.47 亿余元。

　　谢子龙说："'老百姓'的定位就是老百姓自己的药房，如果说我们还去坑顾客，坑老百姓，还叫不叫老百姓大药房！当我们企业的利益和广大老百姓的利益发生冲突时，我们会无条件地让步老百姓的利益。"

　　时至今日，"老百姓大药房"俨然已经成为人们心目中最值得信赖的平价药店。而与此同时，对于"老百姓"未来的发展方向，谢子龙也有自己的谋划。在谢子龙眼里，要做好百年老店，必须量力而行，盲目扩张无疑是自取灭亡。"我们目前只在京广线、浙赣线沿线范围开设门店，基本上不考虑西南、西北和东北的市场。"而谢子龙之所以这么做，是因为"其他地方的市场人口密度比较低，而且离湖南总部较远，不便于公司统一配送药品。"

　　与此同时，谢子龙将更多的精力放在对卖场以及连锁店的建设上，避免多元化经营的同时，始终坚持只做零售药行业。

　　2015 年"两会"期间，李克强总理提出"互联网＋"的概念，于是许多企业纷纷把目光转向线上交易。而老百姓大药房，作为传统医药零售行业的代表，在多年前就已经开始了对线上销售模式的探索。

　　事实上，早在 2009 年，老百姓大药房便已经获得了互联网药品交易资质。不过，直到 2012 年才开始网上销售。2013 年 10 月，谢子龙成立了老百姓电子商务有限公司，开始独立运作电子商务项目。次年 1 月，网上药店正式上线。到 2014 年，老百姓大药房的网上药店销售业绩达到 2 亿元。随着 2015 年老百姓大药房连锁股份有限公司的上市，相信其线上业务必然能取得更好的业绩。

　　谢子龙不止一次表示："'老百姓'的最终目的是打造百年老店。"而谈及上市，谢子龙直言："现在'老百姓'上市，为的就是实现这一目标。"

　　如今，谢子龙的工作重心已经渐渐转到了培养团队和选择合适的职业经理人上面。"企业已经基本走入了正轨，我也在慢慢地退居二线。"谢子龙认为，自己正在为公司营造一种提携手下的氛围，同时公司还在每个重要岗位储备人才，保证公司一定程度的激烈竞争和优胜劣汰。用谢子龙的话来说："光靠一个人做企业是不现实的，即使你离开了这个世界，老百姓还是得正常运转。"（撰稿/吴蕴庭、张磊）

　　编者点评： 人无信不立，业无信不兴。谢子龙说："无论面对怎样的灾难，我们都要坚持平价不涨价，这是大是大非，不能发灾难财，低价承诺不能违背。"这份承诺，他坚守了 14 年。这，才是一个企业得以立足的根本。

资料来源：

［1］新华网. 谢子龙：做实实在在的"老百姓". http：//news. xinhuanet. com/health/2015 –06/17/c_ 127925296. htm ［2015 – 06 – 17］.

［2］中时网. 谢子龙：让老百姓吃得起药. http：//www. cbtnet. com. cn/article – 34168 – 1. html ［2015 – 06 – 17］.

［3］亿欧网. 借半年财报，扒一扒老百姓大药房的 O2O 之路. http：//www. iyiou. com/p/19886 ［2015 – 06 – 17］.

陈逢干：醉心于慈善事业的企业家

> **陈逢干** 男，浙江省天台县医药有限公司、宁夏石嘴山大榆树沟煤炭产销公司董事长。多年来，他热心社会公益事业，帮困助学。2012 年，获得第七届"中华慈善奖""最具爱心捐赠个人"奖。2006—2015 年，陈逢干连续十年获得"中国十大慈善家"称号，成为获此殊荣次数最多的人。

2015 年 4 月 28 日，第十二届（2015）中国慈善榜在北京发布，陈逢干获得"十大慈善家"称号，这已经是他连续第十年获此殊荣。陈逢干曾经表示，每年，他要履行一个承诺；每年，有一批贫困的孩子因为这个承诺获得读书的机会。他说，要将这个承诺坚持一辈子，因为赚钱就是为了回报社会。

陈逢干自幼家境贫寒，幼年曾有乞讨的经历，很小的时候便退了学。18 岁以后，陈逢干外出谋生。多年后，回想起那段经历，陈逢干仍充满感激："我承认人这一生需要机遇，我运气很好，有贵人帮助。幼年乞讨的日子，让我更加懂得知恩图报。""假如有一天我去扫大街，我相信会是最出色的环卫工人；如果我去看大门，我相信会是责任感最强的门卫。"陈逢干曾半开玩笑地这样说，"当年在生产队当农民时，我是全队工分最多的人。"陈逢干能如此自信，也说明了他的成功并不是偶然。

陈逢干离开家外出谋生的时候，正逢改革开放的浪潮席卷全国。2000年，陈逢干在一番了解后，决定进军矿产业。于是，他开始在内蒙古、山西、陕西、甘肃、宁夏等地不断寻找机会。皇天不负有心人，终于在2002年，陈逢干等到了这个机会。当时，宁夏要进行国企体制改革，正将一座煤矿的采矿经营权拍卖。陈逢干凭借过人的胆识和坚定的决心，最终成功拿下该煤矿的经营权。而这也成为陈逢干创业的新起点。经过多年的奋斗，陈逢干早已经是一名成功的企业家。但是，他最为人们所熟知的称号却是"慈善家"。

陈逢干曾说："商人不能把钱看得太重，要懂得回报社会。在我落魄的时候有很多人帮助过我，现在我也希望能尽自己一分力，帮助社会上需要帮助的人。"

谈起慈善，或许有人会这样想："只要我有了钱就会去帮助人。"但陈逢干却不这么认为。"金融危机那几年，我依然坚持做公益，甚至有时候入不敷出。有人说我是不是有点着魔了，而我觉得困难是暂时的，始终会过去，我相信爱是最永恒的语言。"在陈逢干看来，"不管我有没有钱，只要能力允许我都要帮助需要帮助的人。"就像他常说的那样，"我虽不是一个最有钱的人，但我要做最有爱心的人。"

陈逢干做过的慈善很多，但其中的一件恐怕令他毕生难忘。2005年4月15日，"宁夏陈逢干大学生助学基金会"成立。陈逢干在大会上发言说："中国有句老话叫'饮水思源'，自己先富起来，理当回报国家，回报社会。"2012年7月，陈逢干再次发起并创立了"新疆陈逢干大学生助学基金会"，他说："现在经常看到媒体报道某某地方的孩子因为贫困上不起学，我觉得这太可惜了。我只上了4年的学，我如果多读几年书，可能就不是这样了，所以真心希望他们可以有学上，在北京、上海，读最好的学校。"

陈逢干的大学生助学行动进行得很顺利，但他仍有所担心，这种纯投入式的慈善项目，能够一直运转下去吗？

为了解决这个问题，陈逢干开始寻求新的慈善项目，力求能够以企业经营的手段来运营，这样才能保证自己的慈善项目一直运转下去。这一次，陈逢干把目光放在了养老项目上。陈逢干解释说："养老问题是我国当下比较大的社会问题，现在40～60岁的人是最多的，再过20年，老人的数量将极为庞大，那个时候老龄化更为严重，那么随之而来的各种社会问题也将慢慢浮现。"

2007年8月，陈逢干与石嘴山市大武口区合作，开始建设"宁夏大武口逢干老年公寓"。这是一家非营利性养老院，在这个养老院居住有两类老人：免费供养老人和收费供养老人。对于大武口区的孤寡老人，他们实行免费供养；而对于子女有经济条件却无法照顾的老人，实行收费供养，而这些费用，则用来维持养老院的运行。

事实证明，陈逢干的这一探索非常成功。2010 年，陈逢干的儿子陈林峰更是将这一模式引进了天台医药有限公司，使其成为台州首批医药行业的"公益性企业"。

经过这一次的成功，陈逢干更加体会到了企业家做慈善的优势。"一个企业家仅通过捐钱参与慈善事业，还不能最大限度地发挥力量。我们应该发挥企业家自身的资源、智慧和经验，让慈善增值，再反哺慈善，才能使慈善可持续发展。"

陈逢干做慈善，给人感觉更多的是出于一种责任感。陈逢干曾为一个刚成立不久的新疆老年福利基金会捐款 200 万元。谈起这件事的时候，他说："新疆是我国多民族聚居的地区，当下，有伟大的政策的指引，我们用爱去融化。之前我了解到，新疆和田地区的人口老龄化比较严重，孤寡老人更是占了很大的比重。这次我来到策勒县，深感作为企业家的责任重大。老人稳定，新疆就能稳定，新疆稳定，祖国才能稳定，才能实现真正意义上的民族大团结。"

作为一个企业家，陈逢干本能地担负起了一种责任："我们国家这么大，无论什么事情光靠政府的财政是做不来的。社会上的资金大部分还是集中在企业家手中，企业家必须站出来，为国家分忧，做出应有的贡献，这是企业家的责任。"在谈起社会责任感时，陈逢干不无自豪地说道。

时至今日，做慈善已经成为陈逢干生命中必不可少的一部分，他曾经这样说："做善事是快乐的事情，不帮助别人就会很难受。"这，似乎早就成了陈逢干的人生信条。尽管他的这种理念并不能被所有人理解，但陈逢干自己并不在意："赚来的钱做慈善，是最好的结果。我家里没保险箱，小偷进来没什么好偷的，晚上睡觉也踏实，出去也不怕遭抢劫，因为口袋里没钱。做慈善，为我赢得了很好的声誉，即使有一天一无所有了，别人也会来帮助我。"

无论是在他的家乡天台县，还是他的创业地宁夏石嘴山市，陈逢干的财富都绝对不是最多的，但他在慈善事业上的投入，却让许多人望尘莫及。慈善，对于陈逢干来说是另一种事业，可以为之奋斗一生。

2015 年第十二届中国慈善榜"中国十大慈善家"中除了陈逢干，宁夏还有一位慈善家党彦宝。有评论说，"中国十大慈善家"中宁夏占两席，充分彰显了小省也能办大慈善。（撰稿/吴蕴庭、张磊）

编者点评： 有人说，企业家的最高境界就是慈善家。而作为一个企业家，更需要有一份社会责任感。就像陈逢干说的那样："作为先富裕起来的一批人，我们应该肩负起该负的责任，那就是把企业搞好，发展了要回报社会，这是我们的职责，也是我们的光荣。"

资料来源：

[1] 中国经济网. 陈逢干：要做最有爱心的人. http：//sme. ce. cn/hyzc/201403/07/t20140307_ 1450987. shtml［2014－03－07］.

[2] 公益时报网. 陈逢干：先富起来的人，应该肩负起该负的责任. http：//www. gongyishibao. com/html/qiyeCSR/6984. html［2014－03－07］.

马依尔江：帕米尔高原的雄鹰

马依尔江　男，塔吉克族，1968 年 4 月生，中共党员，新疆塔什库尔干塔吉克自治县人，新疆马依尔江商贸有限责任公司董事长兼总经理。先后荣获新疆各族青年团结进步先进个人、青年企业家、2014 年全国双拥模范、第八届中华慈善奖"最具爱心慈善楷模"、2014 年"全球首届华人杰出奖"等称号。

塔什库尔干塔吉克自治县，位于海拔 4000 多米的帕米尔高原上。1968 年，马依尔江出生在这片土地上，这里环境恶劣、雪山冰川覆盖全县，经济发展也十分落后，是个名副其实的高原贫困县。这样困苦的环境，并没有摧毁马依尔江的意志，从小他就下定决心一定要努力奋斗，改变家乡贫穷落后的面貌。

"1986 年，我用几年的积蓄去和田买了 5 条地毯，自己当搬运工，带着 5 个馕，历经 7 天，将地毯运到了塔什库尔干，在当地卖地毯，赚到了第一桶金，1200 元，在当时，那是一笔不少的钱。"马依尔江回忆起当时的经历时，脸上始终挂着微笑，"我用 600 元买了牛羊送给了驻家乡的边防部队，又拿出 550 元捐给了家乡的父老乡亲，当时看到乡亲们激动的表情，我心里涌现出一种满足感，希望以后能帮助更多有困难的人。"

　　从这以后，马依尔江正式走上了经商之路。正所谓"万事开头难"，经商之初难免会遇到很多困难，但马依尔江都一一克服了。马依尔江做的是边境贸易，他精通 11 种语言，这无疑是他经商的一大利器。

　　2003 年 10 月，马依尔江成立了新疆马依尔江商贸有限公司，主要经营纺织品、五金交电、文化用品、通信设备、畜产品、农副产品、机械设备、建材计算机等业务。马依尔江的生意越做越大，他所关心的事也越来越多。不仅是回报自己的家乡，更是把拥军也作为自己的一份责任。每年的节日期间，马依尔江都会和他的员工们，奔赴贫困户和偏远的边防部队，为他们送去物资和慰问品。谈起这些地方的恶劣环境，马依尔江仍记忆犹新："有的地方条件非常艰苦，路都没有通，汽车无法行驶，我们就带着驼队，翻越海拔 4000 米至 7000 米的高山，将面粉和大米等物资送到散居的牧民家里以及边防部队。2012 年 2 月，因为天气寒冷去高原送物资时我生了病，患上了心脏病，住了两个月的医院，到现在身体都不好。"

　　事实上，除了这些，马依尔江还一直为部队捐赠书籍、建立军营图书室，赠送多媒体自动化办公设施等。如今，马依尔江的脚步早已经踏遍帕米尔高原边防部队的每一个连队、每一个哨所。难怪有官兵这么说："每年来部队慰问的单位和个人很多，但能把所有的连队都跑一遍的人只有马依尔江。每到一个基层连队，你都能感受到他对于战士们的深情厚义。"

　　其实，马依尔江的拥军情结在他很小的时候就已经存在了。"很小的时候经常听家人说起自己的祖辈们在保卫家乡、保卫祖国时与来自英国、俄罗斯等国家的入侵者进行斗争的故事，我听着这样的故事长大，因此对守卫家乡、守卫边防的人非常崇敬。"

　　马依尔江在拥军这条路上一走就是 30 年，无论别人是否能理解，他却始终把这当作是理所应当的事。"我能安稳地在国内外做生意，就是因为祖国有一支强大的军队，我有义务为边防官兵做点事。"马依尔江曾这样告诉记者。

　　马依尔江不仅拥军，还爱做慈善。2008 年，汶川大地震时，马依尔江以个人名义向震区捐款捐物共计 184 万余元；2013 年，四川雅安地震发生后，马依尔江捐款 150 万元为灾区重建学校；2015 年，新疆和田地区田县发生地震，马依尔江又亲自带着 70 万元现金和物资赴灾区慰问。

　　与此同时，马依尔江还十分看重对教育的投入。马依尔江十分清楚，教育对个人和整个国家的意义非比寻常，个人要发展、国家要强大都离不开教育的推动。多年间，他先后走遍新疆每个教学条件艰苦的学校，为他们送去慰问以及进行资金援助，并且向经济有困难的学生提供资助。时至今日，受到乌依尔江资助的学生累计已超过 4000 余人。

2012 年，马依尔江耗资近 5000 万元，在新疆乌鲁木齐等城市创建出租车公司，目的在于帮助生活困难的低保户和退休军人实现就业。马依尔江的这一举动，解决了 1200 多人的就业问题。

随后，马依尔江成立了由个人发起的公募基金会——中国梦爱心基金会。2015 年 6 月，该基金会接受马依尔江的捐款后，在鄯善县连木沁镇库木买里村新建了一所 9600 平方米的多功能现代化小学，该项目耗资 2000 万元。此外，他还为四川雅安的孩子们兴建了一所幼儿园。

马依尔江说他爱做慈善，并以此为乐："慈善事业给我带来了快乐。得到我帮助的人现在有了好的生活，能够帮助别人克服困难是我最大的快乐。"

他的这些举动，无一不体现着一个企业家应有的社会责任感。

原全国人大常委会副委员长铁木尔·达瓦买提这样评价马依尔江："塔吉克人民的骄傲，帕米尔高原的雄鹰，优秀青年马依尔江同志用智慧，依靠改革开放政策个体经营，用自己的辛勤劳动发家致富。富裕之后没有忘记贫困群众，帮助他们改善生活，提高知识水平，从事公益事业，关心边防部队，为保卫边疆做出了贡献。"

"人不走出家门，就不知道自己的家有多好。"马依尔江说，"我去过 100 多个国家和地区，每到一个地方，我都会宣传中国改革开放和西部大开发以来的伟大成就，并用亲身经历说明党和政府对少数民族的关怀和帮助，坚决与民族分裂分子作斗争。"

30 年来，马依尔江遇到过各种各样的问题，但他从未退缩过："不管怎么样，我始终坚定地认为，我们的祖国是多民族的国家，我是在这个土地上出生的，祖国就是我的母亲，每个孩子离不开自己的母亲。不管怎么难，我都会坚持下去！我把生意从国内做到国外，把我国的产品推销到全世界，就是想证明一点：我们祖国很强大。"（撰稿/吴蕴庭、张磊）

编者点评：马依尔江说："苦难是我的财富，财富是表达爱心的基础。"苦难，是每一个企业家都会遇到的。但是，又有多少人能将自己的财富变成"爱心"呢！

资料来源：

［1］搜狐财经．"一带一路"中的新疆民营慈善企业家马依尔江．http：// mt. sohu. com/20150408/n410949649. shtml ［2015 - 04 - 08］.

［2］新疆日报网．民营企业家马依尔江 29 年心系边防官兵．http：//www. xjdaily. com. cn/jrtp/1128312. shtml ［2015 - 04 - 08］.

陈怀德、胡静："夫妻双双把善修"

陈怀德　男，1964 年生，广东化州人，毕业于深圳大学。**胡静**　女，浙江人。陈怀德现任中国扶贫开发协会副会长、香港月朗国际董事长、美国富佑集团董事局主席。2015 年 4 月 28 日陈怀德与妻子胡静共同获得了"中国十大慈善家"荣誉称号，成为自 2013 年以来唯一一对以夫妇身份连续三年获得该项荣誉的慈善家。

　　2015 年 4 月 28 日，第十二届中国慈善榜在京发布，陈怀德与妻子胡静再度荣膺"中国十大慈善家"称号，成为中国慈善界瞩目焦点。自 2013 年起，他们是唯一一对以夫妇身份连续三年获得此项殊荣的慈善家。除此之外，陈怀德还先后获得过 2010 年"中国十大慈善家"、2011 年"中国慈善事业特别贡献奖"和"2012 中国十大慈善家"，他们为中国慈善事业交出了一份优秀的答卷。

　　翻开陈怀德的成长档案，宛如一部励志的奋斗史。1964 年陈怀德出生于广东化州，4 岁时，身为《羊城晚报》著名副刊《花地》主编的父亲先是被打成右派，后又因为私自办厂被处以 8 年刑罚。直到 13 岁，父亲出狱，他才有机会再次踏入学堂。古人有言："知苦之必有乐，故不求乐；如乐之生于苦，故不畏苦。"对于得来不易的求学机会，陈怀德备感珍惜。后来他考入了深圳大学管理系，经商的头脑渐渐显现出来。赚取冲洗胶片的差价，倒卖废品手表，承包学校商场，开办学生服务公司，这些都是他大学时代所做出的成就。1988 年，他捐出了人生第一笔善款——为庆祝母校广雅中学的百年校庆，捐款 2 万元。

　　大学毕业后，陈怀德步入市场，既有专业的学识、丰富的经验，又有一定的资金积累，经过进一步的走访调查，最终他的目光盯上了成长中的服装行业。他在深圳创办了"雅仕衣帽有限公司"；1989 年 9 月，创办了香港雅仕企业集团有限公司；1994 年在深圳设立了美国富佑集团的子公司——富迪健康科技有限公司；1997 年创办了香港月朗国际电子商务有限公司和深圳市月朗科技有限公司。

事业蒸蒸日上，但 2001 年对于陈怀德依然是带有"疼痛感"的。这年，他的母亲因患有宫颈癌，突然离世。痛定思痛，他暗下决心——"进军"妇幼保健品。陈怀德请来专家、学者进行课题研究，最终成功地将负离子材料应用到卫生巾产品中，提升了产品的保健功能，创立了"月月爱"牌卫生巾。产品先是获得了两项国家专利，后又被世界中医药学会推荐为"高科技产品"，被中国名优品牌管理评价中心推荐为"中国重点保护新品牌"，被中轻产品质量保障中心推荐为"中国著名品牌（CQGC）"。

作为杰出企业家，他一直秉承"大爱无边，我们所做的一切都是为了爱"的企业文化，诚信经营，积极投身于慈善公益事业。

2006 年，他们向青海省玉树藏族自治州捐款 80 多万元兴建"怀德救助学校"（后更名为"玉树州怀德儿童福利院"）。当 2010 年玉树发生 7.1 级强烈地震、众多房屋轰然倒塌之时，这座福利院犹如巨人一般，屹立不倒，保住了 105 名孤儿的生命，自此该福利院也有了个"威风"的名字——"史上最牛福利院"。2011—2013 年，陈怀德又投资 600 万元对此福利院进行了修缮、扩建，使其可容纳 150 多名儿童，陈怀德被青海玉树藏族自治州儿童救助协会授予"永远的名誉会长"的称号。

2007 年，陈怀德向全国妇联捐赠 40 辆"母亲健康快车"和 2442 万元善款。在同年"10·17"国际消除贫困日主题公益晚会上，陈怀德、胡静夫妇以 400 万元拍得《清明上河图》（复制品）与"孔雀蓝琉璃大碗"，150 万元拍得书法作品《奥运长卷》，高价揽入两件宝贝，只在于"捐赠救助"。

2008 年，四川汶川大地震发生之后，他向灾区儿童赠送文具和价值 900 万元的"月月爱"负离子卫生巾系列产品。同年 10 月 17 日，陈怀德荣获中国扶贫基金会颁发的"2008 中国民生行动先锋"称号，并受到时任国务院副总理回良玉的接见。

2008 年 11 月 23 日，陈怀德通过广东狮子会捐赠了 13 万元，用于白内障治疗研究。2009 年 2 月 10 日，他又通过深圳市关爱办捐赠了 20 万元，专项用于白血病女孩赖碧红的手术费用。

2009 年，由于在扶贫开发与慈善公益事业方面的突出贡献，新中国 60 周年华诞之时，他应国务院的邀请，光荣地到北京参加 60 周年庆典系列活动。

2013 年，他为先天性手指、脚趾粘连的女婴胡罗凤捐款 10 万元。同年 4 月

20 日，四川雅安地震，陈怀德为受灾群众捐赠价值 1000 万元的慈善款物，并亲自赶往受灾最严重的邛崃高何镇，给灾民们发帐篷、水、干粮等救灾物资。

2013 年 12 月 6 日，人民大会堂举行了"2013 中国经济发展论坛"，陈怀德脱颖而出当选为"2013 中国经济最具影响力十大年度人物"。

说起妻子胡静，陈怀德这样讲："有我的地方一定有胡静。"他始终奉行古人所言的"修身、齐家、治国、平天下"的道理，坚信幸福和睦的家庭是事业成功的保障。在他们的家庭财产分配中，所有的资产均在妻子胡静名下，陈怀德笑着说："自己出门从来不带钱，财务交给胡静管理，我安心。"胡静同丈夫一样，认为家庭的幸福是首要的，点滴的小爱才能"酝酿"一个人的大爱；内心的宁静，才有力量战胜困难。她就是那个成功的男人背后的伟大的女人。

智慧而贤淑的胡静也是一位慈善大使。自广东省富迪慈善基金会 2009 年成立以来，她便担任理事长一职，坚持弘扬"大爱"，始终积极号召富迪家人和社会各界爱心人士多做慈善，四处扶贫救困、广施善举。

2010 年 4 月青海省玉树地震、2010 年 8 月 7 日甘肃省舟曲泥石流灾害、2014 年 5 月广东省茂名泥石流灾害……每一次的灾难都深深地牵动着胡静的心。几年来，她救助过上不起学的孩子，也救助过患有白血病的孩子，就像是一位博爱的母亲，用慈爱温暖孩子的心灵。不仅是孩子，对于贫困女人的不易她也是"感同身受"，在 2012 年 12 月 1 日，富迪慈善基金会举行了"母亲邮包"关爱女性健康特别活动，胡静代表富迪基金会捐赠了价值 1000 万元的女性卫生用品。

2014 年的中秋节，陈怀德、胡静夫妇前往东山福利院看望生活在这里的 400 多位老人，送上月饼、水果表达节日祝愿。自 2008 年开始，他们每年都来慰问，老人们都把他们当成了亲人。

陈怀德深知，"授人以鱼，不如授人以渔"。做慈善，不仅是要给需要的人"输血"，更重要的是搭建平台来"造血"。他告诉人们"施比受更快乐，施比受更有福"。"一生捐出 100 亿元、捐建 1000 所希望学校。"这就是他的慈善目标。

（撰稿/杨婷婷、吴蕴庭）

编者点评：陈怀德在其著作《善道》里说："只有悟善道，才能明善道，进而修善道，施善道，弘善道。"这么多年来，他坚持着从自己做起，从身边力所能及的事做起。妻子胡静就是在潜移默化中被他的善道所"感染"的，如今，夫妻双双把善修，伉俪情深，羡煞旁人。诚愿他们将这份"善"一直"传染"下去。

资料来源：

［1］中国经济网. 陈怀德、胡静夫妇荣膺"2014 年度中国十大慈善家". http：//finance. ifeng. com/a/20140429/12223697_ 0. shtml［2014 – 04 – 29］.

［2］人民网. 陈怀德：慈善应授人以渔　为国家和社会分担责任. http：// leaders. people. com. cn/n/2014/0225/c58278 – 24461138. html［2014 – 02 – 25］.

［3］新企网. 慈善人物　陈怀德、胡静：以爱的名义书写慈善人生. http：//www. haokoo. com/almsdeed/2091046. html［2015 – 03 – 17］.

许荣茂：不为锦上添花者，甘做雪中送炭人

许荣茂　男，1950 年 7 月生，福建石狮人，研究生学历，香港世茂集团董事局主席、中国民间商会副会长，第十、十一、十二届全国政协委员，第十届全国工商联副主席。2014 年，在由《公益时报》发起的中国慈善榜中，荣获 "中国首善" 称号。2015 年 4 月 28 日，荣获 "中国年度慈善领袖" 称号。

年过半百的许荣茂，有着半世的传奇经历。20 世纪 70 年代，风华正茂的许荣茂到香港寻求发展。他从事的第一份工作是在药店打工，而赚得的 "第一桶金" 则是在证券行业做证券经纪人。凭借自己天生对于数字的敏感，很快他便开设了一家金融公司。

20 世纪 80 年代中期，许荣茂在香港的金融市场如鱼得水，随后他很快开始转战实体业。先后在各地设厂，将资金投向纺织和成衣。到 1989 年，许荣茂正式进军房地产，成立世茂集团。先是在甘肃兰州投资开发了著名的东方红商业城，同时，在福建兴建了振狮开发区、闽南黄金海岸度假村、福建武夷山度假村等多个标志性房地产及旅游项目，为当地的招商引资奠定了良好的基础；1994

年北京房地产还在"沉睡"时，他一反常人，大举进入，在北京做高端房地产项目，紫竹花园、亚运花园、华澳中心、御景园……2000 年北京房地产爬上高峰，上海却还是"睡眼蒙眬"的状态，他又带领企业"转战"上海。

许荣茂开始为人知晓，是因为 2000 年 8 月上海万象集团股份有限公司（全国驰名商标"恒源祥"为该公司的总商标）突然宣布第一大股东为许荣茂。此时，人们才意识到他的"不一般"。2005 年以后，许荣茂开始"三驾马车"并驾齐驱的路程，包括高端住宅、豪华酒店及商业办公楼。到了 2009 年，世茂集团开始加大力度发展酒店及旅游产业。2013 年以后，世贸房地产继续在长三角地区的"棋盘"上"布局"，杭州、苏州、张家港、宁波等地均获得"一席之地"。目前的世茂集团已经拥有 100 多个项目，遍布全国 40 多个城市。从 2014 年开始，世茂集团迈出了走向国际化的步伐，在 2014 年 5 月的米兰世博会上，世茂集团副总裁蔡雪梅表示："对于世茂来说，是走上国际舞台一个必经之路，至于什么时间乃是集团的根本战略。"由此可见，继绿地、万科、碧桂园等龙头房企之后，许荣茂成为又一个"出海的房地产巨头"。就是在这一年的世博会上，中国企业馆执委会聘请了三位民营企业家担任中企馆的荣誉馆长，其中一位就是世茂集团董事局主席许荣茂。

关于许荣茂还有着这样的传言，据说一位《福布斯排行榜》的记者对许荣茂讲："以你现在的财产，当选中国富豪排行榜第一名绝对没问题，只不过你第一次入选就第一名不大好，所以就第五吧。"随意调侃的语气中，许荣茂身价究竟多少可见一斑。据说，他本人还多次致函《福布斯》，要求不刊登他的名字，而《福布斯》却"倔强"地硬将低调的他推向富人的"浪尖"，他的儿子面对记者给出了这样的解释："我父亲是个很低调的人，至今没有接受过一家媒体的专访，世茂集团也因此没有作过什么大的媒体推介活动。"

许荣茂自幼生长在一个医者世家，他的身上由里而外都透着一股医者的"仁心"。于是，行善便成了其人生内在基因。

在 2005 年，许荣茂同 20 多家民营企业家联合发起并成立了"中华红丝带基金"，致力于救助身患艾滋病的孤儿。系列宣传活动"红丝带健康包""红丝带栋梁班""中华红丝带家园""红丝带母婴阻断"等，一颗颗红色的爱心串起的"爱的绸带"，将温暖散播开来。到 2015 年，中华红丝带基金已成为大家所公认的极具影响力和公信力的慈善机构。除此之外，许荣茂旗下还有"世茂慈善基金""世茂教育基金""世茂安抚基金"等多项公益基金。建希望小学，关注留守儿童，关心外来务工人员子女的心理健康问题……许荣茂的"慈善基金"真可谓"遍地开花"。

2008年5月12日汶川大地震，许荣茂慷慨解囊，捐赠1.1亿元；捐建"世茂爱心医院"，将便捷、安全、有效的医疗卫生服务送到灾区人们面前。2014年，他的爱心医院已在众多省市"安营扎寨"，包括四川、云南、甘肃、陕西等，累计数量不下百所，超过2000万人受到救助。许荣茂郑重地说："乡镇医疗卫生服务直面广大农民，要看到他们的根本需求，为他们做更多实事。"

"爷爷，这是我自己画的画，您就像画里的那把伞，为我遮风挡雨。以后我一定好好学习，长大了也回报社会。"这是在一次香港新家园活动中，一位小女孩拿着自己的手工画送给许荣茂时说的话。稚嫩的话语像是一股清泉，淌入人心，注满"感动"。香港新家园是许荣茂在2010年耗资6000万元成立的，主要用于服务新到香港的内地人民，给他们提供生活、教育、培训、工作等一条龙服务。在新家园协会里有一个"动力789"组织，该组织主要成员为身在香港的内地学生、学者、工作不满七年的70后、80后和90后，他们既是曾经的受助者，也是如今的志愿者。该组织设立了各种奖学金、助学金、救助金等用于新到港的贫困家庭青年。许荣茂说："30多年前我也是新来港人士。我们的新家园就是要帮助他们更快地融入社会，提升他们的社会参与能力与适应能力，同时让社会对他们产生认同感，这样才能促进社会和谐。"在2011年7月1日，香港特别行政区政府特向其颁发了象征至高荣誉的"金紫荆星章"。

2012年，许荣茂所创立的"世茂志愿者"正式更名为"三年Ⅲ班"（"三年Ⅲ班"，三横三竖拼成一个"世"字，也代表"一点一滴一世界"，寓意"凝结小爱，践行大善"的宗旨）。在集团内部他们开展了名为"平凡爱心，非凡公益"的捐助活动，短短几天共筹集资金110047.5元，给一名患有白血病的人做骨髓移植手术。在2015年的采访中许荣茂说："这几年我们还参与了临终儿童关怀项目，我们有'三年Ⅲ班'，还有'蔷薇计划'，我也一直鼓励世茂的高管和员工们尽自己所能更多地参与公益事业，其实公益慈善不是一个人的事，应该是号召带动所有我们能影响到的人参与其中。"

"他是成功的企业家，更是大爱无疆的慈善大家，在以四川为主的多个省份的贫困地区建立了百家世茂爱心医院，携手海内外众多企业家创办'中华红丝带基金'和香港'新家园协会'。"这是2014年12月15日，"CCTV慈善之夜"颁奖晚会上对许荣茂的颁奖词。

2015年4月28日，中国（2015）慈善榜在北京发布。许荣茂再次荣获"中国年度慈善领袖"称号。许荣茂在颁奖晚会上表示："慈善无论大小，只要尽心，身体力行，都是值得肯定和推崇的。除了自己身体力行参与，未来他将号召更多人和更多社会资源参与公益事业，为那些需要帮助的人们做些实事，为社会的和谐稳定贡献自己的一份力量。"（撰稿/吴蕴庭、杨婷婷）

编者点评：这就是许荣茂，一个播撒爱意、传递梦想、守候希望的慈善企业家。成立"中华红丝带基金"，捐建"百家世茂爱心医院"，创办"香港新家园协会"……许荣茂用"医者"的仁爱心，用企业家的责任感书写了自己的公益长卷。正如他自己所言："我不仅会尽自己的绵薄之力继续从事慈善事业，增进人与人之间的关爱和温暖，更会将守望相助的精神变成一种信念，履行优秀企业公民的责任，努力创造未来。"

资料来源：

[1] 理财周报. 许荣茂家族：苦心培养二代接班，预备业务出海. http：//money. 163. com/14/0721/07/A1LMENE400254R91. html［2014－07－21］.

[2] 公益中国. http：//gongyi. china. com. cn/2014－04/24/content_6845945. htm［2014－04－24］.

[3] 新华网. 2014CCTV 年度慈善人物许荣茂专访　甘做雪中送炭人. http：//news. xinhuanet. com/house/bj/2014－12－24/c_1113762423. htm［2014－02－24］.

[4] 中国新闻网. 世茂集团许荣茂获"中国年度慈善领袖"称号. http：//www. chinanews. com/m/house/2015/04－30/7245359. shtml［2015－04－30］.

孙世福：守好"桂顺斋"的百年品牌

> 孙世福 男，1957 年 1 月生，天津人，中共党员，天津市桂顺斋糕点有限
> 公司董事长、总经理。2015 年 10 月 13 日，被授予第五届全国道德模
> 范——全国诚实守信模范称号。

"我老母亲一直都爱吃桂顺斋的糕点，她给我说过桂顺斋是个老牌子，所以别人家没有货了不要紧，桂顺斋可不能没有啊！"

2003 年 9 月 9 日，在桂顺斋和平路总店，一位 70 多岁的老大爷和店员在大声"争吵"着。因为马上过节了，老大爷知道老母亲最喜欢吃桂顺斋的翻毛月饼，所以专门来买一斤回去。但是不巧的是，店里的翻毛月饼已经全部卖完了，所以老大爷有些着急。而这时，一个穿着干净利落，梳着三七分头的中年人走了过来，简单了解完情况后，这个中年人二话不说便掏出手机拨通了一个号码："喂！对，通知厂里，让大家辛苦辛苦，再做一批翻毛月饼！"

当时这个爽朗诚恳的年轻人便是之后带领桂顺斋重登京津冀三地清真糕点第一品牌的领头人——孙世福！

1957 年 1 月，孙世福出生于天津的一个普通家庭。从小受到老天津朴实传统的影响，孙世福性格刚正不阿，眼中揉不得半点沙子，一直以诚待人，用心做事。

2002 年，孙世福来到了天津桂顺斋，此时的桂顺斋因经营不善，到了生死攸关的境地。大部分天津人都知道，桂顺斋是一个老字号的清真糕点店铺，是花了好几代人心血，从最初的天津卫民间小吃店一步步发展而来的老牌子。曾经的桂顺斋名噪一时，也有过彷徨迷离。而如今桂顺斋又深陷困境，孙世福心中冥冥的责任感驱使着他坚定地站了出来，发誓要带领桂顺斋重整旗鼓。"我既然到了桂顺斋，就一定把桂顺斋做好！"这是孙世福对集团领导承诺，同时也是对自己的承诺。

孙世福以"忠诚实干，敬业奉献"为主旨的企业精神，以"追求顾客满意，彰显民族特色"为主要的经营宗旨，制定并实施了生产现代化、经营连锁化、产品系列化、产供销一体化的发展目标，使产品在秉承传统的同时，又借鉴了国内外其他产品的技术，开发了新产品，并受到广大消费者的推崇。

很快，孙世福凭着诚实守信的经商理念，把销售产值不足 3000 万元的桂顺斋，重新打造成年销售产值 1.83 亿元的老字号第一品牌！桂顺斋就此重燃新光，走向了复兴之路！

随着企业越做越大，孙世福对原材料质量的要求更加认真严格了。2013 年，孙世福从合作多年的朋友老刘那里进了两吨红枣，在原料入库检验时，工厂检验部门却发现红枣不够新鲜，和之前看的样品出入颇大。工厂负责人马上联系供货商老刘询问情况。老刘自认与孙世福很熟悉，就跟工厂负责人商量："反正是做馅，捣碎以后谁也看不清楚，而且我们和桂顺斋合作这么长时间了……"工厂负责人向孙世福如实作了汇报。孙世福当即便说："一件也不能要，顾客看不见，我们看得见！这不是简简单单一批枣的问题，以次充好，就是在欺骗我，如果我们收下并对外销售这种产品，我们就是在欺骗顾客！"孙世福不但毫不留情地退回了两吨红枣，供货商老刘也永远失去了与其合作的资格。他坚信，只有保证原材料，做出的糕点品质才会过关。因此孙世福规定，只要是在原料方面出现问题的供货商，一概退货、断购。所以桂顺斋采购的原材料成本也比同行业高出许多。但孙世福认为食品安全绝非小事，做食品就要诚实讲良心！无论是在生活还是工作中，孙世福的衣服都是一尘不染的，头发也梳理得很整齐。他这样用心良苦并不是为了形象好看，而是为了干干净净做食品，让顾客看得舒心、吃得放心！

孙世福不仅在制作上严格要求，在出售环节更是"斤斤计较"，不让顾客吃亏。无论是单独零卖，还是装盒批发，孙世福都诚实守信，分量上做到分毫不差。2013 年，天津市一家合资企业慕名前来订购了桂顺斋 6000 套炉元蛋糕作为春节贺礼慰问员工。点心运去后，在分发时，有两个员工聊到分量的事情，他们觉得，这么大的企业，再接了这么大一单集体团购，能做到总分量不差就已经很厉害了，做到每一盒都能一样重，太不现实。所以他们就找来了电子秤，逐个过秤，结果竟然真的是盒盒重量都一样，没有一盒缺斤短两。如今该企业成了桂顺斋的铁杆客户。而每每说到这件事的时候，孙世福总会微微一笑，因为他觉得诚实守信其实是每个企业本应该做到的事。

孙世福带领的桂顺斋正是凭借着无可挑剔的产品、细致贴心的服务和那份亘古不变的真诚，在激烈的竞争中脱颖而出，立于不败之地，并最终成为天津人最喜爱的清真糕点美食！

在事业蒸蒸日上的同时，孙世福还不忘热心公益，他带领桂顺斋多次参加捐助天津清真寺修缮、慰问武警部队和老年公寓等社会公益活动；荣获了第四届天津市道德模范、天津市五一劳动奖章等称号；他所领导的桂顺斋社会影响力也日益提升，连续 11 次被评为天津市特等劳动模范集体，先后 3 次被评为全国民族团结进步模范集体。

当后来又有人提到工厂为了老大爷的一份订单专门制作翻毛月饼这件事时，孙世福依然义正词严地说道：“这是顾客对桂顺斋的信任，更是对老字号的情愫，决不能辜负！”（撰稿/吴蕴庭、白宗战）

编者点评：伟大人格的素质，重要的是一个诚字。冯玉祥说过：“对人以诚信，人不欺我；对事以诚信，事无不成。”而正是这种为人处世的风格，造就了孙世福的成功，同时也造就了一个伟大的人格品质！

资料来源：

天津北方网. 诚实守信模范候选人：孙世福事迹. http://news. enorth. com. cn/system/2015/05/13/030226220. shtml ［2015－05－13］.

李晓东：重义轻利的"傻帽儿老板"

李晓东　男，1965 年 6 月生，辽宁大洼人，辽宁省盘锦光合蟹业有限公司党委书记、董事长、总经理，曾获"全国劳动模范""第四届辽宁省道德模范""第六届中国杰出青年农民"等荣誉称号。2010 年，李晓东获得国家科技进步二等奖；2015 年 6 月，李晓东当选为第五届全国道德模范——诚实守信模范候选人。

1984 年，李晓东从大连水产学校毕业，不到 20 岁的他被分配到老家大洼县养殖场。李晓东开始勤勤恳恳的工作，很快就找到了当技术员的感觉。但是，李晓东并不满足现状。水洗卵导致虾卵大量流失、面对生病的虾手足无措……养殖场接二连三发生的棘手事情，让李晓东认识到，在中专学到的知识，远远撑不起他的"野心"。

1990 年，李晓东第一次接触河蟹养殖，他苦心钻研，终于填补了河蟹养殖的空白，总结编写出在沿海广为传播的《河蟹工厂化人工育苗技术操作规程》一书。1992 年，李晓东发明了"稻田养蟹技术"。1999 年，李晓东出任盘锦辽河三角洲河蟹养殖有限公司（2012 年 1 月 4 日正式更名为"盘锦光合蟹业有限公司"）董事长，希望在河蟹养殖方面干一番大事业。抱着继续发展的信念，李晓东于 2002 年考入中国海洋大学读博士，并成为了享受国务院特殊津贴的专家。流利的英语、专业的技术，让公司业绩在李晓东的管理下蒸蒸日上。近年来，盘锦光合蟹业有限公司（下称光合蟹业）通过"公司＋农户＋基地"的经营模式，带动了 1 万多个加盟农户，形成了浩浩荡荡的农业产业大军。目前，公司已拥有上亿元资产，下辖 10 个分公司，累积创造社会总产值超过 5 亿元、利税 2 亿元。

这些业绩，不仅归功于李晓东的能力，还归功于他诚信经营、让利农民的个人品质。李晓东以"光合"二字命名自己的公司，就是想让自己成为一片绿叶，用生命的"光合"，制造出氧气和能量无私奉献给他人，奉献给社会。一直以来，光合蟹业把"诚实守信、开放包容，质量至上、矢志创新，襟怀坦白、肝胆相照，德才并举、自强不息"作为企业的核心价值观。李晓东并不停留在嘴上功夫，而是真正落实到实处。

首先，李晓东适时推出"公司＋基地＋农户"的经营模式，并与蟹农签订回收合同，秋季以保护价收购扣蟹（扣蟹指每只 2 克以上的幼蟹，即蟹苗，可以在稻田、池塘、泯沟和平田中生长）。2004 年春扣蟹市场低迷不振，价格在每公斤 10 元左右。但是，为保护蟹农的利益和生产积极性，他们推出了平均每公斤 12 元的秋季扣蟹回收保护价；同时规定市场价若高过保护价养殖户可自由出售，反之公司则兜底回收。许多业内人士因此嘲笑李晓东为"傻帽儿老板"。同年秋季扣蟹市场开局不利，公司按合同回收了农户的 50 万公斤扣蟹，付出资金 600 万元，以当时的市场价计算，净亏损 350 万元。这样，仅从 2001 年秋到 2010 年秋，光合蟹业累计向农民让利 700 多万元。

"需要讲解员或者技术员来指导的话，打个电话随时就过来了。""给我们农民带来了增收。""服务相当周到，售前售后养殖都跟踪，老百姓养他那蟹苗多少年，一提'东'字牌蟹苗全国都知道，对他这个信誉度有安全感。老百姓忙活一年了，要买到不合适的苗，又没有相当的技术，这一年下来挣不到钱，实属太冤！"这是老百姓对光合蟹业的评价。

李晓东不仅想卖好自己的蟹苗，而且真正想保证农民利益，为农民谋福利。为了给河蟹上保险，他奔走了两年之多。终于，2015 年 8 月 27 日，光合蟹业作为投保组织者，与安华农业保险公司在盘锦市签下了辽宁省第一张河蟹养殖保险单。每亩保费 12 元，保额 200 元。为了不增加养殖户负担，李晓东又做出"损己利人"的事——由光合蟹业出资为河蟹养殖保驾护航！投保后，盘锦市盘山县的养殖户王立冬于 2015 年 12 月就获得了 8400 元的赔付款。在接受记者采访时他说："当初买蟹苗时，我听人说，光合蟹业的蟹苗有保险，当时以为就那么一说，没想到，真给赔了！"在 2015 年 12 月 26 日召开的河蟹养殖保险理赔大会上，83 户河蟹养殖户获赔，理赔总额达 24 万元。这一做法真正给养殖户吃了定心丸。

2015 年 4 月 24 日，营口大石桥市星翰农机专业合作社与盘锦光合蟹业有限公司成立联盟会的合作仪式在大石桥市石佛镇建立村举行。对此，营口新闻网以《"1＋1"新合作模式造福百千村民》为题报道："盘锦光合蟹业有限公司为聚宝村四名贫困户免费提供优质虾苗 34 斤，预计可创收 20 余万元。不仅如此，该公司服务部经理、水产工程师白海娟还义务为 60 余名养殖户讲解了'南美白对虾的健康养殖技术'。"

　　经多年努力，李晓东从一个中专毕业生成长为了"蟹王"，尽心尽力的卖好蟹、让利农民。民间更是流传着"要想兜里有，跟着晓东走；要想家里富，争当养蟹户"的民谣。在李晓东的带领下，光合蟹业有限公司被国家认定为"高新技术企业"，"东"字牌蟹苗被认定为中国驰名商标，几乎家喻户晓。

　　尽管公司会出现产品滞销或降价导致股东亏损或没有收入，也会出现因为周转资金紧缺使用高息贷款的情况，但是技术员的提成总是照付不误。这也许就是为什么一个地处偏僻、生活条件艰苦的民营企业可以使水产精英"驻足"的原因。盘锦光合蟹业有限公司的 62 名科技人员跨过 15 个省市、自治区，但他们从未因为隔乡千里、思乡心切而对公司事务有所怠慢。中国文明网上写道："根据他（李晓东）的承诺，新来的技术员成家时都能保证得到一套两室一厅的楼房，虽然这是用暂借款购置的，在以后的收入中要逐渐扣除，但对于那些成立新家的技术员来说，无疑是雪中送炭。"可见李晓东对员工的坦诚相待。

　　正是有了技术员们倾心倾力的工作，光合蟹业在技术创新上取得了显著成绩，获得多项国家、省市级科研成果，包括在李晓东带领下研发的"光合 1 号"河蟹新品种，都为公司"注射"了活力，让其虽经风雨但仍屹立不倒。

　　不仅如此，作为十一届全国人大代表、中共十八大代表的李晓东，也时刻抱着为人民服务的信念。《法制日报》的记者称对他的印象是平易近人、话语朴实。李晓东曾说："我是农业科技战线的代表，平时工作在第一线，接触的也都是农民，比较注意收集他们的需求、呼声。当代表这几年，我主要关注的是'三农'问题，比如农村合作医疗、农业科技创新、如何促进农民增收等。"情之深、意之切，让人为之动容。作为全国人大代表，他从未忘记"人民选我当代表，我当代表为人民"的使命，坚持为人民生活水平提高而奋斗不息。

　　2015 年 6 月，李晓东当选为第五届全国道德模范——诚实守信模范候选人。他把诚信当作企业立身之本，帮助蟹农每年增收总额高达 300 亿元。凭借着科技创新和诚信经营，李晓东撑起了大半个中国的河蟹养殖产业。（撰稿/吴蕴庭、马霞）

　　编者点评："对人以诚信，人不欺我；对事以诚信，事无不成。"李晓东就是凭借着对人施以诚信，与别人坦诚相待、甘于奉献，才换回农民的信任、企业的发展。也正是因为李晓东的人格魅力，才能聚集五湖四海的技术员与他并肩作战。作为企业家，作为人大代表，作为朋友，李晓东用行动告诉我们，树可以倒，屋可以塌，唯诚信不能丢，唯奉献不可止。

资料来源：

［1］中国农业信息网．辽宁省签出"河蟹险"理赔第一单．http：//www. agri. cn/province/liaoning/dsxxlb/201601/t20160111_ 4980549. htm ［2016 － 01 － 11］．

［2］营口新闻网．1 + 1 新合作模式造福百千村民．http：//www. yingkoun- ews. com/shehui/msht/201504/t20150424_ 849559. html ［2015 － 04 － 24］．

王景海：让孩子们喝上放心奶

王景海　男，1961 年 8 月生，中共党员，现任黑龙江省完达山乳业股份有限公司董事长、总经理。先后荣获"2012 品牌中国年度人物""黑龙江省劳动模范""佳木斯市优秀共产党员""亚洲品牌年度人物"等称号，当选第十二届全国人大代表，并连续获得第四届、第五届全国道德模范提名奖。

提到王景海，不得不说起他领导下的完达山乳业股份有限公司。完达山乳业股份有限公司系北大荒集团控股公司，下辖 24 家分（子）公司，员工 1.7 万名。年加工鲜奶能力 100 余万吨，可生产奶粉、液态奶、饮料、豆制品、米麦制品及保健食品等 11 大系列 170 个品种，销售网络遍及全国，其中原料粉远销东南亚和非洲，是黑龙江省第一个全国驰名商标，是全国农业产业化重点龙头企业和东北最大的乳品生产企业。2009—2014 年连续 6 年成为全国"两会"（全国人民代表大会和全国政协会议）指定饮品。2015 年，"完达山"以品牌价值 202.85 亿元位列"中国 500 最具价值品牌排行榜"第 130 位，成为中国乳业品牌价值榜单中第三品牌。

然而，这样一个庞大的企业，在王景海上任之前却是一个连续亏损的企业，尤其是在经历了 2008 年三鹿毒奶粉事件之后，全国乳制品企业受到严重冲击，很多完达山乳业的员工对企业的未来都充满了担忧与疑虑。

2009 年，在完达山最危难的关头，王景海临危受命，担任完达山乳业董事长、总经理。这对当时的王景海来说无疑是一个巨大的挑战。在接到领导的任命时，王景海还没有心理准备，但是经过短暂的调整后，毅然挑起了这个重担！

王景海上任之时，三鹿毒奶粉事件的恶劣影响正四处弥漫，消费者已经不再相信国内的奶粉企业，纷纷购买进口奶粉。作为国有企业完达山乳业有限公司的领头人，王景海深深明白，自己肩上的重任不仅仅是让老百姓喝上放心奶，更重要的是要重塑国产乳业品牌形象，打造振兴民族的民族企业。面对困境，肩负重任的王景海迅速做出表态："改革不允许缓慢前进。"当即付诸行动。

在接下来的几年间，王景海坚持以品质求生存，以质量求发展，将产品由追求数量转变为质量优先。在严把产品质量标准上，王景海不允许出现丝毫差错，从原料检验到成品出厂，他带领完达山人建立了一整套完善的管理制度。为了提高每一个完达山员工的质量意识，王景海在完达山旗下每一个分公司和子公司都建立了一间专门用来陈列完善质量与食品安全标准的陈列室，用这种方式醒目地提醒着每位员工。完达山人都知道，质量是完达山的生命，是企业的生命，更是关系民生的大事。王景海带领完达山人始终以实际行动诠释着这一句话。2013年 7 月，时任完达山乳业双城分公司化验主任的刘丽，在对新西兰韦斯特兰公司的一批乳铁蛋白原料进行抽样化验时发现，这批原料的硝酸盐含量没有达标，之后刘丽和同事又分别抽取了多点位样品进行了对比，结果多次化验的结果均不达标。这批原料是当时生产的急需品，如不能投入使用，不仅面临产品断货，企业效益下降，甚至会对刚刚有起色的产品销售造成很大的冲击，给完达山带来十分严重的后果；而如果就这样投入使用，则是对产品质量的不重视，对消费者的不负责。王景海立即召开紧急会议，会上有人提出：继续使用，并在半成品检验环节进行控制，若半成品合格则代表成品也就是合格的，进而解决断货等问题。面对如此侥幸以及不负责的提议，王景海当时就愤怒了，大声质问："明知道原辅料存在安全隐患，还想蒙混过关，这样的产品，在座的谁能给自己或者亲戚家的孩子喝？我想，不能！"最后会议决定，为了保证检验的准确性，将原料交给完达山中心化验室和 SGS 检验机构进行更专业的检验。很遗憾，检验结果仍是不合格，就这样，王景海毅然决然地将这批原料全部退回——完达山用实际行动"保护了中国人"。

就这样，在王景海的带领下，完达山产品合格率始终保持在百分之百。过硬的产品质量使完达山慢慢扭亏为盈，一步步变大变强，并树立了自己的品牌，曾连续两次进入亚洲品牌 500 强，重塑了消费者对国内乳制品的信心，维护了民族企业的尊严！

在带领完达山一步步走向辉煌的同时，王景海还带领完达山全体员工，投身公益事业，支援"春蕾计划"，扶助动车事故幸存孤儿，捐助四川雅安灾区。其本人荣获亚洲品牌杰出管理人物，品牌中国年度十大人物等称号。2013 年，王景海当选为第十二届全国人大代表，获得第四届全国道德模范提名奖。

完达山的迅速崛起并没有使王景海松懈，王景海不断完善食品安全标准和质量管理体系。到目前为止，完达山在王景海严抓质量的管理下，制定的食品安全标准多达 1155 项，100 多万字。建立了几近完美的企业、基地、奶农的产业化经营模式以及源头管理和产品质量可追溯体系。

在发展管理上，王景海坚持以诚信做大市场。2011 年以来，王景海亲自组建了完达山奶粉电子商务销售平台，并明令禁止运营者弄虚作假、以刷单等不正当方式诱导消费者以达到提高销量的目的。

随着完达山产品质量的严格控制以及其品牌的一步步建立，使得完达山产品得到越来越多的消费者认可。2014 年"双十一"网购狂欢节来临之际，在开始不到 30 分钟之内就接到了超过 10 万的订单数量，旗下的高端产品安力聪奶粉更是高达 4 万单。在如此火爆的销售情况之下，安力聪、金元乳产品相继断货。王景海在得知情况之后，当即下达指令："活动不能停，我马上给生产厂打电话组织连夜生产，你们继续接单，其余的不用你们管。"接下来王景海立即命令生产加工厂不计成本，信守承诺，加开生产线，生产断货的产品。就这样，经过整整两夜的奋战，所有产品均保质保量地完成了备货，王景海再一次用实际行动守住了对消费者的承诺，维护了企业诚信的形象。

王景海不仅对消费者重诚信，对于原料提供者的奶农们同样是不惜代价的信守着那一份诚信。2014 年，进口全脂粉价格由 5 万多元一吨暴跌到不到 2 万元一吨，因此造成大量倾销国内市场的局面。大多奶企开始拒收鲜奶，导致多地奶农开始倒奶杀牛。王景海清楚地明白，这是国外对中国乳业的进攻和挑衅，若长此以往，不仅中国奶农利益受损，更会导致奶源尽毁，民族乳业失去市场定价权的严重后果。关键时刻，王景海再一次果断地挑起了重任，带领完达山信守了 66 个现代化农场、212 个养殖小区、4600 余家奶农的收购合同，不仅不降价收购，还为了保护奶农利益，多收了 7.9 万吨的鲜奶，此举也让完达山承受了 2 亿余元的损失。

2015 年 8 月 28 日，"2015 中国企业信用传递活动"启动仪式暨高峰论坛在北京拉开帷幕。王景海作为此次活动唯一的企业代表上台参加论坛，阐述了作为民族企业的诚信责任和诚信观。他在致辞中指出，中国不缺好奶粉，更不缺好产品，缺的是信任！他号召全民坚守诚信，同时承诺完达山作为一个有责任感有担当的企业，有责任和义务来完成传递诚信这一伟大使命。

2015年10月，王景海再次被授予第五届"全国道德模范提名奖"；2016年9月，王景海获"亚洲品牌十大创新人物"称号。（撰稿/吴蕴庭、宋小宽）

编者点评：一个优秀的企业家不仅仅能够将一个企业发展壮大，更重要的是要有一颗回报社会、捍卫国家的赤子之心。王景海怀揣对生命的敬畏，立足民族大义，将质量作为企业的生命，为社会奉献的是放心奶，为国家挣回的是民族尊严。可以说，他用一杯奶，壮大了一个民族。

资料来源：

[1] 人民网. 全国诚实守信模范候选人王景海. http：//politics. people. com. cn/n/2013/0716/c1001 – 22207054 – 8. html ［2013 – 07 – 16］.

[2] 德耀中华. 第五届全国道德模范候选人事迹　全国诚实守信模范候选人. http：//dangjian. people. com. cn/n/2015/0624/c117092 – 27199419. html ［2015 – 06 – 24］.

丁贵宾：他办事，放心

丁贵宾　男，1964 年 4 月生，中共党员，现任吉林省长春欧亚集团白山市合兴实业股份有限公司总经理。2014 年被评为"白山好人"；2015 年 5 月 28 日，荣获"吉林好人标兵"称号；2015 年 10 月 13 日，获得第五届全国道德模范提名奖并参加授奖仪式；2016 年 1 月，被评为吉林省道德模范暨吉林好人 2015 年度人物。

走进欧亚合兴实业股份有限公司的办公楼里，我们会看到这样一条宣传横幅，上面写着"精心尽力，诚实守信，勤俭善持，团结互助"十六个大字，彰显了该公司的管理理念。担任欧亚合兴总经理这十余年里，丁贵宾始终坚持改革创新，带领全体员工闯出了一条长盛不衰的企业发展之路。他始终把诚信放在第一位，严把产品质量关，为顾客打造出一个安心、放心的购物平台，创造出了远近闻名的"白山企业现象"。今天的合兴，已经在社会上树立起响亮的诚信品牌，合兴成为了信誉的代名词。无疑，作为商人，丁贵宾是成功的。

人们常说，做很多事容易，但做好一件事是非常难的。从 1988 年开始，丁贵宾就以营业员的身份在联营商场（合兴大厦前身）工作，这一干就是 26 个年头。他始终坚持着自己"诚实守信"的原则，也一直在努力把这四个字做到位。在他看来，顾客就是衣食父母，对待顾客最好的方式就是货真价实、诚信经营。他知道现在百姓最敏感的就是价格，于是他承诺，对于商品价格，同品同种的要低于或与白山市区各商业网点内的其他商厦持平。2013 年，他还专门成立了商品价格治理监督领导小组，并亲自担任组长，利用半年时间开展了商品价格专项整治活动，目的就是为了更好地控制商品价格。

2013 年多地出现了"闹盐荒"事件。当时消费者疯狂抢购食盐，许多商家为牟取暴利，趁机哄抬食盐价格。此时的丁贵宾却说："一分钱都不要涨！这个时候涨价就是打劫，会丢掉群众的信任。"随后，他与盐业供应商取得联系，在不涨价的情况下，保证了市场供应，赢得了广泛赞誉。其实早在 2008 年轰动一时的"三鹿奶粉事件"中，丁贵宾就无条件先为消费者办理退赔，并向消费者致歉。那次的毒奶粉事件，使多少企业的声誉一落千丈，而合兴集团却依旧是"容光焕发"，一派蓬勃。

丁贵宾说，对待顾客就要像对待家人一样，他要求员工按照"满意在合兴"的服务宗旨，规划服务标准，向社会作出"穿在合兴、用在合兴、满意在合兴"的郑重承诺。不论如何，一定要让顾客买到称心如意又货真价实的商品。做到"可换可不换的以换为主，可退可不退的以退为主"的服务宗旨。曾经有一个顾客在店里购物时摔倒，索要赔偿。对于此事丁贵宾坚持认为顾客不会故意摔倒讹钱，并通过保险公司对顾客进行了赔偿。近 10 年来，公司共进行大规模假冒商品清理活动 10 多次，向消费者和供货商退换不合格商品总金额 100 多万元。

2011 年，在他的努力下，集购物、餐饮、娱乐、休闲为一体的合兴购物中心建成。这结束了白山市没有大型购物中心的历史，增加了就业岗位，解决了部分人的就业难题，也为活跃地方经济做出了应有贡献。

丁贵宾还积极助危济困，帮助群众解决实际困难。2013 年，"胖哥野猪肉"在合兴食品超市冷鲜肉专柜得到热卖，这个被称为"爱心大抢购"的猪肉就是丁贵宾为了帮助年近六旬的谷大爷摆脱困境专门成立的。白山市江源区湾沟镇的谷大爷在 9 年前赊欠给别人近 15 万元的建筑材料，对方建成猪舍后至今无钱偿还。近年来谷大爷身体不好，生活非常困难。后来，对方提出用人工饲养的野猪来抵债，但这些猪肉又如何销售呢？谷大爷犯难了。丁贵宾知道后，亲自给谷大爷打电话，表示愿意帮助谷大爷摆脱目前的困境。"谷大爷可以进驻我们食品超市现场来销售野猪肉，还可以把野猪肉拉到合兴商务酒店；同时，作为菜品原料我们也可以购买一部分。两个渠道同时进行，基本就能把谷大爷手里的野猪肉消化掉了。"尽管当时正值白山召开"两会"期间，丁贵宾又是市人大代表，没有亲自负责此事，但在他的安排下，野猪肉全部售完。"太好了，真是太感谢你们了！"谷大爷淳朴的话语表达出对丁贵宾真挚的情感。

2013 年，丁贵宾荣获"白山市市管专家"。他积极维护消费者利益，建立评审制度严把商品质量关，并在营业室设置了公告牌和意见箱，接受顾客和有关部门的价格监督和检查，设立了"价格监督奖"。并且开展了一系列微笑服务标兵、品牌商品星级顾问等评选活动，为企业赢得了效益，塑造了诚信品牌。此外，他还用诚信回报社会，积极承担社会责任，始终践行着社会主义核心价值观。

在白山市，提起丁贵宾，认识他的人都会说"他办事，放心"。在这简短的五个字里，满含着合兴人对他的信赖，这无疑是对他的最高评价。在企业员工的眼里，丁贵宾像是他们的家人，他每天准时到店里查货，经常在各个商场巡视，与员工一起迎接顾客；他还经常与员工在一起搞活动，几乎每年都会给员工涨工资，并且对员工许下的承诺都及时兑现。丁贵宾说："企业是家，员工就是自己的家人，对待家人，就要面带微笑。"

2014 年，他被评为"白山好人"诚实守信标兵，而他也正在一点一点地践行着自己诚信经营的诺言。"满意在合兴"，不仅是合兴人对自己的要求，更是白山老百姓的口碑相传。2015 年 4 月，带着万物复苏，春回大地的气息，"4·15"欧亚 31 周年店庆圆满落下帷幕。对于白山市人民来说，渐行渐远的热闹场面仿佛还历历在目。《城市晚报》白山讯"合兴是白山老百姓的合兴，就要为白山的百姓多做实事儿"。丁贵宾也一直坚守着这样的信念，26 年的坚守成功了。

丁贵宾在企业管理中，始终把诚信放在第一位，把顾客放在第一位，在自己的岗位上踏实工作，凭借多年的诚信经营理念和做人原则，先后荣获白山市优秀青年干部、十大杰出青年、职工群众最满意经营者、吉林省五一劳动奖章、吉林省劳动模范等称号。在以"顾客为中心"的经营理念中，不断引进新产品，与时俱进，带领公司不断再创佳绩，让欧亚合兴实业股份有限公司成为白山地区最大的购物中心。2015 年 10 月 13 日，由中央宣传部、中央文明办、解放军总政治部、全国总工会、共青团中央、全国妇联共同主办的第五届全国道德模范授奖仪式——"圆梦中国　德耀中华"在北京人民大会堂金色大厅举行，丁贵宾荣获第五届全国道德模范提名奖并参加授奖仪式。2015 年 10 月 18 日，参加完仪式的他载誉归来，合兴员工由衷地为他感到骄傲和自豪。

对于企业以后的发展，丁贵宾说，企业现在正朝着体验式消费的方向发展，要让顾客在购物时有回家的感觉，而他也将一如既往地坚持自己诚信的原则。虽然在市场经济体制下，企业竞争激烈，但我们相信，在丁贵宾的领导下，欧亚合兴集团将会更上一层楼。（撰稿/吴蕴庭、闫红梅）

编者点评：经商者必要"为富先仁"，在如今激烈的市场竞争下，赢得顾客的信赖是尤为重要的。正如丁贵宾自己所说："一个人的心如果像太阳一样，就会给其他人带去温暖。"在挣钱的同时给顾客带去温暖，在发展企业的同时奉献着社会。无疑，在这一方面，丁贵宾做得很好。

资料来源：

[1] 城市晚报·白山版. 丁贵宾用诚信回报社会. http：//cswbszb. chinaji-lin. com. cn/html/2015 –02/02/content_ 108073. htm?div = –1 ［2015 –02 –02］.

〔2〕吉林工人报. "吉林好人标兵"丁贵宾荣获全国道德模范提名奖. http：//media. workercn. cn/sites/media/jlgrb/2015 _ 10/21/GR0107. htm 〔2015 - 10 - 21〕.

〔3〕中国文明网. 丁贵宾. http：//www. wenming. cn/specials/sxdt/fifthmd/dyzhsjz_ 27621/hxr/201506/t20150623_ 2691793. shtml 〔2015 - 06 - 23〕.

〔4〕. 中国吉林网. 丁贵宾："诚实守信"受人赞. http：//www. chinajilin. com. cn/2014zhuanti/content/2015 - 07/03/content _ 3369751. htm 〔2015 - 07 - 03〕.

贾合义：沿着"丝绸之路""走出去"

贾合义　男，1957年2月生，中共党员，陕西省西安市爱菊粮油集团党委书记、董事长、总经理。2015年6月，被推荐为第五届全国道德模范——诚实守信模范候选人，2015年中国粮食经济年度人物榜单人物。他以"良心食品"作为爱菊粮油集团的标签，企业粮油的质检合格率已连续多年保持100%的水平。2015年12月13日，他响应国家"一带一路"战略，代表爱菊集团与哈萨克斯坦代表签订了价值5700万美元的中国对哈农业产能投资项目。

2013年9月26日，贾合义在北京京西宾馆会议楼前厅，受到了国家主席习近平的接见，与他一起受到接见的，还有另外318名来自全国各行各业的代表，他们都是第四届全国道德模范及提名奖获得者。

这不是贾合义第一次因"诚信"而获得荣誉。2000年，他被评为西安市劳动模范；2002年被评为陕西省粮食行业优秀企业家；2007年被评为陕西省劳动模范；2010年被评为西安市诚实守信道德模范；2011年被评为全国粮食行业优秀企业家；2012年被评为陕西省诚实守信道德模范。而这一次以全国道德模范的身份受到习近平主席的接见，也不过是给他的荣誉簿上更添一笔——当然，是更光辉的一笔。

他经营的爱菊集团是西北地区综合产能最大、设备最先进的食品、豆业生产基地，在西安地区颇有名气。主要经营豆制品、主食、食用油、大米、杂粮、面粉及调味品等食品的生产及销售。多年来，爱菊集团依靠"诚信为本"的经营理念，不断做大做强，成为西北地区粮油产业的翘楚。

2015 年年末，贾合义的爱菊集团有了新的战略。12 月 13 日，贾合义飞往北京，前往钓鱼台国宾馆，在那里等待他的是哈萨克斯坦总理马西莫夫和一份面向哈萨克斯坦的价值 5700 万美元的合同。这是爱菊集团响应国家"一带一路"经济带战略的实质性举措。

双方合作的蓝图勾勒于 2015 年 5 月。5 月 21 日，以"共建丝绸之路经济带"为主题的"第十三届哈萨克斯坦——中国商品展览会"在哈萨克斯坦阿拉木图市阿达肯特展览中心开幕。这次展览会，爱菊集团是陕西省唯一参展的粮油企业。

贾合义作为当时集团的领导，去哈萨克斯坦走了一趟。这个世界上最大的内陆国有着纯净的天空和广袤的原野，但是经济不发达，基础设施建设落后，农业经营方式粗放。小麦亩产仅在 150 公斤左右，是我国的 1/3。为了发展国内的农业，哈萨克斯坦当地政府十分鼓励外资的进入。

"一带一路"战略提出之前，哈萨克斯坦与中国的贸易关系以被动的商品输入为主，很少有来自中国的投资，原因是两国信息不对称，人文和生活习惯不同。爱菊集团这一步棋走的不可谓不冒风险，哈萨克斯坦毕竟农业水平落后，注入高额的资金，并没有坚实的产量的保障，需要从基础设施开始投入。

对此，贾合义有自己的看法："哈萨克斯坦农业种植生产加工水平虽相对落后，但这恰恰保障了其油脂油料绿色、无污染、非转基因的好品质，这正符合爱菊集团追求高品质原料的要求，同时也符合当前国人健康消费的理念。"

贾合义并不是一个乐于逐利的商人，早在 2011 年，"毒豆芽"事件消息传出之后，贾合义因一份生产"放心豆芽"的理念，购置了大量新设备，关停了豆芽车间，让企业损失了 500 万元。"让广大市民放心食用，这是粮油企业的底线，也是我们的生命线！"这句话被贾合义奉为自己的座右铭。

1993 年，他一举挑起了群众面粉厂（爱菊公司前身）的重担，当时面粉销售效益很差，年销量跌至 100 多万袋，年亏损 200 多万元，从员工到领导，整个企业都是人心惶惶。可即使是面对如此艰难的境况，贾合义依然是态度坚决："做粮油就是做良心，任何漠视粮油安全的行为都是漠视生命，都是犯罪！我们要咬紧牙关、勒紧裤带，坚持质量第一，总有一天市民会争着买爱菊产品，我们一定会走出困境！"为此，他毫不犹豫取消"增白剂""增筋剂""散装油"，摒弃了不法商家用硫黄熏麦面的做法。将"诚信经营"的大旗插进了每位消费者的心头。20 余年过去了，爱菊粮油合格率年年 100%。"为了生存，我们的职工曾牺牲了眼前的利益，连续 8 年没有涨过工资，连续 5 年放弃节假日到居民社区进行直销宣传。"贾合义在个人微博上这样写道：感谢员工在一次次抉择关头对自己的信任，坚守"爱菊生产放心食品"的理念。

这一次，贾合义又坚持了自己的信念。从 2015 年 6 月开始，爱菊集团成立了专项考察组，先后多次深入哈萨克斯坦国内考察优质原料基地，与当地的农产品企业签订了 2000 吨的食用油采购计划，之后油脂厂、豆制品厂、面粉厂纷纷建立。哈萨克斯坦生产的面粉和粮油，将搭乘"长安号"国际列车（"长安号"国际货运班列为陕西省首趟国际货运班列，从西安到哈萨克斯坦的阿拉木图，全长 3866 公里，运行时间 6 天；到哈萨克斯坦的热姆，全长 5027 公里，运行时间 10 天）来到中国，进入西安百姓的餐桌。

爱菊集团多年来坚持的放心食品理念为其赢得了良好的口碑，又乘着政策的劲风，可谓春风得意。"这个进军，不单单是将爱菊集团的粮油卖到哈萨克斯坦，更主要的是，将哈萨克斯坦的优质粮油原料，搭乘（长安号）国际列车运回中国，将那些高品质的粮油产品送到国内老百姓的餐桌。"贾合义这样说道。

在 2015 年 7 月 4 日中央电视台播出的《焦点访谈》中，对爱菊集团搭乘国家"一带一路"战略发展契机驶出国门，与哈萨克斯坦企业实现产销对接、优势互补、并肩发展的情况进行了详细报道。这是官方对于爱菊集团所制定的发展战略最有力的肯定。

贾合义说："我们首先把哈萨克斯坦变成爱菊集团的优质粮油原料基地和生产加工基地，从而保证粮油食品的安全，让国内消费者切实享受到'一带一路'带来的便利和实惠。"爱菊集团自 2014 年 9 月正式启动"电商＋店商"的区域电商销售模式以来，在西安市内已有 700 多个网点，打下了纵横交错，"结实"而"全面"的网络格局。"爱菊集团与时俱进，与哈萨克斯坦合作一经落地，相关食品在爱菊电商平台就都可以买到了。"商品销售的渠道一直是贾合义很关注的一项内容，之前企业由于坚持食品质量而遭遇销售危机时，爱菊集团正是通过长期的在扩充销售渠道上的努力，最终解决了危机，扭亏为盈。

不得不说，贾合义是一个目光很长远的商人，他的视野不拘泥于眼前的利益，所以行为就不局限于一时的得失。这次对哈萨克斯坦的投资就是在食品销售行业另辟蹊径。它主要以"健康""无污染"作为营销的主题，又乘上了政策的东风。

2015 年 6 月，贾合义被推荐为第五届全国道德模范——诚实守信模范候选人。(撰稿/吴蕴庭、杨漠)

编者点评：贾合义积极响应国家"一带一路"经济带建设，与哈萨克斯坦签订投资合同，这一做法无疑是机智的。因为这样一来可以取得政策的红利，二来可以提升企业在政治界和民间双重的地位，三来可以搭官媒推行政策的便车，形成对企业的一种软广告式的宣传，一举三得。其中他以诚信为本的经营理念，是无论如何都值得褒扬的。

资料来源：

[1] 西安日报. 贾合义：用诚信撑起食品安全上空的西安蓝. http：// news. 163. com/15/0804/05/B05BNEJ700014AED. html［2015－08－04］.

[2] 西安文明网. 贾合义：诚实守信要讲"粮"心. http：//xa. wenming. cn/daodemofan/201308/t20130801_ 757397. html［2013－08－01］.

单增卓玛：造福他人的"疯子"

单增卓玛 女，藏族，1957 年 12 月生，中共党员，西藏自治区西藏卓玛医院院长，西藏卓玛医院有限责任公司董事长。单增卓玛曾获"全国就业创业优秀个人""全国劳动模范"等荣誉称号。2015 年，单增卓玛当选为第五届全国道德模范候选人。

1977 年，单增卓玛从西藏民族学院医疗系毕业。完成学业后的她被分到了林芝农科院的医务室，实现了她一直想成为一名医生的梦想。岁月流转，转眼间单增卓玛在林芝农科院的医务室平淡地度过了十几年。担任过领导职务、享受过县级干部待遇，但是单增卓玛潜意识里认识到：她的生活还不够完整。

1978 年，单增卓玛 21 岁，轰轰烈烈的改革开放开始了，她看到了希望；1992 年，邓小平在南方谈话中提出"改革开放胆子要大一些，看准了的，就大胆地试、大胆地闯"的观点。此时，已经 35 岁的单增卓玛，受邓小平南方谈话的启发，坚决的辞掉了工作，决定顺应改革开放的浪潮，走出去展现自己的才华。

1994 年，单增卓玛投资 5000 元，在只有一张桌子、一条板凳、租来的 15 平方米门面房这样艰苦的条件下，开办了人生中的第一间诊所。就是这间简陋的小诊所，在单增卓玛辛辛苦苦的打拼下，于 2008 年快速"升级"为卓玛门诊部。到 2015 年 7 月，门诊部又发展成为占地面积 3000 平方米、拥有 20 个专业科室、146 名雇员的西藏卓玛医院。而单增卓玛也"摇身一变"，成为了拥有数千万元资产、西藏女性民营企业家中的佼佼者。

作为西藏卓玛医院的院长和董事长，从单增卓玛身上可以看到不同于平常女性的气魄。

像单增卓玛这个年纪的人，对西藏变化与发展的记忆，尤其是新旧西藏的对比非常清晰与明确。1959 年西藏民主改革时，单增卓玛还是个幼儿。但她后来知道，没有那场民主改革，就没有农奴的翻身当主人，更没有西藏妇女的翻身解放，逐渐撑起西藏经济发展的半边天。"我们妇女能跟男子一样做大事业。"秉持着这种观点，单增卓玛始终保持着以人为本、竭尽全力的工作热情，像"疯子"一样奔走于病患和员工之间。在西藏卓玛医院上市之前，她曾说："同学聚会时，他们都开玩笑说我像个疯子。但是这些话我都不会放心上，谁说女人不能像男人一样打拼？而且我们公司已经计划不久后上市。"

不仅如此，单增卓玛更有着胜于男人的担当。20多年来，她一直铭记自己是一名医生，牢记作为医生的使命，对患者报以诚信和耐心。她把自己的手机号印在用来装药的袋子上，方便患者回家后有什么不明白的地方可以直接打电话问她。每天单增卓玛都会接到十几个患者打来的电话，耐心为他们解释，不让任何一位病人失望。在2015年10月11日中国文明网发表的《全国道德模范候选人单增卓玛：诚信是做人之本》这篇文章中这样转述单增卓玛的话："医患矛盾是医院不可避免的话题，也是必须面对的问题。""我们卓玛医院也遇到过很多次医患矛盾，但我们都处理得非常及时，非常有效。"的确，即使对于医院最棘手的医患关系，单增卓玛也用她的能力和诚信善良将医患矛盾调节到融洽。2014年，西藏卓玛医院中有护士因为疏忽而导致患者输液针管跑掉，患者家属担心由此引发肺炎而向医院讨说法。单增卓玛得知后，马上安抚患者家属情绪，并让医院为患者进行救治和检查，承诺免除此次所有费用；与此同时，她没有姑息犯错的护士，对她采取了罚款并开除的惩罚措施，得到了患者及其家属的理解和原谅，竟主动请求对犯错护士开恩。

在她以人为本、诚信经营的带领下，西藏卓玛医院始终坚持"科技兴院、专家治院、人才强院"的方针，秉持着"能吃药不打针，能打针不输液，能门诊不住院""新药少用、贵药不用"和"低收多诊"的理念，致力于造福患者。作为医院的董事长，她并没有抬高身价，而是设身处地为每一位患者着想，医院几乎所有用药都在10元以下。有患者评价说："在卓玛医院住了一个星期，花了1000多元，就把病治好了。卓玛医院真的是处处为我们病人着想。"卓玛医院成立以来，曾获得拉萨市药品管理局社会医疗机构责任评选第一名，在2013年被拉萨市相关部门评为先进集体。

对于医院员工，单增卓玛也是"妈妈"一样温暖的存在。她曾说："关爱员工，不是恩赐，而是义务；善待员工，就是善待企业。"她是这么说的，也是这么做的。在单增卓玛的心中，没有一件员工的事不是她的事，她对他们不像领导对下属，而更像亲人。因其喜而喜，因其忧而忧。单增卓玛手把手教给新员工流程和技巧，担心他们的房租、水费、电费等生活问题。除此之外，"单增卓玛还特别照顾从农户区走出来的大学生，在招收医院员工时，从农户区来的大中专毕业生优先录用"。许多应届毕业生在卓玛医院工作期间得到了深造机会。大多数员工将西藏卓玛医院当作自己的家一样呵护经营，即使有更好的机会也不舍得离开卓玛医院。

单增卓玛造福的对象绝不仅仅限于患者和员工。作为一个中共党员，作为一个白衣天使，她心念的永远是如何让别人活得更好一点。单增卓玛一直带领员工积极向遭受自然灾害的人们伸出援助之手。仅在近几年，卓玛医院就向国内、区内的灾区捐出数万元善款。2014 年，西藏卓玛医院和拉萨民政部门合作兴办慈善事业，投资了 500 多万元成立西藏首家高档夕阳养老康复中心，为近 10 位鳏寡老人、贫困老人及残疾老人进行义务服务。她组织捐款为农牧民送上光明，带领团队免费义诊，为偏远牧区群众带去慰问品和药品……她曾坚定地说："我要尽我所能去回报社会，用感恩的心走出属于自己的人生路，为构建和谐社会奉献自己的绵薄之力。"

尽管对别人的事情尽心尽力，作为母亲的她却对儿子的婚事一拖再拖，结婚证已经领了，婚礼却迟迟不举行。这不仅导致儿子不开心，亲家公也因此闷闷不乐。这就是单增卓玛，永远先为别人着想却忘了自己的"疯子"。

2015 年，单增卓玛当选为第五届全国道德模范候选人。同年 10 月 19 日，拉萨市委书记、市文明委常务副主任马新明，拉萨市副市长、市文明委副主任吴亚松慰问了单增卓玛。作为西藏首家本土民办医院创建人、西藏女企业家协会副会长，单增卓玛敢于创新、诚信做人，用能力和品质赢得了界内人士的敬佩，真正起到了模范带头作用。（撰稿/吴蕴庭、马霞）

编者点评： "敢为天下先"说的正是单增卓玛这样有气魄的人。作为一个女性，她不顾周围人怀疑的目光，坚定地走了下来。她用行动告诉我们：蜷缩在角落的人如虫子一般，不会有坎坷的路，当然也不会有将来的成功。一个人只有真正做到为他人着想，坚持诚信和善良，才能在成功的路上愈走愈远。

资料来源：

［1］西藏日报. 用感恩的心回报社会. http：//epaper. chinatibetnews. com/xzrb/html/2015 – 03/31/content_ 608440. htm［2015 – 03 – 31］.

［2］中国文明网. 全国道德模范候选人单增卓玛：诚信是做人之本. http：//fswmw. gov. cn/syjj/dfcz/xz/201510/t20151011 _ 2899955. shtml［2015 – 10 – 11］.

［3］中国西藏网. 员工心中的"妈妈"——记西藏卓玛医院创建人单增卓玛. http：//www. tibet. cn/rwxw/rwtx/201311/t20131104 _ 1947024. htm［2013 – 11 – 04］.

阿不力孜·买买提尼牙孜：浴火重生的"活雷锋"

阿不力孜·买买提尼牙孜（以下简称阿不力孜） 男，1974 年 4 月生，维吾尔族、中共党员，新疆和田地区和田市残疾人工贸发展中心董事长。2013 年 8 月 22 日当选为第三届自治区见义勇为道德模范，2015 年第五届全国道德模范候选人。

"不能让他知道点事，特别是哪里遭灾了，群众受苦了，只要听到了，他就要'忍不住'做好事，而且是'悄悄地'。"25 年来，朴实的民族企业家阿不力孜，在经历过凤凰涅槃浴火重生的人生后，也在不断地用他的爱心帮助着他人。对他来说，能够帮助他人，就是最幸福的事情。

"上有老，下有小，我很幸福。"阿不力孜有 3 个"家"：儿童福利院、养老院和自己的家。2013 年"六一"，和田市儿童福利院的孩子们乐坏了，他们的阿不力孜达达（维吾尔语：爸爸）送来了礼物——乒乓球拍、羽毛球拍，还有一张乒乓球台。打球、做游戏、唱歌，阿不力孜陪孩子们过了一个快乐的儿童节。给孩子们带来了欢乐后，接着他又去给"爹妈"送温暖。在阿不力孜心目中，最不能接受不肖子孙，他自己就是一个尊老的模范。2013 年 7 月 12 日，阿不力孜来到和田市中心养老院看望这里的"父母"。刚走进院子就有人大呼："巴郎（维吾尔语：小伙子）来了！"院子里顿时热闹起来，老人们都因阿不力孜的到来而开心。阿不力孜笑着走进来，关切地询问大家的生活状况，一位 81 岁的老人笑着说，他每天都吃得很好，"每顿能吃一大盘拉条子呢"。看到大家都这么健康快乐，阿不力孜也非常开心，给老人捶捶腿，给花圃浇浇水，给瘫痪的老人安上轮椅掉落的螺丝。他忙前忙后，心里却乐开了花。

阿不力孜有爱心，也过得清贫。阿不力孜住在位于和田市中心广场不远处的一座老式居民楼里，但却不是他自己的房子。有人曾经问他为什么不买一套房，他开玩笑地拍拍口袋说："没钱。"的确，他是一个成功的企业家，是一个有大爱的慈善家，却不是一个有钱人。帮助别人，无论多少钱他都不会在意，而对于家人却时常斤斤计较。他常穿一身几十元钱的衣服，开的比亚迪汽车还是向别人借来的，他的妻子至今还是骑着时不时会在路上坏掉的破旧的电动车接送孩子上下学……阿不力孜的爱心是会"传染"的：他的儿子会帮着打扫楼道保持清洁，妻子在他去芦山救灾（2013 年 4 月 20 日 8 时 02 分四川省雅安市芦山县发生 7.0 级强烈地震，共 152 万人受灾）前悄悄将攒了 13 年的首饰卖了，将善款捐献给灾区。阿不力孜还有很多计划：自筹资金建儿童福利院和养老院，给孤儿和老人一个家；引进残疾人专用出租车，使残疾人出行无忧；在学校设立奖学金，资助品学兼优的贫困生……

有人说他越来越像"雷锋"了，阿不力孜却说："我在追着雷锋跑。"

2013 年 7 月 10 日，阿不力孜带着装有两车西瓜和两车饮料的车队出发，是去慰问执行维稳戍边任务、驻守在各治安检查点的武警、交警、派出所民警及联防队员。阿不力孜刚到目的地，就将西瓜往战士怀里送，现场顿时热闹起来，战士们搬着西瓜、饮料，忙得不亦乐乎。搬完西瓜后，战士们集体向阿不力孜致敬，他分别与战士们握手，叮嘱他们要注意身体。在一个治安检查点，阿不力孜发现一个民警身上起了痱子，很不舒服。阿不力孜赶紧记下来，下次要带些痱子粉。2013 年 7 月 6 日，在经过和田市古勒巴格路时，发现一辆标有"武警新疆总队和田地区支队"的越野车在倒车，路口很窄，他赶忙下去帮忙，两名武警下来道谢时，他发现两人衣服已经湿透，一问才知车里空调坏了。于是他便将车拉回修理厂免费进行修理，还送了一台车载冰箱。对他的"拥军情结"，阿不力孜说："小时候在杜瓦煤矿，是解放军开出了通往山外的路，现在他们又在守护我们的家园，我去看他们，是真心实意的。"

就这样一个单纯善良的人，也曾经历过地狱般的磨炼。1991 年 5 月 30 日，在回修理厂的路上，阿不力孜的汽车抛锚，只能搭别人的一辆面包车回去。然而阿不力孜屁股还没有坐热就发现面包车的车头已经冒出了火焰……千钧一发之时，阿不力孜将车内呛晕了的母女、发抖的大爷和啼哭的孩子一个接着一个救出火海，而他自己却被烧成了一个火人！这次意外让阿不力孜全身 80% 烧伤，牙齿掉光，双臂肌肉坏死，险些截肢，昏迷了三天三夜之后才醒过来——他被确定为三级伤残。阿不力孜很失落，几乎每天都是从哭泣中醒来，他不敢照镜子，不愿意和别人交流，不希望别人看到他这个样子。细心的医生发现了阿不力孜的失落情绪，在一次换药后，给他讲了"凤凰涅槃浴火重生"的故事，那一刻阿不力孜犹如醍醐灌顶，又重新燃起了斗志。那时，父亲也时常地鼓励与教导他，让他重新站了起来。从那时候开始，"世间什么事情最重要？生命。今后要做什么？

救人，帮人！"成了阿不力孜的座右铭。

他凭借信念坚持打拼，先后做过货车司机和汽车修理工，后来他自己买了一辆货车，开始单干。有了一些积蓄后，阿不力孜将目光放得更长远，准备自己创业赚钱。2001 年 3 月，阿不力孜创办了新疆和田地区和田市残疾人工贸发展中心，地毯厂和服装厂同时开业，招了 80 多个员工，一半残疾人，一半下岗职工，每月除了工资外还给他们发放一些生活物资。

人生没有一帆风顺，阿不力孜尤其如此。烧伤之痛还令人心有余悸，自己的事业又面临考验。2004 年的时候因城市规划涉及阿不力孜的工厂，工厂被迫停业。债主找上门来的时候，他无能为力。巨大的压力让他想到了死，在把妻儿哄出门后他准备点燃汽油，幸亏一位朋友来找他办事时发现异常，及时破门而入，对他吼道："你都死过一次了，这点困难怎么就难倒了你！"一语惊醒"梦中人"，阿不力孜决定重整旗鼓重新再来。2004 年 9 月，他见到了援疆干部缪承潮，在听过阿不力孜的事迹后，缪承潮说："放心，我们不会让英雄流血又流泪。"100 万元的拆迁补偿款很快发放，缪承潮又送给阿不力孜一张机票，让他去内地考察。他平生第一次出疆，去了上海、山东，这一趟旅程让阿不力孜大有收获。阿不力孜发现当地的建筑板材全部依赖外运，他决定抓住这个商机。2007 年，他的建材厂开业，生意红火。2008 年，缪承潮援疆期满，离开和田时，对他说："好好干，把生意做大，帮助更多的人！"他把这句话牢牢记在心里。据不完全统计，自 2009 年到 2015 年，阿不力孜为社会捐出的物资和钱款就超过 300 万元。（撰稿/李美君、吴蕴庭）

编者点评：有媒体曾这样称赞他：他是浴火重生的平民英雄，奋不顾身救人；他是身残志坚的生命斗士，自强不息做人；他是大爱无言的慈善达人，倾其所有助人；他是忠诚执著的拥军老板，一心只为"最可爱的人"。一个民族企业家，不仅要悉心将自己的企业经营好，更要有一颗爱人助人的心。眼中有爱，心中有爱，手中握有爱，这个世界才能充满爱。

资料来源：

［1］中国文明网. 阿不力孜·买买提尼牙孜：追着雷锋跑的人. http：//godpp. gov. cn/zyfw_ 298/xlfzyfw/201309/t20130928_ 1496326. shtml［2013 - 09 - 28］.

［2］德耀中华. 第五届全国道德模范候选人事迹全国见义勇为模范候选人. http：//dangjian. people. com. cn/n/2015/0624/c117092 - 27199432. html［2015 - 06 - 24］.

孙澎：两亿元资产献国家

孙澎　男，1954 年生，山东人，中共党员，南京华瑞医疗器械有限公司（下称华瑞公司）董事长，曾先后被评为国家劳动部先进个人、南京市优秀共产党员、南京市标兵共产党员等。2013 年 2 月 6 日，孙澎决定把私营企业性质的华瑞公司两亿元资产无偿捐献给国家，受到了社会的广泛赞誉和肯定。

在中国古代有一个人，他在越王勾践最落魄的时候严守为臣之道，对其不离不弃，尽心效忠于左右，最终助其剿灭吴王夫差，东山再起；他又在越王勾践重登王位的时候，谢绝勾践对他的封赏，毅然选择了弃官请辞，驾一叶扁舟泛于江湖，从此走上了经商致富的道路。此人并非别人，正是被后人尊称为"陶朱公"的"商圣"范蠡。他凭借聪明的头脑，在商场上顺风顺水，没过多久就家财万贯，富甲一方。可敬的是，范蠡视钱财如粪土，几次把积累下来的财富散尽，去接济穷人和乡里，19 年间先后三次积累万贯家财，又三次慷慨散尽，其"三聚财，三散财"的事迹被一代又一代的人传颂至今。

如果说聚是大道，那么散便是大德。古代的范蠡，称得上是中国第一位慈善家，同时也称得上是第一位真正了解财富真因的圣贤之人。而在当代社会，也有一位和范蠡有着几分相似的中国企业家。2013 年 2 月 6 日，他公开决定，把公司两亿元资产全部"散尽"，无偿捐献给国家和人民。他对此表示："成果的得来都是由于党和政府领导、指导、关心、帮助，都是来自我们的职工共同的努力。为了表达我的心声，我用一句话说明，就是用毕生的精力打造强大的华瑞，献给国家和人民。"他就是南京华瑞医疗器械有限公司董事长——孙澎。

孙澎 18 岁时就去了泗洪（位于江苏西部的宿迁市）插队，先后当了生产队长、大队长；6 年后才回到南京，先在鼓楼区工作了 3 年，然后通过自己的努力，考上了大学，带薪上课。1986 年大学毕业后，孙澎直接被派往一家街道办的小厂锻炼。

这家小厂就是 1982 年成立的南京防腐设备厂，即华瑞公司的前身。

如今的华瑞公司已经成为全国著名的以生产经营医疗器械为主，集科研、生产、经营、服务于一体的专业化集团，企业资产价值超过两亿元。然而，很难想象，这样一家大型私营企业在创办早期竟是一个在租借来的养鸡大棚里"苟延残喘"、濒临倒闭的小作坊。当时企业固定资产仅 7 万多元，外债却有 30 多万元，厂子发展举步维艰。这一切，在孙澎到来之后的一段时间内才渐渐有了好转。

当时孙澎 32 岁，作为新任厂长的他并没有被眼前的困境摧垮，而是心无旁骛地投入到工作之中去。为了使厂子尽快走出"最苦难的日子"，孙澎做了很多的努力，制定了厂规厂纪，招聘已退休的高级工程师，全国各地奔波推广产品。出差时为了省钱，他在北京曾一口气走了 16 站地，才找到最便宜的地下旅社。尽管如此，孙澎却从没有想过放弃，反而咬紧牙关坚持到底。他从产品开发做起，通过细致的市场调查，最终将目光锁定在了当时日益活跃的医疗器械领域，并立即投入到产品的开发和生产之中，这使得厂子很快进入发展的快车道，成为全国首家生产不锈钢医用消毒器皿、车、床、柜的厂家。3 年过去了，濒临倒闭的厂子不但还清了 30 多万元的外债，而且慢慢开始盈利，之后几年产值更是每年翻番。员工们看着发到手上的工资越来越多，心里乐开了花，也更加坚定了继续跟着孙厂长干下去的信心。

1993 年，随着厂子的规模越做越大，孙澎注册成立了华瑞公司，主要负责企业产品的经营销售，而原南京防腐设备厂主要承担产品的加工生产任务。

华瑞医疗器械，开始在新的更高的平台上发展。

作为一名商人，孙澎始终视质量为生命，视品牌为金牌，带动企业上下游坚持诚信经商，廉洁经营，宁愿自己吃亏也不损害客户的利益。孙澎的这种以"质量品牌"立家的做法为企业赢得了市场，也赢得了客户，使企业走上了快速发展之路。而经过了 12 次的厂房搬迁，企业也终于告别了"居无定所"的境地。有了自己的厂房，企业规模得以扩大，企业形象也得以提升。

从当初的"鸡舍厂房"到如今的大型私企，南京华瑞医疗器械有限公司在孙澎的带领下不断发展壮大的同时，也收获了大量的荣誉。近年来，公司先后被授予江苏省文明单位、江苏省明星企业、南京市文明单位、江苏省诚信企业、南京市重合同守信用企业和南京市劳动关系和谐企业等荣誉称号；公司产品被授予江苏省和南京市著名商标、用户满意产品和南京市首批"免检"产品。"君者舟也，人者水也；水能载舟，亦能覆舟。"这说明，对于一个国家来说，处理好政府与人民的关系是至关重要的；同样，对于一个企业来说，更应该处理好老板与员工的关系。这一点，南京华瑞医疗器械有限公司董事长孙澎做到了。

2003年，华瑞进行了改制。在这年的一场孙澎被"请出"的大会上，员工们一致支持孙澎独资。尽管不想当老板，但为了回报员工们的信任，孙澎最终还是花大力气贷款买下了工厂，成了真正的"当家人"。

在改制后的员工大会上，孙澎当场宣布："所有改制前就进企业的老弱病残者，只要本人愿意与华瑞公司签约，一律签订无固定期限劳动合同。"孙澎所宣布的这一决定给很多人，尤其是公司的老员工们吃了一颗"定心丸"。因为在此之前，关于"换血"和辞人的猜测早已在员工们中间弥漫开来。尽管在改制之前，孙澎就当着员工们的面"打包票"说"一个都不能少"，但仍然没有多大效果。这次大会之后，所有员工都留了下来。

就在员工们为能够保全工作而自诩"幸运"的时候，孙澎又宣布："由企业出资，为改制前进入企业的老职工，承担医疗、失业、大病三项保险中应个人自交部分的费用，使这部分老职工全额免费享受医保待遇和失业保障。"这让员工们更是喜出望外，激动万分。一个在华瑞工作近10年的员工曾充满感激地说："老总（孙澎）很正直，是个讲义气的山东汉子，所以我们愿意跟他走到现在。"正是有了这种和谐的劳资关系，才得以成就华瑞无限光明的前程。

孙澎表示："没有共产党就没有华瑞的今天，致富不忘报党恩！"所以他的公司十分重视党组织建设，几年来，近400名职工的华瑞公司就有100多人递交入党申请书，其中36人已成为共产党员。

作为一名共产党员，孙澎能够严于律己，始终保持共产党员艰苦朴素的作风。他的妻子是国有企业退休职工，每个月的退休工资有限，女儿大学毕业后凭能力自谋生路，家中仅有一套107平方米的住房。这一切，与他将两亿元资产无偿献给国家和人民的行为形成了鲜明的对比。（撰稿/吴路路、吴蕴庭）

编者点评："天下熙熙，皆为利来；天下攘攘，皆为利往。"然而，当今之世，并非所有的人都在为自己而奋斗，天下为公者大有人在。作为一名私营企业家，孙澎带领华瑞一路披荆斩棘，不断走向壮大。"没有共产党就没有华瑞的今天，致富不忘报党恩！"孙澎的举动彰显出一名企业家的至高境界。当像孙澎这样胸怀大爱的企业家源源不断地涌现出来，国富民强才会有更坚实的基础。

资料来源：

重庆晨报. 奋斗30年　他把2亿资产捐国家. http：//news. 163. com/13/0207/03/8N32OU8Q00014AED. html［2013－02－07］.

贾秀芳：一路拼搏一路爱

> **贾秀芳** 女，1974 年 7 月生，山东单县人，哈尔滨博能汽车有限公司董事长，黑龙江省山东商会副会长。全国"三八"红旗手、"中国儿童慈善奖"获得者、"中国好人榜"入选者。2015 年 10 月获第五届全国道德模范提名奖。

1989 年年底，因家境贫寒，年仅 15 岁的贾秀芳为了继续学业，只身带着母亲卖牛得来的 50 元来到哈尔滨投奔父亲。辗转到哈尔滨站时，她兜里只剩下了 5 元。生活的窘迫并没有让当年的小女孩就此服输，而是爆发出了惊人的能力改变生活的命运。贾秀芳在市场里卖过菜、养过鸡、在饭店里做过服务员……无论在哪儿打工，她总是从凌晨忙到深夜，一个人承担起好几个人的活儿。因为踏实肯干，贾秀芳得到了一家汽车厂老厂长的信任，引荐她到厂里去做经营，从此她便与汽车结缘，不到 25 岁便成为了销售代理商。

1999 年，贾秀芳成立了哈尔滨市博能汽车销售有限公司。50 多平方米的办公室里除了电话之外，没有什么像样的办公器材，老板加上员工才 4 个人，他们的主要业务是销售小解放汽车。记得一次去北京提车时她已怀 8 个半月身孕，提回来的车顾客要求重新喷漆，她在喷漆房整整蹲了两天，16 台车喷完时她连唾液都变成蓝色。更可怕的是腹中的胎儿两三天没有胎动，所有人都捏了把汗，好在孩子最终没有大碍……出了满月，她立即返回岗位，无论是洽谈合作，还是选货送货，都亲力亲为。

一路拼搏走来，贾秀芳始终秉承"诚信"的经营理念，自力更生，艰苦创业，以破竹之势在哈尔滨汽车销售界大展拳脚。如今，她在哈尔滨已经拥有 10 家公司、近万名员工和 15 万平方米的"巾帼创业园"，省内外有十几家分公司及销售网点，年销售额突破 20 亿元，累计交税 8000 余万元。集团下属 6 所驾校，每年为社会培训合格驾驶员 2 万余人。这个只有初中文化的女子，一路摸爬滚打，不断拓展她的生意版图，成长为汽车界的女巨人，也完成了内心的自我成长。

多年来，她注重企业发展的同时从未忘记回报社会，先后资助过 5000 多人。谈及慈善，她谨小慎微，唯恐自己成为话题。从苦日子中走出来的贾秀芳虽然走上了致富道路，但她却从未忘记过自己的责任，慷慨解囊用行动诠释了什么叫作慈善。

"我的事业能发展到今天，是众多好心人帮助的结果，如今我有能力、有条件了，就要力所能及地服务社会、反哺社会。"

2000 年冬，在哈尔滨市原动力区妇联的倡议下，贾秀芳跟着下乡走访扶贫。听说只需捐 100 元和一些米面，就能帮一个家庭过冬，这个生平第一次参加扶贫的 26 岁姑娘欢喜地跟着大伙，深一脚、浅一脚地下了乡。迈进第一户人家，她就傻了眼："一个小破泥巴房子，没个窗户，就糊了层塑料布，屋子里到处都是垃圾，只有一张床，连床上堆的都是垃圾。"贾秀芳回忆，这家里的老人以捡破烂为生，破烂堆儿里捡了个精神病的媳妇，生了个小姑娘，等着上学，全家人整天靠地瓜和菜叶糊口，用捡来的破电线烧皮取暖，屋里刺鼻的酸腐味几乎令人昏厥。蜷在角落里的小姑娘一见贾秀芳，习惯性地缩了一下，想把头藏到肩膀后面去。或许是因为刚当母亲不久，贾秀芳柔软的内心被那双无助又充满期待的眼睛瞬间击中了。她一咬牙，塞给孩子 500 元。从那天开始，贾秀芳默默对这个贫苦的家庭提供生活上的各种帮助，还帮小女孩顺利入了学。

到了 2002 年，她已经将扶贫的范围由原动力区扩大到对道里区、平房区等共 30 多户贫困家庭。有些村庄道路泥泞，车进不去，她就一把扛起沉甸甸的米面和棉被，蹚着积雪和稀泥，一步一寸地挪进村。进了门，对方激动得哭了，她也跟着哭。哭完，抹把眼泪，又挨家挨户地走，真正深入这些贫困家庭了解实际问题，把钱一一塞进他们手里。她像是上足了"发条"，扛着米面跑前跑后，浑身使不完的劲儿。"刚来哈尔滨那会儿,什么苦没吃过?可至少没饿过肚子、没挨过冻。我帮别人不是因为我有多少钱,是因为我吃过苦,才看不得别人受苦!"

2007 年,道里区妇联帮她与 4 名贫困学生结成了资助对子,如今 4 名学生都顺利毕业,其中一名正在读研究生;在汽车职业高中就读的双胞胎姐妹周晓娜、周晓桂,母亲因患癌症在姐妹俩 7 岁时撒手人寰,父亲也在次年离开人世,姐妹俩 2010 年起,每年得到贾秀芳 1000 元的资助,还常被"贾妈妈"带出去买衣服逛街。她的公司每个月固定两次扶贫行动,或者每年"三八"、"六一"、春节、中秋等节假日,或是入冬天气变凉,她都会默默带着员工,车里塞满生活用品和粮食,一起送给那些需要帮助的人。

2012 年 5 月,贾秀芳和妇联一起去慰问残疾人康复中心的脑瘫患儿,满屋的言语不清、肢体扭曲、踉跄行走的孩子让她震撼不已。从那天起贾秀芳每个月都去看望这 200 多个患儿,过年过节每个孩子都给 1000 元。在专业的医学救助下,渐渐地,56 名孩子症状明显改善。孩子们每次见到贾秀芳,都会争抢着扑进她的怀里,使劲喊着"贾妈妈"。

对于那些孤寡老人,生意再忙,她也要挨家挨户亲自去探望;对于脑瘫儿童,生活上的资助必须长久持续;对于正在努力学习的高中生,她都以奖学金形式让学校发放,让他们感受到平等和被尊重。

贾秀芳的善事越做越多,先后成立了"贾秀芳救助贫困妇女儿童基金""青年就业创业基金""长城哈弗梦想基金",总计救助了 6000 余名贫困妇女和儿童;无论是在抗洪抢险的大堤上、暴雪袭城的冰雪路面上,还是农民工返城的火车站,都有她们的身影。多年来大量的实地走访和女人天生的细腻,让她的慈善更加"行之有道"。

2014 年,贾秀芳获得了黑龙江省唯一一个"全国扶残助残先进个人"称号,在人民大会堂,贾秀芳光荣地得到了习近平总书记的接见。

就在 2015 年春节前夕,在黑龙江省妇联倡导和带动下,贾秀芳开展了"爱心温暖,博能圆梦"行动,一支浩浩荡荡的爱心车队载着价值 160 余万元的大米、豆油、猪肉、棉被等物资和助学金陆续送到黑龙江省 2210 个贫困家庭和儿童手中。这笔钱贾秀芳本来是想买车的,可是在走访中,她觉得用它帮助 2000 多个贫困家庭,比她一个人坐在豪华车里更舒心。

2015 年 9 月,贾秀芳创办的哈尔滨工程职业技术学院正式招生,对于贫困家庭的孩子免收全部学费,让"输血"式扶贫成为"造血"式扶贫。两年后,这些孩子将带薪实习上岗。一方面帮助社会减轻负担,解决大学生就业难的问题;

另一方面为汽车销售维修行业培养大批人才。

15年来，贾秀芳先后拿出近2000万元做慈善，她的善举默默延伸到这座城市每一个小小的角落，帮助上万名贫困的老人、儿童和大学生渡过难关。在扶贫的道路上，贾秀芳不知认下多少个"父母"和"儿女"。贾秀芳带着员工们走进一个又一个需要帮助的家庭，她很清楚，只有真正去面对、亲手去触碰，才能真正成为一个善良与正直的人，才能对社会、对人生有一个正能量的价值观。而只有收获这样的体会，贾秀芳的企业与近万名员工，以及她的爱心团队，才能拥有坚不可摧的凝聚力，才能一起在扶贫的路上走得更坚定、更长远。（撰稿/吴蕴庭、宁泽慧）

编者点评： 一个从农村因生活所迫来到城市辛苦打拼的姑娘，经历种种努力最终成为了知名企业家。财富的迅速积累并没有让她"变身"贵族乐享生活，而是将帮困济贫当成了自己的第二职业。"老吾老以及人之老，幼吾幼以及人之幼。"在一件件貌似小事的善举中我们看到了人性的光辉，也看到了一种人生大爱。正是如此，我们看到她的事迹才会觉得如此温暖，如此感动。建设文明社会，需要正本清源，需要"有一分热发一分光"。"能做就做"是文明社会难能可贵的"善行"，积德行善，不求"掌声"。只要大家齐心协力，就会形成强大的动力和正能量。

资料来源：

中国文明网. 从"打工妹"到企业家. http：//www. wenming. cn/sbhr_ pd/zghrb/cssx/201501/t20150126_ 2421206. shtml ［2015－01－26］.

刘永好："新希望"的希望在创新

刘永好　男，1951 年 9 月生，四川成都人，现任新希望集团有限公司董事长、新希望投资有限公司董事长、希望集团有限公司总裁、四川新希望农业股份公司董事长、山东六和集团有限公司董事长、民生人寿保险股份有限公司监事长，全国政协委员、全国政协经济委员会副主任。

改革开放以来，中国社会发生了翻天覆地的变化。这些变化给民营企业家带来了众多机遇，也带来了许多挑战。许多民营企业经受不住挑战，要么倒闭，要么经营惨淡。而成立 30 余年的新希望却依然保持着不俗的业绩，生意蒸蒸日上。用刘永好的话来说："一直在坚守，也还会坚守下去。"那么新希望是如何在这个日新月异的世界中屹立不倒的呢？

2015 年 12 月，在中国企业领袖年会闭幕会议中，刘永好给出了答案。在演讲中他提到，新希望不断发展的原因就是不断探索。而他在探索中总结出来的"四化"，就是他带领新希望转型升级的根本大法。

一是年轻化。2013 年 5 月，时年 62 岁的刘永好决定退休，宣布由女儿刘畅接班。他认为，让年轻人走到一线能够让企业更加年轻化。在刘永好眼中，年轻人懂得互联网，懂得新时代，也懂得国际语言和国际化，这会更有利于"互联网＋"的发展。而女儿也没让他失望，带领着"新希望"不断前进。

二是国际化。刘永好指出，当产业过剩时，民众的消费在升级，高端动物蛋白的需求在增加，而中国没有足够的资源。于是新希望走出国门，在新西兰、澳大利亚、法国、美国、南非、土耳其等 30 多个国家投资、新建、兼并 50 多家企业。2013 年，新希望集团多位战略合作伙伴收购了澳大利亚第四大牛肉加工商 Kilcoy 畜牧业公司（KPC）的多数股权。2014 年，新希望联合国内众多企业，共同发起了中澳农业与食品安全百年合作计划。同年，刘永好又作为中方联席主席和澳方联席主席正式签署《中澳企业间农业与食品安全百年合作计划谅解备忘录》。"新希望"从澳大利亚带入中国的不仅是牛肉、羊肉、奶粉，还有食品安全的制度、办法、措施、手段。2015 年 7 月，在中法工商论坛会上，在国务院总理李克强的见证下，刘永好代表新希望六和股份有限公司与法国猪产业链一体化运营龙头科普利信集团签署战略合作协议。将全球做得最好的法国的无抗猪的养殖，以及安全生产食品加工流程带入中国，将这种符合国际标准的、安全的食品，提供给中国民众。同年，在中国每日经济新闻和韩国每日经济新闻主办的"2015 世界知识论坛·中韩企业家高峰论坛"上，刘永好和中韩两国多位嘉宾就中韩之间的合作进行了深入的交流讨论，希望与韩国在视频、航空、旅游等方面进行合作。

三是变革创新和互联网化。从改革开放初期的养殖业、育新良种场到 1987 年的希望饲料公司，再到 1992 年的希望集团，刘永好从未停止变革创新的脚步。

在集团内部，产业被重新划分，兄弟四人平分产权，各占 25% 的股份。1995 年，新希望再次进行划分，刘永好建立了自己的南方希望公司。两年后，刘永好剥离南方希望集团中部分资产并追加投资，以 1.6 亿元注册资本成立了具有独立法人资格的新希望集团公司。经过这几次调整，希望集团从家族企业逐渐过渡到现代企业，得到了更大的发展。

随着时代的发展，刘永好发觉只有进行多元化投资与经营才能为新希望注入新的活力。于是刘永好深思熟虑，决定探索房地产领域。

1999 年年初，新希望集团投资逾 12 亿元，与成都市统建办联手开发"锦官新城"，仅在 3 天内便收获了 1.4 亿元；其后又在华阳投资 13 亿元，打造了占地 2000 亩的"南方新城"。此后的希望大厦、世纪全景台和各色写字楼也相继获得了巨大的成功。到了 2002 年年底，新希望的房地产产值已经超过饲料。2011 年，新希望又在塔子山壹号推出"花园洋房"，开盘后销量一路高歌猛进。2014 年，新希望在成都锦江工业园区建造了 18 万平方米的总部办公型高档写字楼项目中鼎国际；在成都高新西区推出了集五星级酒店、国际会议中心、主题商业、国际公寓、高档住宅为一体的总规划建筑面积近 30 万平方米的大型复合型项目皇冠国际社区。

2010 年 9 月，新希望集团完全收购了六和的股份。2011 年，新希望六和集团通过资产重组一举成为当年国内最大的农牧企业。

随着互联网的不断发展，刘永好意识到，传统产业必须跟互联网连接，在坚持做优质产品的同时，利用互联网优势进行革新。2013 年 11 月，在参加天府峰会时，刘永好畅谈了他对互联网行业的思考。在会上，刘永好首次提到"拥抱移动互联网"和"学习互联网精神"。刘永好指出互联网精神就是变革精神、创新精神、危机意识，就是不断追求探索，不守陈规。这种精神要深入到新希望的方方面面。

经过十余年的发展，新希望成为各销售地区域市场的领导者，并且形成了"公司＋牛场＋农户"的经营模式。之后，新希望乳业又主动融入互联网时代，推出了 24 小时鲜奶措施，利用移动互联网进行营销策划，成为第一个在淘宝上卖牛奶的乳业公司，被来访的蒙牛高管赞为当前中国乳业中最具活力的一支。2015 年，新希望集团推出了国内首款 99 元进口奶粉爱睿惠，在沃尔玛中国 400 多家门店及京东商城同时发售；与此同时，新希望集团旗下奶粉品牌爱瑞嘉宣布进军智能硬件市场，推出了爱瑞嘉婴幼儿智能手环。先是借助 99 元低价奶粉所累积的消费人群为高端品牌爱瑞嘉铺路，为爱瑞嘉婴幼儿智能手环引入用户然后凭此机会突破"互联网＋"这个风口，这是一次极具创新性的探索。

新希望六和公司也没有落后于互联网时代。早在 2013 年，刘永好便表示要打造一个养猪体系，用互联网工具"让猪飞"。2014 年，刘永好将源自云南苍山洱海之畔的云牧场搬上互联网，打造国内首支互联网牛奶；同时，公司在澳大利亚的牧场也将采用云牧场的方式以互联网工具实现全球直供。

四是金融化，即产业和金融的结合。刘永好曾说，自己一生中抓住了两个机会，一个是刚刚改革开放的时候进入到饲料业，另一个是刚刚金融放开的时候进入到金融业。1995 年，由刘永好提议的由民营企业家投资的银行——民生银行正式成立。4 年后，刘永好以 1.86 亿元的资金陆续收购民生银行股份，成为最大股东。2003 年 4 月，中国第一家以民营资本为投资主体的保险公司——民生人寿保险股份有限公司成立，刘永好担任监事长。2013 年 10 月 9 日，新希望集团与民生银行股东筹资注册民生电商。此外，新希望集团还和上海陆家嘴集团有限公司、日本 SBI 控股株式会社在上海浦东新区签署协议，计划在上海自贸区开展金融创新业务。

从刚开始的小规模养殖，到现在的集农、工、贸、科一体化发展的大型农牧业民营集团企业，刘永好从未停止探索、创新的脚步。因此，新希望能够在中国30余年的风云变幻中屹立不倒，成为中国农业产业化国家级重点龙头企业。（撰稿/吴蕴庭、马玉欣）

编者点评：电影《功夫熊猫3》中师傅教导阿宝："如果一个人只做自己熟悉的事，那他永远也不会进步。"对于企业来说也是一样，如果一个企业固守成规，不去探索创新，那么这个企业终会在前进的道路上被一点点甩在身后。刘永好清晰地看到了这一点，所以才能领导着"新希望"一次又一次获得荣耀，从一开始的单一产业发展成为集农、工、贸、科一体化发展的大型农牧业民营集团企业。

资料来源：

［1］中国经济周刊. 刘永好：新希望99元杀入奶粉业不是要搅局. http：//www. ebrun. com/20150414/131048. shtml［2015 - 04 - 14］.

［2］华西都市报. 新希望六和88亿投资　战略转型面向养猪. http：//sichuan. scol. com. cn/dwzw/201602/54324337. html［2016 - 02 - 05］.

［3］中国企业家. 刘永好：传统企业走出困境需要"四化". http：//tech. 163. com/15/1206/20/BA69A6FE00094ODU. html［2015 - 12 - 06］.

倪岩：不靠双腿也能走出精彩人生

> 倪岩　男，1973年2月生，宁夏回族自治区中卫市海原县七营镇五营村人，中共党员，现任宁夏中卫市海原县惠农科技服务有限公司总经理。曾获得全国优秀科技特派员、宁夏"青年五四奖章"、第二届自治区道德模范、第十届（2014）"感动宁夏人物"等荣誉。2015年10月，倪岩荣获"第五届全国道德模范提名奖"。

　　幼年的倪岩可谓命运坎坷。倪岩出生于海原县七营镇一个贫苦的农民家庭，3岁的时候患上小儿麻痹症导致双腿残疾，失去了行走的能力，每天只能靠轮椅行动。5岁父亲病逝，15岁母亲又因病离开人世。幸运的是，父母去世后倪岩的哥哥和嫂子把他送进了学校并完成了高中的学习。高中毕业后的倪岩，由于身体的残疾，每天待在家中，性格也变得自卑，这种情况让当时的倪岩内心非常的害怕。上学时候的倪岩曾经暗暗发誓，一定要活出个样子来。倪岩深深明白，这样下去只会让当初的誓言化为泡影，辜负了哥哥和嫂子的期盼，最重要的是将会迷失自我。思考之后倪岩毅然决定，要出去看看外面的世界！

　　1999年，澳门回归之际，决心走出去的倪岩决定去一趟澳门，庆祝澳门回归。8月10日，倪岩手摇残疾人三轮车，从固原市出发，孤身踏上了前往澳门的征程，开始了自己人生的第一次远行。途中有一次，倪岩摇车到秦岭半坡的时候，已经是凌晨两点多了，由于上坡，当时的倪岩正在三轮车前面拽着轮子往上挪动，突然一声惊雷，雨滴毫无预兆的飘洒下来，惊吓之中的倪岩松开了抓着轮子的手，车子开始下滑，顿时恐惧和无助从倪岩的内心深处袭来。三轮车是他唯一的依靠，没有三轮车他将寸步难行。短暂的恐惧之后倪岩恢复了镇定，不顾一切地爬过去伸出双手重新拉住三轮车的轮子。这件事让倪岩的内心触动很大：无论是谁，只要心怀希望，努力拼搏，哪怕自己是个残疾人，也会成功！

　　2000 年 12 月 15 日，历时 16 个月，行程 4700 多公里，倪岩成功抵达澳门。一路走来的艰险和见闻，不仅磨炼了倪岩的心志，也给了他太多的启示。在长沙，他看到商场门口的电脑可以十分方便地浏览到商场中整个 32 层的所有柜台和商品，他第一个便想到要将电脑引入家乡那个信息闭塞的小村庄，通过网络帮助农民将当地的农副产品推向外地。

　　想到了就做。回去之后，他马上在家里安装了网络。但当时，网络信息还不像现在这么成熟，再加上倪岩自己又不懂电脑，传统滞后的当地农民并不相信通过网络可以把东西卖出去。倪岩并没有气馁，他雇了 4 个大学生，建起了网站，在网站上发布当地农副产品的信息。通过两年的不断宣传和动员，随着一批批订单的签订，以及外地客商的到来，倪岩成功建立起了连通外地客商与本地商家的桥梁，不用出门就将本地的农副产品销售到了千里之外，而且还都能卖上好价钱，最终赢得了当地农民的认可。2003 年 9 月，倪岩的"天龙网络信息中心"正式挂牌营业。不仅如此，倪岩还办了个《七营科技信息报》，及时向农民传递招工、产品价格等信息，他的信息中心被当地农民亲切地称为"农业科技服务110"。

　　信息中心带来了丰硕的成果，为了能帮助更多的贫困农民以及像他一样的残疾人过上更好的生活，倪岩开始了他的扶贫助残计划。2007 年 5 月 24 日，倪岩成立海原县惠农科技服务有限责任公司，公司配备农业科技人员 54 名，以技术培训、农药推广、网络信息等业务为主，覆盖三县区 65 个行政村，专门为当地农民提供服务，服务科技覆盖农民 20 余万人，这是当时固原市唯一一家为农服务的公司。36 岁的农村妇女张玉凤，经过他的帮助，成为一个年收入 20 万元的农场主。2007 年倪岩又启动了"惠农公司爱心工程"，向海原县甘城乡阳洼村捐献肥料 10 吨，价值 1 万余元，赞助甘城乡甘城一队上学孤儿 3 名，七营镇盘河村残疾家庭三口，资助困难和残疾家庭 14 家，截至目前资助困难农民和残疾人累计资金 16 万余元。

　　2008 年，倪岩又成立了海原县农腾种养殖专业合作社和海原农丰种养殖协会和海原县残疾人创业协会。合作社成立后发展迅速，参加合作社的农民越来越多，创业的蓬勃发展为倪岩和当地农民都带来了丰厚的回报。然而，在发展中农民的资金周转也遇到了些困难。倪岩作为合作社的带头人，多次挂着双拐找银行贷款，并最终为合作社成员筹得 400 万元贷款，分给 200 户合作社成员作为启动资金。至今，倪岩为了帮助贫苦农民和残疾人成员脱贫致富，已为这些会员累计担保贷款 4600 多万元，共扶持了种植户和养殖户 1300 余人，其中包括残疾人 61

人，残疾家庭96户。在倪岩的带动下，合作社成员由最初的135户发展到现在的1265户，带动种养殖农户3285户，提高农民收入比上年增加25%。2009年，为了带动更多的残疾人脱贫致富，倪岩又成立了残疾人互助小组。此外，合作社成立农腾党支部并启动了"爱心工程"项目，赞助七营镇砖窑小学120名学生学习用品和七营镇周边残疾户、五保户、困难户等赞助衣物3000余件，赞助残疾人养殖户4户。

2010年7月，作为海原县农腾种养专业合作社理事长的倪岩投资98万元成立了海原县阳光残疾人艺术团。截至2015年8月，已发展残疾人团员19名，农民演员115人，公益演出65场次，观演群众达到9万余人。在演出过程中根据当地情况邀请专家现场咨询各种疾病累计6728次，为农户挽回经济损失560余万元。

2011年，倪岩创办残疾人打火机厂。通过培训，147名残疾人学会了打火机组装技术，54名残疾人就地在厂里就业，员工月收入1300余元。

2012年，海原县妇联领导来倪岩的合作社考察时发现这里还有许多女成员，于是为了扶持妇女创业，县里给了合作社妇女创业小额担保贷款800余万元。这让倪岩喜出望外，在他的精心运作下，充分发挥这批资金的作用，共扶持了240多名农村妇女创业。经过两年的妇女贷款创业帮扶，其中两名妇女荣获市、县表彰。

几年来，在倪岩的带领下，海原县农腾种养殖专业合作社先后获得部、区、市、县多种荣誉：2010年合作社被中国科协和财政部评为"全国科普惠农先进单位"，2010年被中卫市民政局评为"优秀社会团体"，2010年荣获宁夏回族自治区民政厅"全区社会先进组织"，2011年合作社被宁夏回族自治区评为"省级示范合作社"，2012年被国家12部委评为"国家级示范合作社"，2013年合作社被自治区妇联评为"自治区农村妇女岗位建功先进集体"等。

创业的艰辛和为他人的付出，为倪岩赢得了尊重与自豪。十多年来，倪岩先后获得了"全国优秀科技特派员""自治区自强模范""自治区第二届道德模范""自治区五一劳动奖章""宁夏五四青年奖章""2014年度感动宁夏人物""全国第五届道德模范提名奖""全国残疾人个人先进奖"等60项荣誉称号。（撰稿/吴蕴庭、宋小宽）

编者点评：倪岩很励志也很阳光。他手机的铃声是台湾歌手郑智化的歌曲《水手》，20世纪90年代初非常流行，激昂的乐曲和接地气的歌词听起来总是让人激情满满。如今的倪岩像他喜欢的"水手"一样，用实际行动诠释着身残志坚的含义。面对命运的不公，他坚定信念，怀揣希望，努力拼搏，不仅让自己的人生变得精彩，更是为周围的人带来了希望，带来了更精彩的人生。

资料来源：

新华网. 倪岩：双拐走出扶残助农爱心路. http：//www. nx. xinhuanet. com/2015 - 12/24/c_ 1117570576. htm［2015 - 12 - 24］.

黄春光：坚持诚信经营，打造百年品牌

黄春光 男，1964 年 1 月生，海南省文昌市东郊镇人，中共党员，海南春光食品有限公司董事长兼总经理。他"坚持诚信经营，打造百年品牌"，曾先后获得海南省劳模、海南省十佳杰出青年、第四届海南省杰出企业家、全国"五一劳动奖章"等荣誉称号。2015 年，当选为第五届全国道德模范——诚实守信模范候选人。

黄春光来自海南椰子之乡——文昌东郊，从小在椰子树下长大的他，高中没毕业就进入椰子加工厂当学徒。20 世纪 90 年代，年轻的黄春光就跟随父亲做贸易，把海南的椰子运出岛外销售。慢慢地他发现做椰子原果生意很不容易，利润薄、收款难。而要改变这种现状，就要实现热带农产品价值的最大化。具有生意头脑的他很快就掌握了生意门路，摸索出了市场销售渠道。经过几年的风雨沧桑，不懈探索，黄春光积累了丰富的市场经验并赢得了人生的"第一桶金"。

1996 年，黄春光用 3 万元创办了春光食品有限公司（下称春光），这是一家用木桩、沥青纸搭建的只有 100 多平方米的小手工作坊。起初，这个小手工作坊里只有 7 个人，由于严重缺乏资金、技术、人才，所以只能生产椰子片、椰子糖。2003 年，黄春光先后投入 6000 多万元进行设备改进。此后，黄春光借鉴国内外先进管理模式，引进和运用 HACCP（国际上共同认可和接受的食品安全保证体系）管理体系，不仅从原材料选取、生产工艺、人员卫生及操作、厂房环境、设施设备、半成品和成品的品质管理及贮存运输等环节对生产过程进行严格控制，而且对原材料的选取制定也有着严格要求。他还经常组织员工开展多种形式的宣传和培训，增强员工质量意识。他用自己的实际行动，从一点一滴中打造过硬的产品质量、成功的营销网络、诚信创新的经营理念，将一个小小的手工作坊发展成为今天的现代化大企业。经过十几年的经营，春光食品有限公司已经发展为拥有 2000 名员工，3.5 万平方米的生产基地，年产量超过 8000 吨，年产值超亿元的大型企业，成为中国椰子类食品的"龙头老大"。

　　这些业绩，不仅归功于他灵敏的经商头脑、敏锐的市场眼光、果断的投资理念，还归功于他对产品质量的重视、对消费者的诚信经营、对椰农利益的维护。黄春光曾说："一个成功的企业，就要做到利用企业的力量，帮扶、带动老百姓发家致富，带动地方经济，积极主动地承担起对社会的责任。"

　　"海南椰子半文昌，文昌椰子半东郊。"在文昌东郊半岛上，现存着国内面积最大的椰林，"春光"所使用的原料绝大多数都来自东郊，黄春光就将公司的生产基地设在了这里。起初有人建议他把基地设在离海口近一点的地方，这样可以节省一大笔运输费，可他为确保产品原料的正宗，始终坚持着自己最初的决定："质量是产品的灵魂，没有好的产品质量，企业就无法生存和发展。"他把这一点作为企业的立命之本。为了时刻保证产品的质量，他带着企业的技术人员，制定出科学严格的生产流程，从原料的种植，到进货渠道，他都一一把关。对于每一家原料供应商也都进行严格查验。黄春光告诉记者，曾经有一家公司想要给春光供货，黄春光上门调查发现，这家企业原料储存不符合公司的要求，便拒绝与该公司合作。公司采购员潘美瑜说："原料回来的话，我们是第一时间去质检部抽样，抽样结果合格以后，我们才会到生产线去生产，绝对不会让一个不合格的原料进到我们的生产线。"公司质检部的负责人王小宁也曾说："黄总对产品品质的要求很严很严，他总是跟我们说起这么一段话，产品品质是我们整个公司的命，每一个不合格的产品只要是出了这个厂门，就是对我们的不负责任，对消费者的不负责任。"就是以这样的一种经营理念，带动着春光食品走出国门，走向世界。

　　在坚守产品质量的同时，黄春光也特别看中对消费者的诚信经营。多年来，他坚持以诚取信、以信立誉，用良心做放心食品。2014年12月，春光食品在出厂前的产品检测中，检验员检测到350克的椰香酥卷不合格，黄春光本着对消费者的高度负责，坚决不让一包不合格的产品流向市场，最后要求把这批价值200多万元的产品当场销毁。黄春光说："不能为了眼前的利益，就欺骗我们的客人，毁了长久的信誉。"

　　黄春光曾说，企业的发展得益于政府和乡亲的支持，他的"起飞"，来源于家乡和爱他的老百姓，所以能够为社会做一些力所能及的事是他的心愿。因此，黄春光干了好几件"亏本"的生意。2014年在海南省儋州市，辣椒市场价仅为3.2元/公斤，黄春光为坚守5.2元/公斤回收的承诺，最终"亏"了100万元。随后在2015年年初，黄春光又与白沙黎族自治县政府合作生姜加工项目，再次为了保障农民的收入，坚持5元/公斤的保底高价进行收购。

黄春光做生意并不是光想着赚钱，而是反哺帮助过自己创业的老百姓。"春光"日消化椰子 10 万多个，年需求量近 4000 万个，他特设农产品的深加工，通过收购农民的产品，增加就业岗位，直接为农民增收近亿元。此外，在建设社会主义新农村中，黄春光也慷慨解囊，先后为学校、乡村公路、村委会等公益项目出资出力，资助特困家庭、孤寡老人、贫困学生等。

黄春光的母亲这样评价他："黄春光从小厚道、有责任心。"他就是常怀着这样一颗宽容细腻的心，用真诚打动着每一位员工。在 2015 年 9 月 11 日下午，"春光"有一批发往日本的订单，因一名员工发错货导致一系列问题的出现。一位中层领导找到黄春光，要求重罚该员工。可黄春光却说："罚，是约束，但解决不了根本，有一天他把这里当成了家，就不会不认真做事。"就是这样的一种处事方式，贯穿了黄春光做企业的 19 年。

黄春光的父亲这样评价他："没有改革开放，黄春光不会有今天。"旅游发展是春光的东风，改革开放是春光的东风。凭借着这两股"东风"，"春光"迅速打开市场，赢得先机。2015 年，借助国际旅游岛发展的大好机会，黄春光新引进 8 条农副产品深加工生产线，填补了海南无菠萝蜜干等热带水果深加工生产线的空白。

在德国的一个展会上，黄春光看到了这样一家三代人（爷爷、父亲、孙子）在做糕点。已经 80 多岁的老爷爷告诉黄春光，这份父辈留下的产业已做了 108 年，伴随着产业相传的还有一代代消费者们。在这次展会过后，黄春光明白了：一个企业之所以长寿并不是因为它的规模有多大，而是它要有质量、有差异、有特色，还有品牌和历史文化，这些都是无可替代的。对于百年老店来说，关键不再做多大，而在走多远。

为打造百年老店，黄春光早就开始付诸行动。2010 年 8 月入驻淘宝平台，2013 年 5 月进驻天猫并开设春光食品旗舰店，打开了第三方平台自营品牌……黄春光说，在未来的发展中，"春光"将继续为能够成为一家"百年老店"的目标而奋斗，而他的诚信经营的理念，也将持久而有热力地传承下去。春光食品不仅要做海南椰文化的传播大使，更要肩负起海南旅游文化交流的使命，以一种搏击云天的襟怀，一种责任与担当的情怀，融入时代发展的滚滚洪流中。

2015 年 10 月 16 日，黄春光荣获第五届全国道德模范提名奖。（撰稿/吴蕴庭、闫红梅）

编者点评："百年老店不是要做大，而是要走远。"黄春光凭借着对民族文化的传承，赢得了消费者，赢得了市场。正如黄春光自己所说，做生意要学会满足，满足消费者，满足客户，满足员工，满足与他相关的每一个人，与此同时，自己才会得到满足。可在当今的市场竞争中，更多人看中的却是市场利益，在追名逐利中，丢弃了企业发展最原始的东西——诚信企业文化。

资料来源：

[1] 食品商务网. 黄春光：要把海南椰子糖卖遍全世界. http：//news. 21food. cn/13/138441. htm ［2007 – 03 – 19］.

[2] 文昌市广播电视台. "全国道德模范提名奖" 获得者黄春光：诚信为品牌之基（一）. http：//www. wenchang. gov. cn/wcdt/jrwc/t20151210_ 1728264. html ［2015 – 12 – 10］.

[3] 文昌市广播电视台. "全国道德模范提名奖" 获得者黄春光：诚信为品牌之基（二）. http：//www. wenchang. gov. cn/wcdt/jrwc/201512/t20151211_ 1729245. html ［2015 – 12 – 11］.

[4] 海南日报数字报. 改革开放让 "春光" 撒向世界. http：//hnrb. hinews. cn/html/2013 – 12/09/content_ 2_ 1. htm ［2013 – 12 – 09］.

温作金：合同履约率100%，客户满意率100%

温作金　男，1966年9月生，浙江省温州市苍南县人，现任福建鑫鑫獭兔有限公司董事长、三明温氏食品有限公司总经理、宁化县浙江商会会长，福建省劳动模范和全国劳动模范。2015年，温作金被评选为第五届全国道德模范候选人。他"合同履约率100%，客户满意率100%"，"诚信"成为他的最亮品牌。

　　1984年，温作金"怀揣"着300元跟随亲戚来到福建明溪、宁化一带，开始了自己的创业生涯。他做过糕饼生意，办过鞋厂。温作金诚信经营，希望依靠自己的力量发家致富。日子一天天过去，温作金逐渐发现宁化自然条件优越，山清水秀、遍地青草的环境很适合自己老家獭兔的发展。以此为突破口，温作金用多年经营所得的4万多元积蓄从老家购买了228只种兔试养，开始了漫长的养兔之路。在温作金的精心钻研下，他养兔的规模逐渐扩大。2006年春，温作金成立了福建鑫鑫獭兔有限公司。

　　创业初期，温作金在宁化县工商局的指导下，开始尝试"公司＋农户"的经营模式。他以保证农户的利益为根本，对农户购买的獭兔种实行"三包"（不育包换，兔死包退换，老化包更新）的政策，同时为农户提供无偿技术指导。从2013年开始，温作金采取"基地托养"的方式，针对那些无养殖场所或无资金自建养殖场所的贫困户，由他的公司在养殖基地内建好标准兔舍及必要的生活设施，然后免费委托给愿意从事獭兔养殖的贫困户，减免了贫困户在租金等方面的负担，以此达到带领和帮助农村贫困户发展獭兔养殖的目的。不仅如此，公司在回收獭兔时，价格会上浮百分之十，来保证农户确实从中受益。2013年，宁化县治平乡的曾令廷因为一场大火失去了家中财物，一贫如洗的他与妻子来到福建鑫鑫獭兔有限公司的獭兔养殖基地。温作金了解情况后，免费为他们提供了种兔、饲料、兔舍等，曾令廷因此可以重攒积蓄，逐渐脱贫。提起这件事，曾令廷满是感激，对这种以基地托养式扶贫的方式赞不绝口。

　　在温作金的领导下，福建鑫鑫獭兔有限公司秉持着"以农为本，科技兴企，持续创新，促进发展"的经营理念和"发展老区獭兔业，服务海西新农村"的宗旨，一步步登上了"三明市农业产业龙头企业"的地位。2009 年，福建鑫鑫獭兔有限公司被福建农业厅、财政厅认定为"福建省 2009—2010 年度农牧业产业化龙头企业"。除此之外，公司先后获得"福建省百家文明诚信私营企业""守合同重信用企业""AAA 级工商信用优异企业"等多项荣誉称号。

　　这种种荣誉，离不开温作金的英明决策，更离不开他以人为本、诚信经营的美好品质。公司自创立以来，创下了企业经营合同履约率 100%、客户满意率 100% 的业绩，不得不让人惊叹。"做企业家要做有良心的企业家。""讲道德、讲信用，不能只挂在嘴上，要体现在实际行动中。"温作金曾说。有记者采访曾令廷，发现养殖户和福建鑫鑫獭兔有限公司签订的 2009 年和 2012 年的合同上只是保证了獭兔数量及成活率等，并未承诺收购兔子的价格。但是提到温作金以 13 元每斤的价格回收兔子时，他说道："这个是凭嘴巴讲过，是 13 元，他很守信用。"但超出人们预期的是，獭兔的国际市场价格并不稳定，特别是近几年，獭兔价格持续下跌，温作金以 13 元每斤收购的獭兔，其市场价格只有 10 元每斤。而对于市场上持续涨价的饲料，温作金的供应价格却比市场价低 20%。120 多万只獭兔让利给养殖户 720 万元。此举让人赞不绝口。

　　温作金不仅对于养殖户抱着"一诺千金"的态度，对公司的员工也十分讲信用。"宁愿贷款，绝不欠薪"是他对员工许下的诺言。他说到做到，逢年过节，温作金从来没有欠过员工的奖金。此外，他花费 200 万元建立了培训中心和职工文化娱乐中心，致力于团结公司员工，为他们提供文化娱乐场所。

　　在他的能力和品质魅力下，一切障碍都"望风而逃"。在福建鑫鑫獭兔有限公司坚持"公司＋院校＋基地＋合作社＋农户"的经营模式下，獭兔养殖业发展迅速。2015 年 6 月 23 日，中国文明网发表的《360 温作金》一文中这样描述公司的业绩："獭兔养殖区域发展到了闽赣 2 省 30 多个县（市），养殖农户达 3000 多户，其中规模以上养殖户达 1000 多户，年产獭兔 200 多万只，公司的'基地托养'方式成为了宁化县'348 精准扶贫'帮扶标准模式之一。"（三明市创出"348"精准扶贫工作机制："3"为"三步工作法"；"4"为四因四缺分类法；"8"为"八种帮扶模式"，并在全市范围内予以全面推行，着力找准贫困"穷"根子，着力推进科技扶贫、产业扶贫、社会扶贫同步发展）

　　在发展企业的同时，温作金从来没有忘记自己身上肩负着更重的责任。"2008 年汶川大地震时，他在宁化民企中，第一个慷慨解囊捐款 3 万元。"宁化县工商联负责人也提到，温作金近些年为扶贫帮困和社会公益事业捐款达 70 多万元，带动了 600 户贫困户养殖獭兔，户均每年增收 2 万多元。对于贫困学子，温作金也会出手相助。他每年都会通过工商联、工会等渠道了解贫困学子情况，积极向他们伸出援助之手。2010 年，他出资 1.2 万元为宁化县的孩子们购买餐具 21 套；2013 年，他出资为客家学校建设价值 5 万余元的两间白板教室；2014 年，他又拿出 1.8 万元资助 8 名孩子上学……

温作金平易近人，与人为善。由于他脸上长的是络腮胡子，人们亲切称他为"大胡子"。"小时候，我家是村里最穷的人家，可以说从小到大，过怕了苦日子，因此对贫困人有着特殊的情结。在企业招工时，我特别注重招用那些家境困难的人。"温作金曾这样说道。无论是帮人脱贫还是助人离难，温作金一直竭尽全力。

2015 年，温作金被评选为第五届全国道德模范候选人。在谈到自己的荣誉时，他表示会将其化为动力。"在多年的企业经营中，正是坚守诚实守信、质量第一的原则，让我赢得了供货商和消费者的信任。但我深知还有许多不足之处，今后，我将一如既往地把诚信渗透到企业的每一个环节。我相信，只要秉持'依法经营、诚信为本'的经营理念，未来发展之路一定会越走越好。"温作金如是说。（撰稿/温作金、马霞）

编者点评：一个人做到遵纪守法容易，却很难做到履行口头上的承诺，甚至为此不惜牺牲自己的利益。但温作金做到了。他生于贫困之家，发家致富后也从未忘记"扶贫"事业，尽心尽力为贫困户做一些事情。正所谓"不忘初心，方得始终"，世界上的人通常是"靡不有初，鲜克有终"，真正坚持信念的人才有成功的机会。多年来，温作金正是坚持诚以待人、善以为人，才取得了今天辉煌的成绩。他当选第五届全国道德模范候选人，当之无愧！

资料来源：

农业信息网. 温作金：牵手贫困户创业的大胡子. http://www.agri.cn/province/fujian/dsxxlb/201505/t20150506_ 4580338. htm ［2015 – 05 – 06］.

李志民：努力成为两个文明建设的"双标杆"

李志民 男，1968 年 10 月生，河北承德人，现任河北怡达食品集团有限公司董事长。2013 年，他被评选为 CCTV 十大三农创业致富榜样；2015 年，荣获河北省道德模范、第五届全国道德模范提名奖。

"天下山楂在承德，承德山楂在怡达。"承德自古人杰地灵，湖光迷人，山色优美，在这风水宝地之上，孕育着绝世珍品——铁山楂。

一个从燕山脚下走出的普通农民，一个靠汽车修理谋生存发展的员工，看着漫山可人的红果子，着实按捺不住。1989 年，他变卖了家产，带着积攒的 3500 元家当，外加借贷的 3 万元，注册成立了自己的果脯厂——"雾灵山果脯厂"，从此便踏上了与山楂相伴的行程之旅。这个人就是李志民。

然而生活中似乎又有着太多的笑话。1993 年，当企业一切都蒸蒸日上，形势一片大好之时，李志民参加的一次交易会，却给他的小厂子带来了致命的打击。交易会上，李志民与三家客户签订了订货合同。回来后，他加班加点，并按照约定的时间，将货物发给了对方。然而货到多日后，却迟迟没有收到客户的货款。无奈之下，他前去催款。这时才发现，三家客户早已人去楼空，货物也不见了踪影。当面临工厂欠债，所有人都埋头沮丧时，李志民做出了无论如何都要坚持下去的决定。他重新筹措资金，吸取教训，决定开发自己的新客户。为打开属于自己的市场，李志民独自一人前往北京、东北等地开发客户。睡车站、挤火车、吃干粮，他都默默坚持着。"信言不美，美言不信。"李志民凭着一句"你们卖完再给钱就行"的承诺，以上好的品质赢得了客户和消费者的普遍认可，很快打开了北京多家重点商场和批发市场的大门。"诚信"二字，为李志民带来了供不应求的大好局面。为满足客户需要，他孕育着自己的扩张计划。

20 世纪 90 年代初，国有企业都面临着改制转型的局面，加工厂又处于"一五"时期"老三线"厂区。李志民牢牢抓住机遇，与主管单位接洽，以分期付款的方式，逐步完成了对八家国有企业的收购，扩大了企业规模和影响力。"以信为本"李志民始终没有忘记，即便遇到严重的资金周转问题，他都始终信守承诺，每一笔还款都如时送还，从不逾期，在当地政府和百姓心中，建立起了诚实守信的良好形象。1997 年，承德怡达食品工业有限公司正式成立；2000 年，河北怡达食品集团有限公司挂牌并正式取得了出口资质，产品远销十几个国家和地区，公司事业进展顺利。诚信作为企业家一个基本的品德，是企业经营的一块金字招牌，更是无形的最有价值的资产。李志民以"人无信，则不立"为人生信条，20 余年间，不论是对上级领导、合作伙伴，还是对下属员工、亲人朋友，他都从未失信，绝不失言。

在公司经营上，李志民更是严格遵循以"诚信"为准则，他要求公司从原料配方到生产工艺、从生产加工到工序管理、从成品包装到检验出厂等环节上，都把质量放在首要位置。2008 年，受全球性经济危机的影响，食品业各项原材料价格大幅度上涨，白砂糖也由 3500 元/吨上涨至 8300 元/吨，怡达在生产成本上，面临着前所未有的压力。当有员工建议，降低白糖量，改为加入麦芽糖、甜蜜素、淀粉、苹果等辅料提高甜度时，李志民当即拍案而起："谁不按公司配料规定生产，砸了公司的牌子，我就要砸了谁的饭碗！"从此往后，在怡达，在所有员工的意识里，都树立起"质量问题不讨论，今天不讨论，以后不讨论，永远不讨论"的准则。无论公司面临任何危机，产品的质量始终不能下降，李志民坚守着这条企业经营的底线，用高质量的产品面对客户；调整公司发展战略，更新产品包装设计，邀请影视明星陈好做产品代言人，在各大超市做山楂产品试吃活动等。这一切努力，为怡达公司顺利渡过经济危机创造了条件，产品销售额由7000 多万元提升到了 1.5 亿元。

企业生存当然要获利、赚钱，而真正决定企业永续经营、良性发展的是企业的使命和其承担的社会责任。2012 年是承德当地山楂果的丰收年，市场一度趋向饱和；供过于求，价格下跌，山楂的市场价跌至每斤 2 角钱。20 年难遇的最低价格，使大多山楂加工厂兴奋起来，毕竟大赚一笔的时机到了；但这也伤了果农的心，他们开始砍掉山楂树，打算改种其他作物。"2012 年 10 月末起，公司的山楂收购价为每斤 4 角钱。"李志民的话让所有人员感到意外，他居然加价收购山楂！不仅如此，在随后的两个月中，李志民还不停地提高收购价格，每隔十天，涨价一次。看到这样的情形，老百姓都不敢相信自己的眼睛；一看真涨价了，很多种植户不但不砍果树了，甚至还来了个"囤货居奇"，守着果子不卖，盼着还能再涨高点儿。在不到两个月的时间内，李志民就把山楂由 4 角/斤涨到了 7 角/斤，果农们都把自家的山楂卖给了李志民。"作为一个企业来讲，今年价格低好像是赚了。但是从长远看，老百姓都不种了，还怎么收果。自己栽树、培植要花多少时间！所以必须稳住老百姓，让他们很高兴。企业想做大，保证'粮草'是前提，我们和果农是双赢的。"李志民用多付的 500 多万元，保护了果农的利益。

2013 年，厂区腹地的山楂产量和收购价均呈现稳定，李志民企业的销售额突破了 5 亿元，成为中国山楂加工企业的第一名。他用多花的 500 万元换来的是 5 亿元。"山楂价格是把双刃剑，既要让企业正常经营，又要保护果农的利益，更要勇于承担社会责任。"李志民认为，诚信是立业之本，作为一名企业家，他应该承担社会责任。

强行者有志，企业家应有远大的远景规划，才能更好地激励团队坚持不懈，持之以恒地迈向目标。"建设一个团队"是怡达集团总纲领中不可变更的一条，科学的制度、良好的机制、积极向上的学习能力，是一个团队不断向前发展必备的因素，是一个企业取得成功的关键所在。李志民提出企业发展成果与员工共享，培养员工的"老板思维"，制订适合本公司员工发展的激励机制；为团队成员创造进入清华、北大等高级研修班学习的条件，极大地调动了团队成员工作的积极性和创造性，开创了一条企业发展与员工提升，共同实现的新路子。

2013 年 12 月 9 日晚上，"农信银"杯"2013CCTV 十大三农创业致富榜样"在京揭晓，李志民凭借着企业家的大胸怀，企业管理的大格局，荣获"CCTV 十大三农创业致富榜样"。在李志民的带领下，如今的怡达公司已然成为一家占地面积 500 亩，建筑面积 10 万平方米；资产总额 5 亿元，年销售额突破 5 亿元，拥有世界上最为优良的山楂种植基地 4 万余亩，带动果农 4 万余户的超级山楂王国，是国家级农业产业化重点龙头企业。"怡达山楂"也成为一个亮丽的品牌，闻名国际，产品远销亚、欧、美、非等十几个国家和地区。

从商超时代到电商平台，此时的"怡达"更加快了时代的步伐，投入到互联网的浪潮中，通过电商经营、线上线下联合销售的方式，开启怡达山楂未来销售业绩新的篇章。

2015 年，李志民获得了第五届全国道德模范提名奖，他说："我今后在追求企业加快发展的同时，会继续秉承诚信经营理念，进一步发挥农业产业化龙头企业的带动作用，彰显企业家的道德责任和社会责任，努力成为两个文明建设的'双标杆'"。（撰稿/吴蕴庭、高凯）

编者点评："企业家的胸怀有多大，企业的发展空间就有多大；企业家的道德责任有多高，企业的经营信誉就有多强。"打铁还须自身硬，一个企业要想走得远，首先要有足够的"底气"，还要有过硬的质量，崇高的信誉。手持诚信开路利剑，身肩果农致富经，心怀质量保证卡，李志民用自己的信条，以"诚"动天下，践行着一个企业家的道德责任和社会责任。在他的身上，流淌着的是道德的血液！

资料来源：

［1］中国经济导报网. 怡达李志民打造山楂王国三步曲. http：//www. ceh. com. cn/jjzx/2013/11/265840. shtml ［2013 – 11 – 19］.

［2］央视网. 创业中国·河北人物（8）山楂大王的财富传奇. http：//sannong. cntv. cn/program/zhifujing/20131127/105776. shtml ［2013 – 11 – 27］.

黄怒波：诗意地创新

黄怒波　男，1956 年 6 月生，甘肃兰州人，北京中坤投资集团（下称中坤）董事长，"影响中国"2015 年度人物"年度企业家"称号获得者。在 2015 年由《中国企业家》杂志社主办的"2015 中国企业领袖年会"上，黄怒波提出企业家精神就是要不停的创新。他表示当企业家不再创新、故步自封的时候，"他就只是个商人了"。

　　从诗人到中宣部处长，再到中坤董事长，黄怒波不断地转型创新、超越自我。商人是顺应现在，接受未来；企业家是预见未来，改变现在。从一开始投身于房地产，到拓展商业地产和旅游地产的蓝海，作为一位优秀的企业家，黄怒波放眼世界，构建心目中的中国、美国、北欧三大战略板块。他总是能发现别人忽视的新事物，将不断创新的企业家精神发挥到极致。

　　1996 年，黄怒波的朋友安徽黟县县长，邀请他前去黟县宏村考察投资，以发展当地的旅游业。慧眼独具的黄怒波一眼便相中了这块"风水宝地"。很快，修缮破旧院落、建造宾馆及旅游设施、进行世界文化遗产申报，引进度假和演艺项目……各项工作都有条不紊地展开。到 2001 年，五星级标准的奇墅仙境中坤国际大酒店拔地而起，唐代名刹梓路寺"重现江湖"，100 多栋徽派度假会所鳞次栉比。

到 2012 年 7 月底，中坤集团投资 2.3 亿元打造的大型室外实景文化剧——《宏村·阿菊》在度假村内实现首演。这部由中坤集团董事长黄怒波担任总策划和总制作人的文化剧，将国际化的一流创作团队与现代化的高科技技术完美地结合。演出极具创新性地将徽州女人作为元素，与高台跳水、高空威亚、超大水幕、裸眼 3D 灯光秀、水上摩托艇等高科技相融合，取得了相当出色的演出效果。宏村项目获得了巨大成功。

仅在 2013 年，宏村便接待游客近 150 万人次，门票收入近亿元，是 1997 年门票收入的数百倍。自此，宏村便形成了自己的模式。所谓的宏村模式，就是指在不动产的基础上将产业链延伸至旅游业，继而形成一条复合的价值链，从简单的门票经济转向文化消费、度假消费、打造大型的文艺演出。

现如今，宏村模式已经被新疆、云南等地不断成功复制。"宏村经验就是中坤模式。"黄怒波在接受媒体采访时曾如此表示。旅游度假产业现已成为中坤集团最耀眼的板块。

2013 年 1 月，黄怒波在公司总部召开了一场事关云南省普洱市 500 亿元大项目的发布会。这次的会议主题是中坤和普洱市政府、华大基因三方签署的《战略合作框架协议》。普洱市是全国生态保护最好的地区之一，联合国环境署专家曾称赞普洱为"世界的天堂、天堂的世界"。中坤集团则是中国旅游地产龙头企业，是国际一流旅游度假服务提供商。而 1999 年成立的华大基因现已成为世界上最大的基因测序公司，拥有领先于世界的大规模测序、生物信息、健康基因组等技术平台。正如普洱市副市长杨林所言："三方的合作是强强合作的典范，将推动普洱旅游界的一个崭新的模式。"

和中坤之前所开发的旅游地产项目不同，这次是中坤集团首次与多方进行合作。在黄怒波看来，要想创立新的旅游度假业态，仅凭一家开发商是远远不够的，必须要与其他团队进行合作。"我负责盖房，但里面的内容就要靠华大基因，文化产业则要用美国的团队，如果还有教育产业，就要找教育机构合作。"黄怒波表示，未来会不断有企业与中坤合作开发运营普洱项目。

在这个项目中，包含了各式的高端旅游产品，如高端房车基地、天然温泉浴池等。在会议中，黄怒波表示中坤集团与华大基因两家将以普洱地区为核心基地，在高端体检、基因康复等健康产业方面进行深入合作，打造以基因康复为核心的健康养生基地。黄怒波想要在这个总占地面积约 60 平方公里的区域内建造一个前无古人的"高端休闲养生部落"。

黄怒波曾说："企业必须不断地转型才能生存下去，我要走自己的路，这样才能创新，才能超越，转型是企业获得新机会的必由之路。"普洱地区的开发正是这种创新精神的真实写照。

旅游业开发的成功让黄怒波声名大振，然而将他推向"舆论"浪尖的却是"冰岛购地风波"。

据相关资料显示，"2011 年 8 月 24 日，中坤集团递交申请，欲以 890 万美元购买 300 平方公里冰岛土地，用于旅游地产开发。2011 年 10 月，中坤集团投资冰岛获得北京市大兴区商委批复。就在事情有了眉目之际，2011 年 11 月 23 日，这笔占据冰岛国土面积 0.3% 的土地交易，却被冰岛内政部长以'法律不允许'为由拒绝。2012 年 5 月，转机出现，冰岛政府同意该项目由买转租，2012 年 9 月，项目细节确定，中坤集团将以 600 多万美元的价格租下 300 平方公里土地，租期 99 年。"

本以为冰岛购地之事就此板上钉钉，风平浪静，却又爆出在这片租地附近建有"美国情报基地"。一时间，世界上的政治家、经济家的目光都汇聚到了冰岛。再加之冰岛内部政府接连换届选举，政局不稳，黄怒波收购冰岛的计划只得暂停。事件一波三折，冰岛收购无望，挪威政府伸出了友好的橄榄枝，表示欢迎中坤集团到挪威投资。

2014 年 2 月双方签署协议，黄怒波向挪威科德艺术博物馆捐款约 980 万元，挪威政府将 21 座馆藏圆明园石柱中的 7 座运回中国。

从冰岛到挪威，中坤集团的投资从未离开北欧，这背后隐藏着怎样的"玄机"呢？2015 年 2 月，黄怒波在做客《百佬会》时做出了解释，他表示冰岛与挪威都接近北极圈，而北极圈是未来最有希望和价值的土地。"北极的冰一旦融化，中国到欧洲就不用走苏伊士运河了，冰岛将是最重要的码头之一，所以现在价值 200 万美元的土地，到时候肯定能超过 2 亿美元的价格。"

即使获得了众多的成就，黄怒波都未曾忘记不断创新的企业家精神。

2015 年 4 月，在北京大学国家发展研究院举办的"全球创新论坛 2015 年会"上，黄怒波发表主题演讲。在演讲中，他谈到企业家需要承担利润之外的其他社会责任，需要一种挑战的精神。创新不是为了钱，而是要满足其梦想和领袖欲望，这才是一个社会所需要的东西。同时，黄怒波也给出了企业家的真正定义。"企业家永远在考虑危机，不断挑战自我，不断创新。而那些寻求稳定，寻求平衡的人早已丧失了企业家的精神，即不断创新的精神。"

同年 12 月，在由《中国企业家》杂志社主办的"2015 中国企业领袖年会"上，黄怒波再次谈及企业家精神。他表示，企业家精神就是要不停地创新，就是要打破原有的规则，把原有的生产要素重新组合；而当企业家不再创新、开始守成的时候，这个人就不再是企业家了，而是个商人。

世上没有靠描摹而成的风格，没有因刻意求似而成的大作。黄怒波未曾止步于房地产业，而是及时转型，投入商业地产和旅游地产，独树一帜、打造自己的宏村模式，又以创造性的思维打造了普洱地区，以"前瞻性的目光"投资挪威，这些都使得中坤集团不断发展壮大，成为中国旅游地产的龙头企业。（撰稿/吴蕴庭、马玉欣）

编者点评：《南齐书·文学传论》中有言："若无新变，不能代雄。"人因创新而不断充实，生活因创新而不断完善，创新是万物变化发展的不竭动力。作为一名企业家，更需要具有不断创新的企业家精神，若是故步自封、抱残守缺，企业绝不会有出头之日。黄怒波清楚地认识到了这一点，无论是别开生面经营宏村模式，还是匠心独运打造普洱地区，他始终秉持着不断创新的企业家精神。

资料来源：

［1］黄怒波. 宏村经验就是中坤模式. http：//www. daonong. com/html/dongtai/zhuanlan/huangnubo/20140911/52893. html ［2014 – 09 – 11］.

［2］黄怒波. 揭秘冰岛买地风波. http：//house. hexun. com/2015 – 02 – 05/173103714. html ［2015 – 02 – 05］.

黄如论：企业的决策应与党中央保持一致

黄如论 男，1951 年 9 月 18 日生，福建省福州连江县马鼻镇辰山村人，旅菲华侨，世纪金源集团董事局主席，兼任中国商业联合会副会长、中国侨联常委、中国人民大学兼职教授、福建省政协常委、北京唐风美术馆高级顾问等社会职务。

2009 年，黄如论荣获福布斯中国慈善榜以及胡润慈善榜单年子榜双料第一名，成为福布斯和胡润发布排行榜历史上极为少见的"双冠"现象。不仅这一年如此，纵观上下，黄如论年年都位于慈善榜前三名。更是在 2013 年豪捐 5.8 亿元，成为 2013 年度"中国最慷慨的慈善家"。

一般的企业家或富豪如果这么"玩命"的捐款，早就把自己榨干了，而黄如论的产业却依然生龙活虎，甚至越发繁盛。许多人就认为，黄如论这样做一定是钱太多了，花不完，打着做慈善的旗号提升企业和个人的影响力以及社会地位。而当 2007 年胡润富豪排行榜登出的时候，所有曾经质疑过黄如论的人都傻了眼，因为黄如论的总财富仅为 100 亿元，排在第 65 名，与他光辉灿烂的慈善榜排名相去甚远。人们在诧异之余更多的是不解。众所周知，黄如论创立的世纪金源集团市值超过 1000 亿元，投资地遍及国内外。这么雄厚的力量，为何他个人总财富只有 100 亿元？为何他要如此"玩命"地做慈善？

1951 年 9 月 18 日，黄如论出生在福建连江县的一个小渔村里，从小家境贫困的他，小学六年级的时候便为了养家而辍学，生活几近潦倒。而正是父老乡亲们的帮助和关爱，黄如论才得以成长，让他坚定了生活的信念。黄如论在心底里告诉自己，要懂得报恩！

1986 年，吃着百家饭长大的黄如论只身前往菲律宾打拼，他想要改变自己的人生。最初的一段时间是最艰难的，最大的问题，就是语言不通。因为很小便辍学的原因，黄如论的知识水平让他很受局限，不管是平常与人谈生意还是进出海关的时候，都是纯英文的，黄如论只能尴尬应付。但随着时间的推移和自身的聪明才智，黄如论慢慢地融入了这个新的环境，并逐渐变得得心应手。很快，黄如论淘得了他人生中的"第一桶金"！

1991 年，尝到甜头的黄如论并没有继续留在国外发展，而是回到了生他养他的故乡——福州，创立了金源房地产公司。凭着在菲律宾打拼多年的经验和自己独到的见解，黄如论迅速成为福州的地产之王！

到了 20 世纪 90 年代末，黄如论又将金源集团的重心转向北京市场。他开发的楼盘所用的资金全部来源于集团的自有资金，采用现楼销售的方式，秉承着"为民生盖房"的理念，得到了民众的偏爱和好评，自此打开了北京市场，同时也打开了金源集团迅猛发展的道路。1999 年 10 月 1 日，黄如论作为华侨代表应邀登上天安门参加国庆五十周年庆典活动，并于 12 月 31 日被选为首都各界十三位精英之一。随着集团快速发展，投资范围也逐步扩大到了上海、长沙、中国香港、菲律宾等。由此，黄如论带领的金源集团逐步发展成了囊括 50 多家子公司、13 家五星级大饭店、6 家 Shopping Mall（超级购物中心）、拥有超过 2 万名在职员工的超级集团！

2002 年，黄如论荣获全国 100 大房地产企业家称号；2004 年，黄如论又荣获中国地产十大风云人物、中国 13 位地产英雄、第三届全国优秀创业企业家、全国十大房地产创新人物、十大地产影响力人物等称号。

随着企业集团的日益壮大和个人地位及影响力的不断提升，黄如论一直铭记不忘的"感恩之心"也在不断的升华，并日趋强烈。小时候因为没钱，买不了新衣服，一件衣服一年四季穿；因为没钱，吃不饱饭，上不了学，甚至还有因为没钱住招待所而露宿街头的时候。这些场景，黄如论都历历在目，而让他最不敢忘怀的是大家对他的不求回报的帮助。正是这份无私奉献的爱，支撑着黄如论坚强而又坚定地奋斗着，让他成为一个闪闪发光的人；也正是这份无私奉献的爱，使得黄如论怀揣着一颗感恩的心，一颗想要奉献的心，去报答生他养他的父母、抚育他长大的祖父祖母，教诲他如何为人处世的老前辈，以及在他遇到种种困难时无私帮助过他的人们，甚至是与他出身或境地相同的人们。因为黄如论经历过所以知道艰难的生活是怎样的，知道困难重重时是如何烦恼与不堪，更知道在困境中伸出一双援助之手意味着什么。

从 1993 年开始，黄如论便开始从事福建、北京、广东、云南等地的教育、文化、助学、敬老等各种社会公益慈善事业；2008 年汶川大地震后，黄如论伸出援助之手，捐出了 1820 万元及一些救灾物资，用于抗震救灾；又基于对儿时早早辍学的遗憾和早期创业因知识文化不足而屡屡碰壁的尴尬，在 2009 年时，他承诺捐资 4 亿元兴建合肥市第四十八中学南校区和合肥师范学院附属小学东校区，捐资 1.7 亿元兴建长沙雅礼外国语学校，捐资 1.3 亿元兴建贵阳市第一实验中学和贵阳市第一实验小学；在 2010 年，黄如论更是捐出 11 亿多元的巨额慈善款，用于文教事业和灾害地区。回国创业以来，黄如论累计投资人民币 400 亿元，上缴国家税费 60 亿元，向社会无偿捐赠超过 12 亿元。

2012 年 8 月，《中国企业家百年档案（1912—2012）》出版。当作者联系要将黄如论的事迹收入书中时，他坚决谢绝。实在谢绝不过，便要求要实事求是地写，多写新人、年轻人。不仅如此，他还欣然为本书题写推荐语："我以普通企业家身份，向广大的企业家朋友推荐这部书。该书内容浩大，收录了 200 多位企业家的事迹、精神和思想，塑造了企业家的积极、向上的社会形象。其客观、公正、全面、权威，不愧为中国企业家诞生百年来第一部完整'档案'"。圣不在名，也处处行善。

据北京师范大学中国公益研究院编制的"中国捐赠百杰榜"披露，近四年来，黄如论的慈善捐赠达 30 亿元以上。据统计，"中国首善"前四届的"首善"席位一直由黄如论包揽，2013 年黄如论又重登"首善"宝座。也就是说，9 年的首善黄如论包揽了 5 年。

2015 年，黄如论回到故乡连江，投入 300 亿元，规划建设了占地 800 万平方米的贵安新天地，把自己人生中最后投资房地产的样板留在了自己的家乡。"连江是生我养我的地方，为家乡经济的繁荣尽绵薄之力，义不容辞！我希望能将我最光辉的一页献给家乡，留在家乡！""这里将是我人生投资房地产终极样板"，黄如论激动地说道。

2015 年 11 月 22 日 "2015 年第一届世界（江夏）华人投资商贸博览会——项目推介及经济论坛"在海南省海口市举行，黄如论在论坛上致辞提出了在经济新常态下，企业谋生存求发展的策略。黄如论说，第一，在经济新常态下，企业的决策应与党中央保持一致，与社会变革同步，认真考究投资方向。第二，企业重在管理，要坚持科学性与艺术性并重，与时俱进，坚持创新，在灵活巧妙中为企业创造最大利益。第三，优化调整企业的内部结构，领导阶层分工清晰，保持企业内部的稳定性，在稳定中寻找新机遇。（撰稿/吴蕴庭、白宗战）

编者点评：从小的经历，让黄如论拥有与常人不同的处世之道，让他不敢忘却知恩图报。黄如论用有价的金钱奉献出了无价的爱，使金钱得以升华，这是众多企业家或者说是富豪们值得效仿的。他的无私精神是自信勇敢的，也是当今社会应该大力提倡和推广的。

资料来源：

新浪网. 黄如论：这里是我人生投资房地产终极样板. http：//fj. house. sina. com. cn/scan/2015 - 11 - 27/10416075835534071364997. shtml ［2015 - 11 - 27］.

党彦宝：慈善当成传家宝

党彦宝　男，1973 年生，宁夏盐池县人，北京大学工商管理硕士毕业，中国社科院金融研究所博士在读，现任宁夏宝丰集团有限公司总裁、马仕达国际控股有限公司主席、宁夏燕宝慈善基金会理事长。连续六年进入"胡润慈善榜"，2015 年、2016 年两次被评为中国十大慈善家。

宁夏位于中国西北，历史上素以贫困著称。即使现在，经济发展状况占全国 GDP 也是"沧海一粟"，连年处于中国各省份 GDP 总量倒数第三的位置。而在 2015 年第十二届中国慈善榜上，宁夏慈善家党彦宝、陈逢干双双荣获"中国十大慈善家"称号。"中国十大慈善家"中宁夏占两席，这个比例占了全国的 1/5，对比之下，宁夏慈善精神便显得难能可贵。

2016 年 4 月 28 日，第十三届中国慈善榜在北京发布，党彦宝再次荣获"中国十大慈善家"。

党彦宝 1973 年出生在宁夏盐池一个普通农村家庭。北京大学工商管理硕士毕业，在读中国社科院金融管理博士班，2000 年 7 月参加工作。2002 年，乘着改革开放的春风，开始涉足现代物流、房地产、石油贸易等领域，打拼得风生水起。

2006 年，正逢宁东大开发。宁东被称为宁夏第一镇，拥有丰富的煤炭资源，已探明煤炭储量 273 亿吨，是全国 13 个大型煤炭基地之一。宁东镇作为"一号工程"宁东能源化工基地的主战场，是宁夏改革开放，经济发展的窗口。借此，党彦宝毅然转身，投入到能源产业，总投资约 300 亿元，前后花费 6 年时间建成了"宝丰能源循环经济工业基地"，是宁东绿色能源循环经济工业的龙头企业，响应国家"绿色、循环、可持续"的号召，成为全国发展循环经济的样板。

宝丰能源集团成立以来，党彦宝一方面带领团队不断将企业做大做强；另一方面则时刻不忘回馈社会和人民，向社会献爱心，开展助学、助贫、助残、赈灾等公益慈善活动。据不完全统计，2008 年至 2010 年三年间，党彦宝先后向汶川、玉树地震灾区，盐池老区、自治区"50 大庆"、宁夏慈善总会、青年创业基金等捐款 2000 多万元。

2011 年 1 月 19 日，党彦宝和夫人边海燕注册成立了"宁夏燕宝慈善基金会"。党彦宝承诺每年捐赠 5000 万元，10 年捐赠 5 亿元用于慈善事业。他说到做到，2011 年一年间，党彦宝先后跻身"2011 胡润慈善榜""2011 中国捐赠百杰榜（第 5 名）"，成为宁夏慈善事业的领跑者。

2011—2013 年，党彦宝领导了燕宝慈善基金会实施第一期公益慈善捐资活动：捐资 1.53 亿元，在 5000 人以上的生态移民安置区新建了 9 所小学、16 所卫生院，解决了万名移民的孩子就近上学的问题，实现了几十万群众就近就医；每年捐资 3000 万元，用于宁夏 33 所大学、高职、中职、高中的 1.5 万名家庭困难学生完成学业。除此之外，基金会还先后捐资 4000 多万元开展了助残、助老、助困、抗震救灾和支持"黄河善谷"活动等慈善公益事业。第二期捐资助学从 2013 年 8 月开始到 2020 年秋实施，捐资 11.53 亿元资助家庭困难学生共计 10.2 万人完成学业。

截至 2015 年 10 月，基金会累计捐助金额 5.38 亿元，奖励资助学生 8.6 万人。党彦宝夫妇不仅兑现了基金会创办之初的承诺，在严格的监管下，每一分钱，都花在了最需要的地方。截至 2015 年 12 月，这笔款项金额已达到 6.1 亿元。

党彦宝夫妇对宁夏南部六盘山特困山区的 9 个县区和 5 个乡镇进行了为期两年的实地调研，发现学校这笔被冠以"助学金"的款项，有些自尊心强的学生根本不拿，他们觉得拿了这个钱就低人一等，就会背上贫困生的包袱。

针对这个问题，党彦宝回去认真思考了一次，觉得人穷志不穷，尤其是孩子。不能因为一点资助金，折损了孩子们可贵的自尊心。一番研究之后，党彦宝灵机一动，将这笔"助学金"改名为"奖学金"，虽只是动了一个字，对党彦宝个人来说并没什么不同，但对学生来说，差别却很大。所谓"资助"，便是"不劳而获"，来自别人的"施舍"，非廉者所能接受；而奖励，却是对受助者个人的努力的肯定，是光荣的有劳有得。由"助学金"变为"奖学金"，不仅是对受助学生的体贴和鼓励，更是党彦宝认认真真做慈善的重要体现。

考虑到不让贫困生从小就被差别对待，心灵上和自尊上不能留下自卑的烙印，党彦宝决定采取全面覆盖无差别奖励的方式，不仅解决了这些地区 80% 困难家庭孩子上学难的问题，也最大限度地保护了这些孩子的自尊心，让他们健康快乐地成长；同时，也让 20% 家庭条件比较好的孩子不搞特殊，不搞歧视，从小在心中埋下友善和谐的种子。

"十八大"以来，习近平总书记提出了科学扶贫、精准扶贫、内源扶贫的思想，对贫困群体精准化识别、针对性扶持，增强其脱贫的内生动力和"造血"功能，这样才能扶真贫、真扶贫。而党彦宝放在工作重心的慈善助学，以及在六盘山改"助学"为"奖学"的做法就是积极响应党中央、政府的号召，变"输血式慈善"为"造血式慈善"，发挥慈善的"造血"功能推进精准扶贫。

党彦宝发挥慈善"造血"功能的一个最重要的体现就是资助教育。他认为要改变一个人应该首先从教育抓起，不论扶贫还是救助，归根结底还是要从这些人的根子上来解决他的贫困问题。他举例说，一家里要有一个大学生，慢慢可能就把整个家族的兄弟姐妹、老人都接出去了。这就是为什么当初党彦宝选择了资助教育这种帮扶方式来做慈善。别人做慈善搞扶贫和救助，他把重心放在资助教育上；别人扶助贫困大学生，他对宁夏山区所有上线的考生全部给予奖励。他不仅自己做慈善，也引导其他一些做慈善的人，做慈善不能盲目"输血"，应该抓些重点来做、落地去做、做"造血式"慈善。

2015 年 10 月 16 日，宁夏燕宝慈善基金会荣获"中国消除贫困奖"。

2015 年 4 月 28 日，党彦宝夫妇以 1.5 亿元的慈善款居"胡润慈善榜"第十名，这已经是党彦宝连续五年进入"胡润慈善榜"，第一次被评为"中国十大慈善家"。

2015 年 8 月 29 日，宁夏宝丰集团燕宝慈善基金会资助全区大学新生仪式在银川举行，2015—2016 学年共有 7.1 万名学生受到基金会资助。

2015 年 12 月 17 日，宁夏燕宝慈善基金会被评为全国先进社会组织。

2016 年年初，"影响·2015 中国公益 100 人"榜单发布，宁夏慈善家党彦宝与比尔·盖茨、曹德旺等国内外知名慈善家一起，被《公益时报》评为对中国公益慈善事业做出重大贡献的"影响·2015 中国公益 100 人"。

2016 年 4 月 28 日，党彦宝再次被评为年度中国十大慈善家。

党彦宝的夫人边海燕说："我和先生党彦宝一直有一个共识，那就是把公益慈善作为一种事业、一种信仰不断地传承下去。不光要自己做，也要引导孩子去做，把公益慈善精神作为一种荣耀、作为传家宝。"（撰稿/吴蕴庭、马田艳）

编者点评：慈善之贵，贵在其精神。太多人盲趋于利，汲饱私囊。党彦宝不仅具有这珍贵的慈善精神，更将慈善精神作为一种事业、作为传家宝代代传承下去，才是感人至深。

资料来源:

[1] 人民网. 党彦宝：支持教育扶贫 发挥慈善的造血功能. http：//ccn. people. com. cn/n1/2016/0108/c366510 – 28029627. html [2016 – 01 – 08].

[2] 公益时报. 党彦宝：把公益慈善作为传家宝. http：//www. gongyish-ibao. com/html/renwuzishu/9669. html [2016 – 05 – 06].

[3] 新华网. 全国政协委员党彦宝：做慈善要落地要关"心"改助学为奖学这件事做的很成功. http：//www. nx. xinhuanet. com/2015 – 03/09/c _ 1114570284. htm [2015 – 03 – 09].

张连水：做好企业的每一次转型

张连水　男，1959 年 5 月 20 日生，山西省乡宁县枣岭乡长咀湾村人，现任山西隆水集团董事长、山西琪尔康翅果生物制品有限公司总经理、云丘山旅游开发有限公司董事长，曾获"全国劳动模范""全国乡镇企业家""全国优秀厂长"等殊荣。

在山西省乡宁县的云丘山风景区，有一个一年一度多姿多彩的中和文化节。每年的农历二月廿五，云丘山上就会游客如织，声乐喧天，盛况空前。

云丘山旅游开发有限公司创始人张连水已年近花甲，每天他都会去云丘山晨练。沐浴着云丘山晨间特有的纯爽空气，一种惬意舒心会从心底慢慢发酵，使人变得精神爽朗。而这种爽朗，同时也是张连水回首往事时的满足，展望未来时的自信。

从"煤老板"到"翅果王"再到"文化旅游"，张连水的一次次转型壮大了自己，绿了山头，富了百姓。

38 年前，张连水高中毕业回到家乡，干过大队干部，当过团支书。1987 年，他和几个同伴借款 40 多万元承包了长咀湾煤矿开始创业。煤矿很快实现盈利，赚到的钱，目光高远的张连水全投入到了矿井的安全改造中，实现了半机械化采掘。矿工的人身安全得到了极大地保障，张连水的煤矿也成了山西省的样本矿。

然而创业哪有坦途，对于中途遇到的"三年都没回家过年"的窘境，张连水表示："那会儿煤老板都是从苦日子熬过来的，可不好当。"他还清楚地记得，有一年的大年三十，在举国沉浸在阖家欢乐的喜庆气氛中的时候，他一个人远在数百里外的陕西韩城催煤款——为了给矿工们发工资过好年。在对方"一杯给十万"的玩笑话中，没有酒量的张连水豁出去了，一口气干了三大杯白酒。然而对方却出尔反尔，这三大杯酒，只换来了三万元。对于张连水欠下的巨额工资债来说，简直杯水车薪。没办法，他只能拉下脸皮接着死缠硬磨，可最终也只要回了一共六万元的煤款。还是不够，他又赶回山西，在河津借了十万元，托人拿回去把工资发了，自己则躲在外面过了个"辛酸年"。"那时候，把人逼到只要能要到钱什么都干。"

熬过了最艰难的那几年，煤市的发展终于慢慢好了起来。为了企业的长远发展，张连水也在不断地学习。随着视野的进一步拓宽，张连水先后拿出 3000 多万元投入家乡的公益事业：修公路、修学校、引水灌溉等。但是这些"治标不治本"的"小公益"在"改善环境、拉动周边村民共同富裕"的"大公益"面前，实在太微不足道……

本着做"大公益"的心理，张连水陷入一轮更深层次的思考。

想要拉动周边共同富裕，首先得保证自己能够保持持续的经济增长。但是煤炭是不可再生资源，挖一点少一点，总有一天会无煤可挖。张连水意识到，无论如何，煤炭企业的转型都势在必行。

张连水真正和翅果树结缘是 1999 年在省里开人代会的时候。在会上，他了解到自己家乡漫山遍野的"层壶树"原来就是国家珍稀物种翅果油树。然后他灵机一动，企业转型的方向就有了。

主意一拿定，张连水便背着几斤家乡的翅果，辗转北京、上海、西安等地高校科研所，拜访专家教授。闭门羹吃了许多回，终于皇天不负有心人，张连水从专家学者那里了解到：翅果油树起源于古老的第三纪，距今已有 200 万年的历史，由于其只生长在北纬 35 度至 38 度的特性，目前发现仅存于中国，集中分布在山西省吕梁山南端的乡宁和中条山西端，同银杏一样，称得上是中国的国宝。不仅如此，该树种固氮作用强，能有效改善土壤结构，若形成经济林带，更有利于保持水土，改善生态环境。翅果油中的蛋白质由 17 种氨基酸组成，人体必需的 8 种氨基酸，翅果油中含有 7 种，翅果油对提高人体免疫力、增强生命活力、延缓衰老等方面有很好的效果。同时翅果中 α－亚麻酸与亚油麻酸的含量之比为1∶7，非常接近母乳的比例，其营养成分也像母乳一样非常丰富、均衡、全面，易为人体吸收，被称为"天然母乳"。

2000 年 3 月，张连水注资 5658 万创建了"山西琪尔康翅果生物制品有限公司"，专注于对中国独有的翅果油树的全面综合研究和深度开发。"翅果综合利用产业化关键技术示范工程"得到了国家发改委的批准立项。张连水在北京中关村组建了北京晋嘉琪尔康生物资源研究中心，与中国农业大学等大专院校、科研机构建立了长期稳定的协作关系，采用先进的二氧化碳超临界萃取翅果油分离技术，最大限度地保持了翅果油中所含物质的生物活性。经过十多年努力，该公司已带动全县发展翅果油树人工林基地 5 万多亩，直接带动周边农民 1.1 万余人创收。翅果油的开发让张连水逐步实现了产业转型、保护环境，实现共同富裕，"琪尔康翅果生物制品有限公司"成为乡宁农业产业化的一大龙头企业。

云丘山的山头绿了起来，张连水看着醉人的山景，慢慢开始觉得可惜：这层林尽染的漫山红叶，这妙趣横生的反季节洞穴，这巧夺天工的象形山体，这独具特色的云丘柿子……简直太美了！这么美的东西不该被雪藏，于是，2003 年，张连水的心中开始有了开发云丘山旅游业的想法。

云丘山最美的不仅是风景，还有它的历史文化沉淀。

云丘山古称昆仑，其历史可以追溯到遥远的夏代，是人类早期的繁衍之地。远古神话中，尧命羲和观天测时、划分节气、制定夏历就是在此。云丘山塔尔坡古民居以一个整体村落的形式，比较完整地保留了原始先民居住和建筑的理念，是 1000 多年前的建筑活化石。还有云丘山独一无二的"中和节"。中和节是唐德宗李适下诏立下的节日，寓意顺应自然法则，与天地同和，和调相处。但是史书载中和节活动"唐后不举"，后世民间经常将其与"二月二龙抬头"混淆，只有云丘山将中和节的"中和文化"不间断地继承了下来——远古时候的祭祀典礼、男女狂欢；唐朝时的天地共和、不违农时；元末明初的道教文化；民间俗神诸如送子娘娘、土地公、灶神的祭祀，甚至近代对抗战阵亡将士的祭拜……传统文化海纳百川的包容发展，在如今云丘山的中元节上都有体现。所以云丘山也是"中和节"的活化石。

2009 年，云丘山"中和节"正式获得山西省非物质文化遗产认证。2010 年，在当地文化部门的支持下，张连水举办了"华夏乡宁首届中和文化节"。2011 年 5 月云丘山中和节正式列入国家级非物质文化遗产。

2013 年，张连水筹划建设青少年爱国主义教育及传统教育基地、抗日纪念文化园、学校、医院、养老院、"两区两村"等 14 个大型项目，其中有关社会和公益方面占了 78.5%。他还筹划把"五保户"请进塔尔坡等村的宜居小院，免费食宿，直到养老送终。

10 多年的不懈努力，8 亿多元的总投资，张连水终于把云丘山打造成了他心目中的样子，如今的国家 AAAA 级风景区云丘山，"望得见山，看得见水，留得住乡愁……"

张连水欣慰地说："我的养老，就定在云丘山。"（撰稿/马田艳、吴蕴庭）

编者点评：从"煤老板"到"翅果王"再到"文化旅游"，张连水的每一次转型都发自心底关爱民生、保护环境的善意。他的每一次转型，都是对自然规律的尊重，都是对"创新、协调、绿色、开放、共享"新的发展理念的最朴素的阐释。

资料来源：

[1] 网易新闻. 张连水：从煤老板到"文"老板. http：//news. 163. com/15/0207/01/AHQJT12C00014AED. html［2015－02－07］.

[2] 新华网. 张连水：寻梦云丘山. http：//www. sx. xinhuanet. com/news-center/2013－03/29/c_ 115202149. htm［2013－03－29］.

范忠义：民族之根的"忠义""管家"

范忠义　男，1956 年生，山西省临汾市洪洞县人，洪洞大槐树寻根祭祖园有限公司董事长。洪洞大槐树寻根祭祖园在范忠义董事长的领导下，先后荣获"国家 AAAA 级旅游景区""中国著名品牌""全国模范职工之家""全国厂务公开民主管理先进单位""山西省模范集体""山西省文化体制改革先进单位""山西省五一劳动奖状""山西省青年文明号""山西省巾帼文明岗""山西省五星级基层工会""山西省爱国卫生先进单位""山西省文明旅游先进单位""山西旅游十大品牌企业"等 90 多项重大荣誉。独具特色的"大槐树祭祖习俗"，更被列为第二批"国家级非物质文化遗产"。

"问我祖先在何处，山西洪洞大槐树。祖先故居叫什么？大槐树下老鹳窝。"歌谣所唱，是大多数"中原土著居民"的心声。而这一现象的"始作俑者"，还要从元朝末期那段民不聊生的历史说起。

游牧民族向来"只识弯弓射大雕"，武勇有余，文治不足。元朝统治短短 89 年间，中国的国土面积虽创下前无古人后无来者的至高峰值，但政治方面却被阶级矛盾和民族矛盾交织裹足。一个国家在战火连天中不可能创新发展。元朝末期，更出台了一道无异于要杀尽天下汉人的政策，农民起义终于大规模地爆发。一方面战火连天不休，另一方面各种瘟灾不断，黄河决堤，广袤的中原大地"民食蝗、人相食""生民百遗一，千里无鸡鸣"。

明朝创立，朱元璋即位后看着饿殍遍地、百事俱废的中原，备感孤独惆怅。然而他目光一转，却发现东卧太行西踞吕梁的山西在这无数烽火灾难中独善其身，不仅没受太大影响，更民阜物昌，欣欣向荣。于是他大笔一挥：迁民！

洪洞县因为位于晋南，便于迁徙的地理位置，在迁民大潮中第一个被选中。然而即便是"丁多田少、有丁无田"，谁会想离开生养自己的故乡呢？当时负责此事的官员也是伤透了脑筋，不得不"连蒙带骗"出奇招，扬言：凡自愿迁徙者去广济寺里办手续，不愿迁徙者站广济寺门口大槐树下等候裁定。结果所有站到树下的村民，全都被迁徙了。据说当时大槐树上有个老鹳窝，被迁的村民回首故里望着老鹳窝，纷纷感叹离了故居，漂泊离散，人不如鸟。由此，广济寺侧的大槐树，就成了先人永别故里的标志。

文献记载，从明洪武三年到永乐十八年，在洪洞大槐树下发生大规模官方移民 18 次，主要迁往国内 18 个省 500 多个县市。经过如今 600 多年的发展，全球凡是有华人的地方就有大槐树移民后裔。可以毫不夸张地说，洪洞大槐树，是中华民族的根。而为我们守住这个根的，范忠义即是扛鼎之人。

范忠义出生在洪洞县万安镇，离"民族之根"大槐树只有 21 公里，从小就在"根祖"文化故事的熏陶中度过，所以范忠义跟"大槐树"的感情不可谓不深。1974 年 8 月，范忠义参加工作，1985 年 1 月加入了中国共产党，1996 年 12 月，被调到当时的大槐树旅游区，着手大槐树景区的旅游开发，自此，就与这民族之根再也分不开。

范忠义刚到大槐树旅游区到任的时候，政府虽也在发展当地的文化旅游产业，但叫得响的项目只有自 1991 年便开始举办的一年一度的寻根祭祖暨物资文化交流大会。其中独特的寻根祭祖活动，在全国还远没有应有的地位。范忠义觉得这点力度远远不够：中华民族是有"根"的民族，历来就有认祖归宗的传统，"认祖归宗"情结是十三亿中国人的兴奋点。现在的社会有许多人一辈子都在"寻根"，而享有"中华民族之根"盛誉的大槐树正是人们"认祖"情怀的寄托，"大槐树"必须要做到能够承载亿万中国人"认祖"情怀的规模才能对得起其厚重的历史沉淀。

范忠义觉得，大槐树旅游区必须扩建。

这项工作政府是大力支持的。在范忠义的努力下，1997 年洪洞县委、县政府出台了古槐迁民遗址开发方案，并由他主持扩建。在现有古槐迁民遗址上，经过多年坚持不懈地扩建、完善，截至 2015 年，已经建成了一座占地 3.5 平方公里的寻根祭祖园，总投资 6.5 亿元。目前为止，该园区是集文物古迹区、祭祖活动区、民俗游览区、汾河生态区、大槐树民俗饭店、生态停车场、购物商业门店等于一体的完备的生态旅游区。

1998 年改大槐树旅游区为洪洞县大槐树寻根祭祖园管理所，范忠义担任管理所所长、党支部书记。2005 年，范忠义顺应市场潮流，进一步改大槐树寻根祭祖园管理所为大槐树寻根祭祖园有限公司，并担任公司董事长兼总经理、党总支书记。

范忠义领导"寻根祭祖园"不断扩建、升级的同时，对园区内的文化建设也从未松懈过。

范忠义着力将一年一度的"寻根祭祖节"打造成让游客难忘的精品"文化节"。其中，2008 年的第十八届洪洞大槐树文化节被山西省文明委列入"中国清明节"系列活动的重点项目，"大槐树祭祖习俗"列入第二批国家级非物质文化遗产保护名录。2013 年第二十三届文化节上，邀请到了中国著名历史学者、百家讲坛主讲纪连海对寻根祭祖大典进行现场解说，让根祖文化更加深入人心。

除了文化节，范忠义还设计策划了一系列的文化活动：打造《大槐树移民情景再现》《铁锅记》《魁星点斗》《孝感天地》《迎亲》等各种特色节目，让游客耳濡目染地了解根祖文化；举办全国范围的摄影大赛、楹联大赛、大槐树赋征文活动、移民文化研讨会等；邀请全国知名专家成立了大槐树文化研究中心，开展大槐树文化的专题研究；范忠义同相关专家、学者、机构合作，出资参与制作了大槐树迁民史、文化习俗等各类书籍 50 余种，系列 VCD 光盘 20 余种，可谓是面面俱到，着力让"寻根"的中华儿女们在这里过足汲取祖根"养分"的瘾。

范忠义深刻地意识到"血脉相连""同根同族"在中华儿女心中的重要地位，他认为，家谱是祖辈留给后代的珍贵遗产，是记载世族血缘事迹的历史典籍。通过与专家和有关部门的合作，范忠义如今已收集家谱、族谱 1000 余册。

除了园区扩建和景区内的文化建设，范忠义始终没有放松景区工作人员服务规范化的建设，努力使大槐树园区达到国家旅游景区服务先进水平。2011 年，园区制定完成了《洪洞大槐树寻根祭祖园企业标准体系》，范忠义带头恪守执行。2011 年 11 月大槐树寻根祭祖园被确立为国家级旅游服务业标准化试点单位，并于 2013 年 2 月顺利通过了山西省质监局专家评估小组的中期评估。但范忠义心中大槐树景区的服务标准远远不会止步于此——"根"即家，要给游客以

"老家"的服务。自 2012 年始，景区就开始启动创建国家 5A 级旅游景区，目前已经取得了实质性进展。现在，洪洞大槐树寻根祭祖园有限公司已经形成由《服务提供标准》《服务保障标准》《岗位手册》三大部分组成的服务标准化体系，完成了标识牌、停车场、无障碍设施、祭祖广场、祭祖堂等功能区建设和核心区改造提升，建成了 Wi-Fi 全域覆盖的智慧化景区，景区的精细化管理，真正给前来参观祭祖的游客以回到"老家"的感觉。

2014 年 1 月 10 日，山西作家洪洞大槐树寻根祭祖园创作基地揭碑仪式在洪洞大槐树寻根祭祖园举行。省作协将创作基地选在这里，不仅是为全省文学创作者营造一个更好的创作交流氛围，更是对大槐树园区这些年的建设取得成果的肯定。

看着日渐完善的大槐树寻根祭祖园，范忠义很是欣慰——这也算是为中华民族把"根"守住了。但是他并没有因此松懈，园区规模建设、文化建设都比较完备了，那宣传相应也得配套到位：大槐树网站不断提升改版，充实网站文化；运用新科技，增加了三维虚拟景区，让没来过的同胞能够更直观地感受"根"文化的深厚；与新浪、腾讯、同程等大型网站合作，多方平台一起进行全面的大力宣传，让"根"文化走出去；范忠义还参加了贵州、石家庄、香港、广州等地的一系列旅游交易、推介会，主动走到台前去，为中华民族"根"文化的传播，为洪洞大槐树寻根祭祖园的发展努力拼搏。（撰稿/马田艳、吴蕴庭）

编者点评：历史积淀是先人对后世最慷慨的馈赠，"大槐树"有的不止这些，它还承载着中华民族对"根"的寄托。范忠义在"老家"上付出的心血以及"中华之根"现在的成就，足以让他担得起一句：民族之根的"忠义管家"。

资料来源：

［1］搜狐网. 洪洞大槐树寻根祭祖园董事长范忠义最美基层文化人. http：//mt. sohu. com/20151207/n430051823. shtml［2015 – 12 – 07］.

［2］中国经济网. 槐乡洪洞大槐树：景区管理提档升级　绘就老家金牌旅游. http：//www. ce. cn/culture/gd/201607/04/t20160704_ 13391461. shtml［2016 – 07 – 04］.

崔根良：2016 "袁宝华企业管理金奖" 获得者

> **崔根良** 男，1958 年生，江苏吴江人，亨通集团创始人。中国企业家协会第七届理事会常务理事，中国企业联合会副会长，中国国际商会副会长，第十二届全国人大代表。曾获得全国劳动模范、全国优秀中国特色社会主义事业建设者、全国优秀企业家、首届中国民营企业十大新闻人物、中国十大慈善家等荣誉称号，并入选《世界优秀专家人才名典》。2016 年4 月，崔根良荣获了全国 "时代楷模" 的称号。

20 世纪 80 年代初，崔根良在浙江承包了一家企业，凭着他的本分肯干有才能，生意蒸蒸日上。这时，老家吴江七都乡的党委书记三番五次地来邀请他回乡担任濒临倒闭的吴江七都丝织服装厂厂长。崔根良毅然回乡。

他笑着说："我是一名党员，党员就是一块砖，东西南北任党搬。现在组织上让我回去建设自己的家园，这是对我的信任和期盼，我怎么能回绝呢？"

回乡后，他很快把服装厂的生意做得风生水起，扭亏为赢。鉴于他出色的企业管理能力，他又被组织调到镇上当时亏损最为严重的乳胶书套厂当厂长。只是当时赶上国际经济危机，即便是崔根良，也 "无力回天"，最终工厂不得不倒闭。

乳胶书套厂倒闭后，崔根良决心自己创业。1991 年，亨通集团成立，主营电缆、光缆产业，崔根良就这么"风风火火"地开干了！到 2003 年，他生产的光缆销量直冲国内第二，公司也在上海证券交易所上市，一切都"红红火火"。

2010 年 8 月 7 日，亨通自主研发的光纤预制棒成功"出世"。该核心技术奠定了中国在世界光通信领域的话语权。不仅如此，亨通研发的航空航天、军工装备特种光纤、光纤导航系统，一次次打破国外技术封锁；且前后参与了神九、神十与天宫一号的交会对接任务，两次受到解放军总装备部的嘉奖！

通过技术创新崔根良获得了成就与赞赏。但他是个很低调的人，他一直信奉"真善不为人知"的信条。获得的财富，他都一点点地默默地奉献给社会。

2011 年，崔根良解囊相助 5000 万元，成立了江苏首家由民政部直管的非公的"亨通慈善基金会"，为那些置身苦难、需要帮助的人们送去"解渴之水""取暖之火"。

2012 年，亨通集团资助启动了江西革命老区敬老院改造的"鹤轩安者"项目，最终耗时 3 年，改建了井冈山、兴国、于都等革命老区 25 所敬老院，使得3000 多位老人受益。

他说，今天的幸福生活，离不开革命前辈的拼搏牺牲，为老区贡献绵薄之力，这是"饮水思源"。

迄今为止，崔根良已累计捐赠超 4.8 亿元。因此，他被授予中华慈善奖"最具爱心捐赠个人""中国十大慈善家"的荣誉称号。

20 多年过去了，崔根良一直带领着亨通集团"披荆斩棘"。凭借着一次次地努力，积极响应党和政府的号召，敢于尝试，敢于创新。最终凭借着一次次地技术革新，亨通集团渐渐壮大，成为一家服务于信息通信、电力传输、能源矿产、金融地产、投资贸易等领域的国家创新型企业集团，在他的旗下拥有全资或控股的生产研发型子公司 45 家，已跃居中国光电行业"航母"的地位，属于中国500 强企业、国家级高新技术企业。尤为重要的是亨通集团是国家级"重合同、守信用"企业。这些都离不开崔根良，离不开他一直信奉的"党建工作"。

曾有人这样问崔根良："一个民营企业，只要依法经营、按章纳税，把经营做好了，何必搞党建那套呢？"崔根良平静地说："黄沙、石子、水泥、钢筋，没有水，黏合不到一起，只有用水的力量，才能把它们变成坚固的混凝土。党建在企业里就像水，能够增强凝聚力，党建就是生产力！"

这真的是崔根良一直坚守的。在他的身上，人们可以看到一位优秀共产党员所应具有的家国情怀，所应谨记的恪尽职守；看到一位优秀企业家所应具有的魄力、谋略，所应背负的责任、担当。

2015 年 12 月 18 日，由中国经济周刊、科技部火炬中心共同主办的"第十五届中国经济论坛"在北京举行。崔根良在此发表了重要演讲："不注意品牌，不注意品质，别人到最后慢慢通过产品一比较，就不买你的产品了。所以，一定要品牌国际化。目前中国的企业，往后再要持续发展，国际化是必经之路。"

他是如此说的，也是如此做的。2015 年 12 月，亨通耗资 3.7 亿美元收购了南非 Aberdare 电缆公司 75% 的股份和 Aberdare 子公司西班牙萨拉戈萨线缆公司和葡萄牙阿尔卡布拉电缆有限公司 100% 的股份，开始加速调整亨通集团在欧洲的战略布局，实现企业的国际化。

2016 年 4 月，在中央电视台时代楷模发布厅里，崔根良荣获了"时代楷模"的称号。表彰会上他受到了这样的评价："崔根良以产业报国为己任，努力依靠科技创新，打破国外技术垄断，打造拥有核心技术和自主产权的民族企业，成功走出一条创业创新之路。"

2016 年 6 月 18 日至 19 日，中国企业联合会"2016 年度全国企业家活动日暨中国企业家年会"在哈尔滨市举行。崔根良被中国企业管理科学基金会授予"袁宝华企业管理金奖"。

"袁宝华企业管理金奖"是中国企业管理科学基金会设立的中国企业管理最高奖项，两年评选一次。该奖项旨在通过表彰和奖励企业管理领域中锐意进取、开拓创新，并在管理方法、管理模式和管理理论中做出杰出贡献的中国企业家。

会上，他发表了题为《企业家的抉择：在创新与坚守中砥砺前行》的演讲，将自己管理亨通集团的经验、教训同大家一起分享。他说："要看着世界地图做企业，沿着'一带一路'走出去。""一要坚守制造业，发扬工匠精神，打造中国质量全球品牌；二要实施创新驱动战略，抢占全球竞争制高点；三要坚持企业走出去，定位全球谋发展。"创新是企业发展所需的生命之源，需源源不断地迸发新的创意，更新新的技术；需要孜孜不倦地投入人力、物力、财力。唯有自主创新，才可以不断地超越自己，超越他人。若你不变革，你将会被淘汰出局。这些是崔根良几十年做企业"生涯"的真知灼见。对于获奖，他说："这不是终点，而是激发我继续奋力前行的起点。"

2016 年 6 月，崔根良应俄罗斯能源部部长诺瓦克阁下的特别邀请，赴俄参加了第 20 届圣彼得堡国际经济论坛，凭借在俄罗斯通信和电力领域的优秀表现，崔根良被授予"俄罗斯能源部材料供应领域突出贡献奖"。亨通凭借优异的产品质量、本地化的服务赢得了俄罗斯客户的"芳心"。自此站稳脚跟，这也是其向

全球化迈进的一大步。（撰稿/杨婷婷、吴蕴庭）

编者点评：崔根良是一位优秀的共产党员，"哪里需要哪里搬"。但他也是一位优秀的企业家，能够"搭乘"国家的政策之"船"，通过创新为自己的民营企业谋发展谋财富。他凭借智慧很好地将二者统一，带领着亨通集团"乘风破浪"。

资料来源：

[1] 党建网．崔根良：一个党员企业家的创业创新之路．http：//www. dangjian. cn/sy/tjq/sbgd/201606/t20160606_ 3423703. shtml［2016－06－06］．

[2] 新浪财经网．崔根良：唯有不断创新企业才能立于不败之地．http：//finance. sina. com. cn/meeting/2016－06－19/doc－ifxtfrrf0623817. shtml［2016－06－19］．

[3] 通信世界网．崔根良荣获"俄罗斯能源部材料供应领域突出贡献奖"．http：//www. cww. net. cn/news/html/2016/6/21/20166211314379191. htm［2016－06－21］．

[4] 通信世界网．崔根良获中国企业管理最高奖：企业创新要耐得住寂寞．http：//www. cww. net. cn/news/html/2016/6/20/2016620203517127. htm［2016－06－20］．

赵志全：时代楷模大爱无疆

赵志全（1956—2014）　男，山东省临沂市费县人，生前任鲁南制药集团股份有限公司董事长，第十、十一、十二届全国人大代表，第四届全国杰出青年企业家、"全国劳动模范"、全国"五一"劳动奖章获得者。2014年11月14日因病去世，享年57岁，2015年被追授为"全国十大优秀企业家"，2016年9月被中宣部追授为"时代楷模"称号。

　　1956年，赵志全出生在山东省临沂市费县的一家普通农民家庭。幼年时期清贫的农村生活，渐渐让他养成了能扛能忍、坚毅向上的性子。1982年，他从山东化工学院毕业，选择了回到家乡临沂，分配到郯南制药厂（鲁南制药厂前身）工作。1987年，承包制风靡一时，充满干劲的31岁青年赵志全一举中标成为郯南制药厂厂长。面对这个仅有19万元净资产的濒临倒闭的药厂，他非但没有气馁，反而自信心十足地当着所有竞争者的面儿立下"当年扭亏转盈，实现利润20万元""到1991年实现产值1000万元，利润120万元"的"军令状"。

　　当然真本事不是说出来的，要靠做。"原料仅能维持三天，流动资金一分也没有。"赵志全开始一家一家地跑银行贷款，但是人家一听是郯南制药厂就一口回绝了，没有人相信这个濒临倒闭的厂子还能创造奇迹。只有一位顾念旧情的行长松了口，答应贷给他两万元，但期限只有一个月。就靠着这两万元加上从企业内部筹募到的一万八千元，赵志全推出了全新产品"银黄口服液"，并且一炮而红，1990 年，药厂产值 1700 万元，利润 160 万元，他提前一年超额完成了自己第一个"军令状"，并将制药厂更名为鲁南制药厂。

之后，鲁南制药厂过了几年"顺当日子"，到了 1995 年，市场状况再一次急转直下。在国家实施经济宏观调控的大背景下，银行纷纷紧缩银根，公司资金链断裂，一度进入破产程序，鲁南制药的发展被逼至绝境。赵志全再一次立下军令状："每月只领 200 元生活费，1996 年年底前扭转不了局面，就自动辞职！"

之后，为了开辟市场，赵志全亲自带领业务人员全国各地跑业务，与专家、医生交流，研究市场。他把自己当成普通业务员，最紧张的时候，他 9 天时间跑遍了东北三省的 18 个城市，很多时候，开会到深夜，宾馆的被子还没打开，就得赶往下一个城市。

"九六决战"终于在赵志全不辞辛劳的连续奔波中取得了圆满的成功，同时也标志着鲁南制药迈出了走向市场的关键一步。

从 1987 年到 2014 年，27 年不辞劳苦的奋斗历程，从承包初期的探索到三项制度改革、股份制的确立，如今的鲁南制药厂已经发展成为净资产 60 亿元的大型综合制药集团，研发项目六次获得国家科技进步二等奖。

赵志全在带领鲁南制药不断进步的同时对员工更是如家人般关怀备至。

"你不在鲁南制药，就不知道赵志全有多好。"这是鲁南制药厂里一直流传的一句话。从早年的每人每月 300 元生活补助；到始自 1999 年的 14 届集体婚礼，为新人安排免费住房、发放安家费，甚至安排蜜月旅行；再到每年 8 月为期一月的带薪休假，每人 1200 元的旅游资金……为了对员工好，赵志全真是挖空了心思。

而相比之下，他对自己简直"苛刻"：一套使用面积仅 40 平方米的旧房他一住就住十几年，墙皮斑驳脱落，家具简易破损，水泥地板磨得有些发亮……他先后 6 次放弃分房机会，总是说："企业里职工最辛苦，好房子应该让他们先住；我是党员领导干部，要吃苦在前，享受在后。"直到最后房子面临拆迁，他才跟员工一起搬进了企业内部的新房。

27 年时光，一头青丝尽染白雪。赵志全所忧之事绝不仅限于鲁南制药厂的里里外外，自小在农村的泥泞里摸爬滚打过的他心里装的，是一方百姓。

孟家山头和崮子村是鲁南制药的子公司新时代药业落户的两个村庄，赵志全来到这里前，这里交通不便、贫穷落后。2004 年，他捐款 16 万元，对孟家山头村内道路进行了硬化和绿化。次年，他为崮子村捐款 16 万元，捐赠药品和医疗器械，修建诊所，连带解决了附近 7 个村庄 3000 余名农民就近就医的问题。

新时代药业的厂区流经一条河，河水保障着周边村民的农业灌溉。但由于无人管理，日渐失修。后来每逢旱季，乡亲们只能望着干裂的河床叹息。赵志全看在眼里，下决心要修缮水渠。但当时新时代厂区正处于全面建设的重要时期，资金比较紧张，绝大多数人持反对意见，还有的建议简单修缮以减少支出。赵志全力排众议，拿出 300 万元，对水渠进行了全面的修缮和加固。

1998 年，赵志全当选为临沂市人大代表，从此就有了他的"第二职业"——征求群众意见和建议。他总是一边忙工作，一边忙着接待群众来访，无论有多忙，无论他的心情如何，只要见到来访的群众，赵志全总是热情接待，认真倾听，积极向有关部门反映。

2002 年，山东大旱，鲁南沂蒙山区一些群众的生活用水一度发生困难。费县水涟乡农民李胜利来找赵志全反映情况。"赵代表听着听着，脸上就冒出了汗，头上的青筋也一动一动的，他心里的急，一点也不亚于我们。我还没有说完，赵代表就起身找领导汇报去了。"李胜利至今也忘不了那令他感动的一幕。不久，问题就很好地解决了——政府在当地打了一口井，建了三个拦河坝。

2003 年，赵志全当选为第十届全国人大代表，肩上的担子更重了。他笑着说："这可比经营好一个大企业难多了。"除了开会和睡觉时间，他总是没完没了地接电话，问他烦不烦，他总说："这是人民对我的信任。"

作为人大代表，赵志全自然没少在人代会上为人民谋福利。在他数年人大代表的生涯中，提了不下 150 多项议案。其中有农民工权益保障、农村医疗和农村留守儿童方面的；有重视发展实体经济，扩大大学生就业渠道方面的；有社会养老体系建设方面的；有健全农村富余劳动力培训方面的；还有食品药品安全方面的……件件关乎民生。

正是这样一位无私奉献，兼济天下的好长者，却在 2014 年 11 月 14 日，一个万籁寂静的凌晨中，溘然长逝。

太突然了，一直被赵志全挂念着的鲁南人都不敢相信，平时的赵志全是多么积极乐观、健康向上的一个人啊！公司历年来的每届运动会上，都能看到他矫健的身影；公司为新人举办的集体婚礼上，也能看到他偕自己的妻子一起参加时喜笑颜开的面庞；甚至作为 2008 年奥运圣火在临沂传递的最后一棒火炬手，他也完成得非常出色，展现了健康昂扬的鲁南精神……怎么可能会说没就没了呢？

2014年11月18日，在赵志全的追悼会上，他的独生女赵龙的追悼词给了人们答案："今天可以公开地告诉大家：爸爸罹患胸腺癌已经有12年之久……"

12年来，他饱受病痛折磨，一边坚持工作，一边不为人知地进行着各种治疗，也曾几度病情凶险，癌细胞扩散到全身……他从来没有长期住院疗养过，总是手术一结束就立刻投入工作。12年来，没有人从他和蔼的笑容中捕捉到一丝病痛折磨的痕迹、一点消极放弃的神色——因为鲁南制药集团的发展形势还没有稳定，因为那么多鲁南人的生活还没有富足，因为他知道，自己是鲁南人的精神支柱。精神支柱，只能是不老、不朽的——直到癌症将他最后一点生的气息剥夺殆尽。

弥留之际，针对鲁南集团探索出的全新的运营机制，赵志全指定了鲁南集团新的领导班子，名单里没有他的妻子，也没有他的女儿。他甚至事先就跟当时在公司后勤部的妻子商量，让她内退……他还甄选了新的法人代表，为了将公司彻底推向市场，他襟怀坦白，勇毅笃行，竟至于斯。

"我深深地爱着我们鲁南和每一位员工，执著追求着鲁南富强的不灭梦幻，期盼着明天会更好，期盼着鲁南会更好，期盼着每一名员工会更好。"

2016年6月，中共山东省委作出《关于开展向赵志全同志学习活动的决定》；9月，赵志全被中宣部追授为"时代楷模"称号。（撰稿/吴蕴庭、马田艳）

编者点评：赵志全用一生的奋斗奉献，回答了"怎样做一个人、怎样做一个企业家、怎样做一名共产党员"的时代命题。他用心守护着鲁南的每一片土地，用心爱着企业内的每一位员工，将自己的一切都奉献给了这一方百姓。他高尚的品格和情操，将永远飘扬在鲁南大地上，永远鲜活在时下人们的心中，永远鼓舞着人们为实现中国梦而努力奋斗。

资料来源：

[1] 凤凰网. 新时代企业家楷模赵志全：用生命诠释"鲁南精神". http://news. ifeng. com/a/20151103/46094779_ 5. shtml [2015 - 11 - 03].

[2] 凤凰网. 感动德州！"时代楷模"赵志全同志先进事迹报告会举行. http://news. ifeng. com/a/20161017/50113268_ 0. shtml [2016 - 10 - 17].

梁金辉：立志打造"中华第一贡"

梁金辉　男，1966 年 10 月生，安徽亳州人，安徽古井贡酒股份有限公司董事长，中国企业联合会"2015—2016 年度全国十大优秀企业家"获得者，2016 年 12 月，在由新华网主办的 2016 中国食品发展大会上，荣获"金箸奖"2016 中国食品领军人物。

东汉建安元年，曹操向汉献帝刘协进献家乡谯县（今亳州市谯城区）九酝春酒及九酝酒法；唐武德四年，简塚店（今亳州市谯城区古井镇）建白塔寺，当地已有酿酒生产；宋熙宁十年，亳州年上交朝廷酒课（税）10 万贯以上；明正德年间，亳州特产的酒称为减酒，被世人赞："涡水鳜鱼黄河鲤，胡芹减酒宴嘉宾。"万历年间，亳州减酒因品质优良成为朝廷贡品；清光绪二十年，亳州减酒畅销苏鲁豫皖地区；现代，减酒被称为古井贡酒。从曹操算起，亳州产酒的历史已经有 1800 多年……说起今天古井贡酒的发展脉络，古井贡酒董事长梁金辉如数家珍。这时候的他，不像职业经理人，更像是一位深耕中国白酒文化的"神农"。

2016 年 6 月 18 日至 19 日，"2016 年全国企业家活动日暨中国企业家年会"在黑龙江省哈尔滨市举行，梁金辉荣获"2015—2016 全国优秀企业家"称号。"全国十大优秀企业家"奖是由中国企业联合会主办的两年一次的优秀企业家评选活动，旨在弘扬企业家精神，鼓励和表彰在我国经济社会发展中做出突出贡献的企业家。梁金辉近些年来频获全国大奖，作为古井集团新晋董事长、全国十大优秀企业家，梁金辉的成长之路颇具代表性。

亳州的历史始自4000多年前的夏朝，之后历朝代都在此处设立统治机关。亳州淳厚的历史沉淀是其无价之宝，再加上由古往今来累积下来的风俗习惯、文物建筑、传统艺术等诸多文化遗产，都会让亳州人感到由衷的自豪。作为一名土生土长的亳州人，梁金辉也不例外，抱着这份"家乡荣誉感"，梁金辉23岁就进入了古井，从此深耕古井27年，对古井的一草一木都爱得深沉。

亳州古井集团自1958年创立以来，经营状况良好，一直处于中国白酒市场的领先位置。1983年，创办了企业宣传手抄报——《古井小报》，1988年1月《古井报》正式创刊。1989年梁金辉来到古井，任《古井报》编辑部主任。之后，虽职位有调动升迁，但始终都在宣传科。梁金辉一门心思地为古井搞宣传，一干就是数十年。

风波起在2007年。2007年是古井的一次劫难，同时也是梁金辉的一次机遇。

2007年4月13日，当时的古井集团董事长王效金被双规，涉嫌贪污受贿3000万元，随之被处罚的另有多名古井高管，古井50年的辉煌神话也因此结束。古井领导班子被迫大换血，当时自称"白酒外行"的曹杰成为了古井的新一任董事长；梁金辉也临危受命，从宣传科调任到了市场部。

面对突如其来的变动，人到中年的梁金辉并不慌张。多年宣传科的从业经验告诉他，白酒企业要发展，靠政策带动的年代已经一去不复返，只能靠市场这只手发挥作用。于是"泡在市场上"便成了他一贯的工作风格。

梁金辉深耕市场，市场回馈他的是这样一句话："产品是企业与品牌的代言人，质量是产品的市场通行证。"换言之古井贡酒想要成为中国"最好的白酒企业"，产品就要做中国白酒界最好的。

如何做"最好的白酒"呢？经过一段时间对亳州地质、环境以及酿酒技术的多方面研究，梁金辉终于找到了答案。

酿酒的工序各有些许差别，但原料选取、水源、酒曲以及窖池是避无可避的四步重要环节。"粮是酒之肉。"亳州地处广袤的中原大地，气候温和，阳光温暖，一年四季分明。相较于其他地区，这里产出的粮食作物更适合于酿酒。

"水为酒之血。"俗话说"佳泉出美酒"，亳州有一口被誉为"中国十大名井"的千年古井，经北京地质研究院专家对井水进行的化验，数据显示：酸碱度7.7，硬度12.16，总碱度15.14，氯根58，并且含有锶、碘、锗、锌等20多种矿物质。适宜人们日常饮水的同时更十分有利于酿酒微生物的正常活动。

"曲为酒之骨。"制曲是酿酒的第一道工序，历史上，以我国传统名产江苏汤沟酒所用的"桃花曲"最为著名。桃花盛开 20 天左右，空气湿润，最适合酒酿微生物群的生长，此时可制作出最好的酒曲——"桃花春曲脂玉心"。

古井贡酒的窖池源于明正德十年的公兴槽坊，池内的"老窖神泥"富含六百多种有益微生物群，被称为"软黄金"，还被列为国家重点文物保护单位，是中国白酒数据库极限样板库之一。

最适合酿酒的粮食、千年古井的优良水质、桃花之曲的经典技艺，再加上被称为"软黄金"的老窖神泥恒温窖藏，"古井贡酒·年份原浆"系列应运而生——酒体香似幽兰、芬芳不散，口感绵柔丰厚。

酒好是做中国最好的白酒的首要条件，但只有酒好还不够，市场毕竟是残酷的。好在"泡在市场上"是梁金辉驾轻就熟的事情。当时市场上白酒定价普遍较高，一众酒商都跟风走高端路线，古井贡酒却特立独行——选择市场主流需求、刚性需求的价格区间，"酒好价又不贵。"随后在市场调整的冲击下，古井贡"年份原浆"的市场化基础优势便充分显现出来。

2008 年，古井贡酒·年份原浆系列产品上市。当年，产品销售收入达 5000万元；2009 年突破 2 亿元；2010 年达到 7.4 亿元。这种"三级跳"的增长方式创下了中国白酒营销史上的奇迹，一举奠定了古井品牌的市场地位，使古井集团走出发展低谷。

这些骄人成绩的取得，梁金辉这位市场部经理功不可没。

2011 年 2 月，梁金辉任古井贡酒股份公司总经理，全力聚焦推广核心产品"年份原浆"。推行"路路通、店店通、人人通"的"三通工程"，扩大直分销模式，加强团购业务……为古井集团在 2012 年的 50 亿元目标奠定了坚实的基础。

2014 年，在白酒行业处于深度调整和市场恶性竞争的阶段，梁金辉再度临危受命接过古井集团帅印，同时接下的还有"拿下一百亿，冲向前三甲"、复兴"中华第一贡"的"军令状"。凭借"年份原浆"系列打下的坚实基础，在 2014年全行业销量全线下滑的情况下，古井贡酒实现了量价齐升、稳中有增的逆势增长，稳居徽酒老大的位置。

但纵使逆势增长，2014 年古井贡酒的销量全行业仍然排行第五，较梁金辉"冲向前三甲"的目标还有一些距离。面对近两年市场环境的巨大变革，对于古井贡酒未来的发展，这位名副其实的"老古井"率先在古井集团推行"白酒5.0"概念，全面领跑了白酒行业拥抱互联网之路。

梁金辉眼中的"古井 5.0 时代"是这样子的：古井贡酒将以用户为中心，利用互联网，建立起用户、产品、产业链之间互相连通、及时互动的系统，不管用户有什么样的需求，只要通过"古井贡酒全球呼叫系统"将要求告知，古井贡酒就会将全面、贴心的服务及时送达顾客身边。

带领古井集团健康发展的同时，梁金辉也十分注重企业文化的建设。"做真人、酿美酒、善其身、济天下。"这十二个字，是梁金辉综合古井半个多世纪的企业文化的提炼升华的企业核心价值观，是对过去古井精神的传承，更是对当今古井精神的守望。（撰稿/马田艳、吴蕴庭）

编者点评：从 23 岁的年轻小伙到年至半百的中年大叔，梁金辉一辈子最重要的时光全献给了古井，他对古井之爱不可谓不深。他带领古井勇攀中国酒业市场高峰，立志要将古井贡酒打造成"中华第一贡"，是他自身精神以及古井精神的重要体现，更是一代酒文化巨匠不惧艰难的拓荒之旅。

资料来源：

［1］凤凰网. 奉献让事业更醇美. http：//news. ifeng. com/a/20160622/49216073_ 0. shtml ［2016 – 06 – 22］.

［2］新华网. 梁金辉：古井因为水好且含有丰富矿物质 所以酒好. http：//news. xinhuanet. com/fortune/2010 – 03/19/content_ 13203011. htm ［2010 – 03 – 19］.

［3］凤凰网. 梁金辉董事长荣膺 2015 品牌中国十大年度人物. http：//news. ifeng. com/a/20151228/46861032_ 0. shtml ［2015 – 12 – 28］.

关彦斌：让有太阳的地方就有"葵花"

关彦斌 男，满族，1954年10月11日生。第十一届、第十二届全国人民代表大会代表、全国工商联医药业商会常务副会长，葵花药业集团董事长兼总裁。曾获得"全国劳动模范""全国五一劳动奖章""全国优秀中国特色社会主义事业建设者""第三届中国优秀民营企业家""全国关爱员工优秀民营企业家""2015—2016全国优秀企业家"等荣誉称号。

1979年以前，关彦斌还是黑龙江省五常县（现为黑龙江省下的一个县级市）二轻局的团委书记，过着相对安逸的公务员生活。但就在这一年，一切都改变了——他主动"请缨"去一家濒临破产的小砖厂做了厂长。

许多人都对他的选择感到难以理解。只是在众多的质疑声中还有一些带着些许夸奖的声音，这些声音告诉人们：关彦斌是一个勇者，一个敢吃"洋螃蟹"的人。

据了解，关彦斌当时接手的砖厂有且仅有一台被其他厂家淘汰的挤出机。凭借着这个"武器"他硬是在5年时间里将企业转型为一家主营塑料产品的企业——五常塑料厂（后改名常星塑料有限公司）。随后，他乘胜追击，又贷款从意大利引进了超宽幅吹膜机组发展企业。就这样，企业一步步壮大，成为"五常县支柱企业""黑龙江省塑料行业龙头企业"。到 1989 年，当时废旧的砖厂已成功转型升级，晋升为国家二级企业和国家定点农膜生产企业。

1994 年，迎着改革浪潮，关彦斌又对厂子进行了股份制改造，成为了黑龙江省原松花江地区第一个股份制企业家。

1998 年，关彦斌审时度势，率领黑龙江常星塑料有限公司的 48 名股东，出资 1100 万元整体收购了资不抵债的原国有五常制药厂，组建了"黑龙江葵花药业股份有限公司"，即葵花药业集团的前身。

2006 年 6 月 23 日，葵花药业集团正式成立（下称葵花药业），旗下包括五常葵花、伊春葵花、重庆葵花、佳木斯葵花、佳木斯（鹿灵）葵花、唐山葵花、衡水葵花、衡水（冀州）葵花、哈尔滨葵花 9 家药品生产企业，两家医药公司，一个药材种植基地，一个药品包材公司，一个大药房共 14 家企业，总资产达 15.72 亿元，总占地面积近百万平方米。8 年的时间，关彦斌打了一场漂亮的"翻身仗"。

在"大刀阔斧""乘风破浪"的前进中，关彦斌始终坚持品牌的塑造。"塑造品牌产品，传播品牌企业"是他给葵花药业写的寄语。为了品牌塑造，他不惜花费大量的人力、物力、财力，为葵花药业的产品树立人尽皆赞的"口碑"。2007 年，"葵花"商标被国家工商总局认定为"中国驰名商标"；2012 年 9 月初，第五届健康中国药品品牌榜揭晓，葵花药业的儿科用药"小葵花"榜上有名。

2014 年 10 月 31 日，葵花药业通过主板发行审核委员会的审核成功上市，并在这一年跻身"中国医药工业百强企业""中国医药成长 50 强企业"和"中国医药上市公司 20 强企业"。葵花药业的这些成功离不开"背后的那个男人"——关彦斌。正是他的高瞻远瞩，他的魄力和担当，他的努力和坚持，葵花药业才真的得以在"阳光下微笑"。

让有太阳的地方就有"葵花"，有"葵花"的地方就有笑脸。10 多年来，关彦斌所领导的葵花药业始终以献身公益，回报社会为荣，坚持将阳光的温暖洒向"阴暗、潮湿"的角落，洒向那些急需救助、急需关爱的心灵。2000 年，出资 3.2 万元赞助清华大学特困生五常市安家镇孟繁荣同学四年全部学费；2002 年，捐资 100 万元在黑龙江中医药大学设立奖学金、助学金，帮助更多的莘莘学子完成学业；2003 年，捐赠 10 万元于哈尔滨市孤困儿童帮扶中心，使得 2300 余名失学儿童重返校园；2004 年，出资 20 万元在五常市红旗乡建立"葵花希望小学"；

2006 年，出资 20 万元支持社会主义新农村建设、出资 40 万元支持拉林开发旅游项目、出资 20 万元支持国家医药管理局的扶贫项目；2007 年，出资 20 万元给黑龙江省嘉荫县青山乡建业村，为村中农民新房建设，为五常市修路"添砖加瓦"；同年，在"CCTV 春暖青艾工程大型公益活动"中向中华慈善总会捐款 12 万元；2008 年，为五常市"抗春旱，保春灌"捐款 100 万元，为四川地震灾区捐款捐物 310 万元，为五常市兴盛乡等地遭受龙卷风灾害捐款 20 万元；2010 年，青海玉树地震，葵花药业捐款 30 万元；2010 年，云南省遭受严重旱灾，葵花药业捐赠 50 万元的大米；2011 年，在"庆祝建党 90 周年暨中医中药中国行走进西柏坡"主题活动在革命圣地西柏坡隆重举行上，葵花药业向革命老区捐赠了 50 万元药品等。这一笔笔的捐款默默地记录了葵花药业的阳光爱心，静静地彰显了关彦斌的大爱情怀。

然而关彦斌所怀的大爱不仅仅是关心弱者，奉献爱心；更多的是作为一个民族企业家的责任感、荣誉感，他希望我们的中医药不仅得到国人的认可，更能得到世界的认可。

他曾经在面对记者采访时说："中医药是中华民族的宝贵财富，传统中医药受到国际社会越来越多的关注，传统医学的治疗理念也逐渐让世界所接受。屠呦呦获得诺贝尔奖，向世界昭示了中医中药是科学的、是治病的，是国际社会对中医中药的肯定、认可。对于国内中医药行业来讲，只有改进中药新药评审制度，才能促进中医药健康发展，推动中医药走向世界。"

今天的葵花药业集团是集药品生产、药品营销、药材种植、药品包装材料等为一体的多元化、集约化企业。关彦斌说："我深爱着我的祖国，深爱着我的民族，深爱着我的家乡，深爱着我的员工，深爱着我的事业。"正因为这份深厚、浓郁的爱，才使得他将振兴传统中药当作不可推卸的责任，才使得他在生物药、化学药和补益保健类领域不懈地披荆斩棘，不断地发展壮大。

在葵花药业有着一份独特的葵花文化，即"两个基本点和三个子系统"。其中两个基本点指：一是"责任"——产业报国，贡献社会，受益员工；二是"诚信"——"诚实做人，诚实做事，诚信永恒"的经营理念。三个子系统指：文化方向系统、文化定位系统和文化路径系统。简单的几句话，概括出了葵花药业生存与发展的灵魂。

2015 年 3 月 9 日，关彦斌参加了第十二届全国人大三次会议黑龙江代表团审议，期间，中共中央政治局常委、国务院总理李克强与其进行了亲密交谈。

2016 年 6 月 18—19 日，由中国企业联合会、中国企业家协会、黑龙江省人民政府共同主办的以"激发企业家精神，发挥企业家才能"为主题的"2016年全国企业家活动日暨中国企业家年会"在黑龙江省哈尔滨市隆重举行，关彦斌获得了"2015—2016全国优秀企业家"的荣誉称号。

"让有太阳的地方就有葵花。"时至今日，这句饱含"温暖"的话依然是葵花药业的美好愿景。在关彦斌的计划里，"2018年，葵花组建20周年之际，将建造一个规模百亿元的、以医药产业为主的葵花航母，并以此为基础，实现组织集团化、产业配套化、资本社会化、产品系列化、技术高端化、经营国际化，努力打造一个享誉百年的世界级品牌，为社会的发展与人类的健康做出更大的贡献"。（撰稿/杨婷婷、吴蕴庭）

编者点评："我是葵花人，永远追逐阳光。一身正气，健康向上。用心做事，敢于担当。坚守诚信，襟怀坦荡。用智慧创造财富，用真情释放能量。高唱葵花之歌，共筑'双百'（规模百亿、享誉百年——编者注）辉煌！"这是葵花药业集团的敬业誓言。真的如同向日葵一样，充满了律动感和生命力。其实，我们许多企业都需要这样的"美好愿望"，尤其是企业身处困境，深陷迷茫之时，一个"有阳光""有温暖"的方向，可以给予无限的动力，意料之外的可能。

资料来源：

[1] 中国青年网. 关彦斌掌舵葵花药业为社会造福. http：//science. china. com. cn/2014－11/18/content_ 34081718. htm［2014－11－18］.

[2] 中国经济网. 关彦斌代表：改进中药新药评审　促进中医药发展. http：//www. ce. cn/xwzx/gnsz/gdxw/201603/09/t20160309_ 9390154. shtml［2016－03－09］.

丁水波：“我们必须出色”

丁水波　男，回族，1970 年 11 月生，福建省晋江市陈埭镇人。特步（中国）有限公司创始人、CEO。17 岁退学创业，多年来，其企业获“中国名牌企业”“中国驰名商标”“中国企业文化影响力十强”“中国 500 最具价值品牌”等荣誉称号；个人获 2009 年“全国五一劳动奖章”、2009 年中国安永企业家奖、2012 年“品牌中国年度人物”、2016 年“2015—2016年度全国十大优秀企业家”等荣誉奖项。

2016 年 1 月，特步（中国）品牌创始人、CEO 丁水波在接受媒体采访时表示，在体育用品行业，近两年跟往年的核心点大不相同了。现在行业的聚焦点已经放在了以消费者体验为主的“产品 +”“体育 +”“互联网 +”的“3 +”战略布局上，以往看得十分重要的一年四季的订货会、公司的周年庆以及作为上市公司发布的财报都显得不那么重要了。针对新时期对企业的新要求，丁水波表示，企业“要么出色，要么出局。我们必须出色”。

丁水波出生在福建省泉州市晋江市一个叫陈埭的回民镇，自小日子清苦，作为家中长子的他很早就开始分担养家糊口的重担。8 岁时走街串巷地吆喝卖油条，9 岁背着沉重的冰桶顶着烈日在村民劳作的田垄间卖冰棍，有些村民没有带钱，别的小贩扭头就走，嘴巴甜的丁水波却说："叔叔你们先拿去吃，第二天再给钱也行！"——经商作风自小便可窥一斑，日后特步追求"客户、员工、企业三赢"之道大抵也是发轫于此。

泉州市北承省会福州，南接厦门特区，东望台湾宝岛。随着改革开放的日渐深入，位于泉州东南临海的晋江街巷里，归国华侨的身影渐渐多了起来，他们脚上穿着的皮鞋让穿惯了布鞋的晋江人们备感新鲜，街市上皮鞋的需求量猛增了起来，还有许多来自内陆的商人来这里成批量地进货，一时"制鞋"成了晋江市人们炙手可热的致富门路。

打小做过许多小生意的丁水波自然嗅到了这点商机。为了让家里的生活条件好一些，1987年，17岁的丁水波告诉父亲，他要去做皮鞋。当年，他用打工攒下来的500元，和两个结拜兄弟一起，创办了三兴公司。公司创立之初相当简陋：总共四个人，小河边搭起一个小棚子充当制鞋工厂，先到市场上把针线和其他原材料买回来，交给邻居家去做鞋。鞋子做好了，工厂就上门收鞋，每天总能生产十几双拖鞋。最后，再把鞋子拿到市场上去推销。

这么零散的经营模式虽风平浪静，能保证温饱，但若长此以往终究不像话，创业本身就是一件冒险的事。丁水波的成功源自一位成都商人，对方承诺将鞋子拿去代销，但却拿不出订货款。是陷阱还是机会？丁水波决定冒一次险。好在天眷勇者，一个月后，成都商人将订货款都寄了回来，一并寄回的还有再订几百双鞋的单子。

第一年，工厂卖了2000多双鞋；第二年，数量增加到五六万双……到了1992年，丁水波意识到拖鞋市场的利润见底，决定投入运动鞋的生产。同时凭借晋江"侨乡"的优越地理位置，丁水波及时发现了自己公司产品在对外贸易上的优势，凭借为别人"贴牌"，着力开辟海外市场。1993年，三兴公司成功打入南美、非洲市场。此后，陆续在美国、西班牙、智利成立分公司。丁水波的产品远销40多个国家和地区，成为晋江著名的"外销之王"。

但是发展得再好，三兴始终是一个为别人贴牌加工的企业，永远只能活在幕后。"打造自己的品牌"的想法渐渐让丁水波夜不能寐。此时，海外市场的状况变得紧张起来，丁水波开始考虑将外销转为内销，"怎样打响企业转回内销市场的第一炮"显得尤为关键。

经过一段时间的市场调研之后，丁水波发现国内人们选购体育用品时看中的往往不仅是它们的功能性，而且还试图从它们身上寻找一种时尚、年轻的感觉。"时尚体育"四个字在脑中闪现，丁水波茅塞顿开。

2002 年，"三兴"更名"特步"，重金签约谢霆锋为品牌代言人，将客户群体定位在 13～25 岁的年轻人，"特步的战略定位就是时尚体育！"丁水波把自己在世界各地做外贸时收集的时尚图片交给研发人员："特步就要这种感觉！"

此时，中国体育用品市场的竞争已然十分火热，但作为国内市场的"迟到者"，特步独创的"时尚运动"的细分市场爆发出十分强劲的张力，支撑其在本土稳稳占据一席之地。2008 年，一双灵感源自谢霆锋演唱会上吉他火纹的红、黄二色的"风火鞋"，填补了传统运动鞋色调单一的空档，震撼面世。这款颠覆传统的运动鞋以其叛逆、张扬的形象迅速抓住了喜欢猎奇的年轻人的眼球，一举创下了单品销售 120 万双的销售神话，至今也无人打破。

丁水波找准了进入国内市场的切入点，扛着"时尚运动"的大旗快速奔跑。2008 年，成功在香港挂牌上市。在当时经济危机全行业大萎靡的情况下，仍然手握着 20 亿元现金流保持持续盈利。如今，特步作为"后起之秀"，稳居国内体育用品市场前五的位置。

"睡不着的泉州人，做梦都想当老板"是丁水波对自己的评价，他最爱的歌是一首《爱拼才会赢》。在公司里，他也是随和的，没有老板架子，精力旺盛，员工们都亲切地称呼他"波哥"。

本身自己就是从创业最苦的时候过来的，所以丁水波懂得他的员工和经销商的苦处，愿意跟他们同享福、共患难，处处体贴他们。在陈棣的时候，他和 700 多名员工一起睡竹棚，现在，特步的职工都住在装了空调的宽敞的公寓里；他为职工办了幼儿园、风味餐厅；每逢假日举办大型文体活动；员工生日时还可以获赠一份礼物……他对特步经销商的重视程度非同一般，曾把他们送到清华接受 EMBA 培训；在企业最困难的，"非典"盛行的 2003 年，即便销量在一定时间内几乎为零，代理商们也不离不弃……

丁水波重感情，也很懂感恩。他是本地慈善总会的捐助常客，经常组织向残疾人、青少年捐款。听说母校陈棣民族中学即将搬迁，他立马捐出 500 万元帮助母校新校区的修建；南方遭遇大雪灾，他带头捐赠了 5000 件羽绒服；四川汶川大地震后，他第一时间组织捐赠并带头募捐，迅速筹集到了 100 万元现金以及价值 200 多万元的鞋子、服装……数年来，丁水波代表特步多次参与和发起公益性的社会活动，将社会公益事业扩展到各个方面，覆盖教育、文化、体育等领域，捐资数目在数千万元以上。

新的时期，互联网颠覆了传统的经销模式，许多传统企业纷纷走上了变革的道路，历来就引领潮流的特步自然也不例外。

2015年，特步启动了以消费者体验为核心的"3＋"战略。"产品＋"，让产品升级换代，推出了动力巢、减震旋、气能环以及柔软垫四大核心科技平台；"体育＋"，将产品及服务融为一体；"互联网＋"，顺应生活方式趋势，线上线下充分互动。

2015年，电商特步单一品牌运动鞋获得全网销售第一；被评为"最具投资价值上市公司"。

2016年，特步上市8年，交税总额突破50亿元，社会捐赠达2亿元以上，更为5万人创造了就业机会。同年，丁水波被评为"2015—2016年度全国十大优秀企业家"。（撰稿/吴蕴庭、马田艳）

编者点评： 特步之所以能取得今天的成就，一是源于强大的执行力，二是依赖于勇于拼搏、积极向上的价值观体系。这些，和创始人丁水波敢闯敢拼的脾性是分不开的。拥有梦想，然后去勇敢奋斗，坚持自我，接着超越自我。就像丁水波到哪里都会唱的："爱拼才会赢！"

资料来源：

新浪财经. 丁水波：要么出色　要么出局. http：//finance. sina. com. cn/roll/20160105/192924119710. shtml［2016－01－05］.

彭建武：打造强劲"中国心"

彭建武　男，1964年生，湖南宁乡人，中共党员。中国南方航空工业集团有限公司执行董事、总经理。2016年荣获"全国优秀企业家"称号。

中国南方航空工业有限责任公司隶属于中国航空工业集团公司，始建于1951年10月，是国家"一五"期间156个重点建设项目之一、国家首批建设的六个航空工业企业之一和国家首批试点的57家企业集团之一，是我国中、小型航空发动机主要研制生产基地。曾先后制造出我国第一台航空发动机、第一台重型摩托车发动机和第一台轻型工业燃汽轮机等十多项国内第一的机械产品，这些光环在它的头顶熠熠生辉，召集着万千的青年才俊投向它的"怀抱"。彭建武就是这万千才俊中的一人。

1985年，彭建武从西北工业大学毕业，怀着一腔热血，他走进了位于湖南省株洲市芦淞区的中国南方航空工业集团有限公司（当时被称为"331厂"）。彭建武曾在之后的日子里回忆说："这里是我理想起航的第一步。"

当时的他在"331厂"当一名车间工艺员，主要负责钣金焊接有机加工等工作。这份技术工虽然辛苦，但是给他之后的发展打下了深厚的基础。

1999 年，公司进行机构改革，当时在工程技术部任工艺处副处长的彭建武被调任到生产制造部当部长，因为他既有技术背景又兼备协调能力，走马上任之后很快便取得了不错的成绩。因此，他得到了更多人的赏识。当时公司的一家分厂跟日本雅马哈公司合资办企业，三番五次表达想要"挖"他的意愿，都被彭建武拒绝了。他说："航空发动机制造是项系统工程，前期工作要做好做完善，生产环节就会顺畅。我不怕吃苦，也不觉得辛苦。抓生产的人，每项任务都完成了，就有很强的成就感，觉得蛮自豪。而有了成就感，就更有兴趣继续努力做下去。"

从 1999 年至 2009 年，彭建武在"331 厂"历练了 10 年，沉淀了 10 年。对于 2004 年公司的转型改革，他深有感触地说："这段经历锻炼了我自己的综合能力、协调能力和管理能力，让我更有信心面对日后的挑战。"

2009 年，彭建武出任中国南方航空工业集团有限公司董事长、总经理，开始更加全面地管理公司的相关事务。

2011 年 4 月 17 日，"新中国航空工业创建 60 周年"之时，时任中国航空工业集团有限公司总经理林左鸣说："中国航空工业与世界先进水平的距离，过去是'望尘莫及'，现在是'望其项背'，到 2021 年航空工业创建 70 周年时，我们要'并驾齐驱'，跻身世界航空工业强者之林。中国南方航空工业集团有限公司作为中国航空工业集团有限公司的一员，作为中国中小发动机研制生产基地，对于跟上中国航空工业的发展步伐、成为世界一流的发动机供应商，我们责无旁贷。"满怀期望的话语在彭建武的心底燃起了"燎原之火"。很快，他便采取了措施。第一，集中精力大力生产优质好用的武器装备，为国防建设贡献力量；第二，抓住民用航空（指使用民用航空器从事公共航空运输以外的民用航空活动）的发展机遇，培养人才，扩大规模，并针对性地提出了"技术创新""管理创新""质量提升"的管理理念。

2015 年，国家提出要实现"中国制造 2025"，要实施航空发动机和燃气轮机两个重大项目。众所周知，航空发动机的制造属于高精尖技术，一直以来被人们称为现代工业"皇冠上的明珠"。对于这样的"硬骨头"，彭建武却甚是喜爱，他说："作为航空发动机制造业的代表，我深受鼓舞。"此后，他提出了：要在国家层面制定科学、连续的航空发动机发展政策和规划的建议；要大量的投入基础设施的建设，提高技术；要完善产业布局，打造产业集群，健全具有我国特色的航空发动机研制体系及相关标准体系；要利用信息化工具和大数据思维，让先进技术体系、经验成果在全行业传播分享。

　　大胆果断，革故鼎新，这就是彭建武所采取的一系列措施。正如他所说的，近年来，我国的航天工业发展迅速，不断地推陈出新。但是，我们需要掌握核心技术，而不是一味地"组装""包装"，我们需要抓住制造的"灵魂"，需要给我们的航天工业打造一颗强劲的"中国心"。

　　"做世界一流的航空发动机供应商。"这是彭建武一直追寻的梦想，日复一日的为之努力，为之坚持。在他的领导下，中国南方航空工业有限责任公司开始全面实施管理提升，持续推进管理工具应用，构建公司管理体系。

　　2016 年，在他的领导下公司掀起了一场以流程优化为目标的组织机构变革，努力实现转型。同年，公司的相关项目被中国质量协会评为全国精益管理项目一等奖。

　　2016 年 3 月 4 日，彭建武在接受某媒体采访时表示："我相信，公司（指中国航空发动机集团有限公司）的组建能让中国航空发动机研发进入快车道。"

　　据了解，中国航空发动机集团有限公司是为研制中国国产航空发动机而"特意"成立的公司。2016 年 5 月 31 日在北京注册，2016 年 8 月 28 日举行了成立大会。中共中央总书记、国家主席、中央军委主席习近平作出重要指示："党中央作出组建中国航空发动机集团公司的决策，是从富国强军战略高度出发，对深化国有企业改革、推进航空工业体制改革采取的重大举措。希望你们牢记使命、牢记责任，坚持国家利益至上，坚持军民深度融合发展，坚持实施创新驱动战略，大胆创新，锐意改革，脚踏实地，勇攀高峰，加快实现航空发动机及燃气轮机自主研发和制造生产，为把我国建设成为航空强国而不懈奋斗。"

　　毫无疑问，中国航空发动机集团有限公司的成立给彭建武鼓足了干劲儿，他激动地说："组建中国航空发动机集团有限公司是国家战略、国家意志，也是国家行为，这对于振兴和加快中国航空发动机产业的发展有十分重大的意义。"并表示要努力将航空产业打造成高铁、核电之后中国制造的第三张名片。

　　"航空发动机产业投资大、研发周期长、技术跨度广。世界上能造飞机的很多，但能造发动机的屈指可数。"中航工业副总工程师、中国工程院院士樊会涛这样说。正是因为如此不易，彭建武才更加觉得需要掌握自主研发的能力，需要自给自足、自力更生，这是打造强劲"中国心"的必备条件。

　　彭建武真的是一位一心扑在打造强劲"中国心"的企业家，对于他几十年如一日的选择，或许我们能从他 2014 年的一次采访中得出答案。

　　"我从 1985 年大学毕业后来到'331 厂'，即将满 30 年。在 20 多年的工作过程中，我也曾经动摇过，或者说也受到过一些影响。那是 1993 年，国家人事制度改革，很多人南下创业，当时也有同学打电话给我，邀我一起闯深圳，湖南省内也有企业邀请我去。但在我心中，这样的念头也只是一闪而过，我始终认为自己是学航空的，进入这样一家优秀的企业，这里有我事业和发展的基础。"

2016 年 6 月 18—19 日，由中国企业联合会、中国企业家协会、黑龙江省人民政府共同主办的以"激发企业家精神，发挥企业家才能"为主题的"2016 年全国企业家活动日暨中国企业家年会"在黑龙江省哈尔滨市隆重举行，彭建武获得了"全国优秀企业家"的荣誉称号。（撰稿/杨婷婷、吴蕴庭）

编者点评："我始终认为自己是学航空的，进入这样一家优秀的企业，这里有我事业和发展的基础。"彭建武的这句朴实的"表白"发人深省。我们看到的是一位兢兢业业做企业的老板。从商的最终目的不是利，而是为了心底最初的一个愿景，认清自己的身份，尽好自己的职责，这就够了。

资料来源：

［1］新华网．彭建武：组建中国航发是国家意志．http：//news. xinhuanet. com/fortune/2016 – 03/05/c_ 128775373. htm ［2016 – 03 – 05］.

［2］中华儿女报刊社．彭建武：执着航空动力梦．http：//elite. youth. cn/gnb/201407/t20140704_ 5463562. htm ［2014 – 07 – 04］.

［3］新浪网．彭建武代表：建议大力扶持通航动力产业发展．http：//news. sina. com. cn/o/2016 – 03 – 06/doc – ifxpzzhk2355318. shtml ［2016 – 03 – 06］.

［4］新华网．彭建武：组建中国航发是国家意志．http：//news. xinhuanet. com/fortune/2016 – 03/05/c_ 128775373. htm ［2016 – 03 – 05］.

谢旭辉：“让天下的创意成为现实”

谢旭辉　男，湖南邵阳人，“80后”。1999年毕业于湖南省司法警官学院，曾在新疆和田市墨玉县从警。2001年进入中国政法大学进修法学，2008年创办了联瑞集团，2013年创建“汇桔网”，现任汇桔联瑞集团董事长兼总裁，中国商业联合会副会长，中国企业联合会常务理事。2016年，荣获“全国优秀企业家”称号。

谢旭辉创业的念头起初只是为争“一口气”。

2003年，从中国政法大学毕业后的谢旭辉在广州一家国际物流公司和家电集团上班。一次，他和同事赴香港参加一个以“科技与知识产权”为主题的展会，会上他听到一位工作人员说：“内地企业也知道什么是知识产权吗？真好笑！”这句话让谢旭辉深感“屈辱”。那时，他便在心底暗暗告诉自己，要建立一个保护知识产权的公司。

2008年，《国家知识产权战略纲要》出台实施，大力推进知识产权保护工作，发展知识产权服务产业，谢旭辉意识到机会来了。不久后，他便和一位在香港结识的从事知识产权保护的律师一起，注册了香港联瑞知识产权集团（下称联瑞集团），同时在广州设立了第一家分公司，为有需要的企业提供专利、商标、版权等知识产权代理服务。

2011 年 4 月 26 日，第 11 个"世界知识产权日"（从 2001 年起，世界知识产权组织设定每年的 4 月 26 日为世界知识产权日）来临之际，联瑞集团同广州市天河区知识产权局、华南理工大学知识产权学院一起举办了以"设计企业成长，掌握发展未来"为主题的"知识经济时代企业发展论坛"。论坛上，谢旭辉以社会上的种种热门事件为"引子"，引出其背后隐藏着的知识产权知识，并强调其重要性及如何更好地创造、运用、管理、保护知识产权。他的真知灼见引得现场掌声四起，各界媒体也是纷纷报道。

2012 年 12 月，由品牌中国产业联盟、中国国际商会联合主办的"2012 品牌中国年度人物颁奖典礼暨第十五届品牌中国高峰论坛"在北京国际饭店隆重举行，谢旭辉凭借着前瞻性的眼光，对知识产权行业的准确把握，被评为"2012 品牌中国（知识产权行业）年度人物"。

据了解，"品牌中国"是一个致力于推进"中国产业品牌化，品牌中国产业化"的活动性、学术性民间联盟。一直以来主要为中小企业打造知名品牌服务，是中外品牌交流与合作的重要平台。这次是"品牌中国"首次推出"知识产权行业"奖项，谢旭辉代表联瑞集团获此殊荣，足以可见业界对于联瑞集团在知识产权方面所做贡献的肯定，足以表明联瑞集团在知识产权行业首屈一指的地位。

2013 年，谢旭辉率领团队进行二次创业，"汇桔网"诞生。这次，他又提出了知识产权的"确权—维权—用权"的三权综合服务体系和"知商群体"概念。

三权综合服务体系，意为要全面的、专业的帮助企业确定知识权力所属，在企业发展过程中，协助维护知识权力，防范风险，甚至于提供知识产权的评估、交易与融资，为企业创新升级和发展提供全方位的知识产权服务。在三者中，最为重要的是"用权"，谢旭辉调侃说：用权就好比知识产权界的淘宝网，它在整个产业链中附加价值最大、利润率最高。为此，谢旭辉建立了网络交易平台——中外知识产权网。"很多客户手上有些闲钱，需要分散投资，有些企业的技术急需资金入股，可是双方不信任对方。我们的工作除了为他们提供一个交易平台，也帮他们做专业评估，做法律公证，促成交易。"2013 年，网站的免费注册用户已经达到 5 万人，付费的企业超过了 3000 个。

"知商群体"中知商指所有创造、保护、运用知识产权的企业、企业家及个人所组成的商业生态圈。这些知商"汇聚"在一起，就是一个不可估量的团体。

"汇桔网"创立之后，谢旭辉带领团队一直致力于知识产权的商品化、产业化、金融化与生活化的打造，为建设起"知商"生态圈而努力。很快"汇桔网"

便实现了从知识产权基础服务，到交易、评估、运营，再到知识产权金融的线上、线下全产业链服务的贯通，大大降低了企业知识产权运营成本，颠覆了传统知识产权服务模式，成为中国领先的、最具规模及前瞻性的专业咨询综合服务机构。

2013 年 4 月 6 日，以"革新、责任、合作：亚洲寻求共同发展"为主题的"博鳌亚洲论坛 2013 年年会"在海南博鳌召开。世界政治、工商界人士、专家学者等 2500 人参加，谢旭辉因为他的大胆创新，敢于变革也受邀出席了这个年会。他在接受采访时表示："创新驱动发展战略是实现中国梦的前提。知识产权的运用与产业化是实现国家知识产权战略及创新驱动发展的重要前提，而要实现中国式创新与知识产权化，就必须加大知识产权人才的培养和推进知识产权的产业化。我们要合理参与国际知识产权的竞争和合作，要用创新来驱动发展，要用知识产权来保护我们的创新。"他呼吁："要走中国式的知识产权发展道路，要实现中国式的知识产权战略发展目标，必须重视和扶持在整个创新事业和知识产权事业中起重要作用的服务咨询机构，从而促进我国目前存在的闲置专利等知识产权资源更好地转化。"

谢旭辉始终秉承着集团创立之初的那份信念："让天下的创意成为现实。"并为之不断革新，不停尝试，不懈努力。不久后，他的团队规模便发展壮大至3000 多人，服务网络辐射全国多个大中城市甚至是日本、美国、新加坡等海外国家，成为众多企业赖以信赖的专业咨询服务机构。

2015 年 9 月 14 日，中国商业联合会第五次会员代表大会暨五届一次理事会在北京市京西宾馆隆重召开，谢旭辉当选为商业联合会副会长，成为中国商业联合会成立以来最年轻的副会长。

2016 年 1 月 14 日，"2015 广东年度经济风云榜"揭晓，谢旭辉当选"2015广东十大经济风云人物"。谢旭辉在接受采访时表示："知识产权是一项非常重要的事业，尤其在国家经济进入新常态，创新驱动发展成为国家战略的如今，知识产权作为创新的关键要素，正在发挥着越来越重要的作用。"

"十八大"以来，每一个企业都面临一个急迫的问题——转型与升级。在这个过程中，获得永久的发展源泉，就需要建立属于企业自己的知识产权，这才是同行业之中竞争的资本。这样的环境推进了联瑞集团的进一步成功。但是谢旭辉从不骄傲，他在 2016 年 1 月 23 日，由国家知识产权局专利管理司指导，广东省知识产权局发起，汇桔网、广州市知识产权局、广东省知识产权研究与发展中心联合主办的"首届汇桔杯南粤知识产权创新创业大赛"上说："给创新创业者的平台就是给我们自己的一个舞台，我们感谢这个时代。"

2016 年 6 月 18—19 日，在中国企业联合会、中国企业家协会共同主办的"2016 年全国企业家活动日暨中国企业家年会"上，谢旭辉凭借在知识产权领域的创新贡献，获评"2015—2016 全国优秀企业家"称号。（撰稿/吴蕴庭、杨婷婷）

编者点评：当今，我国经济发展进入新常态，实施创新驱动发展战略成为时代主题。要想推动创新、创业的发展，知识产权成了不可或缺的重要因素。因为知识产权有其不可重复、替代的唯一性、稀缺性，决定了它比任何一样产品更适宜商品化，让知识产权像商品一样在市场自由地流通，将有效解决知识产权资源闲置问题，更好地促进创新技术进步与协同发展。

资料来源：

［1］网易新闻．汇桔联瑞集团董事长 谢旭辉．http：//news. 163. com/15/1230/14/BC3EQSEC00014AED. html［2015－12－30］.

［2］新浪网．汇桔网谢旭辉：经济寒冬的一把火温暖中国．http：//gd. si-na. com. cn/card/2016－01－24/0955170881. html［2016－01－24］.

［3］腾讯网．谢旭辉：网商模式已到尽头 创新发展才是出路．http：//gd. qq. com/a/20160114/041797. htm［2016－01－14］.

周厚健：坚持以"中国造"推进行业发展

> **周厚健** 男，1957 年 8 月生，山东省烟台市牟平区人，现任海信集团有限公司董事长，荣获"全国劳动模范""全国优秀青年企业家"等称号；第九、十、十一、十二届全国人大代表；2016 年 6 月，荣获"2015—2016年度全国十大优秀企业家"称号。

周厚健脾气耿直、性子急、说话太直——这是周厚健的大学老师对他的看法，所以他大学毕业时，老师忧心他处理人际关系会磕磕绊绊，便给了他这样一个忠告：记住两件事不要做：一是不要当官；二是不要从事和人打交道的工作。谁想多年以后，周厚健不仅将这两件事都做了，而且还做成了典范。

周厚健 25 岁进入青岛电视机厂（海信集团前身）从事技术方面的工作。1988 年，参加厂里组织的一次"经理学习班"时，第一次发现原来管理也要用到许多数学模型，备感惊异，也从此打开了他投身管理业的大门：他业余时间不再攻读最新的集成电路设计，而如饥似渴地啃起了管理方面的书。进厂十年，厂里的技术、财务、人事、生产都干过，成为厂子骨干的同时对厂子的经营也了解入微，1992 年，周厚健开始担任青岛电视机厂长。

周厚健接手的时候，青岛电视机厂已经是中国工业 500 强之一，是中国电视行业叱咤风云的一方诸侯，但他却觉得青岛电视机厂虽然牌子老，有很强的行业号召力，但却带着浓厚的计划经济色彩。这在当今市场经济的条件下可以说是一个致命的缺点，要搞市场经济，现代化大公司就决不能"穿旧鞋走新路"。于是两年后，他带着青岛电视厂一起抛开过往、从零开始——改名海信。

当然，一个老厂想要和计划经济彻底决裂，绝非改个名字这么简单，蜕变注定是痛苦的。周厚健在无数反对声中毅然坚持，实施了改革经营体制、完善十大体系，引进 CI 战略（企业识别战略），树立企业形象，确立名牌战略等一系列措施，终于实现了全新"海信"的诞生。这些，跟他坚毅、耿直的性格是分不开的。市场很快证明了他的决策的正确性：4 年内，海信集团工业总产值增长了近4 倍，利税增长了 5 倍多，职工收入增长了 1 倍。

20 世纪 90 年代中叶，中国的民族彩电业缺少核心技术，在与国际品牌的竞争中始终处于劣势。再加上当时走私之风猖獗，中国民族彩电也在市场竞争中处于被动挨打的局面。

1996 年，电视行业巨头长虹面对总价值超过 20 亿元的 100 万台积压库存，不得已揭竿而起，宣布全部商品降价 8% ~ 18% 不等，打响了中国民族彩电行业竞相降价的第一炮。接着，各处被动争相呼应，行业史上最惨烈的一次价格大战就此打响。虽说仅用了两个月的时间，便将国外的诸多"洋品牌"彻底打蒙，夺回了国内市场，但那段时间民族品牌也相继陨落甚是惨烈。海信是为数不多的在那场战役中存活下来，且无伤根本的企业之一。论及原因，周厚健解读道：海信近几年一直高举"高科技、高质量"的旗帜，始终坚持"技术立企、自主创新"，才"侥幸"躲过一劫。

硝烟过后，周厚健反思国内电视市场的怪状：国货为何会被"洋货"逼到这种地步？不过是因为国内企业在彩电芯片研制上的技术不成熟，过度依赖于国外进口。如此一来，一台液晶电视 70% 的利润被外企拿走了，国内行业只能在10% 的机壳空间拼个你死我活。要想彻底打破这个局面，价格战治标不治本，只有打碎外企的技术壁垒这一条路可走。

耿直的周厚健倔惯了，主意一拿定，他拿更多资金投入到技术研发这一块。这在外人看来无异于烧钱的行为自然大遭反对，但周厚健却召集海信研发中心的核心员工开会，拍桌子说："没有技术主张的厂家，将沦为上游'搬运工'。"亮出了自己磐石不移的决心。

随后又过了 4 年，这个项目在"烧"完 3000 万元资金以后，周厚健终于守得云开见月明。2005 年 6 月，国产第一枚具有自主知识产权、音频视频领域产业化的彩电芯片——海信自主研发的数字电视"信芯"诞生。中国 7000 多万彩电芯片全部依赖进口的时代宣告结束。"信芯"面世半年内，同类进口芯片的价格大幅度下跌：高端芯片由 15 美元降到 8 美元，中低端芯片也由 13 美元降到 6.5美元。

　　但是技术的更新换代快得让人措手不及。2005 年前后，国内彩电市场萎靡，液晶电视进入了爆发式增长期，周厚健刚在彩电芯片领域敲开了外企的技术缺口，日韩等一些外资企业就已经在液晶面板上布局了。在以液晶电视为主场的中国市场上，获益最大的仍是外企。

　　周厚健再一次奋起直追，咬定技术创新不放松，又一次将上游产业链硬生生"啃"了下来。2007 年，国产第一条液晶模组生产线在海信的生产车间正式投入运行；2009 年，海信又成为国内第一家牵头 LED（发光二极管，一种模组）背光国际标准的制定者，使得国内同行在 LED 面板时代拥有了更高的话语权。

　　然而好景不长，2010 年以前，一些外企已经相继推出了 OLED（有机激光显示）电视机，OLED 材料有着更薄的外形、更宽的视野、更快的反应速度、更低的耗能、更好的色域和色彩还原度等优点，一旦普及，必将很快代替现有的液晶显示屏背光模组。周厚健很清楚，这意味着"屏"的核心组件将可能再次被外企控制，这对于国内好不容易在夹缝中累积起的面板和背光技术来说，无异于灾难。在电视制造行业，中国企业已经在"屏"方面被外企牵着鼻子走了近 40 年，是时候奋起反超一下了。正如周厚健所说："技术和质量是桶底，其他因素都是桶帮，没有桶底，桶帮再高水平也是零。"——技术的问题只能靠技术去解决。

　　"OLED 的初期良品率低、可靠性差，成本高昂，要想大规模占据这个市场，我觉得它 5 年内很难有机会。"周厚健说，"如果我们在画质上达到或超过 OLED的水平，成本又比它低得多，就能维持目前的格局，寻找再一次的机会。"

　　于是周厚健又扑进了新一轮的"烧钱"搞技术的轮回中——干脆直接绕过"屏"，自己打造一个全新的体系。

　　2014 年，海信 ULED（多分区布光独立控制发光二极管）电视研发成功，并在美国高调发布，直接与 OLED 抗衡。针对二者优劣之争的口水战也不断升温，东南大学显示技术学院的评测数据显示：ULED 画质综合性能可媲美 OLED，而价格只有其 1/4。

　　究竟孰胜孰劣，结果已然不重要，市场最终会给出答案。但 ULED 的横空出世，却实实在在地带给了国内电视行业许多好处：一方面给了周厚健更大的底气联合同行阻击面板产业 OLED 的更迭速度，给中国企业留下了一定的成长时间；

另一方面将实现国内电视产业跳过 OLED，直接迎来激光影院代表的无屏时代。

总之，国内电视行业让外企攫取高额利润的时代已经一去不复返了。

周厚健在技术研发方面的高投入，不仅为中国电视行业带来诸多好处，海信集团得到的回报同样也是巨大的。权威调研机构中怡康 2016 年发布的彩电市场数据显示：海信平板电视以 17.98% 零售量占有率高居榜首，这是海信从 2004 年坚持科技制胜战略以来，连续 13 年占据中国平板市场第一位，同时因为在科技创新方面取得的诸多成就，2016 年，周厚健荣获"2015—2016 年度全国十大优秀企业家"称号。（撰稿/吴蕴庭、马田艳）

编者点评：性子耿直的周厚健在一条少有人走的路上毅然扛起了用科技创新打造"中国造"的大旗，一扛就是二十年，坚持不懈地从外企手中抢市场，终于让那个外企攫取高利润的彩电时代成为过去时。如今的他，已是临近退休的年纪，但"创新"是种精神，自他始，却不会从他而终。日后海信代代接班人都将从他手中接起那面"中国造"的大旗，勇往直前地走下去。

资料来源：

［1］网易新闻. 海信周厚健：欧洲杯上的中国主帅. http：//news. 163. com/16/0629/00/BQMGP02E00014AED. html［2016 - 06 - 29］.

［2］新浪网. 第 36 期：长虹降价. http：//news. sina. com. cn/c/2008 - 11 - 06/101916600807. shtml［2008 - 11 - 06］.

王正华：中国廉价航空第一人

王正华　男，1944 年生，江苏人。1981 年创立上海春秋旅行社；1986 年担任上海春秋国际旅行社有限公司董事长、总经理至今。2004 年创立春秋航空集团公司并任董事长，被誉为"中国廉价航空第一人"。2016 年获"2015—2016 年度全国十大优秀企业家"称号。

"让每一位中国人，在有生之年，起码乘坐过一次飞机。"这是上海春秋航空集团董事长王正华一直以来的梦想。听起来，相当遥不可及，像是一场"春秋大梦"。

王正华 1944 年出生在江苏省一个普通家庭，兄妹 7 人，他是家中长子，自小深谙母亲的教诲，养成了"从不拖沓"的好习惯。学生时期的家庭作业总能提前完成，在上海市长宁区政府工作时，领导吩咐的任务，也总是提前保质保量地完成，因此备受领导赏识。他从小到大都认真惯了，耿直是深植骨子里的，学不会真话假话掺着说。他后来也发现官场不太适合自己，逢着"给返乡知青安排工作"的契机，开始下海，陆续做过多方面的尝试：开办春秋旅行社、办汽车修理厂组装过汽车、和汽车公司合作客运，甚至还办过一家"东方绣艺厂"，经济效益都还不错。

1984 年，不惑之年，王正华从上海市长宁区遵义街道办正式辞去公职。他创办的上述企业中，街道同意他带走一个，他选择了旅行社。

从国企脱离出来的王正华和春秋旅行社要发展，面临的首要问题就是资金短缺。为了筹集资金，王正华拎了一个糨糊桶，开始在上海长宁、静安、普陀等区的大街小巷里张贴小广告，招收旅游培训班的学员。那时候大批返乡知青迫切想要学习一项技能安身立命，很快就吸引了 1000 多人报名，王正华从报名的人中选出 34 人，组织系统培训，并收取学费。加上之前 1000 多人的报名费，总共筹集了 3000 多元。靠着这 3000 多元，王正华在长宁区的一条街边，搭了一个 2 平方米的铁皮亭子，开始了他的创业之路。

为了让旅行社更好地发展，他"开始关注欧美旅行社的做法，四处收集讯息"，经过多方考察，最后确定了"散进团出"的经营方式，又经过引用 IT 系统，用机器录入顾客信息取代人工，大大提高了旅行社的效率。到了 1994 年，春秋旅行社的市场份额发展到国内第一，这时候对于未来该做些什么，旅行社的发展方向在哪儿，王正华陷入了新一轮的迷茫期，带着春秋旅行社在模式上多方尝试。

美国运通的"旅游加金融"模式是王正华"最想发展的方向"，但当时的金融绝无可能民营化。"旅游加会展"乍一看行得通，王正华也做过多方面的尝试，但最终因为大型会展市场不透明而放弃。第三次探索是"旅游加包机"模式，欧美一些国家的旅行社包机去岛屿、半岛上观光旅游的情况非常普遍，同时利润也非常可观。于是王正华就去一家家拜访全世界包机做得好的旅游公司。

1998 年，春秋旅行社的包机飞往海南，满载着苏州近郊的村民。王正华站在夜幕底下看着自己的包机轰然起飞、冲破夜空，飞机发动的轰鸣声久久萦绕在耳畔，他心头霎时感慨万千：让中国所有的平民百姓都能在有生之年坐过飞机该有多好！

梦想就是此时种下的。

之后，王正华借鉴国外由旅行社转型成航空公司的成功案例，结合中国国情，再考虑到自己那个看似遥不可及的梦想，创立了春秋航空公司。2004 年，当春秋航空第一次举着廉价航空的旗号，驾驶着飞机飞上天空的时候，王正华已是花甲之年。梦还能不能彻底实现，他不知道，但他却坚持不懈地努力着。

为了最大限度地达成"廉价航空"的理念，王正华在节约成本上可谓费尽了心思。春秋航空的所有飞机全部采用客机 A320 的单一机型，节省了大量的器材费用和维修成本；别的公司同样的飞机都是设 156 个客座，春秋航空设了 180 座，同时飞机上也不提供餐饮服务，用户有需要可以另外购买；为了降低起降费、机场服务费，春秋航空选取着陆相对空闲的二类机场、远机位停靠，半小时停留等手段将每次的泊机费减少五六千元；为了节约燃料，春秋航空每次都会在不影响飞行安全的前提下让飞机尽量往高处飞，减少阻力，降低油耗，每年，春秋航空在这一项目上的节约成本至少达 3000 万元……

　　除了在器材、飞行上节约，王正华本人也将节约精神发扬到了极致。母亲的一句话一直是他的座右铭："钱一半是赚的，一半是省的。"作为一位身价上百亿元的航空公司董事长，他不到 10 平方米的办公室是跟他的 CEO 共享的，他的衣服一穿就是十年八年，出差从来不坐头等舱，也不用专车、备车，住宿只住三星以下酒店。2008 年带队到伦敦考察时，他泡面、拌面、榨菜、辣酱、煮鸡蛋带了足足三大旅行袋。还有一次去台湾出差，他主动要求住了酒店地下室，地下室连挂毛巾的地方都没有，他还"沾沾自喜"地拍照发了朋友圈，称为廉价航空节约了成本。公司的一位 IT 总工程师开玩笑说："跟着王总出差，吃的是'猪狗食'，睡的是地下室，誓把低成本航空进行到底！"

　　2012 年，春秋航空的主营业务成本比其他航空公司低 28%，管理费用低45%，销售成本低 82%。正是这样"省钱省到骨头里"，才带动了公司员工在各项成本指标上尽可能地节约，使得春秋航空敢底气十足地推出一轮又一轮的超低价机票。

　　最具有代表性的是 2006 年，春秋航空一班由济南飞往上海的 1 元机票。济南回上海的一班机在晚上 11 时多，这个时间点上座率很差。面对可能会减少50% 上座率的事实，同时本着推广春秋航空网上支付购票方式的想法，于是这班机的价格在原本就不低的折扣上再一次进行了让人大跌眼镜的降价，史无前例的400 多张 1 元机票就这样被推了出来。春秋航空的廉价航空理念就这样被带到了大众眼前。

　　"每个航班都有许多 99 元、199 元、299 元的机票，所有机票一般不超过 8折。"春秋航空的服务也许不那么周到，但用户牺牲这一点舒适和享受，换来的是实惠的低价票，不仅白领自助出游时不用再为路费精打细算，年节时候农民工返乡也能买上实惠的特价票。这毫无疑问是王正华向着他的"春秋大梦"的一次昂首阔步般地跃进。

　　王正华虽对自己相当"吝啬"，但是在各项缴费上却毫不迟疑。这在航空公司拖欠航油、机场费用成风的中国航空界，甚至被人嘲笑为"傻"。在对待员工的工资和福利方面他也不吝成本。作为一个低成本航空公司，他的飞行员团队的工资却高出行业的 20%。在公司财富分配上，70% 他都分给了公司的各级领导，最多的时候，公司的股东超过 500 位。当初与他一起打江山的七个人，除一人离世，一人从政外，其余几位一直跟着他。

2015 年 1 月，春秋航空终于在几次"折戟沉沙"之后，成功在上海证交所上市，春秋航空的廉价航空路线不会变，王正华的"春秋大梦"一直在稳步推进中，随着春秋航空坚持不懈地拉低飞机票价的最低标准，相信"全民乘飞机"的梦想终究会实现。

年逾古稀的王正华被问及会在公司干到什么时候时表示："直到老年痴呆为止。"他依然精神矍铄，繁忙的工作间隙还十分热心公益事业。前些年，他去北京开会，看到北京沙尘肆虐，心里十分不是滋味。回来后立即动员公司的大股东们拿出自己 1500 万元的分红，在内蒙古与河北康保县交界的风沙源头栽种了 22 万棵树苗，保卫祖国的首都不受沙尘的侵害。内蒙古地区的土地沙化、荒漠化更严重，他还组织公司领导阶层去多番考察。王正华说："我 40 岁创业，50 岁包飞机，60 岁买飞机，70 岁了，我想开始种树。"

2016 年，王正华因其勤俭待己、慷慨为公、惠及百姓的企业家精神，被评为"2015—2016 年度中国十大优秀企业家"。（撰稿/马田艳、吴蕴庭）

编者点评： 40 岁弃政从商做旅行社，50 岁做包机，60 岁做航空公司，70 岁率领春秋航空上市，王正华说他所做的，做他所说的。奋斗、远虑、勤俭、感恩，他是春秋文化的缩影，更是领头人，带领着中国旅游、带领着中国廉价航空，向着他的"春秋大梦"、向着更加美好的未来，不懈迈进。

资料来源：

[1] 凤凰网. 凤凰财经传奇系列之王正华的"春秋大梦". http：//finance. ifeng. com/business/pic/detail_ 2014 _ 05/06/36174664 _ 0. shtml ［2014 – 05 – 06］.

[2] 光明网. 北京卫视《问道》王正华："抠门"董事长的"春秋大业". http：//e. gmw. cn/2015 – 12/18/content_ 18156904. htm ［2015 – 12 – 18］.

第二部　金色档案·创客篇

本部主要收录2013—2016年杰出的创业之星。企业家在创业之初都是一个平凡的人，都获得过"第一桶金"；每个企业家在不同的阶段往往有与众不同的发展思路。这些都是引导、鼓励年轻人创业和MBA教学中的最好教材案例。借此，希望形成"大众创业、万众创新"的热烈氛围。

王健林：亲近政府，远离政治

王健林　男，1954 年生，四川人，大连万达集团董事长，2013 年被美国《外交政策》杂志评为"全球百名思想家"，2014 年被国务院评为全国社会扶贫先进个人，当年以 4.4 亿元的现金捐赠总额名列福布斯中国慈善榜第一位，连续四年在慈善榜上进入前三。他提出的"亲近政府，远离政治"的观点，直面中国民营企业发展面临的一大难题，体现了"政商关系论"的现实逻辑。

　　王健林是亚洲唯一一位进入世界全球 10 位"白手起家"超级富豪榜的企业家。王健林老家四川，1970 年参军入伍，1986 年从部队转业。他先是进入大连市西岗区政府任办公室主任，1989 年担任大连万达集团股份有限公司董事长。如今 26 年过去了，在王健林的领导下，万达集团从一个地方性的房地产企业，发展成在世界上举足轻重的国际企业集团。据万达集团官网介绍，"截至 2014 年，企业资产 5341 亿元，年收入 2424.8 亿元。已在全国开业 111 座万达广场，71 家酒店（其中 68 家五星级酒店），6600 块电影屏幕，99 家百货店"。

　　王健林的业绩与贡献受到全社会一致肯定。他曾被选为中共十七大代表、第十一届全国政协常委、第十一届全国工商联副主席。现任中国民间商会副会长、中国企业联合会（中国企业家协会）副会长，中国商业联合会副会长，中国慈善联合会副会长。2015 年 6 月 23 日美国著名的 Wealth – X《亿万富豪普查》报告显示，全球白手起家的 10 位净资产最高富豪中，王健林董事长以净资产估值 352 亿美元入选，成为亚洲唯一一位入选者。

　　评价一个企业家的成绩和贡献，一般往往强调物质层面的，比如说企业资产、产值、纳税、员工福利、社会公益等。但对于杰出的企业家而言，更重要的是他的精神和思想。改革开放以来，众多企业家特别是民营企业家风起云涌，但许多人犹如过眼烟云，早已不知所终。而王健林却能巍然屹立站在高山之巅，他究竟有什么过人之处？或者说他对中国乃至世界的企业家和整个社会的最大贡献是什么？比如在中国，现实中的政商关系，就被称为第一大难题。许多倒下去的企业家正是因为在这个难题上交了不及格的"答卷"。那么，王健林是如何想、如何做的呢？

王健林政商哲学的核心内容是"亲近政府，远离政治"。

这一观点是王健林 2012 年 9 月 8 日在美国哈佛大学做讲演时首次提到的。他说："政商关系其实在中国是一个非常复杂的问题，这个问题比在哈佛读博士后还要困难，真的！""美国一个官员跟我讲，在中国尤其是民营企业能成功做大太不容易了，比美国企业家要艰辛好多倍！""因为包括中国在内的亚洲经济基本上是政府主导型，和美国的市场主导型是有差距的，官商关系或者政商关系绕不开这个话题。""所以我的演讲说一句算名言吧，即'亲近政府，远离政治'。你说不理政府，那在中国证明纯粹是忽悠，美国也不可能不理政府；但是你要把握好一个关键，不去做使自己能伤筋动骨的事情，其实要做到这一点非常重要，就是说创新创新再创新。"

后来，王健林将这句话不断地进行了完善和丰富。比如他说："要走市场，搞自己的商业模式。但我也不赞成远离政府，在中国我觉得远离政府是不可能的。"

他说："我们中国是政府主导型经济，你没办法说我不要政府我自己发展，这是很难的，所以很多人说他从来不跟政府打交道，这个话我觉得是虚伪的，是假的。我们跟政府打交道，但是跟政府打交道定位在是跟组织打交道，不是跟个人打交道，不要希望自己和某一个官员甚至高官成为'铁哥们儿'，结为利益联盟，这就是我讲的'亲近政府，远离政治'的含义。所谓远离政治就是说企业家做好自己分内的事情，不要去干预所谓的政治斗争、人事安排甚至更复杂的事情，就这个意思。"至于如何分清个人和组织，他说："当然是可以分清楚的，比方说我给你办事，我们可以交流，我们可以共同研究什么事情。但别说我们有什么钱财走动，这就不跟个人发生关系，你来看望我我来看望你都是可以的，咱们就事论事。但是不要像有一些企业家，特别是个别民营企业家，总想跟高官结成利益共同体，总想称兄道弟，有钱财来往，这就有问题了。"

谈到最理想的中国的政商关系，王健林说："比方说现在我们企业投资我不能决定，我想投什么东西还要去有关部门拿批文。我想去海外投资，我是民营企业啊，我想到海外投资，还需要到两三个部门去拿批文。通过批文来决定企业是投合适还是不投合适……我觉得最好的关系就是政府尽量减少微观经济对企业的干预，让企业能够自主决定。如果再加上很好的反腐败，官员不敢腐，我觉得这是最好的政商关系……所以我觉得尽管我自己发展很好，我还是希望我是生活在一个更加公平更加自由的国家里。"

2015年6月23日，王健林做客新华网思客讲堂，作了题为《万达的转型与挑战》的主旨演讲，并再次澄清了他的观点。他说："（亲近政府，远离政治）这只是当初内部会议上的一个随口之语，并非深思熟虑之词，没有什么特指。"他认为现在的政商关系使"民营企业毫无疑问迎来了又一个春天"。王健林同时给出了自己的两个观察和判断：第一，反腐把国有企业的无边界扩张遏制了，过去国企特别是央企无边界扩张，通过反腐败把央企的无边界扩张挡住了；第二，反腐把很多官商勾结从市场上扫走了，大幅度降低了市场上的不公平现象。虽然经济有下滑，但对民营企业来讲"最重要的两个竞争对手削弱了，这对民营企业来讲，难道不是又一个发展的春天吗"。他说在大力反腐前，处理政商关系的困难之处在于办事送不送礼，"不送礼什么都办不到，送礼又怕给自己惹麻烦"，处理起来非常困难，大力反腐之后这些问题解决了不少。

2013年12月，国际领域知名刊物《外交政策》杂志评出当年在政治、经济等领域做出贡献的"全球百名思想家"，王健林与李克强、王岐山、解振华、贾樟柯等人入围。（撰稿/晋珀、吴蕴庭）

编者点评： 天不生仲尼（孔子），万古如长夜。可见一个伟大的思想家对社会发展是多么的重要。在中国改革开放过程中，在民营企业发展过程中，最可贵的是诞生了以王健林、王石、马云为代表的一批优秀企业家，他们"永不行贿"，不搞利益输送，不与官员"勾肩搭背"，除了贡献给中国和世界一个优秀的企业和企业文化，更重要的是提出了关于政商关系的一系列思想、哲学乃至理论。从这个意义上来说，王健林居功至伟，功莫大焉！

资料来源：

［1］凤凰财经. 首富王健林的政商关系学. http：//finance. ifeng. com/a/20131127/11171825_ 4. shtml ［2013 – 11 – 27］.

［2］新华网. 王健林澄清"亲近政府、远离政治"并非特指. http：//finance. qq. com/a/20150624/057061. htm ［2015 – 06 – 24］.

褚时健：最励志的创业者

> **褚时健**　男，1928 年生，原云南玉溪红塔烟草（集团）有限责任公司董事长、总裁。2002 年，年过七旬的他二次创业种植橙子，形成今天最励志的"褚橙"或"褚果"，现在，褚时健的橙园有 3000 亩，资产超亿元，他也成为最励志的创业者。

褚时健，中国最具有争议性的财经人物之一，曾被认为是"最悲情企业家"，在拙作《中国企业家档案（1978—2008）》和《中国企业家百年档案（1912—2012）》中已经记录过了。

2002 年春节，褚时健保外就医。

走出监狱大门的一瞬间，一个非常现实的问题摆在了褚时健的面前：是拖着老病的身躯苟延残喘了此残生，还是老骥伏枥重新站起来？

褚时健果断选择了后者。他和妻子马静芬默默地走进哀牢山中，开始承包农场，种植橙子。

哀牢山，望字生义的话，感觉很不"吉利"。其实在当地的语言中，"哀"和"牢"都是"酒"的意思，这样就有了吉利、喜庆乃至悲壮的意味。在哀牢山，种植橙子是当地人的"老本行"，褚时健的弟弟褚时佐就是当地的"橙王"。褚时佐的橙子叫"高原王子"，这样的广告牌，从昆明经玉溪至戛洒小镇一路可见。褚时健受其影响，牌子更响，叫"云冠"，意即"云南冠橙"。

褚时健"王者之风"犹然！

当时的褚老已经 75 岁了，他坦言："很不甘心！现在烟厂的老总们，年薪都是二三百万元，相比较而言，自己的日子太寒酸了，他不想就这样等死！"

哀牢山上有当地政府的一个农场，一共 2000 多亩。当时种植甘蔗，效益非常不好，褚时健便把它承包了下来，种植冰糖橙。褚时健和弟弟褚时佐的果园都位于玉溪市新平县戛洒镇和水塘镇交界处的山头上，褚时健的果园分为两个山头，一个叫硬寨梁子，面积 7710 亩；一个叫新寨梁子，面积为前者的两倍有余。租期 30 年，年租金 14 万元，注册名称为新平金泰果品有限公司。公司就在果园之中，公司董事长是褚时健的夫人马静芬，所有工作人员加起来共计 22 人。褚时健抓生产，马静芬管销售。

"人缘好，人脉旺"是褚时健的一大法宝。在当时的情况下，褚时健居然能向朋友借了 1000 万元将果园承包了下来。据说，著名企业家柳传志也曾借给他钱。前前后后褚时健总共借了 8000 万元。当然后来全部还清了。

10 年之后，褚时建 85 岁生日那天，他说了一句话："过去在我们有能力的时候，能帮就尽量帮助朋友，今天朋友也同样帮助了我们。所以我认为有财气固然好，有人气更好。"

此时，褚时健的企业家的管理素质发挥了重要作用，他又用上了以前烟厂的那套做法："重视技术、利益共享。"他说："管理果园和管理烟厂一样，首先要考虑员工利益，不让他们吃亏，事情就好办。"他说，以前这些农民在家乡种玉米、种甘蔗，一年就赚一两千元，现在跟着他种果树，一年赚四五万元。"每家都有两台摩托。他们原来在老家是最穷的，这才出来打工。现在他们回老家请人吃饭，算是最富的。所以干活才特别周到。"

作为企业家，褚时健当然知道产品质量的重要性，他知道市场就是竞争，做产品就要做精品。过去的"红塔山"是这样，今天的"褚橙"更是这样。改善橙子的质量始终是褚时健成功的最重要的因素。他从气候、水、肥料、间伐、控梢、剪枝、病虫害防治、果农管理八大方面入手，全方位狠抓质量管理。在这方面，80 岁高龄的他事无巨细，事必躬亲，非常认真。他对肥料、灌溉、修剪都有自己的要求，工人必须严格执行。种橙期间，遇到任何难题，他的第一反应就是看书，经常一个人翻书到凌晨三四点。在他的房间里，有一大摞被褚时健翻起了角的柑橘种植图书，里面的眉批、标注密密麻麻。施肥方面，鸡粪是少不了的。到养鸡场买鸡粪，大多数人都是直接拎着袋子，过秤，交钱。可褚时健不一样，他会把鸡粪倒出来，然后放在手掌上捏一捏，看看水分多少，有没有掺过多的锯末，他会根据鸡粪的质量与卖主讨价还价。鸡粪特别臭啊，一般人想想都要作呕。但褚时健不一样，他眼睛不太好，甚至还要将鸡粪凑到鼻子前看和闻……

如今的哀牢山则是褚时健花费数年苦心经营的冰糖橙果园。从 2003 年开始，在 10 年内成为拥有 40 万株冰糖橙，固定资产过亿元，拥有完备道路规划和水利设施的现代农业示范基地。

2012 年 11 月 5 日，褚时健种橙的第十个年头，褚橙首次大规模进入北京市场。目前，他的橙子已经卖到了川渝、东南沿海，以及遥远的新疆和内蒙古等地。

褚时健的"励志"创业赢得了社会的无比崇敬，他个人也开始获得不少社会荣誉。2012 年，褚时健当选云南省民族商会名誉理事长；2014 年 12 月 18 日，褚时健荣获由人民网主办的第九届人民企业社会责任奖特别致敬人物奖。

回想古稀的人生经历，褚时健说："我自己做得最问心无愧的就是：没有庸庸碌碌地生活。我十几岁在家乡时就帮着母亲谋生，从那时起，我就没有闲下来过，更没有混过日子。几十年来，我扛过枪打过仗，也曾经在政府机关任职，后来则是长期做经营企业的事情；曾经有过人人都羡慕的辉煌，也跌落过人生最低谷。不管在什么阶段，在什么年龄，我都在全心全意地做事。一个人不虚度时光，要对国家对社会有贡献，人生才有价值……我觉得一切都是经历，都是财富。没有那些得到，没有那些打击，就没有今天的褚时健。"

如今的"褚橙"，已经成为全国范围的励志象征。

园子大了，需要扩大销路，需要从云南挺进北上广。从 2012 年起，84 岁的褚老就与时俱进，"老头子"领导"新潮流"，开始了互联网销售。2015 年，他们更借力阿里巴巴电商平台，不仅在天猫独家开设了"褚氏新选水果旗舰店"，并且深度参与了阿里巴巴集团"满天星"产地溯源计划。在一系列互联网社会化营销后，"褚橙"成了知名的品牌，同时也成了为数不多的国产高价橙。2015 年 10 月 10 日，价格比普通云冠橙高出 50% 以上的褚橙在天猫开放预售，6 个小时获得了 28 万斤的预订。据悉，2014 年，"褚橙"产量近 1 万吨。因为褚橙品牌高端、产量有限，一直呈供不应求的状态。（撰稿/晋珀、吴蕴庭）

编者点评：一个枷锁加身、风烛残年甚至几乎家破人亡的人，竟然能如此发奋创业并在二次创业取得如此巨大成功，这是为什么？笔者觉得，首先是我们整个国家和社会的成熟、现代与包容，其次是其人格、人性、人脉的完全成熟。巴顿将军说过："一个人的成功不是看其攀登山峰的高度，而是在触底之后的反弹力。"是之谓矣。在此，谨向褚时健老先生致以崇高的敬礼！

资料来源：

［1］21 世纪经济报道. 褚时健的家族生意：从橙子开始的云生态农业. http：//finance. sina. com. cn/chanjing/gsnews/20151014/030923466855. shtml ［2015 - 10 - 14］.

［2］中国日报. 褚时健：没有那些打击，就没有今天的我. http：//finance. sina. com. cn/chanjing/gsnews/20151014/030923466855. shtml ［2015 - 10 - 14］.

任正非：我的家人永不接班

任正非　男，1944 年 10 月 25 日生，贵州省安顺市镇宁县人，中共党员，第十二届全国人大代表，华为技术有限公司创始人兼总裁。2013 年，任正非在《财富》"中国最具影响力的商界领袖"榜单中排名第一；2013 年在美国《时代》杂志中，任正非是全球一百位最具影响力人物之一。在华为，任正非实行的是"全民持股"模式，为了企业的长远发展，他又提出"我的家人永不接班"的思想。

2013 年，华为集团刮起了"接班"之风。一时之间，外界一片哗然，各方猜测云起。

第一，任正非之子任平"子承父业"。

任平，毕业于中国科技大学。进入华为集团后曾被安排在市场部、采购部等多个基层部门锻炼。2007 年，任正非曾试图让儿子任平进入华为最高决策层，却遭到反对。

第二，任正非之女孟晚舟"掌财政"。

孟晚舟，1995 年进入华为财务部工作，历任华为财务部副总裁、华为香港公司销售总监、财务总监等，也算是华为的元老级人物。因此，外界猜测孟晚舟很有可能接任华为 CFO。

第三，号称"左非右芳"的孙亚芳深得"任"心。

孙亚芳在华为得以重用是有一定故事性的。一次，任正非针对华为高管提出了从"无为而治"谈如何治理企业，孙亚芳写出了一篇《不做挽狂澜于既倒的英雄》的文章，深得任正非青睐。之后便一直扮演其"左膀右臂"的角色，也可谓是"众心所向"。然而，后来却传出孙亚芳"被辞职"的消息。

2014 年 6 月 16 日，在华为"蓝血十杰"管理人员表彰大会结束后，已经 70 岁的任正非首次接受国内媒体采访。谈到人们所关注的华为"权杖"将落谁手问题，任正非这样表示："华为公司接班机制已经在网上讲很多了，徐直军（华为副董事长，轮值 CEO 之一）也在媒体上说过了，华为接班人不是太少了，是太多了。但有一点明确，我的所有家人永远不会接这个班，（这是）为避免外界的猜测、舆论的猜测、内部的猜测，搞乱了公司。"可见，在接班人问题上，任正非始终坚持"任人唯贤，而不是任人唯亲"。

2013 年年初任正非个人持有华为股份仅 1.4%。早在过去的 10 多年中，华为的股权已经变得极其分散。这似乎也表明"子承父业"的可能性微乎其微。任正非说："我不可能按法律形式来控制公司，不是靠股权来控制公司。我就是讲话，你认为讲得对，你就听；认为不对，你就提出反对意见。我常常也被我们内部反对。我也不坚持必须按我的办，协商着，而不是靠表决。"

任正非出生在一个知识分子家庭，大学毕业后在部队服役，后转业进入南油集团的一个下属公司做经理。一切都看起来顺风顺水。然而在 1987 年，一次生意中任正非被骗 200 万元，工作丢了、婚也离了、负债累累，困难就像海绵里的水，没完没了地往出挤——父母、孩子需要他养，兄弟姐妹需要他接济。在这种走投无路的情况下，任正非挑起大梁，开始单干。

1988 年，已过不惑之年的任正非以 2.4 万元的资本在深圳注册了华为公司，做起了交换机的代理，从中间赚取差价。1992 年，任正非将所有的资金都投入到一种交换机的研制中，当时国际竞争很是激烈，华为就在夹缝中求生存，在生死间搏生机。任正非的孤注一掷最终换来的是喜悦，交换机的研制成功为华为赢得了市场、赢得了资本、赢得了技术，同时也填补了程控交换机在技术上的空白，为今天的华为引领同行奠定了基础。任正非用十年的时间将资产扩张了 1000 倍。目前，华为集团已然登上了全球电信设备商的巅峰，与国际其他著名企业一样成为众多名牌大学学子择业的首选企业。

这些业绩，不仅归功于任正非的商业能力、敏锐的市场洞察力、灵活的市场投资，还归功于他严谨的工作态度，以及强而有力的公司管理机制。在商场竞争中，任正非不仅仅是一个生意人，更是一个思想家。被业界称为"土狼"的他在商业领域中经常展现出常人所不及的魄力以及超凡的毅力。

首先，任正非十分看重技术，也一直将技术看作是企业发展的根本。他把"保证按销售额的 10% 拨付研发经费，有必要且可能时还加大拨付比例"写进了《华为基本法》，技术的创新就是华为发展的动力。2013 年财报显示，华为 65% 的收入来自海外市场，中国市场实现销售收入 840 亿元，同比增长 14.2%。同年，华为在欧洲的销售收入达 52.3 亿美元，同比增长 25%。就在 2013 年，《财富》世界 500 强的排名中，华为以 315 的排名超过爱立信（瑞典电信设备制造商，是世界最大的移动系统供应商，能够为世界所有主要移动通信标准提供设备和服务，全球 40% 的移动呼叫通过爱立信的系统进行。爱立信在 IMS 和软交换领域都保持着领先地位，同时也是世界最大的提供专业电信服务的公司），这也预示着华为的崛起。曾经的全球第一大电信设备商爱立信被华为甩在了身后，华为用自己的业绩在同行中树起了标杆，成为领跑者。

2014 年华为宣布，未来 5 年计划在欧洲扩招 5500 名员工，与阿尔卡特－朗讯、爱立信等竞争对手在欧洲市场展开对抗。技术的引领让华为公司发展成为全球最大的电信设备供应商。在一次记者提问中，被问到华为企业最大的竞争对手时，任正非这样说："在华为公司的前进过程中，能够阻挡我们的就是内部腐败，所以，我们最大的竞争者是自己。"其实早在 2013 年 1 月 14 日，华为公司在深圳召开的"董事会自律宣言宣誓"大会，面对来自全球的几百名中高级管理者，庄严宣誓，让我们看到了华为集团反腐的决心。在企业发展的高峰期，华为全体员工的工作态度及工作作风彰显着华为集团的勃勃生机。

其次，在管理理念上，任正非更是独树一帜。任正非在市场营销上步步为营，尤其是后来被称作"农村包围城市"的销售策略，更是为华为集团开拓市场赢得了先机。他提出的所谓"狼狈组织计划"和"压强原则"更是以一种别样的管理方式促进着公司的发展。任正非曾讲述"瓦萨"号战舰沉没的故事，以此来警示自己。

1628 年 8 月 10 日，世界顶级的"瓦萨"号战舰在首航中沉没于海底，在海面上仅仅航行了十几分钟。花费巨资打造的战舰，只因为装饰物过多、炮弹过重、重心过高而沉没了。战舰的目的是作战，可是制造时却非要画蛇添足，最后得不偿失。任正非在变革公司制度时，吸取"瓦萨"号战舰沉没的教训，明确变革目的是为客户创造价值，将多余的人、多余的流程、多余的部门去掉，围绕价值创造来简化公司的组织与流程。在日新月异的信息化发展中，华为作为一家传统通信设备商，面对 IT 领域和 CT 领域融合的趋势，提出了"云、管、端"战略并立志做 ICT（ICT 是信息（Information）、通信（Communication）和技术（Technology）的简称。它是信息技术与通信技术相融合而形成的一个新的概念和新的技术领域）行业领导者，时刻跟随着商业发展潮流，取其精华，去其糟粕，更新内部流程，让华为企业永葆活力。任正非始终抱有强烈的危机意识，他的文章《华为的冬天》时刻为华为的发展敲响警钟。任正非更是隔三差五的宣布华为冬天的到来，让华为全体员工始终保持着清醒的头脑，在激烈的市场竞争中站稳脚跟。他发表的关于企业"危机管理"的理论与实践更是在业内外产生过广泛影响。

任正非在管理上还有一个特点是"永不上市"。华为是世界 500 强中为数不多的非上市公司。对此，任正非认为，如果大量资本进入华为，结果一定是多元化，就会摧毁华为 20 多年来还没有完全理顺的管理。"我们今天这么聚焦，管理还做不到端到端打通。多元化管理我们更不适应。我们一定要在 5～10 年内使自己无生命的管理体系赶上西方最优秀公司，就得聚焦，少点繁杂。否则这 20 多年引进的管理就被冲乱了。""如果变革的速度太快，就有可能把自己所有的积累失去。所以我们决心不进资本市场，不多元化。"

这就是任正非，一个创业理念非常现代（全员持股，共同富裕）和管理方式又"永不上市"略显保守的看似矛盾的，当代最伟大的企业家之一！（撰稿/吴蕴庭、闫红梅）

编者点评：做企业不仅仅是为了赚钱，做商人也不仅仅是为了赚钱；任正非是商人，更是一个思想家，在激烈的市场竞争中，他坚守着自己的原则，用自己的双手打造出一片商业帝国。任正非，一个为了理念而孜孜不倦地奋斗的老人！我们要为他点赞。

资料来源：

京华时报. 任正非：我的家人永不接班. http：//news. xinhuanet. com/fortune/2014 – 06/17/c_ 126629385. htm ［2014 – 06 – 17］.

黎昌仁：两小时谈妥联想十亿元投资

　　黎昌仁有俊朗清秀的面庞，笔挺整洁的衣饰，温文尔雅的谈吐，是一位谦谦君子。他的眼神永远盯着前方，看着远方，那么明亮，那么坚毅。在这样眼神的带领下，他的脚步、他的团队、他的事业是那样地一往无前！

　　如今，短短几年的时间，黎昌仁和他的事业获得了突飞猛进的发展，更有他"两小时谈妥联想 10 亿元投资"的业界美谈。

　　2012 年，黎昌仁将他的"拜尔口腔"大旗插到了首都北京，他的"基地"与天坛的祈年殿咫尺之遥——黎总站在祈年殿前眺望凝视的照片，也被媒体广泛应用——他完成了国内一线重点城市设点的战略布局，完成了他创业路上的第三次跳跃。

截至 2016 年，黎昌仁在全国拥有 200 余家口腔医疗连锁机构，下辖北京、上海、广州、深圳、江苏、山东、浙江、河南、辽宁、四川、湖南、安徽、陕西、江西、重庆、黑龙江、吉林、云南、贵州、海南、大连、东莞、温州、洛阳、珠海等 30 余个事业部，覆盖全国 40 余个省会和一线城市。

黎昌仁的稳健发展，为他在业界和资本市场赢得了良好口碑。就在众多民营企业普遍缺钱"断奶"之际，拜尔口腔屡屡获得"大财团"的支持，更是与英国的一家实力强大的基金公司达成合作意向，有的甚至比后来的联想控股出价高出 50%。但是，黎昌仁都没有"买他们的账"。黎昌仁要的不仅仅是"资金"，他需要的是实力和品牌的影响力，需要全球视野。

毫无疑问，2014 年 6 月 16 日，是注定要载入中国口腔医疗发展史的。这天，拜博口腔医疗集团和联想控股股份有限公司达成战略合作，签订投资协议，黎昌仁由此获得了联想集团 10 亿元的巨额投资。在当天的签约仪式上，联想控股总裁朱立南说："让黎总以后不缺钱是我的责任。首期是 8 亿～10 亿元支持拜博口腔医疗集团全国性发展。"

也就在这一天，拜尔口腔更名为拜博口腔医疗集团。

有了联想的支持，拜博的发展如虎添翼。

仅仅谈了两个小时，拜博和联想控股"牵手联姻"，在口腔界和金融投资界以及媒体圈引发巨大关注。黎昌仁说："我一直坚持的理念是要做百年老店，所以希望找的合作伙伴和我们理念是一致的。""联想控股是我们的第三个合作伙伴……见柳传志董事长，我就谈我们'建设百年老店'的理念，柳董事长非常认可，我们聊得很投缘。""当然，除了理念上高度一致，联想控股具备独特的优势。第一，资金的保障，以后在全国开设由联想持续提供资金保障；第二，因为联想控股团队在国际国内通过多年的历练，在管理、理念等方方面面也能给我们带来一些帮助、提升；第三，联想控股在中国的业务做到了很多城市，这样的品牌优势也会给我们很大的帮助。

全国这么多的连锁机构，不论哪个新店开业，黎昌仁都要亲临现场，他说："一直都是这样，新店开业，不去看就不放心。我就是这样一步一个脚印走到今天的。"有时候一天就好几个地方。有了联想的支持，黎昌仁的脚步更快了。他总是精神抖擞，似乎从不疲倦。是啊，黎总是一个每天被梦想叫醒的人，梦想给了他无穷的动力！

以口腔医疗为主业，黎昌仁要把拜博发展成一个包括口腔医疗服务、口腔设备研发和生产、人才培养、技术管理输出的上下游产业链完整的全能型医疗集

2014 年 6 月 16 日，"联想控股战略投资拜博口腔医疗集团签约仪式"在北京钓鱼台国宾馆举办

团。尤其要大力培训人才，"中国的口腔人才缺口很大"，拜博要强化现有的培训中心，将来还要建立口腔学院，要将这些机构打造成中国口腔界的"黄埔军校"。为拜博、为业界培养更多的口腔人才。

不仅如此，黎昌仁还大踏步向国外进军，把世界前沿的口腔医疗和管理理念引入中国。每每关注拜博集团的公众号，总是看到黎总奔波在全世界的脚步。截至目前，拜博口腔已经与美国、英国、意大利、德国、以色列、西班牙、韩国、日本等国家以及中国台湾、香港等地区展开深度合作。让中国口腔医疗品牌的大旗飘扬在世界各地，用品牌的力量为企业赢得荣誉，为中国赢得尊敬——这是黎昌仁最终的"拜博梦"！

黎昌仁在带领拜博不断发展壮大的同时，一直从事着社会公益事业。他带领拜博员工走边疆、进校园、进社区，免费义诊，井冈山、西柏坡、西藏、大别山……都留下了拜博人的足迹。他们坚守着 20 多年的心愿和梦想："让中国人笑得更自信！"

有付出就会有回报。23 年来，拜博集团赢得了亚洲品牌十大诚信企业、中国最具投资价值企业、全国改革创新百佳单位、全国企业文化建设优秀单位、中国口腔医疗服务市场消费者满意首选品牌、中国口腔医疗服务满意首选品牌、中国口腔医疗服务市场公众满意最佳典范品牌等荣誉；黎昌仁董事长也获得了亚洲品牌十大杰出领袖、品牌中国十大年度人物、中国品牌建设十大杰出企业家、共和国行业杰出人物、全国医疗行业杰出贡献人物、金典奖——推动行业经济发展最受尊敬十大领军人物、中国财经峰会"行业最具影响力人物"等称号。

2016 年 1 月，拜博集团发展的步伐掀起了一个新的高潮，在珠海举办的首届拜博口腔国际学术论坛汇聚了国内外知名大咖，柳传志亲自到场祝贺，期待拜博能够成为带动中国民营医疗机构发展的标杆旗帜企业。黎昌仁带着这份期望与责任，带领全体拜博人在风云变幻的"互联网＋口腔"时代乘风破浪！（撰稿/晋珀、吴蕴庭）

编者点评： 现在企业融资多难哪！黎昌仁两个小时能谈妥联想集团柳传志的10 亿元投资，在业界成为一段美谈佳话，着实令人惊叹。但细一琢磨，这完全是黎昌仁的"水到渠成"：23 年打造百年老店的坚定理念，23 年如一日孜孜不倦地艰苦奋斗，23 年诚信服务的良好口碑……诸多优秀品质于一身，天道酬勤，未来的发展之路，黎昌仁会走得更加顺风顺水！

资料来源：

［1］搜狐网. 拜尔口腔获联想控股 10 亿投资　更名为拜博口腔. http：//city. sohu. com/20140619/n401063559. shtml［2014 - 06 - 19］.

［2］北京青年报. 黎昌仁：把口腔健康带给更多人是我的使命. http：//epaper. ynet. com/html/2015 - 07/21/content＿ 144647. htm？ div = 0［2015 - 07 - 21］.

［3］新华网. 黎昌仁荣膺"2015 品牌中国十大年度人物". http：//news. xinhuanet. com/info/2015 - 12/20/c＿ 134934499. htm［2015 - 12 - 20］.

远勤山：远有梦山勤为径

远勤山　男，1968 年 3 月生，山西运城人，大运集团有限公司董事长，山西省第十一、十二届人大常委，山西省第九、十届政协委员，全国工商联执委。2014 年"晋商风云人物"，2015 年"全国劳动模范"。远勤山是个有梦想的人，是个不畏艰险一味向梦想山顶攀登的人。30 余年间，他由"千里走单骑"的"车贩"，成为一个"风驰天下"行"大运"的"摩托大王""卡车大王"，不能不说是个传奇。

"心随我动，大阳摩托""风驰天下，大运重卡"。这样的广告语霸气而有魄力，就像他们的缔造者远勤山一样。

对于远勤山的创业故事，人们并不陌生。在本系列丛书中，分别以《远勤山：千里走单骑》和《远勤山：千里单骑成"大运"》在《中国企业家档案（1978—2008）》和《中国企业家百年档案（1912—2012）》中予以"实录"。今天，再续写他的"创业档案"。

曾经有人问过远勤山这样一个问题："是什么样的动力让你克服艰难险阻，取得今天的成就的？"远勤山沉默了一下说："是一种永不停歇的梦想和目标。我觉得自己的目标永远在前方，如果一个人失去了梦想和目标，就会失去奋斗的方向。"或许，"风驰天下"就是他给自己的一直在远方的一个梦想。向着这样的目标，他由"千里走单骑"的"车贩"，成为一个"风驰天下"行"大运"的"摩托大王""卡车大王"，并由此成为了"晋商"和"华商"的新代表。

远勤山是个地道的草根，年少时农村的家境很一般，没有机会上大学。他曾对着当时的一元钱纸币（1962 年发行的第三套人民币）发呆，他说："小时候，家人给一元钱能激动好多天，舍不得花掉，就每天拿出来对着阳光看上面的拖拉机图案。"他总是在想，就这样的票子要多有一些该多好啊！他对那个英姿飒爽的女拖拉机手更是羡慕不已，总是在想，有朝一日他也能开上拖拉机该有多好！梦想有多远，路就有多远。正是在这样的一个个朴素的梦想感召下，1987 年远勤山从南京的夫子庙家电二级批发站买回一辆嘉陵牌七零摩托车，"千里走单骑"，骑回到山西贩卖；也就是在这样的梦想感召下，远勤山由贩卖摩托车到制造摩托车再到制造重卡汽车再到涉足房地产，由 100 多平方米的通达商贸公司到山西通达公司，再到山西大运、洛阳大运、广州大运、成都大运、湖北大运……直到大运集团，产品也形成了包括大运摩托、大阳摩托、大运重卡、大运轻卡，大运家园、大运公园城、外滩首府、外滩玺园在内的产品集群，真的是"布局南北、挺进全国、走向世界"，一路"大运"，风驰天下！

"北京奥运耀中华，大运摩托行天下。"2007 年 5 月 24 日，大运摩托车正式成为北京 2008 年奥运会摩托车供应商及北京 2008 年残疾人奥运会摩托车独家供应商。远勤山表示："'大运'牵手北京奥运，包含着一种浓浓的爱国情结，作为一家民营企业，能为北京 2008 年奥运会奉献微薄之力是'大运'莫大的荣幸。作为一个追求卓越、不断创新的民族品牌，'大运'有责任更有义务为北京奥运会的顺利举办做出自己的贡献！"

2010 年 9 月 17 日、2011 年 5 月 6 日和 2011 年 10 月 14 日，时任九届全国政协副主席的陈锦华，时任中共中央政治局常委的李长春和时任中共中央政治局常委、国务院总理的温家宝分别来到大运集团视察指导。党和国家领导人的关心，给了远勤山和大运集团员工莫大的鼓励。

党的"十八大"以来，在以习近平同志为核心的党中央领导下，中国进入了政治清明的新时代，同时也进入了经济的"新常态"。"廉者久，久更富，廉贾归富。"政治上的清明，让包括远勤山在内的中国民营企业家们看到了经济清明、商业清明的新希望。

互联网的异军突起，尤其是电商的迅速发展，令一个全新的物流行业开始蓬勃发展。"物流快递，当然包括空运、海运、铁运和陆运，但前三者是不能送到顾客家里的，要送货到家，只有陆路运输。"追求卓越、不断创新的远勤山从中看到了新的商机，于是，在"大运摩托，风驰天下"的同时，毅然投入巨资，挺进重卡汽车领域——大运重卡，风驰天下；大运轻卡，风驰天下；大运三轮，风驰天下！一句话，就是要创造重卡领域的中国民族品牌。

2009年10月26日，大运重卡正式投产，填补了山西省自主生产重卡的空白。2013年，大运重卡产销1.3万辆，年增长率达100%，连续3年位列"中国重卡行业前10强"，成为山西转型综改标杆项目的代表。2014年，国内重卡市场萧条，大运重卡"逆流而上"，一举拿下中国民营重卡企业领军代表的头衔。

2014年4月20日，北京国际汽车展览会在中国国际展览中心开幕。展览上远勤山说，"作为中国重卡制造业唯一的一家民营企业，大运深知任重道远。大运人以辛勤的智慧、成熟稳定的技术，与时俱进。以自主创新的态度不断实践，不断落实'大运让未来更美好'的战略方针。大运将与配套商、经销商、服务商共同努力，逐步描摹我们在重卡市场的宏伟蓝图，实现大运重卡的发展大计。"

创新是远勤山和大运集团的灵魂。对于重卡，同样如此。长途货运司机非常辛苦，尽管往往是两人轮换开车，但以往的卡车里，条件简陋，无法睡觉。因此司机往往以抽烟、聊天为休息，疲劳驾驶是家常便饭，他们的身体健康甚至生命安全都受到严重威胁，各种事故也在所难免。而在大运重卡驾驶室里，空调、床铺一应俱全。一个司机开车，另一个司机就可以舒舒服服地睡觉；货运司机都想多挣钱，多拉快跑是基本心态，于是超载和罚款便恶性循环，此起彼伏。而大运重卡讲求的是轻量卡车，自重非常少，相应地货物装载量就增大了。让司机们安全舒适多拉货多挣钱，大运重卡做到了，司机们便"行大运"了。

对于初涉足的房地产领域，大运也取得了不错的成绩。在广州开发建设以"生态环保"为主题的绿色高档住宅小区——"大运家园"；在山西运城倾力打造占地60余万平方米的"大运公园城"；"外滩首府"工程被认定为运城首家也是唯一的国家A级康居示范工程。"大运DAYUN"、大运商标已先后被国家工商行政管理总局认定为中国驰名商标。

大运集团就是这样一直坚持着以"高起点规划、高质量打造、高品位体验"为定位，如今已经位居中国民营企业500强和山西省百强民营企业之列。集团现有员工1万余人，总资产逾100亿元，旗下拥有运城、成都、湖北、广州4个生产基地，产品远销全国各地和亚洲、欧洲、非洲、美洲等100多个国家和地区，已发展成为一家集摩托车、电动车、商用车研发、制造、销售、服务及国际贸易，房地产开发，物流配送，工程建设等为一体的跨地区、跨行业、多元化发展的大型民营企业集团。

企业在发展，贡献在增长，远勤山个人也因此获得巨大荣誉。2013 年 5 月，远勤山荣获"新晋商十大经济人物"称号，2013 年 12 月远勤山荣获山西省委、山西省人民政府"山西省民营经济发展突出贡献奖"；2014 年 11 月 25 日，远勤山荣获中共中央统战部、中华人民共和国工业和信息化部、中华人民共和国人力资源和社会保障部、中华人民共和国工商行政管理总局、中华全国工商业联合会颁予的"非公有制经济人士优秀中国特色社会主义事业建设者"称号；2015 年 4 月 28 日，远勤山又荣获了中国共产党中央委员会、中华人民共和国国务院颁予的"全国劳动模范"称号。

2015 年 8 月 22 日至 30 日，世界田径锦标赛在北京举行。这是继 2008 年奥运会之后，北京迎来的最重大的世界级体育盛会。大运重卡作为民族品牌，为本次世界顶级田径赛事提供赞助支持。与体育健儿一起"昂首阔步，踏浪高歌，风驰天下"是远勤山的梦想，如今又实现了！

即使如此，远勤山和大运人也是永不满足的。如今，他们又提出："以人为本，严格管理，以高度、力度、速度、广度、深度、亮度、风度、气度构成的八度空间锻造企业的坚实骨架，从而把大运打造成具有行业领导力的一流企业。"

远有梦山勤为径。远勤山和大运人追梦的脚步永不停息。（撰稿/吴蕴庭、杨婷婷）

编者点评：远勤山无疑是个成功的商人。他之所以能够"一路大运""风驰天下"，靠的不是他的智商和情商，更主要的是他的慧根。他的善良、正直，他的开拓、创新，他的勤奋、不屈，构成了他基本的人性——一个成功做人的人，做什么会不成功呢?! 更重要的是，远勤山就像那个不断逐日的夸父，胸怀梦想，梦想永远在前方，他就永远不停顿。可以预言，随着我国"一带一路"战略的不断外延，远勤山大运重卡的车辙也必将走向世界。

资料来源：

[1] 新浪汽车. 远勤山：二十年后中国卡车就是世界冠军. http：//auto. sina. com. cn/news/2010 - 12 - 21/1042692909. shtml [2010 - 12 - 21].

[2] 和讯网. 远勤山的远见. http：//news. hexun. com/2014 - 10 - 23/169594122. html [2014 - 10 - 23].

［3］晋珀. 中国企业家档案（1978—2008）. 北京：中国文联出版社，2009.

［4］和讯网. 远勤山：辉煌从"千里走单骑"开始. http：//news. hexun. com/2014 – 10 – 23/169594125. html［2014 – 10 – 23］.

［5］网易新闻. 远勤山：书写山西人的汽车自主制造梦. http：//news. 163. com/14/0829/05/A4PSVLSV00014AED. htm［2014 – 08 – 29］.

雷在荣：创新升级，做行业"领头雁"

雷在荣　男，1964 年 2 月 11 日生，四川省资中县太平镇鲤鱼田村人，攀枝花兴辰钒钛有限公司董事长兼总经理、攀枝花七星光电科技有限公司总经理，曾经的钒钛行业民企第一，第五届"全国乡镇企业家"。2008 年以来，面对全球经济危机，他努力做好企业"顶层设计"，涉足制造动力电池，进军新能源领域，积极创新升级，使公司再次处于行业发展的领先地位。

雷在荣原有的公司是攀枝花兴辰钒钛有限公司，现在他又注册了一个"攀枝花七星光电科技有限公司"，并将此设计为将来的"顶层"发展方向。

问及"七星"含义，雷在荣说："'七星'是最高星级，是追求卓越的意思。"他接着说："在国际饭店评级中，七星是最高级；厨师、将军等，七星也是最高级。我们做任何产品，都是要做产业的最高级。精益求精，正是现在中央倡导的'工匠'精神！"

早在 2004 年 10 月，雷在荣就被国家农业部评选为"全国乡镇企业家"（第五届）。他的事迹和精神，我们一直在跟踪"实录"和报道，包括《中国企业报》"创业实现中国梦"（此前称"企业家史记"）专栏、《中国企业家档案（1978—2008）》《中国企业家百年档案（1912—2012）》，以及后来的人民网、新华网、搜狐、新浪等互联网转载。

雷在荣，初中毕业，16 岁的时候还只是个"破烂王"。但他凭着对人类发展和环境保护、循环经济的高度责任感，自行学习、研发和生产，硬是从废钢渣中提炼出了稀有的钒、钛、镍、钼、钴等稀有金属。2000 年，他成立了兴辰公司，成了一个"站在垃圾堆上的企业家"。

由于经济危机的影响，兴辰公司经历了最艰难的三年时期。但是，值得庆幸的是，在雷在荣和公司团队的努力下，2014 年进入了恢复生产阶段。2015 年，兴辰公司的恢复速度逐渐加快。同年 5 月，五氧二钒的产量大幅增加，6 月，兴辰公司终于全面恢复生产。

这些年，雷在荣有太多的故事。但我们此次最想说的就是他敏锐的市场洞察力和高超的企业顶层设计以及脱胎换骨式的"创新升级"。

雷在荣过去从废钢渣中提炼稀有金属本身就是循环经济和绿色发展。但是，早在2009年他就明显地感觉到"遍地开花"式的"大炼钢铁"必然会造成产能过剩，明显地感觉到"卖资源搞建设"的发展方式和以化石（煤炭、石油）能源为基础的人类生活方式面临的严重问题。2012年的时候，雷在荣开始搞新能源锂电池材料的研发，开始悄悄涉足新能源领域。

"化石能源的大量消耗造成严重的环境污染和温室效应，人类必须以清洁能源（比如太阳能、核能、风能、水利等）取而代之。而清洁能源的大量使用，必须以电池产业的发展为支撑。"此次一见面，雷在荣开门见山。

雷在荣说，现在是近年来发展最好的时期。以习近平同志为核心的党中央提出了"创新、协调、绿色、开放、共享"的发展新理念和"去产能、去库存、去杠杆、降成本、补短板"的发展新思路，为企业发展指明了方向。现在，只要是说发展新能源产业，别说政策扶持了，就是市场及资金的支持也非常的宽松，这些都是我们想不到的。

自2015年年底，雷在荣在公司提出了"保持定力，顶住压力，创新升级，共同打赢翻身仗"的动员令，并把这几个字醒目地写在公司大门外的围墙上。而其中，创新升级是核心。所谓的创新升级，一是产品升级，二是文化升级。

现在的动力电池，最佳的电池正是锂电池。我国现在的机动车保有量是2.79亿辆（数据截至2015年年底），绝大部分仍然使用燃油，这已经成为许多城市严重雾霾的"元凶"。现在国家和各地大力扶持新能源汽车，不限购，不限行，但所占比例还是不高。为什么？其最主要的原因是新能源汽车的续航能力差，关键是电池在技术和数量上还有待大幅提高。因此，锂电池的生产原料现在是供不应求。雷在荣的产品升级正是冲着这一点而来的。目前他们研发的新产品主要有三种：磷酸铁、碳酸锂和磷酸铁锂，它们都是制造锂电池的重要原料，每吨的价格分别在三万余元、十六七万元和十一二万元。雷在荣说，仅磷酸铁我们每年的产能是3万多吨，产值就是10亿元。更为重要的是，它们的原料基本上都是当地工业生产的"废料"。如此，雷在荣现在更是循环经济的"升级版"。"现在，这些产品都是供不应求。我现在每天接到大量要求供货的电话，市场很好！"雷在荣说。

雷在荣说："大家想想，如果将来所有的汽车都是新能源汽车，再也没有尾气排放了，再也没有雾霾了，蓝天白云、青山绿水都是'新常态'了，那人类的生活该多么美好啊！"

文化升级方面，雷在荣提出了"扬工匠精神，创名优产品，争一流服务"的企业文化新内涵。他说："我在厂里提出工匠精神，我也要成为一名名副其实的工匠。"雷在荣总是将自己"定"在厂里，凌晨三四点钟就起来，每天都要工作10多个小时，"但我还是感觉时间不够用啊！"他说。

交谈过程中，时不时有浑身灰尘的工友推门而入，向他汇报、请示车间里的一些事情。于是，我们干脆拿上安全帽就去了车间。此次，雷在荣专门叮嘱我"不准照相"！因为，所有的新技术都是他们自己研制的，是不准外泄的。他说："你是老朋友了，要是别的人采访是进不了车间的。"

我们沿着陡峭的楼梯，上上下下爬了大约五六层楼，才到了车间现场。公司的10多个相关人员都围在一台庞大的机器旁边。产品烘干是磷酸铁最后一道工序，可偏偏这里出了点小问题。上游过来的是泥浆状的料。"泥浆"进入设备后，高速旋转的刀片将其切割成小块并拌匀，在高温中达到烘干的要求。可现在的问题是，"泥浆"一进入设备，便将"刀片"压住了，不能切割，也难以旋转，自然无法烘干。

机器设备离地面至少有五六米高。要查看，先要登上一个平台，平台上有一个进料槽，槽里流淌的便是"泥浆"。可问题不在这里，问题在旁边的一个更高的飞船状的容器中。于是，雷在荣便再扶着一根钢管，登上一个更高的更简陋的"梯子"，将身子探进"飞船"，仔细查看里面的刀片等设备。雷在荣非常熟练，毫不在意，他边看边与大家商量和探讨。或许是感觉下面的人听不清楚吧，他便下到地面与大家讨论。再有不清楚的地方，他再次爬上去……如此三次，脸上手臂上衣服上都沾满了灰尘，但他毫不在乎。回来的路上，53岁的雷在荣仍然步履矫健，上下台阶如履平地。他说，车间里的事，最能体现工匠精神，一点也马虎不得。这样的楼梯，我每天都要走，有时还不止一两次……

2005年，笔者为雷在荣写的第一篇报告文学名为《青龙山上攀枝花》，雷在荣的厂子傍依青龙山，青龙即辰龙；而"攀枝花"一语双关，既指他所在的城市，更是英雄之花名。"青龙山上攀枝花"，一个民营企业翘楚的形象跃然纸上。在那篇文章里，笔者称雷在荣是"奇人"，是压不垮的"小个子"。这么多年的风风雨雨，雷在荣的"压不垮"，还来源于他的乐观：10年前，他的企业产值1亿元。现在的经济危机中，他预期至少10亿元。将来，他要建立清洁电池产业联盟，目标是100亿元！（撰稿/晋珀、张磊）

编者点评： 平常人眼中的垃圾，在雷在荣眼里却成了宝贝；平常人眼里的危机，在雷在荣这里却成了转机和商机。很多时候，机遇就在我们身边，关键是我们能否发现并抓住它。著名科学家爱因斯坦说过，机遇往往赐予有准备的头脑。无疑，雷在荣就有这样的头脑。捡垃圾的时候，他刻苦自学、潜心研究稀有金属的提炼知识；企业发展中，他又潜心研究市场规律，"与时逐而不责于人""旱则资舟，水则资车"，总能化险为夷；现在，他又积极响应党中央创业驱动号召，做好企业的"顶层设计"，转型升级，成为业界的一面旗帜。这些，都是他所做他的"积极准备"，对企业家和创客们有极大的借鉴意义。

资料来源：

［1］中国企业报. 青龙山上攀枝花.

［2］中国企业报. 一个民营企业家的"中国梦". http：//blog. sina. com. cn/s/blog_ 48ebda5f0101j937. html ［2014－03－07］.

［3］攀枝花日报. 兴辰钒钛：坚定信心就一定能渡过难关 ［2015－07－05］.

赵德友：没有终点的奉献

赵德友　男，1961年8月生，黑龙江青冈人，大学文化，高级经济师，中央党校研究生学历，现任伊春新昊绿色旅游集团董事长、总经理。他创建了拥有9家子公司的新昊集团，为伊春市发展第三产业，打造国际森林生态旅游城奠定了坚实的基础。他将社会效益放在企业发展的首位，致富不忘造福百姓。

1961年8月1日，赵德友出生在黑龙江省青冈县的一个普通农村家庭，正因为从小生活在农村，使得赵德友的性格从根本上是质朴善良的，为他以后的成功和奉献埋下了坚实的根基。赵德友小时候的梦想是好好读书，将来考上个好大学，找个好工作，走出农村，过上更好的生活。但现实总是残酷的，在父母相继去世以后，家里变得越发的贫困，迫不得已，在自己略带稚气的年纪，赵德友选择离开养育他的故土，踏上了自立自强的道路。

1979年6月23日，18岁的赵德友只身一人来到伊春，那时的他除了几件应急的衣服再没有其他任何行李。正是在这个时候，他遇到了对他一生影响最大的师傅，师傅不仅收留了他，还教他学技术、学经营、学待客、学做人，而赵德友学到最重要的就是感恩，是奉献，因为他心中有爱，所以才有了以后的成功。

赵德友靠着勤劳的双手和智慧，靠着吃苦耐劳、拼搏奋斗的精神和不屈不挠的发展意识，从一个铁匠一步步发展到资产上亿的集团企业董事长。他打造的雪花装饰建材商场是黑龙江省伊春市装饰建材行业的龙头。随后依靠超前的意识和独到的眼光在2002年4月15日这天，他在公司宣布了转产的决定。在他的架构中，几年之内要彻底砍掉装饰建材业，将集团所有的人力、物力、财力重点投入到旅游产业，实现旅游业为主、餐饮业为辅的企业可持续发展。

起初的转型引起了大片的反对声，几乎所有人都认为这个项目前景不好，风险大，可能会导致公司因此衰败。但赵德友却坚持己见，依靠之前餐饮酒店的些许经验和对伊春环境价值的判断，他坚信旅游是"长线的投资，长线的回报"，可实现企业的可持续发展。

果然，2004 年 11 月，市政府出台了绿色生态旅游发展战略，旅游被列为伊春五大支柱产业之一，佐证了赵德友决策的正确性。

赵德友因此获得了全国优秀民营企业家、省劳动模范、全市职工自营经济十大创业明星、"黑龙江省五一劳动奖状"等荣誉称号。

人生也不是一帆风顺的，1994 年是他人生中寒冷的几个年份之一。因为家庭财产纠纷，赵德友失去了价值 90 多万元的两个建材商店和 4 个库房。这是他自 1979 年来到伊春后的再一次孑然一身。1996 年，不向命运低头的赵德友重新出山，创办了雪花商场。创业的 70 多万元全部是向朋友借的。"没有哈尔滨和伊春的朋友支持，我做不了这个买卖。"赵德友深知这一点。

"这么多年的发展，包括企业的发展，可以说没有第二故乡伊春和那些帮助过我的人，就不会有我的今天和企业的成功，所以我应该回报伊春，回报那些善良的人，这也是我应该做的。"这是赵德友在接受采访时对记者说的话，从他的话语里能清楚地感受到他对感恩的热情与向往，从此开始了正式慈善奉献道路。

2010 年，赵德友投入 2.78 亿元建设了梅花山旅游小镇及伊春国际森林博览中心，为伊春市成功举办首届森博会立下头功。他将伊东、伊青、伊林经营所和伊东农牧场的居民搬迁至旅游小镇，对无儿女的老人，每人分给 50 平方米的住房，并免费装修；对有劳动能力的居民，安排就业。他积极为政府排忧解难，优先聘用大学生、退伍复员军人，共安排下岗职工再就业达 2600 多人。

李竞是梅花河旅游度假村的一名员工，她原先是一名下岗职工，家里欠下许多外债，丈夫有病在身没有工作，每个月家里只靠她辛辛苦苦挣来的寥寥 500 元勉强维持生计，生活苦不堪言。就在她穷困潦倒的时候，她找到了企业，找到了赵德友，说明了自己的情况。在了解情况后，赵德友帮助了她，不仅给了她一个不错的工作，还给了她丈夫一个工作，使他们的生活好了起来，还清了外债，减轻了夫妻俩的压力。"我对这个企业，对赵总很感激，我想要感恩，我会好好的努力工作！"这是李竞对记者说的话，从她的话里不难看到，赵德友给予她的不仅仅是工作，是在通过慈善传承自己的爱，传承自己那份从小就有的善良，那份感恩、奉献之心。

他满腔赤诚地履行企业家的社会责任，积极主动参加社会各项公益事业和慈善事业，无论是家乡的贫困助学活动、火灾前线，还是汶川大地震义捐现场，他都带头捐款。从 1998 年至今，他累计捐款 1500 多万元、捐物 1200 多万元，各项捐赠折合人民币 5450 多万元。

　　在梅花河山庄开发建设时，他带领员工学习森林法，带头提高保护森林资源的自觉性。为了尽可能地保护森林资源，保护好每一棵花草树木，在输电线路设计时，他力主采用埋设地下电缆设计，实施这一方案多花了几倍的投资，可他却用实际引动提高了员工守法的自觉性。他以奉献、赤诚和担当谱写了林城之歌。

　　现在赵德友在工作之余会时常想起以前的日子，那些困苦的、开心的、感动的，所有的所有。他很感谢这些日子，正是这些日子教他学会了感恩，学会了奉献，而他现在做的，是传承。他坚信，奉献是没有终点的。（撰稿／吴蕴庭、白宗战）

　　编者点评："穷则独善其身，达则兼济天下。"慈善是一种精神，并且需要传承。赵德友在帮助别人的时候，传承了感恩与奉献。如果人人都有感恩、奉献之心，人人都有慈善精神，社会便趋于大同。

　　资料来源：

　　黑龙江日报. 诚实守信赵德友. http：//fswmw. gov. cn/ddmf＿ 296/dx/201311/t20131101＿ 1555806. shtml［2013－11－01］.

张天福、郑家平：立德为本，恒之行事

张天福　男，1967 年生，山西侯马人，山西立恒钢铁集团股份有限公司实际控制人、总经理，山西省钢铁行业协会副会长。**郑家平**　男，福建人，立恒董事长。

张天福一手创办了山西立恒钢铁集团股份有限公司（下称立恒），又通过引进联合郑家平等战略投资者，在短短 10 多年的时间里，发展成为全国民营企业 500 强和山西民营企业 100 强。他们坚持"立德为本，恒之行事"，不仅事业大成，而且在钢铁业漫长的寒冬里让人们看到了一个个春天的新希望。

"啥企业家，就是一个捡破烂的！"每次见到张天福，他都会这么形容自己。圆圆的脸庞，中等身材，略微的将军肚，胸前写有红字"山西立恒"的一身蓝色工装，太阳般的略显黝黑的皮肤，热情的微笑，平淡的语气，这就是张天福的"标准"形象。

山西史称三晋大地。以临汾、运城为主的晋南地区，为中华民族的发祥地，黄帝文化、尧舜禹文化、关公文化均产生自这里。古晋国还是著名的"春秋五霸"之一。晋国人杰地灵，多煤多铁，素有鼓风铸铁传统。2000 多年前的《史记·货殖列传》中就记载，"邯郸郭纵以铁冶成业，与五者埒富"；"蜀卓氏之先，赵人也，用铁冶富……拟于人君。"这里的邯郸和赵人当时都属于晋国，而晋国的都城一度即是立恒所在的曲沃县。立恒东北仅 10 公里的晋国博物馆，出土了波曲纹鼎、立鸟人足筒形器、晋侯稣钟、龙耳人足方盒、鸟盖人足盉、鸟尊、杨姞壶、猪尊、龙流人足盘、晋侯稣鼎、方鼎等青铜器，"不论大小、花纹、体型都是特别精致完美的，说明晋国的青铜铸造是比较发达的。"在漫长的历史长河中，晋南的铸造以及此后的钢铁业都一直处于领先的地位。改革开放以来，民营企业异军突起，在曲沃太子滩形成了一个年产数千万吨的钢铁基地。而张天福就是创业中的佼佼者。

张天福当年初中毕业后就成了个"破烂王"。在收购"废铜烂铁"的过程中，他受到启发，开始了铸铁炼钢的创业征程。2002 年，35 岁的张天福开始创建立恒。2004 年 3 月和 6 月，炼铁厂 1#、2# 两座 380 立方米炼铁高炉投产；2008 年 5 月，带钢生产线投产；2009 年 5 月和 2010 年 4 月，三期 3# 和四期 4# 两座 550 立方米炼铁高炉投产；2010 年 12 月 28 日，日处理 2 万吨的污水处理厂奠基；2011 年 11 月 8 日，立恒兼并中宇钢铁公司，原中宇炼铁厂、炼钢厂顺利复产；2013 年 8 月 29 日，公司入围"2013 年中国民营企业 500 强"，位于第 220 位；2014 年 2 月 20 日，整合新绛宇丰冶炼有限公司……现在，立恒注册资金 4 亿元，占地 12 平方千米，员工 1 万余人，已经发展成为集炼铁、炼钢、轧钢、焦化、发电、现代农业、现代物流、国际贸易于一体，产能达年产 200 万吨焦、500 万吨铁、500 万吨钢、500 万吨材的现代化股份制企业。

如上描述，张天福近 15 年的创业历程，确实有些"粗线条"。但至少在 2008 年以前，几乎所有行业的发展都是"粗线条"的，因为那时基本上还处于物质短缺的卖方市场，企业的发展都是"大干快上"。但是，一个企业及其领导人的生命力和能力，不光看市场好、经济大环境好的时候，更要看企业在危机和寒冬中的表现。正如著名的美国巴顿将军所言："衡量一个人的成功标志，不是看他登到顶峰的高度，而是看他跌到低谷的反弹力。"

2008 年以来的世界性的经济危机仍未过去，钢铁行业产能过剩、价格大跌，人工成本、环保成本大涨。"一吨钢材的利润也只是一瓶矿泉水"，有的企业已经严重亏损甚至倒闭——整个钢铁行业的供给侧改革形势最为严峻。张天福和立恒的员工们一样在这样的寒冬中苦苦支撑着。但是，他们没有怨天尤人，更没有"坐以待毙"，而是苦练内功、抱团取暖、与时俱进。2015 年，在全国钢铁行业巨亏 645 亿元的恶劣背景下，立恒竟能盈利 6000 万元！

乍一看，这 6000 万元不是什么大数字；但细一品，其中却蕴含着大价值。

立恒先后实施了小粒级烧结矿回收利用、轧废直接加入出钢包、连铸结晶器钢水液面自动控制系统、烧结侧密封改造等 200 余项节能降耗项目以及"避峰用电"制度，节约成本达 1.6 亿元左右。他们自建节能循环项目 5000 立方米/小时制氧、4 万千瓦高温超高压煤气发电机组、低压富氧、高炉水泵房、棒磨机等 10 余个。特别是 4 万千瓦高温超高压煤气发电项目使立恒自发电比例提高到 95% 以上，钢铁成本每吨可节省六七十元。在企业内部，他们形成了独具特色的外包文化、执行文化、考核文化和学习文化，在提升企业管理专业化水平的同时提高了全员职业素养和工作效率，形成了企业发展的"坚固"的软实力。与节能降耗密切相关的是减排环保。他们投巨资进口美国卡特彼勒子公司索拉透平公司四套先进的索拉大力神130燃气轮机机组，据美国环境保护署估算，每年可减少二氧化碳排放30万吨，相当于约5.5万辆汽车的年排放量。2015年1月12日，美国驻华大使馆向立恒颁发了"2014年温室气体减排证书"。郑家平董事长表示："该证书表明我们利用最先进的技术降低能源成本、减少温室气体排放的战略方针是行之有效的。在继续扩大我们的业务的同时，我们将不断努力成为一个对环境负责的公司。"

2013年11月17日，"寒冬"时节，张天福到北京参加了以化解钢铁产能过剩问题为主的全国性的专题会议。他深深感觉到，市场大环境是严峻的，但企业间的恶性竞争也是导致亏损的主要原因。相关企业应该整合起来，用一个声音向市场发声。深思熟虑之后，张天福做出了"响应国家化解产能的号召，寻求合作伙伴进行区域整合"的决定。很快，在他的苦苦努力下，2014年2月20日，立恒与山西通才工贸有限公司、山西高义钢铁有限公司、襄汾县星原钢铁集团有限公司、襄汾县新金山特钢有限公司、山西华强钢铁有限公司等6家企业联合成立山西晋南钢铁贸易有限公司。他们统一采购原料，统一销售价格，统一物流配送。市场中企业的话语权增加了，企业的效益也体现了。

现在，互联网已经"让天下没有难做的生意"。国家提出了"互联网+"的思维模式，而立恒的"企业+互联网"看上去有点"反其道而行之"，实际上更切合了企业的实际，突出了企业的主体地位。2015年，立恒与上海垚捷网络科技有限公司联合发起成立山西聚鑫物云电子科技有限公司，研制开发主体软件和电脑、手机智能终端平台，大力发展电商销售、电商物流，创建原料电商集采平台，推行OA（Office Automation，办公自动化）等，实现了网上钢厂、客户、仓库、第三方支付平台和银行及采购、销售、运输、服务的无缝对接。电商销售平台组建以来，由过去13家代理商销售的传统模式转变为工厂直接服务300余家终端客户的电商销售模式。2015年，立恒全年销售钢材334万吨，按每吨减少20元中间环节费用计算，直接为企业减少销售费用6000万元。

2015年6月，立恒又推出"56找货"电商物流平台，客户通过计算机PC端和手机APP端注册后，既为闲散车辆找货源，又为货源找到车辆，实现多方共赢。目前，平台注册车辆5万辆以上，平均日交易量5万吨左右，总成交量突破500万吨大关。仅运费一项，降低成本2000余万元。

立恒"56找货"平台与电商销售平台，使"企业+互联网"实现了全方位对接，开创了公司智能化办公的新模式。郑家平董事长说："电商必将颠覆传统的销售模式，迟上不如早上，当张天福总经理提出上电商交易平台时，我们决策层的意见高度一致。"

工业反哺农业，是近年来我国农业飞速发展的一大亮点和模式。结合于此，发展特色农业和旅游业，也是今天山西各地实现经济转型升级的重要抓手。立恒所在的太子滩，曾经是一片荒芜的盐碱地、荒草滩和垃圾堆。在曲沃县委县政府的引导下，2013 年立恒先后投资 1.8 亿元对太子滩进行了综合治理改造，开发建设了千亩莲池、温室大棚等一批具有较大辐射面和较强带动力的农业项目。工程全部完工后，年收益将在 3500 万元以上。2016 年 7 月 13 日，占地 13 余万平方米、建筑面积 2.5 万平方米、富有浓郁地方特色的晋国民俗文化城太子湖水镇正式开工建设。到 2017 年 5 月开业之时，将形成集传统特色餐饮美食街、传统民俗生产生活体验、传统手工艺产品生产销售、传统文化建筑与配套于一体的文化旅游，极大地促进当地经济的文化产业的发展。

张天福和郑家平是辛苦的，一线的钢铁产业工人是辛苦的。他们每天 5 时起床，6 时召开晨会，8 时正式上班；每位职工在荷花环绕包谷飘香的田园式的厂区还有自己的"责任田"，而他们"锄禾日当午，汗滴禾下土"也只是下班之后的义务劳动。张天福更是不知道要工作到什么时候，开会、学习、谈事、听报告，几次见他，都是心神疲惫，"胳膊都抬不起来"，眼皮直打架。甚至，笔者几次对他的集中采访都是在饭后沿着接待处几百米的湖岸"急行军"进行的……

"这活简直不是人干的，下辈子绝不当老板了！"在张天福一次次的微笑摇头牢骚之后，仍然是他匆匆忙忙勤勤恳恳的工作身影。（撰稿/晋珀、杨婷婷）

编者点评：作为一线的创业者，张天福和郑家平是极为辛苦的；处在钢铁寒冬中的他们，又是极为艰难的。他们就是这样在辛苦和艰难中坚守。希望钢铁市场能尽快好起来，希望他们能尽快好起来。

资料来源：

［1］山西立恒钢铁官网. http：//www. lihengsteel. com/ ［2016－12－31］.

［2］中国冶金报. 立恒钢铁的电商之路. http：//news. steelcn. cn/a/99/20150519/78461969474332. html ［2015－05－19］.

边中虎：用"工匠精神"做文化精品

边中虎　男，1972 年 7 月生，山西省临汾市襄汾县人，忠华瑞古典家具（北京）有限公司董事长。木匠世家，自幼深受传统文化的熏陶和洗礼。1992 年开始从商，靠自己果决的判断力一次次渡过难关，在从商的同时爱上了收藏！收藏古代的家具、石器、楹联等。经过长时间的收藏与交流慢慢地沉浸在艺术的海洋！本着"将家具艺术传承并发扬"的信念开始了家具创作！在创作与发展中始终秉承着晋商的诚信精神——以人为本、以义制利之理念，将中国传统文化与红木水乳交融的产品送向世界，做成了红木家具界的明星品牌。

当今文化速食泛滥，流行界如大浪淘沙，无数曾经风靡一时的流行事物转瞬就被后起之浪拍死在了沙滩上，经过千淘万漉还留下来的真金，实在是屈指可数。而红木家具却凭借其深深植根于传统文化、"天人合一"的造型设计的优势，长久占据了流行的一席之地，当之无愧流行界大浪淘出的真金。忠华瑞古典家具公司是红木界的明星品牌，董事长边中虎的创业历程在红木产业中颇具有代表性。

边中虎出生在山西省襄汾县，襄汾县沃野千里，民阜物昌，自古流传下来了许多珍品。20世纪90年代初期，经常有北京广州的商人去襄汾县收购古典家具，次数一多，木匠世家对古物鉴赏能力无师自通的边中虎便从中窥见了商机。

边中虎创业早期，走的是传统晋商的老路子——跑商队。1992年，边中虎贷了300元作为他的起步基金，看中了邻村老大爷家的一个鎏金衣柜并买了下来，卖出去赚了本金的两倍多，收获了他创业生涯中的第一桶金。之后，他组建了自己的商队，在山西、陕西一带挨家挨户地走了两年，两年间成败起落的历练使这位山西汉子变得更加果决敢拼。不久后，他毅然放下山西的一切，只身去闯北京从头再来。凭着走商队这几年的人脉、资源积累，边中虎很快就在北京站稳了脚跟。然而就在他在北京的事业一片欣欣向荣之际，他瞥见了海外市场古典家具的供应缺口，于是"壮士断腕"，只身南下去了广州。供应缺口毕竟只是一时的，边中虎大赚一番之后，众多同行就前赴后继地扑了过来，市场饱和是迟早的事。边中虎向来拿得起放得下，他目光高远，决断精准，在事业如日中天的时候突然洗手。因为祖辈留下的丰富的文化载体大多流失海外，为了中国文化产业的重新复兴，他利用以前收藏的不出售的几万件精品为依托打造文化产业，带动自己的研发团队以打造红木家具极品为目标，凭借自己丰富的经验成功打造了忠华瑞红木家具有限公司。

忠华瑞2000年于广州建厂，2005年转型升级为公司，2008年在北京开了分公司。边中虎事业发展这些年，在2008年将分公司开到北京是他做过的绝妙的决策之一。2008年，出口国经历了一场堪称浩劫的经济危机，忠华瑞红木出口转内销便应运而生。在此之前，边中虎已经未卜先知地将分公司开进了北京，借着奥运会的东风，提前打通了内地市场。许多种子在寒冬里萎掉了，而忠华瑞，却做了寒冬里的腊梅，暴雨里的风向标。

近几年是边中虎，也是忠华瑞的收获季。二十几年的创业路，大风大浪里过，忠华瑞是边中虎酸甜苦辣亲尝尽之后培育出的成熟硕果。现在的忠华瑞古典家具有限公司是一家集明清古典家具、红木家具收藏、修复、制作、销售和服务于一体的专业化企业。"利用中国民间流传下来的经典空间元素设计，结合明代家具的制作特点，用传统的榫卯结构完成。造型灵秀纤巧，功能组合多变。"产品无一不是对传统文化的传承与发扬。

2012年年底，清代乾隆年间广州最著名的一位状元庄有恭的旧宅"状元楼"现身北京机场T3航站楼，"状元楼"为全铁力木榫卯结构，雕饰繁复、生动、精美，极尽木雕艺术表现之能事。历经近 400 年的风雨洗礼，"状元楼"除了旧瓦未存外，其余部分齐全完整，风貌依然，令人叹为观止。边中虎现场对这幢"状元楼"进行拆解重组，之后入了忠华瑞古典家具博物馆馆藏。活动当时受到了主流媒体的广泛关注报道，巧夺天工的状元楼为忠华瑞的品牌发展又造一势。

2014 年年末，忠华瑞走进了 APEC（亚洲太平洋经济合作组织），作为 APEC 指定红木家具供应商，忠华瑞再一次做到了将中国古典元素与精湛技艺完美融合，大厅巨幅梅花浮雕、五牛图、寒雀图、双兔挂屏等无一不精，真正做到了传世传家，不只是工艺品，且是一件可以流芳百世的艺术品。在 APEC 上获得的荣誉和嘉奖，使忠华瑞成为了当之无愧的红木家具明星品牌。

谈到自己这么多年的浮浮沉沉、起起落落，边中虎说，他一直坚持的就是"先做人、后做事、精益求精"，这也是忠华瑞一直秉持的核心原则。"我国的古典家具不同于其他，每件家具既可观赏又可实用，不论是造型，还是装饰，都有独特的艺术美感，承载着中国的传统文化。因此，必须用心制作每一件家具，让我国的文化在精品家具中得以代代相承。"

谈到忠华瑞最令人骄傲的地方，边中虎不无兴奋地表示，忠华瑞家具在制作过程中体现的"工匠精神"是保证忠华瑞件件作品尽善尽美的根本，而最能体现"工匠精神"的是古时候的"宫廷造办处"。那里是集全国上下最好的匠人一起为皇家打造家具，作品的质量可想而知。而现在的"忠华瑞原则"就是要打造当今民间的"宫廷造办处"。

谈话过程中边中虎一再强调："我们要做的不是一件家具，而是一件可以流芳百世的艺术品。"忠华瑞的每一件产品在选材上都严格采用了"一木一器"的原则，保证做出来的作品在纹理上保持一致，呈现一种天然美。雕刻大师们采用浮雕、镂空雕、丝翎檀雕等技艺使所雕刻作品活灵活现。在制作过程中必须经过"型、艺、材、韵"四个步骤的严格审核，一一通过，逐层把关，最终才能完成一件满意的作品！边中虎自豪地说："忠华瑞所有家具最后的定型都是我来把关。"

为什么要分别经过"型、艺、材、韵"四方面的检验，而且步骤还不能乱，边中虎耐心解释道："'型'就是优美的形态和造型，讲究曲线、轮廓、形体之美，讲究它们之间的合理搭配。型是制作的前提，假如造型设计不够合理完美，那后者再怎么努力，都是枉然的。所以把控宏观的外形轮廓之美，加之比例之和谐，曲线之流畅，是艺术造诣之根本。'艺'即高超、娴熟、严谨的制作工艺，既具传承制作工艺手法，又备匠心独运的艺术创新。'材'即选材。在造型和工艺都尽善尽美的情况下，如果再搭配瑰丽名贵的材质，型、艺、材三者才能交相辉映，创造出美轮美奂的作品。'韵'则是在前三者都具备的基础上的一种整体的升华，犹如一幅传世名画的意境表达，是一件作品的魂之所在。所以说这四者不能乱。"只有有灵魂、有生命力的作品才有流传下去的意义，才敢说"传世传家"。

　　基于十几年专注古典家具的生产制造，精益求精，忠华瑞于 2012 年 10 月建立了自己的"大宝广博"古典家具博物馆，博物馆作为忠华瑞古典家具有限公司的企业文化旗舰，作为督促企业传承创新的标尺，作为向世界展示中国优秀历史文化遗产的重要平台，建立之初就已经对外开放，馆内收藏了乾隆、慈禧等时期的珍贵藏品，在传承发扬古典家具蕴含的文化内涵方面具有重要作用。它们代表着中华五千年历史文化的积淀，对于一个国家、一个民族来说，经典文化永远是其生命的依托，精神的支撑和创新的源泉，都是其得以存续和延伸的筋络与血脉。

　　谈到忠华瑞未来的发展方向，边中虎自信满满地表示："我们要做成红木界的爱马仕。"也就是说，未来，忠华瑞打算靠品质战在市场上夯出一条康庄大道。（撰稿/马田艳、吴蕴庭）

　　编者点评："工匠精神"在当今社会可谓是凤毛麟角，许多企业为了追求速度与效益，对其避之唯恐不及。而在速食主义盛行的今天，边中虎仍恪守着一点一滴、精雕细琢的"工匠精神"不动摇实在难能可贵，其靠"工匠精神"的精工细活凭品质战在激烈的市场竞争中立于不败之地的职业操守和"匠人"情怀很值得广大的企业家们借鉴。

　　资料来源：

　　[1] 世界晋商网. 晋商忠华瑞气华堂溢彩　古典家具经典留香. http：//www. wsxm. net/article – 12246 – 1. html［2013 – 09 – 12］.

　　[2] 山西商人网. 点绛唇　边中虎　晋商颂. http：//www. shanxishangren. com/space/html/57/n – 6457. html［2013 – 08 – 07］.

赵中柱：由木材工人到地产总裁

赵中柱 男，1963年生，云南省大理白族自治州剑川县三河乡人，北京大学房地产总裁黄埔同学会监事会主席，大理佳利集团董事长。从一个木材厂的普通工人到集木制品精加工、进出口、房地产开发、建筑工程、园林绿化、苗木经营、广告传媒、物业管理、酒店餐饮等为一体的集团化企业的总裁，赵中柱的传奇人生，为中国企业史描上了浓墨重彩的一笔。

赵中柱1963年出生在剑川县三河乡的一个普通农民家庭。剑川县素来享有"木匠之乡"的美誉，木工艺人擅长雕刻各种山水、人物、花鸟等图案，用以装饰门窗、家具等。"丽江粑粑鹤庆酒，剑川木匠到处有"这两句话在滇西一带广为流传。赵中柱一出生就与木材结下了不解之缘。年少时由于家境贫寒，父母承担不起赵中柱上学的费用，不得不放弃上学的机会，这对从小热爱学习的赵中柱来说是一个不小的打击，但这却没有摧毁他那一颗积极进取的心。

1983年，赵中柱成为丽江木材厂的一名普通的工人，虽然做的是最普通的工作，但他却不安于现状，心中装有更远大的理想和抱负。在木材厂期间，赵中柱勤劳上进，踏实肯干，由一个毫不起眼的工人成长为木材厂的厂长。也许是为了弥补小时候的遗憾，赵中柱在木材厂工作的这些年，从未放弃过学习，不断地为自己大脑"充电"，在1989年7月至1991年7月，赵中柱还去云南大学学习了经济管理，为日后自己创办公司打下了坚实的基础。

1993年，赵中柱向亲朋好友借了20多万元，带着剑川县50多名木艺工人来到大理州政府所在地下关创办了大理市佳利有限公司，决心要闯出一片属于自己的天地。创业的开端总是无比艰辛，资金不足是最主要的难题，赵中柱四处奔波终于筹集到了400万元，才慢慢使公司走上正轨。20世纪90年代的400万元可不是一个小数目，能够筹集到这笔钱足以看出赵中柱的能力不容小觑。赵中柱的公司始终坚持"诚信为本，质量为先"，从中国台湾地区引进国际先进的实木地板生产线，聘请木材加工专家到佳利公司进行技术指导，管理人员和营销人员一律是高素质高学历的大学生。先进的技术，专家的指导，优质的人才都为赵中柱的佳利公司打下了良好坚实的基础。

赵中柱说："要在激烈的竞争中立于不败之地，产品质量是第一生产力。"佳利公司的产品有先进的技术支持和严格的制作流程把控，首批实木地板的质检合格率高达百分之百。在大家都以为产品的定价一定非常昂贵时，赵中柱却做出了另外一种选择，他有自己的一套经营理念：高品质，低价格。佳利公司的实木地板一经出售，就受到广大消费者的极大欢迎，畅销全国。

实木地板顺利地打开市场大门，赵中柱开始生产佳利实木门和宫廷实木门。赵中柱信誉好，生产出来的产品质量上乘，价格公道合理，立刻获得广大消费者的青睐，大家都愿意和赵中柱合作，赵中柱的公司规模也在不断地扩大。

2008 年 9 月，公司所生产的实木地板和实木门同时荣获了"第八届云南省消费者喜爱产品"称号。这无疑是对赵中柱公司产品的一种高度认可。自此，实木地板、实木门和宫廷实木门成为了拉动佳利公司前进的"三驾马车"。赵中柱正确的经营策略使公司全面打开了国内和国外两个市场，企业发展一路高歌猛进。2000 年 10 月，佳利公司获得企业自营进出口权，成为了全国木制品出口界的骨干企业。

2005 年 8 月，赵中柱开始涉足房地产行业，创办了佳利房地产开发有限公司。对于赵中柱来说，房地产更是考验人品的行业，赵中柱不愿意让自己的乡亲住在粗制滥造的房子里，想竭尽全力把房子建得更稳一点，更牢一点，更安全一点，让老百姓住得更放心一点。

赵中柱的团队走访过很多房地产企业，甚至去了国外，看到了很多，也学到了很多。最后他得出一个结论，大理的房地产行业里没有一个比较知名的品牌，他想要打造自己的房地产品牌。从项目开始的设计到最后的景观绿化，都要做到第一。集团以"工业生产的理念，以出口产品的标准"来生产、打造房地产。赵中柱的佳利房地产公司开发的第一个项目是"佳城龙园"，这是一个很小的项目，以赵中柱的实力不是不可以承担大项目，而是他想先把小项目做精做好，树立起自己的形象品牌。果不其然，质量好价格低的"佳城花园"很快就受到消费者的欢迎，赵中柱用品质来树立品牌的策略获得了极大的成功，接下来开发的"龙山花园"和"阳光领居"也都获得了消费者的信赖。

2009 年，大理佳诚房地产开发有限公司被评为"中国诚信房地产品牌企业"，"龙山花园"被评为"中国品质典范住宅"小区。

在赵中柱开发"龙山花园"的时候，当地政府邀请赵中柱做开发团山的项目。团山在洱海南端的洱海公园里，开发团山，就是要在洱海公园里面建房子。洱海位于云南大理郊区，为云南省第二大淡水湖，洱海水质优良，水产资源丰富，同时也是一个有着旖旎风光的风景区，洱海风光，四时变幻，美轮美奂。这样的项目听起来很诱人，对很多开发商来说有不小的吸引力，但是赵中柱一向做事稳重，经过反复的思量，他决定放弃这个项目。放弃的原因是在洱海旁建房子必定会对周围环境造成破坏，为了建别墅而破坏一个历史人文景观，这势必会引发后患。这个项目后来被另一家公司承接，公园中著名的情人湖被填埋，破坏了环境，引发了公众不满，这就是轰动一时的"情人湖"事件。

通过几年的探索和对时机的把握，赵中柱开始了真正意义上的大作——大理公馆。大理公馆位于大理前景无限的海东区，总占地面积 13.2 万平方米，建有 159 栋高档独立别墅，与大理市行政中心在一起，它是海东片区最高端的纯别墅住宅项目。大理公馆建立在巍峨雄壮的苍山下，风光秀丽的洱海边，占据无可替代的重要地理位置。随着云南省大理白族自治州政府"保护海西、开发海东"战略到加快实施，大理公馆注定会成为大理最精致豪华的别墅。

大理公馆在第八届中国策划师年会上，一举夺得"2011 年度中国最佳典范别墅楼盘"殊荣。

在事业上获得极大成功的赵中柱，依然坚守本心，踏实做事，诚实做人，他一直用自己的行动回报家乡，回报社会。在赵中柱的家乡，只要有人遇到困难，他都会伸出援助之手，为村民累计捐款达上百万元。赵中柱自己小时候求学不成，现在他非常重视家乡的教育事业，为了能让家乡里的孩子受到良好的教育，他在县里职高办了一个"佳利班"，班里学生的全部费用都由他资助，并且佳利集团还承担学生的就业问题。此外，赵中柱还一直热心公益事业，2013 年 3 月 13 时 41 分，洱源县西山乡发生 5.5 级地震，地震波及洱源等 5 个县 12 个乡镇，造成 30 多人受伤，20 余万群众受灾，直接经济损失超过 8 亿元。地震发生后他立即捐款 50 万元，并且为灾区的重建提供资金和技术支持；出资举办大型公益晚会、演唱会，免费对外开放，丰富家乡人民群众的生活。2015 年 3 月，赵中柱荣获第四届"云南省非公有制经济人士优秀中国特色社会主义建设者"，在推动经济社会发展、扩大就业渠道、促进社会和谐等方面取得了显著成绩。"我是白族人民的好儿子，我的一生愿为白族同胞的事业奋斗。我的梦想就是把大理建设得更好，把大理发展得更好。"（撰稿/吴蕴庭、姜佳琪）

编者点评：从普通工人到房地产公司的总裁，赵中柱的身份发生了巨大的转变，但他却能够做到不忘初心，数十年如一日地诚诚恳恳踏踏实实做事，无论是一块地板还是一栋楼房，他都会用心做到最好，质量做到最佳，对得起信任他的每一位消费者。

资料来源：

［1］科学时报．情人湖之死．http：//tech. hexun. com/2012 - 05 - 10/141253 700. html ［2012 - 05 - 10］．

［2］陈婧．赵中柱：用诚信赢得企业未来．中国地产总裁，2014（24）．

景希强：北方的袁隆平

景希强 男，1957 年 6 月生，辽宁复县人。1982 年毕业于沈阳农学院农学系，分配到丹东农业科学研究所工作，历任玉米课题组长、玉米室副主任、副所长、副院长，现任丹东农科院院长、辽宁丹玉种业科技有限公司董事长兼总经理，被誉为"北方的袁隆平"。

走进今天的丹东农科院，吸人眼球的是几幢新建的科研楼。这里的实验室里拥有最先进的育种设备和检验设备，在凤城市和海南繁种基地都建了自己的职工住宅楼，中级以上科研人员在两地都有住房。景希强说："不能让今天的育种专家像当年我们在海南繁育种子时一样住着漏雨的简易房子，被蚊子和高温折磨得整夜不能入睡。"这样感同身受的话语，直接道出了景希强当年工作的艰苦。

1982 年，景希强从沈阳农业大学毕业，被分配到丹东农业科学研究所（丹东农业科学院的前身，始建于 1948 年，以玉米、烟草、水旱稻良种培育而远近闻名），当时院里只有两栋楼，一栋是 1964 年盖的，一栋是 1973 年盖的，有些简陋。但是科学家们心无旁骛、一心一意搞科研的劲头让景希强深受感动。就这样，投身其中，他与玉米和农业结下了不解之缘。

然而，在丹东农业科学研究所的日子并没有如期美好的展开。20 世纪 90 年代末期，丹东农科院的发展完全陷入了低谷：外债 300 多万元，职工的工资只够开 10 个月。待遇低而无保证，导致一大批的科研人员选择了"远走高飞"。而且为数不多的科研人员里，又存在着内部的课题组各自为政，组组盘算自己的"小算盘"筹集自己的"小金库"的现象。丹东农业科学院效益每况愈下。

到 1982 年，仍坚守在岗位的只剩景希强一人，同他一起分来的沈阳农学院的 6 名同学都先后辞职离开了。越是艰难的环境，景希强越觉得作为农业科技工作者的责任重大。强烈的使命感让他的双脚站得坚定，面对众多外调的机会，他果断拒绝，一心一意留在丹东农科院。

1988 年，景希强担任了丹东农科院的院长，此时的农科院正处于内外交困的状态，前路渺茫。任院长后，景希强有两个目标。一是给人才以施展才能的舞台，二是大力紧抓科研成果，使其转为经济效益。要实现目标，就迫不及待地需要改革。而古往今来，改革总是困难重重的，利益的权衡、维护、争夺，都会让人举步维艰。此时，身处"窘境"的景希强充分展现了儒商的大智大勇，他把科研与开发分离开来，组建了辽宁丹玉种业科技股份有限公司，统一开发科研成果；提出以玉米种子产业为龙头，将科研成果转化为生产力，创立品牌。有了更加广阔的经济来源，解决了经济拮据的状况，接下来要解决的就是人才流失的回拢问题，对于科研部门来说，科技才是发展赖以生存的源泉，是推动生产力不断提升的保障。科研工作长期以来的寂寞枯燥，连浓厚的兴趣都会被削减。而要想让他们安心专注地工作，一定要给予其优厚的报酬。重要的是：重视人才珍惜人才远不能只是游走于嘴皮之上，而是要实实在在凭心而出，落实在条条框框的明文规定之中。于是景希强采取的措施之一便是重奖。拿出利润的 30% 奖励课题组，按劳取酬。无论盈利几百万元还是几千万元，30% 的高比例不会变更。这一政策成为提高研究员们工作积极性的催化剂，"疗效"甚好。曾有一次，全院拿出 600 多万元奖励课题组，做出重大贡献的课题组负责人甚至拿到上百万元的奖励。此外，院里还公开安排了一批科技人员的家属子女，根据他们的实际情况或者搞服务工作，或者参与科研，解决了科研人员的后顾之忧。渐渐地，一些科技人员在丹东市里也买了房，买了车，过上了稳定的富裕的生活。曾经的大学生千方百计想出去，如今研究生争先恐后想进来。

丹玉种业的发展速度让同行者羡慕不已。自 2000 年以来，公司销售量逐年递增，丹玉系列玉米新品种现在每年种植面积在 3000 万亩以上，直接经济效益达 1500 万元。丹东农科院先后被国家农业部评为全国"种业百强""全国种业五十强"等荣誉称号。2009 年，"丹玉"牌商标被国家工商行政管理总局商标局认证为"驰名商标"；在全国各地设立分公司、加工配送中心十余个，终端销售网点万余个，为全国玉米产区提供优良玉米种子。丹玉种业被评为"国家高新技术企业""省农业产业化龙头企业""国家守合同重信用企业"。"我们既不满足丹东农科院的历史贡献，也不满足企业和商标在全国的良好声誉，实施精品战略，必须创出名牌产品。"这是景希强说的。是景希强的改革让"丹玉"更有魅力了，"丹玉"品牌的成功就是景希强的荣誉。

作为玉米育种学科的学术带头人，他主持了辽宁省"九五""十五"期间"高产、优质、多抗玉米新品种选育及配套技术研究"课题，组织全省玉米育种单位共育成玉米新品种几十个，圆满完成了"九五"科技攻关任务，已提前完成了"十五"科技攻关课题各项阶段任务指标。他先后 3 次荣获辽宁省劳动模范和辽宁省优秀专家称号，荣获丹东市最高科技奖项——科技贡献奖。景希强同时身兼丹东农业科学院院长、辽宁丹玉种业科技股份有限公司董事长和辽宁省玉米研究首席专家，被誉为"北方的袁隆平"。

纵然"名利双收"，他依旧严谨，他从不给自家亲戚朋友"开后门"，不收取任何高额报酬"回扣"或是"感谢金""好处费"。他依旧低调，无论北京或是大连这样的大城市高薪聘请他到机关科研机构工作，他都一概婉拒。清正廉洁，干净做事，坚决反对利用职权谋取个人私利，这是景希强始终坚持的原则。工作中依旧恪尽职守，勤勤恳恳，亲力亲为。科研办公室、玉米田间地头依旧能看到他的身影。

成功后的景希强在采访中说："丹玉种业的下一个目标将以振兴民族种业为己任，以缔造中国名牌为目标，把丹玉种子销售网建到所有适合丹玉系列品种种植的地区。"他的一片赤血丹心依旧深情倾注在我们金灿灿的玉米种业上，为了民族种业的发展奋斗着，发光发热。（撰稿/吴蕴庭、杨婷婷）

编者点评：景希强在"学者"与"商人"的频道里自由切换着。在研究学者的丛林里，他的身上透着一股旁人所没有的对商场的高远见和大智慧；在商人的海洋里，他的"鳞片"又散发着商人所欠缺的儒家气息和学者谦恭淡泊的态度。纵然做学者或是商人，他都不是最杰出的那一个，我们依然满怀赞许，赞许他将一片"丹心"毫无保留地糅进"丹玉"，从一而终地留给我们的民族种业。

资料来源：

辽宁日报. 景希强：科研成果和生产力一起抓. http：//www. ln. xinhuanet. com/newscenter/2013–06/14/c_ 116135700. htm［2013–06–14］.

罗建纯：厚道的"老醯儿"

罗建纯　男，大专文化，山西紫林醋业股份有限公司董事长。在他的领导下，山西紫林醋业有限公司曾获得山西省质量信誉 AAA 级企业、中国驰名商标、国家质量安全卫生全面达标放心食品等荣誉称号，开启了山西老陈醋彰显"醋品牌"的新时代。

　　厚道，说人指诚实温厚，说醋是醇厚酸香。这两点，在山西紫林醋业股份有限公司董事长罗建纯和他的产品"紫林老陈醋"身上都得到了最佳的统一和最完美的体现。

　　"紫林醋"有一个美丽的传说。远古时期，尧帝生活于今山西省太原市清徐县尧城。当时洪水泛滥，土地贫瘠，野兽出没，食物匮乏。百姓经常忍饥挨饿，即使偶尔吃到一些牛羊美食，也因膻气太重又难以消化，食积腹痛，愁苦不堪。西王母七个仙女中，四女儿住天上紫林，人称"紫林仙女"。她貌美心善，在帮助七仙女与牛郎"天仙配"后，便到人间协助大禹治水并帮助百姓治病。她看到汾水两岸的牧民食牛羊，不善烹调，以致膻气太重后，便偷偷将瑶池圣醯酿造之法传于他们。醯是仙间美味，味道醇厚香酸，始为太上老君炼丹专用，后来便上了玉皇大帝的筵席。后人感恩"紫元仙女"的恩德，就将所酿之醯，取名紫林。

这一传说不仅民间有，在古代典籍《历世真仙体道通鉴》中也有记载。而仙女传下的"醯"，就是今天的"醋"。

"紫林醋"的古老传说，给"紫林"增添了几分厚道的韵味，也在罗建纯的记忆里"埋"下了让人久久回味的厚道味儿。

年少时期，提着醋瓶子去门口酿醋作坊买醋的罗建纯，就已对老陈醋"情有独钟"。高中毕业他毫不犹豫就去了清徐县醋厂上班。从基层岗位做到中层干部，在东湖醋厂的工作生涯里他将酿醋生产的每一道工序都熟记于心。到了1997年，他又被派到了东湖一个濒临停产的分厂主持工作，成功地将资金不足3万元、人数不足30人的醋厂从清徐"带"了起来。在2000年罗建纯正式将小厂"改制"为独立的民营企业，开始了他自己的创业之路。

在酿醋厂20多年的经验积淀，使得他对于企业有着清晰的认识——创业之后急需的是新的"内涵"，新的"提升"。

民间常说"家有二两醋，不用进药铺"，罗建纯提升的第一步就是大力开发醋的食疗功能。2003年，紫林醋业同北京农业大学联合，研制并开发了具有"降压减脂"功能的保健醋。2005年他们又投资130余万元与中北大学合作，针对于"食醋功能因子测定和强化"（食物中的功能因子指能通过激活酶的活性或其他途径调节人体功能的物质，即被科学证实的，具有调节人体生理功能的作用）开始专项科技研究，这在国内的醋行业属于首家。有了专业的技术指导还不够，要想在广袤的创业大地立足，在山西老陈醋里"独领风骚"，就要有自己的品牌。众所周知，山西老陈醋是中国四大名醋之首，清徐是山西老陈醋的发源地，中国的醋都；再加之自古晋商文化"诚信、厚道、远见卓识"的标签，浓浓的、满是厚道味儿的"醋都尚品，紫林厚道"就在罗建纯手里应运而生了。

为了扩大"紫林"的名牌效应，罗建纯先后投资了上千万元，踏上打响"紫林醋"品牌的征程。2006年，一年一度的"秋季糖酒会"上，"紫林"画上了浓墨重彩的一笔——特邀著名影星徐帆代言，强劲推出"醋都尚品，紫林厚道"的品牌语言。公众媒体的效果立竿见影，当年"紫林"的销售收入比2005年增加了60%以上，分布在全国的一级代理商达到360多个，在各大型超市均占据一席之地。提起山西老陈醋，人们不再是一概而论，而是脱口而出"紫林"。就这样，山西老陈醋一步跨进了彰显"醋品牌"的时代。

立起了"门面"，接下来就是"撑门面"的事了。

"撑起门面"需要最"瓷实"、最安全的质量，需要最专业、最精湛的生产技术，需要最系统、最标准的管理，需要最大胆、最新鲜的创意……这些"需要"都在罗建纯的心中一步步地盘算着，一步步地迈进着，这一"迈"就是 9 年。

2013 年，罗建纯投资 9.1 亿元建设了一个占地 300 多亩，年产 30 万吨食醋的工业园区。包括低碳全景生态园、产能最大酿醋园、自动化智能循环经济园……在业内率先实现了传统工艺机械化操作、信息化控制；最先实现了原料精细化处理、自动化酒精发酵、机械化翻醅；最先实现糖化罐、熏醅罐的产业化；业内首家投入巨资兴建废水处理系统，工业固废处理系统，生产达到零排放；太阳能的利用，花园式的工厂，更拿下了循环经济试点企业、绿色项目等多项荣誉。紫林公司还被农业部授予"农业产业化经营国家级重点农业龙头企业""全国乡镇企业创名牌重点企业"和"山西省农业产业化龙头企业"等荣誉称号。

如今，紫林工业园区内无处不弥漫的是挥之不去的浓郁的陈醋味儿，咖啡色的加工车间，银白色的储蓄大罐，深棕色的厂房建筑，传递的也是厚道的老陈醋的味道……罗建纯的大胆革新与其显著成就，不禁让人"争风吃醋"，更是"沉醉"而"不知归"了。

罗建纯关于紫林醋"厚道"味儿的打造，不仅仅是"裸露"着的工业园区的设计与布局，更在于那萦绕着的传统老工艺的酿造氛围，方方面面渗透着的紫林醋的"厚道"文化。

"以质量求生存，谋发展"是"紫林醋"发展以来不变的秉承。2011 年的"勾兑门"事件（2011 年媒体报道市面上的山西老陈醋多为"勾兑醋"且添加大量防腐剂。后经证实，只是某些小作坊的"胡作非为"）曾使山西老陈醋这一传统工艺受到了严重的影响。质量安全是食品发展的脉搏，稍有差池，就可能"一命呜呼"。在这方面，"紫林"走得稳健而踏实。它先后通过食品质量安全QS 认证、ISO 9001：2000 国际质量认证、国家质量免检产品等，与此同时还获得了山西省质量信誉 AAA 等级企业称号，旗下的"紫林、寇准"品牌也获得山西标志性名牌产品、山西省著名商标、全国用户满意产品等荣誉称号。

紫林的厚道除了保质量，还会"变花样"。用科技注入新的血液，舞出新的"姿态"。他特意从德国福林斯生化研究所引进目前国际先进的食醋发酵设备；同山西省中医学院合作成立"紫林醋与健康研究中心"；同山西省食品研究所、天津科技大学、山西大学、山西农大等科研院校成立"技术联盟"；产品数量达到"紫林""寇准"牌老陈醋、陈醋、精品醋、保健醋、果醋茶、料酒、酱油等七大系列百余种，集"酸、绵、甜、香、鲜"五味于一身。

如今，紫林"老陈醋同步发酵技术"研究达到国际领先技术水平，获得山西省科技进步奖；"一液双固"老陈醋发酵技术达到国际先进水平，获得太原市科技进步奖；"双醇三果发酵型醋饮料"工艺技术、老陈醋"活性物质测试分析"等项目技术在同类研究中均达到国内先进水平。"紫林"拥有自主知识产权发明专利9项，新型实用专利5项，外观专利11项……

罗建纯说，他一直把山西醋产业当作一项健康产业、良心产业来做。"紫林"定期对员工进行职业技能的培训，提升员工的个人素质；出资将"葡乡路"冠名为"紫林路"；建设的"紫林醋立方养生馆"免费向广大市民开放，据统计，累计有12万人次在醋立方养生馆免费体验了醋疗服务，近千人写来感谢信；独家冠名山西春晚；独家承办中古国际女篮赛；独家赞助"2015龙城（太原市古称）百场公益婚庆活动"；在金融危机来临之际，扩大就业，达到增员增效的业绩；在多年的发展历程中始终坚持探寻绿色循环的经营体系，坚持"污染控制和科技进步"相结合，积极开展醋糟固体废弃物的综合利用和废水深度处理回用，以达到清洁生产，零排放，树立了紫林绿色环保企业形象。

"厚道做人、厚道做产品、厚道经营"是罗建纯一贯秉承的准则。在他的办公室里，"醋都尚品，紫林厚道"八个大字尤为显眼——这就是罗建纯和他的紫林人"一群人""一辈子"干的最"厚道"的"一件事"。（撰稿／杨婷婷、吴蕴庭）

编者点评：先做人、后做事，是现代企业家精神的基本内涵。厚道做人、厚道酿醋，更是紫林公司董事长罗建纯和他的员工恪守的准则。正因为如此，罗建纯和他的"紫林醋"才能够在蔓延了数百年的传统工艺和如林的对手中脱颖而出，打造出中国陈醋行业一个响亮的品牌，使中国陈醋开启了"醋品牌"的新时代。罗建纯，厚道"老醯儿"，中国的老陈醋为你们骄傲！

资料来源：

［1］凤凰网．醋都紫林飘香　彰显厚道境界　山西紫林食品有限公司以食醋工业园及醋文化旅游园项目为依托实现跨越发展纪实．http：//news.ifeng.com/gundong/detail_ 2012_ 06/06/15083695_ 0.shtml［2012－06－06］．

［2］凤凰网．紫林醋业：厚道经营创醋中尚品．http：//news.ifeng.com/gundong/detail_ 2013_ 08/23/28928596_ 0.shtml［2013－08－23］．

［3］新浪网．山西紫林醋业股份有限公司董事长罗建纯简介．http：//shanxi.sina.com.cn/vinegar/rwft/2013－10－23/200137818.html［2013－10－23］．

［4］山西食品安全工业网．掌舵人罗建纯：科技引领让山西醋为更多人带来健康．http：//toutiao.com/i5383287306/［2015－08－18］．

张文泉：由"煤黑子"到"红酒主"

张文泉　男，1965 年 12 月生，山西乡宁人。2004 年成立山西永昌源煤气焦化集团有限公司，任董事长；2007 年成立山西戎子酒庄有限公司（下称戎子酒庄），现任酒庄董事长。实现了由"煤黑子"到"红酒主"的生态升级。

沿着笔直的大道而行，你会远远地看到一座古香古色的红白相间的宋式门楼。门楼之后是一行行一列列的葡萄树，犹如一支正接受检阅的威武之师！

这就是张文泉的"戎子酒庄"。

戎子酒庄创建于 2007 年，坐落于山西省临汾市乡宁县，是一家集优质葡萄种植、高档葡萄酒生产、农业生态观光、葡萄酒文化旅游多项服务为一体的综合企业，隶属于山西永昌源集团。

山西永昌源集团是张文泉于 2004 年 7 月创立的，公司主要经营焦煤、生铁、砂石等，一直秉承着"顾客至上，锐意进取"的经营理念。

20 世纪 90 年代，在改革开放的春天里，张文泉下海炼起了机焦。凭着对市场敏锐的洞察力和不懈坚持，经过几年的发展，他的企业山西永昌源煤气焦化集团有限公司日益壮大，他也成了一个身家过亿的"煤老板"。

2005 年，国家提出了新能源建设的目标，张文泉陷入了沉思。他深知近几年煤炭产业的发展已经陷入瓶颈，要想突破，只有转型升级。一番踌躇之后，张文泉决定调整永昌源集团的发展战略，他提出了"巩固煤化、进军轻工业、培植区域新型产业"的战略方针，开始转型，于是"平地起高楼"，这才有了今天的"戎子酒庄"。

戎子酒庄一大优势就在于拥有得天独厚的地理位置。地处北纬 35～36 度，平均海拔在 1050～1110 米，典型的温带大陆性季风气候，四季分明；日照久，全年日照时数约 2500 小时；降水丰沛，年均无霜期为 212 天，是葡萄种植的天然沃土。

关于戎子酒庄这个名字，有一个"戎子酿酒"的美丽传说。

相传，春秋时游牧民族狄戎部落首领狐突有个女儿叫戎子。当时为了狄戎与晋国的和平，戎子嫁给了晋献公，他们的儿子就是众人所知的晋文公。

当时，这个地方生有很多野生的葛藟。每逢初秋，一串串水灵灵的葛藟红得发紫，远远望去就像是满山的玛瑙，还伴着酸酸甜甜的味道，很是诱人。戎子常常会带领一帮姐妹们来摘采葛藟。一次，采摘的葛藟太多，她们就把多余的葛藟放在皮囊里埋在地下，想要日后来取。谁料，等她们再来的时候，葛藟已经发酵，打开盖子，酒香之味扑鼻而来。就这样，她们将葛藟汁带回去，取名缇齐。这就是戎子酿酒的美丽传说。不经意间，她们发现了不为人知的人间美味。此后，缇齐成了晋文公宴请百官、招待四方诸侯的琼浆佳酿。

为了将戎子当年酿造的琼浆玉露重现人间，"门外汉"张文泉真的是"上下求索"。

他勇于探索，特意查阅了当地 30 年的气象资料，各地拜访专家、邀请他们实地考察。登门拜访著名葡萄酒专家、时代葡萄酒酒庄酒证商标管理委员会副主任、西北农林科技大学葡萄酒学院原常务副院长沈忠勋。根据沈忠勋的建议，他们在山西临汾吉县到乡宁县交界处的北塬找到了良好的葡萄产区。

2007 年，张文泉开始试种植葡萄，初试效果颇好之后，他便开始了大量的辅助工程建设。他花费 1000 多万元修建了水库、集水池、旱井，不仅解决了葡萄基地的灌溉问题，还解决了这个区域里 6 个村上万人的饮水问题，真的是解决了生命之源啊！

除此之外，他还去考察了各地的酒庄，开发酒庄的配套主题建筑。俯瞰戎子酒庄，仿宋的建筑风格是它的"主打曲"。张文泉还重修了晋文公庙，建了戎子博物馆、文化广场、地下酒窖、生产车间等。庄园之内，亭台长廊，小桥流水，庄园味十足。踏着青石板漫步其中，每一次呼吸都满是古色古香的味道，这里已不是一座洋酒庄，而是一座浓缩了民族文化的中国庄园。正如张文泉所说："酒庄自始至终要坚持做民族特色，我们不去和欧洲对比，而要努力做到能充分体现中国风格的葡萄酒。"

他求贤若渴，多次邀请让·克劳德·柏图先生。让·克劳德·柏图是法国五代酿酒世家的后代，是享誉世界的前首席酿酒师。在张文泉的再三邀请之下，2010 年，柏图先生来到了戎子酒庄。看到黄土地上根深叶茂的葡萄树，柏图先生的双脚再也迈不开了，他留了下来。

除了柏图先生的加盟，戎子酒庄附近的百姓也是庄园的强大后盾。戎子酒庄的万亩葡萄种植基地覆盖了乡宁县城北塬的东廒、西廒、富家塬等地，酒庄自己开创了"订单式"合同管理的方式，极大地带动了周边十多个村子的三万多名农民种植葡萄的热情。与此同时，张文泉还设立了"戎子酒庄技术研发中心"，执行严格的标准化作业，很好地保证了葡萄酒原料的品质。

在张文泉的带领下，戎子酒庄荣誉连连。2013 年 3 月 25 日，山西戎子酒庄作为最具中华民族特色的酒庄，荣获了中国葡萄酒市场"年度品牌"的奖项，且酒庄董事长张文泉先生获得中国葡萄酒市场"年度人物"奖项。

2016 年 7 月 2 日，在山西太原万达文华酒店举行了正商书院晋商大讲堂之《中国民企创新发展论坛》，论坛之上，张文泉这样说："戎子酒庄作为中国文化和民族特色酒庄的代表，将以传播葡萄酒文化为己任，与消费者分享葡萄与葡萄酒知识，弘扬企业文化，发展中国葡萄酒文化，实现中华民族品牌的世界梦，为世界做一瓶中国的好酒！"

从煤老板到酒庄主的身份转换，从黑色产业到绿色产业的转型升级，十年磨一剑，张文泉做到了。如今我们再看戎子酒庄，俨然山西旅游生态文化"银河"里最耀眼的"星"。

回头看张文泉之所以两个身份"切换自如"，与他的人生经历密不可分。他在下海经商之前曾在财政局工作 5 年，地税局工作 5 年，这些让他在制定企业的发展规划时可以很好地与国家方针政策相结合。

作为一位煤老板，站在"葡萄酒庄园"的门前他真的是一个"门外汉"，所以当他决定要跨行到葡萄酒行业时，身边同行业的人们甚至亲朋好友都瞠目结舌、无法理解。

张文泉解释说："乡宁是一个产煤县，但煤焦生产对集团来说，缺乏更大的发展空间，难以扩大规模，难以符合国家日益提高的产业标准要求。从乡宁传统工业经济结构来看，轻重失衡，管理粗放，亟须发展与人民生活密切相关的直接消费品工业，要实现规模扩张和企业发展就必须另辟蹊径，重找出路。转型发展才是企业的长远之路。"丰富的人生阅历让他对于这样的转型显得"胸有成竹"，事实也证明了他确有"实才"。

凭借着这些年的努力，张文泉也获得了许多荣誉：市级"优秀民营企业家""市十大经济新闻人物""临汾市优秀人大代表""2014 年山西省新兴产业领军人才""2014 晋商经营典范"等。

在他的带领下，集团也摘得诸多荣誉，包括县级"经济发展先进单位"、市级"管理先进民营企业""突出贡献和传统产业优化升级优秀民营企业"、省级"全省再就业工作先进单位""山西省专精特新企业""2014 年山西中小企业管理标杆企业""2014 年山西省百姓最放心食品品牌""中国葡萄酒市场年度人物"等。戎子酒庄的产品"戎子"和"小戎子"商标荣获山西省著名商标。

曾经有人问张文泉，为什么会选择种植葡萄，张文泉是这么回答的："想做成一件事就应该有一种情怀。一个人富裕了，不能只贪图自己享受，而应该回馈家乡，造福社会。很长时间以来，我都在思考，怎么让乡亲们都富起来、过上幸福的小康生活。修路、盖楼、建学校就算是小康吗？我觉得，如果没有产业带动，老百姓没有持续稳定的收入，终归不能算是小康社会。"（撰稿/杨婷婷、吴蕴庭）

编者点评：企业的转型有两种可能，一种是企业发展形势需要更多行业的配合，还有一种就是经济大环境下的"不得已而为之"。一直从事煤炭行业的张文泉选择做戎子酒庄该是在第二种困境下抓住了第一种的机遇，所以他的戎子酒庄才会如此成功。

资料来源：

［1］临汾新闻网. 做中国特色的酒庄酒——记山西戎子酒庄有限公司董事长张文泉. http：//shanxi. china. com/lf/city/rdgz/11174018/20160718/23084512. html ［2016 － 07 － 18］.

［2］太原晚报. 张文泉：煤炭起家转型做红酒. http：//news. 163. com/14/0917/04/A6AO36NC00014AED. html ［2014 － 09 － 17］.

［3］山西日报. 张文泉：把中国红酒卖到法国. http：//news. 163. com/15/0422/06/ANPNEHCB00014AED. html ［2015 － 04 － 22］.

朱云成：退休第二天再创业

朱云成　男，1957 年 3 月 8 日生，山东广饶大王镇王西村人，中共党员，山东皓宇橡胶有限公司董事长、总经理。1980 年从事橡胶生产，1995—2009 年履职山东永泰化工集团常务副总经理。55 岁退休后创办皓宇集团。朱云成获得中国（橡胶行业）品牌十大创新人物、和谐中国 2011 年度中国优秀创新企业家、和谐中国 2012 年影响力人物杰出诚信企业家、最具社会责任感的山东优秀企业家等光荣称号。

截至搁笔，山东皓宇公司已经获得中国百佳科技创新示范企业、全国质量服务信誉 3A 级企业（品牌）、中国轮胎行业最具领导力品牌企业等荣誉称号。而集团旗下的扛鼎产品 "犇牛" 轮胎也获得了中国轮胎行业科技创新十大领先品牌、全国消费者（用户）信赖首选放心品牌等响当当的名号。除了荣誉，皓宇集团从 2009 年 5 月创立至今，其员工已达 1500 多人，产品以真空系列、矿山系列、承载系列为代表达到 220 多种，年产全钢子午胎 200 万条，产品远销十多个国家和地区，得到消费者的广泛认可。企业先后通过了欧盟（联合国欧洲经济委员会汽车法规）ECE 认证、美国交通部 DOT 认证、ISO 9001 质量管理体系认证等多家权威质量认证，发展成为集生产、研发于一体的轮胎制造企业，旗下拥有犇牛、奥耐斯等国内知名轮胎品牌，拥有全国首家轮胎行业电商垂直交易平台——胎大王。实现了企业品牌规划，取得了打造品牌知名度的阶段性胜利，公司的影响力及知名度在同行业引起高度关注。

皓宇今天的辉煌不是偶然的，是在识途的"犟牛"——朱云成的带领下奋力前行的结果。2009年，已经从事橡胶行业30余年的朱云成从山东永泰化工集团第二大股东和副董事长的位置上退下来，那时已经55岁了。他还在职时，常常对橡胶行业的现状反复思索。中国橡胶行业在20世纪80年代"六五"计划后5年来发生了巨大变化，1985—1990年，轮胎行业是供不应求的短缺经济，体现的是卖方市场，大家追求的就是规模。而在20世纪90年代后，尤其是当米其林、普林斯通、正新轮胎等品牌进入中国市场后，买家更看重轮胎的质量和品牌，低端轮胎已经供过于求，从卖方市场进入买方市场。在这样的形势下轮胎产能过剩，高耗能、低产出，大家都复制"低价竞争"模式，从1990年到1995年，企业毁灭性地倒闭，约有60家定点轮胎厂被外商合资或收购。今天，几乎所有存活的轮胎商都只做大牌的贴牌生产，山东广饶这个占据全国轮胎产量1/4的轮胎大县，也没有一个叫得响的轮胎品牌。产品同质化、渠道同质化、目标客户同质化、营销手段同质化，只能无休止地打价格战。在一片"红海"的轮胎产业中，没有差异化等于送死。失去定价权，利润何在？

出于对现状的不满，朱云成虽然退休了，但始终不能放下对轮胎行业的热爱和思考。他将红塔山前任董事长褚时健先生当作偶像。褚时健75岁创业，85岁成就了人生二次辉煌，他的褚橙王国造福了一大批果农。朱云成说："创业路上年龄不是理由，也不是障碍。我想到的是'轮胎行业的洗牌'已来临，乱世出英雄。所以坚定了二次创业的信念与激情，退休不退业，决心抓住先机，创建一个真正的轮胎民族品牌，实现我一生的轮胎梦。"在浸淫商海30余年后，朱云成更多了几分对市场的敏感和对冒险的渴求。

皓宇建立初期，朱云成就说过："从立志创业那天起，就决心做差异化。作为一个新建企业，在资金、人才、资源、市场等方面，都不具备与同行竞争的优势，必须开创新品类，创造新市场，做高端产品，走高端市场，创高端品牌，决不能复制和模仿同行业，跟在别人后边吃别人剩下的饭。"这段话在他的皓宇集团中淋漓尽致地表现出来：加大科技投入、优化产品结构、精细化管理、提高轮胎产品的附加值、以差异化产品和品牌化产品创新营销等多管齐下。创立"做专做精"轮胎产业，"做深做细"商业模式，"做优做强"产业文化等经营理念，为企业的发展奠定了坚实的基础。

2012年，皓宇公司组建精英队伍，奔赴市场，对国内具有代表性的全钢轮胎使用重载区域进行调研。针对国内载重汽车非正常运输现象突出和用户选择范围小等情况，皓宇公司吸收国内外先进经验，历时 5 个多月，投资 500 万元解剖 2000 余条国际品牌轮胎进行试验，自行研发"犇牛"牌 BN168、BN368 全钢轮胎产品，填补了国内空白，改变了同类产品的国外或合资产品一方独大的市场格局，经过市场推广大受欢迎。2015 年春，皓宇再次推出升级版 BN168 +、BN368 +、BN369 和 BN869 四款轮胎。

山东省橡胶协会会长张洪民曾表示："检测方面，像米其林、普利司通这指标差距不大，但是我们的价格，是它们的 1/2，甚至 1/3。"之所以如此，我们主要是输在品牌的知名度上。"做品牌"也是朱云成常挂在嘴边的一句话："创品牌首先要给客户创造价值，让客户从相信到信任再到信仰。"他把皓宇做品牌比作栽一棵苹果树，经过 5 年的浇水施肥期，下一步要收获一片苹果园。轮胎行业持续 3 年价格战，特别是 2013 年的价格大战，加之国际对中国轮胎行业设置的壁垒，轮胎行业都不太好过。"各个企业都在谈转型升级，同质化造成价格战倒逼企业转型升级。直观来讲，犇牛轮胎在价格上已经是中高端了。举个例子，他们卖 1000 元，我可能卖到 1700 元、1800 元，消费者能接受这个价格、这个性价比"朱云成说，转型升级的第一个途径就是品牌化，品牌不是一日之功，做出产品升级来，没有品牌文化，价格依然不能升级。

同时，他十分看重产品的品牌营销。以犇牛轮胎为例：犇牛，谐音笨牛，指代勤恳、踏实、严谨的中国传统笨牛文化。根据其名字的特点，皓宇公司设计出"五项全牛轮胎"品牌文化，广告语"五牛"分别以"国际化生产设备产品一次成型代表""只选全球顶级原料供应商""要做行业中对品质检测最严格的品牌"和"行业唯一聘请代言人敢在央视媒体上承诺的品牌"等代表犇牛轮胎的优秀质量，"开创行业中有身份证的轮胎品牌"代表犇牛可靠的售后三包服务。通过三年多的市场培育，犇牛轮胎已受到同行的关注、客户的认可，皓宇在同行业中的影响越来越大。伴随全国营销渠道的成熟，产能的不断提高，皓宇已开始步入收获期。不仅是栽一棵苹果树，下一步更是品牌整合，收获一片苹果园。

"从年轻起我就是一个不安分的人，用农村的话说就是折腾。"朱云成这么评价自己。2015 年 5 月 15 日，朱云成布局已久的全国首家轮胎行业电商垂直交易平台——"胎大王"正式上线。上线仅一个月，销售额超 3000 万元。朱云成在"胎大王"梦想起航仪式致欢迎词时提出：皓宇集团顺势而为，走创新转型道路，"胎大王"要为轮胎行业打造"互联网＋轮胎"的概念。电子商务平台并不是抢夺渠道商的市场，而是与渠道商共赢。通过网上网下，线上线下高度融合，实现在 24 小时快捷送货及优质的售后服务。

一些轮胎行业的老板谈起皓宇的发展以及朱云成的决策，很有一种"望云兴叹"的感觉。朱云成虽然是轮胎业的老人，但他的皓宇公司却是行业的后生，被后生在五年之内超越，有一种酸酸的感觉。有些企业在"羡慕、嫉妒、恨"的同时，也在慢慢发力，酝酿产业升级，品牌化经营。

朱云成不仅成就了一个"犇牛"，更可能带动起中国轮胎业的革命：产业化升级革命。有情怀的产品能打动人心，有情怀的企业家能打动社会，朱云成始终致力于中国轮胎行业的转型升级，推动行业良性发展！（撰稿/任敏睿、吴蕴庭）

编者点评： 朱云成力倡"讲诚信，做精品，创品牌，有正心，走正道，聚正魂"的经营理念，一经推出，皓宇公司迅即在激烈的市场竞争中谋好局、布好子。"犇牛"品牌随之以全新形象亮相，令人耳目一新。对朱云成来说建立一份事业，能对自己、他人、民族有益而且持之久远。用他自己的话来说，就是"搭建一个台子，创建一个牌子，成就一群孩子"。

资料来源：

凤凰山东网 . "不安分"的朱云成：退休当天 2 次创业崇拜褚时健 . http：//sd. ifeng. com/news/mr/detail_ 2015_ 05/1913911121_ O. shtml［2015 – 05 – 19］.

陶华碧："老干妈"获政府奖励"顺、发"车牌

陶华碧　女，1947 年生，贵州湄潭人，老干妈辣酱创始人，贵阳南明老干妈风味食品有限责任公司董事长、贵阳南明春梅酿造有限公司董事长。她从 1989 年白手起家，创下了 3 年缴税 18 亿元，产值 68 亿元，直接间接带动了 800 万农民致富的成绩。为此，当地政府奖励陶华碧 "A6666" 和 "A8888" 车牌，堪称 "顺" "发"。

车牌，往往被有些人视为身份的象征，一些官员和老板千方百计地花钱跑关系，想弄张"吉利"的能体现"身份"的车牌。

然而，在贵州贵阳，却有一个普普通通的女老板，多次受到政府的相关奖励，尤其是 A6666 和 A8888 的车牌更是惹人眼球引人注目。她，就是"老干妈"的老板陶华碧。

说起陶华碧，可能很多人并不知道她；但提起"老干妈"，相信没有几个人不知道。正是陶华碧，创造了"老干妈"。

"老干妈"这个名字，早在 1994 年就被陶华碧用在了自己制作的调味品上。两年后，陶华碧创建了贵阳南明老干妈风味食品有限责任公司，此后公司的产品

也被命名为"老干妈"。

了解陶华碧或者"老干妈"背后故事的人都知道，陶华碧实际上是非常"传统"的商人。别人都在做广告以此来提高知名度，却从没见过"老干妈"打广告；别人想尽办法做推销、搞促销，"老干妈"也不在这些方面做文章；别人想尽办法想上市圈钱，而"老干妈"坚决不上市。但即便如此，"老干妈"的名声却是越来越响亮，不仅在国内人尽皆知，甚至在其他国家和地区也被人们所熟知。一瓶不足 10 元的辣酱，海内外随处可见，北美、欧洲、东南亚、日本、韩国、中国香港、中国台湾……老干妈甚至成了登上美国奢侈品销售网站的国际品牌，成为了国外的奢侈品。可以毫不夸张地说，地球上凡是有华人的地方，必有"老干妈"；甚至没有华人的地方，也未必没有"老干妈"。

说起陶华碧的经营之道，自然要从她的经历说起。陶华碧出生在贵州一个偏远的山村里，自幼便经历过许多磨难。陶华碧没读过书，甚至连自己的名字都不会写。对她来说，长大后结婚生子，就此度过一生便是她最大的希望。然而丈夫早逝，两个年幼的孩子还需要照顾，她只能靠打工和摆地摊来养活自己和孩子。

经过多年的努力，陶华碧开起了一家小餐厅，起名"实惠餐厅"。陶华碧没读过书，也没什么生意经验，但是靠着真诚和实在，渐渐赢得了顾客的好评。她制作的辣酱深受顾客喜爱，甚至有些顾客来吃饭就是为了这辣酱，小店的生意自然越来越红火。

其实，辣酱在中国民间尤其是广大的西南地区，很有群众基础，几乎家家要做，家家会做，大同小异。但就在这"小异"当中，陶华碧的辣酱脱颖而出，一枝独秀。

餐厅的生意越来越好，陶华碧在高兴之余，也在心里默默打起了小算盘。既然辣酱这么受欢迎，不如把它单独拿出来卖。

1996 年，下定决心的陶华碧在村委会的帮助下，开办起了一家食品加工厂，专门生产辣酱。建厂之初，陶碧华便亲自带领着工人进行加工生产。开始还有员工抱怨，在切辣椒和捣辣椒时总是会呛得人眼睛直流泪。但是在陶碧华耐心的指导下，很快就都掌握了技巧，生产效率也一下提升了不少。

产品完成了，接下来就该找销路了。做过餐厅生意的陶华碧，首先想到的就是当地的大小餐厅。但是，很快这条路就走不通了。随着工人熟练程度的提高，以及工厂设备的逐渐改善，工厂加工的辣酱日益增多，但当地的餐厅需求量有限，滞销的辣酱也越积越多。寻求更大的市场需求，成了工厂发展面临的首要问题。

为了解决市场问题，陶华碧开始将销售范围扩大。包括当地大小超市、商店以及单位食堂在内，只要有可能需要的地方，陶华碧都跑了个遍。经过陶华碧的努力，市场打开了，辣酱的销售渠道也有了保证。而且由于辣酱的味道不错，销量与日俱增，要求加货的经销商也越来越多。

生意越做越大，盈利越来越多，员工数量不断增加，原来的小工厂也"摇身一变"，成了"贵阳南明老干妈风味食品有限责任公司"。

从工厂变成公司，很多事情都会有所不同，首先就是公司的规章制度的建立。对于这件事情，陶华碧有自己的想法和做法。公司要规范，这是必然，但同时也不能过于严苛，对于员工应该更多地关心和照顾他们，把他们当成自己的家人。正是陶华碧这种淳朴真诚的待人态度，为她赢得了员工们的爱戴。

经过三年多的发展，公司员工已达 1200 余人，产值近 3 亿元，"老干妈"也逐渐成为家庭必备的调味品。这些，无一不是对陶华碧辛勤努力的最好回报。但是，在这些成果面前，陶华碧依然保持着清醒的头脑。作为一个最高层的管理者，陶华碧明白一个道理：公司要发展，就必须要与时俱进。2000 年后，公司整体的经营与管理水平已经渐渐不适应市场的发展，陶华碧明白，必须对现在的公司做出调整。于是，她积极让管理人员出去考察学习，再把先进的管理理念和方法带回来。正是这一举措，让"老干妈"这个品牌能够走得更远。

在公司管理上，陶华碧有着自己的理念；在公司经营上，她也有自己"固执"的做法。

"我没有跟国家贷过款，贴息贷款我都不要。政府很早以前就提出要扶持，我不要。我有多大本事就做多大的事，踏踏实实做，不欠别人一分钱，这样才能持久。我不但不欠政府一分钱，也不欠员工一分钱，拖欠一分钱我都睡不着觉。和代理商、供货商之间也互不欠账，我不欠你的，你也别欠我的。"这是陶华碧在回答记者问题时说过的话。事实上，陶华碧曾经在政府的劝说下想要贷款，但最终她放弃了。或许就像她说的那样："有多大本事就做多大的事，踏踏实实做，不欠别人一分钱，这样才能持久。""老干妈"能做到从不欠别人一分钱，不仅是因为陶华碧本人的性格，更是因为"老干妈"有这个资本。

"老干妈"的品质，始终都有保证，这也是"老干妈"能"火"的最重要原因。作为一款调味品，口味自然是最重要的。1994 年，"老干妈"还只是"实惠餐厅"里一款拌凉粉的佐料，而如今，"老干妈"早已闻名海内外。陶华碧除了不贷款、不上市，她还从不为"老干妈"打广告。因为她相信口碑营销，产品做得好，赢得了消费者的口碑，产品自然会卖得出去。陶华碧曾说，靠消费者的口碑一个传一个，有华人的地方就有我们的产品。她确实做到了，她用实实在在的品质赢得了人们的认可。

陶华碧是"固执"的，她创造的"老干妈"也是这样。如今去超市买东西，我们总会被各色各样华丽的产品包装弄得眼花缭乱，而"老干妈"的包装始终都是那么普通，甚至很多人觉得很"土"。有人劝她换包装，陶华碧却始终没松口。她说："不能换，换了得涨价。我卖的是味道，不是包装！"今天的"老干妈"，仍然在使用着只花三角钱的包装。

正是在包装上的一贯节俭，使得"老干妈"的定价并不高，价格也几乎没有变动过，但是它的品质却是一流的。这对于大多数消费者来说，无疑是最好的选择。而这，也正好为同类产品树起了一个标杆，使得"老干妈"在同类产品的竞争中立于不败之地。

从1989年白手起家，到现在"老干妈"成为全国的知名品牌，近3年来缴税18亿元，产值68亿元，并且直接间接带动了800万农民致富。为此，当地政府两次奖励老干妈连排号A6666和A8888，前者挂在她的06款宝马车上，后者挂在世界顶级品牌劳斯莱斯旗下价值500多万元的豪车古斯特上，堪称"顺、发"。（撰稿/吴蕴庭、张磊）

编者点评：现在的互联网时代，许多人觉得什么都要靠"电商"，什么都要靠"烧钱"，否则就不会"火"。看看"老干妈"吧，好口味铸造好品质，好口碑胜过千万广告，胜过A、B股市和新三板。"老干妈"用它的高品质、低价位，赢得了消费者的口碑，也顺理成章地赢得了市场，获得了成功。

资料来源：

搜狐网．解析老干妈："逆营销"背后……．http：//mt. sohu. com/20150914/n421044749. shtml［2015 - 09 - 14］．

戴国芳：不屈的创业者

戴国芳　男，1963 年生，原江苏铁本钢铁有限公司董事长、江苏德龙镍业有限公司董事长。曾被判处 5 年监禁。现在，他又再次创业，不仅成为中国镍铁业的"龙头"，而且 2015 年 1 月，将他的厂子开到了印度尼西亚。其不屈的创业精神令人敬佩。

在回归社会最初的日子里，戴国芳一度非常"消沉"。他几乎与世隔绝，整日把自己锁在家里"卧薪尝胆""闭门思过"，谢绝一切访客，更是对媒体万分敏感，拒绝所有采访要求，似乎成了"孤家寡人"。但很快，他从消沉中奋起，再次义无反顾地投入到几乎要了他的命的钢铁行业中去。2010 年 7 月，戴国芳投资近百亿元在江苏省盐城市响水县沿海经济开发区注册成立了江苏德龙镍业有限公司。一期工程于 2011 年开始投产，二期工程于 2012 年 7 月投产，共有镍铁合金 19 条 RKEF 生产线，皆为 33000KVA 电炉，主要生产 10% ~ 15% 的高镍铁合金和镍铬合金。戴国芳生产的这种镍铁合金是不锈钢的主要原材料，可以满足 150 万吨左右 300 系炼钢的镍铁需求。为形成一体化的产业链条，戴国芳又投资了年产 300 万吨不锈钢热轧项目，形成了从印尼进口红土镍矿制取镍铁合金，再用镍铁合金生产制取不锈钢的完整产业链条。

此次戴国芳的再次创业，不再是以往的生产普通钢材，而是地地道道的特种钢材。其"升级"的特征显而易见。

当地官方媒体的报道显示："德龙镍业计划进一步建设的三期铜材项目可实现销售收入 300 亿元，四期特大型铸造件和锻造件等项目预计可实现销售收入 450 亿元。项目 3 年内完成全部投资建设后，年可实现销售千亿元以上，增加就业 1.5 万人。"

尽管已是苦尽甘来，但当年创业的艰辛依然如海风阵阵，令人心有余悸。当时的戴国芳已近 50 岁了，而且是刚出牢房，但他创业的激情依然不减。他每天吃住在清冷的海滩工地上，喝的水、呼吸的空气都有海腥味，衣服上经常有盐粒般的汗渍，皮肤都被海风吹起了波浪般的褶皱。一年半载也不回家，那份劳累那份艰辛那份苦楚没有人能够体会也没人能够替代。但好在，儿子戴笠已经成人，可以独当一面了，女婿也来到工地。他可以不再单打独斗了——外面的事情让孩子们去办吧，戴国芳只要当"幕后老板"就可以了。他不再"抛头露面"，更回避媒体记者。时至今日，他仍然对媒体心怀"敬畏"！

"戴国芳虽历经波折仍能东山再起，缘于他为人好，人品正，对事业富有激情，执着地追求自己的钢铁梦想；其专业技术能力非常强，有着丰富的钢铁行业经验，人脉关系也没有被切断。"一位熟悉戴国芳的人士这样以为。

村民说："戴国芳人很倔，不太爱讲话，干活很认真，人是一个好人，很厚道。""他这个人，能啃得苦，想的全都是做事，做大事。""戴国芳乐善好施、为人诚恳善良，经常请戏班子到村里来唱戏，还常为村里铺路修桥捐资助学，谁家有急事难事找他，从不推却，深受村民爱戴。"戴国芳的儿子戴笠原在常州国际学校上学，吃喝贪玩、学习不好，其父出事后，对其震动很大。戴国芳本人也在狱中常常反思，后来对子女教育异常重视，而他的一男二女三个孩子也非常争气，埋头苦读，越来越懂事和优秀。

除了这些精神层面的"软实力"，戴国芳仍然有自己的创业"老本"。他的铁本老厂当时没有"破产"，他入狱后，当地人刘建刚为铁本总经理负责管理。但当时，刘建刚已经成立了自己的鑫瑞特钢公司。他再兼任铁本总经理，难免有"蠹虫蛀柱"的嫌疑。后来，刘建刚便辞去了铁本总经理的职务，以每年 10 万元的租金租赁老厂进行生产。2009 年 7 月 22 日，铁本破产清算组成立，铁本老厂资产被评估为 11.1 亿元，后来被常州金松特钢以 7.108 亿元价格获得。

戴国芳还有一处在长江边上占地数千亩的"新厂"。这里一度荒草丛生，风吹日晒，无人管理。大量的设备甚至像挖掘机、搅拌车等都闲置和荒废，据说，仅仅工地上的各种损耗加下来，每月都要亏损 6000 万元以上。2009 年清算组评估江边项目资产 2.77 亿元，后被以 1.994 亿元价格转给废旧品回收企业常州嘉江物资有限公司——从目前已公开的资料看，铁本投入临江项目的资金总额约 28 亿元。

戴国芳不仅在国内发展，还走出国门。2015 年 1 月，江苏德龙镍业获批在印度尼西亚苏拉威西省肯达里市投资建设年产 300 万吨镍铁合金冶炼工业园项目，目前一期工程年产 60 万吨的镍铁冶炼厂正在兴建，总投资 9.29 亿美元。德龙镍业印尼项目除了兴建冶炼厂外，还将建设港口、发电站、水泥厂及不锈钢深加工项目，总投资高达 50 亿美元，其一期工程已是江苏省第二大规模的境外投资项目，也是迄今为止苏北、苏中最大的境外投资项目。

"感谢关心，我们一切都不容易，我们也是希望能低调做事，希望能继续得到你们的支持。"江苏德龙镍业有限公司总经理戴笠多次对媒体这样说。

儿子戴笠，在戴国芳入狱的 2004 年，13 岁。现在，二十多岁的他不仅是公司的总经理，而且为当地所知的另一头衔是 2012 年盐城市"两会"最年轻的人大代表。

当然，关于江苏德龙镍业，网上也有其他的声音。比如网友反映的其污染严重，尽管戴国芳和戴笠父子"婉拒"采访，但人们依然期待他们的治理方案。

据搜狐财经报道，2016 年 12 月 5 日，江苏德龙镍业有限公司由于违规新增产能，正面临着不锈钢项目的拆炉停产。（撰稿／晋珀、吴蕴庭）

编者点评："天行有常。"如果你不屈地站起来，奋然前行，那么你的生命、你的家庭、你的精神将另有天地。越是不屈，便越是卓越，越有价值。

资料来源：

［1］网易财经 . 戴国芳：阶下囚与英雄的十年辩证 . http：//money. 163. com/special/2014naec_ ggqsl03/［2013 – 12 – 11］.

［2］中国经济周刊 . 中国钢铁"巨无霸"戴国芳出狱　投资 10 亿印尼建厂. http：//news. china. com/domestic/945/20151215/20936215_ 2. html［2015 – 12 – 15］.

王锐旭：总理会见的第一位"90后"CEO

王锐旭　男，1990年1月生，广东汕头人，广州中医药大学毕业。他大二开始创业，创办了九尾信息科技有限公司，开发了兼职猫APP客户端，为大学生们提供了免费、海量、安全、个性化的兼职信息，获得了第二轮天使投资和千万级的A轮融资，公司估值已达亿元，成为大学生创业的"榜样"。2015年1月27日受国务院总理李克强邀请，到中南海参加《政府工作报告》讨论座谈会。

2015年1月27日上午，国务院总理李克强主持召开座谈会，听取教育、科技、文化、卫生、体育界人士和基层群众代表对他将在第十二届全国人大三次会议上所作的《政府工作报告（征求意见稿）》的意见和建议。此次受邀人士共有10人，包括著名演员陈道明、复旦大学校长许宁生、国务院信息化资讯委员会委员张尧学、著名作家王蒙、中国医学科学院肿瘤医院院长赫捷、广东珠海格力电器股份有限公司董事长董明珠、著名篮球运动员姚明、江苏凤凰出版传媒集团有限公司总经理周斌、广州九尾信息科技有限公司董事长兼总经理王锐旭、甘肃兰州市安宁区沙井驿棚改工程受益居民张庆国和河南省商水县天华种植专业合作社理事长刘天华等。

其中，25岁的王锐旭因其年龄与业绩的巨大"反差"，为人瞩目。他是近年来国家领导人座谈会上最年轻的一位受邀者。

王锐旭从广州中医药大学毕业才半年。他大二开始创业，开发了"兼职猫"APP 客户端，为大学生提供免费、海量、安全、个性化的兼职信息，已经拥有百万用户。他大三时创立的广州九尾信息科技有限公司已顺利拿下第二轮天使投资和千万级的 A 轮融资，公司估值过亿元。

1990 年 1 月，王锐旭出生在广东汕头外砂镇，是典型的潮汕人——潮汕商人遍布四海。王锐旭的父母是羊毛商人，从内地批发羊毛半成品、成品，再出口到海外。父母熏陶，耳濡目染，7 岁的王锐旭早早就成了父母的"帮手"，既要干做饭、养鹅等各种家务，还得帮着看管小他两岁的弟弟；稍大些，又帮着父母管理财务，给 100 多个工人发工资。

但天有不测风云。一天，因父母的工厂里两名员工斗殴，生产线的工作被严重耽误，根本无法按合同期限交货。一夜之间，工厂倒闭破产，家里欠下巨债。祸不单行，又因为平时生意繁忙，父母无法顾及小锐旭和弟弟的学习，兄弟俩染上了严重的网瘾，成了地地道道的"问题少年"。中考的时候，王锐旭仅考了280 分（当时的满分是 600 分左右）。

当王锐旭把这张近乎白卷的成绩单递到母亲手里时，换来母亲一记响亮的耳光。可贵的是，当时只有 15 岁的小锐旭非常理解妈妈的心情。"妈妈哭了，可以想象她有多伤心和无助。"由此，王锐旭下决心挑起家庭的重担。

开始，王锐旭想接手父亲的工厂，不过却遭到父亲的强烈反对。父亲说，他自己没有文化，所以不想王锐旭走他的老路。

由此，王锐旭下定决心好好学习。初中复读一年，他考上了当地有名的汕头华侨中学。高中期间，他的理科成绩非常突出。2010 年，王锐旭参加高考，考取了广州中医药大学的"中药资源与开发专业"。

大一时，王锐旭开始谈恋爱，"经济负担"陡增。但因家里经济紧张，促使他有了创业的动机。他当过保安，摆过地摊，发过传单；一心找兼职的他还先后遭遇了"交培训费""办 100 元的工卡""交兼职服装费"等五花八门的骗术，被黑中介骗了不少钱。

2011 年的"五四"青年节晚上，学校学生会为这一年学生自己票选出的"十大风云人物"颁奖。就在那晚，王锐旭听了一位优秀师兄的履历后，恍然明白，大学不一定是死读书，而要努力创业，才能有所发展。此后，王锐旭不停地参加各种社团活动，开口到处磨炼嘴皮子。大二时，他留任学校团委一个社团的外联部部长，开始四处为活动凑钱拉赞助，他单枪匹马拉了近 4 万元的赞助费。

　　社团的经历，让王锐旭意识到校园外的大企业都迫切地想打开高校市场却找不到有效渠道。看准商机，他开始筹建团队，为企业在高校校园里推广他们的产品或者服务。他的团队命名为"魔灯校园传媒"。2012年年初夏，王锐旭打听到中国移动广东分公司一个"9月高校迎新推广校园卡"的项目，他意识到机会得天独厚。

　　初生牛犊不怕虎，王锐旭和助理主动找到中国移动经理进行了一次他至今都难忘的面谈。"当时对方要求团队工作人员要超过50人，我们团队才6人。"不过，王锐旭当即就拍胸脯说人数绝对够。

　　合作意向初步达成，王锐旭这才开始疯狂地"招兵买马"，直到当年9月，他硬是把团队发展到了80多人，人员几乎覆盖了广州中医药大学所在的汕头大学城十所高校，最终他和团队一共营收10多万元。

　　这是王锐旭创业的"第一桶金"，而且赢得了人气和信誉。

　　经过一年多的努力，王锐旭的团队月业绩突破20万元，服务企业超过了300家，具有了相当规模。但王锐旭也很快意识到，团队只是为企业做嫁衣，发展不会长久。王锐旭要发展自己的产品和平台，他开始思考转型，目光转向了如日中天的互联网。

　　学中医的搞互联网？王锐旭承认自己是个不折不扣的外行，但他并不认为这事不能干。2013年8月成立了广州九尾信息科技有限公司。2013年12月，他在学校的数字家庭基地租下了约100平方米的办公室，成立了由8个电脑能手组成的技术部，不久就拿下第一笔3万元的融资。"虽然资金不多，但是它给我们成立公司带来的鼓励和经验是更加珍贵的。"

　　公司初创，王锐旭将目标瞄准自己最熟悉的"兼职"，目标市场是大学生。他利用他手里大量的兼职人员信息的重要资源，做专业的APP客户端"兼职猫"。他从网络中收集招聘信息，通过数据分析等过滤虚假兼职信息，同时开辟用户投诉渠道。正是此前他有找兼职被骗的"惨痛经历"，所以创办的"兼职猫"非常重视发布信息的真实性。2014年6月，在由共青团广州市委举办的首届广州青年创意创业大赛中，王锐旭的"兼职猫"项目不仅获得创业大赛冠军，还获得了第一笔风险投资。

　　不到半年，王锐旭的公司业务已经面向全国21个城市开放兼职信息。目前兼职猫已经和广州本土的10个兼职网站达成合作，共享资源。线下，他在超过80所学校建立了推广团队。

　　项目逐渐成熟，扩张需要更多的资金支持。2014年4月，"第三届中国移动互联网博览会暨创业大赛"举行，来自中国和美国硅谷的 200 支移动互联网创业团队展示他们的创业项目，王锐旭的"兼职猫"一举拿下第一名，成功获得百万级天使投资。

在王锐旭的带领下，"兼职猫"的用户已有百万。2015 年年初，顺利拿下了第二轮天使投资和千万级的 A 轮融资。虽然小有所成，但王锐旭的愿景远非如此，在他描绘的蓝图里，是要打造成中国大学生兼职第一平台，把企业带上市。

王锐旭是学业与事业两不误的创业青年典型。在校期间，除了 5 次获得奖学金，还曾经荣获"中国优秀科普志愿者""千名志愿者"称号，获得首届广州青年创意创业大赛一等奖、"2014 挑战杯"广东省创业实践赛金奖、"粤港澳"移动互联网设计大赛一等奖、校药膳大赛一等奖等 30 多个奖项，并获创新创业训练项目国家、省级立项各一项……

此次的总理邀请的座谈会上，王锐旭是第 7 位发言者。他结合自身经历对大学生创业提了建议，希望落实大学生创业扶持政策，为大学生创业者创造实现梦想的条件。李克强总理鼓励他说，"非常欣赏年轻人白手起家"。（撰稿/晋珀、吴蕴庭）

编者点评：青年人是国家的未来，青年人的"大众创业、万众创新"更是中国梦的希望。真诚祝愿王锐旭能够走得更远，他的上市理想能够如愿以偿！不过，我们也应该为国家的教育体制挑点刺，如何才能把有限的教育资源真正使用好？

资料来源：

中国青年报. 李克强见"90 后"CEO：非常欣赏年轻人白手起家. http：//www. chinanews. com/edu/2015/02 - 03/7028122. shtml［2015 - 02 - 03］.

苏菂：创新型孵化器

苏菂　男，1979 年 5 月生，北京联合大学毕业。北京创业之路咖啡有限公司创始人、YOU + 公寓联合创始人。苏菂专注创业服务，集聚各类创业群体和资源，利用车库咖啡开放办公空间孵化早期创业项目团队。中关村管委会授予车库咖啡厅"创新型孵化器"称号。

改革开放以来，中国涌起了一波又一波的创业潮，有志之士纷纷下海，寻求致富之道。忽如一夜春风来，千树万树梨花开，国内一瞬间涌现了许多企业家。无数人开始规划自己的未来蓝图，梦想着自己将来也能成为享誉世界的企业家；但创业不仅是梦想，更是实践。在创业的大潮中，苏菂正是一个为数不多的能将创业梦想付诸实践的人。

苏菂的创业梦在大学时代便已然萌发。2000 年，还在北京联合大学读书的苏菂与几个"发小"凑了 4 万元在商场里卖电脑；虽然最终商场要收回门面，创业不得不终止，但是这次创业为苏菂积累了宝贵的经验。

毕业后，苏菂并未立即着手创业，而是投入到基础的工作中，为将来的创业积累经验与人脉。正所谓"不经一番彻骨寒，哪来梅花扑鼻香"。在苏菂看来，成功者都要从社会底层干起，从基础的工作中获得创业的启发。

2006 年，苏菂进入蓝汛公司做销售。因为工作勤勉，苏菂很快便坐上了销售主管这个位置，年仅 30 岁便成为蓝汛的投资总监。苏菂一人的销售业绩就是公司全部收入的 1/7，他接待过的客户，大多都成了资本市场的贵客。

在工作中，苏菂渐渐发现自己对于好项目非常敏锐，于是便建议公司设立一个战略投资部。新部门成立后，苏菂事无巨细亲力亲为，每天来往于不同的餐桌、会议室之间，有时一天能接触四五个团队。在他眼中只有接触无数的创业团队才能锻炼出敏感度，敏感度出来了才能选出真正的好项目。而在中国并不缺少创业者，缺少的是相关的服务措施。那为什么不建立一个平台，让创业者和投资者能够聚集起来，自由交流、彼此分享、互通有无呢？

于是在三十而立的年纪，苏菂怀揣自己的创业梦，毅然离开蓝汛，放弃丰厚的薪水，投入到了孤独的创业中，为自己的人生画卷添上了绚丽的一笔。

经过一番考察后，苏菂最终决定在被称为"中国硅谷"的中关村西区打造一个能聚集创业者的咖啡馆。2011 年 4 月 7 日，车库咖啡在海淀西大街正式开张，没有醒目的招牌，800 平方米的面积，24 小时营业。第一个月，店里只来了两个团队 6 个人，都是苏菂以前认识的朋友。然而苏菂丝毫没有气馁。"车库咖啡的定位就是这样的，面向特定人群宣传。只要我们服务更多的创业团队，就会有更多人知道。"苏菂说。

时间慢慢流逝，车库咖啡也渐渐热闹了起来。5 月，第 3 个团队入驻车库咖啡；6 月，专业美工的团队和数据挖掘的团队以及人才招聘团队齐聚店内；7 月，已有十几支常驻团队，偶尔的下午时光，车库开始人头攒动了；到了 9 月，中关村管委会为苏菂献上了一个大惊喜，不仅授予了他的车库咖啡厅"创新型孵化器"的官方牌匾，使车库咖啡可以享受国有孵化器外的孵化器体系支持，还为进出车库咖啡厅的初创型企业开辟了一条注册的绿色通道，这给予了孤独创业的苏菂极大的鼓舞。

车库咖啡的成功，也吸引了金融机构的注意。2013 年 5 月，北京银行副行长许宁跃与苏菂签署了北京银行中关村分行与车库咖啡战略合作协议。根据协议，北京银行中关村分行将为车库咖啡及其认证团队推荐的创业团队提供包括存贷款服务、公司注册服务、日常结算服务、专属信用卡业务、公司及个人理财咨询等在内的一揽子综合金融服务，并与车库咖啡其他服务项目共同组成服务产品包支持企业发展。如果说车库咖啡这样的创投平台已成为"创新型孵化器"，那么金融支持将帮助这些羽翼待丰的初创企业飞得更高更远，进一步为创业企业发展搭建起完善的金融服务平台。

如今的车库咖啡，已成为创新与创业的代名词。苏菂坦言，车库咖啡服务三种类型团队，第一种是长期驻扎在车库咖啡办公的创业者；第二种是一个月或一周来几次的人，在车库咖啡这个平台寻找机会；第三种是获得车库咖啡认证后，通过网络远程享受服务的创业者。

在上海 IC 咖啡的合伙人、中科院计算所上海分所所长孔华威看来，"车库咖啡"这个创意领先于全国。当苏菂和中关村管委会将海淀图书城打造为早期创业投资一条街时，与车库同样性质的创业咖啡大多只能认定为餐饮企业。

苏菂十分欣赏那些心怀梦想敢于实践的创业者，于是他倾尽全力打造了"车库咖啡"，使之成为创业者与投资人对接的平台、成为创业者们实现梦想的跳板。

但就在车库咖啡大获成功的时候，苏菂离开了。

"聚集使命的目标实现了，想去寻找新的挑战。"在被问道为何要离开车库咖啡时，苏菂如此回答。正如苏菂所言，这个时代的人最重要的是改变，改变身边每个人，改变身边每件事，唯一不变的就是此时此刻的勇气，如果我们能做到这点，我们将改变世界。胸怀勇气与梦想，苏菂再次踏上了新的旅途。

2014年5月，苏菂在广东发现了YOU＋，创业的梦想再次萌发。在苏菂看来，YOU＋会是一个空间更大的年轻人创业经济的载体。车库咖啡能做到的，YOU＋会做得更好。没有丝毫犹豫，6月，苏菂以联合创始人的身份加入YOU＋公寓，并开展创业社区工作，努力解决年轻人的社交问题。苏菂希望自己能够让更多年轻创业者的生活有所改变，能够在心情不畅时找到可以倾诉的对象，缓解压力。"社区白天是创业团队的办公场所，晚上则作为活动休闲区。目前YOU＋已迎来第二轮投资，越来越多的年轻创业者选择加入，很多年轻人来北京不到一个月，到这里很快就有了朋友。"苏菂希望YOU＋未来能让更多的年轻人受益，让更多创业青年成长的同时获得美好的成就感。而且YOU＋定位也颇为新颖，号称"三不租"：45岁以上的不租，因为公寓关注的是年轻群体；结婚带小孩的不租，因为房间和楼梯是为单身成年人设计；不爱交朋友的不租，而且住进公寓的"家友"还要定期接受KPI考核，指标包括交友、参与活动情况等，那些社交指数过低甚至会被末位淘汰。

2014年8月，雷军决定为YOU＋投资1亿元，甚至还表示"如果不是有了小米的牵绊真的很想去做YOU＋呢"。让大家疑惑的是，雷军为何要花大价钱投资这么一个看似不起眼的项目呢？原来，YOU＋的创业思路在很多地方跟小米思维不谋而合——都是通过实物载体，获取特定人群，形成社区，进而获得与人群相关的所有消费机会。这对YOU＋、对苏菂无疑是一次极大的鼓舞。

随着时代的发展，YOU＋也在不断地创新，并于2015年打造"创业社区"。创业社区对"家友"的要求更多，必须是创业者或创业链条上的配套人员，如IT、法律、会计、媒体等从业者。同时YOU＋在配置也更加细致贴心：创业社区实现无线光纤网络全公寓覆盖，还新增互联网视频设备；并且创建基金，定期举办各类沙龙，把天使投资和创业项目连接起来，使YOU＋成为创业孵化器。现在，YOU＋已经颇具规模，并且与一些企业开展合作，有为新入住租户提供蛋糕的21 cake；为公寓赞助电视、投影等设备的企业等。从目前看来，YOU＋的前途一片光明。

　　苏菂不仅怀有创业的伟大梦想，更有着将梦想付诸实践的勇气。正是凭借着这种勇气，苏菂才能够成功地触碰到成功女神的裙角。不断创新，不断实践，从车库咖啡到 YOU＋，苏菂一次次将梦想发扬光大，相信在未来的日子里，苏菂会获得更大的成功。（撰稿／吴蕴庭、马玉欣）

　　编者点评：意大利艺术家达·芬奇曾说过："理论脱离实践是最大的不幸。"一个人空有梦想是不够的，唯有将梦想付诸实践才能发挥出它的真正价值。作为一名企业家，苏菂用实际行动证实了这个真理，无论是车库咖啡还是 YOU＋，苏菂从未犹豫，也正是因此，苏菂才能不断地取得成功。

　　资料来源：

　　［1］搜狐焦点．专访车库咖啡苏菂：纵深至死　集聚早期创业者．http：//chanye. focus. cn/news/2012－09－17/2359865. html［2012－09－12］．

　　［2］创业邦．苏菂：从投资总监到车库咖啡老板．http：//www. cyzone. cn/a/20111219/220284. html［2011－11－19］．

张根发：5年，500亿元，世界500强

> **张根发** 男，1960年生，河北石家庄人，中国民族汽车安全气囊产业创始人，上海联孚新能源科技有限公司董事长兼总经理，在新能源汽车领域独树一帜。2014、2016中国企业十大新闻人物（民营）获得者。

"5年之后，联孚集团产业要突破500亿元，做到世界500强！"

这是世界著名华人（新能源）汽车研制专家、上海联孚科技集团董事长张根发于2016年12月27日在他的下属企业山东联孚新能源汽车及驱动控制系统投产（下线）仪式上发出的豪迈誓言。

张根发的事迹分别在拙作《中国企业家档案（1978—2008）》和《中国企业家百年档案（1912—2012）》中，以《张根发：从爆米花到汽车安全气囊》（P230和P227）进行了"连载"。军人出身的张根发，从1991年转业后在深圳成立久乐技术开发有限公司算起，从事汽车研制行业已经整整25年了。一路走来，几多辛酸、几多成绩、几多荣耀。

2015年1月31日，他荣获"2014年中国企业十大新闻人物（民营）"称号。2017年1月15日，他在庄严的人民大会堂，获得了"2016年中国企业十大新闻人物（民营）"称号。

登顶！这是中国企业家能够获得的官方的最高荣誉，是莫大的殊荣！

1990年，张根发从部队转业。1991年，他成立了深圳久乐技术开发有限公司，义无反顾地投入到汽车研制领域。当时，他主要研究汽车安全气囊，下定决心要做中国自行研发汽车安全气囊的第一人！之所以如此，一来是因为汽车是一个国家现代化的标志，美国不是最早被誉为"汽车轮子上的国家"吗？二来是因为汽车的设计中藏匿着安全祸患，而当时我国连最基本的汽车安全气囊都少有涉及。为此，1998年笔者撰写了长篇报道《平安千钧系"根发"——中国民族汽车安全气囊奠基人张根发创业纪实》，刊发在当年10月21日—11月4日的《中国企业报》上。此后，一些媒体相继转载，将他赞誉为"中国汽车被动安全系统奠基人"。

近年来，严重的环境问题引起了张根发的高度关注，他义无反顾地投入到新能源汽车的研制当中。此次投身新能源汽车再次显示了张根发的"精明"。自2012年国家发布一系列鼓励新能源汽车发展的政策以来，这一领域早已是"诸侯遍布，狼烟四起"，大家都"扎堆"小轿车领域，尤其是家用低端小轿车领域，真是太"挤"了，竞争太残酷，场面太尴尬！于是张根发另辟蹊径，着力开拓公用客车及专用车市场，撬动新能源汽车的零配件市场。

"联孚新能源，地球新动力。"2007年，张根发在上海成立联孚新能源科技有限公司，主要研究太阳能汽车。2008年，他组建了河北固安威孚专用汽车制造有限公司和固安联孚新能源电子科技有限公司。2010年，他并购了位于齐齐哈尔市的黑龙江汽车改装厂，改名为黑龙江龙华汽车有限公司，取得了客车生产资质。2013年6月，他在山东德州成立了山东联孚汽车电子有限公司，作为新能源汽车高端核心零部件产业化项目基地。2015年，他兼并了哈尔滨客车厂，成立哈尔滨通联客车有限公司。至此，以上海为总部，黑龙江、河北、山东为研发生产基地的"四梁八柱"骨架和研发、零配件、整车"一条龙"布局圆满完成。

2012年7月18日上午，联孚集团的第一批具有国产自主知识产权的22辆新能源客车，从黑龙江龙华汽车有限公司客车生产线上缓缓驶下，正式交付黑龙江天成运业集团有限公司等企业使用。

这是世界上第一次将太阳能光伏发电技术应用在客车上并实现批量生产，是新能源客车的伟大创新。

当时首批下线的新能源公交客车为8~12米电气混合动力城市客车、CNG城市客车、太阳能电电混合城市客车三个车型。其中最大车型达到12米，车厢宽敞，最多可容纳100人，乘坐十分舒适。该车采用高效、节能、环保的动力驱动系统，利用太阳能与锂电池相结合的能源供给方式，可以增加35%左右的续驶里程，降低了整车成本，减少了使用费用。

联孚的新能源客车如今已经发展成一个品种繁多的"大家族"：有 6～13 米各种车型，能适应各种公交、单位及家庭用车需求。联孚新能源客车的最大特点是"低碳出行，绿色城市"。联孚人以无可比拟的科技优势、精益求精的造车态度、完善贴心的服务体系，为客户创造了一片新的蓝天。

2012 年 9 月 12 日，联孚新能源客车在众多客户竞争中拔得头筹，代表河北省石家庄市一举中标"全国公交信息化标杆城市"。由此他们开始进入中国的经济高点——京津冀地区，大举进军华北市场。2012 年，联孚新能源客车在齐齐哈尔市内开通 111 路公交车。2014 年，联孚新能源客车全面覆盖了齐齐哈尔市七区九县的客车市场，并且辐射到了大庆、鸡西、牡丹江等周边城市。联孚的包括 12 米混合动力城市客车和 12 米太阳能纯电动城市客车在内的几十个车型，已经列入了国家工信部《节能与新能源汽车示范推广应用工程推荐车型目录》和第三批《免征车辆购置税的新能源汽车车型目录》，享受国家对新能源汽车的财政资金补贴，并取得了客车整车及零部件的进出口经营权。

联孚的设计始终为客户着想，联孚的技术始终是超前的。仅是对车窗玻璃，联孚就"煞费苦心"。他们针对东北特殊的气候环境专门开发了高寒地区专用客车，尤其是解决了汽车在车内外温差巨大的情况下，仍能保持车窗玻璃清晰透明的技术难题。他们研发了车窗玻璃爆破的高科技装置，在车辆发生紧急情况需要砸碎玻璃时，"传统"的方法往往是司乘人员拿锤子击打玻璃，这样不仅速度慢影响逃生，而且乘客还可能被玻璃扎伤。联孚的这项技术是，在每块车窗玻璃上都安装一项装置，紧急情况下，想要破哪块玻璃全凭司机的一个按钮……

联孚新能源场地专用车包括旅游观光车、高尔夫球车、巡逻车、岗亭车、环卫车和低速电动车等。旅游观光车所有车型设计，无处不时尚，无时不动感，将极致动感与个性品味完美融合，将经典神韵与时尚锋芒和谐统一，绿色节能与车身浑然天成，个性风范触目皆美，既使擦肩而过，亦让人难以忘怀；高尔夫球车太阳能车顶，超高转换效率，提高 30% 续驶里程，延长蓄电池使用寿命，经典老爷车造型，复古典雅，豪华气派，极具视觉冲击力，全软包皮质座椅，尽显高档奢华品质。

联孚新能源专用车主要包括警车、高效真空环卫吸尘车和校车。警车上凸显警徽，并配备警灯，提高了震慑作用；设计上采用简约实用性的设计理念，驾驶轻松自由，配备制动能量回馈功能，提高了整车续驶里程，大尺寸后备箱，液压弹簧举升器，提供充足的备品空间。

清洁工人是城市的美容师，联孚为他们设计了专用车——联孚新能源高效真空吸尘车，纯电模式、经济环保（零排放），操作简单方便。该车采用负压纯吸的原理，节能环保、安全可靠，动力性强、稳定性好；吸尘范围广、吸净率高，吸口无二次扬尘，出风口无粉尘排放，工作效率高。

联孚纯电动豪华商务车采用进口西门子驱动系统，性能先进，市场前景广阔。

孩子是我们的未来，校车安全重于泰山。联孚新能源校车采用远高于行业水平的高强度钢材和骨架结构设计，强劲的动力匹配，保障行车安全，为学童构筑起 360 度安全防护体系。更加环保的内饰材料，关注学童身心健康。更加优化的座椅排布，符合学童的身体特点，增加学童舒适度，软化扶手，增添软包护栏设计，更带有一份安全保障。车内装有摄像头，全程监控途中安全，方便学校实时了解车内状况。车内设有急救箱，方便在特殊情况下全方位呵护学童安全。

联孚的光伏产品电能、热能转化效率高，经过国际权威机构的检测，已达到了 IEC61215、IEC61730、UL1703 等国际标准要求，具备大批量生产的能力，可以为大型光伏电站、工厂楼顶电站、太阳能路灯、太阳能草坪灯等提供高效、优质的太阳能电池板。

联孚车载光伏充电器（太阳能控制器），作为新能源汽车辅助动力源，将太阳能直接转换为电能。在车辆行驶过程中，太阳能控制系统会优先为本车提供电能，节约蓄电池电量。当太阳能控制器输出的电能不足时，不足部分可以由车载的蓄电池补充。在车辆停止过程中，如果蓄电池的电量不满，则太阳能发出的电量直接送入蓄电池中储存起来，供以后车使用。

所以，2014 年"中国企业十大新闻人物"张根发的获奖理由是："将太阳能光伏发电技术在世界上首次成功应用于客车制造，助推中国新能源汽车实现弯道超车。"

创新驱动是全国经济发展的新引擎，更是联孚集团发展的强劲引擎，科研创新、技术创新、生产创新、产品创新是联孚集团近两年发展的重大特色。

研发是一切技术创新的先导，更是联孚集团的龙头。他们拥有两大研究院：汽车工程研究院和电驱动系统技术研究院。多年来，他们相继投入 5 亿元研发资金，成功掌握了新能源汽车用驱动电机系统、整车控制系统、整车制造技术和光伏发电系统 4 大关键核心技术，成功在山东乐陵实现新能源汽车产业化，实现了产品的轻量化、高效化、一体化、系列化、精准化。

联孚新能源汽车和电驱动系统具有以下 6 大技术亮点：其一，采用先进的电磁模拟仿真软件进行仿真分析，实现电机设计的最优化，可以实现较大范围的弱磁调速，满足新能源汽车调速范围宽的运行需求。其二，针对电动汽车要求，优化了电机转子设计和磁钢布置角度，增加了交、直轴电感、凸极率，提高了电机的弱磁扩速能力，有效地增加了电机磁阻转矩成分，提高了电机效率。其三，采用 ANSYS 有限元优化，减少了谐波分量，降低了齿槽扭矩，最高效率达到 97%。其四，采用稀土永磁材料，转子无需励磁，电机整体效率高。其五，采用内置 V 型磁钢布置，充分利用磁阻转矩，扭矩密度大、弱磁能力强，调速范围宽。其六，改进了水冷结构，有效减小了体积，减轻了重量，提高了电机可靠性。

联孚的生产设备也是国内一流的。他们在山东乐陵成立的欧德汽车有限公司新能源汽车生产线，由我国著名汽车研究院——中国汽车工业规划设计院进行总体规划设计，四大生产线工艺设计均参考了德国、日本等先进生产线经验，各生产线之间建立了集成信息化传输平台，生产线具有自动追溯功能，与信息化平台实现全厂联网，可以及时跟踪生产过程中的各个环节。生产线采用柔性化设计，可以实现 6 ~ 13 米不同车型的混线生产，是目前行业内最先进的整车生产线。而电机生产线集国际先进的自动、柔性、智能化于一身，由定子生产线、真空浸漆线、转子生产线、总装生产线、涂装生产线、包装线等 6 条生产线组成，整线由全球企业 500 强之一的国际知名的 ABB 公司统一规划、系统集成、生产制造及安装调试。这是 ABB 公司在全世界安装调试的第一条新能源汽车永磁同步电机全自动化生产线。

张根发作为中国民族汽车安全气囊的奠基人，这一地位至今没有被撼动。目前，联孚的安全气囊占有中国汽车市场 60% 的份额。

2016 年 12 月 26 日，具有多项先进技术特点和承载着更高科技含量的新能源汽车及驱动控制系统正式在山东（德州·乐陵）联孚新能源产业基地正式投产（下线）。该基地由山东联孚汽车电子有限公司和山东欧德汽车有限公司组成，2013 年 6 月成立，注册资金 10980 万元，是联孚新能源汽车及高端核心零部件产业化基地，总投资 12 亿元。这一仪式，标志着中国的新能源汽车全新启航。

预计，在 2020 年前联孚将实现 50 万套新能源汽车电机和电控产销量，实现产值 250 亿元以上，市场占有率超过 30%。而联孚的新能源客车超 2 万辆产销量，纯电动物流用车超 10 万辆产销量，可实现产值 200 亿元以上。

如今的新能源汽车更是站在互联网智慧"风口"上，巨头林立，格林、乐视、万达、NEXTEV 蔚来、珠海新能源均已高调加入，将迎来精彩纷呈的全新的"战国时代"。已经在这一领域摸爬滚打了四分之一个世纪的张根发更是信心满怀：

"联孚集团未来发展，做国际先进、国内领先的新能源汽车及驱动系统，成为国际、国内新能源汽车整车企业、高端精密制造行业的主要供应商。到 2020 年将集团培育成为 500 亿级新能源汽车产业化基地。5 年之后，联孚集团产业要突破 500 亿元，做到世界 500 强！"（撰稿／杨婷婷、吴蕴庭）

编者点评："我们非常幸运，赶上了国家发展新能源汽车产业的大好时机。"这或许是张根发谦虚的说法，我们更相信他的新能源汽车取得成功靠的不仅仅是"时势""运气"，还有他从一而终的"汽车情结"、他的踏实坚毅和他在汽车领域的勇往直前的独创精神。

资料来源：

［1］人民日报海外版．张根发：风雨 18 年一路创新歌．http：//paper. people. com. cn/rmrbhwb/html/2009－08/07/content_ 314898. htm ［2009－08－07］．

［2］第一财经日报．张根发二次创业造新能源汽车．http：//finance. sina. com. cn/roll/20120723/011512638067. shtml ［2012－07－23］．

［3］中国企业报．张根发：还人类一片蓝天．http：//news. zqcn. com. cn/2015/qglh_ 0309/786284. html ［2015－03－28］．

周群飞：女性创业者的杰出代表

周群飞 女，1971 年 5 月 29 日生，湖南省湘乡市壶天镇崇溪村人，蓝思科技集团公司董事长，中国"手机玻璃女王"。2015 年 3 月 18 日，她的蓝思科技在 A 股上市，她个人市值达到 420 亿元，被称为中国女性新首富。

周群飞是地道的"湘妹子"。不过，她这个"湘妹子"不仅能吃辣，更能吃苦。周群飞的童年经历了常人难以想象的磨难。在她哥哥之前家里已经死了两个孩子；父亲自制炸药时，手被炸烂，眼睛失明。周群飞 5 岁时，母亲受不了重重压力而自杀身亡。在周群飞的青少年时期，家境岂是"贫穷"二字能形容得了的。按周群飞的话说："吃完上一顿饭，下一顿饭要怎么计划、要吃什么，也得去筹备。"失明的父亲，周群飞和她的哥哥、姐姐，一共三个孩子需要抚养。因为贫穷，家庭关系比较紧张。周群飞 30 年前出去打工时，还是跟她哥哥打了一架才出去的。当时她一个亲戚在广东，是"被带出去的"。

那一年，周群飞 15 岁。

贫穷，成了当时社会的基本特征；而摆脱贫穷，就成了当时社会精英人士的基本动力。

周群飞的父亲是个坚强而且充满智慧的男人。"他拜过八位师傅，这八位师傅将他带入了不同行业。"父亲为了维持一家的生计，只能不停地学做各种各样的手艺活，赚钱来贴补家用。"他是一个残疾人，还要不停地学，何况我是一个健康的人。在这样一个家庭，你只有逼着自己去学！"

这也正是为何周群飞后来会把打工生涯的首站选在深圳大学附近的原因——方便半工半读。

1985年，初中毕业的周群飞来深圳打工，她的第一站是位于南山的一个很小的工厂——澳亚光学厂。不过，这个厂是由著名的伯恩公司投资的。那时的南山还有很多农田，晚上连路灯都没有。从韶关出发坐了十几个钟头车，下车后是晚上还下着雨。当时，她要找一家开在深圳大学附近的工厂，可自己怎么找也找不到。她只好走进深圳大学，找到一个大学生，把她送到了这家工厂。周群飞觉得，这个工厂规模实在太小，完全没有知名度，甚至连个显眼的招牌都没有。直到现在，周群飞还记着那个大学生好心人，可当时晚上没灯光，加上少女的羞涩，她甚至没看清人家长什么样子，更没能说出一句"谢谢"。现在，她只能在心里一直感激他，是他让周群飞找到了事业的起点。

打工的日子里，她先后考取了会计证、电脑操作员证、报关证，甚至包括一张驾驶证。

周群飞最初的工作是加工手表玻璃。即使当时，周群飞也认为当初的工艺实在太简单，一片普通的玻璃原料，切割、仿形、抛光就可以出货了……况且，企业规模也太小了，做到第三个月的时候，周群飞便觉得那里"没有东西给我学"。于是，她迫切期望转型，就给厂里写了人生第一封辞职信。孰料，她的这封辞职信却成了她人生发展的第一个跳板。

知识改变命运。周群飞的字非常秀气，她的志向也非常大气，这些都强烈地震动了当时的厂长。她不仅没有"放她一马"，反而给她加重"砝码"，给她升职，要她去筹备一个新部门——丝网印刷部。

没有谁可以教周群飞，好在一个同事送了她一本《丝网印刷》，她如获至宝。周群飞天天捧着它看，遇到丝印过程中的疑难问题就翻书，边学边做，从最初的丝印到后面的出菲林、晒网版、烘烤、调色、褪油等所有流程全部熟练掌握。这本书至今还是蓝思科技的"传家宝"。

不久，厂长辞职了。周群飞又找到厂子的出资人伯恩公司老板说："公司的工艺我都懂了，我也很年轻，很需要一个给我发挥的机会……"于是，周群飞的勇气和她前期的努力打动了出资的老板，她由印刷部门的一个小主管变成了厂长。

在这里，周群飞认识了她的前夫李金泉。

但周群飞仍然是不满足的。一段时间以后，她开始自己创业。

1993 年 3 月 18 日，周群飞带着哥哥、嫂子，姐姐、姐夫，还有两个堂姐妹，在黄田（现在宝安国际机场附近）租下了一套三室一厅的"农民房"，办起了玻璃印刷厂，干起了自己最熟悉的表面玻璃印刷。

创业的资本是她的"私房钱"，港币两万余元。"我也留了点心眼——挣工资全给爸爸了，加班费自己存着，其实那时我还开了间时装店。"起步虽艰苦，但年轻人对未来却满怀憧憬。当时印刷机都是自己用铝板切割的。之后，自己拉订单，自己生产。这支创业团队一直坚持了四年。

1997 的亚洲金融危机时，周群飞的事业更是面临直接的冲击，许多上下游的客户资金链条断裂，她回收货款就更加艰难了，对方付不起她的加工费，就把一些旧设备折价给她们。为了维持"公司"运转，周群飞只有被动接受。

"只能是把设备拉回来，整修翻新。去香港的旺角买轴承、波条，靠一个双肩包背回来。"湘妹子吃苦耐劳的优良品质再次发挥了作用。她整修好客户拿来抵货款的旧设备，又购置了几台国产新设备，用一点一滴的真诚来打动客户、赢得订单。不辞劳苦，不言放弃。到 2000 年左右，她的工厂已经在行业内做得小有名气，也接触到了业内越来越多的大型公司。

2000 年随着模拟手机的逐步兴起，周群飞开始涉足手机视窗玻璃的加工生产。当时因为自己的生产规模不大、产能不足，担心客户不会大量采用她的产品。为了将这个市场做大，她主动将竞争对手的联系方式提供给客户，正是她敏锐的意识和豁达的心胸使得苦苦寻找的转型方向得到了验证，从此各国内手机品牌都相继直接或间接成了她的客户，手机视窗玻璃的订单也越做越多。

2003 年，周群飞创立深圳蓝思，开始专注于视窗防护玻璃的研发、生产和销售。当年，一家国际品牌手机找到了周群飞。那时她的公司规模很小，客户有些不放心。他们问的第一个问题就是："如果这产品破了，（玻璃）割到我们的总统、割到哪个明星，你们赔得起吗？"周群飞的回答是："那还用赔吗？不破就是了！"为了得到客户认可，周群飞将原材料通过离子交换法来做各种实验，凭着执拗和一线生产多年的经验，终于成功达到了客户设置的标准。"我们的样品从一个特定的高度范围内自由跌落不会破碎，超过某一高度范围跌落虽然可能破碎，但破碎以后也不会伤人！"

当时在这个行业内，周群飞的产品第一个达到了外商跌落测试的要求。从此，她和她的产品得到了市场认可，"蓝思"已经不再默默无闻。诺基亚、三星等国际知名品牌也都相继成了她的客户，全球首款智能手机也选择了与蓝思合作。

2004 年，周群飞创办了香港蓝思科技。此后陆续创办了昆山蓝思和湖南蓝思（蓝思科技前身）与蓝思华联等企业。

蓝思科技创立之后，与伯恩光学在移动设备屏幕等方面展开竞争。此后不久，周群飞将工厂迁往湖南老家。

2012 年，时任浏阳市委书记钟刚的一句介绍："光蓝思科技一家企业去年就给我们县发放了 15 亿元的工资，解决了数万人的就业。"

2012—2014 年，蓝思科技实现销售收入分别为 111.6 亿元、133.5 亿元和 144.9 亿元。2015 年 3 月 18 日，蓝思科技（300433）在 A 股正式上市。此后，股价就连续"一"字涨停，报收于 70.98 元/股，公司董事长周群飞手中所持的 5.92 亿股市值高达 420.2 亿元，正式跃升为中国女首富。到 6 月 2 日蓝思科技最高股价 151.59 元计算，周群飞最高时身价达到 897 亿元。

据搜狐财经报道，2016 年 5 月，受苹果公司股价下跌影响，蓝思科技处境相当严峻，面临着大幅裁员的境遇。针对这一问题，周群飞表示将进一步加快推进生产自动化进程。（撰稿/晋珀、吴蕴庭）

编者点评： 一个成功的女人，总会招来各种各样的议论。但无论如何，周群飞都是一个优秀的女性创业者。还是在庆贺蓝思科技上市时，湖南省衡阳副市长张贺文引用主持人的话说得好："即使她没有遇到前夫，她也会遇到另一个懂得欣赏她的伟大的男人，她传奇的本质不是她遇到了什么样的男人，而是她是个什么样的女人。"

资料来源：

网易. 官员挺"女首富"：没前夫也会遇到别的伟大男人. http://news.163.com/15/0311/22/AKF7F5S800014Q4P.html［2015 – 03 – 11］.

王凤英：中国汽车业中唯一的女总裁

> **王凤英** 女，1970年10月生，河北保定人，中共党员，1999年毕业于天津财经学院，经济学硕士，现任长城汽车股份有限公司总裁。王凤英是第十一届、第十二届全国人大代表，中国汽车整车企业中唯一一位女总裁。

"咯噔、咯噔、咯噔……"高跟鞋清脆的声音回荡在办公室里，王凤英一身宝蓝色的连衣裙，一改随意披在肩上的鬈发，将头发全部拢在脑后，精心地做成一个蓬松的发髻，面带微笑，在镜头前缓缓踱步。

"一面对镜头我就会紧张。"王凤英小声对旁边的下属说，在摄影师照完照片以后，还开玩笑说自己胖了。

就是这样一位气质像是端着红酒穿梭在舞会中、性格有时又有几分"小女生"的女人——王凤英，带领着长城汽车稳健经营，实现了跨越式发展，成为一家拥有员工2万余人、下属控股子公司30余家的大型民营跨国公司、中国最具发展潜力的自主汽车品牌，获得"中国企业500强"的称号，并进入著名的美国《福布斯》杂志评选的"中国顶尖企业100强"！而王凤英自己更是获得了《营销与市场》"中国营销人金鼎奖"，并荣登"2013福布斯亚洲商界50位权势女性榜"和著名美国《财富》杂志"2011全球最具影响力的50位商界女性"！

王凤英早年是一名长跑运动员。起初接触长跑时，王凤英很喜欢奔跑的感觉，那是一种全新的感觉。但从第一次系统训练开始后，她发现这并不是一件容易的事情。每一天，教练都会严格要求她们，训练量非常大。王凤英慢慢开始觉得枯燥了，她不知道每天都要在操场上跑十几甚至几十公里，忍受着肌肉疲劳的酸痛和受伤的病痛到底是为了什么，只为了当初的喜欢？而她知道，她现在不可能退缩，她不甘心！她咬牙坚持，加倍努力，相信终有成功！随着自己一点一点地提高，慢慢地，王凤英开始"享受"训练的时光，同时也得到了教练的认可。终于，在以后历次的比赛中，她不断取得骄人的成绩！此时，坚韧不拔、吃苦耐劳的基因在她心中悄然扎根，成为她以后成功的基石。

1991 年，21 岁的王凤英加入长城汽车。凭着运动员坚韧爽朗的性格和独到的智慧，仅被试用了 2 个月后就当上了营销公司的销售经理助理；一年之后，她升任销售经理，主管长城的整个销售。

在当时的中国，汽车营销方面还没有多少成功的经验可学，王凤英便跟家电企业学习终端的控制方法、营销促销的手段以及一些营销理念。那时的王凤英不怕苦不怕累，把从家电企业学习到的方法运用到汽车销售中，逐步悟出营销的实质是差异化，而卖场差异化是一种竞争的技巧，但是竞争的核心还是产品，产品本身的差异化永远是核心竞争力。后来，长城在其主打产品皮卡和 SUV 的产品差异化方面做了非常多的工作。从 1995 年开始，通过三年的时间，长成汽车在皮卡领域做到了中国第一，至今已经连续十几年保持皮卡的领先地位。

2001 年，王凤英任长城汽车销售有限公司总经理。其后，又兼任长城汽车营销网络公司和长城客车销售公司总经理。

2003 年，王凤英成为长城汽车股份有限公司总裁。

长城上市后，更多的时候，是一身职业着装、面含笑意的王凤英担当长城汽车的"代言人"。而"代言人"的背后，是更为"坚持"的付出！

当长城汽车已经在 SUV 和皮卡领域确立地位时，王凤英说服了长城汽车股份有限公司董事长魏建军，在轿车市场一试身手。

2008 年 3 月，长城第一款轿车"精灵"上市了，但"精灵"的市场反应却很平淡。在之后长达一年的时间里，王凤英都极度焦虑，一直寻找解决办法。王凤英将自己的很多观点加入到第二款轿车"炫丽"的设计中：比如考虑到女性补妆的需要，加大了平面倒车镜；准备了鞋盒用来装换下来的高跟鞋，后备厢更加精致实用。这款定价只有 5 万多元的 1.3L 小车，还配置了电动车门、车窗……终于，她在跑过漫漫长路后冲破了终点线！"炫丽"销售极好，仅一个月销量就达到 1.5 万辆，创造了单月销售历史最高纪录！

2012 年 3 月，王凤英还提出汽车"走出去"战略，推动汽车产业的国际化，扩大汽车出口，最终实现了中国汽车由大到强的转变。

在一次采访中，王凤英说道："我希望做一个好人，做好企业，让长城汽车更具特色；做好事情，让人觉得公正，得到大家的尊重。我不想受到外界的诱惑，排除干扰，让心变得纯净。因为只有这样，才能专心、专业，做真正的专家。"

王凤英是全国人大代表，她认为中国已经进入汽车社会，但相关的法律体系远未配套，汽车消费的潜能没有充分发挥。针对完善汽车社会发展的议案，王凤英近几年都会提。她表示，无论是作为两会代表，还是作为一家关注汽车社会发展的企业老总，只有关注整体社会交通体系是否完善，才能让这个生态链上的每一环（包括消费者）都能从中获益。她认为，目前，国内机动车保有量接近 2.8 亿辆，私家车保有量逾 1.4 亿辆，汽车千人保有量约为 117 辆，接近国际平均水平。从总体上看，我国已全面进入汽车社会。而且我国公众对汽车的需求尚未达到顶峰，汽车保有量势必会在未来 10～15 年内持续保持千万辆以上的净增长。照此趋势，我国成为"车轮上的国家"只是时间早晚的问题。届时，人们的生产和出行方式、居住选择、城市和乡村结构、生活方式、休闲方式、消费结构、商业模式等也将随之改变。然而政府关注的重点一直在汽车的生产、销售环节，相关法律、法规和政策体系的构建也大都围绕着如何促进汽车产业的发展，激发汽车消费潜力进行。这导致现有的法律、法规和政策体系难以适应汽车社会。因此，这也导致我国现阶段的汽车社会"软"环境，尤其是用车环境与发达国家依然存在较大差距。

2015 年，国内车市增长放缓，汽车企业整体业绩上扬，薪资两极差距依旧较大。根据盖世汽车研究院整理的数据，我国 23 家整车上市企业中，2015 年薪资上百万的老总仍旧达 9 位，占据四成比例。其中，长城汽车王凤英达 550.2 万元，位居榜首。（撰稿/吴蕴庭、白宗战）

编者点评：谁说女子不如男?! 王凤英就是这样的一位女子。她不仅要做汽车，而且要做长城汽车，要做中国的巾帼"长城"! 王凤英有其果敢的一面，更有女子柔情的一面，而且能将女子的柔情与仔细镶嵌于她的工作之中。"我不想受到外界的诱惑，排除干扰，让心变得纯净。因为只有这样，才能专心、专业、做真正的专家。"王凤英的话，体现了中国汽车界缺失的精髓。

资料来源：

华夏时报 . 王凤英　坚持的美丽 . http：//auto. ifeng. com/roll/20120324/759307. shtml ［2012－03－24］.

常学军：用延安精神制好药

> **常学军** 男，1951年生，陕西延安人，延安常泰药业和陕西省常泰企业集团董事长，延安市政协委员。多年来尤其是党的"十八大"以来，常学军一直坚持"用延安精神制好药"的宗旨，制造了大量的中药产品，产品销往全国以及越南、伊朗、乌克兰等地，也使常泰成为陕西省第一批、延安市唯一一家国家级高科技企业。他创建的酸枣及椒草生产基地，使数百万当地农民受益，受到党和国家领导人的亲切接见和高度好评。

延安常泰药业公司的前身是1938年诞生的延安八路军制药厂。在那战火纷飞的抗战岁月里，八路军制药厂为救治抗日将士的生命和健康发挥了重要作用。1940年，毛主席亲自为该厂题词："制药疗伤，不怕封锁，是战胜敌人的条件之一。"朱德总司令题词："加强团结，努力生产，多造药品，输送前线，医好战士，多打胜战。"

新中国成立后，厂子更名为"延安制药厂"，一直作为延安市唯一的制药企业、陕北地区最大的中成药生产企业，为延安、为陕北乃至全国人民的健康和卫生事业做出了重大贡献。

时间推移到近50年后的1998年，国企改制势在必行。这时，一个敦厚、稳健的陕北中年汉子走了出来。他中等的身材，壮实的体魄，稳健的步伐，戴着一副近视眼镜，操着一口典型重鼻音的陕北方言说："如果领导和大家相信我，厂子就交给我管理吧。我一定不辜负大家的期望，自力更生，艰苦奋斗，用延安精神制好药，将延安精神世世代代传承下去！"

他，就是常学军。"用延安精神制好药"，常学军不仅当时这样一说，更是此后坚持去做。他不仅将这句话书写悬挂于公司最显眼的位置，成为今天所有来宾拍照留念的最佳的背景板，更是将它浸透、贯穿于企业的产品、人品和文化之中，结出了绚丽的"常泰之花"。

企业转型了，获得了新生；常学军也"转型"了，由一名政府干部成为一名企业家。

　　常泰人始终视药品质量为企业的生命。其主导产品"心神宁片"是他们2001年研制成功的世界上第一个以酸枣仁等中药材为原料、具有自主知识产权的安眠镇静药，一举填补了国内医药生产的空白。还有"仙术"牌鸦胆子油口服乳液，它是抗癌的一线用药，是一种新型的具有靶向性的纯中药制剂，疗效确切，增强了人类战胜癌症的勇气。还有"仙术"减味紫雪口服液，主要是清热解毒保护患者的免疫功能，特别适用于少儿食用。上述药物以原料地道、工艺先进、价格低廉、疗效显著的优势畅销国内市场，深受广大患者的好评，多次获得国家、省、市奖励，已经大量出口越南、加拿大、乌克兰、捷克斯洛伐克等国家。

　　如今，延安常泰药业已成为集中药材及中成药和中药饮片产、购、销、出口为一体的现代化企业，产品有片剂、丸剂、颗粒剂、合剂、散剂、胶囊剂等9个剂型60个品种。他们的注册商标"常泰"2012年被国家工商总局认定为"中国驰名商标"，"仙术牌""鸿雁牌"被评为"陕西著名商标"。

　　常泰人始终以创新作为企业的发展动力。常学军本人就是一位科技型创新人才，早在2006年他就发明了一种"治疗妇科疾病的药物及其制备方法"，并获得国家专利。正是在他的带动下，今天企业的新产品、名优产品和全新的经营机制层出不穷。现在，他们改进和使用的二氧化碳超临界萃取技术，更是在全国中药行业遥遥领先。2013年5月，他们与延安大学举行了"共建生物制药协同创新中心"和"陕西省区域生物资源保育与利用工程技术研究中心研发基地"；2013年10月，陕西省认定19家企业为首批技术创新示范企业，常泰作为延安市唯一一家企业榜上有名。2014年3月，企业又被评定为国家级高新技术企业；2014年12月5日，常学军被评选为国家中药现代化科技产业基地建设先进个人；2013年12月，常学军荣获延安市科技创新工作优秀个人奖。

　　不仅在国内，在国外常泰药业也是科技为先。2014年12月1日，他们顺利通过第三方权威机构法国BV认证，并获得BV证书。BV认证是法国国际检验局（Bureau Veritas，BV，成立于1828年）下属的专门从事质量和环境体系认证及其他行业标准认证的国际机构，诚信交易理念是其显著特征，具有极强的权威性。BV专家组对常泰药业的规模概况、人力资源、质量控制、供货商管理、客户服务、产品研发、企业发展规划等方面进行深入细致的考察，并对公司现场管理、质量控制、客户服务、产品研发等方面予以充分肯定。本次BV认证的通过，充分展示了常泰药业的生产能力、贸易能力及资信能力，为参与国际市场竞争提供了强有力的保证，这将让国内外客户更快更全面地了解公司，提高沟通效率，以便更快、更好地促成合作打下良好的基础。

常泰人始终以富民促农、实现共同富裕作为企业的根本目的。酸枣是延安和陕北地区的天然优势产业，也是他们的主打产品"心神宁片"的主要原料。2001年，他们承担了延安市酸枣产业化开发项目，到2005年，酸枣开发综合经济收入已达到5000万元以上，并被评为"枣产业深加工示范企业"。他们通过技术攻关，建立了具有国际领先水平的酸枣组培快繁中心。以采取"公司＋高校＋农户＋基地"模式，与延安12个乡53个村3868户农民签订酸枣种植合同，建立符合GAP要求的酸枣规范化种植示范基地3.1万亩，并获得了地理标志产品保护。2006年1月27日，时任中共中央总书记的胡锦涛到企业视察，对他们的这一项目给予高度评价。2009年11月13日，时任国家副主席的习近平也来到这里视察，他对常学军董事长说："中药疗效好、价格低、新农合需要量大。"还指着常泰药业对面的山说："你们的山上都是宝，药材多，要大量生产中药。"

地椒草也是陕北地区和我国西北地区天然的中药资源。主治中暑烦热、恶心呕吐、不思饮食、大便泄泻等症。地椒草祛火凉爽，对肠胃有较好的保护作用。羊以此为食，肉质鲜美，没有膻味。2013年11月14日，延安市农业局相关专家对他们的"陕北地椒资源的综合开发利用项目"进行研讨论证。专家们一致认为，该项目针对延安地区退耕后地椒群落的恢复进行保护性开发利用，进行资源保护与人工规范化种植，同时进行地椒的产业化开发利用；项目将研制保健品开发、化妆品、药品等系列产品及饲料添加剂，进行产业化深度开发。该项目设计合理，技术路线可行，产业化前景良好，开发潜力巨大。现在，他们已经建立了大规模的地椒草研发基地，加强了研发工作。

实事求是，群众路线，自力更生，艰苦奋斗，与时俱进，不断创新。如今，延安精神在常泰人身上代代相传。他们在致力于药品研发生产的同时，还开发了"老镢头"牌系列地方特色产品，组建信天游影视公司投拍了30集革命战争电视剧《盘龙卧虎高山顶》。2014年8月8日，他们已经步入了集团发展的轨道。集团董事会研究决定成立"陕西常泰企业集团"，集团总部办公地点在西安高新区。常泰药业升级为集团型公司。（撰稿/吴蕴庭、侯丽丽）

编者点评：常学军是《中国企业家档案》丛书总编辑晋珀的老朋友，其个性异常鲜明。"老镢头"是常学军注册的食品商标，不过却经常让人联想到"倔老头"。常学军的"倔"，主要体现在他克服艰难孜孜不倦的创业精神，体现在他将延安精神孜孜不倦地浸透进企业的产品、人品、文化的方方面面。"老镢头"孜孜不倦可以愚公移山，常学军坚持弘扬延安精神创造了"常泰"这一陕北名企，可喜、可嘉！

资料来源：

［1］广西新闻网．女童减味紫雪口服液中喝出虫子 延安常泰药业：这仅仅是个例．http：//news. sohu. com/20120507/n342522632. shtml ［2012 - 05 - 07］．

［2］ 光明网·人民法院频道．白云山和黄中药起诉三单位侵犯发明专利权胜诉．http：//court. gmw. cn/html/article/201108/12/75588. shtml ［2011 - 08 - 12］．

原立峻：被省委书记"钦点"的"面食大王"

原立峻 男，山西长治人，山西佰和园食品有限公司董事长。2009 年，在原立峻的带领下，速冻保鲜面研制成功。这一技术，使天下闻名的"山西面食"走向世界。在 2015 年 9 月 2 日召开的山西省民营经济发展推进大会上，因为其创新精神和速冻保鲜面的成功研制，原立峻受到了时任山西省委书记王儒林的点名表扬。

俗话说："世界面食在中国，中国面食在山西。"山西面食是汉族传统面食文化的代表之一，历史悠久，源远流长，从可考算起，已有两千年的历史，称为"世界面食之根"。山西，亦有"面食王国"之称。但是，像所有的地方小吃一样，它往往是"即做即食"，不能久放，也难以涉足他乡。要摆脱其地域性和"小"的限制，就要能够保鲜。而这一问题，足足困扰了山西和世界 2000 年。

如今，这一历史性和世界性的难题，被一个山西的企业家解决了，即使在大洋彼岸的美国，也能吃到正宗的山西刀削面了。这个企业家，就是原立峻。

1996 年，原立峻从山西财经大学毕业，步入了太原的一家知名企业工作。优越的工作让原立峻不再为生活琐事担心。但是怀揣着"山西面食梦"，一心想让山西面食走向世界的他，并不因此而感到充实。一年后，怀着梦想的原立峻辞去了工作，回到老家山西省长治市开始自主创业。

创业之路并不是一帆风顺。创业初期，原立峻要从最艰难的摆摊做起。卖馒头、油条、麻花等面食成为他日复一日的工作。原立峻将他辛辛苦苦拿到的每一笔钱，都再次作为资金投入，以扩大生产规模。

"十年磨一剑。"17 年的坚守，终于让原立峻迎来了一阵"春风"。2003 年，越来越富有的原立峻终于凭借自己的能力成立了长治一丰园食品厂。该厂主要从事馒头、速冻水饺等食品的生产和销售，事业可谓是"蒸蒸日上"。但他并没有被眼前的成绩冲昏头脑，仍然向速冻保鲜面的技术难题进军。17 年之内，他投入了 1000 多万元，这可是他当时的"身家性命"哪！

苦心人，天不负。17 年的努力让原立峻逐步走向了事业巅峰。原立峻和农业部食品研究所等完美的合作，让他们最终成功研发出了速冻保鲜面：不添加任何防腐剂和添加剂，仍能保持手工面条的湿度、酸碱度和 280 多天的保质期，使得面条在下锅前和出锅后不沾、不坨、不断，达到同现场制作一样的质感和口感。除此之外，其后期制作速度也堪称一绝。按照传统做法，十多种山西地道面食需要两三个面点师赶工两个小时，而现在，不到五分钟就可以做到。

不得不说，这对于山西省面食行业来讲是极大的飞跃。2000 多年来，山西省是"面食之乡"，一直保持着"现吃现削"的刀削面技艺。而在 2009 年，速冻保鲜面的发明，打破了这一常规。2015 年 12 月 15 日，新浪网发表的名为《原立峻 17 年创业成山西"面食之王"》文章中讲道："以这一技术为支撑，原立峻成立了山西佰和园食品有限公司，注册了'佰和园'商标，投资 6800 万元建设厂房和成套的流水线，成功地实现山西刀削面等面食从现吃现削手工制作到机械化流水作业的突破和跨越，引领山西面食步入了规模化、工业化生产的轨道。"

原立峻的"面食之王"，当之无愧！

近年来，由于受世界经济危机的影响，山西的发展受到很大限制。一直以来，煤炭作为山西的一大产业，支撑着山西的"半边天"。但是，近几年山西煤炭这一"黑金"产业由盛变衰，面食产业却逐步焕发出光芒，被人们称为"白银产业"。原立峻创办的佰和园食品公司和他研发的速冻面，受到了时任山西省委书记王儒林的充分肯定。2015 年，在全省民营经济推进大会上，王儒林书记提出："山西既要高度重视煤炭这块'黑金'，也要高度重视面食这坨'白银'。"原立峻发表看法说："企业管理、技术革新、产品升级、食品包装、营销渠道以及提质扩规等方面，是未来下功夫、加力度，不断破解发展瓶颈的方向。我们决心努力把'佰和园'打造成为覆盖全省、辐射全国的山西面食经典品牌，让面条成为载动行业奔跑的马车和冷冻行业百亿产值的突破口，让山西的'白银'真正赶超'黑金'。"

2015 年 12 月 19 日，美国首家山西刀削面馆"山西面家"在洛杉矶隆重开业。其实，早在 2014 年 5 月，山西省就在美国纽约举办了"山西美食走进联合国"系列活动，希望将山西面食推向世界。而原立峻成功解决刀削面的速冻保鲜问题，为山西刀削面拓宽世界市场创造了条件。

一直以来，原立峻勤勤恳恳。在他的领导下，山西佰和园食品有限公司也在发展壮大，并获得了种种荣誉。2011 年 1 月，荣获山西省长治市"农业产业化市级龙头企业"称号。同年 3 月又荣获"优秀龙头企业"称号；2012 年，该公司不负众望，荣获"守合同重信用企业"称号；2013 年"佰和园"商标荣获"山西省著名商标"；2014 年 6 月，在国家农业部公布的第三批全国主食加工业示范企业中，山西佰和园食品有限公司榜上有名，并于 2014 年 7 月 3 日被正式授予荣誉证书和荣誉奖牌；2014 年 8 月，佰和园食品有限公司荣获"山西省专精特新中小企业"称号。

2016 年 5 月 4 日，山西省政府金融工作办公室副主任张炯伟一行三人深入山西佰和园食品有限公司调研。了解了该企业的融资和贷款情况后，张炯伟表示："希望企业按照自身的规划前景，发展思想，进一步打开国内市场，把产品推送到全国各地。省金融办将协调相关部门，让佰和园的面食产品打开更广的市场，把山西的'白银'发展之路做大、做强。"

原立峻不仅是优秀的企业家，同时作为社会的一分子和企业公民，他也勇于承担社会责任。2013 年 12 月 20 日至 22 日，在原立峻的带领下，山西佰和园食品有限公司举办了看望孤寡老人、六十周岁以上老人免费领水饺、各大社区"巧媳妇"包饺子大赛、爱心早餐免费送等活动，体现了该公司"关爱他人、精诚团结、奉献爱心"的精神。2015 年 12 月 21 日，冬季来临，山西佰和园食品有限公司又开展了"冬至送真情，饺子暖人心"关爱老年人活动，为史家庄村 500 余名老人发放 1 袋水饺和 1 袋手擀面。有位大爷说道："非常感谢佰和园一直想着我们这些老人，时刻都在关心我们的生活，让我们老有所依，实在是太幸福了。"
（撰稿/马霞、吴蕴庭）

编者点评：原立峻原本可以安安分分地工作，但他选择了追求梦想。作为社会的一分子，原立峻教会我们的不只是追梦，还有创新。他的创新，不只是对自己事业的支持，也有力地推动了山西面食的发展。如今的我们更要奋起猛追，勇于创新，为社会尽一份力，走向人生的辉煌。

资料来源：

［1］新浪网．原立峻 17 年创业成山西"面食之王"．http：//shanxi. sina. com. cn/news/b/2015 – 12 –05/detail – ifxmhqaa9966708. shtml ［2015 – 12 –15］．

［2］网易新闻．全力推进民营经济实现新突破：原立峻 17 年创业成山西"面食之王"．http：//news. 163. com/15/1205/05/BA237JA600014AED. html ［2015 – 12 –04］．

［3］山西经济网．省金融办副主任张炯伟一行深入长治国家高新区调研．ht-tp：//www. sxjjb. cn/cz/sdjj/news112363. htm ［2016 – 05 –06］．

张勇："双11"购物狂欢节的创始人

张勇 男，1972年生，上海财经大学金融学学士学位，阿里巴巴集团公司首席执行官（CEO）。从2009年起，他就倾心打造"双11"购物狂欢节，不仅使阿里旗下相关机构的销量节节攀高，而且彻底改变了人们尤其是年轻人的生活，打造了一个新的创富节日。2015年"双11"销量达912亿元，国务院总理李克强向他们致电祝贺！而2016年的"双11"更是"疯狂至极"。根据阿里巴巴公布的实时数据，截至11日24时，2016天猫"双11"全球狂欢节总交易额超1207亿元，无线交易额占比81.87%，覆盖235个国家和地区。

逍遥子，金庸武侠小说《天龙八部》中的神秘人物，"逍遥派"创始人、祖师爷，聪明绝顶，神秘莫测；张勇，阿里巴巴淘宝的三任掌舵人，具有敏锐的商业嗅觉，在淘宝商城里的他招招制胜。

张勇的"花名"就是逍遥子。

百度百科里对于"花名"有着这样的解释——花名为艺人、演员等的化名，通常为了隐藏原本身份而使用。而用"逍遥子"来称呼张勇，他是阿里巴巴旗下天猫国际项目最早的领导者，两者颇为"神似"。

2007年8月张勇辞去盛大（上海盛大网络发展有限公司）CFO（首席财政

官或财务总监）一职，正式加入淘宝网。一晃八年过去了，八年历练，八年成长。八年，张勇在阿里巴巴呼唤着"芝麻开门"，"淘"得了自己的"人生至宝"：2007年8月张勇加入阿里巴巴集团，2008年出席淘宝首席运营官；2011年天猫业务独立，张勇出任总裁，将天猫打造为全球最大的B2C平台之一；2013年9月，张勇担任阿里巴巴集团首席执行官，所属业务"风生水起"。

早在2009年，27岁的张勇就显示出了卓越的商业才能。这一年，人们的视野里凭空而降一个新的疯狂节日——"双11狂欢购物节"。它以"迅雷不及掩耳之势"席卷了各大网络商城，一时间成了人尽皆知的一个日子。而这一名字的由来倒是颇为简单：一是因为10月有"十一购物节"，12月有"圣诞购物节"，11月恰恰处在换季换衣的"活跃"季节；二来被称为光棍节的"11.11"四个"1"看起来既吸引眼球又方便记忆。简单随意的两个元素综合起来就造就了"双11"这一名称的家喻户晓。

张勇的才能当然不是体现在"起名"上面，他的成功在于其一系列的营销策略。比如"造节"，将"双11"与网络购物捆绑在一起，让人们看到"11.11"就想到购物，这种心理欲望就像是中秋节要吃月饼、端午节要吃粽子一样。直观而深刻地打到消费者内心深处。再或者实行打折、促销刺激消费。中国传统大众的购物心理就是"图实惠"。物美价廉，谁会不爱？当然还有他对待社会现状的"察言观色"，我们的快节奏生活依然在加速；"宅男宅女"队伍依然在壮大；人们对于新兴事物存在的好奇与追捧更加强烈……这些就是时势。

时势造英雄。

好的噱头，好的时势，横空出世的"双11"带来的效益确实让人"眼红"。据统计：2009年，天猫商城"双11"销售额仅为0.5亿元，但以后几年却呈几何数地增长：2010年9.36亿元，2011年33.6亿元，2012年191亿元，2013年350.19亿元，2014年571亿元……

仅靠这些当然不够，张勇可是用他的智慧不停地加"柴"，使"双11"这把"火"烧得一年比一年旺。

在2015年，他大胆创新，将娱乐与消费相结合，在北京举办特别晚会，利用明星表演带动消费。蔡依林表演之后，她所代言的上海家化的品牌流量翻了6倍之多，赵薇出场后某红酒店流量也是剧增，这些是娱乐引导的消费；此外还推出了特制无线场景"堵车不堵心"为"上下班高峰专场"；实行个性化推荐，将网上产品做人群的定向、消费群体的划分；"全球买"包邮、免税；"农村淘宝"

等，使得 2015 年的"双 11"有了八项"一天之最"（有坚果、牛奶、蜂蜜、汽车、手表、手机等八项产品创下单日世界销售纪录）。张勇笑着调侃说"我们要去申请吉尼斯世界纪录"。最终，2015 年的"双 11"以 912.17 亿元完美收官。

2015 年 11 月 10 日下午 4 时，阿里巴巴发布消息称，李克强总理办公室致电马云，工作人员转达了国务院总理李克强对"双 11"的祝贺和问候，"对双 11 的创举和取得的成绩表示祝贺和鼓励，向你以及所有电商和网购消费者表示问候！"

这一系列的数字，精确而明了，是对"双 11"成功最直接的肯定，更是对张勇八年来"艰苦工作"的高度评价。早在 2010 年交易额达到 9.36 亿元之时，张勇就提出了"商家库存不足""物流疼痛"等问题。2013 年 9 月，他建立了综合性全球物流网络——菜鸟网络，这是国内最早的专业电子商务物流流程外包服务提供商。张勇还强势推出"天猫国际"，一手将众多世界名牌"拉到"普通消费者眼前，使其成为全球最大的移动消费生活平台。在 2015 年的"双 11"中，无线客户端的比重达到 60% 以上。张勇还主导了阿里巴巴集团多项重要战略投资，包括阿里健康、海尔电器、银泰商业集团、新加坡邮政以及预计收购等。这些措施都大大缓解了昔日"双 11"的"狂欢之痛"。

当然，任何事物都是一分为二的，也不妨听听其他的声音。

2015 年 11 月 17 日《经济观察报》刊登报道《退货占三分之一，"双 11"到底"肥"了谁？》。报道指出："据业内人士表示，正常情况下，刷单和退货大约占到交易额的 1/3。"而在网络上也有传言称退货量达到 574 亿元之多。虽说这些数据不可考量，但绝不是"空穴来风"，毕竟在历年的"双 11"之中阿里集团从未公开公布过退货问题，或者将退货销售额从当天销售额中扣除。

不过，2015 年的"双 11"退货量之大仅仅是"冰山一角"。物流的暴力分解；提前预支消费、透支消费；小商家被迫降价，赔本打广告；甚至是"全球买"的口号引起了"澳洲奶粉荒"等大有"层出不穷"之势。这些问题对于"双 11"是个"七年之痒"，存在的问题对张勇提出了新的挑战。

而 2016 年的"双 11"更是"疯狂"和"逍遥"：根据阿里巴巴公布的实时数据，截至 11 日 24 时，2016 天猫"双 11"全球狂欢节总交易额超 1207 亿元，无线交易额占比 81.87%，覆盖 235 个国家和地区。（撰稿/杨婷婷、吴蕴庭）

编者点评："大众创业，万众创新。"国家只有在创新中才能不断驱动，生活也只有在创新中才能更加美好。无疑地，张勇打造的"双11"是一大创新，包括"双11"在内的马云及阿里巴巴的一系列创新都改变了我们的生活。我们向创新者们致敬！当然了，创新也是一个过程，其不足在所难免。但瑕不掩瑜，更不能因噎废食。不断地克服不足，不断地向前发展，这正是创新的魅力！

资料来源：

［1］中国新闻网．阿里巴巴将收购优酷土豆价格是多少？集团 CEO 张勇这样谈合作！．http：//www.qlwb.com.cn/2015/1016/476699.shtml ［2015－10－16］．

［2］中关村在线．阿里巴巴张勇：苏宁与天猫形成最强组合．http：//news.zol.com.cn/534/5345079.html ［2015－08－10］．

［3］中国经济网．阿里张勇：要把双11办成全球的消费者节日．http：//www.ce.cn/cysc/newmain/pplm/czrw/xw/201511/13/t20151113_ 6997934.shtml ［2015－11－13］．

［4］经济观察报．退货占"三分之一"，"双11"到底"肥"了谁？．http：//wx.shenchuang.com/article/2015－11－18/1296617.html ［2015－11－18］．

王微：创造一些东西，比生命留存得更久一点

王微 男，1973 年生，福建福州人，视频分享网站土豆网的创始人。2012 年 8 月从土豆网"退休"。2013 年 3 月在北京创立动画电影公司，志在创作具有中国文化特色和国际一流水准的动画电影。2016 年 1 月 1 日，王微的动画电影《小门神》上映，并与美国动画大片《功夫熊猫 3》"决战"。

2013 年，王微离开了自己一手创立的土豆网。因为错失上市的先机，土豆网不仅失去了自己在网络视频领域的优势地位，而且也失去了自己的创始人。戏剧性的一幕也曾发生在当年的乔布斯身上。乔布斯离开苹果公司是因为年少义气，经营不当，被自己的股东踢出了公司。王微则是因感情纠纷使土豆网错过了最佳上市时间。

王微是一个很爱冒险的人。宣布从土豆网"退休"后，他开始游历欧洲、澳洲、美国、日本，甚至想过买一艘游艇周游世界。但为旅行而旅行，他觉得很无趣，希望能创造一些东西。他开始考虑新的创业项目，他有很多的想法，最初打算开一家酒庄，酿造葡萄酒，为此他还专门看了很多相关的书籍。之后，他又想做漆器。看着老家的传统手工艺福州脱胎漆器渐渐消失，他觉得可惜，想开一家漆器工作室，做一个传统工艺艺人，但很快发现自己不擅长手工制作。但是，他还是想做带有艺术气质的东西，因为他对此存有天然的好感。他多次说，希望

创造一些东西，比生命留存得更久一点。

继他在 2012 年的七夕夜的伏笔："下一个有趣的梦里再见。"给人留下无限遐想后，王微再次出发，于 2013 年出人意料地创立了追光动画。这家新生的动画公司因为王微而异常受人瞩目，被媒体描述为是"中国的皮克斯"（Pixar Animation Studios，皮克斯动画工作室，香港译作彼思动画制作室，简称皮克斯，是美国一家著名的专门制作电脑动画的公司。其前身是乔治·卢卡斯的电影公司的电脑动画部，1986 年由史蒂夫·乔布斯（Steve Jobs）收购。他们的作品一直是电脑动画的经典，每年出品的皮克斯视频都是奥斯卡奖的热门）。

王微为什么要创立追光动画？他要用数据说话，用追光去回答这个问题。而这何尝不是整个中国动画工业一直在追问的问题。

有数据显示，中国是仅次于美国的全球第二大电影市场，2012—2014 年票房规模分别为 170.7 亿元、217.69 亿元和 296.39 亿元。但中国的动画产业仍有待完善。我国有很多动画公司承担了好莱坞制作的一些外包工作，但因为没有自己能够驾驭的系统，缺乏整合的经验和能力，而无法自主地完成一整部长片动画电影的全部制作流程。王微指出，中国电影发行、促销和版权环境正在改善。在全国电影院银屏数量增加，城市居民收入水平增长的形势下，预计投资于这一领域将带来可观的回报。王微的工作室要与资金雄厚、经验丰富的好莱坞直接展开竞争。工作室是为中国观众制作电影，考虑到制作电影要数年时间，王微表示："我们得从长远看问题。"他的投资人了解这项业务效益长期性的本质。

王微对待追光动画，就像在呵护自己的孩子成长。人才的引进、面试人员的筛选、剧本的撰写、讨论以及反复修改，他都尽可能亲力亲为。在新的路上，他身兼 CEO、导演、编剧、制片人等数职。王微不想让人感觉他在玩票，他关注产品的每一个细节，力臻完美。因为就要拿出最美的东西。

在萌生了做动画电影的念头后，王微花了小半年时间，拜访国外著名的动画制作公司和制片厂，借着土豆网的招牌，"别人都愿意跟你聊"。这些"取经"经历帮王微建立了关于动画电影行业的基本认识：这个行业产业链有多长，一部动画电影的预算怎么制定，一部动画电影有哪些环节，各个工种是做什么的，如何去控制成本和进度等。

与视频网站不同，动画电影行业在经历了上百年的发展之后，已经形成了一个完整的制作流程、商业模式和生态环境，王微和追光能够快速的学习和借鉴。这一切，对他的耐力是很大的考验。

皮克斯是追光动画一个重要的学习对象。追光动画 190 多名员工中艺术、管理、技术各占 1/3 的位置，强调艺术和技术之间的相互配合，鼓励每个人发表自己的声音等方面，都受到了皮克斯的影响。

王微曾为旧金山芭蕾舞剧团撰写脚本。他表示，他相信自己对艺术、科技的理解，加上土豆与本地内容开发商合作的经验，将使其动画电影工作室得到良好的发展。

他开始关注一些别人不在意的细节，从环境、颜色、光线等角度去观察见到的人和物。在追光动画首部动画作品《小夜游》中，有一幕是 7 个小夜游神接力悬吊在空中，而吊在最上面的小夜游，眼神一直盯着上方。下面的伙伴抓住他的脚时，他没有反应，眼神依然朝上。

在看这个镜头的视频时，他和工作人员都觉得不错，却又觉得差一点，谈论了 30 分钟，最终认为应该调节人物的眼神。"这给人的感觉很怪，眼神应该往下调一下，眼球就这么往下移动一点，问题就解决了。"王微说。3 分钟的短片，他们团队花了 4 个月。2014 年 3 月 12 日，《小夜游》短片发布以后，得到了大量的评论和赞扬。

在过去的一年，他一直在修改剧本，从头到尾看了四五百遍，每一遍都要修改，不断完善每一个小细节。当电影角色面临选择的时候，他也如角色一般陷入长时间的纠结，角色的痛苦成了王微的痛苦。

《小门神》是王微的第一部动画长篇电影，讲述的是新旧变革之际，人界母女逃离北上广，回到小镇生活；同时天界门神"失业"，到人间奋斗。两条主线相互交织，探讨改变和如何有勇气面对改变的热门话题，是一则很励志的故事。

据悉，《小门神》共 1940 个镜头，历时 29 个月，160 名"追光人"参与制作，103 分钟的电影共产生 10.2 万个创作版本，每个版本都是一次迭代和进步。如今，《小门神》已经上映，制作团队却已经转入了第二部电影《茶宠与小机器人》的制作中。《茶宠与小机器人》项目已经进入"灯光"的环节，而第三部电影的剧本王微也已经写完了。

王微把自己和整个追光团队定位为工匠而非艺术家。"工匠，是打磨东西的同时打磨自己。"王微和追光倾注了两年的时间、一万多个小时来打磨《小门神》这款产品。"我现在才有这种工匠的感觉，而且我喜欢这种感觉。"他希望首部长片"不鸣则已，一鸣惊人"，有视觉冲击力，让人在众多的电影中第一眼记住。（撰稿/吴蕴庭、邵琦）

编者点评：人生的意义就是在一项又一项的挑战中实现的，每一个鸿沟的逾越都是对自我的战胜和超越。王微无疑值得每一个人学习。对完美的苛刻，对细节的掌控，正如劳斯莱斯创始人亨利·莱斯爵士的一句名言："圣之道，至善至美。"而对未知的探索，对美的欣赏，对突破的渴望，对自我的约束，这些都是这位企业家身上的闪光点。万众瞩目，让我们期待王微带给我们的惊喜。

资料来源：

［1］南方人物周刊．王微：离开土豆的日子．http：//tech. qq. com/a/20140528/001187. htm ［2014 – 05 – 28］．

［2］中国企业家网．王微要怎样通过《小门神》，实现国产动画的迭代？．http：//www. iceo. com. cn/com2013/2015/0926/300071. shtml ［2015 – 09 – 26］．

何享健：卸任后的"另一段人生"

何享健 男，1942 年生，广东顺德人，美的集团创始人，先后获得"广东省优秀企业家""首届空调大王""广东省优秀共产党员""全国优秀乡镇企业家""广东省'五一'劳动奖章""全国劳模"等荣誉称号。2015年 8 月初，早已卸任美的集团董事长并致力于慈善事业的他，因其子何剑锋突然卷入做空旋涡，导致他与儿子多年来在金融领域的布局浮出水面，引发轩然大波。

何享健是我国第一代民营企业家的杰出代表。1968 年，26 岁的何享健在那个特殊的年代开始"创业"。1980 年进入家电业，1981 年注册美的品牌。1993年，美的在深交所上市，成为中国第一家乡镇企业上市公司。2013 年，美的集团整体实现销售收入达 1210 亿元，外销销售收入 74 亿美元。2013 年"中国最有价值品牌"评价中，美的品牌价值达到 653.36 亿元，名列全国最有价值品牌第5 位。在中国民营企业发展史上，何享健真可谓"功莫大焉"！

2012 年 8 月 26 日，何享健突然宣布辞去美的集团董事局主席，过上了"退休"的生活。之后，这位一向以低调著称的商界大佬更是令外界难见到其身影。

当时有些媒体就在猜测：交班之后，何享健的热情到底转向了哪里？

其实在何享健"隐居"的那一段时间，他自己也在"思考另一段人生"。

2013年3月6日，南都网发文透露，"何享健在慈善领域有所动作"：第一，"来自顺德区人社局的消息，何享健欲捐款1亿元发起成立广东省德耆慈善基金会"；第二，"何享健参与了顺德企业家举办的慈善拍卖酒会，为该基金会筹得善款138.89万元。"该文章最后甚至还评论说："（何享健）以其聪慧的头脑和在商业方面的影响力，如能将更多精力和财力投入慈善领域，有望成为中国慈善界的盖茨。"

2013年12月，在何享健的积极倡导和组织下，广东省何享健慈善基金会被批准成立。

2014年2月28日，何享健在慈善基金会成立仪式上向外界承认，这段新的人生就是"做一些慈善事业，回馈社会，回馈国家和地方"。其实从2008年开始，何享健就有了筹办一个慈善机构或组织，做一些慈善事业的想法。"没有国家的发展，没有改革开放，就没有美的的发展，没有我今天的成绩。"如今，功成名就的他愿意以身作则，带头在顺德创造一个社会氛围，让有能力、有条件的人共同参与，多做善事。

2014年10月23日，由何享健推动建设的顺德善耆养老项目举行奠基典礼，该项目总投资约5亿元，是广东首个公益慈善养老项目；同年10月27日，何享健建设的一个具有岭南水乡特点的古典园林精品——和园在北滘新城区正式奠基动工，园林建成以后，将免费向市民开放。在推进两个实体项目之后，广东省何享健慈善基金会又拿出80万元，定向资助养老和文化保育两个领域的公益项目。

因为这一系列公益慈善项目的缘故，在新闻报端及公众面前越来越"高调"的何享健似乎真的将焦点从商业转移到了社会事业上，以他本人命名的慈善基金会则成了他离开美的集团后又一个"安身立命"之所，甚至"对于基金会细节比在美的时问得都细"，"他已经到了亲力亲为的阶段"。在何享健的影响或带动下，他的子女们接下慈善接力棒，纷纷涉足慈善领域。尤其是何享健独子何剑锋，早在2010年5月27日就成立了佛山地区首家非公募基金会——广东省盈峰慈善基金会，现担任何享健慈善基金会主席。而何享健的两个更为低调的女儿，则分别担任何享健慈善基金会的理事长。全家做公益，更加凸显了何享健做慈善的巨大诚意。

然而，殊不知，何享健在忙于做慈善的同时，背后也在持续进行着金融方面的投资与布局，以"充实"自己的"另一段人生"。

在商界打拼了几十年的何享健，自然也看到了金融投资的广阔财富空间。在何享健的操控下，美的集团使出连环拳，旨在布局金融投资，像美的集团、美的集团财务公司分别持有顺德农商银行7%及2.4%的股份，位居第二、第六大股东，两者合计持股的份额超过了单一第一大股东顺德供水公司，"除此之外，美的集团还参股了1家基金公司、4家银行股权，分别为金鹰基金、江苏银行、湖北银行、江西樟树顺银村镇银行、丰城顺银村镇银行，其中江苏银行持股数为523万股，其他4家持股比例分别为20%、1.29%、6%、6%。"即便如今何享健已经退居幕后，也仍然掌控着美的的战略方向。

近年来，何享健的儿子何剑峰也频频涉足金融业。早在2002年何享健成立盈峰控股的时候，何剑峰就显示出对金融业的浓厚兴趣，并很快成为实际掌控人。他无意涉足美的的经营，在2012年美的集团进行管理层交接的时候，仅以董事身份位列在新一届美的集团董事会之中，亦未持有美的集团股份。有资料显示，截至2014年年底盈峰控股及其关联方，共计分别持有顺德农商行、易方达基金、开源证券9.4%、25%、35.35%的股份。其中，在易方达基金，盈峰控股与广发证券、粤财信托为并列第一大股东。

不过，何剑峰因涉足"做空"机制，盈峰控股一度被限制交易。2015年7月31日，沪深交易所陆续披露了被限制交易的34个账户名单。在这34个限制名单中，多个账户与盈峰资本有关。当晚，盈峰资本发布公告，承认其4只量化对冲基金账户被限制交易。

迄今为止，包括盈峰资本在内，何享健父子在金融领域的布局，已经扩展到银行、券商、基金、创投等领域，这其中涉及2家公募基金、6家商业银行和1家券商。截至2015年6月底，顺德农商银行、开源证券资产规模分别为2211亿元和198亿元，易方达基金管理的资产总额则达5348亿元。如以持股比例计算，美的集团和盈峰控股目前的金融资产规模至少已经超过1800亿元。如此可观的金融资产规模，如果不是何剑锋突然卷入做空旋涡，外界将无以得知，而公众也很难更加全面地看到卸任后的何享健的"另一段人生"。（撰稿/吴蕴庭、吴路路）

编者点评： 虽然卸任了美的集团董事长的职务，"告别"了自己的"美的人生"，但是何享健的"另一段人生"照样活得非常精彩。在这段人生中，我们既看到了作为一名企业家，何享健在慈善领域的付出与社会担当；也看到了他在金融领域中创造财富时的运筹帷幄，高瞻远瞩。这两点我们都应该肯定。一个不仅能在工作中创业，而且在退休后仍能为社会发挥余热的，才是真正的"美的"人生！

资料来源：

［1］ 凤凰网．何享健家族的慈善理想．http：//tech. ifeng. com/gundong/detail_ 2014_ 04/28/36060221_ 0. shtml ［2014 - 04 - 28］．

［2］ 网易新闻．顺商大佬的现代公益梦想．http：//news. 163. com/14/1114/ 05/AB06L8CQ00014AED. html ［2014 - 11 - 14］．

［3］ 第一财经日报．美的少东家卷入做空疑云．http：//www. yicai. com/ news/2015/08/4664546. html ［2015 - 08 - 04］．

陈生、陆步轩：把猪肉卖出"北大水平"

陈生　男，广东湛江人，1984 年毕业于北京大学经济学院，现为广东天地食品集团董事长兼总裁。**陆步轩**　男，1966 年生，陕西西安人，北京大学中文系毕业，2000 年下海卖猪肉，2004 年"招安"于体制。2009 年 8 月陆步轩和陈生在广州创办目前为止全国唯一的"屠夫学校"。2016 年 9 月陆步轩再次辞官下海，专心从事猪肉行业。如今，他们的"天地壹号"猪肉全国驰名，将猪肉卖出了"北大水平"。

在陕西地方戏种眉户剧中有一个传统的剧目《屠夫状元》，说的是一个贫穷善良的单身屠夫胡三，先是在雪地里救了一个冻僵的书生党金龙，后来又在都城长安救了一对母女老夫人和姑娘党秀英。原来这被救的三人是一家人，是忠臣之后。后来这个党金龙高中状元，却认奸臣杨猎作父。而胡三从老夫人手里获得了朝廷要找的夜明珠献宝有功，被赏赐为状元即屠夫状元。两个"状元"在灞桥相遇，胡三杀了杨猎和党金龙，老夫人和姑娘党秀英也得以平反。这样胡三不仅成了状元，而且也善有善报，有了媳妇有了娘。

胡三是幸运的，由屠夫成了状元。但当代，同样生长于长安城的陆步轩却是"背运"的，他由状元变成了屠夫！1985 年，他以西安市长安县（现为长安区）的文科状元的成绩，被北京大学中文系录取。四年以后，他以"宁为鸡头，不做凤尾"的"北大气质"，坚决回到了长安县，在县里企业工作。后来在市场经济的冲击下，企业破产，陆步轩失去了工作。为了维持生计，2000 年，他辗转跑到 20 公里外的县城里去摆摊卖猪肉。短裤、拖鞋、脏兮兮油乎乎的衣服，成了"标配"。不过，毕竟是"状元屠夫"，他比别人多一副眼镜，被称为"眼镜肉店老板"。更重要的是，他诚信经营，从不卖劣质肉，从不缺斤短两。几年下来，他一个档口一天能卖 12 头猪（普通的档口一天只卖两三头）。然而天下没有不透风的墙，20 多公里的距离风一吹就刮到了，更何况他还卖出了名。"状元屠夫"的名号被乡亲大肆宣传了一番，紧跟着众多媒体采访报道，陆步轩一度成为县里孩子驳斥家长要求努力考大学的"挡箭牌"。

2004 年，陆步轩终于选择"屈从"舆论的压力，回到了"体制"内。但他杀猪早就杀出了心得，体制内一眼望到十年后的生活实在让他提不起兴趣。

与此同时，在遥远的广东，也有一个像陆步轩一样的北大毕业的"屠夫状元"。他叫陈生，陆步轩入北大校门的时候，他已经获得经济学学士学位早一年毕业了。他比陆步轩幸运，先是分到当地的一家高校当老师，后来进入广州市政府给领导当秘书。因为撰文受到了批评，一气之下便"下海"自己搞起了"市场经济"——搞房地产，倒腾酒水饮料，后来养起了猪。当然了，北大状元养猪也不同一般，他养的猪命名为"天地壹号"，天下闻名。他办的公司也风生水起，成了亿万富豪。

2008 年，北大的这两个"屠夫状元"在广州相见，两人同病相怜，惺惺相惜，相见恨晚。一番唏嘘之后，便决定合作成立一家"屠夫学校"，培养更多的"屠夫状元"。2011 年 12 月，陆步轩带着自己写的《猪肉营销学》讲义，走进了广州"屠夫学校"——他不仅是校长，还要当老师。

2009 年，有了更多的"屠夫"，他们养的"天地壹号"猪也真成了"状元"。天地壹号土种猪是陈生他们经过长期的实践和研究，在广西陆川猪种的基础上，再与我国优秀的地方土猪太湖猪进行二元杂交，从而选育出来的更优质土猪种。"天地壹号"肉色纹理好，肉质细嫩，香味浓郁，是目前市场上营养价值最高、质量最好的猪肉产品之一。2008 年 1 月，在中国金猪比赛中，壹号土猪获得广州地区烹饪协会颁发的"最佳肉质奖"和"最佳风味奖"。2009 年 1 月，壹号土猪分别获得无公害产地和无公害产品认证，是广东省唯一一家被农业部核准的无公害土猪。

著名企业家雷军有句"名言"："台风来了，猪都会飞！"雷军的本意另当别论，学经济的陈生对此深有体会——台风不就是机会嘛！多年来，陈生就是借助和自我掀起的一场又一场更大的"台风"，让他的"天地壹号"土猪真的飞起来了，"飞"成了"天地老大"。

早在 2006 年，陈生在广州发现一个怪象，越穷越落后的地方（比如乡镇的农村）越是会吃好东西（土猪），越富有的地方反而没有贫困地方的好。学经济的陈生断定这绝对不是正常现象。在这个"台风"口上，壹号土猪一出现，广州人就哗然了。陈生拉着一头活土猪到农贸市场，引起广州市民极大的兴趣，猪肉一售而空，好部位也总是在上午 10 时左右就售罄。"狠土狠香狠安全"，天地壹号土猪生意越来越火，市场越做越大，从广东做到北京，走到一地火一地。

陈生和陆步轩饲养天地壹号土猪，采用的是"公司＋农户"的方式，同样也以"共同富裕"为目的。在广东湛江遂溪官湖村，他们建设了城乡共荣实验基地，承包 20 万平方米土地，给当地村民每户建一套别墅，让村民们到他们的养猪场"上班"。按劳动力每户分配 500～1000 头猪，按标准出栏统一收购，每户年纯收入最高 10 万元……

猪肉销售，他们采取的同样是"连锁"模式，给每个承销商都制定了同样的营销模式，档口的设计要统一，员工服装要统一，还要"边唱边跳"地卖猪肉。短短两年时间，他的店铺就发展成为广州乃至广东最大的猪肉连锁店。"没在北京卖猪肉，就还不算把猪肉卖出北大水平。"陈生曾笑言。2013 年 10 月 19 日上午，壹号土猪正式进军北京，在全市 10 家物美超市和 2 家农贸市场开卖。截至目前，他们在北京、上海、广东地区已经开有 800 多家连锁店，年销售天地壹号土猪 30 万头，年销售额超过 10 亿元。

不仅是"屠夫状元"，陈生还是"饮料状元"。他旗下的另一个品牌天地壹号饮料股份有限公司，2015 年 8 月 20 日挂牌新三板，以最新的 25.7 元/股的成交价计算，陈生身价超过 100 亿元，仅次于九鼎投资董事长吴刚，成为新三板第二富。

2013 年 4 月 11 日下午，北京大学"职业素养大讲堂"首场讲座"职业选择与人生发展"在英杰交流中心阳光大厅举行，陈生和陆步轩两位北大"屠夫状元"回到母校，与北大师生面对面交流。"我给母校'丢了脸、抹了黑'，我是反面教材。"演讲一开始，陆步轩曾这样说；两年又七个月之后的 2015 年 11 月 16 日，陈生又回到北大，参加了北京大学第五届校友企业专场招聘会，再度为师弟师妹们演讲，表示养猪卖肉是能托付一生的行业。此次，陈生不仅与大家分享了创业经验，还带来了年薪 20 万元的工作岗位。两次演讲，社会在变，陈生、陆步轩的事业和观念在变，师弟师妹们看待他们的眼光在变。表面上看，养猪杀猪是又笨又脏的"下里巴人"的活，但能做到"砉然响然，奏刀騞然，莫不中音。合于桑林之舞，乃中经首之会""好者道也，进乎技矣"他们这般"陈陆杀猪，游刃有余"的北大水平的，估计寥寥无几。

市场上也有不同的声音。比如 2013 年 11 月 11 日中国猪业网刊登文章《壹号土猪肉根本就不好卖》，说壹号土猪肉进价高、零售价贵、档口密等根本就不好卖。众口难调，当然了，这也反映出他们需要改进的地方。

2016 年 9 月，陆步轩再一次"破釜沉舟"跳出体制，一心一意投入到了卖

猪肉的行业中去，他说："以前是谋生，现在是谋事业。"（撰稿/晋珀、吴蕴庭）

编者点评：真是应了那句俗语，"三百六十行，行行出状元。"养猪杀猪卖肉亦然。只是在当今的社会环境下，要养好猪，更需要科学技术，更需要现代的市场经济知识。而这一点，北京大学是当之无愧的，北大学生也是当之无愧的。这样看来，陈生和陆步轩并不是"丑角"，更没有给北大丢脸！如果他们把猪肉卖不到"状元"水平，卖不到"北大水平"那才是给北大丢脸呢！

资料来源：

［1］看见．北大卖猪肉男陆步轩复杂的人生．http：//edu. sina. com. cn/l/2013－04－23/1609227800＿ 3. shtml［2013－04－23］．

［2］搜狐网．北大"屠夫"辞去公务员：以前谋生现在想谋事业．http：//m. sohu. com/n/474288668/?＿ trans＿ ＝000019＿ QRCode＿ PCnews&＿ once＿ ＝000022＿ shareback＿ wechat＿ flow［2016－11－28］．

王石：从"君万之争"到"万宝之争"

王石　男，1951 年 1 月生，广西柳州人，兰州铁道学院给排水专业毕业，万科企业股份有限公司创始人，万科集团董事会主席。他一向"舍利重名"，其企业家精神为人称道，被誉为中国最成功的企业家之一。2015 年下半年的万科股权之争引起他不少烦恼。

毫无疑问，王石是中国最成功的企业家之一。1988 年进入房地产行业，在他的领导下，经过三十余年的发展，万科公司成为全球最大的住宅建设公司，是中国房地产界最亮丽的一张王牌。2014 年万科公司实现销售面积 1806.4 万平方米，销售金额 2151.3 亿元，销售规模居全球同行业领先地位。但是近年来，也是失得难说，烦恼不断。

2008 年汶川大地震后，王石遇上了难堪的"捐赠门"。虽然那只是在特定的状态下民众感性与企业家理性的偶然碰撞，但也让他多次道歉。

不过，对于王石，最痛苦的莫过于 2015 年的万科股权之争了！这几乎是没有预兆的"遭遇战"，王石几乎猝不及防。更严重的是，一旦失败，万科将"万劫不复"，他这块"王的宝石"又与河边山脚一块顽石何异？

万科是上市企业，其股票是自由买卖的。谁购买你的股票多，谁就能成为大股东控你的股；而且按照万科章程，一旦达到30%，控股大股东就可以改组企业管理层，整个公司就可以变"姓"，董事长也可以换人，且万科整个的企业文化都可能被倾覆……

在现代市场经济史中，此类恶例并非鲜见。布赖恩·伯勒的《门口的野蛮人》，详细记录了那起最著名的恶意收购案。美国杠杆收购之王KKR用了不到20亿美元，就撬动了杠杆250亿美元并控制了雷诺兹纳贝斯克烟草公司，并最终将其分拆。

不过，此次撬动万科的"野蛮人"宝能，真可谓是"名不见经传"，仿佛是一夜之间从地里冒出来的！

宝能系的掌门人姚振华，1970年出生于广东潮汕，1992年大学毕业进入深圳工作，早年靠卖蔬菜起家，几十年间，就将其掌舵的"宝能系"发展成集地产、保险、物流、小额贷款、教育、医疗、农业等众多产业为一体的庞大而神秘的商业帝国。宝能一直偏居深圳一隅，迅速走向全国做成全国地产头牌一直是姚振华的梦想，这也正是他看重万科价值的地方。不管是整合万科二三线城市的资源，还是借助万科的品牌背书，对宝能乃至潮汕地产圈都有着巨大吸引力。正因为如此，宝能可谓对万科觊觎已久垂涎三尺。

2015年1月起，"宝能系"旗下深圳市钜盛华实业发展有限公司（下称钜盛华）及相关联企业前海人寿，前后动用了400多亿元现金，展开对万科股权的强力争夺。

之前，王石与姚振华素昧平生从未谋面。但当宝能系增持万科至10%时，王石有点不祥预感。2015年的盛夏时节，在北京万通公司冯仑的办公室里，他曾与姚振华有过一次4个小时的长谈。据说当时姚振华主动对王石"示好"，除了表示对王石的"尊重"外，还表示即使控制也充分相信万科的管理团队。但王石毫不客气地拒绝了姚振华的这一想法，指出宝能一年几十亿元的销售额要管理万科的2000多亿元，不仅是"不够格"，简直就是"癞蛤蟆想吃天鹅肉"！更严重的是，王石对宝能的资金来源表示怀疑，因为其大量的资金通过短债长投、层层借钱、循环杠杆，属于"高息举债"的"杠杆资金"，风险非常大。万一让宝能控股，一旦资金链条断裂，万科"大厦"将轰然倒塌。

但是，姚振华和宝能仍然"一意孤行"，继续增持万科股份。12月中旬，其持有比例已经达到22%后，王石和"万科人"才感到现实的危险，不得不与宝能正式"宣战"。

2015年年末，在北京朝阳公园南门西侧一幢四层小楼内的北京万科总部，王石首度发声，并明确表示"不欢迎新晋大股东姚老板"。面对王石的"不欢迎"，宝能半夜发声明，表示将"恪守规则，相信市场的力量"。

第二日，宝能已经持有万科总股本的23.523%，成为万科的第一大股东，离万科章程规定的30%改组管理层的要求只有一步之遥，万科真的是"到了最危险的时候"，不得已绝地反击！

下午1时，万科A、H股双双停牌，理由是"正在筹划股份发行，用于重大资产重组及收购资产"。一个月内，即2016年1月18日前，万科要披露重大资产重组信息，公司A股股票也要恢复交易。紧急停牌，这是王石和万科自救最无奈的一着急棋，旨在稀释宝能股份，同时也能提高宝能的杠杆资金成本，拖累宝能。此计划曾被媒体称为"毒丸计划"。但显然这一计划的难度是非常之大的，甚至还需要通过股东大会通过决议。不久，这一计划就"风吹毒散"。

万科停牌，给王石借得了宝贵的时间。他深圳、香港马不停蹄地拜访各相关金融机构、大股东、管理层以及向众多中小股东，他相信管理层的力量，希望获得众多中小股东的支持。无论如何，他要顽强抗争，绝不能把自己创建30年的万科拱手让给别人！

其实，"野蛮人敲门"的状况对万科和王石都不陌生，1994年就曾经发生过"君万之争"。当时的君安证券与如今的宝能如出一辙。只不过当时其有非法的"老鼠仓"勾当，万科人轻而易举地逃过一劫。但他们并没有从股权设置这一最根本的问题上意识到和解决这一问题。王石觉得："在中国名利双收很危险，我选择舍利取名。"这样一来，他对自己以及其他创立者的股权便形成了某种制约，造成了当今万科股权高度分散的局面。1993—1997年，万科最大股东持股比例始终没有超过9%，1998年前10名股东持股比例总共为23.95%，是一个典型的大众持股公司。2000年，引入华润集团成为大股东后，万科依然没能改变股权分散状态。截至2015年6月30日，万科前十大股东合计持股约25%。所有权与管理权分离，职业经理人在公司日常运作中具有很大的发言权，这是万科曾经引以为傲的职业经理人制度。但他们同时也未对管理层设置任何实际有效的保护条款等。这样，让"野蛮人"轻而易举登门。

20日，作为万科董事会主席的王石，终于承认自己在万科的股权治理缺陷方面负有不可推卸的责任，他更希望获得所有股东的支持，逃过此劫。

23日，王石拜访了瑞士信贷。他在发表演讲时表示，对于此次股权的争夺战，最希望看到的是多赢结局；希望在合法合情合理的基础上，照顾到多方利益。同时，王石表示了对潮汕帮的尊重，并认为宝能、华润、万科均属于深圳帮，为深圳做建设，不应发生内斗。同时，王石强调，一切的"妥协"，均需建立在宝能放弃对改变管理层以及管理方式的基础上。王石希望宝能系仅作为财务投资者，以延续目前的企业文化。

但这样的想法恐怕是缘木求鱼甚至与虎谋皮。因为早有人士指出，姚振华控股收购万科换掉王石的目的非常明确。

截至 2015 年 12 月 18 日万科停牌，万科的股权结构是这样的：宝能系占23.523%，为第一大股东。华润持有 15.25% 股份，为第二大股东。王石等管理层持有 4.14%，个人大股东刘元生持有 1.21% 股份。如果把华润、管理层和刘元生三者相加，离宝能系还有一定差距。这样，其他机构股东的态度就尤为重要。其中，安邦集团持有的 6.83 亿股，占总股本 6.18%；摩根大通公司持股1.9 亿股，占 H 股比 14.58%，占总股本 1.72%；瑞银集团持有 0.95 亿股，贝莱德持有 0.94 亿股，澳洲联邦银行持有 0.91 亿股，汇丰持有 0.8 亿股，惠理集团持有 0.66 亿股。

这样，安邦集团就成了万科和王石最要命的"统战对象"。王石积极运作，欢迎安邦成为万科股东，希望他们支持现有管理层的工作。经过谈判，终于于 23 日 23 时达成协议，双方通过各自的官方网站，突然宣布结成同盟。

万科管理层与安邦"结盟"，加上二股东华润，这样，王石阵营的股份占比已有 27.28%，暂时超过"宝能系"24.26% 的持股比例。

2016 年 12 月 3 日，证监会主席刘士余喊话资产管理人，监管层终于发声。12 月 5 日，保监会下发监管函，针对万能险业务经营存在问题，并且整改不到位的前海人寿采取停止开展万能险新业务的监管措施；12 月 13 日，保监会主席项俊波在讲话中警示保险公司，约谈十次不如停业一次，不行还可以吊销牌照；12 月 17 日，恒大集团总裁夏海钧在公开场合对恒大增持万科一事表态称，"我们无意也不会成为万科的控股股东"；12 月 18 日晚间，万科 A（20.640，-0.29，-1.39%）宣布终止与深圳地铁集团重组。

在外界看来，万科控制权大战终局将至。有报道称，宝能系已在谋求退出的方案。但资本市场翻云覆雨、瞬息万变，万科股权之争结果如何，仍是未知数。

消息称 2017 年 3 月，万科将迎来新一届董事会换届选举。股权结构的改变，势必将影响各方股东对董事局席位的争夺。同样不确定的，是王石的去留。（撰稿/晋珀、吴蕴庭）

编者点评： 始于 2015 年的万科股权之争已经持续了一年半之久，从宝能在二级市场上的强势举牌，到华润态度的暧昧不清，再到深铁重组方案的踟蹰不前，及至恒大系的"登堂入室"。这场由宝能系发动的万科控制权之战，最终演化为国有股东华润、地方国资深圳地铁、恒大系、万科管理层等利益相关方的博弈。这场博弈远没有结束，资本与情怀的冲突，金融监管体制的漏洞……这些悬而未决的问题，将注定让其作为一个涵盖了公司治理、资本和监管的经典案例载入史册。

资料来源：

［1］新华网．王石：2016 我是最有资格焦虑的人．http：//news. xinhuanet. com/fortune/2017 – 01/04/c_ 129431800. htm［2017 – 01 – 04］.

［2］搜狐财经．万科：欢迎安邦成股东　安邦：希望万科管理层稳定．http：//stock. sohu. com/20151224/n432393981. shtml［2015 – 12 – 24］.

［3］搜狐财经．"万宝"之争：王石首度表态可以"妥协"．http：//business. sohu. com/20151224/n432394571. shtml［2015 – 12 – 24］.

［4］搜狐财经．万科重演 21 年前噩梦　王石：是我错了希望股东支持．http：//business. sohu. com/20151229/n432859442. shtml［2015 – 12 – 09］.

雷军：站在风口上的"猪"

> **雷军** 男，1969 年生，湖北仙桃人，小米科技创始人、董事长兼首席执行官；金山软件公司董事长；中国大陆著名天使投资人。2013 年小米手机风景独好，出现了"飞猪理论""1 亿元赌约""雷倒千军"。但随着市场的发展，一切又都循规而行，风波不断。

无疑，雷军是学习的神童和互联网的天才。1987 年，雷军以优异的成绩考入全国重点高校武汉大学。他不像别的孩子一样因家里贫困，要省吃俭用、好好学习，以求将来分配个好工作（当时国家还给大学生分配工作）。雷军就是要自己做点事情。要知道，这在当时的大学生间是非常难能可贵的。当时，雷军看到了那本《硅谷火焰》。在当时，知道乔布斯的中国人寥寥无几，计算机专业当时还属于数学系，计算机当时也就是个计算工具，许多大学也只是用它来发工资。至于互联网，简直就是一个概念而已。但雷军却不这样认为，他从这本书中，看到了乔布斯这些硅谷英雄创业的故事，内心像是有熊熊火焰在燃烧，激动得好几个晚上没睡着觉。他在体育场上走了一遍又一遍，心情很难平静。所以雷军在大学一年级的时候就告诉自己，光有梦想是不行的，要脚踏实地地真正做几件不一样的事情。

为了给"做事"腾出时间，雷军急于毕业。感谢当时的武汉大学已经实行了学分制，雷军将四年课程用了两年学完。

"读完"大学的雷军便开始闯荡计算机市场了。1992 年，雷军与同事合著了《深入 DOS 编程》一书。接下来的两年里，雷军涉猎广泛，写过加密软件、杀毒软件、财务软件、CAD 软件、中文系统以及各种实用小工具等，并和当时的同学，现在的金山软件有限公司副总裁王全国一起做过电路板设计、焊过电路板，甚至还干过一段时间的"黑客"，解密各种各样的软件。两年下来，雷军成了武汉电子一条街甚有名气的人物。

大学四年级的时候，雷军开始和同学王全国、李儒雄（现光谷创业咖啡总经理）等人创办了三色公司。当时的产品是一种仿制金山汉卡，可是随后他们的产品被盗版了，公司经营遇到了巨大困难。半年以后，只好解散。最后，雷军等三人各分到了一台 286 电脑、一台打印机和一台 386 电脑了事。因此，雷军的初次创业，以失败而告终。

1992 年年初，雷军加盟中国优秀的 IT 公司——金山公司。先后出任金山公司北京开发部经理、珠海公司副总经理、北京金山软件公司总经理等职务。1998年 8 月，雷军担任金山公司总经理；2000 年年底，金山公司股份制改组后，出任北京金山软件股份有限公司总裁。雷军从 22 岁进入金山，一直工作到 38 岁，在金山工作了整整 16 个年头，其间完成了金山的 IPO 上市工作。2011 年 7 月 11日，雷军正式接掌金山软件董事长。

至此，雷军在 IT 行业已经浸染了近 20 年。

2010 年 4 月，雷军与林斌、周光平、刘德、黎万强、黄江吉和洪峰联合创办小米科技公司，并费尽心思让小米"无限完美"。他们刚开始注册的时候，工商局甚至以为他们是要注册一家农业食品公司。谈及这些，雷军说他们的本意是要"小米加步枪"，在科技界取得一流的业绩。

2011 年 8 月，小米科技公布其自有品牌手机小米手机。小米公司创业伊始，便明确要专注于智能产品的自主研发，"为发烧而生"是小米的产品概念。他们首创了用互联网模式开发手机操作系统、发烧友参与开发改进的模式，不仅领技术之先，而且与消费者充分互动，很快拥有大量"粉丝"；不仅如此，雷军还充分利用互联网营销策略，保持了令世界惊讶的增长速度，小米公司在 2012 年全年售出手机 719 万台，2013 年售出手机 1870 万台，2014 年售出手机 6112 万台。

2013 年小米从一个默默无闻的公司，靠着雷军和黎万强的高级营销技巧，估值一度达到了 450 亿美元，出货量中国市场一度占有率第一。此时的雷军，已是手机甚至 IT 界呼风唤雨的人物，他的一言一行都是"重磅炸弹"；此时的雷军，也是"雷声不断，吓倒三军"。

从 2013 年开始，雷军接受媒体采访、出席各种公开活动时，经常会提出一种理论，即所谓的"飞猪理论"，成为风靡创投圈的"方法论"。这个"理论"核心只有一句话："猪站在风口上也会飞起来。"后来，他又不断修正使其"丰富"。他提出"1 万小时定律"和"选择比努力重要"两大理论。前者是"前提"，没有深厚积累即便遇到发展良机，也会失之交臂；后者是"核心"，"不能只顾埋头苦干，还要抬头看路。应该花足够时间研究风向，研究风口，这样你成功的概率要大很多。"不料，他的这一"理论"一经提出，即招致一些业界大佬的强烈反对。马云（微博）认为："猪碰上风也会飞，但是风过去摔死的还是猪，因为你还是猪。"周鸿祎（微博）更直言："风口上的猪是一句正确的废话。"李彦宏认为其充满投机思维，贾跃亭认为这是机会主义者……

2013 年 12 月 12 日，央视第十四届"中国经济年度人物"颁奖典礼上，雷军与格力电器董事长董明珠的"1 亿元赌约"引发轩然大波。转眼到了 2015 年，市场风云突变，最初夸下海口在 2015 年销售 1 亿台手机的雷军，后改成 8000 万台。现在根据供应链和第三方的数据，最多完成了 7300 万台手机。市场上大多公司推出全金属一体机，指纹成为标配后，小米再回头发现已经晚了一步。至此，不重视技术，只重视营销和包装产品，2015 年小米全线产品竞争力不够暴露无遗。

其实，小米和雷军的烦心事远不止此：移动电源上黑榜、社区漏洞、难修的小米、空气净化器抄袭、手机涉嫌侵权、被指错标中国地图、被实名举报虚假宣传事件等真是"山雨欲来风满楼"。

2015 年 12 月 16 日是第二届世界互联网大会开幕的日子，习近平总书记出席会议时参观了小米展台，并试骑了他们的平衡车。雷军说，他因为担心"吓得够呛"。问及他为什么要做平衡车，他说因为要专注做机器人，而平衡系统是机器人的一个重要组成部分。实际上，平衡车也并不是小米公司自己做的，而是小米打造生态产业链过程中投资的一家初创公司的产品，这家公司只用了 3 年，就做成了全球最大的平衡车公司。而雷军最后也提醒，两年来小米投资 56 家公司，90% 都失败了。因此，即便是在这个高度分工高度协作的产业链中，创业依旧是很有风险的。

2016 年 6 月在中国天津举办的夏季达沃斯论坛上，雷军表示，未来三年，小米的主力产品还会是手机，并且还要做科技界的无印良品（MUJI）（MUJI 无印良品诞生于 1980 年，是一个日本杂货品牌，在日文中意为无品牌标志的好产品，后来发展为一种生活哲学）。（撰稿/晋珀、吴蕴庭）

编者点评： 取这样的题目，我们无意对雷军有任何的不尊，倒是从另一个角度契合了小米的本意。"小米加步枪"是小米的本意，这是一种什么精神？这是一种艰苦奋斗的精神，这是一种谦虚谨慎的精神，这是一种锐意创新的精神。三点一面，只要始终意识到自己站在危机的风口上，只要紧紧维系这个"面"，相信真的会"如猪添翼"，不仅能飞，而且永远、持久且平稳落地。这才是雷军"飞猪理论"的本意和精髓。

资料来源：

［1］南方周末．周鸿祎与雷军：从好友到仇人．http：//tech. sina. com. cn/i/m/2012 – 06 – 01/14457206187. shtml［2012 – 06 – 01］．

［2］腾讯网．雷军"飞猪理论"是如何被玩坏的？．http：//tech. qq. com/a/20151230/010787. htm［2015 – 12 – 30］．

李书福：没有政策边界是危险的

李书福　男，1963 年生，浙江台州人，现任浙江吉利控股集团有限公司（下称"吉利"集团）董事长，全国政协委员。近年来，李书福提出"没有政策边界是危险的"的思想，与中央的负面清单相吻合，反映了中国企业家发展的一种新动向。

李书福就是为汽车而生的。

1982 年，李书福高中毕业，放弃求学，做起了照相生意。在一次洗相片的过程中发现了一种药水，可以把废弃物中金银分离出来。不久，他"痛快"地关掉了生意不错的照相馆，全身心投入到分离金银的工作中，并把它们出售到杭州。

1984 年，李书福"进军"冰箱配件，"光荣"地成为浙江省台州市黄岩县石曲冰箱配件厂厂长，主要生产电冰箱。在他的领导下，黄岩县石曲冰箱配件厂"升级"为黄岩县北极花电冰箱厂，其研发的北极花电冰箱逐步成为国内冰箱行业的名牌产品。

1995 年，李书福到哈尔滨工业大学深造，取得博士学位。在此之前，李书福已成功收购了浙江临海一家有生产权的国有邮政摩托车厂，并研制了四冲程踏板式摩托车，取名为"吉利"。1994 年，李书福筹建了吉利"豪情汽车工业园区"。之后，他又投资 1400 万元成立了四川吉利波音汽车制造公司，拿到了小客车、面包车的生产权。2001 年 12 月，国家经贸委发布了第七批车辆生产企业及产品《公告》，吉利终于获得了轿车生产资格。

凭借着灵活的经营机制和持续的自主创新，吉利控股集团有限公司在汽车、摩托车、汽车发动机等领域业绩辉煌，被评为"中国汽车工业50年发展速度最快、成长最好"的企业，跻身于国内汽车行业十强。

从拿起相机到经营公司，李书福华丽转身的背后，支撑他的正是勇气。当有人问道"阻碍中国企业形成全球文化的障碍在哪里"时，他表示："有些企业缺乏勇气和发展的理念，而这正是走向商业成功必不可少的因素。"除去勇气，李书福的"三步收购征程"可谓是大胆果敢。

2009年3月27日，在澳大利亚新南威尔士州政府大厦，举行了"吉利"集团并购澳大利亚DSI自动变速器公司的签字仪式。澳大利亚DSI自动变速器公司是一家集研发、制造、销售为一体的自动变速器专业公司，是全球仅有的两家独立于汽车整车企业之外的自动变速器公司之一。拥有80多年的发展历史，年产18万台自动变速器的生产能力，雄厚的技术支持和丰富的产业经验。因受到全球金融危机的影响，在2009年2月中旬，进入破产程序。"吉利"集团仅用30多天便成功完成了并购。

2010年8月2日，"吉利"集团正式完成了对福特汽车公司旗下的沃尔沃轿车公司的全部股权收购。福特汽车公司是世界上最大的汽车生产商之一，成立于1903年，旗下拥有著名的福特（Ford）和林肯（Lincoln）等汽车品牌。2008年，美国爆发金融危机，使得福特汽车公司旗下的沃尔沃轿车公司持续亏损，只得被收购。据了解，"吉利"集团与美国福特汽车公司在瑞典的哥德堡正式签署了协议，以18亿美元收购沃尔沃100%股权。这是当时中国汽车行业最大的一次海外并购。收购沃尔沃为吉利技术的研发注入了强心剂，沃尔沃也借助吉利的平台降低了成本，二者销量持续上升。

2013年2月3日（伦敦当地时间2月1日早上），浙江吉利控股集团宣布"收购英国锰铜控股100%股权，以1104万英镑的代价将其全部业务与核心资产尽收囊中"。英国锰铜公司又称伦敦出租车国际有限公司，该公司主要制造和零售伦敦黑色出租车。据了解，从锰铜控股将破产事宜交给代理事务所全权处理，到"吉利"集团宣布并购仅102天。

在李书福的带领下，"吉利"集团的并购可谓是"疯狂"。一次次"蛇吞象"式的"成长"让我们看到了李书福做企业的魄力，看到了"吉利"集团不可估量的明天。

2015年12月16日，新华网发表的名为《从收购沃尔沃到互联网汽车　吉利走出中国自主品牌造车新路径》的文章中这样写道："从 5 年前在行业质疑声中收购沃尔沃，到今天的世界 500 强汽车企业集团，吉利为中国汽车工业自主品牌的崛起，走出了一条新路径。""从近日沃尔沃发布的 2014 年财报来看，去年沃尔沃全球销量为 46.59 万辆，营业利润方面达到 22.52 亿瑞典克朗，约合 2.72 亿美元，较 2013 年增长 17.4%。这是沃尔沃过去 8 年里的最好成绩，销量甚至超过了 2007 年的最高峰，创造了新的历史纪录。"曾经的招商银行股份有限公司执行董事兼首席执行官马蔚华在博鳌亚洲论坛 2013 年年会上曾就此事说："吉利的李总是中国企业家里最有勇气并购的。"

然而，"疯狂"的并购之后，李书福"沉淀"了许多。

2013 年 12 月 21 日，李书福说："十八届三中全会释放的改革信号是好的，党中央的政策是阳光普照的，只要我们沿着党制定的路线和方针前进，就一定能迈向成功。""现在，很多企业家感受到的是政策边界比较模糊，这样不利于企业随心所欲地发挥创新精神。"的确，企业家最大的困惑就是，对于不清晰的政策边界设定感到无所适从，这在很大程度上制约了企业的创新精神。而李书福强调的，就是真正让人们看到可以做什么，我们该为此努力些什么。这意味着还有政策需要完善，以此注入企业新的活力。就汽车行业来说，李书福是希望迈入汽车行业的人越来越多，真正发展中国的汽车，但由于准入门槛太高，许多民间投资被挡在门外，这样的局面又怎么会有大的创新可言呢？

李书福之前是"犀利敢言"的，如今是"谨言慎行"的。从"草根企业家"一步步走来的李书福在遇到企业发展遭遇不公、陷入困惑之时不再"直言不讳"了，而是更加理性、更加温和地讲述，其明显改变就是更加有"涵养"了。

这就是李书福不一样的人格魅力。凭借这些，他将企业经营得风生水起。他投资范围非常之广，不仅涉及康迪电动车有限公司等企业，也"沾染"了哺育莘莘学子的大学。2000 年，吉利集团创办了北京吉利学院，被教育部批准为全日制普通本科高校，培养了无数人才。2005 年，李书福出资建立三亚学院，再为教育事业尽了一份力。不仅如此，李书福对慈善事业也至诚至信。2013 年，吉利控股集团向雅安灾区提供 2000 万元的救灾和灾后重建援助款项。2014 年 8 月，吉利汽车捐赠 30 辆吉利 GX7 车型作为青海地区基层医疗机构"医疗巡诊专用车"，积极帮助青海地区改善医疗条件。

尽管身家过亿，李书福在嫁女儿时却相当低调：现场没有媒体，只有一只白色阿斯顿马丁打头、8 辆沃尔沃 XC60 和 8 辆吉利帝豪作配的婚车队伍。在富豪

云集的台州，这样的车队并不惹人注目。这不禁让人更加钦佩起李书福。（撰稿/吴蕴庭、马霞）

编者点评：每个人都会有自己的成长过程，李书福从对世界怀有"偏执"，到真正与世界"握手言和"，让我们相信理智总会战胜偏激，光明总会到来。李书福教给我们很多，他勇敢，敢为天下先而不懦弱退缩，也只有这样的人才能在黑暗中仍然摸索前进。除此之外，李书福成功却不喧哗夺宠，要知道，真正令人敬佩的不是你身家过亿，而是你身家过亿却仍然谦卑有礼。

资料来源：

［1］新浪财经．马蔚华：吉利李书福是中国最有勇气并购的企业家．http：//finance. sina. com. cn/360desktop/roll/20130408/100615071954. shtml ［2013 - 04 - 08］．

［2］新华网．从收购沃尔沃到互联网汽车　吉利走出中国自主品牌造车新路径．http：//news. xinhuanet. com/fortune/2015 - 12/16/c_ 1117474933. htm ［2015 - 12 - 16］．

［3］经济观察网．李书福：没有边界是危险的．http：//www. eeo. com. cn/2013/1227/254208. shtml ［2013 - 12 - 27］．

刘强东：这几年的愁与乐

> **刘强东** 男，1974 年生，江苏宿迁人。京东商城创始人、董事局主席兼首席执行官。2014 年 5 月 22 日，京东集团正式赴美国纳斯达克上市。2015 年，刘强东首次入选《财富》杂志"全球 50 位最伟大的领导者"。2016 年 12 月 2 日，刘强东荣获"2016 年度中国社会责任杰出人物奖"。

"双 11"，指的是每年的 11 月 11 日、由电子商务为代表的、在全国范围内兴起的大型购物促销狂欢日。这是一个让许多人又爱又恨的日子！在这一天，各大电商平台争相开展各种活动，甚至达到疯狂的地步。电商行业之间的竞争人们有目共睹，时不时会进行的价格战争，也早已令用户感到乏味。过去，京东在这些竞争者中显得格外"激进"：和国美、苏宁打电器战，和当当打图书战，和淘宝天猫打百货战……而如今的刘强东，对这些已经不那么在意了。

在接受记者采访时，刘强东明确表示，2015 年的"双 11"是京东内部表现最平和、最自信的一次。

不可否认，京东发展到今天，已经成为电商行业不可忽视的巨头之一。无论是京东还是刘强东本人所看重的，都不是用简单的数字所能描绘的。

不过，在"平和"的外表下，京东与天猫之间的"双 11"之战仍十分激烈。

2015 年 11 月初，京东向国家工商总局实名举报阿里巴巴集团扰乱电子商务市场秩序，因为阿里巴巴限制了商家在参与"双 11"的同时也自愿平等地参与京东等其他平台的相关活动。商家表示，阿里巴巴向其传递的信息是：如果参加天猫"双 11"主会场活动，商家们就不允许参加其他平台"双 11"主会场活动。对于已经和其他平台达成合作意向的，则要求商家直接退出，否则会在流量和资源位等方面进行处罚或制裁。

这一举措的"垄断性"与"排他性"，无疑是"扰乱电子商务市场"的行为。

此外，"双 11"之前，马云便联手湖南卫视，准备在水立方开一场 4 小时的"双 11"晚会；随后，京东宣布，与中央电视台综艺频道合作，在同一天晚上举办"京"喜夜——大型竞歌晚会。

"战火"愈烧愈烈。"双 11"过后，天猫公布的数据显示，2015 年，天猫"双 11"再破纪录，仅用时 12 分 28 秒，交易额便破 100 亿元，而 2014 年达到100 亿元用了 37 分钟。截至 11 月 12 日凌晨，天猫"双 11"全天成交金额为912.17 亿元，再创新高。再来看京东：11 月 11 日京东商城 10 小时下单量超过 1000 万单，来自移动端（包括京东移动客户端、京东微信购物和京东手机QQ 购物等在内）的订单量增长迅速，订单占比突破 70%。而在 11 日开始的35 分钟内，京东白条交易额突破 1 亿元，超过去年"双 11"全天京东白条交易额。

尽管没有公布具体的营业额，但所有人都明白：今年"双 11"，京东又输了！

"双 11"，刘强东与马云针锋相对，确实吸引人的眼球。但是，对于很多年轻人来说，刘强东和"奶茶妹妹"章泽天的恋情则更值得关注。

章泽天，1993 年 11 月 18 日出生于南京，长相甜美、气质清新。2009 年，16 岁的她因一张手捧奶茶的照片走红网络，被称为"奶茶妹妹"，也因此成为许多男士的"梦中情人"。

2013 年 8 月，章泽天赴美国巴纳德女子学院交流、学习。留学期间，章泽天经常出入于哥伦比亚大学的摄影圈，她与刘强东就是在那段时间相识并很快相恋。

2014 年 4 月 14 日，章泽天与刘强东的恋情被媒体曝光，随后引来了人们的一片热议。除了祝福声之外，也有许多不理解和质疑的声音。其中最主要的是两人近 20 岁的年龄差异。2014 年 4 月，刘强东在微博中写道："我们每个人都有选择和决定自己生活的权利。小天是我见过最单纯善良的人，很遗憾自己没能保护好她。感谢大家关心，只求以后可以正常牵手而行。祝大家幸福！"而章泽天的父亲在接受采访时也明确表示："我不管她了，你们也别管她了。"默许了两人的关系。

就当人们以为两人的感情趋于稳定的时候，"变数"却出现了。2015 年 1 月 3 日，章泽天将自己的微博全部删除。而在同一天，刘强东也将自己的示爱微博"小天是我见过最单纯善良的人"删除。如此同步的表现，不禁让人怀疑两人的感情是否出现了危机。

但是，很快人们就发现，此前的担心是多余的。两人不仅同游泰国，刘强东更是在接受媒体采访时，称"太太"喜欢法国。毫无疑问，刘强东口中的"太太"，就是章泽天。

2015 年 5 月 24 日，刘强东与章泽天在悉尼大学拍摄婚纱照，预示着两人好事将近；2015 年 8 月 8 日，两人到北京市朝阳区民政局领证结婚；10 月 1 日，刘强东与章泽天在澳大利亚完成婚礼。

事实上，从两人恋情曝光，到顺利完成婚礼，人们更多的是将视线投到了刘强东的私生活上，而忽略了一点：刘强东是个商人。

2015 年 3 月，京东集团正式成立 O2O（Online to Offline，线上到线下）独立全资子公司，"拍到家"上线。4 月中旬，"拍到家"更名为"京东到家"。这个早在 2012 年就已经出现的 O2O 规划，在 2015 年终于完成了。

这并不是刘强东第一次作出这样的尝试。2013 年 3 月，京东就曾与上海、哈尔滨、西安、温州、乌鲁木齐、东莞等 15 座城市的众多家便利店达成合作关系。但是，在 2014 年刘强东发现在运营规则以及配送员上存在着问题——把"京东到家"业务放在京东商城下面是推不动的；京东原有的配送员不适合来完成"京东到家"的业务，随后便决定重新规划 O2O。

刘强东说，"京东到家"O2O 项目是自己的第二次创业。在刘强东看来，他的"京东到家"是围绕社区的 O2O 平台，京东到家要将附近的超市、餐饮、生活服务全部移植到移动端。

刘强东对他的第二次创业格外看重，尤其是在用户体验上，他格外执着。2015 年 10 月，已经日渐平和的刘强东还是"怒"了。由于"京东到家"APP 版本更新时没有提醒老用户更新，导致许多老用户无法正常使用。在他的办公室里，面对十几个京东到家的负责人，刘强东毫不客气地对他们说："'到家'业务亏了多少钱，我从不发怒，但你们不把用户体验放在第一位就不行！"而在谈到刘强东对"京东到家"的期待时，"京东到家"总裁王志军坦言，刘强东当初给他的任务，就是"打倒京东！"

不过，归根结底，刘强东的"第二次创业"也没离开"电商"这个范畴。实际上，截至 2015 年，京东的业务轴心始终只有一个——电商。无论是最初自建物流，还是后来的金融、海外市场、农村市场等业务，都是因为电商业务的需要而出现，并且为电商业务的发展服务。

近年来，京东以两倍于行业平均增速的态势在飞速发展。2015 年 11 月 18 日，京东市值达 393.5 亿美元，阿里巴巴市值为 1949.73 亿美元。尽管两者之间仍相差 5 倍，但又有多少人知道，十年前京东只有阿里巴巴的万分之一！

2016 年年初，在京东集团年会上，刘强东曾经公开表示："2016 年，如果没有大的天灾人祸，我相信 2016 年整个京东集团的净收入将进入世界 500 强。"（撰稿/张磊、吴蕴庭）

编者点评：刘强东说："去穿越沙漠，等到你突破艰险，终于从沙漠出来的时候，真的感觉什么都是浮云！这个世界没有什么过不去的，唯有自己的心结！"真正经历过困难的人，才会更加自信。相信自己，坚持下去，就能穿越沙漠，得见绿洲。

资料来源：

网易财经. 刘强东的进阶与畏惧：京东只有战略和文化风险. http：//money. 163. com/15/1123/10/B93LL09U00253G87. html ＃ p ＝ 9TANHAK45BN40025 ［2015 – 11 – 23］.

康永戈：夯实了企业文化好走路

康永戈　男，1973 年 11 月生，河北邢台人。华中科技大学 **EMBA** 工商管理硕士研究生毕业，现任永康企业集团董事长。2002 年 12 月于河北邢台成立永康企业集团，并迅速占领当地大部市场份额，在企业文化建设方面不断创新进步，同时还热心公益事业。企业多年蝉联"邢台市房地产开发建设先进单位"，先后获得"河北省企业文化建设先进单位""抗震救灾先进单位"等荣誉奖项。

永康集团成立于 2002 年，作为邢台本土的一家中小型民营企业，永康将自己的市场份额从无做到有，又从小做到大，发展成为如今以房地产开发为主，同时涉足机械制造、物流贸易等多个领域，下辖永康房地产开发集团、恒伟建筑集团、天力集团三大集团公司的邢台房地产巨头之一，这些年来，还先后荣膺"河北省企业文化建设先进单位""邢台市房地产开发先进单位""邢台人最喜爱品牌"等称号……永康的发展，不可谓不迅速。

带领永康乘风破浪的人就是康永戈。

2002 年是邢台房地产开发行业的初级阶段，也是房地产市场化的初期。康永戈觉得这是一个时不我待的契机。2002 年 12 月 27 日，康永戈 29 岁，硕士研究生毕业第三年。500 万元注册资本、四个人的团队、团结西大街县地税局院内一间简单办公场所的规模，康永戈就这样闯进了邢台房地产行业。

起步初期，由于资金、规模、实力的限制，永康只能接其他公司的二手项目。早期的"胜利园""永泰园"就是永康"创业起步阶段"的作品。通过这些二手项目，永康一点点地累积经验，夯实基础。四年后，城市化发展进程加快，同时也印证了康永戈提前踏入房地产行业的先见之明，邢台房地产行业进入高速发展时期。康永戈开始实施品牌化开发的发展战略，带领永康迈出了公司发展的第二步——"自主品牌阶段"。

在"自主品牌阶段"中，永康提出"创新居住，无限可能"的品牌文化理念，完全自主开发了"永康国际公寓"项目。"永康国际公寓"在建造过程中，康永戈本着更节能、更环保的想法提出要全楼安装"地源热泵中央空调"，这就意味着要将这种空调安装到高层建筑上去。当时"地源热泵中央空调"在国内的应用并不广泛，应用到高层建筑就更加稀少。康永戈通过多方学习，在技术方面努力尝试，终于凿开了邢台市高层建筑安装"地源热泵中央空调"的先河。"永康国际公寓"的建成，为邢台市房地产行业树立了一面"节能环保"的旗帜，先后获得"邢台市城市规划建设十大亮点工程"与全民参选的"邢台市十佳楼盘之一"等荣誉称号。作为"永康"的开山之作，"永康国际公寓"的成功不仅为永康带来了可观的经济效益，更正式将永康以"创新居住，无限可能"的品牌文化理念推上了邢台房地产的中心舞台。

永康最大的机遇在2008年。2007年12月，河北省政府提出"开展城镇面貌三年大变样"活动。当年，康永戈果断又迅速地竞标担纲了"三义庙""张家营""张东片区"三大旧改项目，其中"三义庙"的旧改项目是全邢台市最早进行的。

三义庙虽然位于邢台市区，但旧村改造前却是"社区外面现代化，社区里面脏乱差"。"旧改"可谓是势在必行。然而政策方案出得好，做起来却并不是这么一回事。要将整个社区216户5万余平方米的居民住宅全部拆迁，难度可想而知。想要将"旧改"进行下去，就得打消干部群众对改造的顾虑。康永戈跟三义庙社区党支部多次沟通，配合党支部展开多次村干部、村民代表组队去山东、河南等地参观城中村改造活动，村民们对改造的态度终于改观。

2008年6月6日，三义庙"旧改"正式启动，城中村改造的第一步就是被称为"天下第一难"的拆迁工作。而三义庙社区几个月的拆迁过程中，没有发生一起信访纠纷事件，开创了邢台市城中村改造实施整体拆迁的先河。除了三义庙社区党总支干部的亲民努力，跟永康集团的高效和谐拆迁法也是分不开的。同时为了配合三义庙社区"基础设施靓、生态环境优、商机人气旺"的改造主题，康永戈提出"打造精品楼盘，塑造一流团队，实现跨越发展"的企业文化理念。三义庙的成功拆迁广受社会关注，市、区各级领导多次视察予以高度评价，省、市新闻媒体多次予以重点报道，为邢台"城市建设三年大变样"做出积极贡献，被市政府列为"全市三年大变样重点示范工程"。自此，"永康"品牌站在了邢台房地产的中央舞台上，进入了"快速发展阶段"。

2014 年，"永康水印城"以其独特的地中海风情景观带给广大住户不一样的居住体验，"永康境界"迎着房地产"毛坯房时代"的退潮的尾声，凭借其邢台首家精装修住宅一经推出就受到消费者的广泛关注。

2015 年 10 月 17 日，永康以上海"楼脆脆"、成都"楼歪歪"等楼房质量问题为警，成立了永康广场项目业主监督委员会，时刻提醒自己要引以为戒。

2015 年 12 月 18 日，康永戈当选邢台房地产协会副会长。

致富不忘祖国，永康快速发展这几年，康永戈的"慈善心"从没松懈过。他积极回报社会，赈灾济困捐资助教，仅其个人资助的品学兼优贫困学生就达 16 名，几年累计捐助各类善款 110 余万元。还冠名赞助"感动桥东十大巾帼人物评选""邢台市首届青年歌手大赛"等社会公益活动。在企业内安置下岗职工 60 余名，为社会和谐稳定、替政府分忧发挥了积极作用。

2016 年 7 月 19 日至 20 日，邢台市遭遇暴雨洪灾，开发区数个村庄被淹，村民滞留在东汪镇礼堂。康永戈得到消息后，第一时间在公司内部组织抗洪募捐活动，并于 21 日上午 11 时将救灾物资送至村民手中，为村民送去一份温暖和希望。康永戈表示："洪水无情人有情，危难时刻伸援手，改善邢台百姓的生活是我做企业的宗旨，今天号召集团员工为邢台百姓募捐生活必需品，是永康人应有的担当与责任，也是永康企业回馈社会的缩影和企业文化的一部分。"

"永康人"在此次救灾募捐上的积极踊跃的表现离不开永康的企业文化建设。

在企业文化建设方面，康永戈用足了心思。形式花样百出，效果细致入微，给永康的每一位员工以"家人"的体贴：他创办《永康报》，建立图片宣传橱窗以及公司互联网站，倡导先进的企业文化理念，宣传员工身边的先进事迹；他紧抓员工培训，投入资金聘请师资，为员工思想、业务、个人等方面提供免费专业指导，在潜移默化中提高员工的综合素质，增强公司的发展后劲；他以"永康地产登山队"冠名，开展攀登海拔 4500 米以上的岷山、雀儿山、寻觅黄河源头等活动；组织员工旅游，先后在张家界、武夷山等名山大川留下了永康人的足迹；还在众多节日组织联谊活动，不仅陶冶员工情操，丰富了员工的精神文化生活，也形成了企业全新的对外展示窗口。

永康副总经理贾丽霞说："如果永康企业是一个大家庭，那永康的每一位员工都是这个家庭的一分子，永康在自身发展之时，没有忘记携手永康的各位家人。"

正是这坚实的"家"之关怀，才让永康的每一位员工都死心塌地地跟着康永戈干。永康的起步资产并不雄厚，但它在康永戈的带领下稳扎稳打，先从内部夯实，才使得每一步都走得稳妥有力度。（撰稿/吴蕴庭、马田艳）

编者点评：把企业当成家一样建设，才能让员工拿出为家服务的认真劲儿。用工资留住的是员工，用企业文化留住的是家人和朋友。康永戈在企业文化建设上可谓下足了功夫，不仅体现在公司建设上，还体现在公司产品上。他是永康集团的董事长，更是"永康"大家庭的好家长。

资料来源：

［1］搜狐焦点．洪水无情　大爱无疆　永康集团救援物资募捐活动．http：//news. focus. cn/xingtai/2016－07－22/11029744. html ［2016－07－22］．

［2］邢周报：十年风雨十年奋斗　勇攀高峰再创辉煌．http：//www. xtrb. cn/epaper/xzb/html/2013－01/06/content_ 379075. htm ［2013－01－06］．

陈东升：追逐"互联网＋大健康"的医养梦

陈东升　男，1957 年生，湖北天门人。1993 年创建中国嘉德国际拍卖有限公司，1994 年创办物流企业"宅急送"，1996 年组建泰康人寿保险股份有限公司。现任泰康人寿保险股份有限公司董事长、北京大学经济学院顾问委员会委员，曾获得 2014 年度华人经济领袖奖。

2015 年 11 月 28 日，泰康人寿保险股份有限公司（下称泰康人寿）投资兴建的首个二级老年专科医院——泰康燕园康复医院，在北京市昌平区落成。泰康燕园康复医院所对接的，是不久前开始营业的泰康之家燕园养老社区。这是陈东升规划的一种"医养结合"的布局，即医疗资源与养老资源相结合的模式。未来，这种模式将会复制到上海、广州、三亚等多个地区。

如此大规模的规划，必然需要庞大的资金投入。"在养老领域我们已经投了50 多亿元，未来 5 年到 8 年我们再投 1000 亿元。"陈东升如此表示。

不过，如此大手笔的投入，也让人们对于医疗养老产业的盈利能力产生疑问。对此，陈东升明确表示，养老并不是一个高盈利、高回报的产业。不过，虽然医疗养老产业的回报慢且周期长，但贵在稳定，这也正与保险的特性相契合。

　　尽管如此，养老社区项目目前的低收益与医院建设的大量资金投入，仍然是一个需要面对的问题。不过陈东升对此很乐观，在他看来泰康雄厚的资产体量足以支撑这些。并且，陈东升相信，最终保险公司可以将客户保险理赔、养老服务、医疗服务等环节串联起来，形成一条便捷的服务链，从而也能创造更大的商业价值。

　　原国务院发展研究中心研究员、中国发展研究基金会秘书长卢迈曾表示，中国老龄化速度加快已呈不可逆转之势。据预测，65 岁及以上老年人口比例，将在 2027 年和 2035 年分别突破 15% 和 20%，2050 年将超过 25%。照此趋势，中国的人口老龄化问题将会日趋严重，而养老问题自然会越来越被人们所关注。2015 年 11 月 11 日，李克强总理在国务院常务会议中也表示，要推进医疗卫生与养老服务结合，以便更好地保障老有所医、老有所养。陈东升说："养老是全社会的问题，每一个人都会老，老了都会生病，所以医疗养老是一个巨大的新兴产业。"

　　事实上，除去市场本身的因素外，在陈东升看来，保险与养老是绝佳的结合。"人寿保险就是关心人的生老病死，医养是一个自然延伸，与人寿保险有相当的相关性和协调性，我们有资金优势、客户优势、产品优势，所以把医养结合起来，是一个很好的创新。"没错，人寿保险是人生老病死产业链中重要的一环，为客户提供更全面的服务也是理所当然。用陈东升的话来说，泰康之所以要做养老，就是想做到："养老到泰康来，看病到泰康来""你买我的保险，我一生为你服务"。

　　陈东升相信，尽管短期内并不能做到盈利，但从长远角度来看，这份投入绝对值得。他所在意的，是未来的 30 年、50 年。而泰康人寿副总裁、泰康之家 CEO 刘挺军也乐观表示，在养老医疗业务上，到 2018 年有望实现收支平衡，甚至是实现盈利。

　　在未来，泰康将会把养老当成核心战略产业，因为"未来，泰康的定位就是一个为人们提供健康管理和财富管理的机构"。

　　除了涉足养老行业以外，2015 年泰康人寿也正式进入互联网保险领域。在武汉万林艺术博物馆内，泰康人寿的全资子公司——泰康在线财产保险股份有限公司正式挂牌成立。与此同时，泰康人寿也成为继众安在线财产保险股份有限公司之后，第二家进驻互联网领域的保险公司。

　　实际上，泰康人寿涉足互联网领域已经有 15 年了。早在 2000 年，泰康人寿便已经建立了对外互联网平台——泰康在线。15 年间，泰康人寿始终在探索和完善这一营销渠道。尽管互联网渠道保费不高，但是陈东升认为，保险和互联网的结合在未来必然会成为一种趋势，而未来保险行业也必然会进入 O2O（线上到线下）时代。正因此，陈东升坚决地将泰康在线从传统的保险行业"剥离"出去。"既然做互联网，就应该和互联网扎堆，就应该是互联网思维，就应该是互联网圈里面的人，所以我们坚定地把泰康在线这个创新的事业独立出来，成立一家互联网公司，然后把它赶出去，让它和 BAT、小米、360 去混，在那里混出个样来。"陈东升这样解释道。

这也是在不断实践中，陈东升得到的经验。从泰康在线建成开始，泰康人寿已先后与多家互联网平台进行过合作。2009 年 7 月，泰康人寿携手携程网，展开航空意外险的销售；同年 11 月，又与淘宝网合作，在淘宝开设的旗舰店上进行保险销售。但是，经过多次合作，陈东升发现了其中存在的问题："过去我们在做寿险的时候，特别是和携程合作中，体会太深了，我们只能卖意外险，不能卖航空延误险，不能卖旅游险，包括财产丢失的险种。我们现在有了泰康财产保险公司，我们就做全了，所以它还是有互补性，不管是财险、健康险、寿险，总之我们泰康就是一个大综合，大健康。"正是这诸多的限制，让陈东升坚定了独自开展互联网保险业务的想法。

如今，在泰康在线 APP 上，不仅有保险以及理财业务，更有健康服务，这其中包括健康治疗、门诊挂号、膳食评估等内容。泰康在线的独立，无疑成为了陈东升建设"保险 + 医疗 + 养老"产业链的重要一步。

在北京大学国家发展研究院举办的"全球创新论坛 2015 年会：创新驱动未来"会议上，陈东升发言表示，过去人们认为买保险产品是一个冷产品，大家买了保险，不出险的时候，你觉得不存在，所以没有什么服务。但是当投资理财，当我们把健康保险特别是住院和门诊，把这些产品放进去时，这个热度就增加了。

事实上正是如此，这种冷热结合的做法，无疑将会增加用户的忠诚度，从而为企业创造更多的商业价值。

不过，与此同时，陈东升的"保险 + 医养"布局也透露着一种情怀。

泰康在线的发布地，是武汉大学万林艺术博物馆，这对陈东升来说意义非凡。武汉大学是陈东升的母校，用他的话来说："又到了我求学做梦的地方，所以希望下一个梦想从这里开始。"而万林博物馆，是 2011 年陈东升为母校捐资 1亿元修建，并以陈东升父亲的名字命名的。这些，无一不显示着陈东升对泰康在线的重视，以及进驻互联网保险行业的决心。

对于年近"耳顺"的陈东升来说，他的下一个梦想才刚刚开始。而这一个梦想，也更像是一种对自己未来的期待。我们也期待着，他的"大健康+互联网"的惠民医养梦想，在不久的将来能够得以尽快实现。（撰稿／吴蕴庭、张磊）

编者点评： 陈东升曾经说过："企业家精神是一个民族自强的核心灵魂！"正是他看重这种精神，才能靠着责任感与自己的情怀，做好一个企业，做好一个企业家。

资料来源：

[1] 腾讯财经.对话陈东升：千亿押注养老医疗 3 年后有望盈利.http：//finance. qq. com/a/20151204/001331. html ［2015 - 12 - 04］.

[2] 大众网财经.陈东升：养老与保险的产业联姻是"天配".http：//finance. dzwww. com/zt/tk/czdh/201511/t20151120_ 13368220. html ［2015 - 11 - 20］.

[3] 网易财经.互联网财险添丁　众安不再独行　陈东升放飞泰康在线.http：//money. 163. com/15/1121/08/B8UB3KOS00254SK6. html ［2015 - 11 - 12］.

俞荣仁：绿荫下奏响悠扬的钢琴声

> 俞荣仁　男，1961年生，浙江省湖州市德清县洛舍镇东衡村人，博兰钢琴厂董事长。1998年办矿场。2009年矿场倒闭后，兴办博兰钢琴厂。截至2014年12月，博兰钢琴厂年产量达1500台钢琴，成为洛舍镇钢琴行业龙头——全国每销售八台钢琴即有一台产自洛舍镇。俞荣仁由此成为由"黑色矿山"向"绿色钢琴"转型的成功代表。

俞荣仁个头不高、皮肤黝黑，一双手上长满了常年拿矿铲后留下的硬茧，眼睛透出一丝那种中国农民特有的带着诙谐的智慧光芒——他是个地地道道农民。可谁能想到，他那粗笨的黑手竟然能"奏响"那悠扬的钢琴，他这样的"下里巴人"竟然能用钢琴弹奏出高雅的"阳春白雪"？

1961年，俞荣仁出生在浙江湖州。除了青山秀水、鱼米富足、文房四宝，浙江省最大的原煤基地——长广煤矿也在湖州。靠水吃水，靠山吃山，靠矿挖矿，不少农民看见开矿挣钱比种田快，纷纷放下手中的锄头，开起了铲车、挖机。俞荣仁说："（开矿）赚钱比种田快一点，容易点，开矿的都发财了，那我们就去开矿了。"就这样，1998年，俞荣仁从镇砖瓦厂副厂长的位置上退下来，和别人一起承包了一座矿山，带着村民们做起了矿石生意。卡车一辆辆地开进东衡村，又装满了严重超载的矿石开出山去。挖下去的山丘矿石，渐渐变成了村民的新房和村子里平整的水泥马路、竖立起的电灯杆。镇上的采矿业越来越"红火"，鼎盛时期仅东衡村一个村子就有18家矿场。"国家加大基础设施投入，我们村的石料主要做高速公路和机场跑道的路基石料。"村委会主任陆英田回忆说："当时全村有60%的劳动力，都参与了开矿的相关工作。大家不想错过这一桶金，有能力的合伙开矿；能力差点的，合买一台挖掘机；再差一点的，买一辆汽车搞搞运输；年纪大一点的，也会修修路。"每天"轰隆隆"的开炮声和"哐当哐当"的挖掘机声将曾经安详静谧的小村子一下和喧哗热闹的新生活挂上了钩。"生活大不一样了！"每个村民心里都这么感叹着。

　　开矿声一响就是十年！2008 年就在村民们的腰包不断鼓起来的时候，他们也发现，他们村的天空变黑了，水变黑了，田地变黑了——由于矿山的泛滥，他们的生活环境受到严重污染！恰在此时，"金融海啸"来了，浙江省的第二产业增速开始减缓。国家提出了企业转型的要求，浙江省也出台了《关于进一步加快发展服务业的实施意见》。对东衡村来说，矿业转型迫在眉睫。2009 年，洛舍镇上大部分矿场被强制关闭，其中就有俞荣仁的矿厂。村民们十年的"致富路"戛然而止，很多靠矿为生的人都茫然不知所措。

　　但是，茫然的人群中不包括俞荣仁。多年前，他就意识到，矿场总有一天要开采完，而给后代子孙带来的环境污染更是无法弥补！十年的开矿生活过后，东衡村早就变了样：因为开矿，漫天粉尘，不要说看不见过去的蓝天白云，村民连家里的窗户都不敢开；不分昼夜的巨大声响让村民们隐隐头痛。俞荣仁回忆道："每个人出门都要戴口罩、穿套鞋，'全副武装'。空气污染，最大一块就是粉尘，（矿石）要洗过的，洗过之后（废水）又放到河里去了，对水体有污染……"

　　摸索在转型路上，俞荣仁想过重操旧业重新种地，但是良田早就被矿场挤占得所剩无几，况且用被污染的河水灌溉庄稼……想来想去，什么产业适合农民做？什么产业盈利快？什么产业没有环境污染？什么产业适合洛舍镇？他想到了钢琴。这不是偶然的灵光一闪，20 世纪 80 年代，洛舍镇曾建有湖州钢琴厂，这也是当时全国第五家钢琴厂。不过在四周轰隆的矿声之下，钢琴声很快就销声匿迹。

　　俞旭明，俞荣仁的独子，毕业后他就被俞荣仁送出家乡。"儿子毕业后，我把他送到上海学钢琴的调律技术。有了基础，我又把他送到人家的钢琴厂再学实践知识。"

　　想到办琴厂走绿色产业转型后，俞荣仁就把在外地学制琴的儿子找回村里。他说："开矿停下来了，我想'我们还是做钢琴好，人家都在奋斗我也去拼拼看'。"带着开矿时积攒的几万元，只有初中文化的农民俞荣仁开始了自己的"钢琴寻梦路"。为了保护像俞荣仁这样的当地农民自发的生态意识，完成采矿业向钢琴业的成功转型，当地政府进行了农村土地的综合整治，并为农民的二次创业提供服务保障。洛舍镇副镇长谈国明说："积极做好矿山企业转型的无缝对接服务工作，比如农民在转型中碰到的具体问题，作为政府将全力给予解决，尽最大的努力让矿山企业走上绿色经济发展道路。"在镇政府的扶持和自己的努力下，俞荣仁的博兰钢琴厂开张了。

　　起初，他的钢琴厂只能进行一些简单的半成品组装工作，渐渐地，琴厂开始进行复杂的钢琴整体组装生产。在俞荣仁和他儿子、儿媳三人的不懈努力下，不久后他们创立了自己的钢琴品牌"博兰琴"。村民们听着老俞家的"叮咚"琴音，一个个也心热起来，纷纷又都开起制琴厂。洛舍镇钢琴的名气打响了，订单就像雪片般飞来。由于钢琴的制造工艺复杂，售价也相对高昂，村民们挣得反而是过去采矿的两倍还多，村里又修葺了被卡车压坏的马路，配着绿瓦白墙，楚楚有致。俞荣仁的厂子建在东衡村村旁，两层楼的厂房，面积有 1000 平方米，每层分隔成相通的三间。厂房里，工人按流水线工作。一楼以制作基本配件——钢琴框架、底座为主。二楼则是不同配件的组装。每天清晨 8 时，这里 30 多名年轻工人便忙碌开了，打磨底座、制作琴弦、上漆和包装。琴厂的二楼，"哆来咪发嗦啦西"萦绕耳边，这是调律师在给钢琴调音。通常来说，钢琴出厂前后至少需要调七次音，每次调音中间必须相隔最少一天的时间，才能保证其优质的音准。工人中有不少调律师，都是俞荣仁从外地请过来的。"我年纪大了，不懂技术，眼睛也不行，主要负责后勤工作。儿子很懂这一行，具体业务都归他。"俞荣仁说。儿子俞旭明，如今已成了钢琴制作行家。谈起制作钢琴，他讲得头头是道："从木材到位，到钢琴成品出产，最快要花三个月。"钢琴被称为"乐器之王"，制作全程需要 300 多道工序，9000 多个零件，是世界上制作最复杂、最精密的乐器之一。"每名调律师最忙的时候可以同时对 20 台钢琴进行调音。"俞旭明说。当调音环节结束之后，由白松木材制成钢琴框架还需要一个多月晾晒。最后出厂的钢琴被包装好，通过托运公司运送到客户手中。要保证高销量，不仅对钢琴的质量要求高，销售渠道也是很重要的。博兰琴厂不仅在当地走"前店后厂"销售，擅长外贸的儿媳还帮俞荣仁在阿里巴巴上开了博兰钢琴网店，借力"互联网＋"向全国的琴商推广宣传。她说："钢琴配送比较烦琐，电商平台是一个展示窗口，能扩大品牌影响力。不少琴行的客户就是从网上得到信息，上门挑选钢琴的。"

　　洛舍镇共有 46 家钢琴生产企业，专门从事钢琴生产业的村民近 3000 人，钢琴年产量超过 4 万台。据村委会主任陆英田介绍："我们全镇每年生产 6 万多台（钢琴），占全国总产量的 1/8，是名副其实的钢琴之乡。"（撰稿/任敏睿、吴蕴庭）

　　编者点评： 中国是一个传统的农业大国，9 亿农民是中国的坚强基石。俞荣仁办钢琴厂追梦"绿富美"，"绿"是生态可续，"富"是财富梦想，"美"既在乎绿水青山亦在乎民心善美。春风又绿江南岸，春风过处，不仅吹绿了山水，更吹绿了绿色发展和生态文明之路，让浙江深感转型升级的成果，更让我们看到了中国乡村梦的美好缩影。

　　资料来源：

　　央广网. 55 岁矿老板开启钢琴寻梦路. http：//finance. cnr. cn/txcj/20150103/t20150103_ 517290700. shtml〔2015－01－03〕.

黄章："中国的乔布斯"

黄章 原名黄秀章，男，1976 年 2 月 13 日生，广东省梅州市丰顺县埔寨镇人。2002 年年底创建魅族科技有限公司，任魅族公司 CEO。2010 年，黄章退出公司的日常管理。2014 年 2 月 8 日，黄章重回魅族公司任 CEO 兼魅族手机设计师。他提出了网络传播和粉丝文化，开创了国内手机厂商先河。黄章更被称为"中国的乔布斯"。

从小痴迷电子产品，被父亲"赶出"家门，踏入"江湖"闯荡。最初他只是卖体力的码头搬运工，后来渐渐地进入电子行业打拼。2002 年，26 岁的他已成为新加坡合资企业爱琴电器有限公司总经理。爱琴公司成立于 1996 年，公司主要开发和生产 VCD、DVD、MP3 播放器和 VCD 解码板等，产品 90% 以上出口，但最终因黄章与股东们的管理理念不同而遗憾离开。黄章是个不服输的人，离开爱琴公司的那年年底他就创立了魅族品牌，并一手创建了魅族科技有限公司，现任魅族科技有限公司 CEO 兼魅族手机设计师。在 2003 年提出了网络传播和粉丝文化，开创了国内手机厂商的先河，成为业内的传奇人物，被称为"中国的乔布斯"。

2003 年 6 月，黄章推出了深受大众喜爱和市场好评的电子产品 MP3 系列，并开通了魅族的官网和论坛，他每天花费好几个小时与消费者在论坛上互动，成为全公司第一个从消费者口中得知魅族所存在问题的人，并首先提出解决方案。黄章不仅要求自己如此，还要求魅族各个部门及员工每天都要到互联网上去了解用户所反馈的各种信息，以至于员工在论坛时间的长短成为黄章考察员工的一项标准。2006 年，黄章预测到 MP3 播放器将日趋衰落，他便急流勇退，果断放弃了国内 MP3 播放器市场领头羊的地位，转而投身于智能手机市场。

2007 年苹果 iPhone 发布后不久，黄章也迅速发布了将通过魅族 M8 进军手机市场的消息。因为魅族 M8 外形和苹果 iPhone 相像，网友戏称其为"山寨 iPhone"。魅族 M8 却并未因此受到大众的排斥，2009 年魅族 M8 正式上市，在其他国产手机厂商几乎全线亏损的情况下，魅族 M8 为国产手机在业界创造了一个奇迹。由于 M8 存在制造工艺中的失误，导致用户使用了一段时间后，触摸屏开始局部失效，大量用户对此极度愤怒。黄章答应客户只要 M8 局部发生失效便可以旧机换新机，很快平息了这场风波。

2010 年黄章退出了对公司的日常管理，这使得一向低调的他更加淡出了大众的视野。但是一向极少出门和露面的黄章，在 2013 年因与中国移动合作中痛斥中国移动而回归大众视野。此时的黄章还和以前一样偏执、自我，依然要求魅族员工必须使用魅族产品，并且要对产品有一定的了解，否则将会被开除。性格偏执、太过自我的黄章甚至曾对魅族提出异议的用户发出"不喜欢就滚"的言论。在黄章痛斥中国移动的事件中，黄章在论坛中诉说中国移动要求苛刻等不是之处，使魅族痛失中国移动 7 亿用户、6000 万台的巨型销售市场不说，甚至永远失去了中国移动这一潜在客户，使其在今后的合作形象受损。所以有人说魅族"成也黄章、败也黄章"。

在对魅族科技有限公司日常管理阔别四年后，2014 年 2 月 8 日黄章重新回到魅族公司担任 CEO 兼魅族手机设计师一职，黄章的归来使魅族发生了巨大的变化，不仅改变了魅族以往的做法，而且将对魅族今后发展和市场地位产生重大影响。

首先，黄章宣布魅族将展开融资，主要用于员工的股份分配和弥补营销短缺，融资使魅族从家族企业向大众企业转型。2014 年 6 月魅族顺利融资 20 亿元以上，整体估值超过 200 亿元。随着资金的不断到位，魅族的内部不仅开启了股份激励计划，而且加大了人才招聘力度，公司内部 5 年以上（含 5 年）员工均有持股资格。为了更加有效地激励员工，副总裁李楠暗示魅族可能会在 5 年内完成上市目标。这预示着魅族可能会在小米之前上市。除此之外，2014 年是魅族员工增长率最快的一年，员工的增长使魅族珠海总公司的办公区日益拥挤，所以魅族迫不得已将手机贴片工厂和组装车间迁往他处。不仅如此，魅族还在积极地筹划在深圳、北京设立分公司，目前深圳分公司已经成立，主要负责研发智能路由器，以发展和完善对智能家居的布局。

其次，黄章认为魅族最大的竞争力就是"魅力"，而这种魅力不仅包括魅族对外界的现有实力，还包括外界对魅族未来潜力的认可。为了挖掘魅族的魅力，黄章开始不断地扩充产品线，通过万众期待的 MX4 拉开了魅族与小米的首次正面对决和九月手机大战（2014 年 9 月之际，由苹果、三星引领，华为、索尼、微软等都接连发布新产品，由此引发九月智能手机上市的混战）的序幕。MX4 相比于 Flyme4.0 不仅有索尼摄像头，精致的工艺，而且有对用户来说具有更大冲击力和诱惑力的合理的价格，这样优质、漂亮的产品加上实惠合理的价格，使 MX4 的销量理所应当的节节高升，甚至市场对 MX4 的需求量可以说是供不应求，这无疑给本就硝烟弥漫的手机市场火上浇油，有人说这是预谋炒作，也有人说这是无心之争，但不管是什么备受瞩目的价格却成为了魅族与小米口水之战的导火索，使双方高管在微博上唇枪舌剑，互不相让，好不热闹。

最后，黄章毫不避讳地提出了魅族所存在的问题和需要改进的地方。2014年的魅族除了不断地完善自己的产品，在营销手法上也做出了相应改变。目前魅族线上销售渠道与线下销售渠道的比例为3：7，随着电商之战愈演愈烈，30%的市场份额也将会成为魅族的瓶颈。为了不影响业绩甚至提升业绩，魅族自建了互联网B2B平台，直接将产品订单发给线下销售的店面或者夫妻店，减少了各级代理之间的中间环节和渠道成本，将利润更可能地趋向于线下销售店面，这样的社会公开销售渠道使魅族的发展更加长远。

2015年年初魅族接受了阿里巴巴的战略投资，实行股份激励制度，拓宽手机生产线。魅族不仅从产品到销售的步伐加快了，蓝魅系列更是掀起了"民主化"的潮流。魅族手机被越来越多的人所熟知和使用。魅族由浅入深的变革使Flyme（Flyme是魅族基于Android操作系统为旗下智能手机量身打造的操作系统，旨在为用户提供优秀的交互体验和贴心的在线服务。Flyme系统是魅族设计理念在软件更深层上的体现，也是魅族手机的核心竞争力之一，被魅族称为"产品的灵魂所在"）的发展成为必然，随着魅族品牌知名度的提升，Flyme的用户数量也将日益倍增，促使Flyme变得更加多元化，并将陪伴着魅族走得更长更远。2015年注定是魅族大跃进的一年，不仅品牌被越来越多的人关注，采购订单也是一批接着一批，黄章更是上了2015年福布斯中国富豪榜。

短短几年，黄章从码头搬运工到创建魅族（魅族CEO）再到登上福布斯中国富豪榜，不得不说是一个传奇，他的成功不仅仅是因为他的汗水和天赋，还有他性格中的偏执与狂妄，所以有人叫他"疯子黄章"。（撰稿/吴蕴庭、常玉）

编者点评：黄章虽然没有较高的学历，没有系统地学习过有关电子产品的理论知识，但是凭着对电子产品的痴迷和执着，白手起家创建了魅族品牌，一跃成为业界的传奇。执着，是黄章所有成功的源泉。虽然也因此使他的事业发展跌宕起伏，但这并不影响黄章传递出来的正能量。他是一个榜样，所以不管黄章以后将带领着魅族怎样发展，他都给那些没有光彩的简历、没有足够的资本的孩子一份正能量，带领着其向前。

资料来源：

东方财富网．黄章马云密会3小时　阿里如何助魅族杀进前三？http：//finance.eastmoney.com/news/1360，20150403493490138.html［2015-04-03］．

孙宏斌：几经沉浮的地产大鳄

> **孙宏斌**　男，1963 年生，山西运城人。清华大学硕士研究生，毕业后在联想集团工作，1994 年创建顺驰公司，正式进入地产界。2003 年，创建融创中国，并一直担任融创中国董事会主席。

　　孙宏斌是中国房地产行业的一位传奇人物，作为融创中国的董事会主席，他曾被人称作"地产骇客"（骇客，源自英文 Hacker，是中国台湾地区的习惯用法，又译为黑客），他直爽的性格更是让他的每次出场都成为毋庸置疑的焦点。他毕业后的经历更是成为了中国房地产市场改革近 20 年的缩影。他的事业几经沉浮，可他每一次都是用自己最饱满的热情去迎接挑战，正是这样的激情成就了如今的孙宏斌。

　　曾几何时，刚毕业的孙宏斌是一个桀骜不驯的小伙子。他有能力，肯吃苦，工作不到两年就被柳传志破格提拔为联想集团企业发展部的经理，主管的范围多达在全国各地开辟的 18 家分公司，甚至被当作下一任联想接班人来培养。然而好景不长，"功高盖主"的他成了挪用公款案的犯罪嫌疑人，之后的他锒铛入狱长达五年之久。1994 年孙宏斌刑满释放，2003 年他向北京市海淀区人民法院提出申诉，要求取消原判决，改判无罪。同年孙宏斌收到海淀区人民法院刑事判决书，撤销 1992 年 8 月 22 日判决，改判无罪。

　　出狱后的孙宏斌没有一蹶不振，而是重整旗鼓创建了顺驰中国控股有限公司（下称顺驰），一度成为中国规模最大的全国性房地产企业集团之一，具有国家建设部一级资质。他和柳传志化干戈为玉帛，并在柳传志和中科集团董事长周小宁的支持下，联合联想集团、中科集团成立了天津中科联想房地产开发有限公司（1998 年，联想和中科集团将全部股份转让给顺驰，公司更名为天津顺驰投资有限公司）。短短一年的时间，孙宏斌就将顺驰做成了当地最有名气最有实力的企业，占到一级市场 15% 的市场份额，并逐渐在北京和上海开设了分支机构。创业成功的孙宏斌将顺驰房地产的品牌推向了每一户家庭，一时间顺驰在天津可以说得上是家喻户晓了。2003 年，顺驰正式进入北京市场并全面开始了全国扩张战略。2004 年孙宏斌以 13 亿元的资产登上了胡润百富榜第 91 位。2007 年，孙宏斌将顺驰集团出售给香港路劲基建集团之后，将自己的精力全部放在了融创的经营管理上。

　　孙宏斌总是十分受到媒体的欢迎。无论是他优秀的外在，还是风趣幽默、说话直爽的性格，都让他在面对媒体时无往不利。媒体见面会上他也始终是全场当之无愧的焦点，就拿融创中国"北京壹号院"全球发布会来说，相比之前的孙宏斌，现在的他更像是历经沧桑、运筹帷幄的成功企业家，身上带着一种"行到水穷处，坐看云起时"的风雅。在最近的几年里，孙宏斌出现在大众的视野中多半都与两个词相关，一个是绿城（房地产有限公司），另一个是佳兆业（地产企业）。孙宏斌本人在接受采访时也说道："绿城和佳兆业的事情让我去年抽烟量增加了很多，今年的目标是能把烟戒了。"可见 2013 年至 2015 年，最让他耗费精力的就是这两件事了。

　　首先是关于绿城的收购事件。其实说起来孙宏斌和绿城还是很有缘分的，2011 年 11 月 1 日，孙宏斌在无锡香樟园购买了一套绿城的房子。2012 年 1 月 5 日融创与绿城联合宣布，融创收购绿城无锡香樟园 51% 的股权。2012 年 6 月 22 日，融创绿城合作共同组建了上海融创绿城控股有限公司，其中融创出资 33.72 亿元，收购了绿城 9 个项目的半数股权。之后的发展一直都是蒸蒸日上，从 2013 年在上海全年销售高达 112 亿元、跻身房地产企业前三名，到 2014 年 5 月 15 日融创、绿城分别宣布，融创拟收购绿城不超过 30% 的股权。按理说，这件事情应该到了尘埃落定的时候，但是事实并非如此。在同年 11 月绿城的董事长宋卫平决定"毁约"，理由是融创中国主席孙宏斌在运营过程中，仅追求公司和股东利益，忽略了绿城业主和合作伙伴的诉求，违背了绿城本来的品牌情怀，转而将其股份卖给了中国交通建设有限集团。事情到这里才算是有了一个结果，然而对于曾经两个对绿城都有感情的人来说，这样的结果却是令人难以割舍，孙宏斌在绿城的最后一次工作会议上数度哽咽地表达了自己的感情："希望把我们好的东西留下来，绿城好的东西也能带到融创。"

另一件收购案的失败，相比较绿城而已，就没有那么长的战线了。佳兆业集团控股有限公司是中国的大型综合性投资集团，旗下拥有地产集团、城市更新集团、金融集团、商业集团、文化集团、物业集团、旅游集团、科技产业集团、医疗集团、香港金融集团等 11 大集团。对于这次的收购孙宏斌是准备了很久的，可以说当时对于找不到深圳市场入口的佳兆业，孙宏斌成功地扮演了一个骑士的角色。虽然无功而返，但是事后谈起这件事情的时候，孙宏斌是这样描述的："买卖无关成败，吃了亏但是得了人心。"

其实，对于孙宏斌个人能力以及其背后团队的综合实力，这次的并购并不会有很大困难，而事实上也确实如此，孙宏斌对于这次的并购是主动放弃的。在他看来，佳兆业的并购已经成了一个死局，他没有办法去破解，也没有办法做其他的努力，所以在保障自己利益的前提下，选择了退出。

对于放弃佳兆业的原因，孙宏斌给记者最直接的回答是"不想买了"，而这背后的根本原因是他在调查后发现资产状况不如预期，最初接触的时候，显示的每股净资产约 4.5 港元，而收购价格是 1.8 港元，总共约 3 亿美元，但是之后却发现净资产状况几乎为 0，当然这只是融创在调查之后对其的评估。事实上，鉴于会计准则赋予企业的一些灵活的记账方法，佳兆业的账面资产并非一文不值。但该集团 2014 年年报迟迟未出，所以佳兆业的真实资产状况外界无从得知。

虽然两次的并购都以失败告终，但孙宏斌依旧很释然，认为这只是两桩生意，无关成败对错，所以没有必要强调最终的结果。不得不说这一种淡然处世的态度与他之前的积极热情形成了强烈的对比。曾经的孙宏斌像一个狼性爆发的创业者，他需要尽快证明自己，初次创业便一骑绝尘，顺驰的战略就是狂飙突进，而他个人的行事风格更是只争朝夕。而今的他变得更加的成熟稳重，几经沉浮后的孙宏斌颇有"坐看云起时"的意境。在他看来，人生中的事情遇到了就坦然面对，只有经历了才能将它们变成自己的财富，坦然淡定地面对这些，活得精彩活得快乐就好。

几度风雨，几度春秋，风霜雪雨搏激流，多经沉浮勇向前。2015 年，国家对房地产市场进行调控。融创中国却在一年多以前就对市场作出了精确的判断。当其他开发商在一线城市为拿"地王"抢破头时，融创中国已抢先布局当时不被看好的部分二线核心城市，并以相对低的价格获取了大量优质的土地储备。

融创中国 2015 年年报显示在过去五年国内房地产市场急剧波动的背景下，融创中国销售额呈跳跃式增长，从 2010 年上市初的 86 亿元，到 2015 年的 734.6 亿元，年复合增长率接近 55.81%，同期全国商品房销售金额的复合增长率仅为 10.61%。

此时所有人都为孙宏斌领导的这家公司最近五年的高增长感到神奇。（撰稿/吴蕴庭、叶赫那拉）

编者点评：孙宏斌骨子里是一个耿直厚道的人，虽然在 20 出头的年纪经历了牢狱之灾，但并没有影响他出狱后的人生，他始终如一地努力经营自己的事业、生活，这一点值得我们每个人学习。虽然他也曾想竭尽全力的追回错过的时光，将他的"狼性"发挥得淋漓尽致，但后期的经历才是人生中不可多得的历练。尽管在他的身上曾被烙上"枭雄""地产大鳄"的称号，可对于他而言，活得精彩就足够了。

资料来源：

［1］网易财经.孙宏斌：放弃佳兆业"没错"一线城市房价像赌场.http：//money.163.com/15/0619/02/ASEJ66AA00253B0H.html［2015－06－19］.

［2］证券时报网.屡败屡战孙宏斌：活得精彩就值了.http：//house.ifeng.com/detail/2015_07_22/50483377_0.shtml［2015－07－22］.

王玉锁：做创新清洁能源的领跑者

王玉锁 男，1964 年 3 月生，河北霸州人，新奥集团股份有限公司董事局主席，政协十一届全国委员会常委，中国民间商会副会长。2013 年新财富中国富豪榜以 178 亿元排名第 27，2014 年入围年度华人经济领袖，2015 年福布斯华人富豪榜排名第 115、世界富豪榜排名第 690。

　　王玉锁对于能源行业有着自己的创新见解和深入思考，他是中国第一位将能源行业与互联网联系起来的能源企业家。他发现了"互联网＋能源"的潜力趋势，突破了大家所认为的被国字号企业垄断的城市燃气和管道燃气这一禁区，以新锐的发展方式，带领新奥集团成为全国最大的民营能源企业。

　　现在已经成熟的新奥集团其实是通过王玉锁两次创业相继完善的。第一次创业王玉锁用了 5 年时间积累资本，1989 年开始创业探索的第一步，将公司几番改革创新，于 1997 年完成股份制改造，注册成立河北新奥集团股份有限公司。二次创业始于 2008 年的全球金融危机，对市场的敏感使王玉锁认识到如果继续民营燃气的道路，新奥集团的发展必定会阻力重重，甚至于止步不前。因此，如何在安全度过金融危机的同时，完成从"气体分销"转变为"煤炭及其他新能源"为基础的战略改革，实现"二次创业"，成了当时王玉锁心头的两大难事。王玉锁主导的"二次创业"，不同于新奥集团之前以燃气分销、能源装备及液化气为赢利点的经营方式，而是以 2005 年达旗 60 万吨甲醇项目的筹备与企业全面信息化的项目为标志，以特色资源二氧化碳为基础来构建清洁能源产业链。历经 7 年左右的时间，开发新的、具有替代性的技术，终于在 2012 年整个新奥集团都有了翻天覆地的变化，顺应了时代的潮流。

王玉锁无疑是个出色的企业家，不会故步自封，深切明白创新才是企业活下去的唯一不变的法则。他直言："在这个时代大变革的环境中，我们辛辛苦苦赢得的竞争优势只是暂时的，甚至在某些方面是脆弱的；新奥的事业走的是一条全新的道路，时刻需要我们在技术上突破、管理上创新。"秉持着这种理念，王玉锁对未来能源体系不断进行着积极思考和大胆探索。

在新能源领域，王玉锁规划了三大目标。一是节能减排，新奥集团在基础研发方面投入了大量的人才和资金，希望能够通过技术创新来解决节能减排的问题；二是提高能源使用效率，减少不必要的能源损失；三是开发清洁能源，实现能源的转型，贯彻落实 21 世纪的环保理念。

王玉锁将新奥集团打造成了行业内的龙头企业，但他并没有躺在过去的功劳簿上睡大觉，他深知在相对垄断的油气行业寻求长期发展绝非易事，"生存恐惧"使这位企业家始终保持着敏锐的商业嗅觉。在这个科技发达的大数据时代，如果说有一种理念可以贯穿所有行业，那一定是"互联网＋"。"互联网企业说互联网精神、互联网思维，很多传统能源的人说没有这个东西，我说有。"王玉锁说。在近些年互联网的强烈冲击下，王玉锁深切地感觉到危机所在，他在 2014 年 10 月接受记者采访时说："作为传统产业，当你寻寻觅觅，突然找到互联网这样一根救命稻草的时候，你对它的理解，很可能比手里始终拿着的还要深。但如果拒绝改变，那就只能让历史的车轮碾碎了。"互联网可以说是一把双刃剑，不会直接颠覆谁，结果取决于握着这把剑的人如何使用。

对于能源行业来说，互联网无疑是一个比较陌生的领域，甚至很多企业家会死守传统的思想，不愿意为了未知的风险而去探索一个表面上跟能源行业并无关系的新世界。而王玉锁不一样，他深知新奥集团处于一个竞争激烈的环境中，必须时刻居安思危。他的危机意识并不是突然出现的，从新奥集团的业务布局可以看出，王玉锁的眼光比较长远。能源行业不同于一般的行业，其中有很多业务短期内是不会盈利的，王玉锁尽力避开行业短板，将燃气业务板块带来的利润中归属他个人的部分投资到煤炭地下气化技术等前沿科技的开发中，这类新型技术于整个世界而言都不是很成熟，即便在一些科技发达的海外国家也只是处于实验室研发状态或者技术升级的阶段，有着极大的市场潜力。

这些新兴技术大部分都是实验室开发类型，王玉锁之所以会对这些技术有投资意向是因为看中其广阔的商业市场前景。作为一个真正的企业家，就必须看准时机去开发即将爆发的前沿领域。对于这一点，王玉锁投资新型太阳能电池、煤炭催化气技术，在原理上与互联网企业谷歌投资可穿戴设备、无人机、机器人等是相似的。对于一个市场上相对成熟的企业而言，对于商机的挖掘远远重要于日常的经营。王玉锁在整个企业的运营过程中最注重的便是消费者的感受，他曾针对互联网浪潮的猛势说："这毕竟是个相对垄断的行业，新奥在创业初期就提出让客户满意是新奥的永远追求，但很遗憾，我们孜孜不倦地追求了这么多年，还是没有真正做到这一点。如果此时你再不从客户角度考虑就死定了。"因此他成了"能源 + 互联网"行业"第一个吃螃蟹的人"。

能源行业与其他行业的创新相比还有一个难点，就是与消费者的距离过远，消费者无法直接感受到该行业的企业激情。新奥集团有一个人数多达 900万的庞大客户群，然而这些客户与新奥的黏性并不强，如何进一步挖掘这些客户的潜在价值是这两年王玉锁一直在思考的问题。交叉思考客户、天然气、互联网等，王玉锁找到了答案——泛能网。"颠覆新奥燃气的企业不是燃气行业内部的人，是非燃气公司，比如互联网公司。"王玉锁在企业内部经常如此告诫，他希望通过泛能网的创新使消费者感受到能源企业的存在，并在 2015 年 8月针对"互联网 +"的创新问题接受新浪财经专访时表示出对泛能网极大的信心。

王玉锁带领新奥推出的泛能网体系是融合了源物理网和信息网的一项创新，利用泛能芯解决了多种能源形式的度量问题，形成统一度量标准。同时充分利用互联网大数据来了解客户的用能需求和实际耗能等数据，通过真实的数据为用户量身打造最切实际的用能方案，以提供最适合、最节约的用能方案为最终目标。"泛能"是这两年出现在王玉锁耳边次数最多的词语之一，现在已经是一个相对成熟的系统，并得到了一定的支持。"国家标准委已经批准新奥在廊坊开始做泛能微网标准化示范，示范完成后，就会形成一系列的泛能微网标准，包括泛能网的国家标准、行业标准、地方标准和企业联盟标准，这些标准的发布会推动泛能网技术在国内的广泛推广实施。"一切都在按照王玉锁的计划一步步实现。（撰稿/赵梦雅、吴蕴庭）

编者点评：世界上最可怕的不是无知，而是墨守成规。对个人来说，不尝试改变的结果就是与时代脱节；对一个企业来说，不尝试创新的结果就是从整个商场上销声匿迹。时代的车轮滚滚向前，不会为谁而停留，如果想在这个弱肉强食的世界生存下去就必须不断改变和完善。就如王玉锁带领新奥开拓新世界一样，要学会居安思危，将目光放长远些。对于新奥集团的变革必定有些人是持不看好的态度，可是谁又能否定新奥的改变会带领整个能源行业开辟出更广阔市场的可能性？

资料来源：

［1］新浪财经. 新奥王玉锁：能源大转折. http：//tech. sina. com. cn/zg/2015 － 08 － 17/doc － ifxfxray5606783. shtml ［2015 － 08 － 17］.

［2］英才. 王玉锁：新奥试水互联网能源. http：//finance. sina. com. cn/energy/corpnews/20141027/172220653634. shtml ［2014 － 10 － 27］.

高小叶：蝇蛆养鸡奔小康

高小叶 女，1970 年 9 月生，云南省红河州弥勒县弥阳镇菜花村人。2005年，她在曲靖市师宗县开始创业，现任师宗云雄实业有限公司总经理。先后荣获云南省第二届"创业之星"、第三届"拔尖农村乡土人才"，曲靖市"优秀妇女创业者"，师宗县"2013 年度工业经济发展工作先进个人""女能人""第八届、第九届优秀政协委员"等称号。

苍蝇，人类最厌恶的害虫之一，然而却有人视苍蝇为宝，不仅成功凭借苍蝇发了家致了富，而且拉动周边 1.5 万余户农民共同奔向了富裕新生活。这个人就是高小叶。

高小叶于 20 世纪 70 年代出生在红河州弥勒县（现为弥勒市）弥阳镇菜花村一个普通家庭。在那个年代，贫穷是全中国的共同特征，高小叶家里尤其如此。家里三个女孩，开学的时候，学费问题是压着这个原本生活就很拮据的家庭的一座大山。万般无奈之中，父亲想出了抽签的土方法：三根稻草两短一长，而高小叶就幸运地抽中了代表上学的那根长稻草。看着哭成泪人一样的妹妹，高小叶含着眼泪暗暗咬牙发誓：不管多苦，不管多难，她一定要闯出去，一定要带着全家人过上好日子！

1994 年，高小叶从云南省煤炭工业学校毕业，被分配到云南省水利水电工程有限公司三分公司工作。由于工作属野外性质的原因，她必须整天跟着工程跑，一年中根本就没有机会回家。受不了这种常年分居生活的丈夫，给她下了"最后通牒"：要家庭，就辞职；要工作，就离婚。一番抉择后，高小叶选择了家庭。

辞职后的高小叶在家当起了贤妻良母，每天洗衣做饭、孝敬公婆，日子较之从前清闲了许多。"事业心"强的高小叶渐渐不满足于这种碌碌无为的生活，她想创业，要实现当年"抽签"上学时的誓言。

2005 年 5 月 8 日，高小叶无意中在央视七套《乡约》栏目看到"苍蝇姑娘"

用蝇蛆养鸡的致富事迹，深受启发。蝇蛆繁殖速度飞快，鸡粪养蛆几乎不费成本，蝇蛆中含有大量抗菌肽、甲壳素、自然抗生素等物质，用蝇蛆喂养出来的鸡肉质鲜美，健康又营养。高小叶仿佛看到用蝇蛆养鸡的光明前景。很多人会觉得苍蝇脏，放着白白的商机不愿意尝试。"脏怕什么？别人不干，我干！"

创业之路从来都不是一帆风顺的，"技术盲"成了高小叶面临的第一个难题。一番考察之后，高小叶决定远赴郑州学养蝇技术。一个多月后，她带着 2 万只蝇种回到了家乡。但资金、场地、员工及员工培训等问题接踵而来，折磨得高小叶食不知味，成夜睡不着觉，头发大把大把地掉……终于，2006 年，在弥勒县政府和雄壁镇妇联的帮助下，她筹集到了最初的创业资金，创建了蝇蛆微生态养殖基地——3 个各 3700 平方米的加温保暖大棚。

从起步的迷茫期里跋涉出来，高小叶开始面对下一个亟待解决的问题：鸡种。通过一段时间的关注和了解，一种浑身乌黑，能产绿壳鸡蛋的黑羽绿壳蛋鸡吸引了高小叶的注意。又经过一段时间的实地考察，她得知这种鸡除了是国家珍稀物种外，产的鸡蛋还具有低胆固醇、高硒高碘的特性，其营养价值更是普通鸡蛋望尘莫及。这样，高小叶便预订了 1.2 万只鸡苗带回去养殖。

四个多月后，黑羽绿皮鸡开始产蛋。

这种黑羽绿壳鸡在当地是没有的，鸡蛋更是独树一帜的绿色。高小叶怀揣着"物以稀为贵"，好东西必将大卖的热情将这种绿色鸡蛋推向了市场，却转瞬被广大消费者质疑的唾沫扑灭了希望。

鸡蛋壳为什么是绿色的，而且还卖这么贵，有毒吗，能吃吗？产品卖不出去，鸡还在不停地产蛋，公司的货栏上积压的蛋越来越多。她每次去看，都觉得是在看她的心头血。她怎么能眼睁睁地看着自己的这些"心头血"变成废品呢？许多夜里的辗转反侧之后，高小叶终于破釜沉舟：每天开着车拉着这些"绿鸡蛋"挨门挨户地去推销，去跟大家分享"绿鸡蛋"的好处。风吹日晒，雨雪无阻……

高小叶凭借坚韧不拔的信念一点点为她的产品挖掘商机，市场最终以温和的态度容纳了"绿鸡蛋"，也容纳了高小叶。2008 年年初曲靖市的一次农业展销会上，绿鸡蛋大放异彩。销路打开之后，高小叶的"绿鸡蛋"之路总算步入正轨，仅 2008 年一年，绿鸡蛋的销售额就达到了 500 多万元。

2009 年，高小叶办起了"师宗县蛋鸡养殖专业合作社"，发展了周边 500 多户农户参与到黑羽绿壳蛋鸡的养殖行列，无偿提供技术和鸡苗，饲养规模达 1 万只，合作社农户户均每年增加收入 2066 元。

2009 年 9 月，公司所经营的"云雄"乌鸡蛋获中国第五届昆明农业博览会金奖；2010 年，被云南省农业厅认定为"省级农业产业化经营龙头企业"。几年时间，高小叶终于做成了她的"绿鸡蛋"之梦。

然而企业的发展就是一个永不满足的过程。针对"绿鸡蛋"保质期短、辐射范围窄、发展空间有限的现状，高小叶萌生了扩大产业链的想法。

2011 年，高小叶跟朋友一起参加师宗本地的"花米饭"节，吃到了当地的著名小吃"马脚杆"。在了解到用来做"马脚杆"的这种糯米在清代时曾作为贡米进贡，现在却由于种种原因几近停产时，高小叶想，基地想要延伸产业链，为什么不能搞个农副产品加工厂呢？就收这种糯米加工，加工过程中产生的碎米、米糠还可以在养殖场里消化掉，降低养殖场的喂养成本。加工厂和养殖场配套，还能形成独特的盈利模式。

2013 年 1 月 30 日，师宗云雄实业有限公司由师宗县雄壁蝇蛆微生态养殖基地变更登记成立，注册资金 500 万元。公司除了雄壁蝇蛆微生态养殖基地外，还建成了年加工优质稻谷 3 万吨、生产优质精米 1.8 万吨的先进生产线，精加工本地优质米。高小叶投入 300 余万元购买了先进的离心大米提升加工机等全套自动化设备，基本实现了稻米加工的全自动化。

2014 年，为了适应市场的不断发展，高小叶又建成了自己的糯米原料生产种植地，在师宗龙庆乡的黑耳、阿那黑，竹基镇的龙甸，高良乡的纳厦，彩云镇的石洞，五龙乡的鲁木等村形成了"公司＋基地＋农户＋市场"的生产模式，不仅使公司的产业链得到了进一步的延伸，还直接带动 1.5 万余农户增产增收。

公司发展这些年来，高小叶不仅实现了幼年时就立下的带动亲人奔向富裕的愿望，还带动了一乡村民共同致富。高小叶经常说："一人富了算什么富，员工富了，基地附近的村民富了，更多想要富的人富了，那才是真正的富。"（撰稿／吴蕴庭、马田艳）

编者点评：从蝇蛆养殖到黑羽绿壳鸡饲养，从"云雄"乌鸡蛋到"云雄"牌系列软米，高小叶的创业之路走得风生水起，她享受创新，享受发展的快乐。但是"独乐不如与众乐"，致富的同时高小叶不忘一方水土百姓，带动乡亲增收致富，实现了"众乐"的"大我"之境。

资料来源：

中国网－中国视窗．师宗高小叶不甘平凡铸就创业梦想．http：//zgsc.china.com.cn/gjlqjft/2015－03－20/320719.html［2015－03－20］．

俞敏洪："留学教父"的二次创业

俞敏洪 男，1962年10月生，江苏江阴人。新东方教育集团创始人，现任新东方教育集团董事长、洪泰基金联合创始人、耿丹学院理事长。2012年获得中国最具影响力的50位商界领袖。民盟中央常委、第十一、十二届全国政协委员。他认为人的一生就是不断进步和突破自己的过程，带领新东方蓬勃发展的同时，进行多方"二次创业"。

俞敏洪的相关事迹，在《中国企业家档案（1978—2008）》和《中国企业家百年档案（1912—2012）》中均有记载，侧重点放在了俞敏洪早年两次遭绑架的事件上。2006年，俞敏洪绑架案告破，罪犯也受到了应有的惩罚。两次绑架并没有让俞敏洪缩手缩脚，这些年过去了，俞敏洪作为"留学教父"在新东方教育事业上越走越远，却渐渐不满足于新东方带给他的纯粹的商业价值，开始进行多方面的"二次创业"，不断进步和突破自我的同时，实现社会价值。

俞敏洪在实现自身不断成长壮大的同时一直很关心国内民营企业的发展。2012年以前的权威数据统计显示，中国拥有中小企业逾4000万家，并且这个数字有望在2012年突破5000万，这些民营企业是中国经济发展不可或缺的一部分，解决了80%的就业问题，创造了不止六成的社会财富，如今呈现出总体茁壮成长的态势，自然是件喜事。但俞敏洪同时发现，这些快速成长的民营企业正在以每分钟倒闭 9 家的速度进行着新旧更替，有 30% 以上的企业挺不过初创那三年。

从创业这条荆棘丛生的道路上一路摸爬滚打走到现在的俞敏洪对此深有感触，近些年国际化进程加快，市场、资源、人才、技术等方面的竞争都更加激烈，目前的中国民营企业暂时还没有完全适应这一优胜劣汰的机制。俞敏洪想到，自己这些年的打拼累积下的经验和优势，对民营企业家们多多少少是有帮助的。于是，涉入企业咨询行业的念头开始在俞敏洪心中萌芽。

2010 年 5 月，俞敏洪创建北京慧致天诚企业管理咨询有限公司。2011 年 3 月，邀请 Google（谷歌）前中国区总裁李开复、央视前制片人王利芬等与媒体在北京举行了恳谈会，宣告慧致天诚品牌的主要业务为为中国企业提供系统化、专业化服务的管理咨询和培训，随即成立了慧致天诚 EIDC 研究中心，并发布民营企业运营报告。2015 年，慧致天诚以"专业高效、一路陪伴"的经营理念，全力推出了"创业服务器"。"创业服务器"由筑梦创训营、投后管理业务、善缘街 0 号创业自媒体三大部分组成，为不同阶段的投资机构和创业公司提供专业的针对性的增值服务，并首次亮相于同慧致天诚第一个战略合作伙伴，SOHO 中国董事长潘石屹的会谈上。2016 年 7 月，"创业服务器"旗下筑梦创训联盟成立。

俞敏洪邀请了柳传志、李开复、马云、李彦宏、雷军、刘强东等二十多位业内领袖人士组成"梦想导师"团队，作为慧致天诚最核心的智囊中枢。俞敏洪希望慧致天诚成为一个"孵化器"，能够实实在在地为民营企业家助力。"如果你在中国想到出国培育，学生立志教育，第一个想到新东方。而未来，在引领中国民营企业家道路上的成长，包括发展他们的动力和理想价值的时候，第一个想到慧致天诚，我们觉得这个使命就完成了。"俞敏洪说。

除了企业咨询，教育行业出身的俞敏洪很早就想办一所民办大学。

俞敏洪忧心于中国私立大学普遍以盈利为目的，教育质量低迷的现状，十几年前就曾说过要办一所真正意义上的非营利私立大学，这些年来，这个念头从未中断过。

然而办大学比俞敏洪想象中的还要困难。2003 年，单就国际关系学院外文系一个系，固定资产投入就不低于 10 亿元。再说起让整个大学正常运作起来的投资，这对当时的新东方来说，根本负担不起。好在三年后，新东方在美国上市了，俞敏洪便不用太担心资金问题。可是等到他真正为这件事奔忙起来之后，才发现最困难的不是资金。办大学的第一步选址——单是土地问题，俞敏洪前后奔波五六年，仍旧是个悬而未决的难题。

辛苦了这些年，在梦想之路上还是原地踏步，俞敏洪不得不退而求其次，换一条好走的路继续为实现梦想而奋斗。2013 年 10 月，俞敏洪接手了一所民办大学——耿丹学院，担任耿丹学院理事长一职。

当时，国家放宽了对私立大学的政策，允许一些私立大学脱开公立大学的束缚，获得自由发展。俞敏洪算是赶上了好时机。然而就现在的国情来说，公众对私立大学的认可度远没有公立大学高，目前所有的私立大学都被国家列入本科第三批次，而三本历来高昂的学费让许多人都觉得私立大学的发展靠的就是学生的学费。这样一个背景下，即便有了足够的资金和资源，想要办好一所私立大学，依然很有难度。

而俞敏洪接手之初的耿丹学院，也"不负众望"地继承了三本院校普遍的"纨绔"风气："如果哪个学生去阅览室读书，会遭到同学的嘲笑。"但耿丹学院非营利的性质跟俞敏洪的办学初衷相契合。接手了耿丹学院的当天，俞敏洪就发微博称："希望用我后半生的精力和资源，打造出一所出色的中国私立大学。"

俞敏洪办大学的第一步，就是拿出 100 个名额面向农家子弟招生。他计划派出新东方里一批慧眼识珠的教师到各地面试，将高智商、有潜力的学子招进耿丹学院。这 100 个名额不仅学费全免，而且将会得到俞敏洪的"土豪"朋友们的一对一接认领。这个"企业家贫困生资助计划"会在 2014 年秋季开学时实行，并一直持续下去。

接受记者采访时，俞敏洪的"合伙人"徐小平表示："两个数字可以看出耿丹学院的前途，在老俞去演讲前，只有 20% 的学生去阅览室，现在在图书馆都找不到位子了；过去英语课只有 20% 的人上，但新东方老师去了后，教室里坐满了人。"而被问及办学目标是不是创办中国最好的民办大学时，老俞摆摆手，笑得很实在："我就是实现点儿自己的理想，仅此而已。"

老俞的目标是，用 10 年将耿丹学院做成二本，20 年把它做进一本院校。那一年，俞敏洪 71 岁。

除了专注教育行业和半路插足的企业咨询事业，俞敏洪这些年还零零碎碎地做着创业投资，对于年轻人创业普遍面临的资金问题也想出一份力。但是因为新东方的"去俞敏洪化"还没有彻底完成，接手耿丹学院之后的工作在陆续展开中，慧致天诚也正在稳步发展中，俞敏洪没有太多精力再去考虑专做投资这件事。

但是随着跟他后来的"合伙人"、年近半百之时交到的一个知交好友——银行家盛希泰慢慢熟悉起来，在一次两个人单独的饭桌上，很偶然地随着一个话题的展开，俞敏洪的事业轨迹又发生了新变化。平时在业务上并没有什么交集的两人在性格上却相当合得来，俞敏洪真诚实在，盛希泰大方义气。当两人聊到中国的经济形势和创业发展的时候，才发现彼此不约而同在做着同样的事情——创业投资。而彼时，盛希泰已经从华泰联合证券出来，成了独立的投资人。盛希泰对市场熟悉，俞敏洪对实操了解，两人的人脉圈子又能形成一个很好的互补，合伙的想法几乎是当时蹦出来，随即就决定了的——中国需要一个真正有影响力、有情怀的天使基金，他们来做，正合适。于是喝了三大杯酒之后，洪泰基金就此诞生。

2014 年 11 月 26 日，俞敏洪和资深投资银行家盛希泰共同发起成立了洪泰基金。新闻发布会上，盛希泰表示对于未来关注的领域，主要集中在三个方面。一是跟吃喝玩乐相关的产业；二是与健康、医疗以及教育相关的产业；三是移动互联网能够颠覆的所有领域。

对于天使投资人这份新工作，俞敏洪认为洪泰基金未来会更有优势。他将借助自己的人脉、经验和影响力，全力帮助青年创业者。还记得在 KrWISE1.0——一个科技新媒体 36 氪举办的第一届创新大会上，俞敏洪特别有格调的一句优雅的"咆哮"："我们的长处就是有钱有势。"

洪泰基金刚成立，第一期基金就募集了 3.3 亿元，一跃成为中国单只最大人民币天使基金。

截至目前，洪泰基金已累计投资 50 多个项目。（撰稿/马田艳、吴蕴庭）

编者点评：俞敏洪是位"有钱有势"的理想主义者，他的事业绝不会止步于新东方。他忧心中国滞后的教育事业，创办私立大学的念头十几年如一日，他不仅实现了自己的理想，更为中国私立大学的发展引领了方向。他关注年轻一代有梦想有激情的企业家们，愿为他们的发展送去雨露，点上明灯。他用他格调十足的"有钱有势"，造福着广大肯拼搏奋斗的年轻一代。

资料来源：

［1］凤凰网．俞敏洪二次创业　转战咨询业．http：//finance.ifeng.com/gem/people/20110317/3690890.shtml［2011 - 03 - 17］.

［2］中国新闻网．俞敏洪办大学：有生之年打造中国最好的民办大学.http：//www.chinanews.com/edu/2014/04 - 10/6050777.shtml［2014 - 04 - 10］.

李宁：创新，一切皆有可能

李宁　男，壮族，1963 年 3 月生，广西壮族自治区来宾市兴宾区南泗乡人，著名的"体操王子"。1988 年退役后，他用自己名字命名创立了"李宁"运动品牌，带领"李宁"走过一路攀高的 20 年。2011—2014 年"李宁"持续亏损，2015 年李宁重返"李宁"，迅速实现"李宁"的扭亏转盈。

2016 年里约奥运会落幕，因为矫健俊朗的身姿，或是精湛无比的球技，或是坚韧不拔的精神又或是销魂的"表情包"，一夕爆红的奥运"小鲜肉"们的相关话题高热不靡。一位曾经的奥运"老鲜肉"在微博上表示不服老："没有对比就没有伤害啊，想当年我也是小鲜肉一枚……表情和动作都做到跟她们神同步了，谁能帮我把皱纹修掉？在线急等!"底下配的是他和"小鲜肉"们的合影。

这位"老鲜肉"就是李宁。

李宁 6 岁开始练习体操，1971 年进入广西壮族自治区体操队，1980 年被选入国家体操队，之后陆续参加各种赛事崭露头角。1980—1988 年，他积极参加国际、国内体操赛事及亚运会、奥运会等各种体操类体育赛事，斩获金牌 106 枚，奖牌无数。其中 1982 年的第二届世界杯体操锦标赛，李宁在男子个人赛的全部赛事中，取得了全能、自由体操、单杠、跳马、鞍马、吊环 6 项冠军，双杠季军，创造了世界体操史上的一段佳话，被誉为"体操王子"。1984 年第 23 届洛杉矶奥运会，李宁获 3 金 2 银 1 铜，成为此届奥运会获奖牌最多的运动员……1988 年 4 月，李宁宣布退役，转身走上了带领"李宁"一路高歌前进的道路。

说起李宁的"李宁"之路，免不了要谈及那个将李宁"扶上马又送一程"的伯乐——"健力宝"公司老总李经纬。关于李宁和李经纬的关系已经在本书的灰色档案《李经纬："三水健力宝星"悲情陨落》的后半部分中详述，就不在此赘述。二十年过去了，一路走高的"李宁"迎来了一个大坎儿——2010 年以后，"李宁"的销售额急速下滑，以致被一些"李宁"一直没放在眼里的品牌毫不费力地超越。

一切的根源来自于 2010 年的企业营销策略的变革。"李宁"的去李宁化由来已久,这次的营销策略乃变革使然,公司将凝聚了"李宁"之魂的口号"一切皆有可能"改成了符合更喜欢猎奇的年轻一代风格的"Make the Change"(让改变发生)。然而年轻一代对此似乎并不太买账,随着口号的变更,营业额的趋势也由持续增长变成了持续下跌。常年居于体育品牌第三的位置,并于 2009 年营业额取代阿迪达斯实现坐二望一向耐克看齐的"李宁",如今拿着 2011 年、2012 年一次比一次"面目狰狞"的销售数据报表,心痛又无奈地面对着这样一个现实:曾经强有力的两个对手耐克和阿迪达斯几年间一直稳步增长,市场占有率已经从 25% 上升到 35%。曾经没被"李宁"放在眼里的安踏取代了其成为中国体操队的赞助商和中国体育用品的龙头位置。

2012 年,扎根"李宁"20 年的张志勇含愧卸任。曾带领达芙妮走出泥沼,两年内实现达芙妮股价上涨 4 倍,销售额上涨 50% 的被称为"三头六臂"的金珍君临危受命,出任"李宁"执行董事,被看作"李宁"的救世主。金珍君初上任,就在企业内部进行了大刀阔斧的改革:为了增加销售额,拓宽销售面积,金珍君打通了"李宁"此前鲜少涉足的中端消费市场,并以此作为突破口,扩大直营业务,直营销售占比扩大。2013 年亏损额从 2012 年的 20 亿元降到 3.92 亿元,但到了 2014 年,亏损进一步扩大,仅上半年就亏损 5.86 亿元。同时"李宁"是 2014 年上半年 5 家上市体育品牌中唯一亏损的公司,截至 2014 年 7 月,"李宁"门店从 8255 家缩减至 5671 家。

事实证明,"李宁"的转型没有转对方向,也并未获得市场认可。当时的投行大家,除了高盛外,对"李宁"的结论都是清一色的两个字:"卖出。"2014 年 11 月,被称为李宁"救世主"的金珍君黯然退场,"李宁"的复兴之路,几乎被业内认为不可能。

李宁就是在这样一个背景下,重新接掌"李宁"的。

虽然对"李宁"一直持"放养"态度,知人善用,不握大权,但李宁在公司以及业内的号召力和影响力却是有目共睹的。李宁刚一宣布重掌"李宁","李宁"的股价就上涨。早在李宁重掌公司之前,他就已经心中有数——"李宁"若想重获生机,必须紧跟潮流,必须创新。于是重掌"李宁"后,李宁的大方向有两个:一方面,年过半百的大叔努力接触新的东西,争做"潮"人,频繁出席公众活动,提高曝光度,尽其所能地跟潮流接上轨,提高"李宁"在年轻一代中的认知度;另一方面,他走访了多家互联网公司,争取与他们的跨界合作，让"互联网＋"思维深入到产品设计、企业管理等各个方面。

2014 年年底，李宁开通了微博，自此便一发不可收拾，卖萌、写鸡汤、调侃……各种网络热词信手拈来，迅速俘获 200 多万粉丝，俨然成了一个资深的潮人"微博控"。"潮"起来的李大叔开始频繁出现在各种公众活动中：由公司赞助的 2015—2016 赛季中国男子篮球职业联赛（CBA）全明星赛开球；出现在腾讯守护宝贝公益计划现场；甚至带女儿参加深圳马拉松……如此频繁的曝光，终于让只活在"70 后""80 后"记忆里的"李宁"在"90 后"，甚至"00 后"们的生活里鲜活了起来。

2015 年，在公司成立 25 周年之际，李宁将公司口号改回"一切皆有可能"，并真诚地发微博表示："只要有你们的支持，我相信，李宁，一切皆有可能！"

2015 年的 CBA 总决赛中，李宁为获胜队伍设计了贴着黑胶带的冠军 T 恤，获胜的队伍在领奖台上集体撕下"冠军 T"上的黑胶带，"牛 B""削他"等极应景又极接地气的字眼一下子就引爆了球迷们的激情。事件在互联网上被疯狂传播，一时间，人们将对篮球的热情以及对获胜队伍的支持全都寄托在这件相当有格调的"冠军 T"上，寒冬腊月里，北京地区的李宁专卖店外，排起了买 T 恤的长龙，一天之内，"冠军 T"销量就达数万件。

2015 年 7 月 15 日，"李宁"和小米生态链企业华米科技联合研发的智能跑鞋发布会，"烈骏"和"赤兔"惊艳亮相，价格优势降低了拥护体验智能跑鞋的门槛，销售火爆。不到一年时间，销量已达 40 万双。除了智能跑鞋，"李宁"还推出了智能足球、智能羽毛球拍、儿童智能定位鞋，未来还有望推出智能服装。

2015 年 10 月底，"李宁"为世界著名球星韦德打造的 WOW Wade 4（韦德之道 4）问世，这是韦德成为"李宁"韦德之道首席品牌官以来参与设计的第四代篮球鞋。这让"李宁"不仅接地气，也变得更加国际范儿。

深入互联网之后的李宁深刻地意识到电商的优势，他大力开拓线上业务。电商渠道销售由 2014 年的 5％ 迅速提高到 2015 年的 25％ ~30％，同时还与电商大户京东达成合作，由京东为李宁提供电商业务的整体解决方案。2015 年的"双11"营销大战上，天猫李宁官方旗舰店销售额达 12.5 亿元，天猫平台李宁品牌整体交易额超 2 亿元，取得了相当可观的好成绩。

针对"李宁"现有的线下销售网络，启动"渠道复兴计划"。扩张直营网络，收回代理权，对门店重新评估，提高直营店铺的销售和盈利能力，加强与合作伙伴的长期合作关系，创造"李宁"新的产品、新的渠道、新的运营方式以及新的体验。线上线下两手抓，使"李宁"的销售模式更加完善。

找回品牌优势，研发智能新产品，提高直营店铺销售和盈利能力，拓展电商业务，李宁回归后样样做得认真。2015 年的财报显示：2015 年"李宁"的年度收入为 70.89 亿元，与 2014 年相比上涨了 17%。李宁终于终止了"李宁"4 年来的持续下滑，实现企业的扭亏转盈，重新崛起也将指日可待。（撰稿/吴蕴庭、马田艳）

编者点评：从"体操王子"到"体育大亨"，年过半百再去追赶潮流，从业界普遍认为的不可能之中创造可能。"李宁"的兴盛、衰落、复兴之路，正如李宁自己所说，人有无限潜能，只要相信，一切皆有可能。

资料来源：

搜狐财经. 亏损 50 亿到 1 年实现盈利 只是因为一个李宁么. http：//business. sohu. com/20160122/n435457943. shtml［2016 - 01 - 20］.

姚劲波：让人们的生活更便捷

姚劲波　男，1976 年生，湖南益阳人，现任北京五八信息技术有限公司总裁兼 CEO。1999 年毕业于中国海洋大学，获计算机应用及化学双学位。2000 年年初，创立了以域名注册为主的易域网。2005 年 7 月，姚劲波创立了分类信息网站——58 同城。2015 年 2 月 11 日，他入围 "2014 年中国互联网年度人物" 奖。

2013 年 11 月 1 日，国内分类信息网站 58 同城正式登陆美国纽约证券交易所挂牌交易。上市首日，58 同城报收于 24.31 美元，较发行价上涨 41.88%。超额配售完 165 万份 ADS（美国存托股票），募集资金 2.3 亿美元，比最初预期的 1.5 亿美元高出 50% 不止，成为一家市值超 20 亿美元的上市公司。其中 58 同城创始人兼 CEO 姚劲波持股比例为 27.9%，价值约 4.5 亿美元。这已是 58 同城第二次赴美申请 IPO（Initial Public Offerings，首次公开募股），作为国内分类信息领域首家上市公司，58 同城的发展可谓是一波三折。创始人姚劲波的创业经历也颇具代表性。

姚劲波 1999 年双学位毕业于中国海洋大学，毕业后不满于专做技术的中国银行技术部门的职业，次年就创立了以域名注册为主的易域网。一年时间，将易域网发展成中国最大的域名交易网站。但是他真正想做的是互联网，易域网却发展成了一个"交易公司"，跟他的初衷相悖。2000 年 9 月，姚劲波将易域网卖给了当时国内最大的企业网络应用服务商——万网，并加入万网从产品经理做起，做过产品部经理、产品规划总监、华南区总经理，一步步走到了营销副总裁。

姚劲波年轻，意气风发。在万网的时候一度风头无两，经常做出"越俎代庖"的事来。他当自己是万网创始人，甚至站得比创始人还要高，想得比创始人还要远。他非常自信，喜欢做到极致，喜欢全权在握，喜欢事必躬亲。

万网终于容不下他这尊"大佛"，2005 年，姚劲波离开万网，将目光瞄准了美国 Craigslist（Craigslist 是全球领先、美国最火的网上大型免费分类广告网站）的模式，认定了中国本土复制 Craigslist 的可行性，创立了 58 同城。

姚劲波也曾是北漂中的一员，还曾因为退房租被骗过钱。在看到 Craigslist 模式在中国发展前景广阔的同时，自信激进的他也确实想为异乡生活的平民百姓谋个福利。58 同城创立初期，就有风投直接找上了门。

起因还得谢谢 58 同城的竞争对手赶集网。赶集的负责人找到软银赛富方谈投资时表示，让软银赛富给他们投资后再并购 58 同城。软银塞富方从这话里听出了他们不敢跟 58 同城相抗衡的意思，便转而找到了姚劲波。

对方有备而来，就不需要 58 同城这边再准备些什么，投资合作进行得非常顺利，即便当软银赛富的负责人羊东已经坐到 58 办公室的时候，姚劲波的 PPT 都还没有做出来。只聊了一次，软银赛富的首批 500 万美元投资就到了账。软银赛富方如此信任，也给了姚劲波更足的动力。

但是面对中国刚起步的分类信息网站市场，一贯自信的姚劲波还是栽了跟头。Craigslist 的全免费模式加上中国本土无可避免地必须烧钱圈流量，资金链很快断裂，58 同城险些撑不下去。但是软银赛富仍然信任姚劲波，最困难的 2008 年，软银赛富的第二笔投资 400 万美元救活了它。

接下来，姚劲波便开始探索"中国式"的 Craigslist。投钱创立 DM 杂志《生活圈》，试图拓展线下发展道路，仍亏钱，撤了。2010 年 4 月，软银赛富和 DCM 第二轮融资 1500 万美元又到账。2011 年，58 同城跟竞争对手一起涉足了团购业务，流量增速不错，但团购还是普遍亏钱，又放弃了。起起伏伏几年间又将几轮融资败光，终于发现纯互联网才是分类信息网站发展的最好模式。58 同城彻底回归互联网后启用了用户增值服务收费模式。

投资者都很相信姚劲波，而 58 同城也在烧完两轮投资后，终于找对了方向，实现盈利。

2011 年 6 月，姚劲波趁着杨幂代言广告铺天盖地之际，送 58 同城赴美上市。

却不巧正遇中国概念股（一种相对于业绩股而言的概念价格支撑）寒流，58 上市之事青黄不接、无疾而终。

投资者依然偏爱 58 同城，华平集团领投，姚劲波个人参投，总金额 5500 万美元又入了 58 同城的账户。截至 2011 年下半年，58 同城经历 6 次大型融资，总融资金额不下 2 亿美元。姚劲波这个时候，考虑到 58 同城每天庞大的流量，开始有了往"电商化"方向发展的念头。2012 年年初，他开始着手准备 58 的"电商化"转型。58 同城陆续开通了手机、票务等分类版块的在线交易功能，慢慢从一个纯粹的分类信息平台转向一个 C2C（个人与个人之间的电子商务）交易平台。为了保障在线交易的顺畅，58 在交易的支付环节中还引进了支付宝等第三方支付公司。"电商化"战略实施一年，小有成就，虽然微乎其微，起码证明方向没错。再有 58 同城平台每日千万级的流量做基础，姚劲波觉得，实现真正意义上的盈利只是时间问题。

2013 年 11 月，姚劲波再一次带着勃勃的野心将 58 同城送到美国 IPO，这次58 的各项数据都欣欣向荣，市场环境也风平浪静，没再出什么波折。58 同城成功上市，当年那个意气风发、自信得偏激的姚劲波又回来了，带领 58 同城走上了迅速扩张的道路，攻城略地就像身经百战的大将军沉寂之后重新披甲上阵，浴血奋战的旧刀疤和沉寂中积攒的新力量在战场上一同爆发——只为胜利而战。

2014 年 10 月，58 同城宣布斥资 2000 万美元投资移动互联网代驾服务平台 e代驾；2014 年 11 月，宣布收购垂直行业招聘网站魅力 91；2015 年 2 月，宣布全资收购驾考平台"驾校一点通"；2015 年 3 月，宣布斥资 2.67 亿美元收购二手房电商安居客；随后，又宣布将以 3400 万美元入股家装 O2O（线上线下的完美对接商业模式）公司"土巴兔"。2015 年 4 月，姚劲波多年来想要并购赶集网的愿望实现——58 同城和赶集网合并。

最值得一提的是 2014 年 11 月，58 同城发布的全新品牌"58 到家"。"58 到家"是一种以自营模式，为用户提供实现用户基于地理位置的预约下单、上门服务、在线支付及点评等流程的 O2O 闭环业务模式。简单来说，就是当你需要各种家政服务时，只要进入 58 到家网站，上面有一目了然的服务内容和详细报价，你在平台上完成支付，就会有 58 到家的服务人员上门服务，之后再在线上确认评价。"58 到家"目前提供包括保洁、美甲、搬家等 10 项上门生活服务。姚劲波表示，"58 到家"未来将连接 100 万名阿姨，为她们提供尽可能全面地培训，使她们变得更专业的同时，可以在家门口就赚到钱。姚劲波非常看好"58 到家"的发展前景，直言未来 58 到家的扩张性会远超 58 同城，甚至成为支持 58 上市公司发展最重要的引擎之一。

姚劲波看好"58 到家"绝不是没有道理。2015 年 10 月 12 日，58 同城宣布

58 到家完成 3 亿美元 A 轮融资，业内罕见。更罕见的是 58 到家的投资人：阿里、腾讯、平安以及"神秘的"全国私募巨头——20 多年只投了 20 多家，且无一失败的 KKR。一般不出手，出手准没错的 KKR 选择投资 58 到家已是对 58 到家的十足肯定和支持，腾讯和阿里的同时投资，更是 58 到家的宣传大料。业界称赞姚劲波"很会处理人际关系"，他本人表示："充分分享信息公开透明就 OK（好），要站在中立的角度看问题。同时，先入主 58 的腾讯能点头答应阿里进入非常不容易，这也说明，过去都是分阵营、站队，而现在的趋势是融合。"不知是有心还是无意，这正好应了姚劲波这些年来追着赶集跑，想要合并赶集的心思。

这个心思终于在 2015 年 4 月 13 日，在 58 同城每天烧着 1500 万元的广告费，姚劲波隔几个月就给赶集的创始人杨浩涌发一条"求和"短信的不懈"攻势"下达成了。58 同城以 4.12 亿美元现金加 3400 万份普通股换取赶集网 43.2% 股份，但这场收购不能说谁胜谁败，新成立的公司名叫 58 赶集，实行"Co - CEO"制（联合 CEO，由两人或两人以上共同担任 CEO），58 赶集成了最近几次并购案中唯一一家合并后真正实现双规管理制的公司。

合并后的 58 赶集已经是中国分类信息网站无可超越的存在，但至于要如何实现 1 + 1 > 2，58 赶集还有许多路要走。（撰稿/马田艳、吴蕴庭）

编者点评：互联网时代群英辈出。互联网是虚拟经济，但它不是虚幻经济。它是便捷经济，目的就是让人们的生活更便捷。因此，在互联网大肆烧钱、惨烈厮杀的背景下，究竟谁最后能够成功？众多事实表明，互联网还是要紧密联系生活实际。马云的阿里巴巴"让天下没有难做的生意"，姚劲波的"让人们的生活更便捷"，无不说明这个道理。

资料来源：

［1］新华网．姚劲波：我希望做一件影响每个人的事．http：//news. xinhuanet. com/tech/2012 – 06/18/c_ 123298041. htm ［2012 – 06 – 18］.

［2］网易财经．姚劲波的 8 年：58 同城如何从信息网站胜出？．http：//money. 163. com/13/0929/08/99U5L3JR00253G87. html ［2013 – 09 – 29］.

［3］新浪网．姚劲波、陈小华讲 58 到家融资细节：阿里进来，先得腾讯同意．https：//www. huxiu. com/article/128404/1. html？f = column _ feed _ article ［2015 – 10 – 04］.

［4］投资界．58 并购赶集，杨浩涌临时多要 25 亿，姚劲波说当时手里有个酒杯，气得想扔过去．http：//news. pedaily. cn/201608/20160822402056. shtml ［2016 – 08 – 24］.

李兴浩：重出江湖又"志高"

李兴浩 男，1964 年生，广东省佛山市南海区人，志高空调股份有限公司董事长。获广东省优秀共产党员、第十届广东省人大代表、全国优秀乡镇企业家、广东省劳动模范等光荣称号，还被评为中国经济最具发展潜力十大人物、2007 年中国民营经济十大风云人物。2015 年 8 月以来，李兴浩又"重出江湖"主抓国内营销业务，业绩卓越，令人赞叹。

李兴浩创办的空调公司命名"志高"，同样也反映出他的创业立志高远。早年，李兴浩退学后在家务农，渐渐不满足于每天躬耕于黄土的贫苦生活，后来自学了一些空调维修技术。1989 年开了一个空调维修店，从此涉足空调产业。

1992 年，李兴浩跟一位中国台湾商人合资创办了广东志高空调股份有限公司，发展道路却是荆棘丛生。

公司创立两年后，国内空调制造市场趋于饱和，空调业结束了之前的暴利时代，志高在困境下靠着完全亏本的低价在市场上艰难跋涉，目睹了南海地区几十家空调品牌倒闭。合伙人突然撤资还将公司团队撬走、公司资金被法院冻结等接二连三的打击，几乎将李兴浩逼至绝境。发不出工资的李兴浩站在法院里扬言法院不解冻他的账户，他就把法院的窗户都砸烂。绝境下李兴浩支付不起开供应商大会的会议费用，就凭着自己常年积攒下的信誉度和三寸不烂之舌，拉到了供应商数十万元的会议赞助，还成功向下游经销商借到了钱。

1998 年，从绝境中缓过劲儿的李兴浩开始实施海外战略。海外战略给志高带去的业绩和利润让志高坐稳了空调行业第四的宝座，然而李兴浩并不满足于目前的成绩，他说："在竞争激烈的空调行业，志高到现在都没有站稳脚跟。"

2009 年，李兴浩力排众议，在金融危机未退之际坚持上市，走了他"靠速度取胜"的一步险棋。企业家精神的重要性平时不明显，而一旦企业面临抉择、转型的时候，这种决定企业生死的精神就会在关键时刻发挥作用。

上市之后志高的发展堪称"野蛮生长"——不到两年就建立了 26 个配套厂，不到一年就在 100 多个国家注册商标，迅速抢占海外市场，志高的发展一路走高，气势惊人。

然而到了 2011 年，空调业又进入了"低温"运行的冷年（空调行业冷年相对热年而言。比方某年夏天不怎么热，对空调行业来说就是冷年），市场销售暴跌。当年，公司亏损高达 1.44 亿元。

面对严峻的市场形势，李兴浩意识到是产品同质化雷同化严重，志高需要与同行在技术上领先下一步。他当机立断，2012 年 1 月 1 日，志高高层领导"大换血"，昔日的诸位"元老"全部退居二线，将公司的决策权，交给了技术科班出身的年轻一代。

李兴浩就这样"退居"了幕后。

"退居"不是退休，不是当甩手掌柜，而是宏观掌控。对此，李兴浩解释说："我本人更擅长战略，尤其是在文化管理、系统管理方面。卸任志高空调的我好像是坐在直升机上看公司，看得更清楚。当我看到公司不理想时，我会从飞机上下来，让公司更合理更完善，从而实现集团的战略规划。"

"改天换日"的背后，不言而喻——李兴浩是去布局了。

近四年，时机成熟了。2015 年 7 月 31 日，李兴浩高调邀约各大媒体："从 8 月 1 日起，我将重新出山，负责志高空调国内营销业务。"他给自己、给志高定下这样一个目标：到 2020 年，志高的规模要做到 1000 亿元。并志趣满满地跟到场的众媒体人打赌："如果我输了给你们每人 2 万元，赢了你们每人请我吃一顿饭。"

面对一些人的质疑，李兴浩表示："行业最困难时，才是志高超越其他品牌的机会。"

李兴浩为何如此自信？

在李兴浩退居幕后这几年，新上任董事长郑祖义团队一接手就推出了"云空调"的概念。全球首台具备远程控制、智能检修、个性定制、自适应睡眠曲线、远程升级等功能的"云空调"就是在这样的背景下应运而生。这是志高技术创新的一座里程碑。

空调行业已经淘汰了定频时代，变频也将渐渐满足不了人们日益多元化的需求，未来空调发展的下一个阶段，必定是智能的云时代。而志高的前进方向便是推进全免费的云服务和云技术的创新。志高在2012年就在全球首推智能云空调，率先成为了行业的标杆。2016年，志高智能云空调的产品机型比重进一步加大。

除了技术上的创新，在管理方式上，志高内部也有自己的战略布局——李兴浩在抽身志高的这几年间，更安心地站在全局统筹的高度，逐步布局志高"分""合""搭平台"战略。"分"即分权利、分责任、分利益、分地盘、分任务，旨在集团内部更高效地各司其职。"志高控股旗下的各个事业部将陆续分拆，独立上市。不超过5年，志高系将有不少于2个公司在上市。"也唯此，志高空调的管理层才能够在规定的时间内完成李兴浩布置的300亿元年产值的任务。而剩下的700亿元份额，是李兴浩从志高空调脱开精力后要在其他行业中完成的目标，即"合"，整合资源、"搭平台"资源共享战略。

不仅仅是技术和管理，更主要的是团队的培养。前些年，志高与美的、格力、海尔几大巨头的市场拼杀缠斗，李兴浩则被江湖人称为家电业的"快刀手"。而现在，他又拥有了一支虎狼之师，具有很强的杀伤力和战斗力。

而李兴浩之所以亲自复出，主要是因为他提出的目标让许多人怀疑。于是，索性他亲自出来领导。李兴浩说："我提出2016冷年要增长20%，没有人敢接盘，那不如我来做。""越是困难，我就越要做出表率。"李兴浩的复出，就是要主抓国内营销，把销售的龙头真正"舞"起来。

自李兴浩2015年8月回归至2016年1月，李兴浩通过资源整合，与苏宁、国美相继签下30亿元、10亿元的年度合作大单。北京中怡康时代市场研究有限公司（CMM）长期专注于中国消费品市场零售研究，尤其是在家用电器领域建立了独一无二的权威性。其当年的数据显示，在2015年最后三个多月的时间里，志高空调国内出货量就取得了同比50%以上的高速增长、海外出货量实现"六连增"，在空调寒季突出重围，打破了行业僵局。

2016年上半年以来，李兴浩充分利用"互联网＋"的思维，注重"线上"

"线下"的无缝结合，先后发动"大智惠""春擂攻势""双享炮""红四月""智惠红五月"等主题的线下"百团大战"。又盯紧了空调企业旺季集中冲刺的又一个年中赛点——"6·18大促"，推出了认筹抢先机、开仓放凉、智惠好礼、满千减百等组合拳，还首次加入"智能王者6.18折"、以旧换新等新内容，可谓是赚足了眼球。

志高公司当时的规模仅仅是250多亿元，要实现1000亿元的目标，靠常规发展肯定是不行的，必须有长远的路径。"下一步，我要兼并很多的企业，收购很多的工厂，要做企业家们的'好女婿'。"李兴浩如是说，"现在很多产值几十亿的公司做着做着就不行了，为什么？老师要退了，儿子却接不上班，企业发展陷入困境。那好，我帮你接过来。我做你的有孝心、有担当、负责任的'好女婿'不行吗？我不用你增加投资，甚至还用你的团队，你的品牌，我只派出自己的总经理，用的是我们自己的管理理念，企业被赋予我李兴浩的精神。他说，我认为这是另一种思维层面的并购行为，而强大高效的管理团队正是我们的强项。"（撰稿/吴蕴庭、马田艳）

编者点评： 李兴浩咬定"志高"不放手，是一种信念；坚持创新永不动摇，是一种拼劲；权衡利弊下放实权，是一种胸怀；临危受命力挽狂澜，是一种气魄。李兴浩的创业轨迹，正是创新、冒险、执着、进取等企业家精神的具体体现。企业家只要精神不倒，市场总是有机会的。即使在"冷年"，自己的产品和精神照样能"热销"起来。这就是李兴浩复出给创业者的启示。

资料来源：

[1] 新浪财经.李兴浩带领志高空调重返行业三甲.http：//finance.sina.com.cn/roll/2016－01－15/doc－ifxnrahr8298293.shtml［2016－01－15］.

[2] 新浪财经.志高李兴浩重返一线画千亿大饼　面谈媒体赌约一人两万.http：//finance.sina.com.cn/chanjing/gsnews/20150815/015322971492.shtml［2015－08－15］.

[3] 金羊网.李兴浩：做中国企业家的"好女婿".http：//www.ycwb.com/epaper/myjjb/html/2015－09／11/content_785767.htm？［2015－09－11］.

钱金波：中国鞋文化第一人

钱金波　男，1964 年生，浙江省温州市永嘉县瓯北镇人。红蜻蜓品牌创始人，现任红蜻蜓集团董事长。第十届浙江省人大代表，获第七届中国青年五四奖章。执着于"鞋履文化"，同时对公益事业抱有极大的热忱，素有"中国鞋文化第一人"的美誉。

温州永嘉县的瓯江两岸，一到夏天，就飞满了轻灵美丽的红蜻蜓。钱金波在瓯北镇长大，自幼家贫，小时候最好的玩伴便是这漫天飞舞的"小精灵"们。长大一些，苦于家境困窘，哀于慈母白发，钱金波高中毕业就外出谋生，当过木匠，做过漆匠，后来又因鞋市高热，辗转做了皮鞋推销员。

钱金波从业没几年，就遇上了杭州武林门"火烧温州鞋"事件。一对东北新人的婚宴上，新郎刚买的温州皮鞋开了帮，里面装的全是马粪纸。事后这对新人将这双破皮鞋寄到了温州市市长的家里，新华社记者据此写了篇报道，全国掀起了商业打假的热潮，而温州皮鞋就成了人人喊打的"过街鼠"。1987 年 8 月 8 日，杭州市下城区工商局在武林门广场，将从各地查获的 5000 多双劣质温州皮鞋付之一炬。

钱金波对此事痛心不已，从那时起就立志要做对得起消费者的质量过硬的好皮鞋——积累了八年从业经验之后，1995 年钱金波回到老家永嘉，用这些年积攒下来的 500 万元积蓄创办了"红蜻蜓"皮鞋品牌。

　　"红蜻蜓"诞生初期，温州乃至全国鞋市的竞争正如火如荼。在声名鹊起有森达、富贵鸟，发展迅猛如康奈、吉达尔、奥康的市场环境下，"红蜻蜓"这时候进入，实在不是一个乐观的选择。怀揣这些年的从业经验，钱金波将自己的产品推荐给投资人的时候忽然意识到，原本烂熟于心的那套推销手法根本不足以让自己的品牌从众多鞋企中脱颖而出。想要在激烈的市场站稳脚跟，就要有足够支撑起整个企业发展过程的东西——品牌文化。

　　钱金波带领"红蜻蜓"的第一个大手笔就是代号为"绿草地"的专卖计划。20 世纪 90 年代末期，麦当劳连锁经营取得极大成功，引得市场诸多行业都掀起了一阵连锁专卖潮。"绿草地"计划就是这样一种低成本的连锁专卖店模式。1998 年，钱金波首先在湖南株洲和湖北恩施开了两家专卖店，然后在浙江温州和四川等地试行推广，由于产品价格适中，穿着舒适，"红蜻蜓"很受消费者和代理商的欢迎，至 1999 年 5 月，红蜻蜓专卖店就已经发展到 100 家。三年时间，"红蜻蜓"的销售终端发展到 2500 多家，2001 年销售额达 8 亿多元……这对一个诞生仅 6 年的新鞋企来说，简直是个奇迹！但钱金波并不因此而得意忘形，2005 年，在其他同行大多"冒进"地涉足房地产等其他暴利行业时，红蜻蜓提出"战略归零"战略——集中精力干一件事，将除了主业皮鞋之外的一切业务分支全部砍掉。2007 年年底，钱金波又引进了欧洲奢侈品"集成店"的概念，全国首推了第一家集成店，集合红蜻蜓旗下的鞋类、服饰、皮具及饰品四大类，让顾客以亲民的价格，享受到在奢侈品店的集成一体化购物体验，让红蜻蜓成为消费者"买得起的奢侈品"。集成店的推出广受消费者欢迎，并在全国范围内迅速扩展。钱金波就是凭着他早期"战略清零"的远见，以及这独具特色的集成店，在经济危机严重的 2008 年中安然度过，并一直稳步发展至今。

　　对于"红蜻蜓"的成功，钱金波表示，它的名字占了很大优势。"红蜻蜓"是钱金波幼时最好的玩伴，一边连着他整个人生最初始的天真幻梦，一边系着他"做质量一流的好皮鞋"的理想；同时红蜻蜓是自然的精灵，还承载着自然、自由的人文关怀。

　　品牌打出去了，文化的搭建也没有半分松懈。跟皮鞋结缘这么多年，钱金波对鞋文化的热爱也与日俱增。他一直试图在企业文化建设中寻找一个文化的载体，好让有文化根基的红蜻蜓能够永葆生机与活力。一个偶然的机会，钱金波听到一个故事：传说南北朝有一女子做布鞋，里面用香垫子，鞋底用麻绳纳成莲花图案，穿着这种鞋走在泥土上就会留下美丽的莲花图案，时人称这种鞋为"步步生莲鞋"。

钱金波茅塞顿开——鞋履是多好的一个载体啊？"步步生莲鞋"的传说这么美，历史发展至今被掩埋的这种传说数不胜数，把它们一一挖掘出来，将会是多有意义的一件事！1999 年 10 月 1 日，红蜻蜓鞋文化研究中心成立，钱金波亲任中心主任，聘请著名民俗学家叶大兵任常务副主任，共同深入探索中华鞋文化史，系统研究中国历代鞋饰。之后，"红蜻蜓"利用对鞋文化的研究成果先后在杭州、上海、成都、温州等地举行了 6 次红蜻蜓中国鞋履文化展览，通过展示图片、实例讲述，将中国悠久的鞋文化的嬗变史以及鞋与语言、文学、民俗、历史之间的联系生动地展现在人们面前，并邀请模特用现代时尚的展示手段进行一场"古鞋"走秀，传统与现代的碰撞下，红蜻蜓的文化内涵彰显无疑。这 6 次文化展，不仅是对中国传统文化的复兴，更是对红蜻蜓品牌文化的有力宣传。

2001 年 5 月，钱金波斥巨资建成了中国第一家中华鞋文化展览馆。在此基础上，2005 年又扩建成中国第一家鞋文化博物馆，馆内收藏了 1200 多件鞋履藏品，运用大量图片文字解说，实物展示，现代光、电、声等高科技表现手法，将中国鞋履文化几千年的历史面貌和发展过程系统地反映了出来。让人们以鞋为引，徜徉在历史的长河中，感受"张良跪履""谢公屐"等典故蕴含的典型的中华鞋文化的异彩纷呈。

钱金波钟情鞋履文化，对鞋履文化的研究十数年如一日，红蜻蜓鞋文化研究中心的研究成果并不私藏，连年来通过不同的手段全方位地向公众展示。

2003 年，钱金波和叶大兵一起编纂多年的我国第一部《中国鞋履文化辞典》问世。这部辞典反映了我国汉族与其他兄弟民族鞋履文化的千年传统与嬗变，收录词条 5000 多条，总计 82 万余字，资料翔实，图文并茂，是中国文化史上规模最大、收录最多的一本鞋文化词典，填补了中国民俗文化专项辞书领域的空白，同时也显示出了钱金波对先进文化的追求和"红蜻蜓"深厚的文化底蕴。2004 年，中国第一本鞋文化专业杂志——《东方之履》面世；2011 年，《中国历代鞋饰》出版；2014 年，中国第一部鞋文化史《中国鞋履文化史》问世。

2016 年 4 月，红蜻蜓中国鞋文化博物馆荣获"市民终身学习体验基地"的称号。同年 5 月，钱金波被温州大学聘任为客座教授。

钱金波还将对文化的执着应用到企业文化的建设上。自 1995 年始，关怀贫寒学子的"红蜻蜓奖学金"，宣扬企业文化建设的"红蜻蜓文化家园"，关爱儿童健康成长的"红蜻蜓少儿节目"，倡导健康生活的"红蜻蜓杯明星足球赛"，情系故土的"红蜻蜓·故土情深文艺晚会"等无不表现了红蜻蜓"责任、爱心和奉献"的企业文化内涵。最具有代表性的是自 2000 年 5 月之后，一年一届的"红蜻蜓·红五月"大型系列活动，形式多样，内容丰富，立意深远，不仅对青年起到了良好的宣传教育效果，更促进了社会正能量的传播，现已成为红蜻蜓企业文化的一张"红色名片"。

2015 年 6 月 29 日，充盈着悠远文化内涵的"红蜻蜓"终于震颤着它的翅膀，在上海证交所成功上市。美丽的红蜻蜓，从富饶的瓯江北岸起航，飞出温州，飞出中国，飞向世界。

2016 年 11 月 9 日至 11 日，钱金波以"中国鞋文化第一人"为主题的形象广告片，登上了美国纽约纳斯达克金融街的"世界第一屏"，向世界展示中国民营企业及企业家的良好形象。

"当我/穿着背带裤，系着红领巾的时候/拉着妈妈的手/望着蓝天、白云/告诉她/昨夜/我梦见一只红蜻蜓……"这是钱金波小时候送给妈妈的一首诗。昔日庄周梦蝶不知此身庄周与？蝴蝶与？而今钱金波梦蜻蜓，谁说那红蜻蜓不是钱金波、钱金波不是那只自由穿梭于历史与现代之间的红蜻蜓呢？（撰稿/马田艳、吴蕴庭）

编者点评："文化商人"一词，仿佛是为钱金波量身而造。做文化，他全心投入、格物致知，创立了国内鞋文化举足轻重的"三个第一"。做商人，他目光前瞻、不贪盲利，让瓯北永嘉的红蜻蜓成为中国的乃至世界的红蜻蜓。作为"文化商人"，他博学谦逊、匠心独运，引领红蜻蜓"责任、爱心和奉献"的飞翔轨道从未偏离。商道不单行，总要有所依托，钱金波从一开始就在文化里找到了出路。

资料来源：

新浪财经．钱金波：红蜻蜓创业 13 年的品牌成长故事．http：//finance．si-na．com．cn/hy/20081001/23445354214．shtml ［2008 - 10 - 01］．

周鸿祎：互联网行业的红衣大炮

> **周鸿祎**　男，1970 年 10 月生，湖北黄冈人。现为奇虎 360 公司董事长兼 CEO，亦是知名天使投资人。西安交通大学硕士学位毕业，曾供职于方正集团，后任雅虎中国总裁；2005 年离开雅虎中国，涉足天使投资；2006 年，创立奇虎 360 公司；2011 年 3 月 30 日带领奇虎 360 公司在美国纽交所成功上市；2016 年 7 月 18 日，奇虎 360 正式从纽交所摘牌。他要回归国内 A 股市场。

　　周鸿祎的名声是靠着跟人打口水仗累积起来的。他的性子又直又快，遇到不公之事总喜欢跟人争论两句，一来二去，"好斗"的名声就传开了。又因为他惯穿红衣，人送外号"红衣教主"。这个外号周鸿祎也当得名副其实——他的创业史就是一部从未偃旗息鼓的斗争史，因此又有人形象地称周鸿祎为"红衣大炮"。

　　周鸿祎 1995 年研究生毕业就职于方正集团，从普通程序员做起，陆续被提拔为部门经理、事业部总经理、研发中心副主任。1998 年离开方正，带着脑中有关"中文上网"的灵感，为了方便国人上网，1998 年 10 月，创立了三七二一科技有限公司（下称"3721"），开创了中文上网的先河。"3721" 1998 年年底刚创立，1999 年就覆盖了当时 90% 以上的中国互联网用户，每天使用量超过约

8000 万人次，并拥有超过 60 万的企业客户，占据中国付费搜索市场 40% 的市场份额，居于绝对领先地位；2001 年就已经宣布盈利，是中国互联网企业中首先实现盈利的公司。

但 "3721" 最开始的推广方式是以 "插件" 的形式强势推广，即当用户打开某个网页或者安装某个软件的时候，3721 插件就会自动安装进用户电脑。所以 "3721" 虽然发展迅速，发展路上也是毁誉参半。

面对 "流氓式推广" 的舆论压力，关于 "3721" 的日后发展，周鸿祎也踌躇迷茫过，加上跟同期的竞争者 "CNNIC（中国互联网络信息中心）" 因为一些业务交集谈崩，撕破脸地死磕，在技术方面远超 3721 的 "百度" 也加入了混战中，周鸿祎的压力委实不小。动摇之际，想要收购 "3721" 的公司却渐渐多了起来，周鸿祎就决定 "先谈谈看"。二十八九岁的年纪，急性子的周鸿祎到底是沉不住气，面对雅虎开出的 1.2 亿美元的收购价动摇了。2003 年 10 月，"3721" 卖给了雅虎，周鸿祎也跟着 "3721" 去了雅虎，任雅虎中国总裁，负责雅虎及 3721 公司的战略制定与执行。

周鸿祎初到雅虎上任，他 "红衣大炮" 的性子就暴露了。

周鸿祎在上面讲话，下面的部分员工却在用雅虎通聊天，收发邮件。周鸿祎要求大家开完会再聊天，员工却不以为然，周鸿祎随即强制要求所有人必须关掉电脑："中国的文化就是该干什么就干什么，谁再不关电脑，我请人将电脑从窗户扔出去。" 后来周鸿祎回忆起自己在雅虎的几年经历，面对主要来自文化和团队管理的各种冲突，他毫不避讳，直接强硬直面。正是在他的 "强硬" 管理下，雅虎中国团队从当初的 40 多人，到合并后的 200 人，再到周鸿祎离任前的近 600 人。

也是因为在雅虎时候 "并不轻松" 的经历，才使得周鸿祎在日后创立 360、解决各种团队问题以及产品争议问题上更加游刃有余，成就了日后的 "红衣大炮"。

2005 年 8 月，周鸿祎推出 "一搜"——在 "中国最大的娱乐音乐搜索" 的定位上超越了百度。通过 "1G 免费邮箱"，让雅虎邮箱业务成功挤进前三位，又通过跟携程、当当等 12 家专业网站建立电邮联盟，逼得当时的邮箱业务老大网易捏了一把冷汗之后，周鸿祎离开了执掌 18 个月的雅虎中国。离开的原因众说纷纭，但逝者如斯，往事不可追，只看 "360" 今天的成就和它一路走来 "红衣大炮" 似的发展模式，其实周鸿祎回归创业早就 "归心似箭" 了——他就是想 "为中国的互联网事业做点有意义的东西"。

离开雅虎之后的周鸿祎转身做了天使投资人，专投互联网项目；次年投资了奇虎360，出任360董事长。于是周鸿祎360和投资两手抓，在"为中国互联网事业做事"之路上越走越远。

作为投资人的周鸿祎自是眼光独到，投资了包括迅雷、酷狗在内的多个知名互联网企业。作为360董事长，周鸿祎想起了自己创"3721"时的经历，由他自己首创的"流氓插件"推广模式取得了显著效果之后，掀起了一阵"流氓软件"热潮，百度热搜、易趣、淘宝、中搜……越来越多的人效仿，终于演变到不可控制的地步，搞乱了浏览器，各软件之间缠斗不止，越来越多的恶意骚扰软件、病毒等乘虚而入。周鸿祎也因此背上了"流氓软件之父"的高帽。周鸿祎是委屈的，但这时候再说初衷，有谁会信？

到底是"红衣大炮"，自己起的"坏头"还得由自己做了结——他瞄准了市场上流氓软件猖獗、杀毒软件收费的漏洞，打出了他回归创业的第一炮——"360安全卫士"，一款史无前例的免费杀毒软件。

"360安全卫士"犹如一击重炮，撼动了整个互联网行业的半壁江山，使得本就杀伐不绝的互联网战场血雨腥风扑面而来。网络安全行业大家都是靠收费赚钱的，你免费，就是摔了整个行业人的饭碗。这样，360刚起步阶段，成了行业内的公敌，黑客和做杀毒软件黑白两道的兄弟都对周鸿祎恨之入骨。周鸿祎这时候承受的压力，是做3721时候的数倍，但因为做的是安全，他心里踏实。压力再大，只要市场和用户认可，那就是成功。

接下来，周鸿祎就带着360陷入了无尽的攻击与反攻之中：对国内杀毒软件不思进取他表示不屑，他炮轰金山、瑞星；他发现搜狗浏览器漏洞存在泄露用户信息的现象，便发起了与搜狗的弹窗大战；他看不惯百度的捆绑安装行为，约战李彦宏；360安全卫士直接抹杀了雅虎中国最赚钱的"雅虎助手"，刚收购了雅虎中国的马云跟周鸿祎高调开撕，宣布老死不相往来……

打得最厉害的当属360同腾讯之间持续三年的"3Q大战"。2010年9月27日，360发布了其新开发的"隐私保护器"，专门收集QQ软件是否侵犯用户隐私。随后，QQ立即指出360浏览器涉嫌借黄色网站推广。2012年11月3日，腾讯宣布在装有360软件的电脑上停止运行QQ软件，用户必须卸载360软件才可登录QQ，强迫用户"二选一"，后来在国家工信部的强力干预下，腾讯取消了"二选一"，双方关系开始走向缓和。2010—2014年，腾讯和奇虎360上演了一系列互联网之战，并走上了诉讼之路。双方互诉三场，诉讼的结果双方各有损失，腾讯就"指出360浏览器涉嫌借黄色网站推广"一事在腾讯首页向360公开道歉7天，360方就腾讯QQ垄断的上诉被驳回。

奇虎 360 专注于安全产品的研发，旗下产品包括 360 安全卫士、360 杀毒、360 安全浏览器、360 手机卫士、好搜搜索、360 儿童卫士等系列产品。其中主打的 360 安全卫士用户量 5.14 亿，市场渗透率近 96.6%，360 手机卫士用户数达 7.99 亿，浏览器系列日均点击量约 6.77 亿……流量即财富的互联网时代，这些骄人的数据是"红衣大炮"周鸿祎本着让用户更安全、更放心地使用网络的本心，一仗一仗打出来的。

2013 年微软发布过一个调查报告：中国恶意软件的发作率降到了 0.06%，远低于世界平均水平的 0.7%。这其中很大程度上有周鸿祎的功劳。

2016 年，周鸿祎已经带着 360 走过了大风大浪的十年。相较于 2010—2013 年的辉煌战绩，近几年，周鸿祎显得低调了许多：陆续做过的硬件系列产品行车记录仪、儿童手表、包括收购酷派之后开发的奇酷手机均未能大火；首轮砸 6000 万元力捧的花椒直播前路未卜；360 一时也不可能再做出类似之前杀毒、搜索的"重磅产品"。

但以周鸿祎历来"红衣大炮"的性格，这些低调弱势显得十分不可思议。

奇虎 360 于 2011 年 3 月 30 日在纽交所挂牌上市。2015 年下半年，宣布正式启动私有化，着力回归 A 股市场（在中国用人民币买卖的股票市场）。2016 年 7 月 18 日，奇虎 360 正式从纽交所摘牌，即将拆分为 2 家独立的公司，分别专注于提供企业级安全服务和消费者服务。这不禁让人联想起周鸿祎曾经在 2014 年年底的 360 内部邮件上说过的那句话——像我这么倔强的人，总归会回来的。我们更愿意相信，周鸿祎的蛰伏是养精蓄锐厚积薄发，在不久的将来，他一定会再带给我们 360 免费杀毒一样的惊喜。（撰稿/马田艳、吴蕴庭）

编者点评： 网络安全在技术上并非难事，将这一技术公益推广也不过举手之劳。但为何 360 安全卫士之前，从没人去涉足免费网络安全？周鸿祎的成功不是因为他生而逢时，不是因为他技术过硬，而是因为他有一颗敢为天下先的心。在这一点上，他"红衣大炮"的性格占了很大的优势。

资料来源：

［1］网易财经. 360 走过十年　周鸿祎蜕变：很少公开骂人. http：//money. 163. com/16/0804/09/BTK8BBE300253B0H. html［2016 - 08 - 04］.

［2］新浪网. 周鸿祎传授成功秘诀：确定目标 然后坚持下去. http：//hb. sina. com. cn/news/magazine/2013 - 11 - 13/1416120244_ 2. html［2013 - 11 - 13］.

毛大庆："优客工场"创始人

毛大庆　男，1969 年 2 月生，北京人。清华大学深圳研究生院兼职教授，清华大学人口学博士后。曾任新加坡凯德置地中国控股集团环渤海区总经理；2009 年加入万科集团，任万科北京区域首席执行官、北京公司董事长；3 月 8 日，从万科辞职；4 月 3 日，注资成立了优客工场北京创业投资有限公司。短短一年半时间，已完成四轮融资，企业估值近 55 亿元。

创业者的时髦称谓是"创客"，其中的优秀者便是"优客"。毛大庆的"优客工场"就是在打造"创业加速器""创业助推器"，要为优秀的创业者打造最有激情的家。

2015 年 3 月 8 日，全球最大的专业住宅开发商万科集团副总裁、被誉为"中国地产行业最顶级职业经理人"的毛大庆正式从万科离职。

毛大庆为什么辞职？

2012—2014 年，人口学博士后毛大庆参与了"中国未来 20 年人口结构的变化和发展趋势"的研究，研究中发现了一组发人深省的数据：第六次人口普查中，"90 后"总人口比"80 后"总人口衰减了 44.3%，"00 后"出生的人口比"90 后"人口衰减了 34.6%。这标志着年轻劳动力正处在快速衰减的过程中。预计在 2033 年左右，中国将会面临着大约 7 亿人养活 7 亿人的现象，人口抚养比例接近 1：1。从全球来看，抚养比 1：1、人口基数过亿的也就只有日本了。日本总人口过亿，在 1992 年越过了人口抚养比 1：1 的临界线，1992 年之后，日本经济发展极其缓慢，且推动日本 GDP 的因素有 65% 来自于科技转化。试想一下 2033 年的中国呢？人口抚养比接近 1：1 的中国人，养活家人都已筋疲力尽，可否有余力发展科技推动 GDP 呢？

毛大庆从这次研究中得到了这样一个结论：在这样一个急速转变的过程中，创业创新对中国来说，将是一个有关国家命运转折的巨大命题。

在毛大庆看来，目前备受瞩目的"大众创业、万众创新"具有极其深刻的时代意义。如今处于 25～40 岁这个年龄段，也就是我国第二波人口高峰出生的 1.8 亿人正是社会创造创新的基石，"如果这 1.8 亿 25～40 岁的人，再不能抓住创业的话就完了。第三次高峰只剩下大概 1 亿人了，而且还要再等十几年以后，等得起吗？"毛大庆等不起，他想要参与到"创业潮"这个事情中去，希望为这些创业青年多尽一份心，"保护好"代表着中国未来发展方向的这一代"青年创客"们。

由此，毛大庆心中就有了想要辞职的想法，但毛大庆在万科任职 6 年间万科带给他的是让他毕生难忘又难以割舍的。

一方面，万科总裁郁亮为了请当时在凯德置地就职的毛大庆加入万科，一年时间请了 20 多顿饭，又跑到新加坡亲自跟凯德置地的老总交涉，才最终将他挖来。当然到任后的毛大庆也很让郁亮骄傲：6 年时间将北京地区万科 43 亿元的销售额做到 204.8 亿元，将当时在北京籍籍无名的万科做成北京市场销售额和销售回款的双料冠军。

另一方面，2012 年，房地产行业不景气，毛大庆经历过一段时间的熬夜、酗酒、每天只睡两小时之后，被检查出抑郁症。知道这事儿的郁亮强制带着毛大庆跑步——从一开始的抗拒到后来爱上跑步，经常参加"马拉松"式运动，抑郁症不治而愈。万科董事会主席王石是毛大庆的精神导师，给他的最大的启迪是："人永远要活出自我。"二人在脾气秉性上很像，常常天马行空，高调、任性，又友善、重情义。

毛大庆真正迈出辞职这一步并不容易："决定离开前很挣扎、很纠结，我跑了个乡村'马拉松'才终于有了些勇气，去深圳（楼盘）总部找郁亮谈辞职的事儿。"

2015 年 2 月 7 日，毛大庆的 46 周岁生日，他在长春的万科松花湖完成了他的第 20 个全程"马拉松"。零下 20 多摄氏度的严寒，刺骨的寒风，40 多公里的路程。跑步的时候想事情头脑最清楚，放弃的念头，坚持的理由，拷问初心……这场严酷的"马拉松"给了他很多启发。第二天，他在自己的微信公众号上写道："中国职业经理人毫无疑问是中国梦的实践者，是大众创业、万众创新的推动者，需要以全新的眼光审视自身的价值。"他终于决定，跳出万科这个"安逸的港湾"，去面向全新的未来，去迎接挑战。

面对留不住的股肱之臣，郁亮开玩笑说："我最后悔的事情是教会了大庆跑步，然后……大庆跑了。"王石表示："毛大庆什么时候想回来，万科大门一定会敞开。""大庆走了可惜不可惜？可惜。值不值得挽留？值得。但为什么他还是走了呢？相信是为了追随自己的心愿，抓住社会转型中的机会。"任性的王石是能理解毛大庆的任性的，更理解他的心愿。

毛大庆的心愿是什么呢——做大众创业、万众创新的推动者，重新定位自身价值。

人到中年的毛大庆已经没有太多想法去跟那些心潮澎湃的年轻创客一起去搞新科技，那要怎么加入到这股让人激情四射的浪潮中去呢？美国的 WeWork（一家专门为全球的创意自由职业者、创新型科技公司，提供私人办公室租赁服务的联合办公平台公司）和李开复的创新工场（一家致力于早期阶段投资，并提供全方位创业培育的投资机构）给了毛大庆启迪——没有好点子，他可以做好点子的"孵化器"。

一方面，社会上那么多小型创新企业苦于场地无处寻、人脉无处找、资金无处融，许多尚不为人知的好创意就这么"胎死腹中"。另一方面，社会上还有那么多房子没人用，许多人想投资却又找不到好项目。这中间，太需要一个推动者了。4月3日，毛大庆注资1000万元在北京成立了优客工场北京创业投资有限公司，旨在结合 WeWork 和创新工场这两种模式，将优客工场打造成一个联合办公区及创投孵化器，为起步阶段的新创客公司提供场地租赁、技术支持、牵线融资等贴心、全面的服务，力争资源共享最大化，为中国"大众创业、万众创新"持续保驾护航。

"中国地产行业最顶级经理人"的创业之路，自然是备受瞩目的。当然，优客工场的发展速度也十分对得起它所承载的光环。

公司成立两个月，继在北京 CBD 与国内知名房地产商阳光100置业集团合作优客工场"旗舰店"后，双方又签署了战略合作协议，将在阳光100位于沈阳、成都、长沙、武汉等地的项目中寻找合作契机，进行包括"优客工场"经营在内的多种合作模式。这对刚成立的优客工场来说，无疑是敲开了全国布局的大门。

2015年9月16日，优客工场完成超过2亿元 A 轮融资。

2015年11月30日，与上海市国资委下属上海临港经济发展集团签署战略合作协议，双方携手共筑创业服务平台。

据悉，优客工场 2015 年已经有 7 个项目开业，分布在 4 个城市，2 万平方米，提供了 3000 个工位。

2016 年 1 月 20 日，优客工场与阿里云"创客＋"签约，宣布将共同推动阿里云"创客"在优客工场基地落地，为创新创业者提供更多支持。

2016 年 3 月 24 日，优客工场和 LinkedIn（领英，全球最大的职业社交网站）签署"人才战略合作备忘录"；同日，与无界空间（以线下的联合办公空间为载体，为有办公需求的创业团队、企业、个人等提供工作及生活、社交等全方面服务的线上线下社区）达成战略股权合作。

2016 年 3 月 12 日，优客工场宣布完成 A＋轮融资约 2 亿元，估值近 40 亿元；2016 年 6 月 21 日，完成 3 亿元 Pre－B 轮融资，估值 45 亿元；2016 年 8 月 15 日，再次完成战略投资，估值近 55 亿元。

另外，2016 年年初，优客工场推出庆峰基金，为初创企业提供资金支持；2016 年 5 月 18 日，毛大庆和宏泰创新空间创始人王胜江宣布成立"大胜基金"，未来将从工作、居住、社区、娱乐、商业五个领域进行深度合作，旨在为创业者创造一个良好的工作环境和便利的创业环境。（撰稿/吴蕴庭、马田艳）

编者点评：年近半百且在万科位居高职的毛大庆能鼓起勇气跳出万科的"温柔乡"，跳进创业的寒风冷雨里，无疑是一次完美的自我超越。而他在实现自我超越的同时，还怀揣着兼济天下的心思为中国的未来创业未雨绸缪，更是一种自我价值的升华。

资料来源：

［1］新浪财经．毛大庆的"理想王国"：自我破坏与重塑．http：//finance. sina. com. cn/roll/2016－10－10/doc－ifxwrapv1166054. shtml ［2016－10－10］．

［2］腾讯科技．毛大庆创办的优客工场完成 2 亿融资 估值 40 亿．http：// tech. qq. com/a/20160314/019495. htm ［2016－03－14］．

［3］和讯网．万科"跑男"毛大庆．http：//house. hexun. com/2015－08－11/178246735. html ［2015－08－11］．

冯军：诚信的"爱国者"

冯军 男，1969 年生，陕西人。现任爱国者集团董事长、爱国者欧途欧（北京）网络科技有限公司董事长。全国政协委员、民建中央委员、达沃斯"世界青年领袖"。

他是中关村最早一批"个体户"之一。1992 年，23 岁的冯军整日骑着三轮车穿梭在中关村的街道上，给联想、方正、同方送电脑机箱和键盘。这算是他人生的第一次"创业"。

1997 年，冯军积攒了积蓄，积累了经验，找到定位，一举创建了"爱国者"品牌，主营移动存储、显示设备、数码相机、手机等产品。这是他人生的第二次创业。"爱国者"创建之后，迅速占领市场。营业额连续 10 年保持每年 60% 的稳定增长，移动存储产品、MP3、显示器一度稳居国内市场前三位。冯军成功地将"爱国者"打造成了一个响亮的民族 IT 品牌，而他也成为国产数码领军人物之一。

但是，有所成就的他对此并不满足。在他的心底，还有一个更伟大的"梦"在召唤。"爱国者"创建之后，冯军一度很低调，逐渐淡出公众视野，这时的他一直在"沉淀"。

2016 年 1 月 31 日，在"诚信共创爱心互助爱国者 1 + 1 = 11"新闻发布会上，冯军迈出了他"梦想"的新步伐，宣称要打造以诚信为纽带的中国人全资控股的"诚信联盟"平台。这是时隔 9 年之后，冯军的第三次创业。

他说："我现在对做产品的热情已经没那么强烈了，产品就交给其他同事去做，我现在所有精力都放在平台上并且对现在做的事十分有信心。"

"诚信联盟"平台拥有两大特色产品。

第一，"共创汇"。它的运作模式为：全国成立 1000 家"共创汇"，它的股份分为：爱国者占 20%；各地区创始人占 20%，他们不需要投资，只需要拿出时间和精力主要负责发起、管理和协调的工作；加盟的中资五星级酒店占 20%，他们需负责提供活动场地、茶水接待等工作；另外 40 名热心会员占 40%，这些会员涵盖了中国诚信的企业家、年轻创客、公务员，以及正能量的媒体、艺术家、公益组织等高端人士。

冯军告诉人们："共创汇这个平台没有房租、没有人员工资、没有广告费，目的就是让老百姓选择中国品牌不用提心吊胆。"加入到"共创汇"的平台，是互利共赢的，其中酒店可以吸引大量的客流，会员可以帮助企业消耗库存，换取 3% 的收益，企业可解决积压库存。在冯军的眼里，"共创汇"未来就是"中国式的达沃斯"（"达沃斯"地名，因为"达沃斯经济论坛"而闻名世界）。

第二，"诚信换"。这里，冯军引入了一个"诚信币"的概念，通过传统交易服务、现代交易服务及第三方金融服务等方式，打破时间空间限制，实现 B2B（指企业与企业之间通过网络进行数据信息的交换、传递，开展交易活动的商业模式）、C2C（指个人与个人之间的电子商务。比如一个消费者有一台电脑，通过网络进行交易，把它出售给另外一个消费者，此种交易类型就称为 C2C 电子商务）、O2O（指将线下的商务机会与互联网结合，让互联网成为线下交易的平台）之间的商品或服务的转换，帮助中小企业快速实现货物流通和资源变现，实现生态圈的优化改造。

在"共创汇"这个平台上，采用的是"竞质排名"的方法，不言而喻，哪个企业产品的质量好，信誉就高，而哪个企业的信誉高，在检索的时候，就会排在靠前的位置。对于企业发展来说，这才是良性的竞争。

冯军说："随着大数据的延伸，最后就会出现 359 个行业的中国诚信排行榜，让消费者逐渐可以选择诚信的中国品牌。这彻底扭转了中国的诚信环境，把高质量的消费者尽量地逐步地留在国内消费。进一步，中国经济会提升、就业也增加，最重要的是赢得全世界的尊敬，恢复中华民族本来就应该有的自尊。"这是一位具有极高国家荣誉感、民族自豪感的企业家的创业心声。

　　说起冯军这次的创业灵感，居然来自于萨马兰奇的"奥运模式"。

　　萨马兰奇，国际奥林匹克委员会前主席，曾经宣布北京获得奥运主办权。他曾说："我尽最大的力量帮助运动员成为民族英雄。在他们取得成功后，媒体会蜂拥而至，为祖国拼搏的运动员因此而受益。这实际上是让媒体给运动员'点炮'。运动员赢了，他的价值得到了认可和提升，运动员也就等于给赞助商'点炮'。赞助商盈利了，就会大力在奥运媒体投放广告，等于赞助商给媒体'点炮'。互相'点炮'，大家都成了赢家。"

　　"点炮"一说来自中国麻将。而在中国商圈中一部分企业家也有一个很致命的弱点，即"中国麻将思维"。这是一种类比说法，因为大多数人在玩麻将时，常常为了不让别人赢，宁肯拆了自己手中的"好牌"，而"点炮者"会被重罚，这是一种损人不利己的做法。冯军说，中国是一个勤劳而有智慧的民族，只是我们的一些企业家在发展过程中缺少一种"抱团"心理。即放弃"单打独斗"，不再惩罚"点炮者"，而是"抱团取暖"，实现共赢。

　　"竞质排名"的出现就是在这种"抱团"心理的缺失下应运而生的，是对恶性循环的"竞价排名"的最好替代。在爱国者的"诚信联盟"圈内，每一位企业都需要实名注册，经过层层"诚信标准"的筛选，接受消费者的打分评价，分数高的企业优先排在前边，而衡量分数高低的唯一标准就是诚信。

　　"如今的中国，放眼望去，我们有众多大型互联网公司，制造业规模也跃居世界领先，但我们具有全球影响力的品牌却少得可怜。我们的互联网环境还不成熟，不诚信，假冒伪劣已严重威胁着中国互联网经济。"冯军的这段话鲜明、真诚地道出了他第三次创业初衷。

　　爱国、诚信，这是中国企业崛起不可或缺的重要因素。"十八大"以后，习近平总书记提出了"中国梦"，这给众多迷茫中的企业指明了发展方向，前进道路；20 世纪末中国开始接触移动互联网，如今正是"互联网＋"思想发展的黄金时期，这些给企业的变革提供了无限可能。而中国企业的崛起有了"中国梦"的天时，有了"移动互联网"的地利，人和呢？冯军说："爱国者'诚信联盟'所做的，就是成为黏合剂，将中国人、中国诚信企业、中国诚信产品联结起来，实现抱团崛起的中国梦！"

　　冯军期望，爱国者"诚信联盟"可以帮助中国更多的诚信企业走向国际。他计划从 2014 年到 2017 年，帮助 5 万个这样的企业；计划与 100 个国家合作，每个国家 50 个、总计打造 5000 个顶级品牌。（撰稿/杨婷婷、吴蕴庭）

编者点评：现在致力于爱国者"诚信联盟"的冯军，每天睡眠时间只有3个小时。他给人的感觉依然是那个骑着三轮车穿梭在中关村的冯军，满怀激情，满怀梦想。冯军说："希望搭建一个可以将所有的诚信企业家聚集在一起的平台；希望可以凭借自己的'微薄之力'推动中国诚信企业的崛起；希望自己现在倾尽精力打造的爱国者'诚信联盟'可以成为一个平台，成为推动中国产品品质和品牌的有效途径。"

这是一位企业家的心声，这是一位爱国者的心声。

资料来源：

［1］法制晚报．爱国者冯军要第三次创业　打造"诚信联盟"平台．http：//news. 163. com/16/0216/10/BFUHHDV600014Q4P. html ［2016 – 02 – 16］．

［2］新浪科技．冯军推爱国者诚信商圈　借移动互联网落地中国梦．http：//tech. sina. com. cn/it/2014 – 09 – 02/18209591019. shtml ［2014 – 09 – 02］．

［3］新华网．爱国者冯军：爱国、诚信助中国企业崛起．http：//news. xin-huanet. com/expo/2016 – 06 – 01/c_ 129032952. htm ［2016 – 06 – 01］．

贾跃亭：《福布斯》"中国上市公司最佳 CEO"

> **贾跃亭** 男，1973 年生，山西省临汾市襄汾县北膏腴村人，乐视集团创始人、董事长。2003 年，创立北京西伯尔通信科技有限公司，并于 2007 年在新加坡主板上市；2004 年创建乐视网信息技术（北京）股份有限公司；2008 年，创建乐视电影公司；2010 年，乐视网在 A 股上市；2012 年 8 月，创建乐视 TV；截至 2016 年上半年，乐视集团估值逾 3000 亿元。

乐视集团创始人、董事长贾跃亭近几年可谓是风光无限——2014 年 6 月，获《中国证券报》评选的"第 16 届上市公司金牛奖最佳领袖奖"；7 月，获《福布斯》中文版杂志评选"2014 年中国上市公司最佳 CEO"第一名；9 月，获福布斯"2014 中美创新人物"奖；11 月，获"2014 安永企业家奖"（安永企业家奖是一项全球公认的、世界上最负盛名的国际商业奖项之一）；2015 年 11 月，获"2015 年度最具影响力企业领袖"；12 月，在"2015（第十三届）中国互联网经济论坛"上，荣获"2015 中国互联网经济年度人物"。

这些成就的取得不可能一蹴而就，贾跃亭的创业之路波折不断，乐视今天的大放异彩对他来说，可谓"苦尽甘来"。

贾跃亭的第一份工作在山西省垣曲县，在税务局做计算机网络管理员。上班不到两个月，获得山西税务局系统计算机比赛第一名。因为受不了每天按部就班一成不变的公务员生活，不到一年时间就请辞了。

离开县税务局，贾跃亭创办了他人生中的第一个公司——山西垣曲县卓越实业公司。卓越实业涉猎相当广泛，从洗精煤到开办胶印厂、做运输和钢材买卖，甚至还办过电脑培训学校和一所民办双语中小学。

2002 年，贾跃亭去了省城太原，在一次吃饭时，偶然从邻桌那里听到了"基站配套设备"这个名词，他敏锐地意识到，在当时电信业发展迅猛的境况下，基站蓄电池的市场几乎为零。抓住这个契机，2002 年，贾跃亭在太原市高新区创立了山西西贝尔通信科技有限公司，专做基站配套项目。一年时间，西贝尔通讯拿到了联通在山西的大半业务，迅速实现盈利。但盈利也只是微利，且在接下来的几年持续亏损，数额均在百万元以上。

在垣曲县和太原均没有赚到什么大钱，2003 年，贾跃亭去了北京，创办了北京西伯尔通信科技有限公司。2004 年，基于北京西伯尔通信的基础上，乐视网信息技术（北京）股份有限公司成立。直到 2010 年，贾跃亭携一直名不见经传的乐视网国内创业板上市，成为国内首家 A 股上市的视频网站。至此，贾跃亭的创业之路才终于走对了方向，他起起落落十几年的创业之路终于步入正轨。

贾跃亭每天早上醒来的时候并不会立即起身，而是在脑中将他昨日做的决策，以及今天的"今日目标"都想一遍，做一遍"脑力体操运动"。乐视的生态模式是贾跃亭一直以来的梦想，是他每天早晨的"脑力体操"都不会忘记的功课。从最早做手机视频到后来的互联网视频，从购买影视版权到做乐视盒子及至乐视 TV 超级电视，这些被外界称为颠覆式的梦想——在"乐视生态模式"下诞生。

2012 年 9 月，乐视宣布进军硬件领域；2013 年 3 月，与全球规模最大的电子产品代工商富士康达成合作，共同开拓智能电视市场；5 月，联合供应商夏普、美国高通公司、富士康和播控平台合作方 CNTV（中国网络电视台），正式推出乐视 TV 超级电视 X60；10 月，基于普及型产品智能超级电视 S40 的基础上，推出 50 英寸超级电视 S50，填补了电视 40 和 60 之间的尺寸空白；2014 年 1月 15 日，于北京发布 70 英寸超级电视 MAX70，进一步丰富了产品线；2014 年 4月 9 日，在北京推出首款 4K（顶级画质，给予观众真是临场的观感）智能 3D 电视 X50 Air，正式进入 4K 时代；2016 年 1 月 12 日，在北京举办发布会，正式推出生态电视——65 英寸超级电视 X65；5 月 31 日，以生态补贴硬件的方式，推出三款"负利"电视——超 4X55、超 4X43、超 4X40，自此，乐视超级电视全系列进入 Mstar6A938（当今最新、最快、最强的智能电视芯片）和高通骁龙 810（目前市场上最受欢迎的智能机处理器）时代，只有尺寸大小不同，没有配置高低之分。

除了超级电视，乐视近两年进军硬件领域的手笔还有超级手机和电动汽车。

每一个做移动互联网的人都会提起乔布斯，贾跃亭也不例外。但同别人的一味膜拜不同，他采取了否定的态度。贾跃亭曾在微博上发布《致苹果的一封信，下一代移动互联网不再需要专制者》一文，文中表示"苹果模式"已经遏制了创新，阻碍了行业的发展。"苹果的封闭违背了互联网开放、自由、分享的精神，一个扼杀创新、扼杀自由、扼杀开放的商业模式，终将被时代淘汰。"

贾跃亭认为，下一代移动互联网要去 APP 应用程序化。智能手机页面将不再全是五花八门的 APP，用户不用在各 APP 的寻找、登录、切换间花费大量时间，而应该"让服务主动寻找到用户"。而他打败苹果的撒手锏就是将手机去APP 化。

2015 年 4 月 13 日，在旧金山举办的乐视超级手机硅谷发布会上，乐视共发布三款手机，型号分别为 Le1、Le1 Pro 和 Le Max。这三款手机在硬件配置方面并没什么突出的创新，最大特色在于和乐视的内容生态链高度整合。突出表现为乐视手机的内容定制功能："用户关注某个明星后，乐视的 EUI 系统将打通各个具体娱乐应用，如影视应用和音乐应用，将和这个明星有关的内容放在更突出的位置，即通过底层数据，打通各个应用，使得内容定制化程度更高。"这明显是贾跃亭"手机去 APP 化"的首次尝试。

2014 年 12 月，贾跃亭宣布乐视启动"SEE 计划"——打造乐视超级汽车。他希望超越特斯拉（特斯拉汽车公司是美国一家产销电动车的公司，最初的创业理念是用 IT 理念造汽车），给汽车行业带来一场革命。他认为未来的汽车将是全电动无人驾驶汽车，不仅能够接入高速通信网络，而且完全免费。另外，这些汽车很有可能产自中国。

2016 年 4 月，在第 14 届北京国际汽车展览会上，首次亮相车展活动的乐视互联网汽车展出了乐视 LeSEE 首款概念车。

超级电视、超级手机、超级汽车……贾跃亭的"超级"之路不断延伸，看似毫无关系的几个项目，其实都是深植于"乐视模式"之根的繁盛分枝。"平台＋内容＋终端＋应用"——这就是"乐视生态模式"。发展至今，乐视垂直产业链整合业务涵盖了互联网视频、影视制作与发行、智能终端、大屏应用市场、电子商务、互联网智能电动汽车等方面，旗下公司包括乐视网、乐视致新、乐视影业、网酒网、乐视控股、乐视投资管理、乐视移动智能……直到 2016 年 7 月，乐视 20 亿美元收购了美国第二大电视厂商 Vizio，市值已仅次于百度、阿里、腾讯和京东，跻身中国五大互联网企业阵营之列。

敢跟中国互联网家喻户晓的网络巨头平分秋色，乐视自有他的道理。虽然沉默寡言，但贾跃亭在他的追梦之路上团结起的一个优秀且在不断壮大的团队起了至关重要的作用。"可以毫不夸张地说，乐视团队的稳定性是全行业最好的。"贾跃亭靠的是什么呢？一是他们"梦想、创新、协同、分享"的企业文化的凝聚力，二是他愿意把股权分给管理层，愿意跟一起打天下的伙伴有福同享、不耽于利的广阔胸襟。

从目前乐视取得的成果来看，乐视的成功是毋庸置疑的。但乐视的发展之路还很远，贾跃亭"超越苹果"的计划才起了个头，他改变汽车行业的工程也尚在襁褓，真正属于他、属于"乐视生态模式"的市场还在未来。（撰稿/马田艳、吴蕴庭）

编者点评：从税务局计算机管理员到乐视集团创始人，从山西省运城市垣曲县到北京，这位创业先锋的创业之路可谓是历尽波折。"乔布斯"开创的精英时代即将成为过去式，在现在这个全民共享的社交时代，引领潮流的往往是草根创业者。正如贾跃亭为乐视超级电视提出的理念：千万人研发、千万人购买、千万人使用。共享是不朽的，贾跃亭带领乐视走的正是这样一条"千万人共享"的道路。

资料来源：

［1］凤凰财经. 乐视网 CEO 贾跃亭：颠覆者之梦. http：//finance. ifeng. com/a/20131228/11358902_ 0. shtml ［2013 - 12 - 28］.

［2］网易财经. 贾跃亭前传：在山西的日子. http：//money. 163. com/14/1024/16/A9B9FV0F00254R91. html ［2014 - 10 - 24］.

［3］搜狐网. 他又霸占了"头条"！贾跃亭最新专访：乐视就是家苦逼的公司. http：//mt. sohu. com/20160728/n461442772. shtml ［2016 - 07 - 28］.

王思聪：富二代创客典型代表

> **王思聪**　男，1988 年 1 月生，辽宁大连人，中国首富王健林独子，北京普思投资有限公司董事长、iG 电子竞技俱乐部创始人、熊猫 TV 创始人、万达集团董事。

作为地产大亨王健林的独生子，王思聪是名副其实的富二代。但与人们熟知的富二代玩世不恭的形象不符的是，王思聪还是一名"货真价实"、在创投市场、电子竞技玩得风生水起的创客。

王思聪 5 岁就被送出国，先后在新加坡 Swiss Cottage（一所位于新加坡富人区的普通公立学校）、英国 Winchester College（温彻斯特公学——一所在全英国乃至全世界都赫赫有名的寄宿制贵族男校）完成了小学及中学的教育。之后，进入英国伦敦大学学院（通常被认为是继牛津、剑桥之后英格兰第三古老的大学，与牛津大学、剑桥大学、帝国学院和伦敦政经学院一起并称为 G5 超级精英大学和金三角名校。）研修哲学系。

从英国回来，王思聪就在其父王健林的安排下成为万达集团董事，但并不担任任何职务。王健林在某次接受媒体采访时表示：王思聪无意接班。于是他便拿出 5 亿元让儿子成立了一家 PE 基金（私募股权投资）——普斯投资，允许他投除地产、路矿外的所有项目，供他"失败 20 次"，不成功就回万达乖乖上班。王健林 2014 年接受采访时说道："普斯"做出了点成绩。而实际上，普斯投资 2010 年注册成立，截至 2015 年 5 年时间共投资了 20 多个项目，涉及游戏、娱乐、高科技、新能源、园林绿化、医疗保健甚至殡葬业等领域，其中有 5 家公司已可以 IPO，2 家已经申报上市，最成功的一笔是投乐逗游戏的 590 万美元，获得了 5 倍的投资回报。

这显然不是"做出了点成绩"，而是取得了相当不错的成就——国内投资公司投的项目中有一家能成功上市都是百里挑一的事，"普斯"一中就中了 5 个。王思聪在投资方面的眼光显然不容置疑。但他最爱的不是投资，而是游戏。

　　将自己最爱的东西做成一项事业，毫无疑问是件幸福的事。王思聪通过游戏接触到电子竞技，从此就好像迷途之人找对了方向。电子竞技于 2003 年就被国家体育总局列为一项正式的体育竞赛项目。经过几年的发展，越来越多的人扑进了电竞的大潮里。但看似红火的电子竞技行业却始终是混沌一片：混杂的俱乐部、不规范的投资、毫无保障的选手福利以及随时可能跑路的赛事主办方……那时的"电竞开拓者"们都在摸着石头过河，他们不知道下一步会发生什么，只能拼着一腔热血不懈努力着。

　　最具有代表性的是电竞界神一样的存在，被称为"人皇 sky"的李晓峰。李晓峰的电竞之路走得颇为坎坷，顶着来自家人来自生活的重重压力，十几年如一日地进行在众人眼里完全是"不务正业"的电竞训练，经常训练到看见屏幕就想吐的地步。好不容易有了起色，能靠打比赛赚钱了，他还遇见过投资方毁约不给钱、主办方卷钱跑路的状况。屋漏偏逢连夜雨，在经常吃了上顿不知下顿的窘境下，他还始终坚持着，终于为中国送来了第一个电子竞技类的世界冠军，也为他个人带来了荣誉。

　　深爱游戏的王思聪对此感触颇深。2011 年 8 月 2 日凌晨，王思聪在微博上宣布自己将强势进入电子竞技，整合电子竞技。随即王思聪就收购了 CCM 战队（CCM 战队是于 2011 年 5 月刚成立的电竞团队，成立之后迅速取得了瞩目的成绩）并改名为 iG。iG 的成立标志着多年来频频出现的俱乐部运营不良和倒闭、拖欠选手工资、赛事不正规、拖欠奖金等问题的终结。iG 致力于为电竞选手搭建一个高端全面的发展和转型平台，以擅长管理和运营的精英团队为基础，为选手提供标准规范的训练、合理人性化的待遇；保证选手工资稳定、奖金及时兑现；甚至还为选手们退出竞技舞台后的前途铺好了路：iG 将会全面包装并大力推广旗下电竞选手，负责选手的代言、出赛、线下活动等商业活动的策划方案及组织等经纪业务。同时 iG 还拥有丰富的囊括各种行业在内的众多大型企业、集团等合作伙伴资源，力求将选手价值和利益最大化并在选手退役之后为选手提供一个效力于中国电竞的机会。

　　iG 还将绿色的电竞氛围带入校园，携 iG 俱乐部明星选手定期举办各项目的校园赛事，回馈电竞爱好者对 iG 俱乐部以及中国电竞产业的支持。俱乐部及旗下选手还定期在微博、论坛、QQ 群、YY 等平台与广大粉丝们亲密接触，并定期举办线上挑战赛、放送教学视频、开设有奖问答等互动节目。粉丝们既可跟自己喜爱的选手零距离接触，学习职业选手对于游戏的理解、操作，还可以获得丰厚的奖品，起到公益电竞爱好者的同时，更宣传了俱乐部本身。

　　从小接受西方教育的王思聪的眼光无疑是独到又深远的。电竞行业中，除了各种俱乐部、选手和线上线下赛事外，还包括直播、点播、解说、COS 等。如此才能构成一个完整的电竞产业链。但是我国的电竞行业缺乏管理，各战队和电竞平台、游戏解说等方面，恶意竞争也是无处不在，甚至还充斥着大量色情等不良内容。王思聪当然看到了这一点，他最开始的那句"整合电子竞技"当然不单单就是组个规范的战队模板供后者效仿膜拜的，他要做的，是整合整个电竞产业链。

于是，以游戏直播为主的直播平台——熊猫 TV 应运而生。

2015 年 9 月 5 日，在英雄联盟四周年庆典的表演赛中，王思聪队所有人的 ID 之前都加了"潘达踢威"的字样，百思不得其解的四个字可谓是吊足了千万观众的胃口。当日晚上，王思聪在微博宣布，"PandaTV"游戏直播平台将上线，而他将出任视频直播平台熊猫 TV 的 CEO。

2015 年 9 月 21 日，熊猫 TV 正式上线，先后签约了韩国偶像女团 Tara 和"国民女神"Angelababy 杨颖，上线不过几月，造势甚足，一时风头无两。2016 年 7 月 1 日，2016 年中国独角兽企业（估值达到 10 亿美元以上的初创企业）估值排行榜 TOP300 出炉，不足一岁的熊猫 TV 排名第 173 名。

熊猫 TV 完美地从 iG 俱乐部那里承接了电竞赛事的直播、点播以及电竞爱好者之间的无缝互动，本来国内数不胜数的电竞俱乐部已是无人能出 iG 之右，更何况如今有了熊猫 TV 的强势推广？可以说如今的电竞产业圈，是王思聪顶起了有章法有秩序的一片天。至此，王思聪的"电竞产业王国"算是初步成型。

当然熊猫 TV 的内容不仅限于游戏直播，也会更偏向泛娱乐，为用户提供演唱会、体育赛事等各种形式的直播。而早在熊猫 TV 上线之前，王思聪就在一个月内接连注册成立了四家新公司：上海香蕉计划体育文化有限公司、上海香蕉计划演出经纪有限公司、上海香蕉计划电子游戏有限公司和上海香蕉计划音乐有限公司。顾名思义，这四家公司涵盖了娱乐、体育、游戏等相对较易于打造明星 IP 的行业。泛娱乐的熊猫 TV，谁敢否定它不是连接这些不同行业的纽带，以便获得更多业务协同优势？谁能否定它不是王思聪继电竞产业链成功搭建之后，准备进军娱乐行业的重要布局呢？（撰稿/吴蕴庭、马田艳）

编者点评：有些"富二代"其实更应该被叫作"创二代"。他们的上一代是成功的创业者，这带给了他们更高的起点。但他们并不想"继位"，而更愿意凭自己的喜好去闯、去创。他们敢于去做不同于父辈的事业的创新思想和独到眼光，是值得我们去借鉴的。

资料来源：

投融界．王思聪投资的那些事儿．http：//news. trjcn. com/detail_ 145963. html〔2015 – 11 –27〕．

第三部　灰色档案·沉思篇

毋庸讳言，在当今社会上，特别是传统文化中，一直存在一些对中国企业家，尤其是民营创业与发展不和谐的因素。许多的教训需要汲取，有许多的不良文化思想需要改造。2016年11月27日颁布的《中共中央·国务院关于完善产权保护制度依法保护产权的意见》，对此具有深刻的指导意义。希望全社会理解、善待、支持和保护企业家，真正营造企业家健康成长发展的良好社会环境。

李经纬："三水健力宝星"悲情陨落

李经纬（1939—2013）　　男，广东人，"中国魔水"健力宝创始人，1998年当选全国人大代表。因涉嫌贪污，2002年被"双规"，并被罢免全国人大代表资格，而后被判处15年有期徒刑。而曾经是中国饮料行业民族领军品牌的广东健力宝公司也不复昔日辉煌。李经纬积郁成疾，由脑出血再到癌症，于2013年4月22日去世。去世时，他仍是戴罪之身。

　　李经纬的故事在《中国企业家百年档案（1912—2012）》（第335页，《李经纬："魔水"之父，"晚节"不保》）一书中已经有过记录。如今再提起他来，是因为他在2013年4月22日去世。有人说，早在2002年李经纬被"双规"时，就标志着一个时代的终结。历史和后人是健忘的，人们仿佛早已将他淡忘。但是，历史又往往有惊人的相似之处，在各类企业中，所有者与经营层的矛盾依然存在。遗憾的是，像李经纬那样的经营奇才却世间难寻。

　　1984—2002年，李经纬将广东省佛山市三水县（后改为三水区）的一个根本算不上企业的三水县酒厂，办成了一个中国饮料行业的领军企业，一个世界级的饮料企业，创造了一个我们民族的品牌"健力宝"。李经纬也由一个副科级的三水县科委副主任，升级为一个世界级的著名企业家。1984年三水县酒厂的产值为345万元。投产健力宝之后的1985年产值为1650万元，1986年为1.3亿元，1994年达18亿元——10年增长521倍！而1997年更是达到50亿元，要知道，不同物价水平下，当时的 50 亿元甚至比今天的 500 亿元有着更多的含金量。1997 年，38 层高的广州健力宝大厦落成，健力宝达到了历史的鼎盛高峰；同年 4 月，国家工商局评定第一批"中国驰名商标"，健力宝赫然在榜；8 月，中国饮料协会公布行业数据，健力宝在产量、总产值、销售收入和税利 4 项均排名第一；它还被媒体评选为"90 年代中国公众心目中的十大知名品牌"之一……1984 年，健力宝出现在奥运会的赛场上；1994 年，国际小行星命名委员会把一颗小行星命名为"三水健力宝星"，这是全球第一颗以企业名称命名的行星。

但令李经纬想不到的是，他这个世界级的企业家再"牛"，在产权与经营权的斗争中，还是成了失败者。

2002 年 1 月 15 日，李经纬与三水县政府的"博弈"有了结果。三水县政府把一个世界级的饮料企业以 3.38 亿元的价格"卖"给了一个骗子张海！而仅仅在两年之后，"健力宝"因经营业绩不佳几近瘫痪。张海也入狱而后又潜逃出境。

如今在健力宝的官网上，丝毫找不到创始并经营了企业 18 年的李经纬的任何印迹。倒是骗子张海的名字还荣耀地挂在 2002 年的大事件中："2002 年 1 月 15 日，浙江国投信托有限公司收购健力宝签字仪式在健力宝山庄举行，浙江国投信托有限公司以 3.38 亿元收购健力宝 75% 的股份，健力宝集团由国有转为民营，张海出任集团董事长。"

我们看到这场政商博弈的最终结局：

骗子张海得手后，把健力宝几乎掏空。被判刑入狱后，又违法减刑，逃往国外，现在仍然逍遥法外。

三水县政府在"卖掉"健力宝后，几乎也是分文未得。

健力宝作为一个世界级企业在被"卖掉"后，短短两年便元气大伤。

而健力宝的创业者们罢免的罢免，坐牢的坐牢，去世的去世！

我们不禁要问：究竟谁是赢家？谁应该为这宗多败俱伤的局面负责和埋单？！

李经纬的泪问苍天的照片与表情深深地铭刻在中国企业史上，无比凄惨和屈辱！

股权收购签约仪式 9 天后，李经纬在家中突发脑出血。虽救治及时，但李经纬再没有离开过病房。

如果我们说李经纬是因为健力宝被"出卖"而患病，估计不会有人提出异议吧！

此后的日子中，戴罪之身的李经纬因一身伤病只能躺在病榻之上，广州的珠江医院成了他长留之地。直到最后，瘫痪多年的李经纬已经意识不清，而他的病情也早已癌变，长期的理疗让他变得骨瘦如柴。

但是，对"李经纬时代"的清算，并未因其病发而结束。2002 年 7 月，跟随李经纬多年的健力宝原副总经理杨仕明、阮钜源、黎庆元（他们三人加上李经纬被称为健力宝集团高层"四大肱骨老臣"）等人被"双规"。

同年 10 月 13 日，李经纬在病床上接到通知，因其涉嫌贪污，广东省人大常委会根据该省检察院的提议，罢免其全国人大代表的资格。

检方对李经纬的立案案由是："身为受国家机关委托管理、经营国有财产的人员，无视国家法律，伙同他人利用职务之便，以购买人寿保险的形式，侵吞国有财产 331.88 万元。"

或许是因为李经纬身患重疾的原因吧，检方立案多年，却一直未对李经纬正式起诉。

耐人寻味的是，2004 年年底，健力宝被张海等人折腾得元气大伤，濒临停产。12 月 7 日，三水县政府主持召开了全体员工大会。已经两年多没有出现、仍是"双规"戴罪之身的李经纬坐着轮椅出现在大礼堂。有人记录当时的景象："他坐在轮椅上，不停地笑，并向所有人挥手，前面的人拼命想跟他握手，后面的人挤不过去，就跟在后面拍手。"当时有人感觉，李经纬似乎要"平反"了，要重新"起用"了，健力宝又有新希望了！但很快，人们的感觉又是"竹篮打水一场空"。

同样耐人寻味的是，2006 年 12 月 23 日，中国饮料工业协会年会在北京举行。时任健力宝集团董事长叶红汉在发言时说，公司已熬过最艰难的生死线，当年实现销售额 16 亿元。（请注意 1997 年时健力宝销售就达到 50 亿元！）他突然话锋一转，说到了一个几乎已被人淡忘的名字，他说："健力宝没有死掉。我觉得主要有几个核心，一个是品牌影响力，还有一支忠诚于健力宝的经销商队伍，以及健力宝对品质的一贯坚持。这三个要素我觉得都是当年健力宝的创始者李经纬先生留下的。所以这里还要感谢李经纬先生。"孰料，他说这段话的时候，四周端坐着全中国最重要的饮料公司巨头们，所有人的脸上均不动声色，仿佛他提及的是一个久远、陌生而渺小的名字，也仿佛这个人他们压根就不认识或者压根就没有存在过。

但在另一个"舞台"上，还是有人"记着"他们！2009 年 9 月 3 日，李经纬、杨仕明、黎庆元、阮钜源等涉嫌贪污（其中杨仕明还涉嫌受贿）案，在佛山市中级人民法院开庭审理。李经纬因身体原因，法院依照相关规定，对其中止审理。

　　而此时，年过古稀病入膏肓的李经纬也从未承认自己有罪。

　　2011 年 6 月 21 日，李经纬因涉嫌贪污罪，被佛山市中院采取监视居住措施。同年 8 月 29 日，佛山市中院在其住院的南方医科大学珠江医院，对此案进行"公开"审理。2011 年 11 月，佛山中院认为，李经纬身为受国有单位委派到非国有公司从事公务的人员，在从事公务期间，利用职务上的便利，伙同他人将本单位财物非法占为己有，其行为已构成贪污罪，根据其犯罪事实和情节，依法判处有期徒刑 15 年，并处没收个人财产 15 万元。

　　判决后，李经纬家人未有上诉。晚年的李经纬卧病在床，一直保外就医。

　　李经纬的时代已经一去不复返了，现在的健力宝似乎与他毫无干系，他的名字甚至在企业界和同行中已经被淡忘。而唯一对他念念不忘的，现在恐怕只有李宁和李宁品牌了。"有心栽花花不开，无心插柳柳成荫。"正是李经纬的这一率性而为，有意无意当中又为我们留下了一个民族品牌，真是功莫大焉，善莫大焉。

　　李经纬热爱体育，也曾为地方体育部门官员，他的事业也正是由体育起步和腾飞。除了洛杉矶奥运会外，他也赞助了许多的国内外体育赛事，赞助了体操、羽毛球、足球等项目，尤其是他与李宁的结缘，成就了他的另一番事业。

　　20 世纪 80 年代，李宁是中国最著名的体育运动员。在 1982 年第 6 届世界杯体操赛上，19 岁的李宁一人独得男子体操全部 7 枚金牌中的 6 枚，创造了世界体操史上的神话，被誉为"体操王子"。1984 年，在第 23 届洛杉矶奥运会上，李宁共获 3 金 2 银 1 铜，接近中国奥运代表团奖牌总数的 1/5，成为该届奥运会中获奖牌最多的运动员。1986 年，他获第 7 届世界杯体操赛男子个人全能、自由体操、鞍马 3 项冠军……在李宁 18 年的运动员生涯中，共获得国内外重大体操比赛金牌 106 枚。

　　李经纬与李宁相识，是在给他们两人都带来好运气的洛杉矶奥运会上。李经纬性情豪爽、精于谋略；李宁则个性淳朴、心机灵敏。因为志趣相投，这对年龄相差 24 岁的男人很快成了忘年交。

　　在 1988 年汉城举办的奥运会上，李宁突然从偶像之巅跌落。在关键的吊环比赛中，他意外失手摔了下来，与金牌擦肩而过。从汉城回到北京，失掉金牌的李宁不再成为媒体簇拥和追逐的对象。他黯然神伤，孤单地从机场的一条偏僻通道悄悄出关……在灯光暗淡、寂寥空旷的通道尽头，站着一个高个子的男人，微笑地捧着一把鲜花在等候他。那个人，就是李经纬。

　　尝尽世态炎凉的李宁宣布退役。1988 年 12 月 16 日，在健力宝的赞助下，李宁在深圳体育馆举行了盛大的告别晚会。晚会高潮处，李经纬上台送给他一副纯金的护手，两人相拥，泪流满面。当时的李宁面对多个选择，广西壮族自治区体委邀请他担任区体委副主任，多国聘请他为国家队教练，甚至演艺界也向他伸出橄榄枝，李宁自己则想在深圳创办一所体操学校。李经纬对他说："你搞体育事业不能光靠别人赞助，为什么不自己做出一个体育企业来呢？"并热情邀请他加盟健力宝。

加盟健力宝几个月后，李宁向李经纬提出想办一家体育服装厂。健力宝本可以以投资者身份为服装厂提供创办资金，然而李经纬却十分委婉地建议："如果能够引入外来资金，就不要全部用健力宝的钱。"

因为健力宝和体操王子的双重名人效应，一家新加坡公司很快同意出资。就这样，1990 年，由三方共同投入的中新（加坡）合资健力宝运动服装公司挂牌成立，其中健力宝出资 1600 万元，由李宁出任总经理，其服装品牌被命名为"李宁牌"。

李宁第一次市场出击居然也是对李经纬的如法炮制。当时，第 11 届亚运会即将在北京举行，李宁以 250 万元拿下亚运会火炬接力传递活动的承办权。整个亚运圣火的传递过程，有 2 亿人直接参与，25 亿中外观众从新闻媒体知道了健力宝和"李宁牌"。1990 年 8 月，在世界屋脊青藏高原，李宁作为运动员代表，身穿雪白的"李宁牌"运动服，从藏族姑娘达娃央宗手里接过了亚运圣火火种。从这一刻开始，"李宁牌"真正诞生了。

健力宝运动服装公司发展得很顺利，每年的营业额都以 100% 的速度增长。1994 年年初，李宁遇到北京的股份制改造专家刘纪鹏。刘纪鹏在为公司做诊断时指出，这家公司的产权不清将对今后的发展带来致命的负面效应。因此，他极力鼓动李宁脱离健力宝。

在李宁心中，李经纬对他有再造之恩。因此，对于刘纪鹏的建议，李宁问得最多的一句话是："如果脱离健力宝，别人会不会说我忘恩负义？"出乎李宁意料的是，李经纬对此似乎早有准备，完全支持他自立门户。1994 年年底，健力宝运动服装公司从健力宝公司脱离，健力宝历次投入的共计 1600 万元，由李宁分 3 次以现金形式进行了偿还。1996 年年初，李宁彻底告别了健力宝。

正因为李经纬当年的高瞻远瞩，李宁才免去了后来李经纬遭遇的产权之忧。

也正因为有李宁这样的知己，不仅使李经纬后来昂贵的医疗费有了保障，更重要的是他收获了珍贵的人生情谊，得到无限的慰藉。在李经纬长达 10 多年患病日子里，李宁经常去看望他、安慰他，陪他走完了人生最艰难的阶段。

2013 年 4 月 22 日下午 2 时 10 分许，74 岁的李经纬撒手人寰。李宁基金会首先向外界发布消息并全程组织了 4 月 26 日的追悼会。那天，当地政府和健力宝公司均没有参加追悼会，李宁持黑伞双手合十默默念诵，泪流满面。（撰稿/晋珀）

编者点评：李经纬时代结束了，国有企业的产权改革似乎也完成了，但经营权与所有权之间的矛盾仍将在企业界长期存在；经营过程中，经营者与所有者各有利益诉求，分歧在所难免。重要的是，各方要会算大账、看大局，尤其是不能让骗子得手造成多败俱伤的局面。分歧难解时，上级政府应该及早出手协调，争取社会利益的最大化；同时还要从顶层设计最大限度地发挥企业家的创造性，那种"抓住一点而斩草除根"的做法需要认真反思。

资料来源：

［1］环球企业家. 李经纬：曾与地方政府交恶. http：//www. huaxia. com/tslj/rdrw/2013/04/3308043. html［2013 – 04 – 24］.

［2］新快报. 李经纬出殡李宁落泪　长子致悼词：功过自有公论. http：//finance. 21cn. com/news/industry/a/2013/0427/10/21319940. shtml［2013 – 04 – 27］.

柳传志：在商言商，不谈政治

柳传志　男，1944 年 4 月 29 日生，江苏镇江人，现任联想集团有限公司董事局名誉主席，全球 CEO 发展大会联合主席，被誉为"企业家教父""中国最具影响力的商业领袖"。2013—2014 年，他就政经环境和政商关系发表"在商言商，不谈政治"的言论，引发了社会广泛热议。

　　柳传志先生的事迹，此前曾以《柳传志：中国 IT 业的"教父"》为题分别在《中国企业家档案（1978—2008）》和《中国企业家百年档案（1912—2012）》中予以记述。

　　2011 年 11 月 2 日，联想集团宣布柳传志卸任董事会主席，担任联想集团名誉董事长。

　　2012 年 6 月 18 日，联想控股宣布柳传志辞去联想控股总裁职务，继续担任公司董事长、执行委员会主席。

　　2013 年 10 月，柳传志获"对民族产业贡献卓著的民营功勋企业家"荣誉称号。

　　在柳传志的领导下，如今的联想已经是一家营业额达 460 亿美元的世界 500 强企业，是全球消费、商用以及企业级创新科技的领导者。

　　柳传志及联想的"领导力"几乎是无处不在的。

2013 年 6 月初，柳传志与十余家公司座谈讨论 "抱团跨境投资" 时，向与会诸人表达了两个核心观点："一是强调经济走势的不确定性，从国内看如此，从欧美看也一样；二是企业家的态度，最重要的是聚焦、专注。"

他说："从现在起我们要在商言商，以后的聚会我们只讲商业不谈政治，在当前的政经环境下做好商业是我们的本分。"

其实，类似的话柳传志不止说过一次。2012 年他在接受《财经》杂志专访时就表示过："中国企业家是很软弱的阶层，不太可能成为改革的中坚力量……面对政府部门的不当行为，企业家没有勇气，也没有能力与政府抗衡，只能尽量少受损失。我们只想把企业做好，能够做多少事就做多少事，没有 '以天下为己任' 的精神"；2013 年 5 月，在接受央视专访时，柳传志又进一步阐述："我只能服从环境，大的环境改造不了，你就努力去改造小环境，小环境还改造不了，你就好好去适应环境，等待改造的机会。我是一个改革派，之所以到今天还算成功的话，因为我不在改革中做牺牲品，改革不了赶快脱险。"

柳传志此类言论通过一个企业家社交网站 "正和岛" 引起极大反响。赞同者有人称之为 "柳老的大智慧"，有人表示 "感谢老爷子的提醒，谨记老爷子的教诲"。一家投资顾问公司董事长看过之后，发表了一段近 200 字的心得：在商言商，这话有理……对一个成功的生意人来讲，他最重要的使命就是，在生意上更成功，持续成功。经商不丢人，赚钱不丢人。何况，适合做生意的人也不一定适合做其他营生……与柳传志交情颇深的企业家孙大午曾提醒企业家同人，"一是稳步发展自己的企业，重品牌，更要重产品，企业做快是本事，做慢才是功夫；二是不要得罪领导；三是搞企业，学柳传志先生，种好自己的一亩三分地。"

但也有 "持不同政见者"，最典型的莫过于一个叫王瑛的女企业家。她本人是正和岛的 "岛民"，看到柳传志此番议论后，义愤填膺，甚至愤而 "退岛"。在她看来，就当下的政商关系而言，柳传志可以不说话，但不应该 "以其影响力说这种话"。王瑛激动地发问："改革开放以来，因为政治表达而被处罚的企业家有几个？因为和权力勾结而获罪的企业家又有多少？为什么大家对前者噤若寒蝉，但对后者前仆后继？" 她说："我们希望国家好，正和岛好，每一个岛民安全、顺利、成功，绝不仅仅是独善其身、畏忌自保，也要有一副肩膀、一份担当。" 对此，另一位岛民、《全球商业经典》杂志执行出品人王涌给出了认同的回复——"到今天，骨子里还是一亩三分地，老婆孩子热炕头！我们都在嘲笑谭嗣同！我们都在傻笑！"

面对社会的热议，2013 年 9 月，柳传志接受《北京晚报》的采访时，专门对此做出回应："自己的发言被误解了。"他说："当时是在一个内部投资会上说的，不是大会上说的。在商言商，这个'商'字本身就包含了作为一个商人对社会应该做出的贡献，绝对没有逃避社会责任的意思。作为企业家，我们更多的是要做实事，比如把企业做得更大、招收更多雇员为社会解决就业、让雇员享受更好的待遇、多做一些公益活动、将社会风气带动得更好。如果让我宏观地议论其他方面的事，一是我并没有这样的能力，二是这更是一种不负责任。'联想'自然有社会责任，诚信经商，做个好人，我从来不说假话。"

2013 年 12 月 25 日下午，在联想控股总部所在的融科资讯中心，柳传志接受《财经天下周刊》专访时，再次"回应"了"在商言商"的说法。他说："'在商言商'那些话，按道理正和岛应该出来替我说清楚。我是在一个 11 人范围开内部会时说的话，相当于家里人，我不是为了去影响公众。我根本就没想要在精神方面成为有影响的人，我坚决不去做这样的人。"他说，"其实我很关心政治，很关心形势，因为我们公司跟所有人命运密切相关。但我没资格说这些。仅就在商言商而言，也并不见得仅仅就是做商，也包括商业环境。要不要加大幅度投资？是否能退出？股市会怎么样？这些事都和经济政治分不开。我不愿意谈超出这个以外的，比较远我们也看不清楚。"他说，"有的人说我'犬儒'，那就'犬儒'吧——我并不觉得这些是我的追求，当一个（思想）巨人，我从来没这想法。"

2014 年 3 月 4 日，正和岛《谁是这个时代的思想家》读书会在北京举行。柳传志在会上再谈"在商言商"的问题。他表示，自己当初说在商言商是实事求是，对企业无害的言论我可以说，但对企业严重有害的言论不会说也不敢说。"作为企业家我比较软弱但不动摇，所以我认怂。"（撰稿/晋珀）

编者点评：柳传志先生是我们尊敬的企业家，他的言谈事迹很多，但此次为什么要编写这篇稿件呢？还是因为其巨大的代表性——中国企业家的政经环境、政商关系每个企业家都深有体会！

资料来源：

[1] 南方都市报．柳传志：以后在商言商 不谈政治．http：//news. takung-pao. com/mainland/focus/2013 – 08/1835589. html［2013 – 08 – 17］．

[2] 北京晚报．柳传志首次回应"在商言商"：不是逃避责任．http：//www. chi-nadaily. com. cn/hqgj/jryw/2013 – 09 – 13/content_ 10112299. html［2013 – 09 – 13］．

[3] 财经天下周刊．柳传志：在商言商 我不想成为言语的巨人．http：//tech. ifeng. com/internet/detail_ 2014_ 01/22/33236786_ 0. shtml［2014 – 01 – 22］．

王瑛："企业家不要再跪下被宰割"

王瑛 女，1965 年生，曾任北京市石景山区司法局副局长、律师事务所主任，中国经济体制改革研究所非经济研究室副主任、法律室负责人，中国投资咨询公司法律部主任，广州金同投资管理公司总经理，中恒聚信投资基金管理有限公司董事长等。是位较为低调的企业家，2013 年 6 月因宣布退出正和岛而被广泛关注。

不露圭角，不显锋芒，不卑不亢，不骄不躁。或许是因为律师出身，王瑛一直给人的印象就是如此低调。

然而，在 2013 年 6 月，她的名字却突然登上了热搜榜，让人心生诧异。与此同时，随着"王瑛"二字的还有一个名字，那就是"柳传志"。

2013 年 6 月 16 日晚 6 时多，王瑛看到了黄丽陆（正和岛公司总裁兼总编辑）发表的一篇文章，内容大致为：几日前，柳传志召集正和岛等十来家公司座谈，讨论"抱团跨境投资"事宜，在讨论中柳传志说："从现在起我们要在商言商，以后的聚会我们只讲商业不谈政治，在当前的政经环境下做好商业是我们的本分。"

5 分钟之后，王瑛贴出了自己的退岛声明："我的态度在社会上是公开的。为了不牵连正和岛，我正式宣布退出正和岛。"

正和岛，中国商界第一高端人脉与价值分享平台，被外界称为"企业家 Facebook"，目前这个平台已积累包括柳传志、马云在内的企业家及中小企业主逾两千人。

王瑛的这篇退岛声明如同平静的湖面扔进了巨石，瞬间激起了千层浪花。与柳传志的前后两篇言论一时间变成了"企业家该不该谈政治"的社会热点话题。使得这场论战演变成了中国企业家群体态度的一次站队。

人们开始将目光聚焦在这位名不见经传的王瑛身上。

王瑛是一家基金管理公司的董事长。

她在后来面对媒体采访时解释说：我决然宣布退岛并非是批评柳传志的在商言商，也并非暗指其没有社会责任心。"只是批评了他不应该此时推波助澜"。

在王瑛的眼里，退出正和岛，只有一个目的，"大胆地说话"。

王瑛在加入正和岛的日子里，一直在做《世纪中国》网站和《东方》杂志，有七八年的时间；在一个社区参与行动的 NGO 组织（非政府组织）担任理事近10 年；现在还是阿拉善生态协会（阿拉善即阿拉善盟，内蒙古自治区所辖盟）的成员；在深圳推广人文阅读……

既然忍不住不开口，无法沉默，索性就退出。王瑛解释说："我在里面说话，东华（指正和岛创办人刘东华）就很难处理，很多争论会变成我和东华之间的争论，岛内很多人无论如何表态，对他都是压力。我如果在外面说，就谁爱听谁听，谁爱说谁说，东华也不必回应。我觉得这比较符合正和岛目前的状态，正和岛毕竟还是一个新群体，还在成长的过程中，我要在里面争论，引起的振荡太大。"

为此，王瑛所做的不仅仅是退出正和岛。2013 年 9 月，她和中信解除了合同，也辞掉了中恒聚信的职位。9 月 25 日，她和丈夫办了离婚手续。甚至于，她和女儿说了所有可能发生的糟糕的事情，告诉女儿要有思想准备，如若不测，要代替自己去照顾姥爷。

王瑛说："我有权利牺牲的只有自己。"

这般"瞻前顾后"的交代，让人心生"惶恐"，王瑛究竟要说什么？2013 年7 月 31 日在凤凰网与王瑛的独家对话里，她做了回答。简要概括如下：

（1）在"物竞天择，适者生存"的社会里成长着一个现代企业家阶层。近几年，一些企业主因与权利结盟而遭遇落马，使得其中的一些新生代企业家，从"出生"就标明了要与权力"毫无瓜葛"。而当下的这十几年正是现代企业阶层形成和发展的重要时期。

（2）这个阶层让人心生希望。生活在这个阶层的企业家，年龄跨度在1965—1985 年，涵盖各个行业，并在各地企业家协会、行业协会担任职务。他们开始关注自己的生活质量、精神世界、关注自己生活的完整性。当关注这些东西的时候，他们对"社会公共空间"就有非常具体的要求。这种追求就是推动社会的公平、正义和进步的力量。

（3）希望可以形成一种上下互动的博弈机制，透过企业家中有影响力的人物告诉大家，现在的商机不一定就是商机，陷阱也可能不完全就是陷阱，到底是商机还是陷阱？如果是机会我们应该怎么抓住，如果是陷阱应该怎么避开？此时，企业家们更应该对社会公平正义、对中国实现平稳转型负一份责任，而不是仅仅关注自己的安全。

（4）要让某些人看见这个社会是有底线的。这需要大家都敢于发出自己的声音。即便只剩自己"单枪匹马"，她也要做支撑这条底线的一分子。

王瑛的这些言论一经爆出公众舆论对她的反响很是热烈，而企业家的阵营里却多是支持柳传志的观点的。曾有一位企业家当面斥责她说："柳传志是被写入中国历史的人，你居然在他脸上划这么一道子。甚至是被与自己相知多年的企业家姐妹们踢出微信群，划清界限，劝其要谨言慎行。"

王瑛不以为然，依然坚持自己的观点。

有学者认为，中国的企业家不可能不谈政治。市场经济是当今中国最大的政治，中国的企业家如果不了解市场经济，那就是不了解中国的政治，如果在市场竞争中出现问题，譬如导致大规模职工下岗，或者出现安全事故，这就是典型的政治问题，企业家就得承担政治责任。正因为如此，企业家必须了解政治。

回顾王瑛的人生经历，她从不是一个"安分守己"的人，而是一个处在思考之中的人。29岁时，在北京的律师行业里，她已经很有名气了，当时是司法局的副局长。中国的第一本《中国律师制度和律师实务》是当年她和张思之（中华全国律师协会宪法与人权专业委员会顾问、中央财经大学法学院兼职教授）合作而成；20世纪80年代末，她下海做实业，因为不愿塞红包给贿赂，后转做了职业经理人；2010年专做投资。10多年前，她"业余"创办的网站"世纪中国"，在21世纪初搅得整个中国人文思想界心潮澎湃；担任过著名人文杂志《东方》的社长，在飞机上写了3年卷首语；2000年以来，一直在人文和NGO领域兼做些事情。

王瑛自己说："我是一个律师出身做了企业的人，实业出身做了投资的人，企业出身做了公益的人，到目前为止还没把自己做废了，是一个认为做事情最为重要的人，一个认为只要能做事情可以不说话的人。"

2014年5月4日，在中国企业网上，王瑛发表了一篇题为《企业家要告别给点阳光就灿烂的历史》的文章，她说："今天，企业家似乎很难被社会认可、尊敬，企业家自己也未必能挺直了腰杆大声主张自己的权利。我们可以算得出这个阶层在GDP总量中、在财政税收总额中、在解决就业上做出了多大贡献，却看不到这个数量足够大、实际影响足够大的社会阶层主体意识的确立、经营环境的优化、整体状况的改善和社会形象的树立。""30年来中国经济和社会发展中存在和积累下来的种种问题，感知最深、牵扯最深、被裹挟、被损害、最无奈、最挣扎的人们就在这个群体里。"

王瑛"矢志不渝"地坚持着自己的观点："企业家不要再跪下被宰割""不要再回避政商关系"，做一个积极、健康的工商社会的建设者。(撰稿/杨婷婷)

编者点评：王瑛认为，企业家为何不愿站出来说话？因为只要说话就会惹上麻烦。这样看来，柳传志对于环境的判断和王瑛是一致的，只是所选择的不同。政商关系何去何从，要在历史的洪流中，企业家的摸索中探索出一条更为合适的、共赢的道路，任重而道远。

资料来源：

[1] 凤凰网 . 独家对话王瑛：我为什么批评柳传志 . http：//news. ifeng. com/exclusive/elite/detailtest_ 2013_ 07/31/28106977_ 0. shtml#pageTop ［2013 - 07 - 31］.

[2] 中国企业家网 . 王瑛：企业家要告别给点阳光就灿烂的历史 . http：// finance. sina. com. cn/china/20140504/074518991966. shtml ［2014 - 05 - 04］.

王庆来：43亿身价43岁亡

王庆来（1970—2013）　男，河南通宇冶材集团有限公司的董事长兼总经理，河南省第十届政协委员。2013 年 8 月 13 日，王庆来因突发脑出血去世，年仅 43 岁。英年早逝，令人感叹。

王庆来，一位年轻有为的企业家；一位英年早逝的企业家。

1997 年 4 月，年仅 27 岁的王庆来创建了河南通宇冶材集团有限公司（下称通宇集团），这是一家主要从事冶金保护材料、耐火材料新产品的研究、开发、生产、销售以及医疗保健、冶金机械装备制造、新能源汽车动力系统总成及控制系统为一体的现代化民营企业集团。在人们眼里，这是位非常成功的企业家。

王庆来，是一个"吃得苦中苦"的人。说起通宇集团的前身，也不过是一个租赁在西峡县五里桥乡废弃砖瓦厂的作坊式小工厂。而他硬是凭借着自己对于市场的敏锐洞察和敢于探索、尝试的魄力，将这个小工厂变成了一个拥有固定资产 6.8 亿元，员工 2000 余名，年产值近 10 亿元的公司。

对于自己的成功，王庆来是这么说的："任何取得了一些成绩的企业家，首先都要感谢党和国家的好政策。"

2011 年，国务院颁布了一份《关于支持河南加快建设中原经济区的指导意见》的文件，这份文件表明，中央把探索"三化"（新型工业化、新型城镇化、农业现代化）协调发展的重任交给了河南，这个消息让王庆来激动不已。他说："这是河南省难得的机遇，也是河南企业实现跨越式发展的前所未有的重大机遇！每一个有远见卓识的企业家，都必须牢牢把握好这个机遇，立足本企业实际，做出贡献，紧密配合各级组织完成党和国家交给河南的重大使命，在这一过程中实现企业的自我突破。"

对于企业的发展，王庆来总是可以"审时度势"，他认真贯彻落实党的基本政策，在发展企业经济的同时培养企业的文化，在认真学习党的基本政策中寻求企业发展的机遇。他对于企业未来发展总是"独具慧眼"，懂得在政策变换中及时调整公司的发展方向，以促进通宇集团稳定、健康、快速发展。

2013 年 1 月，通宇集团的"EMT 核心技术"——电动汽车电机自动变速动力系统获得美国专利授权，为 EMT 进军国外市场奠定了基础。

2013 年 7 月，河南通宇集团入股武汉新能源汽车工业技术研究院，成为新能源汽车工业研究院的第一大民营企业股东。

搭着国家政策的"顺风车"赚得盆满钵溢的王庆来，一直坚持足额纳税，因此他还先后被评为西峡县四星级、五星级企业纳税人。

与此同时，这位白手起家的企业家没有忘记奉献社会，帮助他人。他给贫困地区架桥铺路、资助贫困学生、提供就业岗位；他给自己的家乡分忧解难，投资 1 亿余元，建造了河南省第一家规模最大、设备最先进的民营医院——豫西协和医院。解决了人们就医难的问题，推动了医疗事业的发展。

对于自己集团的员工，他也是"疼爱有加"。在他的公司里有很多山区里走出来的农民工，他们没有什么"一技之长"，却在王庆来这里寻得了"一席之地"。朋友对王庆来说："你招的普通工人大多是山里人或普通农民，没有什么技术含量，你开那么高的工资太吃亏了。"王庆来笑了，在他眼里，自己的公司之所以能有今日的"飞黄腾达"离不开那些曾为他"流血流汗"的员工，自己出身农村，当自己富裕的时候，就应该伸手拉一拉那些老乡。

通宇集团从来不拖欠职工工资，他们规定，"职工工资必须及时足额发放，如果出现拖延现象，在哪个部门出问题，哪个部门当月奖金全部取消"。

王庆来总是想工人所想，员工工作的积极性大大提高，企业在同行中知名度也与日俱增。其中，在他的推动下公司的"新能源汽车配件"项目顺利上马，与多家国内大型汽车制造企业建立了紧密合作。

这些让更多的人知道了这位不但朴实还心怀大爱的企业家。只是，他在一步步走向成功的路上，记得奉献社会，关爱弱势群体，却忘了关心自己的身体。

2013 年 8 月 13 日，媒体报道称：年仅 43 岁的王庆来因突发脑出血去世。"43 亿的身价"在病魔面前也变得"力不从心"，他还没来得及与这个世界说声再见就离开了。

王庆来离世的消息，像一记警钟警醒人们：要珍爱生命！唯有生命才是一切幸福、成功的资本，没了这些，一切只是枉然。

无独有偶，在王庆来病逝之前的一个月，即 2013 年 7 月 15 日，人称"三创"的电子商务高级专家吴立君因突发脑疾于长沙逝世。据了解，吴立君出生于 1977 年，曾任"御泥坊"董事长兼营销总监；中国活泉护肤第一品牌"可滋泉"创始人，执行董事；离世时年仅 36 岁。

德国哲学家叔本华曾说过这样一句话，"幸福十分之九是建立在健康基础上的，健康就是一切"。一生都在为企业发展"奔波"的王庆来，赢得了"43 亿的身价"，却输了"幸福"。

2014 年 2 月 8 日，西峡县委书记摆向阳带领县领导及工信局一行到通宇集团座谈。县委书记摆向阳对通宇集团 2013 年度的工作给予了高度评价——"成功的关键是有一个团结的核心经营班子和扎实的管理队伍"。这样的高度评价是对王庆来曾经工作的最好肯定。（撰稿/杨婷婷）

编者点评：王庆来"英年早逝"的悲剧不是个例，而是一个现象，即一些中国企业家，尤其是民营企业家在精神和体力上普遍存在的过劳状态。英国的约翰逊曾说："健康当然比金钱更为可贵，因为我们所赖以获得金钱的，就是健康。"只是企业家们置身于激烈的市场竞争中，追逐于企业发展的梦想中，往往会"身不由己"地忽略健康。

资料来源：

[1] 中文科技期刊数据库. 以回报社会为己任. 2012. 1. http：//www. cqvip. com/read/read. aspx？id = 41297497.

[2] 豆丁网. 王庆来的个人材料. http：//www. docin. com/p – 535142366. html [2012 – 11 – 24].

[3] 河南通宇冶材集团有限公司官网. http：//www. tygc. cn/.

宗庆后：遇袭后为什么没喊冤

宗庆后　男，1945 年 11 月 16 日生，浙江杭州人，中国著名民营企业家，杭州娃哈哈集团有限公司董事长兼总经理，浙江省饮料工业协会会长、第十一届全国人大代表。2013 年 9 月 13 日，在家附近"意外"遇袭，手部受伤，引起社会强烈关注。

2013 年 9 月 13 日，美丽的杭州发生了一个令人震惊的"意外"事件，著名企业家、杭州娃哈哈集团有限公司董事长兼总经理宗庆后在家附近遇袭，手部受伤，引起社会强烈关注。

据 9 月 18 日新华社记者从杭州市公安部门获得的消息，经过连续几日调查，杭州警方已侦破娃哈哈集团董事长宗庆后受伤一案，犯罪嫌疑人系向宗持刀要挟行凶。目前，涉案嫌疑人杨某已被警方依法刑事拘留。

警方透露，9 月 13 日清晨，杭州娃哈哈集团董事长宗庆后在杭州上城区住处附近遭人袭击，手部受伤，随即被送往附近的浙江大学附属第二医院救治，经医院诊断，宗庆后左手有两根手指肌腱受伤。

13 日下午 15 时，杭州警方在上城区某出租房内抓获犯罪嫌疑人杨某（49 岁，江苏苏州人）。经初步审查，杨某于 2013 年上半年借了 3 万元来到杭州找工作，因年纪较大，一直没有找到工作。据杨某交代，以前在电视节目上看过宗庆后热心帮助农民工的访谈，也想得到宗庆后的援助，在宗庆后的住处附近找到宗庆后，因未能如愿，于是实施了违法行为。

随后，记者从娃哈哈集团了解到，集团的各项经营业务一切正常，宗庆后已经照常上班。而宗庆后本人则对记者表示，遇袭事件只是一场意外，自己受了一点小伤，但并不严重，恢复情况良好。感谢社会各界对自己和娃哈哈集团的关心和支持，娃哈哈集团将继续努力为中国的经济发展做出贡献。

受众希望警方的消息是权威的，但警方的消息毕竟有些延后。毕竟，宗庆后属于公众人物，发生这样的事情，无论是警方还是新闻媒体都应该在第一时间向社会披露。

这一事件确实是媒体首先披露的，不过不是杭州或浙江的当地媒体，也不是大陆媒体，而是香港媒体。之后，便有诸多媒体的跟进报道。而且在遇袭地点、原因、伤情、社会反响等诸方面都有细小的差异，引发诸多猜想。

首先是遇袭地点，多数媒体指向并不是警方公布的"杭州上城区其住处附近"，而是"杭州钱江新城的小区东方润园"。东方润园是一个高档住宅小区，曾于 2007 年入围的中国十大超级豪宅。该小区对人员进出管理非常严格，要么是业主有门禁卡，要么由业主亲自出来接客人。据说，案发地点并不在小区内，而是在小区外。宗庆后有着多年的晨练习惯，而且从来不带保镖。这不仅是他日常生活中，就是工作出差，也经常是一个人一只箱。这无疑是一个非常良好和健康的习惯，只是恐怕要被这次"意外"改变了。

关于行凶者，虽然事后看没有什么特殊背景，或者说只是一个普通人，但显然也不是什么"良民"。说他普通，其实有点抬举他了，应该是很没本事和出息，甚至很窝囊。媒体报道说他离过两次婚，没有固定职业，生活十分落魄。已49 岁了，却不得不出来找工作。据说他是借了 3 万元来的杭州。但他年龄大，又没有什么文化，自然是多处碰壁，3 万元很快也花光了。在这种"走投无路"的情况下，他想到了求助，想到找热心于帮助农民工的企业家宗庆后求助。要按说这种想法本身也没有什么错，可关键是他去时候就带着刀的——虽然据说只是水果刀。而且据说基本上没有与宗庆后做什么交流便"行刺"了，事后也没有对伤者有任何的救助。

关于行凶的原因，虽然还有"报复说""谋杀说"等，但从警方和事后的发展看，应该确实是一个纯粹和简单的刑事案件。

但为什么一件事关企业家公众人物的普通刑事案件没有及时披露，反而引起众说纷纭？

　　首先，这一事件之所以有如此多的关注，与媒体的报道标题中的"首富遇袭"有关。在中国几千年的传统文化中，"富人"这个词总是另有意味的，富人尚且如此，更何况是"首富"！一些媒体竟然吝啬的舍不得给宗庆后用"企业家"这样的中性称谓，这也给大众以想象的空间。于是，有人像狗仔一样刨根问底，媒体也是纷纷猜测，只怕案件不"复杂"，但弄得当事人即使浑身是嘴也说不清楚了。

　　其次，主要是当事人觉得是"小事一桩"，没有必要闹得满城风雨。但在各种小道消息的渲染后，一个简单的事情就这么被复杂化了。宗庆后既然是受害者，为什么没有大张旗鼓地喊冤呢？无非是因为他"首富"的身份，他清楚地明白，遇袭一事无论事出何因都将会被人天马行空地解读。

　　最后，求人帮助者是带着刀去的，求助不成遂作案。这是一种什么心态？！他或许以为，宗庆后给他安排个工作能有何难。可是，有能力者就一定有义务对上门索要者来者不拒吗？谁又真正关心过宗庆后本人？此刻，就连他经营的企业也正面对着种种难题。（撰稿／晋珀）

　　编者点评：宗庆后事件貌似是一个简单的刑事案件，其实背后隐藏的是一个严重的社会问题。现代人崇尚法制本身是没错的，但却往往容易忽略问题的本质——人性，譬如"上访妈妈"唐慧案件、冀中星首都机场爆炸案件。类似这些事件仅仅作为刑事案件处理，往往会忽略掉很多问题。它只是"简单"地控制了事件本身，却掩盖了事件的根源——社会的不平等以及阶层的固化，这才是宗庆后遇袭事件背后需要解决的实质问题。

　　资料来源：

　　［1］新华网．杭州警方公布宗庆后受伤案情：疑犯系要挟行凶．http：//news. xinhuanet. com/fortune/2013－09/18/c_ 117421376. htm［2013－09－18］．

　　［2］中国企业报．宗庆后遇袭为什么没有喊冤．http：//opinion. jrj. com. cn/2013/09/24144715881351. shtml［2013－09－24］．

王检忠：负"巨债"赴黄泉

王检忠（1953—2013）　男，湖南省湘潭市湘乡市东郊乡向韶村人，湘潭市恒盾集团有限公司（下称恒盾集团）董事长。2013 年 11 月 12 日下午，他从湘潭市政府办公楼 15 楼跳楼身亡。根据初步核实，王检忠的公司负债 5.48 亿元以上，其中民间借债高达 2.3 亿元。

　　2013 年 11 月 12 日，湖南湘潭恒盾集团董事长王检忠在市政府跳楼身亡，引起了广泛的社会关注，经公安部门侦查，结案为自杀。作为一名身家上亿、在当地颇有名气的民营企业家，为什么选择在政府大楼结束自己的生命？随着调查的深入，恒盾集团发展步伐太快、资金压力大、民间借贷多等问题不断浮出水面，一系列的事情终于使王检忠不堪重负。

　　王检忠曾说："人的行为很多时候都是被逼出来的。"他于 1953 年 9 月出生在湘乡市一个贫苦家庭。6 岁时父亲便去世，面对突如其来的打击，王检忠选择发奋学习，想通过自身的努力改变命运。他在高中毕业后选择放弃学业，回家务农。

　　1985 年，王检忠创办了湘潭市五金编织厂。在持续几年的经营中，和厨具不断打交道，他终于从小小的砧板中获得灵感。王检忠花了整整两年的时间，查阅资料，研究技术，生产出的样品拿到全省首届"名、特、优、新林产品博览会"上参展时，一举拿下金奖。然而要正式投入生产就面临着严重的资金问题，上百万元的启动资金不是小数目，没有私人担保，无法从银行贷款；朋友害怕风险，没人借钱给他；打算变卖家产却遭到妻子反对。无奈之下，王检忠将自己的小车卖了，把五金批发部的门面及货物转让给了他人，将拆迁的房屋款和收回的欠账全部投入到办厂中，艰难地走出了创业的第一步。

　　公司步上轨道之后，王检忠亲自奔赴全国各大省份谈合作，以寄卖的方式为公司取得了一定的信誉。之后各地的订单不断飞来，业务量逐年上升。与此同时，他主动参加每年的"广交会"，将产品成功打入了英国、美国、德国、澳大利亚、新西兰、韩国等地，公司逐渐发展成熟。

到 2004 年，王检忠成立了湘潭恒盾集团。集团是湖南省农业产业化龙头企业、省林产工业龙头企业、省持续高效农业产业化科研开发示范单位，省、市重点扶持的农业产业化企业。集团公司占地 9.2 万平方米，员工 1100 人，各类加工机械 900 余台套，年产优质竹菜板 500 万块，竹制家具 2 万套，竹汁饮料 5000 吨的生产能力。五大系列 60 余种"恒盾"牌产品在全国各地形成了有 300 余家经销商的稳固销售网络，创造了湖南省著名商标"恒盾"品牌。通过了 ISO 9001 和 ISO 14001 质量和环境管理体系认证，取得了企业自营进出口权。有 20 余种产品成功打入欧美澳等 18 个国家和地区，外销量呈直线上升趋势，国际国内产品市场均供不应求。

不过，随着经济形势陡转，恒盾的效益下滑，王检忠一边坚持扩展原来的业务，一边尝试多元化转型。2007 年，他在长沙市岳麓区承包了一大片地，创办了"润泉山庄"的休息旅游项目。"先后投入了 1.5 亿元，这些钱大多是从其他产业的流动资金调过来的。"据恒盾集团资产管理部总经理王文军介绍，投资山庄是王检忠的一次转型，虽然前景不错，但投入大量资金也形成一定压力。

恒盾集团在 2013 年面临着重大的战略调整，重点工作就是将土地由工业用地转为商业用地，即恒盾集团迁出原地，再新建一个钢材市场。据王文军介绍，这块地的"变性"问题，王检忠已经筹备大半年，涉及的手续相关主管部门已同意，但还需要市领导班子批准。王检忠为运作此次"土地变性"，真的是煞费苦心。集中精力邀请了一些开发商加入项目："只要政府同意'土地变性'的方案，开发商已答应马上将 1.8 亿元的资金打到公司户头上，我们的资金也就活了。"这一次"土地变性"对恒盾来说至关重要。

不料，却发生了王检忠坠楼事件。事发当天中午，王检忠与妻子还有小女儿一起吃饭，提到下午要去湘潭市政府办事，他于下午 2 点 30 分独自开车离开，下午将近三点的时候跟王文军联系过。"下午 2 点 59 分，王总还给我打过一次电话，问我土地变性的资产评估问题。"王文军回忆，"当时在电话里，王总的语气平和，跟平常一样。"王检忠的跳楼对大家来说都很意外。

恒盾集团是民营企业，发展较快，不可避免担负一笔较大的负债。据公司的老员工透露，公司的债务主要是通过担保公司向银行贷款，另外还有一部分是民间融资。虽然债务负担较大，但只要此次"土地变性"问题审批下来，基本上可以缓解公司面对的经济问题。然而王检忠奔波大半年却无果。"王总跑了半年多，为什么一直没办下来我们也不清楚。"王文军说。

湘潭市规划局负责人透露："按照国家法律规定，土地变性必须依法依规，并且必须与城市整体规划相一致。"据了解，城市规划的基本思路是先上位规划，再下位规划，先母规划，再子规划。相关负责人表示，尽管先锋工业园还在按程序编制，但考虑到恒盾的实际困难，湘潭市规划、国土部门同意恒盾集团同步进行土地性质调整论证等前期工作。王检忠于2013年4月提交"土地变性"申请，该申请于11月6日在湘潭市政府2013年第六次规划委员会上通过。11月7日，湘潭市规划局将"恒盾"地块用地性质调整结果在该局政务网上进行了公示。但令人意外的是，王检忠却在5天后跳楼身亡。

后来湘潭市事件调查组透露，截至2013年11月16日，恒盾集团负债5.48亿元，主要由银行贷款、小额贷款公司和民间借贷组成。其中，根据恒盾集团财务处提供的资料显示，民间借贷2.31亿元，已登记1.22亿元。此外，王检忠还累计透支18张信用卡，金额达124万元，并拖欠一些职工集资款、工资等500万元。王检忠生前的手机短信和遗书显示，他跳楼的行为早有征兆，由于企业的经营困难不断，资金链濒临断裂，自救措施迟迟不见成效，他表示在此期间"度日如年"，多次表示"跳楼""要出大新闻"。

据相关人士分析：王检忠心中明白即使恒盾110亩土地上市"招拍挂"，扣除契税，上缴市级财政的部分和用做园区开发基础设施的部分，凭借此土地获得的增值收益部分仍然难以填补资金"窟窿"。巨大的精神压力成了压垮这个明星企业家的"最后一根稻草"。（撰稿/赵梦雅）

编者点评： 欲戴皇冠，必承其重。王检忠先生无疑是一位值得敬重的成功民营企业家，以敏锐的眼光发现商机，以极大的魄力白手起家，经历了各种商场风雨，却没躲过心理上的负担。深思王检忠跳楼事件，除了能够发现我国的市场经济不够发达外，也能从中看出民营企业经营者的一个致命弱点，就是"独裁主义"。因为民营企业的性质，大多数的管理者会采取比较独断的经营管理手段，因此民营企业家被很多人称为孤独的英雄。另外，国人在创业与发展过程中的贪大求高、急于求成也是一种"通病"。须知，办企业是有其客观规律的，量力而行，循序渐进，以自身积累为主的发展，才是商界正道。

资料来源：

［1］北京晨报．湖南跳楼企业家欠债超 5 亿元　借高利贷 2. 3 亿元.http：// money. 163. com/13/1118/02/9DU83NM400254TI5. html［2013 - 11 - 18］.

［2］东方早报．人的行为很多时候是被逼出来的.http：//money. 163. com/ 13/1114/08/9DKJBG8G00253B0H. html［2013 - 11 - 14］.

［3］法制晚报．民企老板市政大楼跳楼身亡.http：//money. 163. com/13/ 1114/15/9DLBRBVF00253B0H. html［2013 - 11 - 14］.

［4］新京报．湖南民企老板市政府厕所跳楼　据称借上亿高利贷.http：// money. 163. com/13/1114/02/9DJVK63900253B0H. html［2013 - 11 - 14］.

［5］京华时报．家属不满警方不交与遗书.http：//money. 163. com/13/ 1116/04/9DPCQ1KJ00253B0H. html［2013 - 11 - 16］.

马胜利："老马"马年随风去

马胜利（1938—2014）　男，回族，河北省保定人，原石家庄造纸厂厂长，两次"全国五一劳动奖章获得者"，有"国企承包第一人"之誉。因改革"失误"，1995 年 10 月被上级领导要求提前"退休"，2014 年 2 月 6 日（正月初七）去世，享年 76 岁。马胜利改革跌宕，晚景凄凉，值得后来的企业家深思。

早在改革开放 30 周年的献礼工程《中国企业家档案（1978—2008）》一书中，我们就记录过马胜利的"承包"事迹，当时的标题是《马胜利：中国承包第一人》。该文只记录到他"退休"之时，不仅对其后的生活基本未提，对他早年的生活也少有提及。

1938 年，马胜利出生在河北省保定市一个回民家庭。父亲是个小买卖人，母亲是个家庭妇女，家境非常贫寒。马胜利姐弟 6 人，他是家中唯一的男孩，家里就给他起个小名叫"老虎"。人如其名。那时马胜利也不上学，整日疯玩，与小伙伴们打架他从不"吃屈"，很有些"老虎"的劲头。后来马胜利就跟随家人来到石家庄讨生活。1947 年，石家庄解放，9 岁的马胜利第一次走进学校，但也仅读了三五年书。不过，马胜利做生意很有天赋，他子承父业做起了小买卖，卖些花生、羊杂碎、烤玉米。1952 年，石家庄市国棉一厂招工，马胜利成为一名正式工人。一待就是 20 年，其间的各种"风起云涌"，马胜利又是个活跃青年，因而犯了不少错误，得罪了不少人，最后他是很沮丧地离开了国棉一厂。

时任石家庄造纸厂书记的刘广义觉得马胜利脑子好，胆子大，会做生意，是个人才，便把他调到了造纸厂。因此，从这个角度来说，刘书记还是马胜利的"恩人"。后来承包的事情大家就都知道了，也正因为如此，"恩人"变成了"仇人"。

马胜利当年的承包改革一炮走红，被誉为"国企承包第一人"，两次获得"全国五一劳动奖章"，1988 年获得首届"全国优秀企业家"。

1984—1995 年，马胜利大"承包"十年一梦，跌宕起伏，很快便由巅峰跌入低谷。由于效益不断下滑，1995 年 10 月的一天，领导让他提前"退休"。当时，他的实际年龄是 56 岁，可在上报材料中他的年龄是 65 岁。

关于被免职，坊间有流传的说法是贪污，但查了半年，最后给出的结果是"没有经济问题"。马胜利自己总结失败的原因，有体制上的、有管理上的还有个人性格方面的，但更多时候他把自己的下台归结为没有处理好政商关系。

马胜利是提前"退休"，他觉得很不"光荣"。将近三个月的时间里，他一直躲在家里，不敢下楼。苦闷了一阵子，总得找些事做吧。再说，他是按工人的标准"退休"的，每月 135 元的工资，过日子都捉襟见肘。1996 年一个冬日的早晨，马胜利开始在石家庄火车站旁的清真寺街叫卖包子。这算是他的老本行，早在 20 世纪 80 年代初他还没承包造纸厂的时候，就承包过造纸厂门口的清真饭店。担任厂长期间，他还借着造纸厂的名气，远赴广东肇庆开过饭店。冲着马胜利的名气，"马胜利包子铺"的生意不错。

可谁知"马胜利包子铺"只开了两年就被拆迁了。后来，马胜利又开起了"马胜利纸业门市部"。他执意给产品起了一堆古怪名字，"援旺（谐音"冤枉"）"牌手纸、"窦娥"牌面巾纸和"六月雪"牌卫生巾。他心中的委屈一直无处申诉，只得托付一卷卷被人用过即扔的卫生纸。几年后，这家门市部也销声匿迹。

2003 年冬天，杭州青春宝集团董事长冯根生突发奇想，把 1988 年首届"全国优秀企业家"邀请到"西湖论剑"。白首再相逢，地位陡变，叫人如何看淡风云？面对久违的闪光灯和掌声，马胜利说："我比较坎坷，看上去是最老的。"随即泣不成声，泪洒西湖。

当年聚会后，双星集团总裁汪海邀请马胜利经营承包"双星马胜利纸业有限公司"。汪海"承包"了马胜利，在社会上又掀起一片涟漪。此时马胜利已 62

岁。然而，这场"承包"和马胜利退休后的很多尝试一样，很快不了了之，其中原因至今都是一个谜。

晚年的马胜利最终归于沉寂，在石家庄桥东区栗新小区一处回迁楼里，一住就是十多年。他还是爱赶时髦，很早就买了电脑在家里炒股。他仍然爱读书看报，他曾说："我不像那些老头老太太，不爱读什么休闲养生类的书，而是时髦的管理学、未来学、预测学。"《哈佛管理丛书》他已经看了好多遍。他自撰《风雨马胜利》，在其中总结出自己的"十大失误"。

小区居民大多知道马胜利住在这里，但很少与他打交道。马胜利更多时候是和自己的发小们聊聊儿时生活及孩子们的家长里短。2010年，一个发小在太原去世，马胜利和另外几个发小一同去"辞路"。（"辞路"是一种风俗，人到暮年，来日无多，就要多走动，辞别旧路，把该解的结都解开。）

"长江后浪推前浪，前浪死在沙滩上，我现在就躺在沙滩上。"马胜利晚年接受采访时常这样说。

年老的马胜利身体还是不错的，从2013年开始出现了健康问题，更没想到他居然没有过完2014年春节。马胜利的女儿说："从去年（2013年）夏天开始，父亲的身体便不是很好，但他一生性格好强，不愿给孩子们添负担，总是不肯入院治疗，他说自己的身体自己知道，有那时间不如多陪陪家人……后来，父亲因呼吸系统疾病于大年初四住进省二院，没两天说回来了，没想到初七晚上10点多就突然不行了……"

发小老金是在马胜利出院前一天接到的电话，他知道老马快不行了，从小一起玩大的交情，他要去送他最后一程。

赶到医院后，马胜利刚打过强心针，满面病容，但神志清明。老金和另一位发小坐在病床前，三人哭了一场。

马胜利去世后第三天，按回族习俗，在石家庄清真寺"发送"了。没有追悼会，没有治丧委员会，没有太多媒体关注。参加葬礼的人不少，但大多是亲朋，极少政商中人。"还不如当年发送他母亲的时候人多。"老金说。

殡礼之后，马胜利被送往石家庄市回民公墓。3000元钱一方墓地，所有人一样的土坑，一样的墓碑，最终尘归尘土归土。

听潮起潮落，看云卷云舒。风云虽然过去了，但风景犹在。马胜利去世前的2013年12月，曾接受了新华社记者郝方甲、李俊义的专访，谈及自己的改革历程，他说："我为自己的一生感到自豪。"这是关于他生前的最后一段文字，全文登录，以示对马老的敬重与纪念。

记者：你是承包国企第一人，又率先将竞争机制引入国有企业，动力何在？效果如何？

马胜利：在大锅饭时代，国有企业干好干坏一个样，干多干少一个样，干与不干一个样，有时候干还不如不干。我看农村搞包产到户见效很快，3年就大变样了，很感兴趣。结果决心书一贴出去，厂里把我的科长职务都给免了。但市里和主管部门很支持。

我们改革了分配制度、用人制度等，职工尝到了改革的甜头，就有劲头，搞改革就觉得有奔头。可以说当时的成功顺应了时代，起到了激励鼓舞人心的作用。

记者：当时人们都说你缔造了"一包就灵"神话，你的承包足迹遍布全国各地，你改革的心路历程是怎样的？

马胜利：马承包不是火了嘛，就有1000多家造纸厂要求让我承包。我说要想我承包，你得停产亏损了、有困难了，好企业你来了我也不包——那时候40来岁，好胜心强，也算个人英雄主义吧。在1984到1987年，一口气包了100多家企业。

记者：专门选择问题最多的企业承包，又包得那么快，会不会对企业有负面影响？

马胜利：从后面实践来看肯定是的。客观条件来说，集团企业遍布全国，当时交通和通信条件不发达，管理机制等也不尽如人意；主观来说，我从一个基层干部一夜之间闻名全国，荣誉铺天盖地，确实有点飘飘然，头脑发热。这样的情况下，带着100来家亏损企业，这么大，又那么快，根本不可能管得过来，出现很多不适应，很快就解散了。

记者：你的改革沉浮前后不过10年，感受到了怎样的落差？

马胜利：火的时候一说好就说得完美无缺，好多人跟着锦上添花，后来又说我坏，坏得透顶，一无是处。其实我不像他们说的那么好，也没那么坏。马胜利不是神，是人。

我最欣慰的是，我没有用国家给的荣誉和权力谋私利。我没有给共产党员、没有给改革者脸上抹灰。有人说老马失败，我不承认，我从一个普通工人做到这一步，我为这一生感到自豪。

记者：再有一次选择的机会，你还会去贴那张决心书吗？

马胜利：会，我还会。我个人跟改革是息息相关的，没有改革就没有"马承包"，后来的一切也都和改革分不开。十一届三中全会到现在35年了，党中央还在坚持改革开放，作为改革者我感到很欣慰，很受鼓舞。要是身体好还能干的话，我还会继续干。

老骥伏枥，志在千里。永远的马胜利，永远的老马！（撰稿/晋珀）

编者点评：改革的历史是一条长河，总是滚滚向前的。我们虽然要着眼前方，但是也不能忘却曾经的先驱者，否则我们的身后也注定充满凄凉。记住"马胜利们"吧，正是他们当年的奋斗和牺牲为我们探索了今天改革的成功。尤其是他们中现在少有的幸存者，他们年老体弱但不能再晚景凄凉。关爱他们，就是关爱我们自己。

资料来源：

［1］中国企业家．马胜利的风云人生．http：//www. iceo. com. cn/mag2013/2014/0310/284826. shtml ［2014 – 03 – 10］.

［2］新华网．马胜利去世前 2 个月：我为这一生感到自豪．http：//hebei. sina. com. cn/news/s/2014 – 02 – 08/113386471. html ［2014 – 02 – 08］.

雍波：英逝在"马路"上

雍波（1967—2014）　男，四川安盛企业集团的创始人和前任董事长；四川省政协委员，中国民主促进会会员，西南联盟主要发起人、荣誉主席、西南财经大学 MBA（工商管理硕士）联合会首任主席。雍波酷爱"马拉松"运动，总是奔波在"马路"上。因患上严重的热射病，2014 年 6 月 24 日下午，雍波在成都逝世。

从 1984 年考入四川大学开始，雍波的人生好像注定要辉煌。1988 年，雍波获图书情报学士学位。1988—1997 年，雍波就职于四川省技术监督局，担任科技管理项目负责人。1992—1994 年，雍波担任西南经济技术研究中心项目经理。1995 年，雍波任职于金蝶软件成都分公司。同年，雍波凭借真才实学在成都创办了四川标准图书有限公司。如今，这所公司已成为综合性的科技图书西南第一、技术标准发行全国第三的专业图书经销商，在成都、重庆、江西设有四川标准建筑科技购书中心、四川水利电力科技购书中心、四川石油化工书店、重庆电力科技书店等 11 家专业连锁直营店。

2000 年，雍波考入西南财经大学 EMBA（高级管理人员工商管理硕士，旨在培养具有高度政治素养、责任心和职业道德的中、高层管理者）。经过几年的艰苦奋斗，雍波的管理能力竿头直上。2003 年，雍波创立了安盛投资管理公司。2005 年，雍波又创立安盛文化企业。2010 年成立安盛企业集团并且担任董事长。在他的领导之下，集团曾多次荣获主管部门表彰。

当然，"褪去"一身的光环，雍波还有着自己的爱好——跑步。"他很喜欢跑步，到哪儿都会带跑步鞋和运动服，手上还戴跑步腕表，但不带手机。"雍波的未婚妻陈女士说，跑马拉松一直是雍波的一个梦想。的确，直到逝世，雍波都"奔跑在路上"。

2014 年 6 月 2 日，雍波和未婚妻陈女士在峨眉山度假。中午刚过 12 时，作为马拉松爱好者的雍波便冒着 32℃ 的高温出门跑步。厄运就此慢慢向雍波靠近。

当时间过去两个小时之后雍波仍然没有回来时，陈女士意识到雍波出事了。

不出她所料，顶着高温的雍波在跑步过程中昏倒在了路边，被好心路人发现。对方拨打 120 急救电话，将其送到峨眉山市人民医院抢救。经诊断，雍波患上了热射病（指因高温引起的人体体温调节功能失调，体内热量过度积蓄，从而引发神经器官受损）。经过一系列降温措施，雍波并没有恢复正常。"第二天凌晨 1 点过后，他被紧急转至川大华西医院 ICU（重症加强护理病房）。"

凤凰网在 2014 年 7 月 14 日发表的名为《安盛集团 46 岁董事长 32℃高温跑步　不幸中暑去世》一文中提到雍波当时的状况，"ICU 主治医生王波记得，经过峨眉山当地医院的降温、机械通气和器官插管等抢救措施，雍波的身体温度从 40℃降到 39℃，但是对这种病症来说，39℃仍算一个很危险的温度。"王波医生回忆说，"当时患者整个人处于一种昏迷状态，同时口鼻出血、便血，凝血功能严重损害，这么重的热射病，我还是第一次遇到。"而这，也是川大华西医院 2014 年夏天收到的第一宗热射病。如果持续高热不退，或长时间昏迷，一旦发生器官功能衰竭，长时间没有恢复的话，部分患者死亡率会高达 80%。王波医生解释说，当大量肌细胞内物质释放后，会造成一系列的凝血问题，以及急性肾衰竭。

即使医生们继续采取了冰毯、冰帽等降温措施来让雍波的身体温度维持在 36℃左右，并且雍波的亲友们邀请了我国首席热射病专家、解放军总医院重症医学科主任宋青教授参与抢救指导，雍波仍然因为脑部受损严重，一直处于昏迷状态。

"早期，雍波还能自主呼吸，后期由于脑水肿加重，脑实质出血，昏迷加重，自主呼吸逐渐消失，同时伴发多器官损害，包括肝脏、血液、脑、胃肠道和肺等多个脏器都出现衰竭，后继发血液感染，导致感染性休克。"

2014 年 6 月 20 日下午 4 时 45 分许，雍波因抢救无效逝世。

匆匆地离去，让雍波留下了太多的遗憾。雍波的未婚妻陈女士说，原本她和雍波打算 2014 年 5 月登记结婚，因故改期，却不承想一月之间已是天人两隔。不仅如此，热衷于慈善的雍波还计划举办"阅读照亮黑暗"活动，为盲童筹集善款。但是，没有了他，这个活动也慢慢"淡"出人们视线。

雍波的葬礼在成都北郊殡仪馆举行，许多挚友专程坐飞机赶来见他最后的一面。西南财经大学副校长、西南财大西部商学院院长杨丹主持了雍波的葬礼。

在杨丹教授为雍波写的悼词中这样写道："当多数人还在梦乡的时候，他就晨跑了，当我们休闲的时候，他往往带着满身汗水从户外归来。这次奔跑他去了遥远的地方。"在他写的悼词中提道，雍波是"好儿子、好兄长、好爸爸"，也是"实业界的创业者"，还是"中国 MBA 的创业者"。他提道，"雍波先生和他的团队一起，用自己创业的艰辛和努力，为社会做出贡献，模范的履行社会责任"，"他用实际行动践行了'团队、理想、荣誉、责任'的 MBA 联合会精神。"

除他之外，成都市高新区科技局副局长、四川 MBA 联谊会创会会长熊平，电子科技大学 MBA 联合会第九届主席姜亚东、西南交通大学 2005 级 MBA、成都益佰管理公司董事长刘晓波等人也对雍波表示了悼念。

跑步公园创始人王超说："如果普通业余爱好者夏天跑步，一定要记得多补水，千万不要等到渴了再喝，因为感到口渴时候已经来不及了。最好的方式是，跑个两三公里就喝一次水，让身体一直处于不缺水的状态。"他建议，如果夏天跑步，最好选择晚上夜跑，这样会使身体在较低的温度下更适应一些。另外，"跑步时一旦出现头晕等状况，应该果断停下来，不要硬撑，最好是补充电解质饮料，喝一点藿香正气液。"除此之外，里程要循序渐进，可以加入一些正规的跑步组织学习专业知识预防危险。

王超也建议："运动时最好避开一个危险值：气温超过 32℃、湿度超过 60%。"另外，某些高温作业环境的工作人员，可通过改善劳动环境，进行防暑降温，或者加强热适应训练，让肌体可以逐步适应高热环境，这样可尽量避免发生热射病。（撰稿／马霞）

编者点评：雍波无疑是优秀的企业家，他不仅有能力，还有爱心。但是，他匆匆地离去让他的亲朋好友甚至社会都承受了巨大损失。不仅如此，因为在高温下跑步而患上热射病的人层出不穷。尽管时间匆匆流去，雍波也不该被忘记，他"劝告"我们行善，也用"行动"警告我们，爱好固然可以坚持，但一定要科学。超过一个合适的度，爱好可能不再是爱好，而变成一把刺向自己的利器。

资料来源：

［1］凤凰网. 安盛集团 46 岁董事长 32℃高温跑步　不幸中暑去世. http：//fashion. ifeng. com/a/20140714/40025130_ 0. shtml ［2014 - 07 - 14］.

［2］新华网. "46 岁高管高温天跑步去世"刷爆朋友圈　其实是旧闻. http：//www. js. xinhuanet. com/2015 - 08/01/c_ 1116109258. htm ［2015 - 08 - 01］.

吴英：死缓改"无期"

吴英　女，1981 年 5 月 20 日生，原浙江本色控股集团有限公司董事长，曾经著名的 80 后"亿万富姐"。2007 年，因涉嫌非法吸收公众存款被公安机关刑事拘留，后被判处死刑。吴英的案情涉及民营企业融资难的重大问题，在全国引起强烈反响。2012 年 5 月 21 日下午，浙江省高级人民法院经重新审理后，将吴英的死刑改为缓期二年执行。2014 年 7 月 11 日，又由死缓改判为无期徒刑。

　　吴英案件已经在拙作《中国企业家百年档案（1912—2012）》之《灰色档案：记忆沉思》部分以《吴英：亿万富姐的"罪与罚"》为题作了如实记录。当时，对吴英的判决由死期改为死缓——2012 年 5 月 21 日下午，应最高院裁定要求，浙江省高级人民法院经重新审理后，对被告人吴英集资诈骗案作出终审判决：以集资诈骗罪判处被告人吴英死刑，缓期二年执行，剥夺政治权利终身，并处没收其个人全部财产。

　　然而，吴英"生存还是死亡"，确实是个问题。时光如梭，两年之后的 2014 年 7 月 11 日，一次特殊的"审判"在吴英服刑的浙江省女子监狱内进行。根据吴英两年来的表现及相关法律，法院裁定：吴英从死缓减刑至无期徒刑。

　　吴英表示会继续努力改造，但对原来的司法裁定仍存有疑义。吴英说："我会遵守这里的监规纪律；同时，对判决有疑义的，我还是会提出申诉的。希望省高院能按照我提出的证据，驳回或者是发回重审。"

但父亲吴永正坚持认为，吴英案不是减不减刑的问题，而是存不存在犯罪的问题。作为父亲，吴永正对"吴英无罪"的坚持近乎偏执！吴英的一系列"有利"判决，与父亲吴永正不懈的坚持不无关系。

至此，吴英的命终于保住了，案件也算是告一段落了，剩下的主要问题便是吴英和她的本色集团的财产处理与偿债。但吴英案的资产处置主体和程序始终比较混乱。

2014 年 6 月 5 日，东阳市政府牵头成立了由法院、公安、国土、房管、国资、工商等多部门人员为小组成员，副市长陈军任组长的"吴英案资产处置小组"。不过，吴英及其家人要求陈军回避，理由是陈军曾向吴英"索贿"。陈军认为这是对他的"诬告"，并向公安部门报案。据媒体报道，东阳有关部门在经过三天的"认真调查"后，就认为"陈军未涉及受贿问题"。公安机关竟然因此对涉及此事的吴永正及吴英的律师蔺文财刑事拘留。

事情发生后，一些媒体和学者对此提出了质疑。《中国青年报》刊发评论文章《副市长是否受贿，应由谁来宣布》，"要证明副市长陈军是被诬告的，绝不是两三天就可以完成'深入调查'的；此外，东阳市是县级市，按照党政干部管理归属，副市长陈军至少是其上级单位金华市管干部。那么，其是否有问题，按理来说，至少应该由金华市纪委来回应"。清华大学法学院教授张建伟更认为"诬告"之说根本不成立。

2014 年 9 月 4 日，浙江省东阳市检察院对吴永正、蔺文财涉嫌诬告陷害罪做出不批捕决定。两人的刑事强制措施变更为取保候审。

2014 年 7 月 7 日，东阳市公安局就曾委托法院拍卖吴英案部分资产，包括位于东阳市白云街道汉宁西路 280 号的 6 处房产。这不是第一次，据说早在 2007年，吴英被刑拘 3 天后，东阳市公安局就迅即查封和扣押了本色集团财产，并对本色集团的酒店经营权、汽车、货物等进行了拍卖。这在当年，曾令舆论为之哗然。因为我国《刑事诉讼法》及相关司法解释规定，公安机关对于被查封、扣押、冻结的被告人财物应当妥善保管，并制作清单随案移送人民法院，任何单位和个人不得挪用或者自行处理——东阳市公安局作为拍卖主体一直饱受质疑。

吴永正认为，公安机关越权处置吴英财产，使吴英的财产严重缩水。据他的说法，仅本色集团旗下的"本色概念酒店"吴英当初对其的直接投资就达到了8000 万元，但最终以 450 万元的价格"拍卖"了。当年，吴英以 2000 万元购入的 30 辆车辆及本色集团总部和仓库中的家纺等物资，仅得款 1800 余万元。还有本色集团旗下两个仓库，"那两个仓库里面的货物，价值将近 1 亿元，在我们不知情的情况下被拍卖掉了，拍卖的金额和款项去向至今也没有公告，在之前的判决中也没有提及"。

当然了，现在对吴英案资产的说法也是各执一词，法院认定她"资不抵债"，而吴家人却认为"绰绰有余"。按照刑事判决书的认定，吴英实际"诈骗"金额为 3.84 亿元无法归还，案发时查封的吴英资产为 1.7 亿元。但吴永正坚信，对吴英案涉案资产的鉴定结论明显偏低，而且很多资产被漏计。吴永正说，因为近几年相关资产大幅增值，仅漏计的房产估值，其现金估值就在 6 亿元左右。

2015 年 11 月 3 日，本色集团起诉东阳市政府，认为其于 2007 年发布以政府公告形式非法干预公安机关办案，东阳市公安局超越法律授权扣押本色集团财产拒不随卷移送检察机关及拒不返还其营业执照和公章行为违法，侵害了合法权益。本色集团要求法院判令东阳政府的公告行为违法，并承担诉讼费。25 日，金华中院在其官方网站上发出回应称：本色集团的行政起诉状起诉事项不属于行政诉讼受案范围，因此不予立案。

2016 年 1 月初，中国经济周刊——经济网从吴英父亲吴永正处获悉，几经波折之后，吴英的本色控股集团有限公司诉东阳市政府的行政诉讼上诉案，终获浙江省高级人民法院立案。此举，或许能为打开案件僵局找到突破口。

时至本书截稿，吴英案资产处置一直无实质进展，而东阳政府也"一直在研究中"。

改判当日，吴英的状态不错，"看见她父亲和妹妹她都是微笑的，气色也不错"。在狱中，吴英一直在系统地学习法律，以便为自己申诉，表示会"继续战斗"。吴英入狱后，她的丈夫周红波曾经找过她提出要离婚。起初吴英很生气，但后来想通了，愿意"好合好散"。据悉，吴英在狱中正在筹划出版一本新书，书名就叫《曾经心痛》。（撰稿/晋珀）

编者点评：吴英案之所以引起广泛关注，因为它是改革开放以来民营企业融资难的典型代表。笔者觉得这个案件有三个方面值得注意：其一，创业有规律，发财何太急！吴英当时简直太急了，远远超出了政府、市场和自身的容纳与承受范围，以致"案发"。不仅仅是过去的企业家，今天许多年轻人动不动就想全国"联网"、融资几亿元，一夜暴富。其二，不仅仅是融资方面，尽管现在有所放宽，但总体来说，国家对民营企业的限制条件仍然太多。其三，全面依法治国任重道远。处理案件的行政色彩太浓，主体混乱，缺乏科学的具有强大公信力的程序，这样对案件处理起来难免让人诟病多多。

资料来源：

［1］中国青年报．浙江"亿万富姐"吴英案背后的是与非［2014－07－14］．

［2］中国经济周刊．吴英案资产处置被指无实质进展：东阳政府一直在研究．http：//business．sohu．com/20150518/n413283197．shtml？qq－pf－to＝pc-qq．group［2015－05－18］．

［3］中国新闻网．吴英案最新进展：本色集团起诉东阳市政府未获立案．ht-tp：//news．sohu．com/20151125/n428162483．shtml［2015－11－25］．

张祥青：突发心脏病英年早逝

张祥青（1969—2014）　　男，河北省唐山市丰南区晋各庄人，唐山大地震孤儿，曾任天津荣程联合钢铁集团有限公司董事长。他热心社会公益事业，曾荣获"中华慈善事业突出贡献奖""第二届中华慈善人物"称号。他以个人或企业名义累计捐款达 2.1 亿元，被网民称为"中国最具社会责任感的民营企业家"。然而，多年劳累，不注意身体，2014 年 8 月 9 日因突发心脏病医治无效去世，年仅 45 岁。

张祥青的事迹曾在拙作《中国企业家档案（1978—2008）》和《中国企业家百年档案（1912—2012）》中以《张祥青："地震孤儿"要建"震不垮的学校"》为题收入。当时，主要是记述他在 2008 年汶川大地震后的慈善活动，与爱人捐款 1 亿元要建"震不垮的学校"。令人没想到和无比惋惜的是，《中国企业家百年档案》出版（2012 年出版）仅仅一年之后，张祥青就因心脏病猝然离世，年仅 45 岁。

张祥青出生于 1969 年，唐山人，是那场强烈的唐山大地震的切身受害者——父母均在地震中去世，他成了孤儿。早年辍学，后来在政府的帮助下他进入钢厂工作。这样的经历奠定了他人生的两大基础：一是热心慈善。因为他是吃百家饭、穿百家衣长大的，汶川大地震时，他的企业并不是很宽裕。但为了孩子，他一下子拿出了 1 亿元！另外，张祥青的社会活动很多，他还是天津男篮的董事长。这也是他经常做慈善的心理基础。二是多年的钢厂工作，他对钢铁业非常了解和敏感，抓住了 2000—2008 年钢铁业黄金十年的发展机遇，不仅创办了自己的钢铁公司——天津荣程联合钢铁公司，而且还把它做成了业界一流的企业，成为天津市最大的民营钢铁企业。现在除了钢铁生意，荣程还涵盖科技金融、文化健康和资源产业等几大产业，跻身中国民营企业 500 强，张祥青也荣登天津福布斯富豪榜榜首。

但是，张祥青的身体状况并不好。

应该说，张祥青成长的年代再加上父母早亡造成了他的身体底子不好。张祥青的青少年长身体的时候，经常去捡破烂、捡垃圾，经常是饥一顿饱一顿，身体素质并不好，还经常受一些小伙伴们的欺负。一次，他的脸上被糊满泥巴，到河里洗脸时，脚又被重重地划伤了。这些，都对他的成长造成深刻的影响。

后来，事业有成了，人到中年了。张祥青开始发福、发胖，身体也开始走下坡路。而同时，事业的负荷加大。经常性的慈善活动，尤其是汶川大地震捐款1亿元，虽然使他扬了名，但巨大的经济压力也压在了他的身上；后来，世界经济危机爆发，钢铁行业也由于产能过剩面临被压缩的风险。政商关系的不纯洁，也使荣程和张祥青卷入一些风闻之中。这些有形无形的压力，都对张祥青的健康造成巨大的冲击。于是，他的身体健康状况骤降，糖尿病、高血压、心脏病、颈椎病、偏瘫全犯了。

一次，张祥青病情加重，各种治疗之后，是中医让他缓解了病情，转危为安。自此，张祥青对中医情有独钟，并将此确定为将来公司发展和转型的一个方向。他在丰南区中心地带创建了"祥青堂"中医诊所，到各地拜名医学习，并且考取了中医资格证，亲自坐诊。老师说，号脉400例以上才能出一个合格的学徒。于是，张祥青就非常认真地要号够400人。有人说，公司那么多职工，找400名志愿者还不容易？但张祥青却坚决要给人"治病"——公司职工哪有那么多"病人"？于是，张祥青就穿上了白大褂，拿上听诊器，到唐山天一广场等繁华地带，一张桌子一摆，白色的桌面一铺，一个小诊所就"开张"了——他完全是义务诊治，直至号够了400例脉。

张祥青甚至要将中医保健做成一项大产业，并极力宣传。他与一些来访者谈话时，总是大谈特谈他在中医研究领域的心得和经验。2010年在一个钢铁行业的会议上，张祥青说："我们要做健康产业，在蓟县有一个3000亩地的健康园，要把传统中医继承发扬开来！"

张祥青还将中医保健与白酒结合起来。一次，他听说五粮液酒厂要拍卖600年窖藏老酒，就花了50万元拍得。但是，他并没有把这酒拿回来，而仍然放在五粮液的博物馆里。他说那是社会的，还应该给社会做贡献。2012年12月，张祥青在云南喝了当地人酿的白酒，没出现过敏现象，于是决定研究白酒，并在当地投资收购了酿酒厂。这一决定，在公司内部引起很多议论，觉得并不会赚钱，但张祥青十分笃信自己的投资眼光。遗憾的是，他没能等到最后的结果。

2014年3月，"天津联合冶金商品交易中心签约仪式暨荣程集团'四位一体'服务平台新闻发布会"上，张祥青头戴运动鸭舌帽出席，身板挺直，神采奕奕，没有丝毫的病态病容。这是 2012 年开始，为抵御钢铁行业低迷风险，荣钢的一个新的转型尝试。荣程集团也成为继宝钢之后，冶金行业第二家获得牌照的钢铁企业。但不料，这是张祥青最后一次参加公开活动。

8 月 9 日上午 8 时 30 分，张祥青突然心脏病发作，被送到唐山市工人医院 ICU 抢救。下午 1 时 30 分病情突然恶化，经过两个小时抢救无效，因感染性休克去世，享年 45 岁。

斯人已去，盖棺定论。为人仗义、办事果断、诚实守信是大家对张祥青最基本的评价。"这事，就这样定了"，是张祥青的口头禅；钢铁行业的"三角债"及各种拖欠，曾经让国家最高层感到无比头痛，但"在所有钢铁企业合作伙伴里，包括民营、国营，荣程永远是回款最快的"。

张祥青是天津男篮的董事长，他的去世让整个男篮伤心不已。天津荣钢男篮俱乐部总经理张润起说，"我们是工作关系，也是朋友。论年龄，我比他大几岁，我们一直待彼此如亲兄弟。"他说，"他之所以如此看重这个'兄弟'，是因为当年天津男篮在最困难的时候，正是张祥青慷慨出资 2000 万元相救，才让天津男篮走上正路，最终登上 CBA（中国男子篮球职业联赛）的舞台，并成功闯进季后赛。"他说，"做人要懂得感恩，天津男篮会永远记住张祥青的恩情。他是天津男篮的领路人，并让我们看到了未来。"队员孟祥龙说，"董事长给他留下印象最深的就是那张爱笑的脸，张董是过过苦日子的人，也正是因为这种经历，让他特别有亲和力。平常跟我们聊天时，总是笑眯眯的，也没有架子。"中锋徐磊则表示，"天津男篮之所以能够成为天津这座城市的体育名片，大家应该永远记住张祥青这个名字。"

张祥青去世后，妻子张荣华担负起了企业发展重任。我们看到了 2016 年 5 月 2 日《天津日报》报道《荣程，不止于钢铁》。该报道开头写道："钢铁行业尚未走出寒冬，不少钢企正在为'活下来'而挣扎。荣程集团，这家位列中国民营企业 500 强第 54 位的企业，在转型升级中活出了'精气神儿'。'荣程，不止于钢铁'，这就是他们的答案。在'供给侧结构性改革'的背景下，荣程的经验值得借鉴，他们不仅把钢铁主业深耕细作，而且在新兴领域开拓创新，2015 年总产值同比增长 10%，这已是最好的佐证。荣程的'样本'意义在于，只要有思路、有魄力、懂取舍，转型升级这个命题，可以做好。"

张荣华表示，"十三五"期间，集团将以实业基因为依托，实现一个万亿级交易平台，向世界 500 强企业进军，为"百年荣程"的梦想打牢根基。

这就是现代荣程人的铿锵回答，也是对张祥青最好的思念。（撰稿/晋珀）

　　编者点评：张祥青、吴立君、雍波、王庆来、王均瑶……一个个风华正茂、事业大成的企业家，竟然不断地在健康方面出问题，实在令家人悲痛，令社会惋惜！思量一下，除了劳累休息不足之外，还有一个就是缺乏科学、适量的体育锻炼活动。不注意休息和锻炼不行，而在休息、保健和锻炼方面，不科学、不适量，剑走偏锋也不行。事业重要，生命可贵。企业家们，好好珍惜自己吧！

　　资料来源：

　　［1］21 世纪经济报道．已告别的钢铁巨头．http：//finance. ifeng. com/a/20140812/12903475_ 0. shtml［2014 – 08 – 12］.

　　［2］天津日报．荣程，不止于钢铁．http：//news. xinhuanet. com/local/2016 –05/02/c_ 128949443. htm［2016 – 05 – 02］.

吴清勇、吴明鸿：父子高管"携款潜逃"

吴清勇　男，1962 年 11 月 17 日生，德国法兰克福上市公司福建索力鞋业公司创始人、总裁。吴明鸿　男，吴清勇之子，1985 年 3 月 28 日生，厦门集美大学毕业，索力鞋业公司首席运营官（COO）。2014 年 9 月 16 日，索力公司官网上对外声称：吴清勇和吴明鸿已失联多日，"携巨款外逃"。事后证明，这是谣传。但民营企业经营困难以及民营老板"跑路"问题，确实应该引起全社会的高度重视。

　　1995 年，吴清勇大胆创业，在晋江成立了索力公司。仅用了三年时间，便实现了公司规模和产品品质的跨越发展。随着公司的日益壮大，1998 年成立了索力集团。2011 年，索力鞋业在德国科隆成立。2012 年 12 月 9 日，索力集团在德国法兰克福证券交易所（FWB）高级市场上市，成为全国第 9 家，泉州第 3 家登陆德国资本市场的企业。根据索力集团简介：索力以中国为主要市场，并以城市中产阶级为主要目标群体。索力初期致力于外贸交易，主要的国外市场有欧洲、美洲等地，近几年才开始开拓国内市场。在吴清勇卓越的远见和优秀的管理下，索力的国内市场也得到了迅速发展，并且主要生产户外鞋业等产品，与安踏、特步等保持长期的供货关系，不仅如此，该集团还拥有福建索力鞋业有限公司、盛辉（福建）有限公司、索力（厦门）实业有限公司以及福建省骏晖体育用品有限公司四大体系。至今，该公司已拥有员工 1400 人，门店 110 家有余，合作的客户也遍布世界各地。据相关数据显示，2012 年，索力税前利润就达到 4180 万欧元，总收入达 1.49 亿欧元，并且连续三年以每年 30% 的速度增长。

　　这样的辉煌成就还不是巅峰，在众人看来，索力有着良好的发展势头，是大家眼中的潜力股。但在 2014 年 9 月 16 日，索力鞋业在公司国际官网上对外声称，公司首席执行官（CEO）吴清勇和首席运营官（COO）吴明鸿已失联多日，下落不明。当天晚上被曝，公司在内地和香港的大量资金被转移，这两位高管涉嫌"携巨款外逃"。

这样的消息一出，索力的股票瞬间暴跌 79.3%，很多债主也不断上门讨债……创业近 20 年的公司，一则消息仅仅是 9 个小时之后，索力公司便被人"索命"了！

9 月 18 日，索力在国际官网上再次对外宣布，吴清勇和吴明鸿二人的职务均被监事会罢免，索力董事会成员名单中也会删除二人的名字。

整个事件很快峰回路转。9 月 22 日，索力在国际官网上又发布消息称，吴清勇已通过电话联系了公司首席财务官，并否认自己携巨款逃跑。

索力公司的股价又开始回升大涨。

这些消息令整个事件变得扑朔迷离，究竟是有人恶意炒作，还是索力公司真的出现了严重的内部问题？

事后，吴清勇通过电话公开解释"失联"一事。

吴清勇称，自己因身体不好，"失联"期间是让妻子陪着自己在菲律宾看病。因为是老板，所以没有向公司请假。走之前，已经把公司事务交给二儿子吴明俊处理。恰巧在外期间手机丢了，自己的英文又不好，所以没有补办手机卡，以至于无法与大家联系。没想到竟发生了如此大的变故。而现在的他正在厦门、晋江多个地方跑，来解决这一事情。对于大儿子吴明鸿的一起"失踪"，吴清勇解释说，吴明鸿没有向公司请假，而现在在休假。所以父子俩携巨款逃跑这个消息，只是一场误会。这件事或多或少都会对公司及个人的声誉产生很大的影响，自己已经联系了律师团，以维护自己的权益。

但是，又一个问题来了，公司的钱去了哪里？对此，吴清勇解释说自己并未动公司账上的钱，公司财务状况一切正常，具体会让审计部门来审计。

这么大的一个"乌龙"真的只是一场误会吗？这中间还有很多令人不解的疑团。

9 月 23 日下午，吴清勇和吴明俊对此事作了回应。吴清勇称，对于这一周发生的变故，警方和泉州商会已经介入调查，相信很快便能澄清一切。更是坦承，索力在运营时，资金链已出现问题，企业确实遇到了困难，资金跟不上，但目前还在正常运转。对于资金链出现问题的原因，据厦门市泉州商会常务副秘书长卢义达透露，2014 年 8 月，索力公司从野村国际（香港）公司获得 6000 万美元的信贷。而这笔钱并没有投入公司的运营，而是投建在长泰的工业园项目，这个项目目前还是零效益，即花出去的钱没有回报。而公司在 9 月 10 日、11 日支付了几千万元的贷款，还贷给银行 5000 多万元，想要再借贷时却没能成功，才导致公司的资金链出现问题。

吴清勇表示，一直以来，他的压力非常大，几乎没有休过假，所以才打算去菲律宾，一方面可以休假看病，另一方面想找商业上的老朋友为自己出谋划策。二儿子吴明俊也表示，父亲和哥哥的压力都很大，如果真是要逃跑，不会把自己留下。

对于吴清勇和吴明鸿两人职务被罢免的消息，吴清勇很气愤，称自己也不清楚为什么会发出这样的消息。但据卢义达透露，之所以会出现这样的事情，主要原因还是索力公司的内部矛盾，以及管理阶层之间的沟通不够完善。至于具体的矛盾，还有待调查。

卢义达向记者透露，索力虽为上市公司，但它的管理理念和管理模式还很落后，缺乏高能力的管理者及管理应对经验。索力目前的首要任务并不是解决股票大跌的问题，而是好好解释清楚整件事情的来龙去脉，并争取得到大家的谅解。索力鞋业是厦门市泉州商会的成员之一，泉州商会将帮助索力进行民间融资，解决资金链的问题，并帮助索力转型升级。

据有关知情人透露，这几年国内经济不景气，竞争激烈，以至于鞋服行业已经将利润放到最低。在这样的背景下，索力还要支付高额的利息，才步履维艰。不仅仅是索力集团，很多民营企业的经营也出现极大的困难，而导致这些困难的原因，都是这些民营企业没有做好转型升级的准备。索力在受到这些重大冲击之后，想要恢复其运营轨道，需要一定的时间。等索力转型升级成功后，索力的股价就不再是问题了。（撰稿/侯丽丽）

编者点评：近年来大的经济环境和民营企业的现状，即使如索力这样的上市公司也肯定不轻松。但作为公司高管，吴清勇、吴明鸿无论如何不该在公司出现问题时因压力大而选择逃避。公司出现问题，应去寻找问题所在，也可以向相关部门寻求帮助，大家携手一起解决，相信定会渡过难关。否则，资金危机是一回事，信用危机又是一回事。一旦没了信用，一切都晚了。作为上市公司老板，更应该清楚。

资料来源：

[1] 网易新闻. 索力集团 CEO 吴清勇携子卷款潜逃　其企业在德上市. http://news. 163. com/14/0918/07/A6DIMPN400014AEE. html［2014－09－18］.

[2] 闽商网. 吴清勇承认索力资金链出问题　泉州商会决定介入. http://club. china. com/data/thread/1011/2776/25/29/5_ 1. html［2014－09－24］.

[3] 赢商新闻. 安踏、特步供货商索力鞋业老板吴清勇携巨款潜逃. http://www. ce. cn/cysc/newmain/pplm/qyxx/201409/18/t20140918_ 3558115. shtml［2014－09－17］.

田寨禾："煤老板"在记者的劝说下自首

田寨禾　男，山西商人。2014 年 7 月 3 日，田寨禾遭北京乐多维商贸有限
公司法定代表人孙首荣举报，被北京市朝阳公安局三里屯派出所网上追
逃。2014 年 11 月 17 日，田寨禾听众记者劝告到三里屯派出所自首。

2009 年，田寨禾经人介绍与北京乐多维商贸有限公司法定代表人孙首荣相识。
2009 年 8 月 25 日，田寨禾和孙首荣签下合作协议，双方合作销售焦粉、焦粒等。

孙首荣，是北京乐多维商贸有限公司的法人代表。该公司成立于 2007 年 7 月
24 日，注册资本为 300 万元，主要经营范围包括销售金属材料、矿产品、焦炭等。

自田寨禾与孙首荣合作起，销售生意十分红火，双方也就一直没有分红。但
是，"三十年河东，三十年河西"，2012 年年底，因货源单位停止生产，销售业
务不得不终止，于是双方着手分红。矛盾因此而起。因为账目对不上，田寨禾和
孙首荣不欢而散。即便如此，田寨禾依然坚持对账，因为来往账目除了他们两个
人掌握，从出货方、入货方以及孙首荣派到山西的工作人员的明细账中都可以查
到账目往来。

2013 年 10 月开始，田寨禾和孙首荣的关系彻底陷入僵局。2014 年 7 月 3
日，田寨禾遭到孙首荣举报，田寨禾因涉嫌侵占山西焦炭集团国内贸易公司、唐
山凯意贸易公司给乐多维商贸有限公司的货款 1100 余万元，被北京朝阳公安分
局三里屯派出所网上追逃。田寨禾收到上网追逃的信息后，开始了自己的"逃
窜"生活。

曾经的"煤老板"变身"在逃嫌疑人"，不得不让人感慨。在其"逃窜"途
中，田寨禾始终没有接通儿子的电话，这对离婚后就一直与儿子相依为命的田寨
禾不能不说是一种煎熬！田寨禾也一直没有想清楚为什么自己成了在逃嫌疑人。
田寨禾想过通过自首来证明自己的清白，又始终顾虑重重，担心案件调查会节外
生枝，导致自己蒙受冤屈。"既然想要早日结束，又认为自己没有犯罪，为什么
不选择自首？""你确定你想继续这种没有儿子陪伴的生活吗？"《京华时报》记

者钱卫华找到田寨禾后这样劝说他。

在记者钱卫华的劝说下，田寨禾下定了决心。2014年11月17日，已经被追逃四个多月的田寨禾连夜从太原赶到北京自首。在自首之前，田寨禾的儿子为了见父亲一面提前赶到派出所。即使一直在劝慰儿子，田寨禾却先湿了眼眶。"我和孙首荣确实存在经济纠纷。"田寨禾说。而这，也是亟待解决的事情。

对于案件，田寨禾说，"3年多时间里，共销售了7万多吨焦炭，销售额近亿元。"这样几年经营下来，在孙首荣公司的账上约有千万元利润。可是，对账却发现，不但没有利润，还亏损340万元。千万元的利润去哪里了？对此，田寨禾表达了自己的观点，"我认为孙首荣的账目不对，比如有8000多吨的焦炭，也就是超过10%的销售量从公司账上不见了。"这也正是当初田寨禾要坚持对账的原因。而关于孙首荣举报田寨禾"涉嫌侵占山西焦炭集团国内贸易公司、唐山凯意贸易公司给乐多维公司的货款1100余万元"，人民网于2014年11月18日发表的名为《山西煤老板被记者劝服连夜赴京自首　被女商人举报》重述田寨禾的话："涉案的1100多万元对应的是3笔交易，其中卖家是唐山凯意贸易公司，买家是山西焦炭集团国内贸易公司。这3笔交易全部完成，买家拿到了焦炭，卖家拿到了货款，孙首荣也开具了增值税发票。"

曾有记者致电孙首荣，孙首荣表示不方便接受采访，只说"我就听法院的裁决"。但是，在田寨禾的代理律师杨涛出示的作为证据的一份录音中，孙首荣这样说，"我分分钟可以立案，也分分钟可以销案，在北京你绝对干不过我，我就这一句话。我本身应该在太原立案的，为什么不跑太原立案？因为我在太原干不过你。"

2014年11月18日下午，"朝阳警方告诉记者，在三里屯派出所自首的田寨禾已被送至看守所刑拘，警方未透露更多案情，案件目前正在进一步调查之中。"

事实上，这起案件仍存在颇多争议。北京警方是以职务侵占罪发出网上追逃的，"称田寨禾是北京乐多维公司的工作人员"。但是，当时田寨禾与北京乐多维商贸有限公司只签订过一纸合作协议，并未签订劳动合同。"根据《中华人民共和国劳动法》第十六条第一款规定，劳动合同是劳动者与用工单位之间确立劳动关系，明确双方权利和义务的协议。"因此，北京市朝阳律师事务所知名律师胡钢认为："人和公司要有劳动关系的话，必须双方签订劳动合同，而且劳动合同意味着用人单位得给这个劳动者办理相关的社会保障；如果没有这层关系，那么双方就不存在劳动合同关系，也不存在什么员工和用人单位的关系。一般没有劳动合同关系的话，恐怕就比较困难，因为双方只是一个普通的民事合同关系。"也就是说，没有劳动关系，就很难以职务侵占的罪名进行定罪。

除此之外，又有许多人开始探究"网上追逃"输给"记者劝逃"的原因。相比而言，警察是执法人员，他们的话语比记者更有权威。但是，田寨禾为什么更愿意相信记者而生怕自首会"横生枝节"？2014 年 11 月 18 日，华龙网发表的《听记者劝才"自首"是对法治公正的背书》一文中这样写道："自感受屈的普通公民面对后者心存'说不清楚'的疑虑，而愿意对前者（记者），以至于对开放的网络空间坦诚一切，这其实是一种更聪明的防风险作业。"记者成为了有关部门背后的"助推手"，"推动"着他们工作。（撰稿/马霞）

编者点评：田寨禾的案件矛盾重重。但是，撇开案件不说，不管是劳动者还是用人单位，都应该合法签订劳动合同保障自己的权益，不要等到权益受损才后悔莫及，又无法通过法律来维权。

资料来源：

［1］人民网．山西煤老板被记者劝服连夜赴京自首　被女商人举报. http：//energy. people. com. cn/n/2014/1118/c71661 - 26044151. html［2014 - 11 - 18］.

［2］央广网．遭网上追逃煤老板赴京自首　举报人：分分钟立案销案. http：//finance. cnr. cn/txcj/201411/t20141118_ 516797770. shtml［2014 - 11 - 18］.

［3］中国吉林网．"网上追逃"为何输给了"记者劝逃". http：//www. chinajilin. com. cn/zhuanti/content/2014 - 11/19/content_ 3454495. htm［2014 - 11 - 19］.

刘巨勇："巨亮"熄灭，LED暗淡

刘巨勇 男，广州巨亮光电科技股份有限公司（下称巨亮）董事长。2014年12月6日，刘巨勇失联的消息传出，在业界引起轩然大波。据了解，巨亮光电及其下属子公司共拖欠货款2亿多元。刘巨勇失联的消息在网上传开后，供应商纷纷上门围堵，想要追回货款，有消息称当时现场有30多位供应商围堵巨亮工厂，一度造成混乱。

近几年，LED行业高速发展。随之而来的除了人们预期中的财富，还有不断传出的LED企业老板失联事件。业内人士表示，刘巨勇失联是LED行业年度最大的"跑路"事件。刘巨勇失联不仅会影响巨亮光电及其下属公司的正常运营，还会牵连背后一些合作关系的中小型企业。

巨亮光电公司成立于2011年6月24日，主营产品包括LED发光模块以及LED照明应用等，前身为深圳市世纪星光电子有限公司，目前旗下共有五家子公司，分别为巨亮光电、艾可斯照明、世伦照明、宝晶光电和国晶光电，公司法定代表人为刘巨勇。巨亮及其五家子公司的合作企业来自各个行业，既有胶水、荧光粉等材料供应商，也有固晶机等设备商以及物流公司等，与德豪润达、德力光电等芯片商也有商业合作。

刘巨勇失联消息传出后，相关人员对巨亮公司及其合作商进行了采访调查。国晶光电的合作方表示在刘巨勇失联前曾多次打电话催款，刘巨勇都要求"松几天"，自己也表示理解并应允延期付款，谁知却等来刘巨勇"跑路"的消息。据《每日经济新闻》报道："巨亮光电总共欠款两三亿元，主要欠芯片设备、原材料、电镀产品等供应商比较多。5000万元欠款在芯片上，光欠德豪润达就有5000万元。湖南的华磊自己透露被欠500万元，实际上有2000万元，所有电脑上的应收账款资料都被卷走了，所有资料都没有了，电脑也搬走了。"由此可见，刘巨勇是为了逃避巨大的债务压力而选择"跑路"的。

　　事实上，在 LED 行业，企业倒闭、老板"跑路"的事件时有发生，但在 2014 年下半年却进入了一个前所未有的密集期。仅 9 月以来，就先后有四川源力光电、东莞永兴电子、中山市华亮灯饰等将近 10 起媒体公开报道过的 LED 老板"跑路"事件。这些是因为欠款、资金链断裂、老板跑路被媒体报道出来的企业，其他因为经营不善悄然倒闭的小企业更是数不胜数。

　　2014 年对于 LED 行业来说是特别的一年，在室内照明的带动下，LED 行业已经走出了前几年的黑暗低潮期，马上就要"柳暗花明"。因此，2014 上半年也可以说是黎明前的黑暗，最让人充满期待同时也是竞争最残酷的时刻。在这场没有硝烟的较量中，出现了人们意料之外却也是情理之中的结果：先是 LED 行业的"爆发式"增长；后又是无力阻挡的倒闭潮。广东省半导体照明产业联合创新中心曾在 LED 行业研究报告中作出预测："2014 年的中国大陆市场，仅 LED 照明的增长率将会达到 80%，整个 LED 市场的交易额将会达到 3500 亿元，与高工 LED 产业研究所给出的 3445 亿元基本一致。"如果说前几年 LED 产业频频倒闭的原因是市场不景气，那如今处于整个行业的上升期，LED 行业却迎来更为惨烈的倒闭潮，到底是何原因？

　　"LED 行业正在进行深度整合，市场容纳不了那么多品牌，一些大品牌会崛起，更多的中小品牌会消失。"一位业内人士对此评论说。正所谓，大树底下，寸草不生。巨亮光电的倒下的根本原因也在于此，巨亮光电只身处于行业整合的茫茫大背景下，规模扩张面对着前所未有的压迫感。从封装做起，到进入下游照明领域开拓 5 家子公司，都充分说明了这一点。

　　经济效益是制约和决定生产规模的关键因素，市场又是经济效益的基础。对一个企业的发展来说，市场资源极为重要。而对于 LED 行业来说，营销渠道是最为核心的市场资源。巨亮光电在自知市场资源不占优势的情况下，将赌注压在了价格上，甚至一度把产品价格达到行业最低作为经营目标，其产品的平均价格与市场上同类型的其他产品相比，足足低了 20% 左右。这样不顾成本、不计效用地打价格战本就不是理智之举。然而据统计，实行价格策略的不仅巨亮光电一家企业。2014 年 LED 行业产品价格平均降幅在 35% 左右，价格战导致的利润亏损已经使 LED 行业多家企业伤痕累累。从微观经济学角度出发，这轮降价并非是传统意义上因为技术有了突破性进展、成本缩减而实施的，在很大程度上，是很多大品牌加速行业洗牌的一种手段。大品牌依靠成熟的生产规模和先进的技术水平，可以实现规模效益，在不损害利益的情况下为自己赢得一定的成本优势。在市场爆发的大背景下，他们更急于扩大规模，开拓更广阔的市场，利用价格战来清理市场，可以在损失最小的情况下实现市场扩展的目标。

浙江和惠照明科技有限公司常务副总经理丁建华认为："木森林做封装的，巨亮的价格比他们打得还要低，巨亮的封装产品价格已经低于成本了，实际上是在亏本经营。这种短期内亏损战略，价格不断地降低，不断地亏损，导致最后撑不下去了。"巨亮光电对自身发展没有清晰完善的认知，盲目跟进价格策略，再加上对规模的追求，最终跳进了自己挖下的陷阱里。规模扩张需要大笔资金支持，而打价格战所获利润微薄，再加上融资渠道不畅，融资手段不够合理，巨大的资金缺口无法弥补，在无路可走的情况下，巨亮只能选择拖欠供应商的货款来缓解资金困难，漏洞百般的资金链终于在年底供应商紧逼催款时应声而断。

巨亮的倒下，不仅导致很多员工失业，还给一部分中小型供应商带来了资金危机。因为巨亮在行业内的名声，很多供应商都会同意延期支付货款，却没想到引火上身。

"事实上，现在资金链绷得最紧的就是这些中等规模的厂商。"一位业内人士评论道。用经济学原理加以分析便可明白，大企业很多都是上市公司，融资能力强，销售渠道好，并且大都具有一定的规模效益，批量生产成本递减，妥善经营一般不会出错；小企业在行业深度整合的大背景下必然会小心经营，不会贸然扩大市场规模，即便因形势被迫退出市场也不会对供应商造成什么毁灭性的伤害；而中等规模的企业，融资渠道不顺，又急于扩展规模，很容易掉入规模陷阱。在一个企业的运营过程中，一环扣一环，稍有不慎，任何一个环节都有可能导致资金链断裂。而资金是一个企业的核心，一旦资金链出现问题，整个企业就会如多米诺骨牌一样崩塌。

刘巨勇作为一个公司的经营者"跑路"，直接导致巨亮光电及其子公司国晶光电停产。刘巨勇失联后，现场的供应商纷纷表示不会再给巨亮光电及其相关公司供货。在失去大部分货源的情况下，巨亮光电的子公司也很难经营下去，倒闭也只是时间问题。经了解，对大多数供应商来说，巨亮光电的欠款都基本上达到他们一两年的经营利润。受此影响直接与巨亮一起倒下的企业不在少数，即使存活下来，也是损失惨重。

刘巨勇跑路事件给LED整个行业的经营者敲响了一记警钟，对非现金交易的赊账大家都开始谨慎行之。一位业内人士表示："巨亮光电的倒闭只是个开始，接下来，估计会有更多两亿甚至三亿、四亿体量的企业会倒下。"（撰稿/

赵梦雅）

编者点评： 2014 年是 LED 行业的发展"元年"，在业外之人看来，是令人羡慕的收获时期。但对业内人士来说就如人饮水，冷暖自知。整个行业表面发展顺利，却潜藏着随时会爆发的风险。所以，相关企业在经营时应该对自身的实力以及发展状况有清晰的认知，根据自身的实际情况制定最适合的战略，市场是多变的，不应该盲目跟风，更不应该尽想着要国家的各种补贴和优惠。只有充分利用自身优势，规避劣势，才能与市场实现最好的融合。

资料来源：

［1］中国经营报. 巨亮光电 2 亿欠款创纪录　LED 企业老总频频失联. http：//money. 163. com/14/1213/00/ADA86S0800253B0H. html ［2014 － 12 － 13］.

［2］每日经济新闻. LED 行业发生年内最大跑路事件老板全家失联. http：//finance. qq. com/a/20141210/003199. htm ［2014 － 12 － 10］.

彭世明：500天牢狱＝3200万元保释款

彭世明　1963 年生，1999 年到国营安康市水泥厂工作，先后担任副厂长、厂长及后来的陕西安康健平水泥有限责任公司（下称健平公司）法定代表人和董事长，陕西省劳动模范，多次连任安康市和汉滨区两级人大代表。2012 年 7 月 6 日至 2014 年 12 月 12 日，他一度被合作伙伴控告涉嫌合同诈骗及挪用资金，两度失去人身自由共计 534 天。在他交纳了 3200 万元取保候审款项之后，于 2014 年 12 月 12 日被法院判决无罪，当庭释放。

陕西省安康市不大，汉滨区就更小了。在那里，彭世明可算是个大人物。他 1999 年就到老牌国有企业安康市国营水泥厂工作，历任技术员、副厂长、厂长。后来，适应全国企业改革的形势，水泥厂进行股份制改制，彭世明占有 33% 的股份出任法定代表人和董事长。彭世明可以说是安康市著名企业家，曾被评为陕西省人大代表，多次连任安康市和汉滨区两级人大代表。可就是这样的优秀人才，却在 2012—2014 年，两次陷入牢狱之灾。但当他耗费 3200 万元巨资取保候审时，最后却被法院判决无罪释放，不久，他的人大代表的职务又得以恢复。

高墙内外，一番噩梦，其中滋味，谁人能解？

2008 年以来，安康市政建设发展很快，向汉江以北扩张，并提出"一江两岸、生态安康"的口号。而健平公司（国营安康市水泥厂）所在的安康市七里沟，正处在东西走向的汉江和南北通畅的安康大道相交的巨大的十字坡地上，被认为是"南可俯瞰整条汉江和安康旧城，西邻安康大道"，具有巨大商业开发价值的风水宝地。健平公司要整体搬迁了，而它的主人面对趋之若鹜的众多开发商，也是"皇帝的女儿想嫁个好人家"。

彭世明近水楼台，想独自开发。但苦于财力有限，2009 年开始，便一边办理土地开发手续，一边寻找合作伙伴。此时，安康市天工房地产开发公司（下称天工公司）总经理张自平自称有实力与他进行合作。2010 年 7 月，彭世明代表健平水泥和天工公司签署了开发合同。双方约定：天工公司须向健平公司交纳保证金 3000 万元。合同签订后 10 日内先付 1000 万元，其余 2000 万元开工前到账。2010 年 7 月底，天工公司给健平公司划账 1000 万元。

但让彭世明感觉蹊跷的是，这 1000 万元除 300 万元来自天工地产账户外，其余 700 万元来自 8 个私人账户。

于是，彭世明便对天工公司的实力产生了怀疑，他感觉自己被张自平骗了。于是以对方延迟交纳保证金构成违约为由（彭世明不认同 8 个私人账户与天工公司有关），要求解除合作合同。但张自平认为 1000 万元保证金已经到账，没有理由让自己退出合作。

正在此时，又一家合作伙伴——西安新澳源置业有限公司（下称新澳源）的老板郭某开始与彭世明洽谈，表示完全有实力开发这一项目。2010 年 7 月 26 日、27 日，彭世明的个人银行卡上收到了郭某的资金 1000 万元。在未和天工地产解除合同的情况下，2010 年 8 月 28 日、30 日，健平公司与新澳源置业在安康签署开发合作协议，项目名称为帝标国际大酒店和江景小区。

为了避免"脚踏两只船"的嫌疑，2010 年 10 月 21 日，健平公司将天工公司已给付的 300 万元保证金退到其账户中，并于同年 12 月底将天工地产起诉到安康市汉滨区人民法院，要求法院依法解除双方此前签署的地产开发合同。起诉书称，另有 700 万元由于不知道该退给何人，所以至今无法返还，要求法院确认。汉滨区人民法院受理了诉讼。

但健平公司与新澳源的合作并不顺利，于是有政府官员给彭世明推荐了重庆中元投资集团有限公司，公司董事长温小龙同样表示完全有能力开发该项目。2011 年 1 月 13 日，健平公司、重庆中元公司和新澳源置业三方签署《项目共同开发协议》。协议约定组建新的陕西安康健平房地产公司，并将合作项目变更为"汉江帝标商贸城"，并约定此前健平公司和新澳源签署的合同作废，新澳源继续为新公司投资 3000 万元。

这样一来，彭世明何止是"脚踏两只船"？简直是"一女三嫁"了！

可问题是，他们之间的合作也不顺利……出乎彭世明意料的是，新澳源置业的郭某向警方报案，称健平公司和彭世明涉嫌合同诈骗。2012 年 7 月 6 日，彭世明被警方拘留。

8 月 11 日，安康市汉滨区人民检察院认为彭世明合同诈骗罪不成立，转以"挪用资金罪"对彭世明实施逮捕。

12 月底，健平公司委派副总、彭世明的弟弟彭世宏前往汉滨区人民检察院，希望为彭世明办理取保候审。检察院负责人告诉彭世宏，需要报案人、新澳源置业老板郭某出具一份"谅解书"。郭某因此提出了一笔补偿要求。双方最终确定包括偿还此前郭某借给彭世明的 2000 万元本息在内（除帝标国际大酒店和江景小区项目外，郭某还因另外一个项目借给彭世明 1000 万元），健平公司将待开发土地 20% 的股权（价值给 3200 万元）无偿转让给新澳源置业，另外再付 500 万元现金。

但随后检察院又提出，彭世明取保候审还需要天工公司老板张自平出具一份"谅解书"。张自平提出两个条件：一是健平水泥曾向法院起诉天工地产要求解除合同，必须撤诉；二是必须给天工地产补偿"违约金"，违约金含当年待返还的 700 万元共计 2200 万元……

健平公司的股东们打碎牙往肚子里咽，答应了所有的条件。这样，彭世明被关押近 300 天后，被汉滨区检察院取保候审。

就这样，开发项目还没有挖一锹土，彭世明已经拿出了 3200 万元的"谅解费"，岂不冤枉！

健平公司大大小小有 42 个股东。公司和他们股东的利益无故地遭受这么大的损失，自然是需要个说法的。于是，这些股东们以郭大明、张富贵为代表，干脆把健平公司（彭世明）、天工公司、新澳源以及重庆中元公司统统告上了法庭。然而，集体诉讼的结果是，2014 年 4 月 3 日，彭世明被重新羁押逮捕。检察院将罪名由"经济诈骗"变更为"挪用资金"。

2014 年 4 月 23 日，汉滨区人民检察院以彭世明涉嫌挪用资金罪向汉滨区人民法院提起公诉。起诉书指控认为彭世明挪用新澳源置业的 1000 万元投资款。同年 9 月 3 日，汉滨区检察院变更了部分指控内容，继续建议法院以挪用资金罪追究彭世明的刑事责任。

2014 年 12 月 12 日，汉滨区人民法院一审做出判决，认为检察机关指控的挪用资金罪不成立，彭世明无罪，予以当庭释放。2015 年 5 月 28 日，安康市中级人民法院签发裁定，准许安康市人民检察院撤诉，一审判决生效。

这样，自 2014 年 4 月 3 日至 2015 年 5 月 28 日，彭世明渡过了漫长的高墙生活……

2015 年 6 月 16 日，彭世明向汉滨区人民检察院递交国家赔偿申请书，要求安康市公安局汉滨分局和汉滨区人民检察院赔偿个人各种损失合计约 3360 万元。其中 3200 万元为因自己蒙冤而造成的直接经济损失。

6 月 30 日，安康市人大常委会恢复了彭世明的汉滨区第十七届人民代表大

会代表的职务。（撰稿/晋珀）

编者点评：商业活动是非常复杂的，商务纠纷还是要通过民事诉讼解决为好，尽量不要刑诉，或者说政府尽量不要干预市场。另外，本案中，还牵扯到3200万元巨额取保候审费用的问题，值得商榷。最后，某些司法人员和部门办错案件，当事人申请国家赔偿。也就是说，司法部门的错误让全民来埋单，显然有失公允。全面依法治国，任重道远。

资料来源：

中国新闻网.陕西人大代表花3200万换取保候审 最终却获无罪. http：//news. china. com/domestic/945/20150909/20354911_ all. html〔2015 - 09 - 09〕.

李亚鹤：地产大亨刑满释放

> **李亚鹤**　男，1965 年生，广东省政协委员、汕头市荣誉市民，现任深圳市金光华实业集团有限公司董事长。因单位行贿罪和串通投标罪入狱，2014 年刑满释放。

1978 年，改革开放的春风吹遍了东南沿海地区，使许多人走上了致富之路。李亚鹤就是其中一个。

1981 年的深圳，到处都是工人们建楼房的身影。在这里，17 岁的李亚鹤，凭借着卓尔不群的智慧和吃苦耐劳的精神，拥有了自己的工程队，开始了自己的漫漫创业路。

创业就会有欢笑也有泪水。李亚鹤在创业的过程中尝过不少艰辛的滋味。令他感到幸运的是，改革的大潮流让深圳飞速发展，李亚鹤的工程队凭借着这股"东风"日渐壮大。1995 年，李亚鹤创办深圳金光华实业有限公司。该公司经营范围包括房地产开发、大型商业经营、能源开发等。在李亚鹤的英明领导之下，深圳金光华实业有限公司历经十余年的风风雨雨，"硬"是跻身于深圳市大型民营企业之列，成为在业界和深圳市都有较高知名度的新兴企业集团。2004 年 11 月，由金光华集团投资建设的、位于深圳市罗湖区最核心商圈人民南路的、总面积超过 12 万平方米的金光华广场正式开业。该广场是深圳最大的单体零售商业建筑，也是引领购物时尚的"体验馆"。李亚鹤更是因此声名鹊起。由此，李亚鹤被人们称为深圳地产的一匹"黑马"。

不仅如此，李亚鹤在公司中名声也甚好。金光华集团内部这样评价他："李亚鹤低调、务实，乐善好施，很有人格魅力。在公司从不耍老板派头，遇事情愿意和下属沟通。"

于此，李亚鹤当选为广东省政协委员，并获得"汕头市荣誉市民"的称号。

但是，正如谚语所说，神仙也有打盹的时候，"黑马"也有失蹄的时候。正在"狂奔"的李亚鹤"马失前蹄"。

2009 年 6 月，深圳官场突发反腐行动，坊间传言许多地产和商业大佬由此落马。不久，深圳市原市长许宗衡案事发。

许宗衡，在 2005 年 6 月至 2009 年 6 月任深圳市委副书记、市长。2009 年 6 月，许宗衡涉嫌严重违纪接受调查。许宗衡案件牵扯出许多人，李亚鹤就是其中一个。李亚鹤出事出乎许多人的意料，但显然也在情理之中，甚至有人认为李亚鹤出事"势在必行"。无论是金光华公司开发罗湖的小户型楼盘金城华庭，还是打造深圳金光华广场，无一不是旧城改造项目或合作开发项目。尽管是黄金地段，但李亚鹤仍是以"迅雷不及掩耳之势"与政府"协商"拿到了该地块。个中奥妙，实在难以言说。

据《南方日报》消息，2010 年 2 月 1 日，"在广东省政协十届十次常委会议上，深圳市金光华集团公司董事长李亚鹤因'涉嫌行贿'被撤销省政协委员的资格。"

2010 年 4 月，曾任深圳市科技局副局长、深圳市科协副主席的李平因受贿罪落马。据了解，李平在职时，利用担任深圳市福田区区委书记兼区人大常委会主任的职务便利，为深圳市金光华实业集团有限公司获得华新村改造项目等提供帮助，接受了该公司董事长李亚鹤贿送的港币 400 万元。

直至 2011 年 8 月 2 日，地产中国网发表了一篇名为《深圳地产黑马失蹄，金光华李亚鹤被公诉》的文章，指出："因涉嫌单位受贿罪，李亚鹤日前被检方公诉至北京市东城区人民法院。根据指控，李亚鹤涉嫌在房地产开发和投资方面，向深圳两位区领导行贿，此案正在进一步审理中。"而根据法律规定，作为单位负责人，单位行贿罪最高刑期不会超过 5 年。除此之外，导致李亚鹤落马的还有串通投标罪。2012 年，因违反相关法律法规，深圳市规土局宣告没收金光华广场。

2011 年 5 月 9 日，河南省郑州市中级人民法院对深圳市人民政府原市长许宗衡受贿案作出一审判决，"认定许宗衡犯受贿罪，判处死刑，缓期二年执行，剥夺政治权利终身，没收个人全部财产。"

而李亚鹤的低落生涯并未完结。2011 年，深圳市政协原副主席黄志光因涉嫌严重违纪问题，接受组织调查。2013 年 11 月 11 日，黄志光一案在广州市中院公开开庭审理。这又再次牵扯出李亚鹤。

据调查，黄志光曾和李亚鹤提起家乡寺庙修大佛缺资金的事，表示希望得到李亚鹤的支持。李亚鹤也十分爽快，答应捐出 200 万元，其中 100 万元可以黄志光的名义捐出。之后，黄志光将那 100 万元以儿子的名义捐给了寺庙。寺庙也开具了相应票据。为"感谢"李亚鹤一片好心，在汕头市东部城市经济带新津片区的招标项目中，李亚鹤的深圳市金光华实业集团有限公司在黄志光的帮助下一举中标。

2013 年 12 月，黄志光因受贿罪、非法持有枪支罪被广州市中院一审判处有期徒刑 14 年。然而，由于黄志光接受李亚鹤 100 万元的款项未被法院认定为受贿款，广州市检察院随后提起抗诉。二审判决撤销了一审法院对黄志光受贿罪的量刑，加刑 1 年，黄志光的执行刑期从一审的 14 年上升到 15 年。

2015 年 5 月 21 日，新华网发表了名为《深圳地产大亨行贿区长判 5 年　将 400 万港币放其车内》的文章，表示："北京市东城检察院以涉嫌单位行贿罪、串通投标罪于 2011 年 7 月 19 日向东城法院提起公诉，2013 年 6 月 17 日又追加了逃税罪。"文章中还提道，东城法院一审以单位行贿罪，判处李亚鹤有期徒刑 3 年 6 个月；犯串通投标罪，判处有期徒刑 2 年，并处罚金 250 万元，决定执行有期徒刑 5 年。

按照判决书，李亚鹤于 2014 年年底服刑完毕。

出狱后的李亚鹤更加"意气风发"。在他的领导下，深圳市金光华实业集团就于 2012 年年底被深圳市规土局宣告没收的金光华广场一案向深圳市中级人民法院提请上诉，希望拿回金光华广场的所有权。除此之外，李亚鹤以儒家道德的方式经营和管理企业，并取得了巨大的成功。他紧跟时代发展步伐，提出"打造智慧社区是当前房地产形势下金光华转型升级的重要探索，也是大数据时代未来住宅地产项目的必然趋势"的观念，希望企业从"以技术为核心"到"以技术为人民服务为核心"。

2015 年 10 月 26 日，上海热线网发表的名为《李亚鹤谈领导者的必修课》中写道："回归本职，作为金光华董事长，李亚鹤正是因为自己丰富的工作经验，敏锐的洞察力、良好的沟通能力、缜密的逻辑能力以及熟练的多语言能力，造就了他的管理才能及培养下属的眼光及策略。"（撰稿/马霞）

编者点评："劝君莫做亏心事，古往今来放过谁。"不论是许宗衡和李平，还是黄志光和李亚鹤，他们最终都受到了处罚。这警示着人们，不做亏心事，才能真正做到"仰不愧于天，俯不怍于人"，不会在光明之下曝出苟且之事。他们的落马也表明了中国反腐力度的进一步加强，以及中国房地产"混沌"时代即将结束，可谓是可喜可贺。"知错能改，善莫大焉。"李亚鹤复出后的表现说明，知错能改，认罪服法，积极改造，仍然是一个堂堂正正的企业家。

资料来源：

［1］新华网.深圳政协原副主席黄志光受贿案二审改判加刑一年.http：//news. xinhuanet. com/politics/2014 – 11/02/c_ 127166805. htm ［2014 – 11 – 02］.

［2］联商网.深圳金光华董事长李亚鹤涉嫌行贿遭公诉.http：//www. link-shop. com. cn/web/archives/2011/171078. shtml ［2011 – 08 – 02］.

［3］凤凰网.李亚鹤在京被公诉　涉行贿及串通投标罪.http：//finance. if-eng. com/stock/ssgs/20110806/4360019. shtml ［2011 – 08 – 06］.

高民："我害了很多人……"

高民（1971—2015）　　男，河北保定人，广东东莞兆信通信有限公司董事长。因市场环境不好，资金链条断裂，于 2015 年 1 月 4 日留下遗书后自杀。高民事件反映出当时东莞大的市场环境，制造业转型已经刻不容缓。

2014 年是中国经济很困难的一年，手机业尤其是代加工行业更是如此。2015 年元旦刚过，在世界制造工厂中心的广东省东莞就传来了一个噩耗：兆信通信有限公司董事长高民一氧化碳中毒自杀，经抢救无效死亡！

高民的死，引起一片唏嘘和多米诺骨牌效应。"尽管他还欠我近 2 万元工钱，但高总是个有担当的好人。"一位员工这样说。

高民的兆信通讯前身是深圳天维设备有限公司，它位于东莞市塘厦镇裕华路 7 号，是一家做代工的手机厂，没有自主品牌，主营代工东南亚的手机品牌。创业初期，高民一直是小规模生产，跟随他多年的老员工黄亦回忆，当时的日子还比较好，尤其是 2008 年、2009 年，印度尼西亚市场做得很好，感觉老板确实"抖起来了"。2010 年，高民拉来了两个有实力的股东，投入 2000 万元，将原来的天维转型成现在的兆信通讯，并于 2011 年在东莞修建了自己的 1.4 万多平方米的模具加工厂，开始大规模生产代工手机和平板电脑，出货最多的时候每月 100 万台。

"100 万台是个什么概念？2014 年 10 月，华为手机出货量也不过 600 万台，这个数额在当时来看接近全球手机产能的百分之一。"黄亦说。

旭日移动终端产业研究所所长孙燕飚的朋友圈中，一个同为手机制造行业的老板评论道："问题的根源是因为恶性竞争带来的毛利润接近零的生意模式。"兆信的一名管理层透露，兆信维持零利润的生产已经近半年，2014 年 5 月开始，已经没有什么利润，但如果停工不做，损失会更惨重，所以大家都是在苦苦支撑，希望有一个有利润的订单可以缓解局面，当这个订单没有如约而至时，年关就成了压垮高民的最后一根稻草。

一名同为手机代工的工厂老板感慨，2010 年以前，手机代工都有一两个点的利润，随便一个出口订单都是上百万台，那个时候几十万台的订单根本没人接，现在几十万台，每台几分钱的订单都要打破头，抢到最后没利润的订单照样接。在手机代工业内，"铺货"已经成为普遍现象，很多代工厂为了维持生产，即便一分钱没有收到，也会把货大量甩出去，以求降低库存压力。"能卖掉就好，根本不敢问利润。"

然而面对现实的大环境，这样的接单方式无异于慢性自杀。

高民的上游供应商创捷供应链公司第七事业部总经理黄文江曾当着供货商的面拨通了高民的电话，为了取得供货商的信任，黄文江特意设置了免提模式。

"你看看现在怎么办吧？几十个供货商都把我们围住了，你是不是应该出面解释一下。"黄文江几近恳求。

电话那头的高民说："我现在出面有什么用？也没有办法解决问题。"

短短的几句对话后，通话就结束了，黄文江无奈地抬起头看着供货商代表："他还欠我们 100 万美元，我们找谁要？"

高民的身后，除了大量的欠账和亲人的悲痛，还有他留下的一封遗书。内容如下（信件内容甚至标点符号有一些用得不对的地方。但为了保留信件原貌，编写者没有做任何的改动）：

> 赵戎、黄工、龙华、邹英俊、老车、唐总、钟总、老谢、叶子、梁红……
>
> 对不起大家了！
>
> 兆信小四年的经营我们都付出了所有的心血，我为了兆信能赢我真的是拼了，我动用了我所有的资源也害了我的很多朋友，是我的无能没有经营好工厂，愿赌服输，我输了。
>
> 我现在心很平静，我是 7 天前让邹英俊把所有的年底付款的计划都做了出来，以前我基本没有看这种报表但我仔细的审核应付款和应收款后我就知道出问题了，而且是个很大的问题，说实话以前我真的没有注意到问题的严重性，现在晚了我们的资金链已经完全断裂，又是年关，没有人能再借给我资金让我们翻身，一定要有人站出来对此事负责，那就是我来负责，由于我们的破产倒闭会带来很多供应商的破产，我真的很难过，我高民的一生都是别人欠我的，不管是印尼的卢先生的 500 万（元）还有以前的贵州、四川、

内蒙古、还有一个卖给我们海信主板的那个女人。但这次我欠别人了，而且很可能让别人倾家荡产，我的内心真的很难过，我可以逃避一走了之，但我内心说不过去，我真的不可能躲在阴暗的角落看着别人哭，我害了很多人，我不能逃避，所以我只能选择这种方式离开了。

我去了，但我真的不希望你们也散了，其实我们年后大批订单都来了，但我没有机会看到了，你们都很努力也很敬业，我真的感谢你们，我真的好想和你们在喝一次酒一次大酒，但不可能了因为必须要有人站出来负责。

我已经跟蒋总留了言希望他来整合你们，如果你们不愿意也可以去找一下胥明我想也是没有问题的，上海杨东颖和胥明也应该没有问题都可以谈谈，只要能把模具付钱买出来你们是可以做成功的，也可以自发的大家都投一些资金去成立一个公司，可以找供应链来现金采购生产，总之我真的不希望你们散了，因为我们真的付出了很多。

按照公司破产规则首先要付大家的工资，我们目前的回款应该是够支付工资的，我希望你们能够团结起来，把公司后期的事情处理好，你们大家派几个代表去和五洲通谈一下我想应该会有个结果的。

兄弟们对不起了，你们一定要站起来。

就在高民自杀当天的下午6时，兆信通讯所有员工领到了工资，共计317名员工216万元。

据塘厦镇镇政府通报，兆信通讯还拖欠了大约60家供应商总计5000多万元的货款。

高民死后不久，兆信通讯几位股东发布联合声明，宣布兆信通讯破产清算。许多兆信通讯供应商正在等待清算的结果，据悉兆信通讯至少欠他们4000万元的货款。"兆信通讯已5个多月未付款给我们，其倒闭可能形成'多米诺骨牌'，导致我们破产。"

据说，在2014年一年左右的时间内，东莞至少有不低于4000家企业关门。而在此之前的5年，即2008年至2012年，公开的数字是"7.2万家企业被关闭"。

雷军推699~799元的红米手机时所说的：血洗山寨机市场，让山寨无路可走。这句话应验了。

而据一位接近高民的人士表示，高民选择自杀的主要原因还因为欠高利贷。"深圳许多老板也欠很多钱，最后大多都'跑路'了。但高民为了公司经营，借

了不少高利贷，而如果欠了高利贷就没法'跑路'或清算了。为了避免高利贷公司威胁家人，只好一死了之。"（撰稿/晋珀）

编者点评： 2008 年经济危机以来，中国的制造业遭到重大打击，像东莞这样的"世界工厂"更是如此。其间，有诸多的老板们因生产难以为继，出现了大量的"跑路"现象和少量的轻生现象。这不是个案，有一定的代表性和普遍性，应该引起政府和社会的高度重视。理智地说，这两种路径都不可取，前者有违法犯罪之嫌；后者虽说体现了某种责任心，毕竟生命只有一次，更何况于事无补徒留悲痛给家人。老话说，没有过不去的火焰山。只要坚持，办法总比困难多！更长远地说，就是要响应党中央的号召，坚定不移地转型升级，这是唯一正确的道路。

资料来源：

[1] 网易财经.东莞一手机代工厂倒闭　董事长留绝笔信选择自杀.http：//money.163.com/15/0105/11/AF6LKRM700254TFQ.html［2015 - 01 - 05］.

[2] 中国经营网."失色"的东莞：工厂关门不停　有老板自杀.http：//money.msn.com.cn/tjwz2/1800754.shtml［2015 - 06 - 02］.

吴长江：悲剧源于企业家精神缺失

> **吴长江** 男，1965 年生，重庆人，原雷士照明控股有限公司董事长。公司上市引入风险投资之后，"私自"签订销售合同、违规提供担保以及挪用资金，给股东带来极大风险。吴长江因涉嫌挪用资金罪，已于 2015 年 1 月 5 日下午被正式批准逮捕。

在中国的创客和企业家中，有谁能如吴长江般对创业有教徒般的狂热，矢志不渝；又有谁能如吴长江般有高度的市场敏感，短短几年，把雷士照明从无到有做到全国前列；又有谁如吴长江般深受经销商们的拥戴，宁死相随……但是，又有谁如吴长江悲剧，被资本方百般折腾，三上三下，三进三出，最终落得个身陷囹圄的悲惨结局，让人唏嘘不已！

吴长江 1965 年出生于重庆铜梁农村。那个年代的山城乡村，食不果腹一词可能完全覆盖。在那种情况下，人们唯一的希望，就是好好学习，跳出农门。无疑，吴长江是优秀的，他用自己的优异成绩开创了自己的未来。清华大学一度是他的崇高追求，后来阴差阳错地上了西北工业大学飞机制造专业，不仅让他成了十里八乡的"明星"，而且毕业后进入了条件优越的陕西汉中航空公司工作。短短几年时间，学识和能力凸显，单位里副处级的位置已经板上钉钉。谁知，这个时候，吴长江找到领导说他要辞职，下海创业。领导还没有反应过来，他便扔下

"我生来就是创业"的硬邦邦的话，南下去了深圳。

那是 1992 年，正是邓小平同志南方谈话之后，全国掀起了轰轰烈烈的下海潮。

西北工业大学飞机制造专业、航空公司几年工作经历、副处级领导……头顶这些"光环"，谁能想到吴长江在深圳后的第一份工作竟然是保安！那家公司的领导很快就发现吴长江不是当保安的"料"，正想跟他谈谈时，他已跳槽到了番禺的一家灯具公司。在灯具公司，他的专业和能力得以发挥，先是搞设计，后来搞管理。但过了一阵吴长江又要跳槽。灯具公司的老板赶紧挽留，又是高薪又是住房，结果都无效。"我来广东的第一天就是要来当老板，要来创业的。"

吴长江总结了老板的三大特点：一是特别能吃苦；二是胆大敢冒险；三是商业意识很强。同时，吴长江还给自己增加了一条，那就是他读的书比这些老板们多！

到 1994 年，吴长江拿着省吃俭用抠出来的 1.5 万元钱，另外找了 5 个股东，凑了 10 万元成立了惠州明辉电器公司。办公条件就是一套三室一厅的民居，一间当宿舍，一间当工作间，他们就在这里面自己画图、设计、开发产品。"闷热的天气，几个小伙子裤衩背心汗流浃背伏案而画。工夫不负有心人，很快，公司就获得了第一份订单，只是条件非常苛刻：对方要求在两个星期内交 2 万支产品。这无论是当时还是现在几乎都是不可能完成的任务……当两周后他们交货时，几个小伙子全累倒了！这第一桶金让他们赚了 20 多万元。"

1998 年，吴长江出资 45 万元，他的另外两位同学杜刚与胡永宏各出资 27.5 万元，雷士照明公司诞生了。但是，吴长江没料到，他很快就被"逼宫"，公司也很快面临第一次分家或分裂。几年后，资产达到 2.4 亿元。那两个股东要分红，而吴长江却要投资。分歧产生，很快摊牌：吴长江离开雷士照明，拿 8000 万元，走人！可就在第二天，当吴长江都打好铺盖卷的时候，一个电话又把他召回厂里。一个很大的车间里，挂起了"雷士照明战略研讨会"的横幅，全国各地的经销商全部参会。最后的决议是：那两个股东拿走 1.6 亿元走人！经销商们誓死跟随吴总，坚持走扩大发展的道路……

此次的"宫变"让吴长江惊心动魄。但更令他想不到的是，这只是个开头，以后他还有数次的上下进出，甚至最后他无法收场！

简短截说，随后几年里，吴长江就这样跌跌撞撞一波三折，不过，好在是向前发展的，而且势头很不错，迎来了更辉煌的业绩。2006 年，"雷士"销售收入达到 15 亿元，不但在惠州建立了工业园区，还在重庆万州、山东临沂分别斥资数亿元，打造西南、华北地区最大的照明基地。"雷士"的异军突起，不但赢得了菲利浦的尊敬，而且让高盛、软银等跨国投资公司闻讯而来，凭借国际投资背景，"雷士"一跃成为国内最具国际化潜质的中国照明企业。2010 年 5 月 20 日，雷士照明在香港联交所上市。

当初为了还清 1.6 亿元的股权款及后来的上市，雷士照明的股权结构发生了很大变化。不得已，吴长江开始引入财务投资人软银赛富和高盛、施耐德电气等。在这次引入投资人的过程中，他付出了致命的代价：股权被不断稀释，沦为第二大股东，逐渐失去了对公司的控制权。2008 年，雷士照明再次融资。高盛出资 3656 万美元、软银赛富出资 1000 万美元。此时，第一大股东变成了软银，吴长江跌为第二大，而高盛第三。2011 年 7 月 21 日，雷士引进法国施耐德电气作为策略性股东。施耐德出资 12.75 亿港元，股份占比 9.22%，成为雷士照明第三大股东。

2012 年 5 月 25 日，吴长江第二次被"逼宫"——被毫无征兆地"因个人原因"辞去了雷士照明一切职务，而接替他出任董事长的则是软银赛富的阎焱，接替他出任 CEO 的则是来自施耐德并在施耐德工作了 16 年的张开鹏。

吴长江仍然得到全国经销商的力挺，全国职工也以罢工抗议董事会的决定。双方妥协的结果，公司成立一个临时运营委员会，吴长江任负责人。但吴长江与股东团队的企业理念分歧日渐扩大，市值大跌，业绩惨淡。

2012 年 9 月，吴长江为了夺回公司控制权，与德豪润达董事长王冬雷签署"秘密协议"，组成同盟。很快，王冬雷入股雷士，并协助吴长江重返董事会，担任 CEO。阎焱则成为另一个出局者。王冬雷成为雷士第一大股东后，便开始主导雷士与德豪之间的业务和财务的深度整合，引起吴长江不满。双方又开始暗战，直至最后大打出手。

2014 年 8 月，雷士照明再次发生剧烈"内讧"吴长江与副董事长王冬雷双方相互指责、举报，甚至出现肢体冲突。2014 年 9 月 10 日下午，王冬雷一方在北京召开媒体沟通会，指责吴长江在雷士照明董事会不知情的情况下进行违规担保，可能使雷士照明遭受 1.73 亿元的巨额损失。

不仅如此，吴长江还被曝违规与尚阳作为代理商签订了一系列销售协议。公司认为合同签订时均无理由认为其并非按正常商务条款订立，并不公平合理，而且不符合集团及公司股东的整体利益。而尚阳欠雷士照明 1300 万元以上。

以上事情都是在股东不知情的情况下，董事长兼总裁的吴长江"私自"做出的，违背了上市公司的操作原则和股东利益。

　　吴长江还违规涉足房地产等行业，成立雷士地产公司，并以雷士照明的名义，在重庆和万州拿地开发房地产，这直接加剧了投资人的不满情绪。

　　日常工作及一些重大事项中，也能看出吴长江不喜欢现代企业制度里的董事会。2013 年，吴长江绕开董事会，直接解除副总裁杨文彪职务，将其调往深圳运营中心；2012 年前后，雷士照明有意收购加拿大一家照明企业，却发现这家公司早已被吴长江个人名下公司收购；2012 年春节后，吴长江将雷士总部迁往重庆，包括财务、行政等多个部门，但遭到董事会的反对……

　　除此之外，吴长江嗜赌也被圈内人士所熟知。他经常去澳门赌博，据说欠赌债达 4 亿元。

　　2014 年 10 月 28 日，警方介入雷士照明内斗，吴长江涉嫌挪用资金被立案侦查。2015 年 1 月 12 日，吴长江被惠州市公安局正式逮捕。

　　惠州中级法院通报 2015 年案件执行情况时，公布一批"老赖"名单，包括雷士照明前老板吴长江。吴长江拖欠数千万元股票转让款，一直不付。执行法官表示，其间仅划扣了几百万元。

　　2016 年 12 月 21 日，惠州中级人民法院对吴长江挪用资金、职务侵占案作出一审判决，以挪用资金罪、职务侵占罪判处被告人有期徒刑 14 年，并处没收财产 50 万元，责令被告人吴长江退赔 370 万元给重庆雷士照明有限公司，以挪用资金罪判处另一被告人陈严有期徒刑三年，缓刑三年。（撰稿/晋珀）

　　编者点评：企业家精神最重要的就是契约、诚信。与任何人、任何力量、任何形式的合作，都是自己选择的结果。选择须谨慎，但一旦选择了，就必须不折不扣地执行。特别是上市公司，一切的操作，必须公开透明，必须切实保护股东利益。同时吴长江案例也说明，相对于国际资本市场，中国的企业家还"嫩"得很，还远远没有做好与资本界心平气和地按约合作打交道的准备。

　　资料来源：

　　［1］新京报．吴长江"悲剧"源于企业家精神缺失．http：//news. xinhua-net. com/fortune/2015－01/14/c_ 127384282. htm ［2015－01－14］.

　　［2］网易新闻．雷士照明复牌暴跌35%：吴长江王冬雷宫斗风波落幕，只剩一地鸡毛．http：//help. 3g. 163. com/15/1104/08/B7IKG2E900964KBU. html ［2015－11－04］.

　　［3］新华网．雷士照明原董事长吴长江，一审被判十四年．http：//news. xinhuanet. com/local/2016－12/23/c_ 129416782. htm ［2016－12－23］.

董顺生："非法集资"的不归路

董顺生 男，1961 年生，浙江温州人，立人教育集团有限公司董事长。2003 年 9 月成立温州立人教育集团，注册资本 3.2 亿元；2012 年 2 月 3 日，因涉嫌刑事犯罪，董顺生被采取刑事强制措施。2015 年 1 月 5 日上午，董顺生被判处有期徒刑 10 年，并处罚金 50 万元。

2015 年 1 月 5 日上午，温州法院对于以董顺生等七人为代表的立人教育集团向社会民众非法募集存款的行为做出一审判决。法院认为此种行为严重危害并扰乱国家经济秩序，侵犯民众利益，故判决集团主要负责人董顺生、夏尉兰、章晓晓、蔡大琴、周静晓、梅菊、夏克定七人构成非法吸收公众存款罪，判处立人集团罚金 500 万元；判处董顺生有期徒刑 10 年，并处罚金 50 万元；夏尉兰、章晓晓、蔡大琴、周静晓、梅菊、夏克定六人，分别被判处 6 年至 2 年 10 个月不等有期徒刑，并处 20 万元至 5000 元不等罚金；并追缴全部违法所得，发还受害人。

审判的整个过程中董顺生一直木讷地站在那里，像是在发呆，也好像在沉思。判决结束后，董顺生显得如释重负。利落的平头，端正的五官，时不时还斯文地扶一扶眼镜，略显敦厚的外貌，让人很难与通过非法集资借民众近 50 亿元存款不还的"无赖"形象联系在一起。同时也让人对此产生疑问，立人教育集团在温州也算是明星企业，规模宏大，为何还会出现资不抵债的现象？

其实与很多企业家一样，为了摆脱贫穷，过上更好地生活，已近不惑之年的董顺生萌生了创业的想法。1998 年 8 月，泰顺县当地教育水平落后和设施不足让董顺生看出生财之道，他租下了陶瓷厂，并鼓动其他 6 名股东投入 60 万元，办设了育才高级中学。最初育才高中的创立，犹如开闸放水一般给泰顺县的教育带来了滋润，升学率直线上升。但因为地处山区，当地民众思想比较传统，学生对封闭管理的不适应、对教育水平的质疑等问题渐渐地都显现了出来，到了第二年学校的升学率就出现了大的波动，经营陷入困境。而在温州当地则流行一种被称为民间借贷的民间金融行为，通俗地讲就是向老百姓借钱贷款，并且此种行为已经成为温州当地的一种风气现象。由此，董顺生心生对策，决定踏上民间借贷的道路。

民间借贷来钱确实很快，不久便解决了学校的经济运营问题。但借的钱是要还的，学校本身赚的钱与欠的款相差甚远，根本还不上，所以董顺生只得借新钱还旧债。2001 年，董顺生创立了育才初中；2003 年，又先后创立了育才小学及幼儿园。开始扩大产业范围，主要是为了赚更多的钱还债。事业上的"突飞猛进"让董顺生的野心肆意滋生，不断地扩大学校规模、增加项目设立。2003 年 9 月，学校运营趋于稳定，董顺生与其余 6 人又合伙投资 3.2 亿元，成立了后来名震温州的立人教育集团。

虽然扩大了学校规模，但学校毕竟只是靠学费挣钱，而且时不时还会有升学率的波动，收入不稳定，起初还能自负盈亏，但后来只要升学率出现波动，连民间借贷款还着都有些吃力了，到最后亏损状况时有发生。眼看学校难以为继，董顺生心急如焚，与其他股东讨论后决定对外投资！

虽然对外投资与董顺生最初通过教育办学致富的想法截然不同，而且他也明白其中的风险，但为了学校的发展，为了自己的梦想，董顺生决定放手一搏！

既然选择投资，就要投到有高回报的行业上去，这样才能在最短的时间内还清外债，而高回报的行业通常也会伴随着高风险。2003 年，董顺生选择了以房地产、煤炭为主的高回报热门行业，并放出最高达 6 分的利息，吸引民众储蓄，以准备投入项目的资金。幸运之神对董顺生还是眷顾的，在他投入房产项目后正好赶上了中国楼市最牛的 5 年，尤其是 2004 年到 2006 年，中国楼市大涨特涨；煤炭行业也稳定增长，前景大好。几年下来董顺生大赚了一笔，并且名声大震，成为泰顺县乃至温州的明星企业家，立人集团也被大家所熟知，成为当地的明星企业。看到立人的成就及高额的利息诱惑，大家开始争相把钱投入立人，有的鼓动亲戚好友一起"投资"；有的东借西凑甚至欠下数十万元、数百万元外债借钱给立人。教师、警察乃至政府官员都加入了"投资"的行列，都想从中获利。钱就这样源源不断地流入立人，流入董顺生的腰包。有了钱，董顺生换掉了桑塔纳 2000，开上了奥迪 A8；应酬时喝的酒都是近万元一瓶的葡萄酒。同时，董顺生把相当一部分的钱投入到了学校硬件设施的完善中，并且资助了有困难的学生，提高了员工们的待遇。但相比于还债付息用的钱还是九牛一毛，仅利息就高达近 30 亿元！

为了赚更多的钱，稳定学校发展、还清借贷，董顺生还是用他的老方法，扩大规模，扩大投资。截至 2009 年年底，立人集团投资的房地产、矿业等企业的数量已扩大到 36 家，项目遍布浙江、江苏、上海、北京、湖南、湖北、河南、内蒙古、贵州等多个省份。项目的增加，伴随来的不仅是高回报，还有更多的资金投入，而学校赚的钱短期内根本还不上，只能继续吸收民间储蓄。

　　果不其然，"高回报"所伴随的高风险终于还是降临了。2011 年，国家实行宏观调控政策，对楼盘的"限购""限贷"等政策使得房地产业的楼盘销售量下滑，收益直线下降；祸不单行的是，国家同时还推出了"节能减排""限产"的政策，严格控制煤炭的产量，使煤炭产业大受打击。资金周转不过来，立人集团被推上风口浪尖。同时，受政策影响，温州出现金融危机，民间借贷困难，更是让立人集团雪上加霜。2011 年年中，立人集团资金紧张，几近枯竭，董顺生又放出 5 分、6 分甚至更高的利息想要垂死挣扎一下，但终究气数已尽，彻底崩盘。10 月 31 日，立人集团发出公告，对于借贷的钱款已无力偿还。立人集团因此鸡飞蛋打、支离破碎。

　　企业的破产让董顺生"解脱"了，但他背后借款的众多民众遭了殃，生活艰难不说，还总有人上门讨债，甚至连年都过不好。2012 年 2 月 3 日，接到举报和投诉，温州市和泰顺县当地警方以涉嫌非法吸收公众存款的罪名对董顺生采取监视居住的措施，没过多久便将其刑事拘留了。（撰稿/白宗战）

　　编者点评："非法集资"算是一种旁门左道的民间金融。之所以出现这种现象，首先是政府的政策和管理没有"接地气"；其次是以董顺生为代表的企业家想利用民间借贷致富却对此一知半解，走一步看一步，他们的这种拆东墙补西墙、等着天上掉馅饼的方式注定要吃大亏；而这些借钱的民众，对金融方面的知识更是呈不明不白的状态，只是随大流，见风使舵，盲目跟投，终引来一身麻烦。

　　资料来源：

　　21 世纪经济报道. 立人教育非法吸金案一审判决：董顺生获刑 10 年. http：//finance. sina. com. cn/chanjing/gsnews/20150105/164621227136. shtml ［2015 - 01 - 05］.

吴海：做企业这么多年太憋屈了

吴海　男，1991 年毕业于中央财经大学经济信息管理专业，中国著名创客和企业家。曾主创和参与了中国第一家提供酒店预订服务并最早实行会员制的商之行集团有限公司、携程、财富之旅等，2006 年创办桔子酒店，现任桔子水晶酒店的董事长兼 CEO。2015 年 3 月 23 日凌晨 3 时 15 分，吴海通过他的微信朋友圈发了一篇给李克强总理的公开信《做企业这么多年，我太憋屈了》，中央领导在多个场合给予积极回应，引起较大反响。

2015 年 3 月 23 日凌晨 3 时 15 分，桔子水晶酒店的 CEO 吴海通过"桔子水晶吴海"公众号发了一封致李克强总理的公开信——《做企业这么多年，我太憋屈了》，全文如下（有删改）：

我是桔子水晶酒店集团的 CEO 吴海，没有根基的做企业的公民，也是北京东城区政协委员。今天，我想对李克强总理说句话，对企业好才能真的对人民好。一个政府如果对企业（指守法企业）不好，实际上就是对人民不好。

先拿我们企业举个例子：①我和我几千名同事都是人民，如果政府对我们不好，我就没法照顾好我的几千名同事以及他们的父母、子女，换句话说加上员工家属就是对几万人民不好；②我的企业服务于人民，如果政府对我们不好，我们的成本就会变相地增加，我们就会把成本转嫁给客户，每年有上百万的人住我们酒店，他们和他们家里人可能上千万，他们家里的可支配收入就会减少，就是对上千万人民不好。

我觉得政府对企业不够好，原因如下：

（1）地位问题：企业是不敢反抗的，公仆也不是"仆"。现在我们国家正在抓家法——反腐，我们切实体会到了政府管理人员规矩多了。但是，您相信吗，就在前年抓腐败之时，在我们行业俗称的"三节"的时候，某城市所有下属机构几乎倾巢出动，只要属于他们管理的行业他们都会照顾检查到，并且主动按企业规模排名来做某种要求。当然，关系好的企业可以讨价还价，"特种税"也有减免的时候。

为什么那个城市几千家企业没人敢做声？因为他们都知道，一旦出声他们的企业就会遭到灭顶之灾。我记得四五年前，那个城市的某经济型酒店的加盟商举报了某政府部门下属机构，从此之后这个品牌的酒店在那个城市就没法获得某种批文而没法开业，直到某个品牌集团老总到这个城市来赔罪才解决了这个问题。

我们是全球最大的私募基金"凯雷"投资的企业，有时候跟投资人聊起这些事情的时候，我很淡然地告诉他们腐败任何国家都有，只是形式不一样，这种极端的规模化的腐败行为不多，就算有我也看成是"特种税"，至少还有个标准，对谁都一样，也很公平，无非是我们把这个税负转嫁给成千上万的住酒店的客人。

（2）家规不清楚。我身边做会计师事务所的同学多。有一次税法专家给一群会计师事务所的老板讲课，被问急了，他公开说："税法说清楚了，执行时我们怎么再来灵活解释？"

记得有一次我们一家酒店客房里遗漏了一盒过期薯片被客人举报查了，罚了我们3万元，因为规定是"金额不足一万元的，处以两千元以上五万元以下罚款"。刚开始要罚5万元，后来找人说情罚了个中间值。我想问的是，什么情况罚2000元，什么时候罚5万元？为什么不能够清楚地说10倍、20倍产品销售额的金额罚？如果我们认识人管用的话，我恐怕只会被罚2000元。

还记得有一条规定是"外商投资企业租用厂房等需要缴纳土地使用费"，这是在改革开放初期引进外资给了各种优惠和减免，国有、集体土地经常免费给他们用，后来就开始征收了土地使用费。而当所有的房屋租赁都面向市场尤其是有了土地使用税之后，这条规定没有取消，换句话说，内资和外资企业一样的价格租的办公室，外资就需要缴纳土地使用费，而内资则不需要。我就这个问题咨询过税务总局，他们的答复是几十年前国土资源部前身（国土部？）定的，由税务局代收，后来转到地方财政还是那个部门，国土资源部也不管了，忘记改了。

这条规定虽然国家忘了取消，但却有几个城市已经取消了，绝大部分城市每年还会做要求。

（3）家规为一些中间机构提供敛财机会。建委要求投资金额 30 万元以上或面积 300 平方米以上的装修或建设需办理开工证（注意了：家里装修花 30 万元可能要开工证吗？没有的可能违法哦！），为了保证工程建设安全，我觉得建委审查办开工证是合理的要求。可是，为了取得开工证必须有工程队伍招投标，而招投标需要招标公司来进行。

如果是国家的项目，通过招标公司来进行是合理的，因为可能有人在报价里做手脚贪污问题。而我们作为私营企业，我为什么不能指定自己习惯使用的工程队？只要建委认定我指定的工程队和设计图纸取得有相应的资质认可就一样保证安全了。

（4）家规被滥用。为了保证治安，各级公安部门都有个特行管理部门，其中要求酒店客人必须持有效证件实名登记，访客也必须持证件实名登记。我觉得酒店是有可能成为犯罪分子临时落脚地，严格要求是合理的，对国家安全绝对有好处，连原来不管的美国现在也这样做了。但问题就出在没有严格规定如何保证每个客人、访客实名登记。于是，全国各地派出所（除浙江省之外）都可以敲开客人房门进行核查。首先，是不是需要正当理由来敲门、是否侵犯隐私我不讨论，但至少得规定什么情况吧。

另外，酒店员工没有派出所干警的"慧眼"。有时候两个客人住，一个客人没登记悄悄溜上去了。一旦被查出，从几百元到几千元罚款不一定，最厉害的就是停业整顿！

对了，还有，什么叫有效证件？有的城市护照可以，有的城市必须身份证？不规定清楚，我们只能挨客人骂。

其实我认识公安部的朋友，有一次专门讨教了他们这个问题，他们很吃惊，因为不允许这样敲门的。不管怎样，我们没办法，规定不清楚，我们只能摸着石头过河，搞好和每一个相关部门的关系。

（5）各自为政，自建家规，政出多门。我们这类设计师酒店经常把一些有特点的老旧建筑投巨资改造成酒店。老实说我们到今天不知道什么建筑可以做酒店，什么不可以做酒店。理论上只要符合建筑、消防安全，只要工商允许做企业的楼我们都可以做。可是，问题出在每个部门对什么楼可以做的解释不一样。

举个例子吧，酒店开业需要有如下部门的批文：工商、建委、消防、公安、卫生、税务等，但是，经常有每个部门之间互相不认对方的规定的情况。比如说，国家一般会把一些城里的老旧厂房集中的地区改成高科技园区，按照一般合理的工作逻辑应该是这样的：工商：工商部门按照规定认定是否可以登记注册。工商部门相关法规明确了什么不可以用于商业注册。所以，理论上除此之外的这些地方一般是可以做的，其中，由于历史原因没有房产证的老楼由开发区管委会出具证明，为了建设科技园区配套设施，同意将老旧厂房作为配套酒店改造；建委：符合建筑设计安全，施工队伍符合资质要求，办理开工证；消防：审核消防图纸是否符合规定，检查是否按消防图纸施工，发放消防开业检证书；公安：要求在取得消防证书的前提下，检查是否酒店按照要求安装了监控和住客登记系统，发放特行证；卫生：按照图纸要求，进行相关环评等，发放环评证书；税务：按照要求，办理税务登记手续……

而实际操作过程中是：每个部门都规定什么样的建筑可以用于商业，本来属于工商部门的事情变成了每个部门的事情，而每个部门的规定不一样，经常会造成许多企业在一些开发区里开公司战战兢兢，不知道是否他的行业能够取得一些相关部门的批文，这实际形成了每个部门可以就同一件事情使用不同的尺度。

这件事情说明了各个部门各自为政，职责不清，或者是为了不给自己惹麻烦，或者是为了揽权，造成了许多规定形成了没有规定，企业无所适从。

为什么现在的各级政府能够更加关注民生，关注老百姓的声音？是因为老百姓满意的政府才是好政府，而满不满意老百姓可以用各种形式表达出来（包括上网和堵高速路），老百姓说了算。而对于企业，各级政府除了关心企业的税收贡献外，为什么不可以去真正地关注企业？最主要这是因为企业不敢说，没有有效的制衡系统（Check and Balance），对此，我提出如下建议：

针对问题一：明确要求面对企业的政府机关、部门的服务意识，就算是监督、管理企业的部门在守法企业面前就是公仆，就像是站在守法公民前面的警察。对于不满意的警察，守法公民可以投诉。同样，我希望对于不满意的管理部门企业可以投诉，对于基层管理人员可以像小区居民那样给社区警察进行打分，并且要建立保护机制，以确保企业不被报复。

针对问题二：明确各种监管措施，尤其是处罚措施，明确规定如何罚款，让企业明确知道违法的代价而不去违法；对于所有的和企业相关的法规、规定进行一次自查，不合理的废除，不明确的明确，尤其是处罚部分。

针对问题三：对于可能涉及官商勾结的中介机构进行梳理分析，部分中介机构有其合理性，但是是否必须使用应该明确。

针对问题四：将一部分可以由各地方、各部门甚至基层单位制定的对企业进行监管的规定进行整理分析。如果这些监管属于全国范围，则尽量由中央相关部委制定比较详细的规定、法规，而不是过去的粗线条；由各地方自己制定的细则需在中央部委制定的规定、法规之内，并报中央相关部委审批，尤其要确保没有被无限地解释或者权力扩大。

针对问题五：明确各企业监管相关部门的职责，对于同一件事情必须有一个主导部门，不能对同一件事情各部门有不同的规定，造成各自揽权或者不同部门政策不一。

做企业十几年，太憋屈了！

正文到此结束，也不知道写完这篇文章会不会给企业带来灭顶之灾，也不知道我口中的南方某个城市是否还能给我那个部门的批文。但是不管怎样，我还是想说出来。

我还是想做点事的。我非常热爱我的国家，当凯雷这些投资人给我投上亿美元的时候，一些投资人提出让我移民，我拒绝了。因为，我看到了国家的不好，也看到了国家的好，我看到了我外公住牛棚，也看到了我们这些努力的外公的子女们都过上了更好的生活，尤其是这届政府给我更大的信心。我不在政府干，也没做官商，我没有贪污，我也没什么好怕的。

我是东城区的政协委员，而且连续三届是优秀政协委员，我没有写过一篇为自己企业说话的政协提案，没有求政协领导、区领导为我们企业办一件事，是因为我觉得我如果这么干了，我就是一个不正直的人。

我在政协也写过提案、写过文章，其中一篇实际上中心思想是"如何建立中国国家品牌"，因为我对营销比较在行，政府宣传部门可能这方面比较弱，同时我也看到一些精通营销的互联网"大V"为自己扬名而造谣损害中国品牌，因此我写了篇文章，并且找机会给了当时还在北京市政府任职的鲁伟，不知道现在是不是用上了里面的一些建立国家品牌相关的策略；另外一篇实际上是讲"如何促进文化繁荣"，其实里面首先指出大家不懂什么叫作文化（请翻阅联合国教科文组织对"文化"的定义），然后才讲如何建设，其实写这篇文章的初衷是因为不忍国家把钱花到错误的地方，另外是因为，一些无良企业借"文化"之名，赚地产钱，或者减免税之实。

写太多了，仔细想想自己确实算有良心的商人。前年凯雷投资到我们的境外公司，部分股东转让了股份，我们居然主动要求老老实实地缴了上千万元的所得税，据说这是北京市第一个缴这种税的企业，当时还报到了国家税务总局。因为北京市不知道该怎么收，实际上所有在境外进行企业买卖的人都应该缴，比如说一些国内地产大佬在境外公司的买卖，当然包括互联网境外股份转让的公司。

本来因为积极缴税，区里说奖励一些给我们，当时我就跟街道说：一半的钱我捐给街道，用来帮助孤寡老人，另外一半用于扩大我们为员工子女设立的教育基金。结果去年政府财政吃紧政策变化，奖励没了，对不住街道的马主任，还有老白书记，我的承诺没兑现。

夜深人静该睡了，晚安东城，晚安中国。

2015 年 5 月 14 日，在国务院总理李克强主持召开的座谈会上，吴海"没想到"能应邀参加。参会后吴海才知道，他的这封信"惊动"了国务院三位领导：国务院总理李克强、国务院副总理汪洋、国务委员杨晶。会上和会后，中央编制办公室以及国家多部委，北京市、区领导都专门就公开信提出的问题，以及如何推进简政放权向他征求意见。（撰稿/晋珀、高凯）

编者点评：总理能与一位普通的企业家信息互动，既是科技（互联网、微信）的进步，更是国家关注民生体恤民意的真实写照。治大国犹烹小鲜。其实，治国理政最怕的就是民情不能上达。也不是国家领导人不关注，国家体制建设和基层政府和官员的素质没跟上。这正是国家治理结构和能力现代化建设应该着力的地方。

资料来源：

［1］环球财经 . 吴海：政府对企业不够好　私营企业是婊子生的（全文）. http：//finance. huanqiu. com/view/2015 - 03/6057847_ 2. html ［2015 - 03 - 31］.

［2］华商报 . CEO 吐槽做企业太憋屈　"惊动"国务院三位领导 . http：//news. ifeng. com/a/20150522/43812245_ 0. shtml ［2015 - 05 - 22］.

马泽华：中远集团党委主体责任缺失严重

马泽华　1953 年 1 月生，天津人，上海海运学院（现名上海海事大学）海商法专业研究生毕业，法学硕士学位，高级经济师，全国人大外事委员会委员。2011 年夏天任中国远洋运输（集团）总公司总经理。2001 年 9 月至 2006 年 11 月曾任集团副总裁、党组成员。2013 年 7 月，任集团董事长、党组书记。党的十八大前后，中远集团党委主体责任严重缺失，马泽华负有一定的领导责任。

中国远洋运输（集团）总公司（下称中远）成立于 1961 年，属于大型央企，多次入选《财富》世界 500 强。马泽华历任中远集团航运部副总经理、发展部总经理、总裁助理，中远英国公司总经理、中远北美公司总裁、广州远洋运输公司副总经理、青岛远洋运输公司总经理等职。2001 年 9 月至 2006 年 11 月任集团副总裁、党组成员。2011 年 8 月出任中远总经理、党组副书记。2013 年 7 月，出任中远董事长、党组书记。十八大以来，集团党委主体责任严重缺失，腐败问题、顶风违纪问题频发，几乎成为央企的一个"反面"典型。尤其是集团纪检组组长徐爱生的一段讲话流传到网上后，让全社会有机会对中远进行一个深刻的剖析。

目前，中远与中国海运集团正在进行合并事宜。但在中远党组讨论合并方案的时候，只字不提党的领导，遭到了集团纪检组组长徐爱生的质问："你和许立荣两位老总在起草这个方案的时候，有没有记得你们还有一个身份，党组书记！整个方案，只字不提党的领导问题，只字不提党委、纪检组如何加强监督的问题，这是什么改革？你们有没有看过中央刚刚下发的关于在深化国企改革中要加强党的领导的文件。你身为党组书记，你是严重失责，必须做出检查。"后来徐爱生说，马泽华同志表态，诚恳接受批评。

在中远，管党、治党失之于松、失之于宽的问题"也确实存在"。徐爱生举例说，"上个星期天，我们移送一个案件，检察院要求调这个企业的会计账目。就因为这么一件检察院履行司法职责的简单工作，阻力非常大。"

高租金船等"四资一项目"重大决策失误给企业带来巨大经济损失和廉洁风险。2007—2008 年在 BDI（同期波罗的海干散货指数，Baltic Dry Index，BDI）过万点时，中远集团签下了大量高租金船合同。早在 2013 年夏天，涉案的中远集团下属二级公司大连远洋运输有限公司（下称大连远洋）原总经理孟庆林和大连远洋全资子公司大连远昌船务有限公司（下称大连远昌）原总经理高福生就被带走调查。此案正是高福生涉嫌利用职务之便，违规签下数艘高租金散货船合同，开展相关业务非法获利所致。孟庆林与高福生是"铁哥们"，而相关部门在调查过程中也确定，与大连远昌违规操作散货船租赁合同的公司负责人，正是大连远洋原总经理孟庆林的女婿。"大连船务的投资损失加起来几百亿元。由于这些重大决策失误、经营失误几乎使中远翻船"，徐爱生说。

第三方业务问题在央企普遍存在，而中远尤甚。中央巡视组调查的结果：第三方业务的比例占我们整个业务的 92%。徐爱生质问："要这么高吗？有这个需要吗？"他说，目前的数据显示，经纪人货代、第三方中介共有 21867 个，2 万多人。目前明确禁止的有 56 家，其中包括集团党组主要负责同志的妹妹等，全在禁止之列，现任党组书记、前任党组书记都存在，全在这 56 家禁止之列。这是利益输送的问题，必须斩断这个利益输送的链条。2015 年 6 月 28 日，国家审计署发布中国远洋运输（集团）总公司 2013 年度财务收支审计结果显示，中远集团下属公司负责人涉及与亲属利益输送达 3170.93 万元。

打高尔夫球，尤其是公款打球，一度被认为是"绅士"、是"高雅"。有统计数据显示"2013 年 198 人，涉及 8 个单位，打球 118 次，费用总支出 335 万元；2014 年，83 人，6 部门打球 461 次，花费 115 万元；2015 年，4 个人，5 次打球，费用支出 1.68 万元。2013 年、2014 年两年都打的 53 人，780 次，费用 194 万元；这三年都打的还有 4 人！"其中，中远系统的"孙公司"深圳中联理货有限公司原总经理、党委书记林铁升 2013 年、2014 年连续两年打球，2014 年 1—9 月用公款打高尔夫的金额超过 2013 年的整年。林铁升成为中央巡视组 2015 年第一轮专项巡视 25 份整改报告中唯一因为"不收手，不收敛"而被点名通报的人，给予其开除党籍、解除劳动合同处理，并责成其全额退赔相关费用，扣除其年度绩效薪金。对此，国资委强卫东书记"怒火万丈"："……连总书记都知道你们打高尔夫，搞得都出名了，什么叫都解决了！"

公款旅游的问题也是"顶风作案"。中国远洋物流有限公司所属中远国际航空货运代理有限公司于 2014 年年底在重庆召开工作务虚会期间，组织参会人员共 37 人到当地景区旅游，公款报销费用 10545 元，在系统内造成了极恶劣的影响。

领导干部到龄不退的问题，在中远集团也非常突出。既有这些干部想"多拿几个月工资的问题"，还有不想"大权旁落"的问题，影响恶劣。

按照中央统一部署，中央第九巡视组于 2015 年 2 月 26 日至 4 月 28 日对中远集团开展了专项巡视。巡视组组长佟延成指出的突出问题有：党组对履行主体责任、全面从严治党的认识不够到位。一些领导人员亲属及特定关系人开办关联公司承揽大量业务，涉嫌利益输送；一些基层管理人员通过大量第三方业务，收受佣金回扣；所属合资合作类公司廉洁问题突出。公司经营发生重大决策失误，给企业带来巨大经济损失和廉洁风险。一些领导人员顶风违纪，巡视前还发生公款旅游、公款打高尔夫球、滥发奖金、到风景区开会等。选人用人工作不够规范，一些领导人员长期不交流，执行退休政策不严格。同时，巡视组还了解到一些领导人员的问题线索，已按规定转中央纪委、中央组织部和国务院国资委等有关部门处理。（撰稿/晋珀）

编者点评：这是一则很难得的关于央企问题的深刻剖析，触目惊心！当然了，标题用了马泽华同志的名字，并不是说问题是他一个人的，只是因为他应该负领导责任。其实，国有企业家尤其是央企的这些做法，说到底就是"官僚"心态。还是徐爱生说得好：所谓跟国际接轨，要动动脑子啊，你们有没有真正学到国外管理上的精华！你去学日本人的管理，中国人学不回来！同样面临世界这么恶劣的经济形势，它为什么能挣钱，你为什么就不能挣。研究过吗？！

资料来源：

［1］中国新闻网. 中远空运公司公款组织旅游　总经理、党委书记被处理. http：//www. chinanews. com/sh/2015/09 – 22/7537728. shtml ［2015 – 09 – 22］.

［2］新世纪. 中远高租金船腐败链初探. http：//china. caixin. com/2013 – 09 – 13/100582833_ all. html ［2013 – 09 – 13］.

［3］中央纪委监察部网站. 中央第九巡视组向中远集团反馈专项巡视情况. http：//www. ccdi. gov. cn/yw/201506/t20150612_ 57760. html ［2015 – 06 – 12］.

陈增友：早年赞助《红楼》，晚年受到赞助

> **陈增友** 1943 年生，山东潍坊寿光县大家洼镇南陈村人，20 世纪 80 年代初，从部队转业后到了政府当了一名机关干部。之后辞职下海经商，成立了山东潍坊康乐公司，曾出资数百万元赞助 1987 年版电视剧《红楼梦》的拍摄。但晚年患病，生活窘迫。

陈增友，这个人的名字，大众并不知晓。但是，看过老版《红楼梦》的观众，可能都依稀记得，在每集的片尾上总会出现"本片承山东潍坊康乐公司通力合作"的字幕。陈增友便是这家山东潍坊康乐公司（下称康乐公司）的总经理，康乐公司当年经营的物品种类十分丰富，"地上跑的，天上飞的，海里游的"，小到生活用品，大到家用电器都经营，生意做得可以说是有声有色。在 20 世纪 80 年代广告植入、广告赞助还远远没有普及的时候，康乐公司为什么会出现在《红楼梦》的片尾字幕上呢？这便是康乐公司的总经理陈增友和《红楼梦》的一段故事。

20 世纪 80 年代，央视和有关部门批了 500 万元作为《红楼梦》的拍摄经费。1984 年 9 月 10 日，《红楼梦》在安徽黄山正式开机。然而开机一年多由于拍摄经费不足，被迫停止拍摄。陈增友听说，中央电视台开拍《红楼梦》时，他高兴得一晚上都没睡着觉，每天都翘首以待《红楼梦》的上映。然而，两年后，陈增友去北京出差时听朋友说，《红楼梦》因为资金紧张，可能拍不下去了。这个消息，让酷爱文学的陈增友大失所望。《红楼梦》大家都喜欢看，陈增友不希望这部大家都期待的电视剧夭折，所以萌生了出资让电视剧继续拍摄的念头。后来，陈增友带着 500 万元，只身赴京，千方百计找到了《红楼梦》剧组，从此，他与剧组展开了密切往来，"只要是剧组需要的东西，他都尽力办到，夏天送西瓜，冬天送棉袄，演员跟他关系也特别好。"根据当时红楼梦的制片主任任大惠回忆说："当时他一进剧组就问我，拍戏还要不要钱，我就说需要，他问我需要多少，我说两三百万吧。"后来任大惠说："有人愿意投资当然是好事，

我就赶忙向有关部门汇报，得到的答复是，人家来投资，原则上是同意的，之后，陈增友凑来了250万元。"自此以后，红楼梦能够正常的拍摄并上映，这部经典才得以和观众见面，影响了一代又一代人。陈增友的这一举动当时不仅轰动了山东潍坊，成为潍坊的知名人物，还震惊了北京的演艺圈。当时的陈增友在北京的名气比在潍坊大，北京的各大报纸对他都有报道。后来人们都称他为"豪侠"。然而，这位当年的"豪侠"现在却过着不为人知的生活。

如今的陈增友与妻子（汤闲兵）生活在只有几平方米的出租房里，屋子里没有一件像样的家具，甚至连个衣柜也没有。陈增友躺在床上，鼻子上插着鼻饲管，有时，嘴里含混不清地发出"啊啊"的声音。有谁能想到，这个躺在床上72岁的老人，就是20世纪80年代出资数百万元直接拍摄《红楼梦》的人啊，如今卧病在床，靠低保生活。而那时，普通工人一个月工资不过二三十元。据汤闲兵说：当年的康乐公司并非是陈增友一人所办，而是与人合伙开的这家公司，为了给《红楼梦》剧组筹集资金还与合伙人产生了矛盾。后来，陈增友一心扑在《红楼梦》的拍摄上，无心顾及公司的生意，导致公司破产。之后，陈增友也相继做过其他的生意但都不是很好。当时陈增友也去找过《红楼梦》剧组的负责人要分红的钱，最后剧组给的回应是片尾的感谢字幕就是回报，已经通过广告形式给予了回报，就没有分红的说法，这也没有先例事情就这样不了了之了。

20世纪80年代初，电视剧的投资方式和如今有很多不同。那是不规范的市场，甚至还不存在电视剧市场。陈增友和电视剧的投资方央视，应该是合同关系。但是当时的人们，似乎还不理解什么是"分红"。根据《红楼梦》制片主任任大惠说：当时双方确实签订了协议，对方是以投资的形式出资，为了感谢他们，还在片尾打上了"本片承山东潍坊康乐公司通力合作"的字幕，在签订协议时，山东省一位领导还出面，强调这笔钱是农民投资的，即使这部电视剧亏了，也要把本还给人家，赚了肯定要分红。但是，陈增友最后只出资了250万元给《红楼梦》剧组，最后这笔钱只花了190万元，其余的60万元在拍摄结束后马上返还给了他，也就是说，陈增友当时对《红楼梦》剧组投资的钱是190万元。而且，这250万元并非陈增友一个人掏腰包，而是和当时号称"蓬莱新八仙"的8位农民企业家一起出资，陈增友确实是牵头人。当时的农民企业家王海绪第一个出资，金额为150万元。任大惠表示："唯一做的不太好的就是，后来赚了钱，没按照比例分红给人家，我是同意并且愿意分红，应该分红给人家，这个确实没有做到。"可是，在陈增友收藏的1987年出版的《艺术天地》杂志中的一篇文章，写的是出资500万元给《红楼梦》剧组。在陈增友收藏的另一份

1987 年 6 月 17 日出版的《解放军报》一篇报道中，也写明陈增友筹资 500 万元给《红楼梦》剧组。陈增友强调，当初和剧组以及电视台签订的协议中，承诺分红，但他一分未得，自己确实是出资了 500 万元给《红楼梦》剧组，而且，剧组并没有把本金和剩余的钱还给他。

陈增友的遭遇在 2015 年 5 月被媒体发掘并迅速扩散，很多热心人闻讯而来，向他伸出援助之手。

同年 6 月 4 日，海峡两岸和谐发展基金会负责人任安利带领志愿者来到陈增友家中看望，并决定提供资金让陈增友去北京治病。

听到丈夫的病很有可能治好，陈增友的妻子汤闲兵兴奋不已，连夜收拾行装，晚上只睡了一个小时。陈增友再度进京也感慨不已，不时提起自己投资兴建的北京名胜"大观园"。

6 月 5 日早上，68 岁的老友李家辰闻讯赶来送行，有着一手邮票粘画绝活的李家辰在陈增友床前承诺，要在他去北京治病这段时间为他制作一幅"金陵十二钗"。

下午 6 时，记者从海峡两岸和谐发展基金会工作人员处得知，陈增友已经入住北京武警二院，接下来的一段时间，他将在这里接受进一步的康复治疗。6 月 11 日，记者联系陈增友的妻子汤闲兵，她透露陈增友顺利住院之后已经开始接收常规检查，自己目前也正在等待医院出具详细的检查结果。（撰稿/晋珀）

编者点评：善有善报，这是基本的社会规则。关键的是，应该建立一种常态的社会激励和补偿机制，使全社会都乐于行善。同时，在自己需要帮助时，也能及时得到补偿。只有这样，社会的发展才是和谐的和健康的。

资料来源：

齐鲁网. 富商患病失能家道中落 妻子 15 年不离不弃. http：//news. ifeng. com/a/20150601/43883788_ 0. shtml［2015－06－01］.

于润龙：46公斤黄金的曲折回归路

> **于润龙** 男，1966 年生，吉林省吉林市桦甸市老金厂金矿承包人，曾经的千万富豪。2002 年，因涉"非法经营黄金罪"被拘押，并被没收黄金46834 克。此后，由于各种原因，13 年间经历两次有罪，两次入狱，黄金被罚没，又判处无罪、国家赔偿等，命运几次转折。后来经过自身的不懈努力及国家法治的进步，终于无罪释放，并于 2015 年 5 月 19 日拿回了属于自己的黄金。

2002 年，36 岁的吉林"淘金"人于润龙已经是千万富翁了。他承包有一座金矿，在吉林市开有两家金店，每天经手的黄金有四五十公斤之巨。他有几处住房和车库、尼桑汽车、劳力士手表、飞利浦手机和早在 1995 年就购买的黄金门店，经常在天上飞来飞去，过的可谓是天堂般的生活。不料想，就在那一年的 9月 21 日出事了。

2000 年 9 月 15 日至 2002 年 9 月 15 日，整整两年时间，于润龙承包桦甸市老金厂在金矿东沟二坑坑口淘金。那两年，于润龙共生产黄金 2.3 万克。他是个精明的商人，每天关注金价，当时金价在 80 元左右，那几天多少有些上涨，有 82 元了。知道那一阵金价不错，于润龙便又从别人手中收购了一些黄金，共 46384 克，想一起卖给深圳人赵紫光。哪知，当他开车行至吉林市红旗收费站时，被吉林市公安局经侦支队民警查获，以涉嫌"非法经营黄金罪"被扣押。

警方当年在其起诉意见书中称，于润龙"无经营黄金许可证和违反《中华人民共和国金银管理条例》（下称《金银管理条例》，国务院 1983 年 6 月颁布）有关规定"。

于是，于润龙被拘留，他的汽车和价值 3843054.58 元的黄金被扣留。

于润龙从此陷入 13 年的折腾之中：两次被捕，三次审判，从无罪不起诉，到有罪免罚，又改判无罪，再到有罪且罚没黄金，再到无罪释放……其间，他在吉林市桦甸经营的黄金小店陷入困境，一个女儿高二时辍学；他由一个富翁变为囚徒和穷光蛋；他住过班房，住过火车站，住过信访单位的大厅；他从监狱到家里，从吉林到北京，无数次，几乎绕了半个地球。每天担惊受怕，疾病缠身。前半夜根本无法入睡，后半夜又噩梦不断……

进入拘留所近一月之后的 10 月 28 日，吉林市检察院以"涉嫌非法经营罪"批准吉逮捕于润龙。2003 年 4 月 14 日，吉林市检察院将案件移送下属的丰满区检察院"审查起诉"。同年 9 月 4 日，丰满区检察院对于润龙做出了"不起诉决定"，认定其行为"不构成犯罪"。丰满区检察院的理由简明扼要。检方当时把于润龙携带的黄金分成两部分，其中 23000 克是于润龙从承包的金矿中生产的，"属其个人合法财产，携带该黄金的行为不构成犯罪"；另一部分黄金，是于润龙在无黄金收购许可证情况下收购。检方认为，于润龙的行为在案发时，违反了《金银管理条例》，"系非法经营行为"。但在审查起诉时的 2003 年 2 月 27 日，国务院下发了"国发〔2003〕5 号文件"，取消了黄金收购许可证审批，因此"于润龙的行为不构成犯罪"。检方内部人士认为，于润龙的行为只是部分违法，并非犯罪。国务院有了新文件后，于润龙的行为就完全不构成犯罪了。

3 个月后，2003 年 12 月 3 日，吉林市检察院又撤销了丰满区检察院的"不起诉决定"，第二天将案件再次交由丰满区检察院审查起诉。12 天后的 12 月 15 日，丰满区检察院向丰满区法院提起诉讼，指控于润龙涉嫌非法经营罪。

而此次的变化检察院没有说明任何理由。

2004 年 4 月 29 日，丰满区法院一审判决于润龙犯非法经营罪，免予刑事处罚。于润龙不服，提起上诉。一年后的 2005 年 7 月 22 日，吉林市中级法院二审宣判于润龙无罪，同时撤销了丰满区法院的一审判决。

"无罪"的于润龙此时醒过神来，黄金呢？他向警方索要黄金，2006 年年底，《吉林市公安局经侦支队关于于润龙要求返还涉案黄金信访案件的答复》中称："……在案发最初阶段已上缴国库，属已决事项，新法变化不能溯及于此。"

于润龙踏上了索要黄金的漫漫长路。他先是向吉林省公安厅提出复核，省公安厅向长春市中级法院提起行政诉讼，请求人民法院判令有关公安机关依法返还违法没收的涉案黄金。但长春市中院以"本案不属于行政受案范围予以驳回"。无奈，于润龙只好到北京上访……更令他没想到的是，黄金没要回来，等待他的却是第二次的牢狱之灾！

2012 年 8 月 12 日，一个甜美的女声通到了于润龙的手机上，说是吉林市公安局通知他"第二天上午到局里开个会"。第二天一大早，于润龙刚到公安局大门口，就被几个特警按在地上——案件要重新审理，于润龙又被羁押回高墙。

这样，2012 年 10 月 15 日，吉林市丰满区法院再次判决于润龙犯非法经营罪，免予刑事处罚。与前次不同之处是，法院同时判决没收涉案的 46384 克黄金，上缴国库！

于润龙不服，再次提起上诉。2013 年 7 月 18 日，吉林市中级人民法院再审终审判决：因国务院取消了对黄金专营专卖的行政许可，故依据"从旧兼从轻"的原则，撤销吉林市丰满区人民法院（2012）吉丰再初字第 1 号《刑事判决书》，改判于润龙无罪……

终审无罪，于润龙再次鼓起了勇气。他不仅要要回黄金，而且还要国家赔偿——赔偿其被捕 233 天的经济损失及精神抚慰金。

早在第一次无罪判决的时候，2006 年，丰满区人民法院连同丰满区人民检察院就对于润龙进行过共同赔偿，赔偿金总计 4104.8 元。这一次，2013 年 11 月，吉林市丰满区人民法院决定对于润龙进行国家赔偿，支付于润龙赔偿金 42487.55 元，并对于润龙赔礼道歉，同时支付精神损害抚慰金 2 万元。但是，黄金问题还是无法解决。

后来，于润龙终于拿到了《吉林市国家赔偿决定书》，公安局的领导也开始跟他商量："最少赔偿多少你可以接受？"

希望的曙光再次出现，于润龙终于长出了一口气。再后来公安局提出以当时黄金的金额，也就是 3843054.58 元给予赔偿。于润龙当然不干了。要知道，10 多年过去了，黄金的价格发生了很大变化。当时大约是 80 元一克，而 2015 年左右已经达到二三百元一克，于是，于润龙提出不要钱，还要等量黄金。

2015 年 3 月 6 日，吉林省公安厅出具刑事赔偿复议决定书，撤销吉林市公安局原赔偿决定，由吉林市警方按照调解协议在三个月内返还赔偿请求人于润龙46385 克黄金。

最后，5 月 19 日下午，于润龙已在银行完成了国家赔偿交接手续，顺利取回了 45860 克黄金。为什么不是当初的 46384 克黄金，或者说为什么少了 524克？主要是由于吉林省公安厅曾进行过调解，称当初上缴的黄金在纯度上有瑕疵，重量上被折掉了 500 克左右。

"这一提法我们认可。"于润龙说。（撰稿/晋珀）

编者点评： 在我国现代化的进程中，政府和法律的公信力建设始终是一个重要问题。从人治到法治，从官贵民轻到尊重老百姓和法律的尊严，道路曲折而漫长。于润龙很不幸，他赶上了这个案子，他的黄金被罚没，两次被逮捕，命运几经折腾；于润龙又是幸运的，毕竟，国家进步了，能照顾到老百姓的尊严了。但愿这一进程能持续下去。只有政府和法律的公信力完全建立和完善起来，国家的现代化才有新的希望。

资料来源：

［1］深圳特区报．于润龙取回 45860 克黄金．http：//sztqb. sznews. com/html/2015 – 05/26/content＿ 3234418. htm ［2015 – 05 – 26］．

［2］中国青年报．于润龙黄金案续——追回黄金，追回尊严．http：//zqb. cyol. com/html/2015 – 03/18/nw. D110000zgqnb＿ 20150318＿ 2 – 09. htm ［2015 – 03 – 18］．

释永信：和尚企业家的是与非

释永信　1965 年 9 月生，俗家姓名刘应成，法名永信，安徽省阜阳市颍上县人，现任少林寺方丈、中国佛教协会副会长、河南省佛教协会会长。释永信具有强烈的现代寺院产业商业意识，对少林寺进行商业化的经营和推广，被称为"河南省民营企业家第一人"。不过，他的一些做法一直饱受争议，2015 年 7 月他被公开举报。10 月，关于被迁单和私生女的问题官方给出的调查结论是：子虚乌有。

　　著名僧人、名扬天下的河南少林寺方丈释永信被著名企业家马云称为"河南省民营企业家第一人"。《中国企业家》杂志曾报道说，一次马云与释永信乘飞机时不期而遇，两人在飞机上聊了两个多小时。令马云没想到的是，释永信居然没有聊佛学教义，而一直聊的是商业，他的一些商业观点甚至让马云都刮目相看。于是，马云半开玩笑地将河南"第一民营企业家"的头衔赠予了他。

　　我们宁愿相信这样的报道是真的。因为近年来虽然尘世凡人难以领略大师释永信的教义道行，但通过他孜孜不倦的商业运作，确实让少林寺及其文化传遍了全国甚至走向了世界。并因此，也让少林寺赚了个盆满钵满。要知道，在当今中华文化的世界交流中，靠的是"一文一武"，"文"是孔子学院，"武"则是少林寺。

　　释永信 1965 年出生在安徽省颍上县一个笃信佛教的家庭，父母都是虔诚的佛教徒，他和兄弟姐妹也都信佛、吃素。上中学的时候，由李连杰主演的电影《少林寺》风靡全国，同样也让年少的释永信着迷，他对影片中"十三棍僧救唐王"的故事和少林功夫崇拜之至。像当时许多孩子离家奔少林一样，1981年，16岁的刘应成只带了一套旧棉被和一些钱物就来到少林寺。好在，他是经过父母允许的。几经周折，他找到当时的少林寺住持行正法师，说："我想出家，想学武术。"

就这样，刘应成成了一名僧人，取法号永信。开始只是做一些杂务和读经习武。稍大一些，行正法师让他去江西云居山、安徽九华山、北京广济寺等名山参学，开阔眼界。1984年释永信回到少林寺，仍侍奉行正法师左右，时值少林寺成立"寺院民主管理委员会"，释永信被推选为成员之一，协助行正法师处理日常寺务。

刚入寺的时候，少林寺远不如电影中那么气派，一副破败景象：十几个僧人，其中9位老和尚，守着一座破庙和28亩旱地过活。当时的释永信就想，一定要改变这种状况。

1987年8月，行正方丈圆寂，释永信接任少林寺管理委员主任，全面主持寺院工作。

此后，释永信致力于少林文化的发掘与发扬。他发起成立少林寺武术队，后发展为少林寺武僧团并任团长，在全国乃至世界各地表演；他成立少林寺红十字会，为信众和寺院周边地区群众解除病痛。他还创立了少林书画研究院、中华禅诗研究会、少林寺慈善福利基金会等，为宣传少林文化和慈善事业不遗余力。1993年6月，释永信率少林寺佛教文化团访问台湾，这是海峡两岸宗教界隔绝40多年（自1949年算起）以来，第一个访问台湾宝岛的佛教团体。访问期间，与台湾佛教界多名法师共同主持法事，并受到俞大维、蒋纬国、郝柏村等名士接见，访问的效果和意义都特别重大；1995年9月，少林寺建寺1500周年，释永信策划、筹备并主持"少林寺建寺1500周年庆典法会"。

1999年8月，释永信升为少林寺方丈。11月29日，应英国皇室白金汉宫邀请，率少林寺武僧团参加英国皇家综艺晚会，受到英国女王伊丽莎白二世接见，是中国文化进入欧美主流社会迈出的重要一步。2001年，少林寺景区开始申报人类文化遗产项目。2003年3月，释永信率少林寺武僧团赴日参加中日建交庆典表演。10月，访问西班牙，拜会前奥林匹克委员会主席萨马兰奇，促进中华武术列入奥运会运动项目进程。

释永信的商业才能绝不亚于国内任何一个企业家。在释永信的带领下，少林寺硬是从一座偏居嵩山深处的破败古刹成为品牌形象和经济效益双丰收的"国际知名企业"。

释永信对少林寺及至中国佛教的传播功不可没。但是，多年来关于他有违僧德、道德乃至法律的传闻一直如影随形。2015 年 7 月 25 日，更有人以"释正义"一名对他公开举报。

释永信被举报后，国家宗教局及河南省相关部门高度重视，组成联合调查组，本着公开、公正原则进行了认真调查。11 月 28 日，就释永信被举报涉及违反戒律的有关问题，调查组公布了相关结果：

（1）释永信当年"被迁单"（即僧人犯戒被摈出门）的说法不实。调查组经过调查确认：释永信当年"被迁单"的说法不属实，是个别人的私自行为，是无效的，此后方丈资格的获得合法合规。调查组列出了四点依据：①所谓"被迁单"没有按寺规经过少林寺寺管会集体研究的工作程序；②中国佛教协会所发《复函》只是强调处理僧人迁单问题的一般原则，并非专指对释永信迁单问题，此后中国佛教协会下发的《电报》已就此作出说明；③释永信"被迁单"问题已被当年工作组认定"无效"；④释永信方丈资格的获得得到了河南省佛教协会的批准并报中国佛教协会备案。

（2）韩某恩和刘某亚均不是释永信的"私生女"：①"释永信与释某某生女韩某恩不属实"。经调查核实，2004 年 10 月 11 日释某某因"多发性子宫肌瘤"入住某医院治疗，同月做了腹式全子宫切除手术，已经丧失生育能力。韩某恩系释某某 2009 年收养的弃婴。至于网上晒出的韩某恩的相关户籍信息和出生证明，均系为了确认"收养"关系和给孩子上户口由别人的"伪造"行为。②亲子鉴定证实，刘某亚是释永信四弟刘某彪女儿。至于刘某亚的户口为何在胡某某户头下，刘某彪向调查组解释说，他妻子是农村户口，当年是为给刘某亚办"商品粮"，才将孩子户口转到自己母亲那儿。

至于释永信被举报的经济和其他问题，正在依法依规调查之中。释永信本人却完全不受此次被举报事件的影响，除了最初三次借助媒体公开表态"不做亏心事，不怕鬼敲门"之外，拒绝再回答一切媒体有关此次事件的问题和采访，许多公开活动也是照常参加。（撰稿/晋珀）

编者点评：只有生长在阳光下的作物才是健康的，只有行走在阳光下的人才是清白的。释永信被举报事件闹得沸沸扬扬，如今通过调查终于有了一个阶段性的结论。这足以说明，及时公布真相，才是对一个公众人物和全社会最负责的表现。同时我们也关心释永信被举报的经济和其他问题，什么时候能调查出结果？会不会不了了之？

资料来源：

［1］凤凰人物."红尘方丈"释永信：卧床曾被装摄像头. http：//news. ifeng. com/a/20150728/44289877_ 0. shtml ［2015 – 07 – 28］.

［2］北京青年报."释永信私生女"传闻调查：2 名"私生女"系侄女弃婴. http：//www. ce. cn/xwzx/gnsz/gdxw/201510/08/t20151008_ 6646093. shtml ［2015 – 10 – 08］.

［3］河南日报. 释永信被举报违反戒律问题调查有果——调查组负责人接受河南日报专访. http：//news. xinhuanet. com/local/2015 – 11/28/c_ 128478136. htm ［2015 – 11 – 28］.

张兰："辞职"俏江南

> **张兰** 女，1958 年 4 月 7 日生，湖北孝感人，著名餐饮品牌俏江南创始人。其先是因移民招惹是非；继而与资本"联姻"，又因发展不利引发一系列多米诺恶性反应，最终"净身出户"俏江南，引发创客们一片唏嘘和深深的思考。

　　张兰 1987 年毕业于北京工商大学企业管理专业，那时她已经 30 岁了，汪小菲已经 6 岁了。不安于现状的她，只身跑到大洋彼岸的加拿大去"淘金"。她在餐馆刷盘子，打黑工，100 多斤一扇的猪肉她拎起来就走……就这样，三年过去，她攒下了 2 万美元，拿到了绿卡。然后她回国开了一间自己的餐厅。

　　1992 年，张兰在北京东城区东四附近租了一个 102 平方米的粮店，开了个"阿兰酒店"——有些报道中是"阿蓝酒店"，无人考证。酒店不大，初期张兰又是老板又是采购又是厨师又是收银又是服务员。时值邓小平同志南方谈话不久，全国经济掀起热潮，北京更是热火朝天，张兰的生意不错。或许是张兰的"贵族"气质吧，她那时就想到了就餐环境的问题。于是，一个人跑到四川郫县，带领伐竹工上山砍竹子。然后把那些三四米长、碗口粗的竹子运回北京，装饰自己的餐厅，小家碧玉的情调在竹影婆娑间弥漫。生意持续红火，不久，张兰又相继在广安门开了一家"阿兰烤鸭大酒店"，在亚运村开了一家"百鸟园花园鱼翅海鲜大酒楼"。

几年下来，张兰攒下了 6000 万元。

资本的本性就是膨胀，资本人同样如此。张兰继续扩张事业。应该还是那种"贵族"气质使然吧，她盯住了中高端人群，想创办自己的餐饮品牌，并希望改变"法国大菜、中国小菜"的状况，将中餐品牌推向世界。

于是，张兰将传统与现代、艺术与生活相结合，设计出以川剧脸谱和"俏江南"三个变异字为基本形象的"俏江南"品牌。"江南好，风景旧曾谙；日出江花红胜火，春来江水绿如蓝。能不忆江南？""江南好，俏江南。"张兰的俏江南或许与白居易的诗没什么联系，但一看到这个品牌，再走进她的餐厅，一幅江南的诗情画意便盈满，令人心旷神怡。

张兰盯住白领人群，先在北京国贸开设了家高档餐厅。为了抓住北京奥运商机，她投巨资 3 亿元打造了"兰会所"，紧接着俏江南又中标了北京奥运唯一中餐服务商，在奥运期间负责为 8 个竞赛场馆提供餐饮服务。2008 年 7 月，兰·上海正式创建，目标直指 2010 年上海世博会商机。之后，俏江南旗下 4 家分店成功进驻世博会场馆，分别是两家俏江南餐厅，一家蒸 steam，以及一家兰咖啡。再后便是成都、重庆、杭州、台湾……几年下来，全国已经达到 50 家店的规模……

于是，张兰的"贵族"气质继续膨胀。当时关于俏江南的报道，满是张兰的口号式愿景——"要做全球餐饮业的 LV（路易·威登）""下一个十年末进入世界 500 强""再下一个十年末成为世界 500 强的前三强"……

正当此时，儿子汪小菲与台湾著名女艺人徐熙媛（艺名"大 S"）的婚恋也为张兰和俏江南获得了许多"浮名"，对她的"膨胀"起到了推波助澜作用。

可是，张兰缺钱！在这种情况下，鼎晖投资开始介入。最后，达成协议，鼎晖投资 2 亿元，占有俏江南 10.53% 的股份。但是，张兰此时或许真的是陶醉其中了，也或许是对资本的认知不足，没有注意到潜在的风险条款——"对赌"条款。正是这些条款，给她的最后的滑铁卢埋下了伏笔。

天有不测风云。正当俏江南紧盯着湘鄂情等高档酒店想做成全国乃至全球中餐界老大时，十八大之后的"八项规定"和反"四风"等中国共产党的新规出台，官员公款吃喝风刹住了，社会浪费奢靡风刹住了，餐饮业绩"每况愈下"，中高档餐厅纷纷转型……这种情况下，俏江南也"俏"不起来了！

在与鼎晖的协议中，有 2012 年年底必须上市的要求，否则投资方可以以股份回购方式退出投资。于是张兰殚精竭虑四处奔波，希望能完成 IPO（首次公开募股）。她先是谋求在 A 股上市。为了上市，2012 年 9 月 17 日张兰悄然移民到加勒比只有 3 万人口的弹丸岛国圣茨基——只是为了办理手续的简便，于是便引发了政协委员非国人（当时张兰是北京市朝阳区政协委员）的轩然大波。纵然如此，也无法完成上市。无奈，她转而谋求在香港 H 股上市——如果一开始就这样做或许在 2011 年可以完成。但现在不行了，因为中高档餐饮业整个行业不景气，投资者给张兰的价格与她的预期相去甚远。这样，即使鼎晖同意将原来的要求再延迟半年，俏江南也无法完成上市。

于是，投资协议中的"对赌"条款这柄达摩克利斯之剑终于刺了下来！

"对赌"条款规定，如果俏江南不能如期完成上市，那么鼎晖投资至少要按照其原来投资的 2 倍收回投资，这样便直接导致了张兰从俏江南的"净身出户"……对于媒体的有关"对赌"说法，事后却有了另一个版本。张兰拒绝承认有"对赌"条款，而且说鼎晖没有拿红利，彼此关系很好。甚至对某媒体的"对赌"和"净身出户"的报道诉诸法律。2016 年 11 月中旬，北京市朝阳区人民法院下发民事调解书，认为《新财富》杂志所称张兰与鼎晖投资对赌、领售权条款、清算优先权条款、净身出户等内容失实……张兰的代理律师、段和段（北京）律师事务所管理合伙人陈若剑表示，俏江南与鼎晖、CVC（欧洲私募股权基金）签署的各项商业交易文件都约定了严格的保密条款，媒体根本不可能在这种情况下获得文件资料。关于"净身出户"，张兰通过律师回应："张兰已经于 2013 年年底辞去了俏江南相关公司的董事和法定代表人等职务，不再参与俏江南公司的日常经营管理，不存在所谓 2015 年 7 月 14 日从董事会出局的情况。"

2013 年 10 月 30 日，欧洲私募股权基金 CVC 表示愿意收购俏江南。最终以 3 亿美元的价格收购了俏江南 82.7% 的股权。张兰的股份只剩下了 17.3%，完全是一个小股东了。

CVC 是欧洲著名的私募机构，此前曾收购过"大娘水饺"。此次收购俏江南，谨慎地采取了"杠杆收购"的方式。CVC 收购俏江南的 3 亿美元中，有 1.4 亿美元系从银行融资（以俏江南全部股权作抵押），另外有 1 亿美元是以债券的方式向公众募集而来，CVC 自身实际只拿出 6000 万美元。但高端餐饮复苏遥遥无期，CVC 所期望的依靠俏江南的现金流来偿还并购贷款的设想根本无法实现。这样，CVC 索性把俏江南全部交由银行处理。须知当时是以俏江南的全部股权为抵押的，后果可想而知。

自 1992 年创办俏江南，25 年辛苦创业，最后却以"辞职"谢幕。（撰稿/晋珀）

编者点评：中国人，当然也包括企业家和创客们，或许真的是被压抑太久了，无论干什么，也无论条件怎样，只要稍有机会便想要做世界顶尖和百年老店。这些或许都不错，但你得拿出"百年"的时间来历练吧！他们太急躁了，太不注重经济规律了，屡屡失手；对于资本和投资界，国人太不成熟了。有报道说，国人有 70% 以上不懂金融。别说国人了，就是国内的金融精英们面对索罗斯又如何？因此，面对资金缺口，面对自己的融资需求，一定要谨慎。现在的许多企业家面临的其实都这样"饮鸩止渴"的结果。这也同样是经济规律。而规律就是客观的，是不能违背的。违背了，就要付出代价。

资料来源：

［1］财经综合报道. 从张兰净身出局　看俏江南资本之殇. http：//business. sohu. com/20160111/n434103687. shtml［2016 - 01 - 11］.

［2］中国青年网. 张兰告杂志胜诉　辞去俏江南职务　不存在所谓的从董事会出局的情况. http：//henan. china. com. cn/latest/2016/1120/3747893. shtml［2016 - 11 - 20］.

顾雏军：我说无罪几人信

> **顾雏军**　男，1959 年生，江苏泰县人，格林柯尔系的创始人，旗下曾控制科龙电器等五家上市公司。2005 年 1 月登上了第二届"胡润资本控制50 强"的榜首。2005 年 9 月顾雏军正式被批捕，2008 年因虚假注册、挪用资金等罪一审获判有期徒刑十年。不过，顾雏军一直不认罪，社会舆论也多有不平。2015 年 8 月 17 日顾雏军向海信科龙、海信集团提起诉讼，要求赔偿其个人及格林柯尔系 489.61 亿元。这是近 30 年中国大陆最高的民事索赔。

顾雏军的事情，在《中国企业家档案（1978—2008）》一书中以《顾雏军：市场禁入第一人》做过记录。当时记录至，"2006 年 12 月 15 日顾雏军正式告别科龙，格林柯尔系全面崩溃，顾雏军身陷囹圄，面临诸多诉讼"。在"编者点评"中笔者写道："人无信不立。无论是技术、融资还是其他方面，人的品质永远是第一位的。但愿此事的惩戒作用，不只是针对顾雏军一人。"

2008 年顾雏军因虚假注册、挪用资金等罪一审获判有期徒刑十年，被证监会确定为"市场终身禁入第一人"。2012 年 9 月 6 日提前释放出狱。

2012 年 9 月 14 日，顾雏军召集了一次大规模媒体记者新闻发布会为自己"喊冤"。其在现场出具了 2006 年 7 月 8 日即已成稿的"第二封举报信"，举报内容直指"中国最邪恶的 4 个人":范福春(前证监会副主席)、郑少东(前公安部部长助理,现已被判死缓)、陈云贤(时任广东省副省长,现广东省人民政府党组成员)、刘兴强(时任广东证监会局长,现大连商品交易所总经理)。

发布会上,当被问到香港中文大学著名教授郎咸平的《格林柯尔:在"国进民退"的盛宴中狂欢》一文及此后的相关舆情时,顾雏军淡然表示"他是一个'明星',我不应该与一个戏子辩论企业问题"。

随后,顾雏军聘请陈有西、邹晓东、吴廷磊三位律师为他的平反做准备。三位律师认真核实审查当年的卷宗和各种证据材料,从中收集整理出 15 项当年被忽视的新证据,然后向最高人民法院提交申请,要求重审。最高法院又严格审查了大半年后,将卷宗发给当年顾雏军一案的终审法院即广东省高院,督促要求广东省高院予以立案重审。

2014 年 1 月 17 日,广东省高院正式告知顾雏军一方,正式受理复查。

顾雏军申诉的请求事项主要包括:①申请最高人民法院直接提起再审;②撤销广东省高级人民法院(2008)粤高法刑二终字第 101 号《刑事裁定书》,撤销佛山市中级人民法院(2006)佛刑二初字第 65 号《刑事判决书》;③依法改判申诉人无罪。

2015 年 8 月 17 日,顾雏军召开出狱后的第二次媒体见面会,现场向媒体记者讲述当年从振兴科龙到锒铛入狱的往事。

科龙作为一家上市公司,2000 年亏损 6.8 亿元。顾雏军接手科龙后,第一年即 2002 年就上缴税收 2.6 亿元,到了 2004 年是 5.6 亿元。科龙公司驻地广东省顺德区政府给他们颁发锦旗,说"热烈祝贺科龙税收重回顺德第一大户"。

按顾雏军的说法,这个时候顺德来了一个"邪恶贪官",即当时的顺德区委书记、后任广东省副省长的陈云贤。10 月陈云贤到科龙参观,当听说"科龙现在是顺德税收第一大户"时有所怀疑。2004 年 12 月 1 日,科龙收到了广东证监局一个询问函,询问科龙有没有在广东发展银行给某公司的 2.76 亿美元担保。后来的调查结果显示,无论科龙公司还是广东发展银行抑或是广东省人民银行,都证明没有这个担保。

2005 年 7 月 15 日,广东省省政府开了一个结案会议,结论是关于 2.76 亿美元担保事件中,科龙和顾雏军本人都没有刑事责任。

但是,广东省省政府却通知顾雏军,是不是把科龙股权卖了,给证监会一个

"台阶"下。

顾雏军自述说，当时有几家国内外公司想买，有出到 2.5 亿美元，长虹出价 16 亿元，海信是 14 亿元。顾雏军说如果你们顺德区政府也出到 14 亿元，我可以优先卖给你们。

但是，在与顺德区政府谈的时候，那位"邪恶官员"就给全国工商联一个执行副主席、一个法律顾问说："你们告诉顾雏军，如果他不把股权送给我，我就抓他！"

后来顾雏军知道，证监会对他的调查，连当时的证监会主席尚福林都不知道。这自然是非法的了，因为按照证监会内部规定，他们对一个上市公司立案调查，要主席办公会全票通过的。最后，顾雏军通过时任湖北省委书记的俞正声得知，证监会主席尚福林说科龙被立案调查是因为科龙给大股东格林柯尔担保了 20 多亿元——还是那件"莫须有"的 2.76 亿美元的事情！

至于挪用资金 2.9 亿元，顾雏军说，"事实是科龙欠我的钱还给我！"挪用不挪用，需要司法会计鉴定报告。但给顾雏军出具的司法会计鉴定报告，居然是由三个没有司法鉴定证书的人去的。所以一审判决把 22 份司法会计鉴定报告都判成无效。顾雏军说，"这在中国所有案子中，是唯一例外。"

2015 年 7 月，顾雏军起诉海信科龙、青岛海信、海信集团等八被告，要求八被告赔偿他及格林柯尔系公司直接经济损失至少 489.61 亿元，堪称新中国成立以来最大金额的民事赔偿案。但佛山中院裁定不属于民事诉讼受理范围，最终广东高法终审裁定驳回顾雏军上诉。

2015 年 12 月，顾雏军公开举报广东佛山中院三位法官，在审理其与海信科龙电器股份有限公司执行分配方案异议之诉过程中，存在着严重滥用职权行为、枉法裁判行为。这次举报目前没有结果。

2015 年 12 月，顾雏军正式向北京市一中院提起诉讼，起诉中国证监会，北京市一中院进行了立案。

而后，广东省高院通知顾雏军经济犯罪案审理再次延期至 2016 年 7 月。顾雏军在其实名认证微博上称，该案自 2014 年以来这已是广东省高院第 10 次延期。《刑事诉讼法》第 247 条规定，法院按照审判监督程序重新审判的案件，应当在做出提审、再审决定之日起三个月以内审结。需要延长期限的，不得超过六个月。同时，《最高人民法院关于适用刑事诉讼法的解释》第 375 条规定：对立案审查的申诉案件，应当在三个月内做出决定，至迟不得超过六个月。但目前来看，该案仍要继续延期。

顾雏军说："驳回或者再审，广东省高院应当依照法定的期限给一个结果。如果它驳回了，我可以到最高人民法院去申诉，但现在这么拖着，我一点办法也没有。"

2016年6月13日下午，顾雏军诉中国证监会信息公开一案在北京市一中院开庭审理。顾雏军的代理律师迟凤生特别强调了"公开审理"："三个案件从开始的都不公开，到公开两起，再到能全部公开审理不容易。"法庭没有当庭宣判。

2016年12月30日，香港证监会公告称，市场失当行为审裁处在由香港证监会提起的研讯程序结束后，裁定顾雏军及四名前高层人员披露虚假或具误导性的资料诱使他人进行交易，犯市场失当行为。（撰稿/晋珀）

编者点评：顾雏军的案件之所以让人感觉他可能被冤枉，主要是在国企改革中我们看到了太多的类似印记：国企亏损严重，便欢迎民企介入。无论是承包或者合资、控股等均可。可一旦民企拯救了国企，政府便时常感觉国资受到了侵犯，马上翻脸。即便是正常的企业资金周转，都可能被认为是国资被侵占、挪用、流失，便挥舞起政法的大棒。从李经纬到今天的顾雏军……尽管案情复杂，审理需加以时日。但是，无论如何，我们要允许公民说话。这正是当今社会全面依法治国的进步之处。

资料来源：

[1] 网易新闻．顾雏军为7年牢狱喊冤　四高官被指受贿千万美元．http：//money. 163. com/12/0914/23/8BDBE61J002529T0. html［2012－09－14］．

[2] 中国经济周刊（北京）．顾雏军：商业需要声誉　我要证明我无罪．http：//news. 163. com/15/0526/04/AQGV1H7200014SEH. html［2015－05－25］．

[3] 搜狐网．顾雏军自述最后悔的事：不该把最好东西给人看．http：//business. sohu. com/20150817/n419081531. shtml［2015－08－17］．

李嘉诚：吾身本无乡，心安是归处

李嘉诚　男，1928 年 7 月 29 日生，广东潮州人，现任长江和记实业有限
公司及长江实业地产有限公司主席。著名华商、华人首富、亚洲首富，中
华慈善奖"终身成就奖"获得者。2013 年以来，他从香港和内地大量撤
资，引发轩然大波，也使他"不寒而栗、深感遗憾"。后来他专门就此发
表声明，以"吾身本无乡，心安是归处"来解释自己。

　　李嘉诚近年"摊"上的最大的事情，莫过于他在香港和内地的大规模撤资。
虽然 2015 年年中的时候他在上海进行了投资，但总体说来是出大于进。对于他
的这一做法，有人主张，商业归商业，买卖自由，来去亦自由；也有人对其大加
道德鞭笞，甚至发出了"别让李嘉诚跑了"的呐喊；而李嘉诚本人虽然身经百
战，沉稳老练，但还是发出了"不寒而栗、深感遗憾"的感叹。

　　2013 年起，李嘉诚陆续抛售其在香港和内地所持有的资产。2013 年下半年，
李嘉诚旗下的长江实业以及和记黄埔（2015 年 1 月，长江实业、和记黄埔合并
后分拆成长地与长江和记（长和）实业有限公司）相继以 89.56 亿港元出售了
位于上海陆家嘴的东方汇经中心，以 58.5 亿港元出售了位于香港新界的嘉湖银

座购物中心，以 30.3 亿港元出售了广州西城都荟广场等所持物业。

2014 年 2 月，长江实业参股的 ARA 资产管理公司以 24.8 亿元出售南京国际金融中心；4 月，李嘉诚家族以 9.28 亿美元抛售北京盈科中心；8 月，ARA 资产管理公司以 2.5 亿美元出售虹口区北外滩甲级写字楼盛邦国际大厦。同月，和记黄埔宣布以 38.2 亿港元向泛海控股出售和记港陆（后更名为中泛控股）71.36% 的股权，而和记港陆旗下资产主要包括位于上海的两栋投资性物业。

据公开信息不完全统计，李嘉诚所抛售的内地及香港资产套现金额超千亿元，大约占其总市值的 10%。

2015 年 9 月 12 日，新华社旗下智库机构"瞭望智库"刊发了智石经济研究院副秘书长、中国城市战略中心执行主任罗天昊的文章《别让李嘉诚跑了》，批评长和系是"失守道义"的行为。文章说："本来，商业如水流，逐利是资本的本性。李嘉诚想去哪里就去哪里。但是，鉴于李嘉诚最近 20 年获取财富的性质，似乎不仅仅是商业那么简单。众所周知，在中国，地产行业与权力走得很近，没有权力资源，是无法做地产生意的。由此，地产的财富，并非完全来自彻底的市场经济，那就不能想走就走。"

说实话，罗天昊《别让李嘉诚跑了》一文，虽然角度有些偏颇，但仅仅从某个角度来说，写得是非常有道理的。

本来属于"买卖自由"的商业行为，但李嘉诚的撤资为什么会引发轩然大波？其实除了上述的分析之外，中国乃至世界正深陷经济危机的深渊而难以自拔，此时他的撤资无疑有"釜底抽薪"的嫌疑。

那么，李嘉诚从香港和内地撤资之后又投向哪里了呢？绝大部分"跑"到了英国。有人统计，2010—2015 年，李嘉诚旗下公司在英国投资了 389 亿美元，项目覆盖电信、码头、机场、水务、电网等众多的基础设施。而其与 Telefonica SA 达成协议以 92.5 亿英镑从后者手中收购英国运营商全部股权更是被称为"抄底英国"，受到了欧盟委员会的反垄断调查。

2015 年 10 月，习近平出访英国，中英两国签订 159 项合作文件，总金额约 400 亿英镑（约 4000 亿元人民币）。400 亿英镑大单，涉及 150 多个项目，这些项目的实施不可能不使用英国的电信、码头、电网、水务、燃气、机场、铁路等，而这些项目都是李嘉诚旗下公司投资的。也就是说，400 亿英镑大单中李嘉诚先生将要赚取一部分。李嘉诚真是快人一步，他独到的市场敏感再次令人惊叹！

2015 年 9 月 21 日，《人民日报》评论了"李嘉诚内地撤资"事件，刊发《斯人已去，不必挽留》一文，文章中写道："时间将证明，我们错过的可能只是一两个商人、一两家企业，而他们失去的，则将是与中国一起成长的整个时代。"

9月29日，李嘉诚公开发表声明《我身本无乡，心安是归处》以回应"撤资"事件。文中说："李嘉诚先生就近日一些人对他和集团毫无根据的指责、似是而非的观点作出回应……我明白言论自由是一把两刃刀，因此一篇似是而非的文章，也可引发热烈讨论，这是可以理解的，但文章的文理扭曲，语调令人不寒而栗，深感遗憾。"声明分四个部分：①为什么连日受到抨击也不作响应？声明说："根据我们的分析，是非浪潮来袭之时，正值国家领导人进行国事访美前夕，我们不想因为李先生的响应，被人借题发挥。"②为何频频出售内地房地产，但仍否认撤资？"过去十年在香港上市的公司，有超过70%（包括国企）的架构，也选择离岸设立公司，目的是为了让企业取得更现代化架构和更高效运作模式，我们做法相同，集团进行重组及于开曼群岛成立公司，而集团在港注册及上市地位不变；李先生个人在重组过程中，并没有减少持股比例，也没有从中套现，所谓"撤资"指控，完全不成立。另外，对于所有投资及出售资产所得的回报，是属于公司的，并回到股东手中……集团投资海外业务，与国家政策并无抵触……海外投资的盈利均属香港上市公司所有，最终通过派息，能令股东受惠。"③内地官媒多次做出抨击，李先生与中央关系是否有变？"李先生对中国充满信心，对国家领导人沉稳的领导能力深感佩服。"④部分抨击言论质疑你"不爱国"，有何响应？"对于一切是是非非，李先生虽感到痛心，但认为苏轼及白居易说得好：'此心安处是吾家'以及'我身本无乡，心安是归处'"。（白居易原诗为：我生本无乡，心安是归处。）

2016年6月16日，英国做出了"脱欧"的公投决定，英镑大幅贬值，李嘉诚的投资也受到影响。生意，真的很无常。（撰稿/晋珀）

编者点评：李嘉诚先生创业成就之卓越和他对华人感恩回报之丰厚，令人敬佩。但是，即便是商人和商业，也是有情感的；即使是投资或撤资，也是有选择的；即使逐利是资本的天性，买卖有自由的本性，但具体的资本和买卖也是有方向的。正如李嘉诚当年投资内地一样，既有挣钱的成分也有爱国情感的因素。如今，经济危机是全球性的，中国如此，英国亦然。他选择撤中跑英，显然也不仅仅是因为市场和利益的诱惑。他在声明中引用了的白居易和苏轼的诗词。诗词中，白居易纯粹是无奈；而苏轼除了表达主人公柔奴旷达的心态外，更有对其与王巩同甘共苦、相濡以沫真情的歌颂。仅从这点来看，试问李先生会"心安"吗？

资料来源：

中国经济周刊. 何处安放李家的城？李嘉诚"撤资"引争议. http：//business. sohu. com/20151012/n423017437. shtml［2015－10－12］.

孙大午："英雄"亦是普通人

孙大午　男，1954 年生，河北省徐水县高林村镇郎五庄村人，河北大午农牧集团有限公司监事长，实际控制人，曾经的"悲壮的中国农民英雄"。如今，他却面临着政商关系的新命题。

孙大午作为"悲壮的中国农民英雄"，已经分别在拙作《中国企业家档案（1978—2008）》和《中国企业家百年档案（1912—2012）》之中做了记述。当时笔者的点评是："无疑，孙大午是中国当代农村经济发展中颇具代表性和争议性的人物，孙大午的案件也是颇具代表性和争议性的案件。历史的发展总是要付出代价的，孙大午肯定是一种代价。但愿，他的代价能化成中国农民、农业和农村美好发展的一种动力。"

但在本文中，笔者想说的是"英雄"亦是普通人。

2015 年八九月，孙大午和他的公司因三件事再一次引起了"关注"：①大午集团"打架"事件。"大午路"因没有通过政府验收，便没有纳入公路管理。有村民在路上摆摊做生意，造成了交通阻塞。14 日上午，大午集团工作人员对本村村民李永臣的泳衣摊进行清理。李永臣和妻子当众耍赖，自行躺在大午路上，致使大午路堵塞 4 个多小时，大午集团直接经济损失达十几万元。徐水区公安局将此定性为打架事件。②五粮液集团起诉大午集团，其大午粮液的白酒上使用与"五粮液"的近似的商标，而其在广告宣传中使用的宣传语也违反了《中华人民共和国商标法》及有关法律规定，索赔 300 万元。21 日，山东省淄博市中级人民法院第一次开庭审理了此案。③8 月 25 日，位于河北保定高阳县刑南镇斗洼村的大午集团公司一处梨园被当地村民"抢摘"果子。28 日上午，当地公安机关对多次进入果园摘梨且不听劝阻的 7 名村民采取行拘措施。另外，还有 300 亩土地被抢行占种……

抢梨事件中，公安局已经抓人了。但"英雄"和他的企业还是"气愤不已"。

对"打架"事件，大午集团认为："是针对大午集团的有预谋、有目的、有组织、有分工的恶性事件，是流氓团伙对大午集团发起的恶毒攻击"，并要求"逮捕堵路肇事者，追究责任！"

舆论先导。9 月 24 日，大午集团发出了《研讨会启事：如何面对日益恶化的企业生存环境》："会议背景：近期在大午集团发生了两个案例……企业没有执法权，没有裁判权，没有罚款权，企业该怎么办？……会议须知：时间：10 月 6—31 日；会议地点：大午集团温泉酒店；参加人员：专家学者、媒体及有意向的朋友；会议规模：每期 20~30 人，三天一期，轮流接待；接待标准：原则上落地接待，有需求也可以报销一些费用；有论文发表的，将予以一定额度的奖励……"。不过，如此精心筹备的研讨会应者寥寥。据大午官网报道，10 月 6 日上午有五六位学者与会并表达了自己的观点。监事长孙大午表示，"这三个事件都不是突发事件，而是有着深层次原因，具有相当的代表性；这些问题表面上是社会缺乏契约精神、政府执政能力弱化，根子是制度设计出了问题。农村土地集体所有制使农村土地产权不明，处于模糊状态，而农民对于承包的土地已经有了恒产的意识和要求，应废弃《农村土地承包法》和《土地管理法》，出台《土地法》，实行土地国家所有，农民永佃。"整篇稿件只有区区 700 字。

11 月 4 日下午，徐水区委区政府在大午集团召开政企对接会。徐水区委、区政府中的区委书记、副书记，区长、副区长，区委常委、人大主任、公安局长，区委办、政府办、住建局、发改局、规划局、国土局、农工委、农业局等区直部门领导及高林村镇政府、郎五庄村委会的主要负责人都参加了会议。规格之高，创造了当地企业尤其是民企之最！大午集团董事长孙萌、总经理刘平、监事长孙大午、名誉董事长孙二午、副董事长孙志华等作为企业代表出席会议。会议由区长王保辉主持，会上传达了区委区政府关于支持大午集团发展的工作意见，区委区政府已经成立了对接工作领导小组，由区长任组长，区四大班子有关领导任副组长，成员单位由 26 个相关部门组成。领导小组每月至少要到大午集团进行一次调研，半年召开一次对接会，切实扶持大午集团，帮助企业发展壮大……

大午集团监事长孙大午表示，感谢区委区政府对大午集团的理解、重视和厚爱，并希望各区直管理部门加强对企业的监督，让企业发展更健康、更规范。

此次会议报道见孙大午的和讯博客，1400 字。

孙大午及其企业吸引公众眼珠的，还有他极力推行的"私企立宪制"。在其官网"私企立宪制相关制度节选"中写着：按照"私企立宪"的制度设计，集团设立董事会、理事会、监事会。三会并立并行，相互制约，对员工负责，对企业负责，对社会负责。董事会是集团的最高决策机构，董事长由董事选举产生；理事会是集团的执行机构，负责执行、实施董事会的决议。总经理由董事会在董事中选举产生；监事会由产权所有者家族成员、工会主席、法监部主任、财务总监和其他聘用人员组成。监事会监督权最大。监事会由监事长负责，监事长实行继承制。家族成员在教育、医疗方面享有充分保障……

外界评论孙大午的改革是力图维护家族的所有权，同时又能通过决策权的分离来让有才干的人做决策。但问题在于，决策权在本质上并非是独立于经营权和所有权之外的范畴。一个有效的产权制度其核心就是决策者能够以其资本承担决策风险；孙大午的三权分离从长期看是行不通的。而从目前看，三权分立，实际上也只是将重大决策权的一部分下放，而孙大午作为企业的精神领袖其地位并未改变，那么企业的重大决策肯定还是由其最后拍板；大午集团内部虽然建立起了一个相对有效的经营者选拔机制。但三权分立，又在根本上弱化了经营者的激励机制。一个企业最核心的问题就是为谁干的问题，所有权的家族化终究会使这个问题日趋尖锐。所以孙大午的改革是一种"家族企业的乌托邦"。

2015 年 2 月 5 日，河北大午集团第六届董事会换届选举当天，孙大午把他两个只有几岁大的孙子安排在了主席台上。台下的选举人发出了笑声。但孙大午很严肃地说："我的两个孙子在台上，这表明大午集团的产权是清晰的，是孙大午的家族企业，所有权在监事会，我的子孙一出生就是监事，他们是企业的合法继承人。"

舆论曾经对孙大午"非法集资罪"起到了巨大的正面保护作用。但现在在互联网上搜索孙大午及其集团不难发现，倒是他们的自媒体（公司网站及孙大午的博客、微信等）宣传势头很猛。而各大主流媒体及网站，要么是转载他们的"报道"，要么就是对他们过去事情的报道。（撰稿/晋珀）

编者点评：做企业是挣钱的，即使想当"始皇帝"将企业传之永世，也无可厚非；企业做大了为社会做了贡献，也是可敬的。但是，如果以此要挟政府和社会，如果假借公众之名行一己之私，就很难长久了。这恐怕也是已经做大的民企们面对的政企关系中的新命题。

资料来源：

[1] 和讯网. 徐水区委区政府在大午集团召开政企对接会. http：//news. hexun. com/2015 - 11 - 05/180376409. html ［2015 - 11 - 05］.

[2] 大午农牧集团官网. http：//www. sundawu. cn/index/1366/index. html.

赖克江：冤案对我打击太大

赖克江　1968年12月15日生，四川人，中专文化程度，北京宏地投资集团有限公司（下称宏地公司）的法定代表人。2011年9月16日因涉嫌"合同诈骗罪"被羁押，同年10月18日被逮捕。经过一审、二审、发回重审及终审，2015年9月，被无罪释放。

赖克江在北京的地产界几乎谈不上有什么业绩，可谓"无名之辈"。但没想到的是，他却受到了很大的冤屈，一度被判处无期徒刑，后经北京市高级人民法院终审，无罪释放！

围绕赖克江的主要有两个项目和两项罪名，即位于北京四块玉的北京市国际体育交流中心（下称体育中心）和位于北京市东城区金宝街的空军招待所土地置换项目（下称空招项目）的合同诈骗罪和诈骗罪。

北京市二中院2013年1月28日第一次审理了赖克江案件。检方指控，赖克江在2010年1月至6月，虚构共同投资体育项目的事实，通过签订《合作协议》的方式，骗取事主孙武、赖洲波两人4300余万元。2010年10月，赖克江又骗取事主曹海涛500万元，后归还100万元；2010年7月，赖克江虚构空招项目，骗取事主丁平、王志俭两人1000万元，后归还440万元。在2010年3月至7月，赖克江又以此为借口，骗取事主孟庆芳6800余万元及张名仰110万元。两个项目合计，公诉机关指控赖克江涉嫌诈骗、合同诈骗1.26亿元！

通过查看法庭的三次审理材料，事情的脉络和分歧的焦点是这样的：

2010年，赖克江听说空招想进行土地置换开发，便委托王二（化名）以宏地公司名义与空军接触，并签订了一份《协商备忘录》，相约3个工作日内交纳8亿元订金，然后再签订正式的《空军大雅宝招待所置换协议》。备忘录签订后，赖克江便开始"融资"。6月，王志俭约丁平到北京，王志俭通过傅某认识了赖克江，赖克江给了他们一份只有宏地公司而没有空军方面盖章的

《空军大雅宝招待所置换协议》。7 月 14 日，赖、王、傅三方签订了《合作协议书》，约定由赖克江负责空军招待所土地的取得以及商业开发审批手续，丁、王负责出资及商业建设，傅拿干股，所得利润赖占 30%，王占 60%，傅占10%，要先向赖交 8000 万元订金。《合作协议书》之后丁、王一共支付了1000 万元的订金。

空招要置换的地方位于丰台五里店 277 号，面积 77 亩，为北京首库房地产开发有限公司（下称首库）所有。空军与首库洽谈过程中，王二介入，并以宏地公司的名义与该公司签署了两份协议，时间在 2010 年 4 月 28 日和 2010 年 8 月16 日，主要内容是宏地公司出资 2.4 亿元将丰台五里店 277 号土地购买过来，然后卖给空军，置换出空军大雅宝招待所的土地进行开发，然后大家分成收益。协议签订当日，宏地公司支付首库公司定金 1000 万元。

赖克江称，丁、王的 1000 万元订金，500 万元用于公司经营，100 万元给了老婆，400 万元给了王二。王二拿到钱后日常消费了，用于买汽车、LV 包、高档手表、衣服和鞋等。后来，赖克江退还了 440 万元。

关于四块玉北京国际体育交流中心项目。曹海涛曾于 2010 年 10 月 19 日与赖克江签订了《协议书》，借给赖克江 500 万元，后仅还 100 万元；赖克江以宏地公司名义与张名仰签署了《投资建房协议》，承诺将四块玉项目中的一处 300 平方米房产按成本价出售给他，价格是每平方米 1.2 万元，共计360 万元。张名仰付赖克江 110 万元。这钱是购买房产的首付款，其余的在封顶后再付。但在付完 110 万元之后就找不到宏地公司和赖克江了；检方还指控，赖克江在 2010 年到 2011 年，虚构需要资金投资金宝街空军招待所项目的事实，并以北京国际体育交流中心项目为担保，骗取事主孟庆芳 6800余万元。

北京市第二中级人民法院一审认为，被告人赖克江无视国家法律，以非法占有为目的，在签订、履行合同过程中，编造虚假事实，骗取他人钱财，数额特别巨大，其行为已构成合同诈骗罪，依法应予惩处。2013 年 12 月做出一审判决：判定赖克江构成了合同诈骗罪，判处有期徒刑 15 年，并处罚金 1.5 万元；同时也认定赖克江构成了诈骗罪，判处无期徒刑，剥夺政治权利终身，并且没收全部财产。合并执行无期徒刑，剥夺政治权利终身，并且没收个人全部财产。

赖克江不服，提起上诉。理由为：一审判决认定其犯合同诈骗罪，事实不清，证据不足，请求二审法院改判其无罪。赖克江的辩护人认为一审判决认定赖克江合同诈骗丁平、王志俭的事实存在严重错误……赖克江没有虚构已获得空招项目进行诈骗，没有非法占有被害人 500 万元。赖克江在本案中的行为不属于合同诈骗，属于民事商业合同行为，丁平、王志俭应通过民事诉讼追索赖克江拖欠的合作款。

2014 年 5 月，北京市高级人民法院作出裁定，认定一审判决判定的事实不清，证据不足，撤销了一审的判决，发回重审。

2015 年 1 月，北京市第二中级人民法院另行组成合议庭后做出了判决：①被告人赖克江犯合同诈骗罪，判处有期徒刑 11 年，并处罚金 11 万元。②继续追缴被告人赖克江的犯罪所得 60 万元，发还被害人丁平、王志俭。③冻结在案王二（化名）名下账户内的存款及利息并入上述追缴项执行。

二审对涉及孟、孙、曹、张二等部分做了无罪认定。

赖克江继续提起上诉。

北京市最高法院经过审理后认为：原判认定赖克江实施合同诈骗丁平、王志俭钱款的事实不清，证据不足。理由如下：在案王二（化名）、王三（化名）证言，空军司令部出具的《情况说明》《补充说明》等证据证实，赖克江没有虚构项目事实。丁平、王志俭付给赖克江 1000 万元，上述钱款赖克江部分转给王二，部分被赖克江用于公司经营，此做法亦应当属于公司正常的资金运转行为。且在案银行转账材料、消费凭证、王二证言、赖克江供述等证实，赖克江自 2010 年 7 月至 8 月底先后转给王二数千余万元。赖克江供称，转给王二的钱款应是开发金宝街项目的款项，王二将上述钱款绝大部分用于购买汽车、首饰、皮包等奢侈品及个人和家庭成员使用，该事实，赖克江并不知晓。故一审法院认定赖克江将其中 500 万元占为己有与上述证据不符。丁平、王志俭后以空军与其他单位签订了协议为由，向赖克江追要上述钱款时，赖克江同意原投资作废，并写了 1000 万元转为借款的书面借条，在案发后偿还丁平、王志俭 440 万元，二人亦表示对赖克江予以谅解。据此，本院依照《中华人民共和国刑事诉讼法》第二百二十五条第一款第（三）项之规定，判决如下：

上诉人赖克江无罪。

就这样，经过长达 4 年的审判，在 2015 年赖克江终于被无罪释放，结束痛苦的 4 年冤狱生涯。赖克江出狱后在接受采访的时候说，"公司损失严重，现在最重要的是处理公司资产和纠纷事务"，他现在还没有完全地融入一个全新的社会。现在的赖克江刚刚租借了办公地址，准备重新出发，重新把公司和自己带向光明。（撰稿/晋珀）

　　编者点评：法律是重证据的。此案中，无论是主观故意、虚构事实还是客观后果，赖克江都不构成诈骗。庭审中，人们有意无意地带有情感成分，一发生问题，就说这些企业家们无视法律，恶意诈骗，应予严惩等。此案，应该说在对企业家案件的审理方面树立了一个范例；案子虽然平反了，但赖克江的做法也并非无可挑剔。他的企业实力不强，管理不善，在四川还有"烂尾"项目，影响很坏。如此的情况下，赖克江竟然要运作本文中如此大的两个项目，动辄几十亿元的资金，他有这个实力吗？虽然说冒险是企业家精神的基本内涵，但企业的发展还是要量力而行，切不可心存侥幸，做超出自身实力和能力的事情。现在许多企业面临诸多困难，基本上都是因为前几年对市场预期太过乐观。冤案或许对他有打击，但他更应该接受教训。戒之！

　　资料来源：

　　［1］尚权刑辩网. 无罪判决书：赖克江合同诈骗罪二审宣告无罪判决书. http：//news. sqxb. cn/2015/1229/1653. shtml ［2015 - 12 - 29］.

　　［2］华夏时报. 被控诈骗，从无期徒刑终至无罪　北京地产商四年洗冤之旅. http：//www. chinatimes. cc/article/52776. html ［2016 - 01 - 01］.

许家印：东风日产还是恒大人寿

> **许家印**　男，1958 年 10 月生，河南省周口市太康县人，广东恒大地产集团董事局主席，中国十大慈善家之一，第十一届全国政协委员、第十二届全国政协常委，全国劳动模范，曾入围 2014 年度华人经济领袖和 2015 年福布斯中国富豪榜。2015 年 11 月 21 日，亚冠决赛第二回合比赛中，曝出将球场上的"东风日产"的广告位置单方面替换成了"恒大人寿"违约事件，引起大家对中国企业家契约守信精神的质疑。

在 2015 年 11 月 21 日亚冠决赛第二回合比赛中，许家印的广州恒大淘宝足球队凭借着外援和本土队员的优异表现，首回合客场 0∶0 战平迪拜阿赫利，回到主场以 1∶0 击败对手再次摘得亚冠冠军。这也是这家中国俱乐部五年内的第二次夺冠（第一次是 2013 年），这一天对中国球迷而言绝对是一个值得庆祝的日子。

本场比赛中，恒大淘宝足球俱乐部的两位当家人许家印和马云以及英女王次子、约克公爵、安德鲁王子等亲临现场观战，为球队鼓劲。与此同时，路透社、美联社、法新社、央视、新华社等各路媒体不约而至，现场报道，全球数亿观众通过电视观看直播。

通过电视屏幕可以看到，早已闻名业界的"许氏营销"再现亚冠赛场：恒大旗下新品牌"恒大人寿"首次亮相，不光在球场上全力奋战的恒大球员身披"恒大人寿"的战袍现身，数亿球迷目光所及的所有区域，随处可见"恒大人寿"的广告字样。在整个球场上"恒大人寿"的广告已经形成全覆盖的最大化传播。

在球场外，"许氏营销"模式又一次让他旗下的新品牌"恒大人寿"获得了爆炸性的营销效果。与以往的营销惯例相同，在恒大淘宝足球队亚洲杯夺冠的第二天，许家印就出席了恒大集团的新闻发布会，宣布恒大人寿正式亮相。

但就在许家印的恒大淘宝队夺冠、"恒大人寿"新品牌营销取得成功这样双喜临门的好日子下，东风日产却不干了。比赛当晚，东风日产在其官方网站上发表声明强调："恒大俱乐部在未征得我公司同意的情况下，单方面擅自取消东风日产的赞助权益，我公司非常遗憾。对于此次恒大俱乐部的违约行为，我公司希望恒大俱乐部能够给予公开的解释说明，同时我公司也将保留进一步行动的权利。"东风日产的这份声明直指恒大在没有征得东风日产同意的情况下公然违约，将此次本应该出现在球场上的"东风日产"的广告位置单方面替换成了"恒大人寿"，许家印的这一举动让东风日产难以接受。

据了解，东风日产"牵手"恒大是在 2014 年 2 月 17 日，当时双方举行了联合新闻发布会，正式确立了战略合作伙伴关系。根据当时公布的消息：东风日产启辰以 1.1 亿元的广告费用买断了恒大的胸前广告，而且双方的合同期为两个赛季年。这一大手笔也创下了国内体育商业赞助的纪录。

东风日产之所以斥巨资赞助广州恒大淘宝队，也是看中了它作为国内商业价值最大的一支球队能够带来的巨大商业价值及广泛的品牌宣传效应。但许家印不按套路出牌，在比赛前一天花 40 亿元收购中新大东方人寿改名为恒大人寿后，也不愿错过这次千载难逢宣传自家品牌的大好机会（不惜承担合作方 1.1 亿元赞助背后所产生的违约金）。

其实许家印为了自己公司的新品牌宣传，开球前换下合作方的广告位这种事已经不是第一次了。2014 年 8 月 27 日，亚冠 1/8 决赛主场比赛，恒大胸前的广告突然换成了恒大粮油。据报道，当时经双方约定，在当天的亚冠比赛里，东风日产把胸前广告有偿让渡给恒大。其实这种做法已经引起了东风日产方面的一些不满，但出于某种无奈还是接受了。

紧接着 2014 年 10 月，广州恒大最后一个主场对阵北京国安。赛前，恒大又提出向东风日产回购一场比赛的胸前广告。在东风日产没有同意的情况下，他们强行把广告位换成了恒大旗下的奶粉广告。

谁也没料到，在亚冠决赛上，许家印会故伎重演。据东风日产说，恒大在赛前最早一次口头沟通发生在 11 月 10 日，但东风日产于第二天就正式书面回复拒绝回购。谁知在开赛前一分钟（2015 年 11 月 21 日 19 时 59 分），东风日产又收到了一份来自恒大的书面函件，称希望回购胸前广告，东风日产称此次来函仅是提出回购意向，并未提出过任何具体回购条款。东风日产还未来得及对函件做出回应，随后就发现胸前广告已遭私自替换。

东风日产认为，既然双方签订了合约就要有契约精神，而不是觉得违约的代价我能承受，那我就违约，这不是一个大的集团公司应该有的基本商业道德。

针对东风日产的据理力争，恒大也出来喊冤。相关负责人回应称："早在一个月前，恒大就因战略需要，给对方发函沟通回购事宜，但对方一直没有正式回复，总以东风日产领导层人事变动为借口拖延。"

中国足球俱乐部再登亚洲之巅，让许家印成为不少中国球迷心中的英雄。一直以来各大媒体对他也都有颇多正面报道，除了恒大集团公司的实力及其业务范围广之外，许家印也为中国的公益事业做出了很大贡献。恒大集团至今累计为中国慈善公益事业捐款超 25 亿元，连续三年位居福布斯中国慈善榜榜首。在体育公益事业方面，许家印投入 20 亿元创建广州恒大足球俱乐部、排球俱乐部；投入 11 亿元创建全球规模最大的足球学校；在文化公益事业方面，许家印投入 10 亿元成立文化产业集团。有分析指出，此次亚冠决赛的胜出让恒大背后的东家——许家印名利双收。

然而，此次恒大的违约行为，有评论认为，许家印这一次不仅没赚，反而亏得很惨。恒大精心挑选了最引人瞩目的时刻，在众目睽睽之下堂而皇之地违约，这是一个极其错误的商业决定。保险业建立的基石就是信誉，而恒大收了客户的钱，到了风险真的降临的那一天却单方面违约，这一做法无疑是不守信的具体表现。一时间，双方媒体的争执把许家印和他的恒大人寿推到了舆论的风口浪尖，不管是面对大众舆论还是从企业自身本应该有的契约精神来说，似乎都没有给恒大集团留下任何的反驳之地，所以在东风日产的一再炮轰之下，恒大集团始终一语不发。

最终，东风日产还是一纸诉状把恒大淘宝告上法庭，2015 年 12 月 9 日，东风日产向法院提出诉讼请求：①判决被告恒大淘宝继续履行双方 2014 年 1 月 26

日签署的广告合同及附件，以及 2014 年 8 月 27 日签署的广告合同补充协议约定的全部义务；②判决被告恒大淘宝在 2015 年 11 月 21 日亚冠决赛中擅自更换球衣胸前广告的行为违约，赔偿原告经济损失 3244 万余元；③免除东风日产依广告合同约定的第六期 2400 万元付款义务；④被告恒大淘宝承担本案全部诉讼费用。

2016 年 6 月 6 日，广州市花都区人民法院判定：广州恒大淘宝足球俱乐部赔偿东风日产损失 2477 万元。在法院判决前，2016 年 2 月 3 日，亚足联发布处罚公告，认定恒大淘宝在 2015 年亚冠决赛之夜存在多项违规行为，并向俱乐部开出 16 万美元罚单。（撰稿/陈小敏）

编者点评：中国足球（男足）恐怕是最不争气的体育项目之一了。长久以来，大家将此归咎于队员的球技，而实际上应该是球德——不仅仅是球员的球德，更主要的是"球主"的球德。试想，一个没有球德的人，球技再好、成绩再好，谁会为他鼓掌呢？更何况其较差的球技和球绩呢！"换胸"事小，失信事大。一个以高效而闻名市场的公司，在一个被人关注度最高的时刻，抛弃了自己的赞助商，这完全违背了商业操作的原则。在成熟的商业体育环境中，任何打破道德底线的行为损毁的将不仅仅是俱乐部本身，更是整个体系和环境。想要形成成熟的市场化体育产业，真的想让中国的足球走向世界，就必须严防恒大类违约事件的再次出现。

资料来源：

［1］网易财经. 许家印强势开启大金融布局. http：//money. 163. com/15/1123/10/B93LVQOV00253B0H. html ［2015 - 11 -23］.

［2］环球网. 恒大登顶亚洲之巅　为何有人却说许家印和马云输了. http：//toutiao. com/i6220210634059956738/ ［2015 - 11 -23］.

［3］网易新闻. 恒大再次登顶亚洲之巅　恒大人寿亮相引轰动. http：//news. 163. com/15/1122/00/B9016VRP00014AED. html ［2015 - 11 -22］.

张剑、顾新剑：天价敲诈案和百亿账外账

张剑　1969 年出生，天津爱玛品牌电动车创始人。**顾新剑**　1972 年生，江苏天爵摩托车公司创始人、总经理。2010 年两人合作生产、营销爱玛电动车，爱玛一度成为国内著名品牌，公司还筹备上市。但两人很快"交恶"，陷入"天价敲诈案"和"百亿账外账"的旋涡之中。2016 年 4 月 5 日和 9 月 2 日，此案在天津进行了一审和二审。一审判处顾新剑犯敲诈罪和职务侵占罪，有期徒刑 20 年。二审还没有宣判。

"爱玛"是中国电动车行业的著名品牌。爱玛科技集团创立于 1999 年，致力于成为世界新能源个人交通工具的领导者。经过多年的耕耘，"爱玛"形成了天津、江苏、浙江、广东四大制造基地，2012—2016 年爱玛连续五年蝉联中国电动自行车行业品牌力第一名，并保持了连续五年行业销量领先的增长势头，为国内最大的电动两轮交通工具的制造商。2011 年以来，"爱玛"纳税累计 4.5 亿元，并积极承担社会责任，荣获红十字会"博爱之星"称号。

爱玛原被看好是行业内有希望最早上市的电动车企业。那时，爱玛也在积极筹备。不料，内讧乍起，功亏一篑。

此"内讧"指的是董事长张剑与原副总裁顾新剑所谓的"天价敲诈案"和"百亿账外账"。张剑报案称，顾新剑敲诈他 2.35 亿元；而顾新剑在法庭上指控张剑有数百亿元的"账外账"。

张剑 1999 年从河南来到天津，注册成立了天津市泰美车业有限公司，2009 年变更为天津爱玛科技股份有限公司。他与顾新剑是 2008 年年底认识的，当时顾新剑有自己的江苏无锡天爵摩托车公司，只是经营不善，亏损严重。后二人合作，用天爵的厂房和设备为爱玛生产零部件。2009 年 7 月，张剑和顾新剑合作成立无锡爱玛车业有限公司，张剑持股比例 70%，顾新剑持股比例 30%。顾新剑还被任命为天津爱玛科技集团副总裁。爱玛官网显示，他们合作初期的 2008—2011 年，爱玛的产销量由 1040 辆增长到 260 万辆，45 个月增长 2500 倍。当时，

张剑在无锡的分红，每月就达数百万元。

当然，二人的合作是有契约的。2010 年 5 月，张剑、顾新剑、无锡爱玛、天津爱玛、江苏天爵五方签订协议，约定张剑和无锡爱玛为顾新剑和江苏天爵偿还债务 1.25 亿元，江苏天爵将名下估价为 6205 万余元的房地产抵偿给无锡爱玛；顾新剑将持有的无锡爱玛 30% 的股权零对价转让给天津爱玛全体股东，无锡爱玛成为天津爱玛子公司。

据说，一度两人十分亲密，两家人也经常互动。

但不知为什么，好景不长，张剑很快就撤销了顾新剑的天津爱玛副总裁职务，两人开始"交恶"。过去的"契约"虽墨迹未干，但也成了一纸空文。

于是，顾新剑"千方百计"地向张剑要钱，甚至以检举无锡爱玛偷漏税为要挟，前前后后通过各种方式要了 2.35 亿元。张剑报警；其间，顾新剑把已经答应抵偿给张剑的无锡房产做抵押，贷款 3000 万元。这后来也被作为职务侵占提起诉讼。

2.35 亿元，这是国内截至发稿敲诈勒索犯罪既遂金额最高的一起案件。

2016 年 4 月 5 日，天津静海区法院以敲诈勒索罪判处顾新剑有期徒刑 15 年，以职务侵占罪判处顾新剑有期徒刑 15 年，两罪并罚执行有期徒刑 20 年。据了解，有期徒刑 15 年既是敲诈勒索罪的最高刑期，也是职务侵占罪的最高刑期。顾新剑不服，提出上诉。

2016 年 9 月 2 日，该案在天津进行第二次开庭审理。庭审争论的焦点集中在，二人之间的纠纷究竟是民事纠纷还是刑事敲诈。

张剑说，顾新剑以爱玛公司有税务问题为由对其进行威胁，甚至曾以税务问题为由打电话一次性索要 10 亿元，让他精神一度崩溃。他说，自己之所以给钱是为了息事宁人，"以为从此可以结束这三年痛苦的生活"。

张剑的妻子段华做证，顾新剑以举报公司偷漏税等方式多次向张剑敲诈钱财，张剑之所以给钱，是因为根本无法正常生活，完全被笼罩在威胁、恐吓中。"爱玛公司凝聚了张剑所有心血，而且当时公司正在筹备上市，张剑担心顾新剑的行为会毁掉公司。"

江苏天爵公司副总经理蔡杰等人也证实，顾新剑曾让他们制作"偷税"的大牌子堵住无锡爱玛大门，向张剑要钱。

天津爱玛副总裁余林作证称，2011 年 10 月，在无锡湖滨饭店，其和张剑等人谈生意时，顾新剑来了，向张剑要钱，先要 6 亿元，后又说要 2 亿元，还说要举报无锡爱玛偷税漏税问题。当晚，他继续向张剑要钱，说如果不给爱玛就"别干了"，张剑没办法就答应给他 5000 万元。

天津爱玛华北区总经理李世治做证称，2012 年年底至 2013 年，顾新剑一共给他发了四五百条短信息，内容大多是败坏公司声誉等方面的内容。他还说，顾新剑给公司客户、经销商都发过，公司里被顾新剑搞得人心惶惶。他还做证称，和顾新剑去了国家税务总局，顾新剑向一位局长介绍了无锡爱玛偷税漏税的情况，这位局长让其走程序，顾新剑在举报材料上签名后给了对方。

张剑的司机黄某证实，2014 年 2 月 9 日（正月初十），顾新剑来河南商丘找张剑，先是说来拜年，之后又试图要 6000 万元至 8000 万元，张剑当即拒绝并联系了警方。后顾新剑被警察带走，次日被刑事拘留。

但顾新剑的一审辩护律师颜丙杰表示，当时顾新剑不认为自己在敲诈，他认为这些钱大多是民事借款，其间也谈及股权转让。法庭证据表明，顾新剑对张剑的"敲诈"，都有借据或协议等手续，并以其在爱玛公司的股权为质押。

顾新剑称，2.35 亿元的数额中，除借款外还包含股权分红。那么，顾新剑所持天津爱玛 3% 的股权到底值多少钱？爱玛公司提供的审计报告及情况说明显示，截至 2012 年 12 月 31 日，顾新剑所持天津爱玛 3% 股权对应的净资产为 1178.9 万元，未分配利润为 633.5 万元。两者相加为 1812 万余元。顾新剑对此不予认可，称其 3% 的股权及收益，价值 1 亿多元。他请求法院对其实际股权价值进行调查核实。

至于房产抵押问题，当时并没有履行过户手续，无锡房产仍归顾新剑所有。他拿自己的房产做抵押贷款完全合法；张剑为赎回该房产确实付了 3000 万元，不过后来顾新剑也还给了他。

顾新剑的辩护律师颜丙杰一直为他做无罪辩护。

2014 年 9 月，无锡市国税局对无锡爱玛漏税问题作出税务行政处罚决定书，根据对无锡爱玛车业有限公司 2009 年 8 月 1 日至 2012 年 12 月 31 日的检查情况认定，无锡市国税局向无锡爱玛追缴 2009 年增值税 209 万余元，追缴 2010 年增值税 1616 万余元，合计 1825 万余元。同时，根据《税收征收管理法》和《税收征收管理法实施细则》规定，按同行业相同规模企业平均应税所得率计算相应年度企业所得税，无锡市国税局要求无锡爱玛补缴企业所得税 175 万余元。无锡市国税局还对无锡爱玛处以追缴税款 50% 的罚款，共计 1000 万余元。

二审法庭上，顾新剑提出张剑有爱玛数百亿元的账外账的问题。据其当庭陈述，仅 2009 年 7 月至 2011 年 11 月，无锡爱玛的账外账约有 50 亿 ~ 60 亿元。认为以公司实际资产计算，他此前其所持有的 3% 的股份，真实价值至少在 2 亿 ~ 3

亿元。如果属实，那他的股权分红可能不止 2.35 亿元，爱玛也不仅仅是偷税漏税这么简单。

此次二审，顾新剑委托曾代理浙江张氏叔侄案的北京律师朱明勇为其辩护。朱明勇认为顾新剑不构成犯罪，"本案实质上属于公司股东之间的股权利益纠纷"。

二审法院将择期宣判。（撰稿/晋珀）

编者点评：对于张剑、顾新剑等商人而言，这是一场典型的"零和博弈"。合作创业一起打拼不容易，彼此应该真诚相待，要言必行，行必果，该兑现的承诺一定要兑现。同时，发生纠纷也尽量在情、理、法的范围解决；而对于司法而言，一定要严格区别"胁迫"的本质，能在民事范围内解决的问题就不要归到刑事。这是对企业家的一种"救赎"，也是司法改革的一个方向。

资料来源：

[1] 法制晚报. 称副总敲诈，爱玛老总掏 2 亿"息事". http：//mt. sohu. com/20160427/n446462503. shtml［2016－04－26］.

[2] 搜狐网. 两亿敲诈勒索案二审　前副总举报爱玛百亿账外账. http：//www. 2258. com/news/local/770147？page＝2［2016－09－13］.

[3] 潇湘晨报. 2.35 亿"敲诈案"背后的爱恨情仇. http：//www. xxcb. cn/event/guoji/2016－09－09/9063164. html［2016－09－09］.

李彦宏：为魏则西之死反思竞价排名

> **李彦宏**　男，1969 年生，山西阳泉人，百度公司创始人、董事长兼首席执行官，中国乃至世界 IT 领域著名的年轻企业家。不过，其搜索竞价排名的营销模式一直为业界诟病，2016 年 4 月因魏则西之死对其营销模式进行反思。

　　李彦宏的故事，《中国企业家百年档案（1912—2012）》中以《李彦宏：牵住互联网的"牛鼻子"》为题进行了记述。百度的事业发展迅猛，被誉为中国乃至世界 IT 领域龙头企业、BAT（百度公司、阿里巴巴集团、腾讯公司三大互联网公司首字母缩写）之首。不过，其搜索竞价排名一直为业界诟病，2016 年 4 月因魏则西之死，百度被推到风口浪尖上。

　　魏则西出生于 1994 年，家中独子，父母的掌中宝、心头肉。在学校他是佼佼者，2012 年他以 600 多分的优异成绩考入西安电子科技大学计算机专业。而后，他被诊断出患有滑膜肉瘤病——一种世界难题的疑难杂症，是生长于人体关节、滑膜及腱鞘滑膜的软组织的一种恶性肿瘤，死亡的概率极大。经过与病魔多年的抗争后，2016 年 4 月 12 日魏则西去世。人们在惋惜之余，出乎意料地从他 2016 年 2 月 26 日在著名的社交网站知乎网上回答一则题为"你认为人性最大的恶是什么？"时写的一段话，道出了其治疗过程中许多鲜为人知的内幕。他写道：

　　　　想了很久，决定还是写下来……希望我的回答能让受骗的人少一些，毕竟对肿瘤病人而言，代价太大了。

我大二的时候发现了恶性肿瘤，之后是我痛苦的不愿意回忆的治疗经过，手术、放疗、化疗，生不如死，死里逃生数次。

我得的是滑膜肉瘤，一种很恐怖的软组织肿瘤，目前除了最新研发和正在做临床实验的技术，没有有效的治疗手段。

我是独子，父母对我的爱真的无以言表，拼了命也要给我治。可当时北京、上海、天津、广州的各大肿瘤医院都说没有希望，让我父母再要一个孩子。

那种心情，为人父母的应该可以体会，所以我爸妈拼了命地找办法。

百度，当时根本不知道有多么邪恶，医学信息的竞价排名，还有之前血友病吧的事情，应该都明白它是怎么一个东西。

可当时不知道啊，在上面第一条就是某武警医院的生物免疫疗法，就是这些，说得特别好，我爸妈当时就和这家医院联系，没几天就去北京了。

见到了他们一个姓李的主任，他的原话是这么说的，这个技术不是他们的，是斯坦福研发出来的，他们是合作，有效率达到百分之八九十。看着我的报告单，给我爸妈说保我二十年没问题。这是一家三甲医院，这是在门诊，我们还专门查了一下这个医生，他还上过中央电视台不止一次。当时想着，百度、三甲医院、中央电视台、斯坦福的技术，这些应该没有问题了吧。

后来就不用说了，我们当时把家里的钱算了一下，又找亲戚朋友借了些，一共花了20多万元，结果呢，几个月就转移到肺了，医生当时说我恐怕撑不了一两个月了，如果不是因为后来买到了靶向药，恐怕就没有后来了。

我爸当时去找这个人，还是那家医院，同样是门诊。他的话变成了都是概率，他们从来没有向任何人做过保证，还让我们接着做，说做多了就有效果了，第一次说的是三次就可以控制很长时间，实在是……

后来我知道了我的病情，在"知乎"上也认识了非常多的朋友，其中有一个在美国的留学生，他在 Google（谷歌）帮我查了，又联系了很多美国的医院，才把问题弄明白。事实是这样的，这个技术在国外因为有效率太低，在临床阶段就被淘汰了，现在美国根本就没有医院用这种技术。可到了国内，却成了最新技术，然后各种欺骗。

　　我现在住院，找到了真正靠谱的技术，家里却快山穷水尽了。

　　但不管怎么说，路还是要走下去，有希望就要活下去，不能让父母晚景凄凉，而且还有那么多人在帮我，这是前两天帮我从香港买药的朋友，一天之内就送到了医院，真的非常感动。

　　希望明天会有好转，柳暗花明又一村，可以找到活下去的办法。

　　写这么多，就是希望大家不再受骗了，这段时间有很多肿瘤病人和家属联系我，问这个医院、这个治疗的人相当不少。希望不再有更多的人受骗。

　　魏则西的文字令人心酸！由此文可以推断出他治病的简单"流程"：相信并搜索百度网站→到武警北京总队第二医院（下称武警二院）就诊→被在此承包的江湖游医福建"莆田系""谋财害命"→病逝。尽管有诸多环节，同时也暴露出我国医疗领域诸多体系性和制度性的根本问题，但毕竟百度搜索和推广是这一切的"入口"和"元凶"。

　　门户网站的搜索功能，往往在网民体验与商业利益方面产生诸多矛盾，谷歌也面临过这样的问题。百度自推出相关功能后，也同样出现此类问题，一直没有处理好。2008年因为三鹿奶粉百度"删负"问题，引发社会广泛关注。新华社和中央电视台都曾予以广泛报道。

　　受"魏则西事件"影响，百度4月25日（周一）早盘股价大跌7.7%。2016年4月28日，百度在其"百度推广"微博账号中对此事做出简单回应。5月2日下午，李彦宏被国家互联网信息办公室（下称国家网信办）约谈。同日，国家互联网信息办公室发言人姜军发表谈话指出，近日"魏则西事件"受到网民广泛关注。国家网信办会同国家工商总局、国家卫生计生委成立联合调查组进驻百度公司，对此事件及互联网企业依法经营事项进行调查并依法处理。

　　5月10日，李彦宏在公司内部发布了《勿忘初心，不负梦想》为题的邮件，对此事进行反思。他说："1月份的贴吧事件、4月份的魏则西事件引起了网民对百度的广泛批评和质疑。其愤怒之情，超过了以往百度经历的任何危机。"他由此得出的结论是百度"失去了对价值观的坚守"。他提出了具体三点整改意见："首先，是重新审视公司所有产品的商业模式，是否因变现而影响用户体验，对于不尊重用户体验的行为要彻底整改。其次，要完善我们的用户反馈机制，倾听用户的声音，让用户的意见能快速反映到产品的设计和更新中，让用户对产品和服务的评价成为搜索排名的关键因素。最后，要继续完善现有的先行赔付等网民权益保障机制，增设 10 亿元保障基金，充分保障网民权益。"他说："这些措施，也许对公司的收入有负面影响，但我们有壮士断腕的决心。"

虽然其他环节和单位不是本文的重点，但还是应该给读者以交代。武警二院是"三级甲等"（下称"三甲"）医院，是我国最高等级的医院，更是部队医院，但它们竟然把相关科室承包给那些江湖游医。至于"莆田系"指福建莆田人在全国各地开办"医院"的总称。它们通过与国家正规医院合作、百度等网站采取竞价排名等方式，误导患者，骗取高额费用。2013 年，莆田市委书记梁建勇曾公开表示："百度 2013 年的广告总量 260 亿元，莆田的民营医院就做了 120 亿元，几乎占百度广告收入的一半。"更为恶劣的是，莆田系医院医疗事故常发，口碑极差，有网友指出，莆田系是医疗行业的巨大毒瘤。至于"三甲"医院与莆田系的合作关系，有曝光合同表明，医院科室分级承包，年利数百万至千万元计。

"魏则西事件"和李彦宏反思仅仅不到半年，据《北京青年报》11 月 21 日报道，在百度上搜索关键词"整形医院"及"医美分期"，发现排在第一位的信息都是莆田系医院。报道还指出有迹象表明，如今莆田系医院仍然稳坐百度关键词竞价排名头把交椅。（撰稿/晋珀）

编者点评：工具往往具有两面性。比如菜刀，它既是正常的生活用品，也可能成为犯罪的凶器。百度搜索竞价排名亦是如此，它是一种传播工具，但如果使用不当或者被一些别有用心的人利用（比如医药方面），就可能造成恶劣后果。那么，其主人就应当负责，比如李彦宏的道歉和对百度的整改。

资料来源：

［1］腾讯科技. 百度血友病吧被卖事件始末. http：//finance. qq. com/a/20160112/061586. htm［2016 - 01 - 12］.

［2］北京青年报. "百度大金主"莆田系再登百度排行榜首位. http：//gz. people. com. cn/n2/2016/1121/c344102 - 29339780 - 2. html［2016 - 11 - 21］.

任志强：地产"大 V"被留党察看

任志强　男，1951 年生，山东莱州人。北京市华远地产股份有限公司原董事长，华远集团总裁，同时兼任北京市商业银行（北京银行前身）监事、新华人寿保险公司董事。任志强专业技术精湛，个性鲜明，有地产大亨、"任大炮"和网络"大 V"（微博上活跃且有着大量粉丝的用户）之称。因发表不当言论，2016 年 2 月 28 日被国家互联网信息办公室责令关闭微博。5 月 2 日，被给予留党察看一年处分。

任志强是非常杰出的企业家，但十足张扬的个性以至于"丧失党性"。2012 年 3 月 8 日，他曾为拙作《中国企业家百年档案（1912—2012）》题词："企业家的精神不只为了赚钱，更是为了创造财富，并通过创造财富而创造价值，通过价值的创造推动社会的进步和社会公平秩序的建立。"现在，任志强"出事"了，有人建议把他的题词撤下来。但笔者觉得，档案就是要"实录"的，不能撤。更何况，过去的东西，是撤不下来的。

任志强出生于"红色"高干家庭。其父母均是"老革命"。年轻时的任志强曾参军，先后任排长、参谋等职，荣立一次二等功，六次三等功。但他个性太强，常常因为不听领导话而挨批。因此，被称为"鸡肋"。

离队后，任志强可谓"不务正业"，但他爱钻市场的"空子"，把一个青年服务社搞得风生水起。1987 年北京市西城区华远建设开发公司成立，1993 年改组为北京市华远房地产股份有限公司。这个时候，任志强进入华远。2000 年，任华远房地产公司董事长。"华远地产"是国内房地产业创立较早的品牌之一，而任志强是当之无愧的创始人。

任志强开始在公开场合发表一些房地产方面的议论，话中"带刺儿"，是地地道道的"刺儿头"。他在公开场合发表观点时依然延续他自己的风格，并不避讳，甚至有种"哗众取宠""语不惊人死不休"的感觉。

2010 年 5 月 7 日，在大连房地产开发协会主办的"大连住宅与房地产业高峰论坛"上，任志强遭遇了"鞋袭"。据了解，这双鞋子是大连一位"房奴"所扔，同时大喊"去死吧"泄愤。一上场便面对这样的尴尬，任志强"调侃"道："在大连，我比总统的礼遇还高。"

向来以言论尖锐著称的任志强，曾针对政府对房地产业的宏观调控多次撰写万言书，被称为地产界议论政策声音最响亮的人，也成了地产界最具争议性的公众人物。但事实证明，虽然他的风格和方式有争议，但基本属实并符合客观规律。

2012 年年底，任志强曾在多个公开场合表示"明年 3 月房价暴涨"的预言。不料，这一说法引来了某人的强烈抗议，甚至是"宣战"。2012 年 12 月 2 日晚，一条这样的微博在深圳地产界疯传："我再次重申我对中国楼市的预言，即一线城市楼价的全面下跌行情即将开始。如果到明年 3 月中国楼市能走出任志强刚刚忽悠的又一波上涨行情，我将于明年两会的开幕当天在北京长安街裸奔 10 公里。如果是相反的行情，请任志强先生在和您一起忽悠的媒体上公开道歉。请陶文杰等任粉见证。"这条微博的作者郭建波系深圳英联国际不动产公司董事长、总裁，英联特约培训顾问。

2013 年 4 月，郭建波发微博贴"裸奔"图并向任志强认输。一时之间，任志强关于房价的预言受到了众多追捧。出现了"信志强，住洋房"的说法。地产大亨任志强也多了一个新的称号：楼市"预言帝"。

2014 年，任志强抛出了"房价是富人讨论的事，没买房活该你穷"的说法。当记者问道"房价什么时候会回归一个合理价位，使得大部分百姓不用一直成为房奴"时，他更是直言："穷人才会嫌房价贵，中等身份以上的人才有资格讨论房价。""过去投资了房产的人今天都是富人，过去没投资房产的人，舍不得买的人活该，该你穷。"

任志强不是"神仙"，那他对政策的预言为什么那么准呢？依靠的无非就是对政策的深入研究和丰富的实践经验。他每次 10 分钟的演讲，至少有一年的准备。其实早在 2002 年时，他就已经聘请了专业团队进行研究，每年耗资数百万元。任志强曾在一次接受媒体访问时公开表示，其身后有一个庞大的研究团队，他每一次的房价预言都是在分析经济规律的基础上得出的，绝非"瞎猜"。任志强身后的专业团队就是"REICO 工作室"。据了解"REICO 工作室"是由全国工商联房地产商会、中城联盟投资基金共同支持建立。此次退休后，任志强打算成立的研究院是基于 REICO 工作室，几家企业和联盟、商会，还有万科共同出钱，共同研究。

2014 年，在"全联房地产商会 2014 年会"上，一向鼓吹房价上涨、前景大好的全联房地产商会执行会长任志强，首次表现出了"谨慎悲观"的态度。他说："房地产开发资金来源已经降到历史最低点，意味着房企没有更多余力用于投资和生产了。"据悉，这是任志强唯一一次对中国房地产持"谨慎"态度。

2014 年 11 月 26 日在《财经》年会上他又指出："中国房价短期内可能会波动，但长期来看房价还会涨，估计仍有 10 多年的上涨期。北京房价也不会下跌。"

2014 年 10 月 22 日，任志强在微博上确认，自己将从华远地产退休。当天的网易新闻报道《任志强退休被指"退而不休"欲创办地产研究院》一文中说："据媒体统计，10 年来任志强 9 次预言房价会涨，每次都言之必中。这下预言帝要退休了，可能还是不会离开房地产行业。"

2015 年，曾准确预言 2013 年房价暴涨的任志强又一次发出"神预测"——2015 年的房价还将继续暴涨！他表示："今年的房价肯定是由负变正的过程，短期内不会高速增长，但当库存消化到一定程度后，房价肯定会回升，这是规律。"

关于任志强的众多言论总是褒贬不一。有人评价："房奴"们骂他"该死"，而业界认为他是中国房价的"一面大旗"。曾有记者问任志强："媒体和社会总认为你在替开发商说话，在意吗？"他是这样回答的："我作为一个行业协会的管理者，就是个利益代言人，要不然要行业协会干吗？汽车协会的不为汽车说话，钢铁协会的不为钢铁说话，那不是傻子吗？欧盟的就得为欧盟说话，欧盟的为美国人说话，那不是神经病吗？"

任志强还是著名的网络"大 V"，他的微博非常火爆，拥有庞大的粉丝群。但后来他发表的一些"妄议中央"的不当言论，使他的"大炮"变哑。

2016 年 2 月 19 日，党的新闻舆论工作座谈会提出"党媒姓党"的要求。随后，任志强在微博上又一次开始了"调侃"。

随后，对任志强的质疑之声在积累中迅速发酵，众多网友纷纷扬言要为微博"大V"任志强"补党课"，满是讽刺。

2016年2月28日，国家互联网信息办公室下发了一条通知，要求新浪网、腾讯网依法依规关闭任志强的微博账号。

2016年5月2日，任志强同志受到了留党察看一年的处分。（撰稿/杨婷婷）

编者点评：无疑，任志强是一位非常成功的企业家和地产商，他将华远打造成地产品牌无论如何都是巨大的成功。同时，他也是一位敢于直言的"诤商"，从自己丰富的实践经验中提炼出真知灼见，原汁原味毫无遮拦。当然了，辩证法告诉我们，任何事情都是多面和有限度的，任志强既是企业家也是国企领导干部，更是一名共产党员，在微博上乱放"大炮"，显然是不合适的。任志强为后来的企业家们提供了一个借鉴。

资料来源：

［1］新华网. 郭建波任志强赌约如期而至　郭总会在长安街裸奔吗. http：//news. xinhuanet. com/fortune/2013 – 03/03/c_ 124410115. htm ［2013 – 03 – 03］.

［2］搜狐财经. 任志强：房价是富人讨论的事　没买房的活该你穷. http：//finance. ifeng. com/a/20140627/12621614_ 0. shtml ［2014 – 06 – 27］.

［3］亚汇网. 任志强最新言论：首次谨慎悲观看待楼市. http：//www. yahui. cc/economy/China/775049 – 1. htm ［2014 – 02 – 15］.

［4］腾讯新闻. 任志强到底违反了什么. http：//news. qq. com/a/20160227/015768. htm？qqcom_ pgv_ from = aio ［2016 – 02 – 27］.

［5］网易新闻. 任志强退休被指"退而不休"欲创办地产研究院. http：//news. 163. com/14/1022/17/A966F1LK00014JB5. html ［2014 – 10 – 22］.

［6］网易新闻. 地产"预言帝"任志强背后：每年百万养专业研究团队. http：//news. 163. com/14/1022/18/A96CGT6P00014SEH. html ［2014 – 10 – 22］.

昝宝石：优秀民营企业家遭绑架

昝宝石　男，1961年8月22日生，山西省大同市蔚州疃村人，硕士学历，高级工程师，大同市华岳建设集团公司董事长，北京轻工房地产开发有限公司董事长，曾荣获"山西省劳动模范""山西省慈善事业突出贡献人物"等称号。2016年5月10日上午9时左右，他在从家中去公司的路上遭遇绑架。18小时后，被警方成功解救。

2016年5月10日12时30分许，山西省大同市公安局城区分局接到报案，"大同市华岳集团公司董事长昝宝石被绑架，绑匪索要赎金2000万美元（约1.3亿元）。"

报案人是大同市华岳集团总经理董继伟，据他描述，董事长昝宝石于上午9时左右从家出发前往公司，在路上遭遇绑架。

接到报案后，大同市公安局当即成立"5·10"特大绑架案联合指挥部，实行全市布控，协调包括朔州市公安机关在内的500余名警力展开侦破。同时，由局党委委员、局长助理王文成带领10个侦察小组，对位于大同以南20多公里处的朔州市怀仁县毛皂村，进行秘密搜查。

据毛皂村村委会委员王喜录回忆，5月10日晚上，他接到村支书的通知："警方有一个让村里治保队参与摸排的协查通知。""说有涉嫌绑架的嫌疑人可能进了我们村，开着一辆晋B牌照的黑色越野车。"

5月11日凌晨5时30分许，搜查人员发现了犯罪嫌疑人的活动轨迹，6时10分，搜查小组在毛皂村路边发现了一辆双环牌车辆，相隔不远处还停放有一辆宝马车。专案组警察初步确定此为嫌疑车辆。之后迅速发布指令，缩小包围圈、开始围捕。

不料，车中的绑匪受到"威胁"后开始"疯狂"扫射，瞬间"点燃"战场。"起初是'啪''啪'的两声，像小鞭炮一样的声音，后来枪声连着响起来，特别密集。"王喜录回忆说。

专案组警察果断还击，最终，当场击毙 2 名犯罪嫌疑人。据毛皂村的村民说："一名身着深色衣裤的男子仰面躺在一棵小树后面，另一名躺在马路上，也已经死亡。"

案件历时 18 小时，人质安全解救，成功告破。警方在现场缴获作案交通工具 2 辆，仿"五四式"手枪 2 支，弹夹 4 个，子弹 31 发。查明犯罪嫌疑人分别为：仝某某、贾某某，均是大同市南郊区人。

自此，这起重大绑架案以昝宝石被成功解救暂告一段落。

据了解，山西大同华岳集团公司 1997 年成立，现为一家集房地产开发、建筑施工、物业服务、商业贸易、热电联产为一体的综合性股份制企业集团。发展期间历经艰苦创业、转型跨越等多重磨难，成功拥有 8 家控股子公司和 3 家参股公司，注册总资金达 2.7 亿元，总资产 42 亿元。先后被评为山西省"优秀民营企业""诚信纳税先进企业""守合同、重信用企业""AAA 级信用度企业"，被大同市委、市政府授予"模范单位"、文明和谐单位等。

华岳集团获此荣光，让各级领导及同行业者都刮目相看，昝宝石作为华岳集团的董事长也成了头顶巨大光圈的人。

翻开昝宝石的"人生简历"，跃入眼帘的是一位敢于拼搏、下海创业的先行者，一位勇于实践、不断学习的进取者，一位勇担责任、乐于奉献的企业家。

20 岁，他踏入市场经济的大浪潮中开始驰骋"新天地"。做粮油，当技术员，干泥瓦工，他什么都尝试。渐渐地他"瞅准"了建筑行业的发展前景，之后，便一心为之奋斗。

昝宝石是一个懂得"寻贤、用贤"的人，懂得用技术、人才来"武装"公司。他用重金挖回各类专业技术管理人才多达 170 人，不仅如此，他还花大价钱购置了科技含量更高的设备。日复一日奔波工地，"滚战"工地现场，严格把关，查找不足，这些都是他所坚持的"科技兴企"。

坚持总是有收获的，华岳集团在昝宝石的引领下相继建成了大同市龙府花园小区、建馨小区、福薇小区等首批居民住宅以及新世界购物广场、大同铝材厂机修、挤压车间及厂区建设，大同经济开发区道路工程、日处理 10 万吨污水处理厂总承包工程等颇具影响的精品工程。这些"鳞次栉比"的建筑群使华岳集团骄傲地站在了山西省大同市城市建设的发展前列，享受着众多赞许的目光。

但站上人生"高峰"的昝宝石，并未被鲜花和掌声"迷乱双眼"。他人性的光辉在这时显得更加夺目。据大同市一位政府领导介绍："在城市建设中，当时财政资金暂时有困难，昝宝石力主华岳集团垫资 5000 万元，用于道路扩建工程，年上缴税金 800 余万元。"" 昝宝石是一个有社会责任感的人,在政府需要的时候,他能为政府分忧。"这是政府领导对他的评价。昝宝石带领的华岳集团安排了数百名下岗员工再就业,为上千名农村剩余劳动力解决了出路,解决了政府工作的"燃眉之急"。不仅如此,华岳集团累计向社会捐赠金额达到了 650 多万元。为大同城市绿化捐款 100 万元;为城市道路改造垫资 5000 多万元;为方便市民出行捐资 80 万元;为阳高县贫困山村修建机井捐资 12 万元;为开发区蔚洲疃村兴建幼儿园捐资 100 万元;为支持希望工程,帮助 34 名失学儿童重新走进校园;在 2008 年的"5·12"汶川大地震之后,昝宝石不仅发动员工捐款捐物,而且主动请缨,向市政府要求在余震不断的情况下,赶赴灾区,为灾民建设活动板房等抗震建筑,被都江堰市紫坪铺镇政府授予"抗震救灾的重灾区,千里驰援情暖人心"的锦旗。

昝宝石因此被评为"山西省劳动模范"和"山西省优秀民营企业家",并荣立"社会主义劳动竞赛"二等功。

对于这样的荣誉,昝宝石很低调,他说:"壮大自我、服务社会是一种责任,奉献社会和人民是一种使命,关心弱势群体是一种胸怀。"

这是一位有着至高觉悟的民营企业家,一位默默耕耘、拼搏奋斗的企业家,他的财富也好,荣誉也好,无一不是通过其汗水浇灌而得。而就是这样一位企业家,却遭遇了如此凶险的绑架,让人唏嘘、惊诧和深思。(撰稿/杨婷婷)

编者点评:关于"山西大同华岳集团昝宝石被绑架"的新闻早已变为旧闻,可对于众多企业家来说仍然是"心有余悸"。优秀的企业家们在用智慧、用汗水为社会创造财富,可是本分和善良却并没有给他们回馈一份"铠甲"。他们站在金钱、荣耀的高端,受到美慕的同时,更是受到了"嫉妒"和"恨"的威胁,受到了"小人"的"觊觎"。绑匪的恶行必须严惩,但更重要的是在文化层面消除对企业家的偏见。《中国企业家档案》一直在坚持呼吁:要给企业家创造良好的生存环境、发展环境。自此,编者深觉我们的工作任重而道远。

资料来源:

[1] 新京报. 山西富商昝宝石被绑现场:枪声密集警察胳膊被打穿. http://www.henan100.com/news/2016/599671.shtml [2016-05-13].

[2] 大同网. 劫匪绑山西富商昝宝石要两千万美金,昝宝石个人资料背景曝光,竟这么有钱. http://www.qlwb.com.cn/2016/0512/619461.shtml [2016-05-12].

王欣：涉嫌"快播"淫秽物品被判刑三年半

王欣　1980 年 3 月 12 日生，湖南郴州人，毕业于南京邮电大学，深圳快播科技有限公司创始人兼前 CEO。因涉嫌传播淫秽物品牟利，于 2014 年 8 月被抓获。2016 年 1 月 7 日上午，快播公司及主管人员涉嫌传播淫秽物品牟利案在北京市海淀区人民法院一审开庭审理。当时，王欣他们表示自己无罪。2016 年 9 月 8 日该案再次开庭审理。13 日上午，法院宣判：王欣获刑三年六个月，罚款 100 万元；快播公司判处罚金 1000 万元。

"快播"是"80 后"的王欣第二次创业。他毕业于南京邮电大学，毕业后被分配到国有企业工作。因为不满于国企论资排辈、效率低下的工作氛围，毅然"下海"创业。他在深圳创办了点石软件有限公司，主要做音乐交换软件。其间，他认识了著名的盛大网络科技有限公司创始人陈天桥并得到他的赏识。2005 年，他到盛大公司任职 SDO（服务数据对象）部门助理总监，主导"盛大盒子"的研发。不久，他离开盛大，再次自主创业。

2007 年 12 月，在深圳市福田区车公庙一间普通的农村平房里，王欣成立了深圳快播科技有限公司，与他的 4 个小伙伴开始创业。

点石时，王欣做的是音乐交换软件。快播时，他们主要做的是视频播放整合软件，并命名为"快播"。不久，他们搭上了 P2P 技术的快车，开发了快播网页播放器和快播服务器软件。短短 4 年之后的 2011 年，快播成为全中国市场占有量第一的播放器。当时的用户达到 3 亿人，而当时全国的网民数字是 5.38 亿人。

对于 IT 行业尤其是软件之类，一般读者不太容易理解。王欣曾形象地解释说，"快播"软件就像是一台 DVD，既能播放自己的节目，也能播放别人的节目；其实，快播还是一款功能强大的视频搜索引擎，它把所有视频播放网站都连接了起来。在快播中，不仅可以找到所有的视频网站，而且所有视频网站播放的节目都能通过快播向国际互联网快速播放。快播最后出事就是因为"播放"了别人的节目，其中夹带有大量的淫秽色情内容。也就是说，大量带有淫秽色情内容的节目通过快播向全球进行了播放。

如果说没有快播以前，各视频网站播放的淫秽色情等不健康的节目也只是影响到网站自己的网民的话；那有了快播以后，它们就上了播放的"快速"和"高速"公路，影响的就是全球网民。

"快播"发展很快。但是，像其他传播软件一样，"盗版"和"色情"这两个阴影也如影随形。"快播"的精英们不仅没有认识了这个问题，甚至还有些放纵。

2013年11月18日，北京市海淀区文化委员会从某技术有限公司查获快播公司托管的服务器四台。后北京市公安局从上述服务器中的三台服务器里提取了29841个视频文件进行鉴定，认定其中属于淫秽视频的文件为21251个。

2014年4月，公安部门对快播公司网上传播淫秽色情信息一案进行了立案调查。其时，王欣出逃。一直到8月，公安机关网上追逃，王欣被抓捕归案。

海淀区人民检察院经依法审查后查明，被告单位快播公司自成立以来，该公司主管人员王欣、吴铭、张克东、牛文举以牟利为目的，在明知其公司免费上传到国际互联网的QVOD媒体服务器安装程序及快播播放器被网络用户用于发布、搜索、下载、播放淫秽视频的情况下仍予以放任，导致大量淫秽视频在国际互联网上传播。他们的行为均已触犯了《中华人民共和国刑法》第三百六十三条、第三百六十六条、第三十条、第三十一条之规定，构成传播淫秽物品牟利罪，并于2015年2月6日向北京市海淀区人民法院提起公诉。

2016年1月7日，快播涉嫌传播淫秽物品牟利案在北京市海淀法院开庭审理。在第一次的庭审中，王欣他们是不认罪的。

2016年9月9日，快播涉嫌传播淫秽物品牟利案在海淀法院第二次开庭审理。前快播公司高管王欣、张克东、牛文举均表示认罪悔罪。快播公司CEO王欣当庭表示，我认罪认罚，我对指控的事实和罪名没有意见，在我第一次开庭的时候对证据我没有否认过，只是说当时我的观点是认为我们没有主观的违法犯罪行为，我偏执地认为我没有犯罪。但是通过这么长时间的思考，我觉得我有必要对自己深刻的反思。我认为在这个事情我们有一定的错误，传播淫秽视频是不争的事实，出现问题之后我们没有采取更加有效的监管手段，特别是我也没有对公司进行业务转型，色情视频的传播也是对公司有"帮助"的。我觉得我们在社会责任跟公司利益两个问题上，我们更多地选择了公司利益，这些淫秽色情内容对很多用户造成了伤害，很多还是青少年，这也是一种失职，一种犯罪，如果一家公司违法，作为公司的CEO应该承担这些责任。他说，借这个机会对受到伤害的网民道歉，如果还有机会创业，会把所学到的技术专业服务于社会，希望快播的案例成为行业自律的警示。

王欣坦诚，我们可能确实存在一些惰性或侥幸思想，影响到的不是几个人，而是有可能是一代人。他后来语气哽咽地说，一个产品即便做大做强了，今天失败了，走向灭亡了，也不会有好结果，这是我自己的总结，也是对这个行业的从业者的一个忠告。

其实，快播公司还牵扯一项不正当竞争的问题。当大量的淫秽色情视频通过"快播"快速传播的时候，也就是"快播"快速敛财和牟利的时候。其时，同行中像腾讯视频、乐视等众多著名的视频网站及版权方的正当营销便受到极大冲击，相关的知识产权也受到严重侵害。2013 年 11 月 3 日，腾讯等公司向他们提起公诉。13 日，优酷土豆集团、搜狐视频、腾讯视频、乐视网等联合发起"中国网络视频反盗版联合行动"，矛头直指快播等网络视频盗版和盗链行为，并提出 3 亿元的赔偿。2013 年年底，在由中央四部委联合发起的打击网络侵权盗版专项治理"剑网行动"新闻发布会上，百度和快播同时被点名，百度发表声明表示加大力度打击盗版，而快播在当时没有特别公开回应。2014 年 5 月检察院批准逮捕王欣时，他一度出逃。5 月 20 日，深圳市市场监督管理局对快播进行行政处罚，拟对快播处以 2.6 亿元罚款。不过，这两次的庭审都不涉及行政处罚的问题。

2016 年 9 月 13 日上午，北京市海淀区法院对被告单位深圳市快播科技有限公司及被告人王欣、吴铭、张克东、牛文举涉嫌传播淫秽物品牟利罪一案进行公开宣判。CEO 王欣获刑三年六个月，罚款 100 万元；快播公司判处罚金 1000 万元。（撰稿/晋珀）

编者点评：王欣等人的创新创业精神必须肯定。但技术说到底是为人来服务的。因此，无论多么先进的传播技术，如果它传播了不正当的内容，比如"快播"传播了淫秽色情物品，自然就是犯罪行为。还有那句话，"铁路警察，各管一段"，所有网站都应对传播内容承担法律责任。"互联网＋"时代，虚拟世界不是法外之地，任何人都得遵守法律，否则必然是法律的严惩。

不过，毕竟是年轻人，还是要给予改过的机会。因此，该稿件我们放到了"灰色"部分，需要认真思考一下。

资料来源：

[1] 人民网. 快播案再开庭王欣当庭认罪　盼该案成行业自律警示. http：//media. people. com. cn/n1/2016/0910/c40606 - 28705677. html［2016 - 09 - 10］.

［2］搜狐财经. 快播公司当庭认罪，王欣：我曾偏执地认为我没有主观犯罪行为. http：//business. sohu. com/20160910/n468147475. shtml ［2016 – 09 – 10］.

［3］新浪网. 快播 CEO 王欣获刑 3 年 6 个月 快播公司被判罚 1000 万. http：// news. sina. com. cn/c/2016 – 09 – 13/doc – ifxvueif6678280. shtml ［2016 – 09 – 13］.

范垂华：糟糕政治生态的受害者

范垂华　男，1958 年生，原辽宁中宇房地产开发有限公司董事长。曾因涉嫌偷税和诈骗罪错判入狱 5 年多，其邻近省委大楼的中宇花园 280 套房产被不正常交易，他也因举报辽宁原省委书记王珉等高官受到打击，成为辽宁糟糕政治生态下的受害者。

　　范垂华原来在国企电力系统工作，1997 年下海经商。不久，他获悉位于沈阳主干道南五马路上、距离辽宁省委大楼仅 500 米远、寸土寸金的辽宁省水电勘测设计研究院宿舍要改造的消息。当时，这个工程的"主人"是一位省领导的女婿，但他们的资金链出现问题，拆迁也进行不下去，正在寻找下家。范垂华感觉投资房地产是一大利好，2000 年注册成立了辽宁中宇房地产开发有限公司，把这个工程接了下来。后来他就建成了两栋 28 层 200 多套房总计 4 万平方米住宅和 1 万平方米商业用房的中宇花园，并办理完了全部销售手续，决定 2003 年 6 月 6 日开始发售。

　　但是，6 月 2 日，突然有大量的政府和公安人员出现在中宇公司和范垂华的家中，搜查了他们所有的公司证照和商品房销售手续。其中，沈阳市公安局经侦支队扣押物品 11 件，主要有会计账簿、工商税务登记、印鉴等；沈阳市检察院反贪局向范垂华出具的"暂扣单"显示，扣押物品 19 件，包括房屋拆迁许可证、营业执照、国有土地使用证、建设工程规划许可证、税务登记证（正本）、商品房预售许可证等。

　　第二天，当范垂华去索要时，被直接扣押。几番暴打之后，先是要他承认向某些官员行贿，后来又要他承认偷税。行贿范垂华确实没有，而且也不能无中生有地牵扯别人，因此他顶住了。但他顶不住越来越残忍的暴打，最后他选择"承认"偷税 52 万元，并因此被沈阳中级法院判刑 4 年！

　　在被关押之时，范垂华还被迫签署了一份"授权委托书"，授权王晓丽处理动迁事宜。

　　那么，没有偷税的范垂华为什么被抓并判刑，其中就牵扯到这个叫王晓丽的女人。王晓丽曾代表国企辽宁省直地产公司"注资"500万元到中宇公司，使其注册资金由原来的550万元增加到1050万元，王晓丽也因此被范垂华任命为财务主管。但是，范垂华很快发现王晓丽背着他有多笔假账，其中就有在省直地产注资前，先从中宇账上支走了500万元。范垂华因此撤销了王晓丽财务主管的职务，由此引发了之后一系列的蹊跷事件。

　　范垂华的牢狱噩梦远未结束。就在他的"偷税"案件未了之时，又牵扯他1995年的一个民事纠纷，检察院要以合同诈骗起诉。于是，两罪并罚，范垂华被判刑14年。

　　范垂华不服，向辽宁省高级法院提起上诉。

　　但是，就在范垂华被关押和上诉期间，中宇花园的那200多套住房被悉数"销售"——价格为2000多元/平方米，而当时的市场价是5300元/平方米。销售资料显示，这些购房者有众多沈阳公安系统高层人士或其亲属，还有多位前沈阳市长慕绥新腐败案的涉案官员亲属。有人购置一套，有人购置多套。沈阳市原市长慕绥新的司机之妻薄某购买了一套，慕绥新案同案犯、沈阳市电信局原局长邵文章之女购买了两套……而所有的房款都去向不明，留给范垂华和中宇公司的，只有拖欠承建商的巨额欠款。

　　辽宁省高级法院经过审理，裁定沈阳中院的范垂华合同诈骗罪有问题，发回重审。2008年，沈阳中院重审判定范垂华无罪。至此，范垂华被关押已达5年，早已超过他的偷税4年刑期，于是他走出了监狱的大门。后又经过两年的申诉，辽宁高院也裁定他的偷税罪不成立，宣告其无罪。至此，范垂华两项罪名全部洗脱，恢复了清白。此后，沈阳市沈河区法院和沈阳市中级法院相继做出赔偿决定书，分别就错误审理其"偷税罪"和"合同诈骗罪"赔偿其24.7万元和8.5万元。

　　既然范垂华无罪而且获得了国家赔偿，那当年扣押的他公司的所有证照都应该归还他，还有他那200多套房产的权益也应该归还他。谁知，这又是一个漫长的征程。

　　好在当初范垂华被关押时，他预感到这不只是简单的偷税和诈骗的问题，问题要复杂和严重得多，他不知道将来会有什么样的危险在等着他，他对"后事"做了一定的预防：他一方面通过律师公开登报声明，解除对王晓丽的一切授权，并全权委托公司副董事长、其妻李玉霞代理行使董事长职务；另一方面，2003年年底向沈阳市房管局递交了一份停止办理中宇花园项目房产登记的书面材料。

正是这些材料，预防了房产的产权变更，使之后的"销售"成为非法，他的维权也成为可能。

出狱后的范垂华面临的形势非常复杂。首先是他的公司性质问题，在工商信息中，登记的中宇公司是国企控股。范垂华不明白，当初那个国企在注资前已经偷偷转移了等额的资金，也就是说，他们是虚假注资。即便是真注资，他们的资金也达不到50%，怎么会控股呢？2009年，范垂华将辽宁省工商局起诉法院，理由是辽宁省工商局发布虚假信息；同时也以虚假出资为由将辽宁省直地产起诉到同一法院。但就在辽宁省直地产在法庭上承认没有向中宇地产注资的情况下，2015年4月，法院仍然认定中宇地产是国有控股企业。

他要拿回自己的房产，要先拿回被扣押的公司各种证照和资金。2009年6月25日，辽宁省公安厅对范垂华申请返还被扣押物品做出书面答复意见书，称："沈阳市公安局经侦支队将暂扣物品返还给被扣押人之外第三人的做法是错误的，应予纠正；应当依法将扣押物品返还给有权代表被扣押人的扣押单持有人范垂华。"至于资金，10月2日，沈阳市公安局从沈阳市纪委一秘书个人账户中支取了13万元（这是扣押的中宇地产公司12.5万元现金和6年多的利息）。范垂华大惑不解：扣押钱款为何存进了私人账户？至于证照，当时都在王晓丽手上。2009年范垂华将沈阳市政府、沈阳市公安局列为被告，把王晓丽等列为第三被告，向沈阳市中院提起行政诉讼，要求返还证照。沈阳中院不予受理，辽宁高院维持中院的裁定。2010年5月，范垂华向最高法院提起行政再审申请，2011年2月，最高法院认为"原裁定违反法律、法规规定，指令辽宁省高级人民法院再审本案"。2015年，法院作出判决，公安局将扣押物品给了王晓丽就是给了中宇地产……

无奈，范垂华改为将沈阳市检察院起诉至辽宁省高院，请求法院确认当年沈阳市检察院扣押中宇地产19件证照的行为违法，以及由此导致后来一系列证照被使用行为使得中宇地产的房屋被买卖、抵押、备案，最终造成了损失，总计要求沈阳市检察院赔偿2.6亿元。2016年5月26日，此案在辽宁高院开庭审理。被告沈阳市检察院当庭表示，办理范垂华案是沈阳市纪委领导批示，扣押是按照上级指示办理，扣押物品后来给了建委，建委又给了其他人……

作为一介草民，此时的范垂华还有什么办法呢？

其实着急的除了范垂华，还有那些购房者。如果范垂华将来赢了官司，那么他们的购房岂不是"偷鸡不成蚀把米"？直到现在，他们已经"买房"10多年了，一直空置，几乎没人"乔迁"居住。于是，这些人想"私了"，其中就有原辽宁省政法委书记苏宏章的至亲。范垂华当然拒绝了，所以他也"当然"更

"麻烦"了——他可能不知道政法委书记是管什么的！他更不知道，苏宏章在省人大代表选举全国人大代表时，有"在民主推荐、选举中搞拉票贿选等非组织活动"。其实，2011 年苏宏章由沈阳市委副书记连升两级成为省委常委、省政法委书记，就是靠贿赂得来的。

　　范垂华还将他的情况向当时的辽宁省委书记王珉反映。王珉没有通过法律途径解决，而是将他的材料批转给信访部门。王珉后来调任第十二届全国人民代表大会教育科学文化卫生委员会副主任，因对"辽宁省有关选举发生拉票贿选问题负有主要领导责任和直接责任"，于 2016 年 3 月 4 日落马。

　　2011 年起，范垂华实名举报王珉等省市高级官员……令他想不到的是，他揭开了辽宁省人大贿选案的"天字一号"的盖子……

　　近年来，辽宁经济下滑，更有"一个时期辽宁全省普遍存在经济数据造假问题"。辽宁省委书记李希说，辽宁经济出现的困难，有结构原因，有体制机制原因，也有政治生态的原因。"事实表明，辽宁经济下滑，与贿选等不良政治生态有很大关系。"（撰稿/晋珀）

　　编者点评： "办理范垂华案是沈阳市纪委领导批示，扣押是按照上级指示办理……"作为被告的沈阳市检察院在法庭上的话可谓一针见血。当执法人员枉顾事实与法律，一味地依领导特别是掺杂私利的领导的指示、批示而动，企业家范垂华自然是好不了，沈阳乃至辽宁的经济自然是好不了。长此以往，全面依法治国便是一句空话。

　　资料来源：

　　［1］东北新闻网. 沈阳黄金地段一楼盘空置十年 近 200 套房去向不明. http：//www. anhuinews. com/zhuyeguanli/system/2011/06/10/004131291. shtml［2011 – 06 – 10］.

　　［2］中国新闻周刊. 揭秘辽宁贿选众生相：有人将贿金捐寺庙求安. http：//news. sina. com. cn/c/zs/2016 –09 –14/doc – ifxvukhx5154336. shtml［2016 –09 –14］.

　　［3］辽宁党建网. 起底辽宁拉票贿选游戏规则：两会前成贿选旺季. http：//www. lndangjian. org. cn/wjggxq. asp？bigclassname = % B5% B3% B7% E7% BD% A8% C9% E8&id = 2904［2016 – 09 – 19］.

牟其中：与信用证诈骗没有直接的法律关系

牟其中　男，1940 年 6 月 19 日生，重庆市万州人，大专文化程度，南德经济集团法定代表人。2000 年 8 月，因"信用证诈骗罪"终审被判处无期徒刑。牟其中不服判决，一直申诉。2016 年 5 月 30 日，湖北高法民事再审判决：南德集团与信用证没有直接的法律关系。9 月 27 日，牟其中出狱。

牟其中的事情在拙作《中国企业家百年档案（1912—2012）》中已经有所记录，现在，继续"实录"他的"档案"。

2000 年 5 月 30 日，武汉市中级人民法院一审判决：南德集团、牟其中等犯有信用证诈骗罪，牟其中被判处无期徒刑，并被剥夺政治权利终身。

同年 8 月 22 日，湖北省高院做出终审裁定，维持武汉中院一审判决。

牟其中对判决不服，并且一再声称"认定事实有误""适用法律不当"。他强调指出：南德集团没有申请开立信用证的权力，定性的关键证据有假，并认为存在法外因素的干预。

2000 年 9 月 1 日，牟其中由武汉市第二看守所转到湖北省洪山监狱开始入监服刑。在这里，他一直待到 2016 年 9 月 27 日出狱。

在刑事判决随后的民事审理中，2002 年 7 月 6 日，湖北高院终审判决："鉴于南德集团并非直接与中行湖北分行构成信用证关系，依据交行贵阳分行向湖北轻工出具的《见证意见书》，又不能认定南德集团为中行湖北分行信用证项下债权的从债务人""中行湖北分行在依约湖北轻工申请开立信用证……湖北轻工未依约定偿还中行湖北分行垫付的资金，应承担民事责任……交行贵阳分行为开立信用证提供保证担保，是其真实意思表示，不违反有关法律规定，应为合法有效，应承担连带保证责任。"

这样，民事审理的结论，从根本上推翻了刑事判决书认定的事实基础。法院的刑事、民事判决，显然自相矛盾。

其后，牟其中一直由夏宗伟等人代为申诉。

2002 年 2 月 5 日，贵阳交行不服判决，提出上诉。

2002 年 5 月 27 日、28 日，湖北省高级人民法院再次公开开庭审理这一民事案件。

2002 年 7 月 12 日，湖北省高级人民法院依法做出终审判决：驳回上诉，维持原判。

贵阳交行不服判决，再次向最高人民法院提出申诉。

2002 年 12 月 5 日，湖北高法向南德集团送达了另 4 份裁定书，称"因与本案有关的案件被依法提起再审，本案须以该类案件的审理结果为依据。因此，本案依法中止诉讼"。

2003 年 2 月 18 日，南德集团收到最高人民法院于 2002 年 11 月 29 日做出的民事裁定，裁定：①指令湖北省高级人民法院另行组成合议庭进行再审；②再审期间，中止湖北省高级人民法院民事判决的执行。

2003 年 3 月 19 日，南德集团及牟其中、夏宗伟向湖北省高级人民法院、最高人民法院依法正式递交了刑事申诉书，以期对信用证诈骗案的依法重新审理，还原事件的真相。

2004 年 2 月 10 日，南德集团理事会接到湖北省高级人民法院审监二庭的电话通知，正式启动有关南德的民事案件的再审程序。

2004 年 3 月 19 日，南德集团代理人夏宗伟正式收到民事再审的开庭传票，传票通知：关于涉及南德集团的信用证垫款及担保纠纷一案，定于 2004 年 3 月 30 日至 4 月 2 日在湖北省高级人民法院新审判大楼公开开庭审理。

2004 年 3 月 26 日，代理人夏宗伟接到湖北高法的专项电话通知：延期开庭审理；3 月 29 日正式领取了书面的《延期开庭审理通知书》。

2006 年 1 月 1 日，《最高人民法院关于审理信用证纠纷案件若干问题的规定》（法释〔2005〕13 号）正式颁布实施。

2011 年 7 月 6 日，湖北高法审监三庭电话通知代理人夏宗伟，准备恢复民事再审开庭，并说开庭时间大约在 9 月。

4 年之后的 2015 年 3 月 25 日，代理人夏宗伟被通知恢复开庭，并领取了湖北高法于 2015 年 3 月 28 日发出的正式的恢复民事再审的《传票》。

2015 年 4 月 16 日，又被通知领取了《延期开庭审理通知书》。这是自 1998 年 8 月 18 日开庭以来的第四次延期。

2015 年 8 月 21 日，代理人夏宗伟再次接到湖北高法关于恢复再审开庭的通知，并于 8 月 24 日在湖北高法领取了开庭《传票》和《庭前会议通知书》。

2015 年 9 月 22 日，湖北高法审监庭就贵阳交行申诉的原告为中行湖北分行、被告为湖北轻工、贵阳交行、南德集团的信用证垫款及担保纠纷一案公开开庭进行了再审。

2016 年 5 月 30 日，湖北省高级人民法院终审判决书判决：南德集团不是湖北中行信用证案件的当事人，与信用证没有直接的法律关系，湖北中行的信用证垫款由湖北轻工偿还，贵州交行承担连带清偿责任。

至此，历时 18 年的这一民事纠纷终于画上了句号。

民事判决中"南德集团不是湖北中行信用证案件的当事人，与信用证没有直接的法律关系"的认定，使原来的判处牟其中无期徒刑的刑事判决就成了"无本之木"，2016 年 5 月 30 日，南德集团代理人夏宗伟在湖北高法查询得知，南德集团及牟其中的刑事申诉经过立案庭初审之后，已于 2015 年 10 月 21 日正式予以立案。刑事改判已成定局，相应的国家赔偿或将在所难免。

牟其中"刑满释放"当天，南德集团理事会和夏宗伟发表了《南德集团理事会关于牟其中先生刑满释放的声明》。《声明》最后说："胜诉后的南德集团将立即启动南德试验（Ⅱ）——在更大的范围内用实践来证明以智慧为中心的生产方式，比以资本为中心的生产方式具有无可比拟的全要素生产率，从而为全世界贡献出社会主义生产方式和一种可复制、可普及的全新企业制度。"

牟先生虽年事已高，但健康尚可。他曾得诗一联"人生既可超百载，何妨一狂再少年"，与苏东坡的"老夫聊发少年狂"产生了共鸣。

2016 年 12 月 5 日，牟其中授权他唯一指定的代理人夏宗伟在其官方微信公众号上发布声明，表示最近网上突然出现一批假借牟其中及南德集团公司名义在各地召开"牟其中商业智慧研究会""牟其中商业智慧论坛"等商业活动，行为已经构成侵权，希望各界保持警惕。同时她还透露，南德集团的复业相关工作正在抓紧进行，并计划通过办学传播南德实验理论，南德集团有望半年后恢复办公，夏宗伟在接受《每日经济新闻》采访时说："18 年的时间需要一个恢复的过程，牵涉到很多事情，得一步步去做。"（撰稿/晋珀）

编者点评： 牟其中案件还没有最终审理完毕。但为什么同一案件事实，面对同一部法律，不同的法院和法官会有巨大的认识反差。前后否决的"通知"及自相矛盾的结论，实在有损法律的严肃性。全面依法治国，任重道远。

参考资料：

[1] 新华通讯社. 牟其中因信用证诈骗罪被判无期徒刑. http：//news. sina. com. cn/china/2000 - 05 - 30/93747. html ［2000 - 05 - 30］.

[2] 搜狐财经. 服刑 16 年，中国前"首富"牟其中出狱. http：//business. sohu. com/20160927/n469263862. shtml ［2016 - 09 - 27］.

陈光标：慈善界的"另类""光标"

> **陈光标**　男，1968年7月生，江苏泗洪人，曾任江苏黄埔再生资源利用有限公司董事长。自2008年四川汶川大地震以来，他"高调行善"，后更走出国门"善"及日本和美国，誓做中国乃至世界慈善界的"光标"。虽然成绩"斐然"，但他的"暴力慈善"和"造假人生"仍受到不少的质疑和非议，发人深省。

本文上接《中国企业家百年档案（1912—2012）》中"标哥"陈光标的"慈善"事迹。

2012年4月11日，陈光标落选第七届中华慈善奖，据媒体分析，"'落选'原因和其颇具争议的慈善方式有关"。但是，"标哥"仍然一意孤行地"高调行善"。

2012年8月11日，陈光标用锤子砸铅酸电池电动车，宣传环保。不过，当天的活动陈光标没有捐什么钱。至于他说的投资3000万元生产铅酸电动车后又为环保关闭一事，也不得而知。

2012年年中，标哥承诺给"钓鱼岛游行"中被砸日系车辆"以旧换新"。10

月 10 日，以旧车换新车仪式在南京举行，"新车为国产品牌吉利帝豪 EC8，共 43 辆，总价值超 500 万元"。但有人测算，吉利帝豪 EC8 报价在 10 万～20 万元，低于日系车。"标哥"给换的肯定只是"一般"车了，况且他是"团购价"应该远低于"一般"价了。还有，"标哥"本人就是"以旧换新"的高手，这些被砸车辆基本上都能修好，修不好的保险公司还有相应的赔偿，令人有一种上当受骗的感觉！

2012 年 7 月，曾经在 2001 年北京大学生运动会获得两枚金牌的国家体操队员张尚武卖艺乞讨的新闻引发了全社会的关注。"标哥"又主动联系张尚武，说要聘任他为公司的高级职员。在此后的大约 110 天的时间里，张尚武从陈光标那里拿到了 10.2 万元——这是他 27 年的人生里最丰厚的收入。但是，张尚武最终还是选择离开了陈光标。因为"标哥"对张尚武的太多的承诺根本没有兑现，况且他的职位毫无"高级"可言。他感言："我的尊严早就不知道丢到哪里去了，请问什么是尊严？"

对运动员的"慈善"，陈光标也曾想用在作家身上。2012 年 10 月，他要给"诺奖"得主莫言"奖励"一套北京的大房子。莫言的哥哥管谟欣代表莫言回应说："谢谢陈光标盛情，但无功不受禄，莫言不要陈光标的别墅。"

2012 年 12 月 21 日，陈光标自称说要拿出 2.3 亿元巨资来奖励青少年发明创新者。他甚至把这些钱堆成高 1.6 米、长近 17 米的"钱山"拍成照片"曝光"。结果，"很遗憾未有一人中奖……"

2013 年 1 月 12 日，陈光标和钢琴家郎朗向南京市环卫工人、劳动模范和贫困家庭捐赠了 5000 辆自行车，倡导"绿色出行"。结果钢琴家郎朗拒绝戴这顶"环保"帽子。2013 年 4 月，陈光标参与四川省雅安市抗震救灾，现场向灾民分发了 30 万元现金。不过看照片，除了陈光标满脸堆笑外，灾民们几乎没有什么笑脸，甚至满是疑惑和尴尬。

2013 年 8 月 30 日，在"中国梦青年创业公益基金"启动盛典暨"中国梦"名企公益联盟成立仪式上，陈光标用扁担挑着 3270 万元巨款现金亮相——当时"钱挑子"把扁担都压断了！他承诺这些钱款用于扶植青年创业，五年内不用付利息。据说参与此次活动的企业家只有陈光标和学历涉嫌造假的方骏，最后的结果也可想而知了。

2013 年 12 月，陈光标携近百位企业家走进延安，请 1000 位老乡吃了一顿丰盛的午饭，还为生活在那里的老红军、留守儿童和孤寡老人送油、送米和 1000 元红包。

2014 年 1 月 9 日，陈光标高调宣称要收购著名世界媒体——美国《纽约时报》，并要参与旧金山大桥的拆除工程。结果《纽约时报》没有一个股东愿意与他洽谈。2015 年 11 月 16 日，美国旧金山海湾大桥东段旧桥爆破拆除，但并没有看到"标哥"的身影。

2014 年 2 月，陈光标承诺为云南省西双版纳州勐海县西定乡章朗村 86 个布朗族学生和乡村卫生室捐赠 86 台手提电脑和 1 台 B 超机。至截稿之日，他的承诺仍未兑现。

2014 年 6 月 26 日，陈光标又将慈善施舍到大洋彼岸的美国。他花 17.5 万美元在《纽约时报》刊登整版广告，说是要邀请 1000 名流浪汉吃饭并给每人发 300 美元。在纽约街头，他"乞求"地给"乞丐"发钱，却遭到鄙视；他邀请流浪汉吃饭因没有达到承诺人数也没有发钱，而被称为"骗子"！至于联合国颁发给他的"世界首善"证书更是涉嫌造假。陈光标称，为获证书向一家"中国全球合作基金会"赞助了 3 万美元，受骗了；而对方则称，所谓"世界首善"证书系陈光标自行提供……

2014 下半年，全球掀起了一场"冰桶挑战"的热潮，陈光标也"积极"参与。他在其个人微博上发布了两段视频，自称其在 0℃ 以下的冰水内浸泡了至少 30 分钟。并称："若有人能超越我，我捐款 100 万元！"不料，他的这一"把戏"被湖南省性学界泰斗文德元只用了 3 只小白鼠的阴囊就揭穿了。2015 年 3 月上旬，陈光标终于通过媒体首度承认自己"冰桶挑战"造假，只是这位首善将他的造假行为定位为"有些夸张"的行为艺术。

2015 年 8 月 12 日，天津滨海新区发生爆炸事故后，陈光标立即从其公司的河北项目工地调派 23 名施工队员，驾乘 11 台大型设备赶往天津，助力现场救援，这也成为现场唯一一支民间大型机械救援力量。在爆炸现场助力救援 30 多小时后，陈光标出现胸闷乏力症状被诊断为"中度中毒"。

2015 年 9 月 10 日，陈光标婉拒"第 10 届亚洲品牌盛典"为其颁发的"营销之父"和"慈善、环保影响力第一人"称号；2015 年 11 月 27 日，胡润百富周年庆典晚宴上陈光标获得"中国创新第一人"称号和"最佳口碑奖"，说他的慈善"高调"且"风趣"并因此而"富于创新"。

2016 年 12 月 14 日，暴瘦的陈光标"重出江湖"，带着他的微商生意，并向记者透露他自己打造的微商平台将于 2017 年 1 月上线，还表示自己已经找到传统企业的转型之路，并愿意助力中国传统企业的转型升级。在他的名片上，除了原来的"全国道德模范"，还多了一个新头衔——人联网智能科技有限公司董事长。（撰稿/晋珀）

　　编者点评：企业家热心慈善必须肯定，对陈光标当然也一视同仁。但"善欲人见，不是真善"。有关他"暴力慈善""花架子""哗众取宠"的议论，陈光标应该从"逆耳良言"的角度"有则改之、无则加勉"。至于"冰桶""人生"等造假问题，对于一个有"良好口碑"的慈善家是不能容忍的。最为关键的是，企业家慈善的钱从哪里来？如果是正常经营利润和省吃节用，当然值得尊重。而如果是"借花献佛"，社会大众和政府部门就有权问个究竟——这也是对一个企业家慈善行为的最高尊重和保护。

　　资料来源：

　　［1］财经综合报道. 陈光标发家成谜：几乎无人知道其发迹史. http：// business. sohu. com/20140620/n401111694. shtml ［2014－06－20］.

　　［2］网易新闻. "行为艺术家"陈光标的"造假人生". http：//news. 163. com/special/chenguangbiaozj/ ［2015－03－19］.

卫宪法：10年冤情何时了

卫宪法 男，1952 年 8 月 22 日生，铝矾土煅烧技术专家。山西省运城市人大代表、政协委员，曾任山西省平陆县曹川镇人民政府副镇长。1989年起，开始承包经营平陆县铝矾土煅烧厂。1998 年，官方确定该厂为私企。但因各种原因，未能及时变更企业性质。2006 年在卫宪法被非法拘禁的情况下，企业被 "0" 元转让。自此，卫宪法走上了 10 年维权路。如今，原来主持 "转让" 其企业的官员死的死，抓的抓，他的企业依然回归无望。

平陆，山西省最南端的一个县，与河南省三门峡市隔黄河相望。平陆县本来在全国没有多大名气，最耀眼的一次出名的机会是曾经的一篇报道《为了六十一个阶级兄弟》。这是篇写于 20 世纪 60 年代著名的通讯报道，最初发表于《中国青年报》，是王石、房树民两位记者合写的。后来入选了全国初中语文教材，足足影响了好几代人！"平陆不平沟三千"，说平陆曾经是全国闻名的贫困县，改革开放后才慢慢发展起来。改革开放中民营企业（乡镇企业）起了很大作用。但令人匪夷所思的是，平陆县曾经一个非常著名的民营企业家卫宪法却在 2006年遭受 "灭顶之灾"，自己一个好端端的价值近亿元的企业被 "0" 元转让。如今依然回归无望！而主持这项转让的当时的平陆县常务副县长潘长青，也只是为了他的学生负岩峰的几万元的贿金、"礼品" 和贺礼！

卫宪法的名字想必与庆祝 1954 年第一部《宪法》通过有关。加上他的好姓氏，显然有 "守卫宪法" 的寓意。但让他没想到的是，他依法保护自己的企业竟然如此艰难！

1986 年，平陆县民政局出资 5 万元开办了一家铝矾土煅烧厂。1989 年，时为曹川镇副镇长的卫宪法承包了这个厂子。合同约定，当时煅烧厂总价值为 7.9万元，承包期为 8 年，至 1996 年 12 月 31 日到期。承包期间，卫宪法每年上缴纯利润 4.3 万元，合同期满后增值部分归卫宪法所有。后来的工商资料显示，截至卫宪法承包经营的第 10 年头的 1998 年 7 月 30 日，这家煅烧厂的注册资本金已由当初的 5 万元增加到 890 万元，总资产达 1658 万元。

1998 年，财政部等四部委发"财清字〔1998〕第 9 号"文，要求各地集中清理转制名为集体企业实为个体企业的企业。同年，平陆县出台的相关文件中，卫宪法承包的这家煅烧厂名列其中。

但是，关于转制的事项，卫宪法和县政府一直没谈拢。卫宪法还说当时的曹川镇党委书记要他给政府交 200 万元，他觉得这是讹诈，自然不同意。就这样，转制一事一直拖到 2006 年。工商登记资料显示，到 2006 年，煅烧厂总资产已经超过 5000 万元，并取得了 5 个采矿证。卫宪法为煅烧厂的经营投入巨资。

2006 年 11 月 23 日下午，卫宪法突然接到平陆县民政局打来的电话，让他马上去县政府开会。没想到，这居然是一次"鸿门宴"！他被主持转制工作的副县长潘长青安排的人——时在平陆县民政局工作的赵科省、杨建勇控制，由平陆县到三门峡，整整 4 天，完全没有一点人身自由。其间，还被迫签署了许多关于转制的协议。28 日上午，卫宪法恢复了自由，但煅烧厂的资产已经被查封。

2007 年 4 月 13 日，平陆县政府确定"终止"卫宪法的承包合同，煅烧厂被转租给贠岩峰实际控制的齐力公司——而贠岩峰为当时平陆县水利局干部，齐力公司便以他父亲贠自林为法人代表。几年后，煅烧厂又进行"改制"，最终成为贠自林一人"出资组建"的企业。

而按照合同，本该给卫宪法的企业数千万元的增值部分，也全部"转"给了他人。

事后调查得知，潘长青曾经当过中学老师，与贠岩峰有师生关系。贠岩峰父子早就想得到卫宪法的 5 个采矿证，他首先找到运城市仲裁委员会平陆仲裁中心仲裁员令狐红佳，由于煅烧厂拖欠银行贷款，在令狐红佳操纵下，一场虚假仲裁产生。

贠岩峰将此事提前告诉了老师潘长青。随即，对煅烧厂的"清产核资"启动。

为了感谢潘副县长的"帮助"，贠家父子曾经给潘长青送去 2 万元现金、1 万多元的烟酒，还有他儿子结婚时的 5000 元贺礼。总价值 3.5 万元左右！

卫宪法自然不服，于是便进行了长达 10 年的运城、太原、北京的抗争和上访之路。2012 年有了微博之后，卫宪法便通过这一现代手段将他的案件公之于众，引起高度关注。

上访期间，卫宪法经常被人跟踪监视，安全和生命多次受到威胁。他曾说："2006 年到现在，我没睡过几个好觉。公园的树丛中、没有窗户的小旅馆我都躲藏过，冬天在树洞、仓库下盖着报纸抵御寒风。夏天，在 24 小时店待过，实在困得不行就趴桌旁睡。有一天夜里，实在没地方敢去就躲在野外的山包里。"2012 年 12 月 4 日，第 12 个全国法制宣传日那天，卫宪法开通了微博，准备"讲讲我的故事"。在卫宪法开通微博的短短 4 天时间里，他只发了 12 条博文，却拥有 13 余万粉丝。他开通微博后，三天换两个宾馆，时常受到威胁。

2011 年 9 月 20 日，山西省纪委组成专案组前往平陆县进行调查。潘长青和参与当年清产核资的平陆县常务副县长赵建新均被调查。在调查期间，赵建新意外坠楼身亡，专案组最终结论为"赵建新跳楼自杀"。

经过山西省运城市纪委和检察机关的调查，在 2006 年的清产核资过程中，潘长青担任平陆县清产核资领导组组长，他违背法律和政策，没有严格按照清产核资程序进行产权界定和资产清查，没有严格对所有资产进行评估。同时也没有将卫宪法投资兴建的一些项目纳入资产范围，就认定煅烧厂的资产为负 1900 万元。此外，在"清产核资"过程中，杨某等人拘禁卫宪法，正是听命于潘长青。

2010 年 10 月 29 日，受山西省检察院委托，夏县检察院立案侦查卫宪法被非法拘禁一案。2013 年 4 月，潘长青被夏县检察院立案侦查。2014 年 12 月 8 日，夏县法院认定，潘长青构成滥用职权、受贿和非法拘禁罪，判处其有期徒刑两年。对于非法拘禁罪，免予刑事处罚。判决书同时显示，潘长青的行为不仅给集体财产造成重大经济损失，而且引起不稳定社会因素，在当地造成了恶劣的社会影响。同时，负家父子被另案追究责任。（撰稿/晋珀）

编者点评：透过卫宪法的案件，可见基层法治建设之薄弱。一个副县长，为了三四万元的财物贿赂和所谓的师生情谊，就可以置别人的财产、自由甚至国家的法律于不顾，甚至导致同为副县长后来任县人大副主任的赵建新离奇死亡。潘长青的罪行已成定论，卫宪法的冤情何时昭雪？

资料来源：

[1] 京华时报. 山西：副县长"零元"转让集体企业被判 2 年遭抗诉. http：//news. ifeng. com/a/20150130/43053856_ 0. shtml ［2015 – 01 – 30］.

[2] 财经. 山西"零元"强占企业副县长贿案重审. http：//www. qianhua-web. com/2015/0929/2974069. shtml ［2015 – 09 – 29］.

第四部　黑色档案·警钟篇

　　企业家中有极少数的害群之马，或贪图一己之利出卖国家民族之大义，或巧取豪夺一夜暴富，或盛名之下为富不仁，违法犯罪受到法律的严惩。对于他们，我们将严格遵守"以事实为根据，以法律为准绳"的原则，如实地记录他们，目的是让全社会，尤其是企业家们"引以为戒"。

庞云峰：法网恢恢，疏而不漏

庞云峰 又名庞二力，男，1983 年生，河北省保定市高碑店人。因涉嫌故意杀人罪、故意伤害罪、强迫劳动罪于 2013 年被保定市中级人民法院判处死刑，剥夺政治权利终身；被告人卜铁男被判处死刑，其他 9 名帮凶分别被判 4 年以上 15 年以下有期徒刑。庞云峰被称为"杀人恶魔"。

庞云峰四五岁时，随母亲改嫁来到高碑店市辛桥乡菊花二台村。庞云峰有一个姐姐、一个哥哥，后来其母亲又与继父生了个弟弟。庞云峰的继父对他很好，从来没有把他当继子看，庞云峰也很孝顺，一家人特别和睦，日子过得虽然不富裕，但是很幸福。庞云峰从小性格比较孤僻，不爱和陌生人说话，但对熟人无话不谈。庞云峰上学时经常被同学们欺负，但是他从来都是打不还手、骂不还口，也不和家里说。提起庞云峰，很多村民都用"特别老实"四个字来形容他。

然而，谁也想不到，这个在乡邻眼中"特别老实"的庞云峰却是个"杀人恶魔"。

2003 年，已婚的庞云峰已经是三个孩子的父亲了，当时他在高碑店泗庄镇某小学教书，每个月 800 元的工资根本不够维持家庭开支，后来他开始琢磨做点小买卖来扩大经济来源。2010 年，庞云峰向村民以 2 分利的高利贷借款，并在高碑店张六庄乡大高科庄村设厂，开始经营箱包生意。

2010—2012 年，在高碑店周围发生了一连串让人感到恐惧的杀人案件，手段极其残忍。案发后，所有线索居然都指向了这位看似"特别老实"的庞云峰。

2010 年 12 月 15 日晚，庞云峰因嫌工人马某某干活不卖力气，便指使工人卜铁男、杜宜山、孙振华、刘威、贺鹏等人用棍子、缝纫机皮带抽打马某，直至将马某殴打致死。看到马某死后，庞云峰命令卜铁男等人将尸体运至廊坊市固安县东湾村外焚烧处理。

2011年3月31日凌晨，庞云峰因怀疑工人刘某偷了手机，随即指使卜铁男将其强行拉至荒郊野外进行殴打，直至刘某晕厥倒地。卜铁男见刘某倒地以为他已死亡，便将其踢下河堤后离开。次日早晨，刘某被当地居民发现送往医院，才算是捡回一条命。

2011年4月3日下午，一名年轻男子因不愿在庞云峰的工厂打工，想辞职离开，遭到了庞云峰的拒绝。遂后庞云峰指使工人卜铁男等人用铁管、镐柄等将该男子打成重伤。被打成重伤的男子，并没有逃出庞云峰"死神的魔掌"，次日凌晨，庞云峰等人将其拉至廊坊市固安县东桃园村外活活烧死。

在工厂里不仅仅庞云峰对工人如此的残暴，没有人性，就连工厂的工头王卫国也经常对工人进行辱骂、殴打。2011年7月16日晚，工人屈某因不堪忍受王卫国的辱骂、拳打脚踢，甚至棒棍的毒打，持剪刀将王卫国的手臂刺伤后逃跑，被曹振鹏、杜宜山、孙振华等人在院内截住，被抓回来的屈某可想而知将会得到什么样的"待遇"。王卫国等人手持铁棍对屈某进行殴打，直到把屈某打成重伤，跪地求饶才罢手。

2012年2月14日中午，庞云峰工厂的两名工人，因高强度的工作压力感到体力不支，便在一旁打起了瞌睡。庞云峰见到后，遂纠集多人对二人进行殴打。当晚22时许，庞云峰听说二人又打瞌睡，便用两个塑料袋套在二人的头上，再次进行殴打，之后还强迫二人继续劳动。最终二人不幸死亡，尸体被抛在河沟内。

2010—2012年，庞云峰强行扣留工人身份证、手机，严禁工人外出，使其犯罪行为被长期隐瞒下来。直到2012年，一名遭受迫害的工人逃出工厂后向公安机关报案，庞云峰等人的罪行才得以曝光。

庞云峰作为个体私营业主，无视他人的生命权、健康权、休息权，不惜采用杀人、殴打、拘禁等方式，残害被害人，手段残忍，令人发指，严重侵犯他人人身权利。2013年上半年，保定市中级人民法院判决，被告人庞云峰因犯故意杀人罪、故意伤害罪、强迫劳动罪，判处死刑，剥夺政治权利终身。被告人卜铁男被判处死刑，其他9名帮凶分别被判4年以上15年以下有期徒刑。
（撰稿/晋珀）

编者点评：客观而论，随着社会的不断进步，这类赤裸裸地殴打、体罚、盘剥工人的事已经很少见诸报端了。庞云峰为什么会这样？是他个人的偏执性格所致、手下帮凶的助纣为虐还是相关部门的监管不力，不得不引起我们的沉思。不管怎样，庞云峰罪不可赦！

资料来源：

燕赵都市网. 高碑店黑心老板庞云峰被判死刑 残害工人致 4 死 2 重伤. ht-tp：//yanzhao. yzdsb. com. cn/system/2013/08/26/013181808. shtml ［2012 – 08 – 22］.

梁耀辉："性都""太子辉"

梁耀辉 男，1967 年 6 月生，广东东莞人，东莞黄江太子酒店董事长、中源石油集团董事长，第十一、十二届全国人大代表。2010 年以来，东莞市酒店业一度涉黄盛行，梁耀辉就是其中的典型代表，有"太子辉"之称。2014 年春节被羁押，目前正在受审。

2014 年 2 月 9 日（阴历大年初十）19 时，广东省东莞市进行了一场声势浩大的扫黄行动，包括黄江镇最奢华的五星级太子酒店，因其桑拿中心正在上演"裸舞选秀"被查处，大量人员被抓捕。而这家太子酒店背后的"太子"正是全国人大代表之一、中源石油集团、太子酒店的董事长梁耀辉，人称"太子辉"。

梁耀辉于 1967 年 6 月出生于广东东莞，毕业于华南师范大学。

早年的梁耀辉并不富有，他曾经开过理发店、经营过发廊，创业颇为艰难。20 世纪 80 年代，梁耀辉从事汽车配件的走私生意，完成了创业的原始积累。1995 年前后，东莞的夜生活逐渐流行起来，色情产业也慢慢兴起。梁耀辉看准了市场对"特殊服务行业"的旺盛需求，投资了 1100 万元建造了黄江太子酒店。1996 年，太子酒店正式开业。

太子酒店的经营范围包括文艺演出、卡拉 OK 歌舞厅等，并另设分支机构经营公共浴室（桑拿）。同时，招揽并组织了包括未成年人在内的 100 余名桑拿技师从事色情交易。太子酒店的桑拿中心具有完整的卖淫产业链，并呈专业化、系统化。据调查，2004—2006 年，梁耀辉曾安排员工对桑拿中心改建装修，以方便从事卖淫活动。

后来，梁耀辉在国外投资油井，有消息说他在哈萨克斯坦有 10 个油井，仅用一年的时间，他所投资的油井就为他创造了一倍的利润。他以 1000 万元人民币的注册资金创立了广州市中源石油化工有限公司，是较早在广东地区具有燃料油批发经营权的民营企业之一，主营 0#柴油、180#重油等各类燃料油及石油化工产品，生意做得风生水起。2007 年、2008 年，梁耀辉分别以 10 亿元、20 亿元荣登胡润百富榜第 654 名及第 406 名。

随着"生意"日渐兴隆，梁耀辉逐渐步入政坛。作为"政坛人士"，梁耀辉还积极参与社会公益活动。据悉，他曾在 2010 年入选首届东莞"十大慈善人物"。截至 2013 年，梁耀辉捐助社会公益事业总额高达 5600 万元。"5·12"汶川大地震、黄江中学 40 周年校庆、黄江镇教育基金等活动中都有他的慈善捐款。

2014 年年初，"东莞色情行业"的各种新闻报道乍然惊现，东莞的"服务行业"一夜之间登上了实时搜索的第一位。2 月 9 日下午，广东省出动 6525 名警力对全市所有桑拿、沐足及娱乐场所同时检查。当便衣警察进入梁耀辉的太子酒店桑拿中心时，这里正公然进行"裸舞选秀"，警察当即带走 10 多名涉黄服务人员，太子酒店就此查封。在对东莞市色情行业的第一轮清查中，东莞市 5 个分局总共对 42 个场所进行清查，查封了东莞市 12 间涉黄娱乐场所，抓获了 67 名涉嫌色情交易的人员。

2014 年 4 月 14 日，梁耀辉的全国人大代表资格被罢免。同日，梁耀辉被东莞市公安机关依法刑事拘留。

2015 年 5 月 27 日上午，广东省中级人民法院就梁耀辉等组织卖淫罪案公开开庭审理，公诉机关以组织卖淫罪追究梁耀辉等 29 人的刑事责任，以协助组织卖淫罪追究黄平就等 16 人的刑事责任，以帮助毁灭证据罪追究罗浩稳、陈桦的刑事责任，提起公诉。

经司法审计，2013 年，太子酒店桑拿中心的非法收入高达 4870 万元，全年组织卖淫人次多达 101871 次。早在 2004 年到太子酒店桑拿中心任职按摩师的女被告蒋艳，在庭审中称自己被骗入行，当时以为酒店提供的是正宗的按摩服务，入职后才发现不妥，但在耳濡目染下，经不住金钱诱惑，最终投身色情业。她还表示，入职初期被安排与上级"试钟"，以学习"服务技巧"。蒋艳指出，自己曾不止一次被"试钟"，其中一人便是案中被告之一的太子酒店老板梁耀辉。蒋艳"下海"数年后转任培训师，在桑拿中心内培训新技师，并听从上级指示安排新技师"试钟"，并透露自己没有底薪，每培训一名新技师可获 500 元，但一半奖金会被公司扣发。

2014年2月9日，包括太子酒店在内的多家东莞酒店卖淫活动被媒体曝光。此后，梁耀辉一边叫下属自首顶罪，一边安排人毁灭证据。

曾负责技师招聘的桑拿中心负责人王建龙在庭上称，媒体曝光当天，他马上打电话给梁耀辉。梁耀辉叫他先别营业了，并让他带人去自首。带什么人是梁耀辉指定的，主要是被曝光的3个人。"我通知了他们，结果还没去自首，公安就来了。"

梁耀辉还通知酒店财务部负责人丁振和奥威斯公司（太子酒店股东，控制人也为梁耀辉）拓展部副总监黄平就二人，将涉及桑拿中心的文件、单据进行清理并安排转移。

起诉书称，丁振将装有单据的货车交给梁耀辉和黄平就，并安排财务部收银主任和电脑员把桑拿中心电脑里的相关资料删除。次日，梁耀辉到酒店人力资源部，要求将有关桑拿中心的资料全部清理。后来，一批技师资料被转移至位于肇庆的奥威斯酒店藏匿。还有一批桑拿中心的资料，被酒店车队副队长罗浩稳运到一处空地烧毁。还有一批资料先是被转移到一工厂内藏匿，后于3月20日被罗浩稳运送至其姐姐罗梅娣家中。

8月21日，藏匿在罗梅娣家中的证据材料被查获。

法庭上，公诉人宣读起诉书后，共有43人当庭认罪，梁耀辉没有认罪。"根本没空去理小小的桑拿部。"梁耀辉在接受讯问时，称手握公司重大投资项目，有些超过百亿元，根本无暇参与酒店经营，并称绝对没有和酒店技师发生性关系。

梁耀辉被捕后检举了黄江供电公司原副经理黄耀平向其索贿156万元港币。检察院侦查人员查明，黄耀平1994年2月起任东莞市黄江供电公司副经理，分管用电和工程管理。在黄帮忙下，太子酒店1996年1月至2004年6月，按居民用电的电价标准缴纳电费，致使国家电费损失700多万元。黄耀平离任后又以借钱名义向"太子辉"索贿200万元。（撰稿/薛怡然）

编者点评：梁耀辉以走私起家，靠涉黄发财，却获得了"慈善家"的美誉和人大代表的"头衔"。这样的营商环境令人不寒而栗，值得深思。

资料来源：

［1］南方都市报. 太子辉检举供电公司副总帮酒店用电变居民用电. http：//news. qq. com/a/20150820/008118. htm ［2015－08－20］.

［2］信息时报. 东莞太子酒店年组织卖淫10万人次　老板梁耀辉不认罪. http：//gd. sina. com. cn/news/m/2015－05－28/detail－icpkqeaz5842822. shtml ［2015－05－23］.

张志友："亿万官老板"的兴衰路

张志友　男，中共党员，河南省周口市沈丘县人，1949 年生，1989 年从部队转业至周口市检察院。1995 年起担任检察官，之后历任周口市检察院反贪局副局长、民行处副处长。到 2010 年退休时，张志友在 21 年的检察官生涯中，有 15 年拥有另一重身份——煤老板。2014 年，他与其他煤老板的股权纠纷在被追讨 10 年后终于得到了解决，同时他也受到了行政降级处分。

亦官亦商的人物在中国历史上并不少见，最典型的要数近代大名鼎鼎的李鸿章了。洋务运动时期，他已经成为晚清政坛的代表人物，在朝廷中身居要职，位高权重，时人常以"李中堂"尊称之。同时他又掌控着像江南机器制造总局、轮船招商局、开平矿务局等几个在当时有较大影响力的近代企业。虽然说李鸿章"扮演"这种亦官亦商的角色是为了维护晚清政府的统治"迫不得已"而做出的选择，但这种选择也让李鸿章赚了不少，为家族积累下一笔很大的"额外收入"。可以说，当时的李鸿章不论在官场还是商场都应该是左右逢源了。

同样，河南省周口市检察院原检察官张志友不论在官场还是商场都是一个左右逢源的人。通过查看他本人的履历可以得知：1989 年 10 月他从部队转业至周口市检察院；1990 年 1 月任副科级助检员；1994 年 1 月任周口市人民检察院反贪污贿赂工作局侦查一科科长；1995 年 6 月被任命为检察员；1997 年 8 月被任命为周口市人民检察院反贪污贿赂工作局副局长；2001—2007 年担任周口市人民检察院民行处副处长；2010 年，周口市人民检察院为其办理了退休手续。21 年的检察官生涯，张志友这一路上是顺风顺水，步步高升，而在这期间，他还当了 15 年的煤老板，牟利逾亿元，成了名副其实的"亿万官老板"。那么问题来了，检察官张志友是如何"经营"煤矿成亿万富豪的呢？要搞清楚这个问题，还须从 1995 年他刚刚入股煤矿开始说起。

1995 年，已在周口市检察院工作 6 年的张志友出资 25 万元，在平顶山西区购入平顶山市石龙区大庄工业煤炭公司三矿。当时的张志友心里清楚，自己毕竟是个政府官员，再身兼商人，说什么也不合适。于是，他在该矿法定代表人一栏上写下了他的妻子史凤丽的名字，而实际经营者还是张志友自己。

张志友买矿之初，煤炭价格并不好，之后几年涨幅也不是很高，张志友因此赔得是血本无归，打击很大。不仅如此，公司还常有债主上门讨债，但是连养家糊口都成问题的张志友怎么可能还得上那巨额的欠款？他只能忍气吞声，忍受债主的骚扰和欺负。

虽然煤炭将他推入了人生的低谷，但倔强的张志友却不愿意就此放弃。天无绝人之路，2002 年，还在商场上苦苦挣扎着的张志友终于迎来了一个"春天"。那一年，全国煤炭大幅涨价，最高涨至 1000 元一吨，张志友借此打了个漂亮的翻身仗，2002 年到 2004 年，他至少赚了几千万元。当时，他已经是周口市检察院检察官和反贪局副局长，每每谈及自己的身份，他都毫不避讳。

2005 年年初，张志友以 3000 万元的价格，将平顶山市石龙区大庄工业煤炭公司三矿出售。这个价格是他当年买入价格的 120 倍，不算这 10 年来的巨额所得，光这次转卖，他就净获利 2900 多万元。

虽然自己辛辛苦苦经营了 10 年的煤矿卖出去了，但尝到了甜头的张志友并不愿意就此罢手。2005 年 9 月，张志友再次买矿，而与其交易的就是此后因股权纠纷与其缠斗近 10 年的矿老板徐万年。此人经过多年打拼，截至 2004 年，在郑州市郊已经拥有了两座煤矿。同年，河南省规定中小煤矿要进行技术改造，但徐万年没有足够的资金同时改造两座煤矿，就决定将其中一座煤矿出手。他通过河南省煤炭厅安监处的一个处长结识了张志友，双方很快达成了股权转让的协议。2005 年 10 月 10 日，张志友和徐万年签订了《股权转让协议书》。张志友出资 1705 万元买下了徐万年位于郑州西南部的郑州市梨园河煤矿一矿（下称梨园河煤矿）60% 的股权，成为大股东，徐万年剩下 10% 的股权。10 月 28 日，徐万年收到了张志友的 1225 万元，但剩下的 480 万元，张志友一直拖欠着。

股权转让后不久，河南省出台了整顿中小煤矿的规定。2005 年 11 月，梨园河煤矿与郑煤集团整合改制为郑州煤炭工业集团和协公司煤业有限公司（下称和协煤业）。郑煤集团以无形资产技术安全管理形式入股，名义占股 51%，张志友所占股份名义上降至 20.3%，但他仍是该矿的实际控制人。2006—2010 年，张志友一直担任总经理、董事长等职。令徐万年感到气愤的是，在张志友经营和协煤业期间，其股权未获分红。在讨要欠款的过程中，徐万年才知道张志友检察官的身份，这不禁让他开始有所犹豫。

2011 年 6 月，张志友与郑煤集团解除整合，改与郑州神火矿业投资有限公司进行二次组建，更名为郑州神火金源矿业有限公司（下称神火矿业）。但重组协议书里面，原股东徐万年的名字莫名其妙地没有了。经徐万年调查才得知，自己的股权已被张志友侵占。

2011年12月，张志友再次将煤矿转卖，他将自己与妻子史凤丽在神火矿业的32.3%的煤矿股权转卖，一名辛姓煤矿老板接手，转让款为3000多万元。

在徐万年看来，在他和张志友的合作当中，他是被坑惨了。张志友不但欠了他480万元的股权转让款，还有6年近千万元的股权分红，最后更是将他的股权给侵占了。这前前后后算起来，上千万元就那么没了。而张志友呢，每年的煤矿收入就有近亿元，最后两次卖矿所得超过了5000万元。这样一对比，徐万年是又气又恨，两人的矛盾也因此迅速激化。在协商无果的情况下，2010年，徐万年带着自己的家属、亲友和股东浩浩荡荡地赶到了张志友的和协煤矿，堵门讨债，阻止张志友所在煤矿销售原煤。看着自己的几万吨原煤无法出售，张志友再也坐不住了，双方就这样发生了激烈的暴力冲突。原（郑州市）二七分局50余名民警迅速出警前往制止，将事态平息下来。后经公安机关大量调查取证，原二七公安分局马寨派出所对相关人员依法进行了处理。根据协议，张志友则向马寨镇镇政府缴纳了700万元保证金用于支付股权纠纷款。如果纠纷诉讼徐万年赢了，可直接到镇政府领走保证金。

在堵门要账没有达到目的的情况下，徐万年等人将张志友告到了郑州市中级人民法院，但因对法院判决不满，徐万年等人要求上诉。2013年4月10日，郑州市中级人民法院再审判决要求张志友支付股权转让款350多万元。随后张志友上诉，不久又撤诉，一直到2013年10月，这个判决才开始执行。但是在执行的过程中，遭到了张志友夫妻二人的无理阻挠。

2014年12月19日，郑州市中级人民法院将张志友欠徐万年等人的350多万元执行款全部执行完毕。周口市人民检察院也对张志友进行了行政降级处分，而关于处分的具体内容，并没有对外界透露。（撰稿/吴路路）

编者点评：张志友虽然为他的所作所为付出了应付的代价，但这样的"亿万官老板"仍然存在着。他们凭借着手中的权力影响政府的决策，以谋求政府在资源配置上对自己倾斜，企图同时得到"鱼"和"熊掌"，这样不仅引发群众的议论和不满，而且严重影响了党和政府的形象。只有加强对官员不得在企业兼任职的督察，增强官员为民情怀，纯洁朋友圈，给权杖带上法治的紧箍咒，斩断"亿万官老板"的生态链，才能培育出风清气正的官场生态。

资料来源：

［1］ 凤凰网. 河南周口一检察官开煤矿 15 年牟利逾亿. http：//news. ifeng. com/a/20141118/42499186_ 0. shtml ［2014 – 11 – 18］.

［2］ 凤凰视频. 检察官张志友如何经营煤矿成亿万富豪. http：//v. ifeng. com/vblog/others/m/201501/0412e1fe – b74e – cf5d – 0d7d – ca559a671ee9. shtml.

赵晋：万丈高楼"网"来织

赵晋 男，1973 年 7 月出生，祖籍山西原平，南京世昌房地产开发公司法人和实际控制人，主做房地产开发项目，并在北京和海外注册数十家公司。他利用父亲等人的关系，织成了严密的"关系网"和"利益链条"，既造成了大量劣质工程，也严重腐蚀了政商关系。2014 年 7 月，赵晋被警方带走接受调查。

提起赵晋，人们瞬间联想到的就是他开发的高楼大厦还有围绕在他身边错综复杂的政商关系网。这些让人们对他的评价就一个字"牛"！那么这赵晋什么"来头"，为什么能这么牛？

1993 年 7 月，赵晋大学毕业进入上海申大（集团）公司南京分公司，担任过业务经理、部门经理以及总经理助理。这是他的第一份工作，但是之后不久，团中央下发的一份文件使他的事业生涯向前跨了一大步。

1994 年 6 月 23 日，团中央办公厅下发了一份《关于批准成立南京世昌房地产开发公司的批复》（复字〔1994〕25 号）的文件。这份文件显示：经研究决定在江苏成立南京世昌房地产开发公司（下称南京世昌），公司注册资金 500 万元，法人由赵晋担任。

南京世昌是全民所有制企业，隶属团中央办公厅，主要经营房地产开发及中介服务，兼营建筑材料、建筑装潢、建筑五金的销售等业务。

人们都想不到，如此大任竟落在了不满 21 岁、仅有大专学历的赵晋身上。而之所以他获得不同于常人"待遇"，是因为他有一个厅级干部的父亲——赵少麟。

赵少麟，生于 1946 年，山西原平人，曾任江苏省委常委、秘书长。

南京世昌是赵晋介入房地产行业的起点，赵晋的事业有了父亲的"开路"，一起步便是"如日中天"。

1998 年开始，赵晋先后在南京的中山路、珠江路，天津的南京路、海河边，济南的和平路、大学旁，开发、建设了更多的高层公寓。

因为赵晋的父亲赵少麟有着范围巨大的"关系网"，所以赵晋不仅在江苏，甚至是天津也可以只手遮天，靠着"特殊身份"在房地产行业是"顺利"加"暴利"。

只是"成也萧何，败也萧何"。

赵晋从商近二十年，开设公司上百家，所开发的项目已遍及北京、天津、江苏、山东、河北等地。只要赵晋想得到的地皮，他总是可以如愿以偿，这让赵晋有点膨胀，变得更加"胆大妄为"起来。在开发"高层公寓"时开始肆无忌惮地擅自增加楼房层数，无限制扩大容积率，从而通过压低价格来增加销量，弄虚作假，牟取暴利。

2009年10月，一些客户投诉赵晋公司开发的"卓越SOHO二期商铺"每层只有4.6米，并不是开发商吹嘘的"层高5.4～6米，买一层用两层，兼具商业、办公、仓储功能"。

另外，赵晋在天津开发的"水岸银座"项目，预计建设三幢塔楼，其中1号楼和2号楼的规划建设楼层数应为31层，3号楼为35层。但最后的实际情况却是，1号楼盖了58层，2号楼盖了41层，3号楼甚至盖了65层。

此外，赵晋在南京开发的"恒基中心""中商万豪"等"高层公寓"也相继出现问题。

2014年7月初，赵晋被有关部门带走调查。

2014年10月11日，赵晋的父亲赵少麟也被有关部门带走接受调查。之后，在中共中央纪律检查委员会对于赵少麟的调查通报中也涉及"向他人送礼金""伙同其子行贿""拉拢腐蚀领导干部""纵容其子开设私人会所，并多次在私人会所宴请有关领导干部"等内容。

无独有偶，赵少麟落马的当天，国家行政学院原党委委员、常务副院长何家成也被有关部门带走调查。

何家成是赵晋的"干爹"，出生于1956年5月，江苏南京人，祖籍山西原平。据说，赵家与何家私交甚好。

在中共中央纪律检查委员会发布的通告中称，何家成"利用职务上的便利为他人谋取利益并索取、收受财物，收受礼金；严重违反中央八项规定精神，多次出入私人会所"。而赵晋曾多次陪何家成前往杭州游玩，甚至还直接向何家成推荐地方干部。

据了解，中共中央纪律检查委员会发布的通告中提到的何家成去的私人会所就是赵晋所开。赵晋在北京拥有多家私人会所，这些私人会所不仅为官员提供会所服务，更提供色情服务。知情人士透露："他在北京设立会所，网罗一批外籍女技师，招待各路达官显贵，为他们提供性服务。一方面是'加深'与高官的感情，同时也偷偷录像，以此要挟各路高官，进而将其操控于手掌之中。"

据了解，2014年12月18日，山东省委常委、济南市委书记王敏涉嫌严重违纪违法，接受组织调查，就是因为王敏在赵晋会所的不雅录像被有关部门获得。

其实赵晋与王敏相识已有10年，"私交甚好"。赵晋之所以能在济南把生意做得风生水起，赚得盆满钵满，也是通过不断地贿赂王敏取得的。

2005年，王敏主动将妻子介绍给赵晋，并对他说："你这个阿姨人很好，和她处不好的人肯定有问题。"心领神会的赵晋对王敏妻子百般讨好，主动带其到北京、香港旅游、购物，从名牌衣服到名牌手提包，哪个好、哪个贵就买哪个；到澳门赌博，王敏妻子不用出赌资只需"分红"。

2008年，在王敏默许下，赵晋为其女儿购买住房，让她在自己的公司里"吃空饷"，甚至是拉关系帮助王敏的女婿承揽工程牟利。

2015年3月31日，中共中央纪律检查委员会官网上披露出了两人之间的"勾当"："基于为赵晋提供了诸多便利，王敏向其索贿的底气十足，俨然把赵晋当成了自家的'钱袋子'和'提款机'。赵晋则对王敏'知恩图报'，先后向其行贿现金、房产、名人字画等钱物累计达1800余万元。"

而赵晋不仅有"干爸"，还有"干妈"，他的"干妈"是段雁秋。

段雁秋是原河北省委书记周本顺的妻子，周本顺已于2015年7月24日因严重违纪违法而"落马"，段雁秋也被中央纪委专案组从北京带走调查。

段雁秋对赵晋十分看重，曾在规格极高的宴席上自豪地表示："我生了一个男娃，但现在却有两个儿子。"这两个儿子，一个是她的亲生儿子周靖，另一个就是她的"养子"赵晋。

据了解，周靖和赵晋的关系十分"铁"。在赵晋被捕后，周靖仍为其奔走活动。周本顺曾多次劝诫周靖"低调行事，好自为之，尽快与赵晋案划清界限，免得惹火烧身"，周靖仍不为所动。目前，周本顺、段雁秋与周靖一家均已被相关部门带走调查。

然而，赵晋庞大的关系网不仅如此，因为赵晋落马牵涉到的还有两位"重量级"人物：天津市政协原副主席、天津市公安局原局长武长顺，南京市原市委书记杨卫泽。

据报道，赵晋在天津的房地产生意，有许多"麻烦"都是武长顺帮忙摆平的。一次，赵晋名下的天津汇景地产为扩大容积率，对经规划部门审定的施工图纸一改再改，引起宜兴某地基公司的强烈质疑。这惹恼了赵晋，赵晋扬言要将该公司冯姓负责人"绳之以法"。随后，天津市公安局便对冯姓负责人进行立案侦查，并以涉嫌工程重大安全事故罪对其进行网上追逃。赵晋能做到这种地步，就是得益于时任天津市公安局局长武长顺的支持。

2014年7月20日，时任天津市政协副主席、市公安局局长武长顺落马。

与此类似，赵晋能顺利进军南京房地产行业，也离不开前江苏省委常委、南京市委书记杨卫泽的"帮助"。知情人透露，赵晋能不断地在南京拿到地皮，多数都和杨卫泽有关。

2015年1月8日，杨卫泽因涉嫌严重违纪违法，被免职。

伴随着赵晋这位"最牛开发商"的落马，一些豪华的"高层公寓"如"水岸银座"也被强拆，错综复杂的关系网也"土崩瓦解"。

截至本书截稿，关于赵晋的案件的进展还没有官方报道。（撰稿/杨婷婷）

编者点评：赵晋所建立的强大关系网，其实是中国"贪二代"之间相互结盟并将其上一辈权力"变现"的一个侧影，这个也是一直隐藏在政商关系中的一个"毒瘤"。市场经济是人脉经济，更是民主经济、阳光经济和法制经济。只有彻底清除赵晋之类的"牛气冲天"的利益关系网，只有在风清气正、"亲""清"交融的正常的政商环境下，它才能够健康发展。

资料来源：

［1］搜狐新闻. 赵晋"房产帝国"调查：21岁获任千万级国企老总. http：//news. sohu. com/20150610/n414760465. shtml［2015 – 06 – 10］.

［2］腾讯新闻. 房产商赵晋牵连多名落马老虎　财富累积上百亿. http：//news. qq. com/a/20160218/044509. htm？qqcom＿pgv＿from = aio［2015 – 09 – 18］.

［3］腾讯评论. "中国第一拆"不能一拆了之. http：//view. news. qq. com/original/intouchtoday/n3371. html［2016 – 01 – 23］.

荣兰祥：邪恶的"职教教父"

荣兰祥　男，1964 年生，河南省商丘市虞城县古王集乡人，山东蓝翔高级技工学校校长、董事长，有"职教教父"之称，第十一、十二届全国人大代表。但 2014 年他与妻子孔素英离婚纠纷中被曝出他有 3 个身份证、生育 6 个孩子、跨省群殴、家暴、就业率注水等一系列丑闻。2014 年 11 月，他被罢免全国人大代表资格。

"挖掘机技术哪家强？中国山东找蓝翔！"随着这句著名的广告语的日渐流行，山东蓝翔高级技工学校（下称蓝翔技校）和他们的校长荣兰祥的名字传遍祖国大江南北。不料，在 2014 年 9 月之后，这句广告语就变成了"跨省打架哪里强？中国山东找蓝翔！"

2014 年 9 月 5 日，在河南省商丘市的天伦花园门口，爆发了一场上百人参与的群殴事件。一边是八九十人的强壮小伙子，他们手里拿着扫帚、铁锹等工具，残暴地殴打五六名老人和妇女。即使在警察到来的时候，他们仍不罢手。有的甚至与警察对峙和冲突，气焰非常嚣张。

读者或许以为这是本地居民的纠纷，殊不知，这伙人是从 320 公里外的山东济南乘坐大巴车"远征"而来的。他们也不是什么黑恶势力，而是一帮学生。这些学生与对方也没有什么仇恨，只是为了拿"奖学金"。他们的后台老板竟然是素有"职教教父"之称的蓝翔技校的董事长、校长及全国人大代表的荣兰祥。

而他们殴打的对象正是荣兰祥的妻子孔素英及其老父亲一家人，目的是争夺天伦花园中的一处房产！

都说荣兰祥聪明，按他的话说，他是"251"：凡事要动脑子，要做250加1。他的手机号码、车牌号的尾数都用"251"这个数字。正是凭着这份"聪明"，初中都没毕业的他，创办了全国"一流"的职业技术学校。1986年，他与妻子孔素英共同创业，启动资金500元是找孔素英的父亲借来的。而在学校开张的第一年，根本没有学生，只是个空壳。但荣兰祥聪明，他懂得利用周围的生活环境，与部队合作，给退伍兵做技术培训。这样，在经历了30年的发展之后，蓝翔技校俨然成为中国民办职业教育的标杆，目前已形成拥有五个校区、超过3万学生的庞大规模。除了挖掘机，汽修也是蓝翔技校的热门专业，将车间搬到教室也是蓝翔技校的主要特色之一。

但是，荣兰祥却变了。

或许是"男人有钱就变坏"的定理在起作用吧，随着荣兰祥事业的发展，他对妻子的感情发生了变化。荣兰祥开始对妻子怀疑起来，就像电视剧《不要跟陌生人说话》中的主人公安嘉和得了偏执型精神障碍病症一样，时常怀疑老婆。只要发现老婆与男人有一点交往，在外是破口大骂，回家便是拳脚相加——家暴便成了荣兰祥性格的另一特点。其实，荣兰祥暴打妻子的历史长达20多年。随着学校越做越大，荣兰祥本来就"250"的脾气真的"＋1"了，变得越来越大。据孔素英回忆，2007年5月的一天，荣兰祥因为琐事打骂她，并拿了两把菜刀将孔素英的左胳膊和后背砍伤……

虽然对妻子"严格要求"，荣兰祥自己却率"性"而为——他开始找"小三"了。早在1996年，荣兰祥就被曝有婚外情，而且多是与技校的员工和学生："其中一名女子的丈夫在蓝翔担任烹饪教师。"曾有一次，荣兰祥酒后与一名杨姓女子在蓝翔校内招待所开房，被孔素英撞上。荣兰祥暴怒，没穿衣服就跳下床，扯着头发将孔素英摔倒在招待所走廊。"他就那样一丝不挂，对我拳打脚踢，没人敢管"，孔素英说。2009年前后，荣兰祥与同在蓝翔供职的周姓女子同居，"有一名私生子，今年已经4岁"。这事荣兰祥的家人和蓝翔的管理层几乎都知道。

荣兰祥的"家丑"开始外扬，已经出省，甚至传遍全国。那次"远征"之后，11月18日，荣兰祥向山东省人大常委会提出辞去全国人大代表职务的请求。21日，孔素英从河南商丘赶到北京，分别向全国人大、全国政协、民建中央递交了举报信。27日下午，山东省人大接受荣兰祥辞去第十二届全国人民代表大会代表职务的请求。12 月 28 日，十二届全国人大常委会第十二次会议 28 日表决通过个别代表的代表资格的报告，终止荣兰祥的十二届全国人大代表资格。

人大代表可是一项神圣的职责和荣誉啊！要知道，那次群殴中参与打架的 4 名蓝翔技校领导和职工均被法院认定犯有聚众斗殴罪，法院判处蓝翔技校学生处主任付汉民有期徒刑六年、就业办主任王纪中五年、招生办主任白长华四年和后勤职工田雷强五年。其实，类似的群殴在蓝翔技校早已是家常便饭。在天伦花园施工建设的过程中，蓝翔技校和施工方便爆发过一场冲突。"那个工地，民工有四五百人，清场清不动。当时学校治安处就从学校安排人，拉来汽修班、厨师班几百个学生，把那些民工全部打出去了。"创业之初，为抢夺生源，蓝翔技校曾与其他学校大打出手。关于群殴，荣兰祥的"政策"是：打完一次架，请吃一次饭；小仗发 50 元，大仗发 100～200 元不等。"重赏之下必有勇夫"，据了解，以前山东省多个火车站、汽车站发生黑社会分子掳走学生、殴打某些职校接送新生人员的事件都与蓝翔技校有关。这一系列事件之后，荣兰祥竟然均安然无恙！

荣兰祥的丑闻不断发酵，接着，孔素英实名举报荣兰祥有 3 张不同身份的身份证。这 3 张身份证都是荣兰祥一个人的，但身份证上所载的身份信息却大相径庭。除了荣姓、民族和性别相同外，无论户籍所在地、住址还是出生年月都完全不同。而北京籍身份证对应的户口登记信息曾用名一栏，竟赫然写着"荣兰祥" 3 个字。

2015 年济南市职业学校招生第一次志愿填报各校录取名单及剩余计划显示，山东蓝翔高级技工学校门庭冷落，生源严重不足，剩余计划 737 个……

纠纷过程中，荣兰祥还说妻子孔素英是邪教成员，并被许多媒体报道，孔素英因此提起诉讼。2015 年 9 月 29 日和 2016 年 6 月 12 日，济南市天桥区法院一审和济南市中级法院二审，判处荣兰祥书面赔礼道歉，并赔偿孔素英精神损害抚慰金 2 万元。（撰稿/孙鸣远）

编者点评：即使荣兰祥只是个普通的企业家，他也应该有起码的道德底线。现在的问题是，他是个成功的企业家，而且还是全国人大代表。人大代表是代表人民的，是代表人民利益和人民形象的！但他现在是彻头彻尾给人民败兴的！如果他不是因为家庭纠纷和老婆的举报而曝光，不知道还能隐藏多久？简直太可怕了！

资料来源：

［1］中国新闻网. 蓝翔技校跨省打架案判决　三名校领导获刑 4～6 年. http：//news. china. com/domestic/945/20151226/21019965_ all. html ［2015 - 12 - 26］.

［2］法制与社会. 妻称被夫诽谤　蓝翔技校校长一审被判侵犯名誉权. http：//www. cnwnews. com/html/soceity/cn_ fz/djkf/20160202/783096. html ［2016 - 02 - 02］.

［3］新华网. 蓝翔校长就超生和多张身份证问题公开致歉. http：//news. sina. com. cn/c/2014 - 12 - 05/150731250933. shtml ［2014 - 12 - 05］.

宫明程：2.4亿元国资变"民资"

> **宫明程**　男，曾任辽宁省大连市副市长（1984年），原中国华粮物流集团大连北良有限公司原法定代表人、总经理。2014年8月19日，辽宁省纪委对宫明程涉嫌国资流失的严重违纪问题进行立案调查。鉴于宫明程涉嫌构成犯罪，已将其移送司法机关依法处理。

中国华粮物流集团公司（下称华粮物流公司）是国务院出资组建的大型国有粮食物流企业。由国家发展改革委、财政部会同国务院国资委、国家粮食局共同管理，粮食购销业务接受国家发展改革委、财政部、国家粮食局、中国农业发展银行的指导。在国家计划中、财政中实行计划单列。中国华粮物流集团大连北良有限公司（下称大连北良有限公司）是华粮物流公司的分公司，主要以港口为依托，以粮食为主业，成为我国现代散粮物流业的龙头企业。华粮物流公司信誉良好，实力雄厚，以诚信作为企业经营合作的保障。平静的公司外表下实则暗潮涌动，而这些"暗潮"的推波助澜者，就是时任中国华粮物流集团大连北良有限公司法定代表人总经理宫明程。

2013年，对宫明程来说注定是不平凡的一年，中国华粮物流集团公司整体并入中粮集团有限公司，成为其全资子公司。这一年，宫明程步入古稀之年。自从2006年从总经理的位子卸任后，宫明程就在自我安慰，退下来就好了，可能也是因为内心没有底气，他也在时时关注着中央对国企的反腐进程。2013年，中国的反腐力度空前，国企进入反腐视野，宫明程内心开始忐忑。2014年3月，中纪委进驻中粮集团，这位古稀老人内心的不安达到了顶点。果不其然，两个月后，宫明程被依法采取强制措施。

"见过乱的企业，没见过这么乱的企业。"这是中粮集团纪检组组长柳丁对中粮接手后的大连北良有限公司的第一印象。这么乱的企业，最大的"功臣"就是宫明程。如果不是中纪委巡视组对中粮集团进行巡视，宫明程可能还不能被绳之以法。在2014年巡视中，中粮集团纪检组向中央巡视组报告了大连北良有限公司存在数亿元不良债权等问题。根据中纪委调查，2004 年 7 月，宫明程利用职务之便，违规操作，将下属全资子公司北良企业集团有限公司（下称北良企业集团）65% 的国有股权约合 2.4 亿元贱卖给了私人老板，使之成为民营控股企业，造成国有资产严重损失。同年 9 月，宫明程又未经审计、评估和报批，擅自将大连北良有限公司拥有的土地、油库、码头等优质资产"打包"低价转让给了北良企业集团有限公司。这么短的时间，宫明程将一个拥有上亿注册资产的国有企业，摇身一变成了民营控股企业，给国有企业带来了巨大损失，而他却从中"获益"颇丰。

国有企业的股权转让应该是有一套严格合理的正当程序，那么宫明程如何在短时间内用非正当手段将股权转让呢？宫明程一手遮天，八年没开过股东大会，利用职务之便伪造了股权转让协议，伪造了董事的签名，假借并购重组的外衣，将国有资产输送到私营企业，自己从中获益。就这样没有报请主管批准，未经集体研究决策和资产评估，企业就由姓"国"改姓"私"了。大连北良有限公司和北良企业集团，这两家公司名字相似，极易让人混淆，但是有着实质的不同：大连北良有限公司，是国家为实施"北粮南运"战略投资成立的公司。北良企业集团，则是大连北良有限公司的子公司。从被大连北良有限公司控制，到一夜间成为民营企业占有 65% 的股份的企业，随后再鲸吞大连北良有限公司的优质国有资产，这一系列转变都是宫明程的"功劳"，宫明程曾担任过这两家公司的总经理，这个特殊身份为转移国有资产提供了便利。

大连北良有限公司在经历了一次又一次的大资金变动后，经营开始出现困境。优质资产被抽走，明显削弱了企业实力，特别是在失去几处重要地段和码头后，企业发展空间大幅缩小，丧失了发展的潜能。而且公司所欠巨款久拖不还，占用了企业大量流动资金，增加了企业财务成本，降低了企业信用评级。据继任大连北良有限公司总经理孟凡杰介绍，至 2014 年案发时，北良企业集团有限公司仍欠大连北良有限公司 3.3 亿元，而后者已陷入连年亏损境地。大连北良有限公司数度与北良企业集团对簿公堂，虽然赢了一系列债权官司，但大连北良有限公司未获任何实质性收益。

企业亏损了，宫明程的口袋却鼓了。低价收购的国有资产，被宫明程等人转手高价出售，而宫明程在出让国有股权后，继续担任被民营控股的北良企业集团有限公司总经理，多年来累计获得薪酬 526 万元。在经历过那么多的"大风大浪"后，大连北良有限公司早已满目疮痍，股权变更多次十分混乱，账目早已不清晰，资金不明，想要通过法律途径追回损失资金，执行起来却很难。宫明程曾经担任过大连市常务副市长，且其在担任大连北良有限公司总经理时，利用职权提拔身边人，现任高层多为其亲信，因此在调查取证以及执行过程中遇到了巨大的阻碍，中粮集团不知道该如何拯救"受伤"的国有企业。

2014年3月党的十八大后中央首次对央企进行巡视，这让中粮集团看到了契机。在中粮集团向中纪委汇报情况的同时，也接到了来自群众的对于宫明程的个人作风问题的举报。"反映的问题涉嫌领导干部用国企资源搞利益输送，给国家造成巨额损失，而且线索具体，我们决定将这一问题线索作为巡视的一项重要内容。"朱保成说。但是由于宫明程案件涉案时间比较长，利益输送的方式隐蔽，加大了对于案件事实查处的难度。"上级部门的介入，为克服各种阻力、顺利查办案件提供了坚强保证。"据专案组工作人员周慧哲介绍，在中央纪委和巡视组协调下，办案人员先后赴200多个部门单位调取书证千余份，到50多家涉案公司调取财务账目万余册，这些证据加起来，足足有3吨重。专案组及时控制了8名涉案人员，联系上了潜逃境外的当事人和退休多年的知情者，获得了充分证据。国有资产的损失渐渐清晰明了，数目之大令人触目惊心。

宫明程被查处后，大连北良有限公司员工群情振奋，奔走相告。继任大连北良有限公司总经理孟凡杰表示，要努力将公司扭亏为盈。（撰稿/李美君）

编者点评： 权力是把双刃剑，运用得好就是造福国家，运用得不好就会危害社会。他是一位曾经的国企发展功臣，如今却成为了阶下囚。他在权力的制高点，滥用权力，提拔身边人到企业中层，享受权力带来的快感，利欲熏心导致了最终的局面。但在中央反腐利剑之下，在桩桩铁证面前，再狡诈的"老虎"也得俯首认罪。

资料来源：

［1］人民网. 4亿元损失是咋追回的. http：//roll. sohu. com/20150430/n412156543. shtml［2015－04－30］.

［2］光明网. 大连北良有限公司原老总宫明程腐败案查办始末. http：//www. hilizi. com/html/2015/dalianxinwen_ 0430/83047. html［2015－04－03］.

连国胜：组织领导黑社会获刑20年

连国胜　男，1967年生，湖北省孝感市孝南区肖港镇人，原湖北南港集团公司董事长、孝南区政协委员。年轻时曾犯抢劫罪坐牢3年。2006年以来，他纠集"两劳"释放人员数十人，以黑社会的手段巧取豪夺、为富不仁。2014年10月20日，因犯组织领导黑社会性质组织罪、寻衅滋事罪、强迫交易罪、故意伤害罪、敲诈勒索罪、非法占用农用地罪，被判处有期徒刑20年。

一手组织"两劳"释放无业人员成立各种公司，采取黑社会打砸抢掠手段，捞取巨额钱财；一手又用这些"黑金"中的极少部分进行捐资助学等各种社会公益事业，塑造自己的"慈善"形象。这种看似矛盾的"双面人"，却被湖北南港集团董事长连国胜演绎得"天衣无缝"。

孝感市孝南区肖港镇有11万人口，毗邻孝感周边，这里有丰富的河沙资源，经济富裕，有孝南区第一大镇之称。连国胜早年在当地法院当过书记员。不过，法院的工作并没有使他增强一点守法意识；相反，他不仅"屡教屡犯"，甚至还用他那点司法"经验"来回避法律的打击，但最终仍是"搬起石头砸自己的脚"。从法院离开后，连国胜因犯抢劫罪坐牢三年，且出狱后不思悔改，反而做起了"披着羊皮的狼"，借助于成立公司、捐助慈善等合法外衣做更加违法的勾当。2006年起，他纠集郭志勇、肖小毛、郭文齐等人采取暴力、威胁、恐吓等手段，打压、排挤竞争对手，强行垄断河沙开采和房地产行业，形成了以他为首的23人重大黑恶团伙。连国胜一伙以公司管理、工程建设的名义，先后注册成立湖北南港砂业有限公司，湖北南港房地产开发有限公司、湖北南港大酒店有限公司等7家公司，以此为依托，通过暴力、滋扰、恐吓等手段，强迫他人转让沙场；威逼他人终止经营并由其开发和转让宅基地、非法控制孝南区肖港镇河沙开采行业和房地产行业。在非法控制、垄断的过程中，该团伙先后有组织地实施了寻衅滋事、强迫交易、故意伤害、敲诈勒索、非法占用农用地等违法犯罪活动

24 起，逐步形成了以妹夫肖小毛为"军师"、郭志勇为打手，郭爱军为"文官"的"以商养黑、以黑护商"的组织模式。

就这样，通过暴力攫取土地，连国胜成了孝南区最大的开发商；他的身价达到 1.2 亿元，成为孝南区"首富"。

另外，连国胜还借助孝南区政协委员、湖北连氏宗亲理事会会长等身份，广泛参与当地政治活动和社会活动，进行各种慈善捐助活动，给自己罪恶的行径披着和善的外衣。

连国胜的罪行首先因其"打手"郭志勇而暴露。2012 年 8 月，湖北省孝感市孝南区肖港镇白马寺社区居民肖某向公安机关控告称，其于 2008 年被人打伤，虽参与人员已被公安机关抓获，但幕后主谋连国胜、郭志勇两人仍逍遥法外，强烈要求追究两人的刑事责任。

接到线索后，孝南区公安分局成立专案组展开了先期调查。在调查过程中，民警发现，连国胜、郭志勇这两个名字在群众中不仅不陌生，反而是"如雷贯耳"——部分群众谈"连"色变。经过民警大量细致的工作，还是掌握了郭志勇多次砍人的证据，还查明郭志勇不久前涉嫌一起强奸案。

郭志勇携带艾滋病病毒，公然宣称"谁抓我就咬谁"！

2013 年 1 月 7 日凌晨，20 多名民警包围郭家，狙击手首先击毙看家护院的 3 只藏獒，民警冲进卧室将郭志勇抓获。为防其"咬人"，用摩托车头盔套住他的头。警方从其家中搜出 1 支霰弹枪、1 支自动气步枪、若干子弹和 7 把大砍刀。

针对这起重大黑社会势力犯罪，湖北省公安厅"挂牌"督办。

2013 年 7 月 31 日，报经湖北省公安厅批准后，孝感市公安机关调集 150 余名警力，分 6 个工作组，同步在孝感市区、城郊四地展开收网行动，一举抓获连国胜等 6 名团伙骨干成员。

此时，连国胜的"慈善"外衣开始发挥了"保护伞"作用。

这一情况引起当地领导的广泛重视。2013 年 11 月 2 日，孝南区政法机关联合在肖港镇召开 300 多人的干部群众大会，通报了连国胜涉黑团伙案件情况。

2014 年 10 月 20 日，孝南区人民法院一审判决连国胜犯组织领导黑社会性质组织罪、寻衅滋事罪、强迫交易罪、故意伤害罪、敲诈勒索罪、非法占用农用地罪，被判处有期徒刑 20 年，并处没收个人全部财产；团伙骨干成员郭志勇、肖小毛、郭文齐、章红飞、郭爱军、王学平犯参加黑社会性质组织罪及相关罪名分别被判处 2 年到 20 年不等的有期徒刑。

连国胜等人不服，提起上诉。2015 年 5 月 4 日，孝感市中级人民法院予以终

审裁定，连国胜等人上诉理由均不能成立，驳回上诉，维持原判。（撰稿/晋珀）

编者点评：不义之财不可得，多行不义必自毙。连国胜只是一个"草根"企业字，竟然如此暴戾，令人发指。

资料来源：

［1］楚天都市报．猖狂黑老大．http：//news. sina. com. cn/o/2015 – 06 – 18/151931965483. shtml ［2015 – 06 – 18］.

［2］法制日报．"黑金慈善家"雇多名打手"以商养黑"．http：//www. legaldaily. com. cn/index/content/2015 – 06/17/content＿6131147. htm？node = 20908 ［2015 – 06 – 17］.

张文江：下属捐款修家庙

张文江　男，1957年3月生，宁夏银川青铜峡市峡口镇汉渠村人，曾任神华集团公司总经理助理、神华科技发展有限责任公司董事长。他滥用职权，居然让员工捐款为他修"家庙"。2014年12月22日，经神华集团公司党组批准，张文江涉嫌严重违纪违法，接受组织调查。

张家兄妹七人，张文江排行老三。最初高中毕业后在村里当民办教师，后来通过高考上了大学，当时的张文江是他们村里唯一一个走出去的大学生，毕业后分配到石炭井矿务局白芨沟矿工作，历任石炭井矿务局白芨沟矿副矿长、石炭井矿务局一矿矿长、石炭井矿务局局长、太西集团公司董事长等职。2002年12月，宁夏煤业集团有限责任公司成立之后，张文江担任该公司董事长。2006年1月，宁夏回族自治区政府与神华集团合资合作，通过增资扩股方式组建了神华宁夏煤业集团有限责任公司，张文江任董事长。2007年12月，张文江离开神华宁夏煤业集团有限责任公司，后任神华集团公司总经理助理、神华科技发展有限责任公司董事长，曾获得过多项荣誉，如"宁夏青年科技奖""宁夏十大杰出青年企业家""宁夏十大经济年度人物""全国煤炭工业优秀企业家""全国优秀企业家""中国经济十大新闻人物""中国十大杰出管理人物""中国十大管理英才""全国劳动模范""最受关注企业家""中国企业改革杰出领袖"等。直到2014年12月22日，根据神华集团公司党组纪检组消息，经神华集团公司党组批准，张文江涉嫌严重违纪违法，接受组织调查。

张文江涉嫌贪腐事件可以追溯到2013年5月，当时中央巡视组先后对近60家单位进行了专项巡视，截至2015年2月5日，巡视结果反映几乎所有被巡视单位在各领域均存在不同程度的问题，其中最严重的问题单位属神华集团有限责任公司（下称神华集团）。神华集团是1995年10月经国务院批准设立的国有独资公司，中央直管国有重要骨干企业，是以煤为基础，电力、铁路、港口、航运、煤制油与煤化工为一体，产运销一条龙经营的特大型能源企业，是我国规模最大、现代化程度最高的煤炭企业和世界上最大的煤炭经销商之一。

根据中央第十二巡视组对神华集团的专项巡视反馈信息，认为神华集团党组织管理问题较大，出现放松、放任、放纵甚至放弃管理等状况，集团内部凝聚力不强；集团专门负责监督的纪检监察机构责任缺位，在集团防腐败方面监管不力、形同虚设；某些集团高层通过操控重点合同煤审批权贪污受贿，在煤炭灭火工程这块暗地里存在着巨大的利益输送。报告原文提道："神华集团煤炭灭火工程管理混乱，一些私人老板受利益驱动并得到'权力'庇佑，打着灭火工程旗号大肆开采和销售煤炭，甚至故意制造煤田火点，谎报灭火项目。有的灭火工程层层转包，造成生态破坏，事故频发。灭火工程成为少数人的暴利工程，形成链条式腐败。"

针对巡视组提出的一系列问题，2015年5月5日神华集团发布巡视整改报告。在"灭火工程腐败案件"的核查中发现，原总经理助理、神华科技发展有限责任公司董事长张文江在2000年2月至2002年12月担任太西集团公司董事长、2002年12月至2006年1月担任宁夏煤业集团公司总裁、2006年1月至2007年12月担任神华宁夏煤业集团公司董事长期间，利用职权为灭火承包商谋取利益，收受承包商巨额贿赂。上述问题经查实后，神华集团党组纪检组对张文江等人进行了立案调查，并按法定程序移送司法机关，因严重违纪，涉嫌违法，神华集团公司直属党委决定给予张文江开除党籍处分，神华集团公司决定与张文江解除劳动关系，其涉嫌犯罪的问题和线索已移交司法机关处理。

除了被查出贪腐问题，还曝出张文江曾利用职权让8名下属为其修建家庙。

据了解，这个所谓的家庙名为"太平观"，位于宁夏青铜峡市东南20公里处的峡口镇汉渠村。这里是张文江的老家，住房多为土坯与砖瓦混合。因此村内最显眼的两处建筑分别为张文江兄弟几人的别墅住宅和村西头的"太平观"庙宇。

根据当地人描述，该庙气势恢宏，庙宇的屋顶四角都挂着铃铛，门口摆放着两尊大型石雕雄狮。进入庙内，第一眼便是大殿正中摆放的两个雕刻精美的香炉，所用材料必然价值不菲。大殿左右伴着碑亭，其中"太平官善男信女虔诚碑"上，"张文江"的名字赫然在列。张文江深陷"风水学"，担任神华宁夏煤业集团领导时，他就在办公室摆放一些风水物件"辟邪"。大殿外侧还各有一排配殿，碑亭外有钟楼和鼓楼。庙宇内雕廊画柱，亭台楼阁，处处精美绝伦，尽显奢华。

因此庙为张文江及族人共同修建，又被村民称为"张家庙"，现看护庙宇的是张文江的堂哥张文胜。据他讲，张家庙为祖上所建，后来年代久远已有些破败。于是在2005年，张文江的大哥张文澍在兄妹几人支持下，召集村民一起进行殿室重建，耗时一年，共修建 10 多个殿室，建筑面积达 3700 多平方米。这次重建加维护庙宇共耗费资金 230 余万元，其中重建就花去 160 万元，另外近年来的修葺与绿化又用去 70 余万元。

重建庙宇耗费了如此巨大的一笔开支，那么钱从哪里来？在该庙宇的一面墙上写着"张家庙唱戏捐款名单"，其中捐款人大多姓张。据村民黄书海所言，每年农历三月，戏班子都会到庙前广场唱大戏，而请戏班子的钱都是由村民共同捐助。张文胜还提到张文江及其 8 名下属确实在建庙时捐过钱，具体数目并不清楚，除此之外，一名商人也通过张文江捐款 20 万元修庙。

张文澍，即张文江的大哥，对于其弟被查一事表示很意外，他表示每次弟弟回家自己都会提醒其恪守本分，遵纪守法，做事不能出格，尤其在当领导之后更应谨言慎行。没想到最终还是犯下大错，让家人痛心疾首。但张文澍仍然认为犯了错就要接受惩罚，事件调查清楚后该接受何种处罚也必须由自己承担。而修建家庙是由张家母亲和姐妹提议发起，其中张文江捐款多少，张文澍表示并不清楚。神华宁夏煤业集团 8 名下属给张文江捐款修庙一事，张文澍也表示从未见过这几名职员，这些人具体捐款多少也无记载，但他提到有一个商人老板一次性"捐款" 20 万元，还打了收条，与张文胜说法一致。

2014 年 12 月 22 日，张文江因涉嫌收受工程承包商贿赂被查。接着 2015 年张文江下属为其捐款修家庙一事暴露，纪检委两次到其家中进行查访，并到张家庙进行实地调查。对此，神华集团通报称，经过调查核实了神宁煤业集团多名党员干部在原任董事长张文江修建家庙时进行捐款事件。因此，神华集团公司党组织商议后决定，对神宁煤业集团党委进行通报批评，责令其作出深刻检讨，并按程序分别追究董事长、党委书记和纪委书记的责任；对涉及为张文江修建家庙捐款的 8 名党员干部进行责任追究和处理，给予他们党纪政纪处分；对其他人员则分别进行批评教育、诫勉谈话、责令作出书面检查；对已调出神宁煤业集团的有关人员转由本人所在党组织研究处理。（撰稿/胡祁）

编者点评：自党的十八大以来，中央高度重视党风廉政建设和反腐败斗争，强调党要管党、从严治党。张文江收受承包商贿赂巨额贪污，在煤炭灭火工程上给灭火承包商牟取利益，以及接受下属捐款修建家庙等腐败行为严重影响了社会和谐稳定，具有极大的社会危害性，值得我们高度警惕。

资料来源：

[1] 腾讯新闻. 巡视组痛批神华集团纵火牟利 措辞严厉前所未有. http：//news. qq. com/a/20150206/040775. htm ［2015 - 02 - 06］.

［2］凤凰财经. 神华自曝腐败案来由：前高官曾收受承包商巨额财产贿赂. http：//finance. ifeng. com/a/20150225/13512965_ 0. shtml［2015 － 02 － 25］.

［3］中共中央纪律检查委员会官网. 中共神华集团公司党组关于巡视整改情况的通报. http：//www. ccdi. gov. cn/xwtt/201505/t20150505_ 55838. html［2015 － 05 － 05］.

［4］中华网. 神华集团张文江涉贪 8 下属捐款给其修家庙. http：//news. china. com/domestic/945/20150520/19714352_ 1. html［2015 － 05 － 20］.

张新华：广东第一贪

张新华　男，汉族，1962 年出生，广州白云人，中专学历，曾担任广州市国营白云农工商联合公司原总经理。2014 年 12 月 10 日，因贪腐金额巨大，被广州市中级法院一审判处死刑。

因贪腐金额近 4 亿元而被当地的老百姓戏称为"广东第一贪"的原广州市国营白云农工商联合公司的总经理张新华，2014 年 12 月 10 日被广州中级法院宣判：张新华因犯贪污罪、受贿罪、非国家工作人员受贿罪，数罪并罚决定执行死刑，剥夺政治权利终身，并处没收个人全部财产。

出生于 1962 年的张新华，是土生土长的广东白云山农场当地人。据他的亲属介绍，少年的张新华从不贪玩而且十分勤奋好学，只要一有时间，他都会去看书学习。张新华经常向家人诉说自己的抱负，他说想多学点文化知识，将来报效家乡，把白云山农场建设好。

年少的张新华通过自己的努力考上了一所中专院校，学成毕业后的张新华顺利进入白云山农场农业资源部工作。张新华进入公司后，曾为公司的农药销售问题跑遍全国。在当时，中国经济还实行"双轨制"——市场经济与计划经济并行，也就是说任何商品都有两种价格，而市场价格远高于计划价格。张新华正是利用这种价格差，倒卖化肥、农药、钢材等物资，为单位"创造"了不少经济效益。

就这样，白云山农场农资部仅用了大半年的时间就大幅度地扭转了公司的亏损局面。由于张新华年轻有文化，而且头脑灵活又敢干，很快便升任广州白云山农场农资经营部经理。1994 年，张新华被广州市国营白云农工商联合公司（下称白云公司）总经理李富连看中，提拔他当了白云公司的副总经理，正式进入白云公司的管理层。然而谁也没想到的是，此时的张新华想的不是对他的这位伯乐感恩戴德，而是在盘算着如何将他取而代之，经过了几年的"蛰伏"，张新华苦等的机会终于来了。1998 年，张新华先是怂恿李富连将白云公司的办公大楼承包给李富连的儿子装修，当看到李富连的儿子接下这个项目后，张新华又指使别人去实名举报李富连，说他有经济问题，此举顺利地致使李富连受到广州纪委的调查，并被迫让出了总经理的宝座。从此，张新华摇身一变成了白云公司的总经理。

张新华接替李富连成了白云公司的当家人后，再也没有提过报效家乡的"宏愿"，反而开始了他长达 15 年的贪腐之路。谈及张新华的贪腐经历，时任广州市纪委常委、新闻发言人的梅河清连称"触目惊心"，张新华案是广州近十几年来查处的单个领导干部涉案金额最大的案件。据他介绍，张新华在任期间，利用职务之便，通过贱卖国有土地和物业、收取私人老板巨额贿赂等手段作案。一个小小的国有企业的总经理处心积虑地一步步地从一个普通的农场子弟变成了一只贪婪的"硕鼠"。

作为国企老总的张新华实际上还有另一个身份：他也是几个私企的大股东。多年来，他娴熟地玩弄着"左手转右手"的"空手套白狼"戏法，将数亿国有资产收入囊中。白云公司成立于 1981 年，是广州市属国有农场系统最大的一个综合性企业，拥有土地总面积约 2.5 万多亩，职工 1.3 万人。就是这些在别人看来再正常不过的国有公司的土地，在张新华的眼里却成了能换取巨额财富的"宝贝"。

2003 年，因为城市发展，广州市农场管理局被撤销，张新华不再受制于主管单位，开始在白云公司大权独揽。因为白云公司经营不善，被法院查封，很多债务需要处置，企业员工也需要安顿，张新华就与白云公司原董事长张福来、白云公司原总经理助理章国春等 5 名白云公司主要领导商议，最终决定以保护国有资产为名，几人共同出资成立私营公司，并将白云公司及下属公司的资产转移至该公司。不久，广州市广田置业有限公司（下称广田公司）正式登记成立，这家公司的董事会、监事会等领导班子构成与原白云公司基本一样，领导层张新华、章国春各出资 6 万元占公司 20% 的股份，张福来等其他几名领导成员各出资 3 万元占公司 10% 的股份。

从 2005 年开始，广田公司的法人和股东发生了几次变化，张新华等原股东将手上的部分股权转让给了新股东，而这只不过是张新华等人为了转移国有资产做的铺垫。2006 年，张新华私自违规成立了私营企业广州新雨田置业有限公司（下称新雨田公司）。几经变动后，张新华占了新雨田公司 25.4% 的股份，折合人民币 7200 余万元。后来新雨田公司又并购了广州市广田置业有限公司（下称广田公司），并全面接收了广田公司的账面资产。经过几次股权变更，最终的结果是广田公司只剩下两个股东：张新华和新雨田置业。就这样，张新华成功地将近 3 亿元原属白云公司的国有土地和房产装进了自己的口袋。张新华拿到这些房产、地块后又通过出租、转让的方式获取利润，还通过股东集资方式，继续侵吞白云公司及其下属公司的房产、土地。

对于张新华来说，"爱钱财，也爱美女"。据一位原白云公司下属透露：除了侵吞国有资产，张新华还有多名情妇。2000 年前后，因为涉及卖地的问题，张新华叫他其中的一个情妇去跟另一家公司的老总谈合作的事情，最后为了拿钱，张新华把他的这名情妇也"转让"给了这位老总。

据专业机构评估，被张新华违规处理的土地面积累计多达 110 万平方米，建筑面积约 55 万平方米，相当于 154 个标准足球场那么大，可追回的涉案资产市值近 50 亿元。

除了倒卖国有土地，张新华在贪污贿赂上也"决不手软"，法院审理查明，1998 年 6 月至 2013 年 5 月，张新华利用手中的权力为相关单位、个人提供帮助，收受贿款共计 5680 万元和 730 万港元。

自 2003 年后的十年间，关于对张新华的举报从没有间断过，但都没有明确的结果。真正把他拉下马的却是白云公司的一批下岗老职工。张新华利用倒卖白云公司的国有土地中饱私囊，被害得最惨的还是那些白云公司的老员工，他们中的很多人至今还住在由猪圈改建后的平房中："他把我们搞得很惨，很多职工下岗的下岗，家破的家破，人亡的人亡！"他们控诉道。

因屡次被人举报，这些举报材料得到了市纪委的重视，市纪委初步介入调查，发现张新华有重大经济问题。随着调查的进一步深入，2013 年 9 月 16 日，张新华被警方刑事拘留，并开始陆续供述犯罪经过。2013 年 9 月 30 日，广州市检察院对张新华宣布逮捕，张新华的原领导班子成员也全部被查处。至此，张新华的"硕鼠"生涯宣告剧终。

2014 年 12 月 10 日，是广州市中级法院开庭的日子。厚重的眼袋撑着呆滞的眼睛，张新华拖着疲惫的身体站在被告席上。他光着双脚穿着拖鞋，除了手铐，脚踝上也套着脚镣。在这个寒冷的冬日，肃穆的法庭也在昭示着审判官的铁面无私。最终，张新华被判处死刑。坐在听众席上的白云公司的老员工都拍手称快，有人向他喊道："张新华，没想到你也会有今天！"（撰稿／陈小敏）

编者点评：一个国有企业的领导干部，弃职工利益于不顾，玩弄国家资产于股掌之中，张新华的这些做法与他当初立志报效家乡的抱负相去甚远。习近平总书记讲，要想"当官"，就别想发财。公务员如此，国企干部也同样如此，尤其是那些根本不该拿的钱。

资料来源：

［1］搜狐新闻. 广州国企经理张新华曾 1 亿多贱卖土地　现值 40 亿. http：//news. sohu. com/20130924/n387107634. shtml ［2013 - 09 - 24］.

［2］第一财经日报. 广州巨贪张新华侵吞国资 3 亿被查 曾有潜逃倾向. http：//news. hexun. com/2013 - 10 - 23/158970259. html ［2013 - 10 - 23］.

［3］光明网. 揭开广州"最大贪污受贿案"中张新华的"资本戏法". http：//legal. gmw. cn/2014 - 12/10/content_ 14124561. htm ［2014 - 12 - 10］.

丁书苗：政商之间女掮客

丁书苗　又名丁羽心，女，1955年生，山西沁水人。曾任博宥投资管理集团有限公司董事长，山西省政协委员，中国扶贫开发协会副会长。作为原铁道部部长刘志军贪腐案的关键人物，丁书苗因涉嫌非法经营罪和行贿罪，于2014年12月16日被判处有期徒刑20年，并处罚金25亿元，没收个人财产2000万元。

　　国家审计署在2009年至2011年对铁道部的例行审计中发现，一些工程承包商通过虚列支出等手段套取资金，以"中标服务费"等名义转给丁书苗等人控制的多家民营企业；丁书苗涉嫌通过其控制的博宥投资管理集团有限公司及其关联企业获取不正当利益。2009年11月至2011年1月，审计署将上述案件线索移送中央纪委查处。丁书苗这位原铁道部部长刘志军腐败案的关键人物、在中国内地呼风唤雨的"权力掮客"的真相浮出水面。

　　她曾操纵中标57个，"吸金"达20多亿元。丁书苗为何有如此惊人的能量、能和高层人物接近？她与刘志军极为密切的关系引起了有关部门的关注，并在内部立案继续调查。

在中纪委办案人员的调查中，意外发现一个名叫侯军霞的人。侯军霞是整个项目中具体操作中的重要人物。2010 年 12 月 24 日，北京警方将侯军霞抓获。侯军霞被抓后，很快供出其背后"推手"就是她的母亲丁书苗。2011 年年初，丁书苗被警方抓获归案，并供出幕后真正的"推手"刘志军。2011 年 2 月，刘志军被双规，至此，这起惊天大案终于案发。

丁书苗是大老粗，也确实是个能人，她的"能"，既表现在能吃苦上，也表现在拉人际关系方面上。丁书苗特点鲜明："身高超过 1.7 米，长相憨厚，性格豪爽。"她家境贫寒，早年丧母，由父亲一手带大。虽然丁书苗一没文化和特长，二没姿色，但她会来事懂投资，别人借她 10 元，她会用 8 元去搞好关系。计划经济时代，村民们每天下地干活挣工分，她却不愿意下地，就到各家去收鸡蛋，送到县城卖。在村民们的印象中，"丁书苗有本事，韧性十足。比如她找人帮忙，被拒绝也不生气，会一次又一次找。而且胆子大，你给她出个主意，她什么都敢做。"丁书苗不甘于农村的生活，改革开放后，便去了晋城，开了家饸饹面馆——晋城最为常见的饭店。来吃饭的煤车司机很多，丁书苗得知运煤很赚钱也搞起了运输。汽车运输满足不了市场需求，增加了铁路运输。慢慢地，丁书苗在煤炭运输业里面，有一项广为人知的本事：能拿到车皮计划。车皮计划，是计划经济时代的产物。一般是由当地的煤炭产销大户或矿务局，向上级铁路局提出申请，需要多少车皮，铁路局再统一上报铁道部。最后铁道部批下来指标，铁路局再层层划拨到各个单位。丁书苗是个很有能量的人，无论是企业家还是政府官员，都能被丁书苗编织进她的人际网络。到北京后的丁书苗，改名为丁羽心。后来，丁书苗依靠自己的韧性，通过给人洗衣服结识了原铁道部长刘志军。

丁书苗原本是山西的一个普通商人，自从结识刘志军后，开始飞黄腾达，一直扮演着刘志军代理人的角色。资料显示：2007 年到 2010 年间，丁书苗为获取非法经济利益，违反国家规定，直接或通过胡斌、郑朋、郭英（均另案处理）等人，与中铁二十局集团有限公司、中铁二十三局集团有限公司等 23 家企业商定，采取有偿运作的方式，由丁书苗等人协同刘志军，帮助该 23 家企业在 57 个高铁建设工程项目招标、投标过程中中标。中标后，丁书苗、胡斌、郑朋等人以收取"中介费"等名义向中标企业或从中标企业分包工程的施工队收取费用，违法所得共计 30 余亿元，其中丁书苗违法所得数额共计 20 余亿元。为感谢刘志军的帮助，丁书苗采取为刘志军花钱办事的方式行贿 4900 万元。

由此，丁书苗获得"高铁一姐"称号。

丁书苗又一条赚钱路径是"倒煤"。2000 年丁书苗转战北京后，2003 年 10

月成立中企煤电工业有限公司（下称中企煤电），年经销电煤 400 万吨，铁路运力 500 大列以上，其公司称截至 2010 年 12 月，利润已达 5000 万元。

"入京"的丁书苗租住在东城区苍南胡同 14 号院的天荣宾馆。在 2006 年 1 月，她耗资 3000 万元注册成立了北京博宥投资有限公司（下称博宥投资），其中，中企煤电出资 2980 万元，侯军霞（丁书苗女儿，后为博宥集团副总）、王惠萍分别出资 10 万元。当年 8 月，中企煤电将股权转给侯军霞。

2007 年 7 月，侯军霞把 51% 的股权转让给中闫宏泰能源投资有限公司（下称中闫宏泰）。

2007 年 9 月，中闫宏泰更名为奥立投资管理集团（下称奥立投资），12 月又更名为博宥投资管理集团有限公司（下称博宥集团），法人变更为丁书苗，注册资金由 5000 万元增加到 1.2 亿元。其时，该集团资产迅速膨胀，旗下企业包括北京博宥投资、中直能源投资有限公司和北京冠瑀投资、中昶国际投资、大宥方圆国际影视文化传媒（北京）有限公司、北京世纪同程投资有限公司等。

2008 年 4 月博宥集团与当代英才（北京）国际广告有限公司合资成立英才会所股份有限公司，丁书苗任法人。

2008 年到 2010 年，刘志军为了到地方任职，让丁书苗找关系为其职务调整创造条件。丁书苗供述，她和刘志军认识十几年来，关系逐渐加深，刘志军帮她挣钱，她就帮刘志军花钱。"凡是他安排的事情，我都尽力去办，花多少钱从不吝啬。"这其实就是"权力掮客"现象。（所谓"权力掮客"，就是指靠固有的关系网，在行贿人与受贿人之间牵线搭桥、介绍贿赂并从中渔利的人。）

2009 年，丁书苗在老家山西省沁水县夺得嘉南铁路投资权。嘉南铁路是连接太焦（山西太原至河南焦作）、侯月（山西侯马至河南月山）两大晋煤铁路外运大动脉，全长 64.92 公里，总投资 23 亿元。

2010 年年初，博宥集团花 3.5 亿元在香港买进了恒基地产超级豪宅"天汇"的三个单位。丁书苗将想中标人的信息递给刘志军，刘志军暗箱操作让其中标，由此来赚取中间费用。

案发前，丁书苗曾任职中国扶贫开发协会副会长，并登上福布斯中国慈善榜。在 2009 年至 2010 年，丁书苗为掩人耳目，不惜花重金"买"形象。据有关部门查处：她先后 38 次行贿时任国务院扶贫开发领导小组办公室外资项目管理中心主任范增玉（2015 年 4 月 29 日，北京一中院以受贿、贪污、诈骗三罪判处其死缓，并处没收个人全部财产），共计折合 4013.4388 万元，以换得在有关表彰会上发言，在有关刊物上刊登"慈善"事迹的机会。

2012 年 1 月 7 日，鉴于丁书苗涉嫌违法违纪，山西政协常委会议决定，撤销她的省政协委员资格。

2014 年 12 月 16 日，北京市二中院对丁书苗以行贿罪判处有期徒刑 15 年，并处没收个人财产 2000 万元；以非法经营罪判处有期徒刑 15 年，并处罚金 25 亿元，决定执行有期徒刑 20 年，并处罚金 25 亿元，没收个人财产 2000 万元。其中罚金数创下个人罚金最高纪录。（撰稿/杨文莲）

编者点评：丁书苗是一个反面教材。本来，丁书苗一个能吃苦、靠吃苦逐步起家的能人，可以凭自己的辛勤努力走上发家致富的道路，并造福一方；但由于自己的贪婪，由于不正确的经商观，最终跌到了罪恶的深渊，被钉在了历史的耻辱柱上。

资料来源：

［1］京华时报. 丁书苗替领导洗内衣起家 曾被刘志军叫猪脑子. http：// news. qq. com/a/20130925/001771. htm ［2013 – 09 – 25］.

［2］法制晚报. 丁书苗判决结果今日宣判 丁书苗母女和刘志军的赤裸关系. http：//yule. qlwb. com. cn/2014/1216/274852_ 3. shtml ［2014 – 12 – 06］.

王明南：套取公款3000万元被判死缓

王明南 男，1955 年生，山东龙口人，中共党员，原枣庄矿业（集团）有限责任公司总经理、党委副书记、董事，曾是全国煤炭行业的标杆性人物。因涉嫌犯受贿罪于 2013 年 5 月 27 日被刑事拘留，同年 6 月 13 日被逮捕。2015 年 1 月 12 日被判处死缓。

王明南从 1974 年在龙口矿务局洼里矿参加工作起，一头扎到煤矿里整整 40 年。他是全国煤炭行业的骄傲和标杆性人物，曾荣获全国"五一"劳动奖章、全国煤炭工业优秀企业家、全国煤炭工业劳动模范、全国煤炭工业特级劳模、全国煤炭工业优秀矿长、山东省富民兴鲁劳动奖章、山东省劳动模范、山东煤炭工业党风廉政优秀干部等称号，入选"十一五"全国节能先进个人推荐对象名单。他在洼里煤矿工作的先进事迹被编成电视剧——《一个矿长的故事》，在中央电视台黄金时段播出。

王明南曾主持国家"十一五"科技支撑计划及省部级重大科技攻关计划项目。获省部级科技进步一等奖 2 项、二等奖 4 项、三等奖 3 项，制定 3 项国家标准，授权发明专利 4 件。被山东省政府授予"山东省有突出贡献中青年专家"称号；为提高资源回收率，王明南曾组织开展"大倾角大采高综采成套装备及矸石置换煤炭技术"课题研究，首次开发出适应煤层大倾角的 ZY6600/25.5/55 型大采高综采支架和 ZTZL6000/25/45 型自移式端头液压支架，建立了井下煤矸分选系统，该成果获 2009 年度中国煤炭工业科技成果二等奖。在"膏体似膏体充填模式的研究及应用"课题攻关上，研制出了新一代胶凝材料，建立了"似膏体充填模式"的理论体系，开辟了当代胶结充填技术研究的新领域，该成果获 2008 年度中国煤炭工业科技成果二等奖；王明南曾组织开发了"煤矿安全编码预警智能分析与评价预警控制管理系统"，为矿井安全生产决策提供了有力保障，获国家安全生产科技成果二等奖；王明南积极探索新井建设的新途径，用短短 18 个月把滨湖煤矿建成全国一流的现代化矿井，创出了我国建井史的奇迹，该工程获中国工程建设最高奖"鲁班奖"；王明南主持的国家"十一五"科技支撑计划"动力配煤及优质化示范工程"研发出多元优化动力配煤计算机专家系统，建成国内首座大型无外墙轻钢结构露天选煤厂，授权发明专利……

但是，就是这样技术领先、"经验丰富"、富有才干的优秀领导干部，却没能经得起贪腐的考验，晚节不保。

2008 年 6 月，在枣庄煤矿集团收购内蒙古金正泰煤炭公司的过程中，作为枣矿集团总经理的王明南，利欲熏心，从中捞取了 3000 万元的巨额好处费，造成了国有资产的大量流失。这笔巨额款项，王明南用 600 万元给女儿、女婿在北京买了住房，"我要给北京的一个老领导买房子，你准备钱，具体的钱数和账号我女儿会告知。"王明南一个电话，数百万元购房款便轻松入账。当然了，这个"老领导"就是他的女儿！后来，女儿把这套房子转手，又赚了 40 万元。王明南除以女儿名义在北京买房外，还以女婿名义购买海南温泉花园小区 G10 - 105 西户房产、龙口市新龙家苑房产，甚至以外孙子名义购买海南温泉花园独栋别墅 D05 房产。不仅如此，亲家买房，王明南拿出 302 万元；他女儿还以外甥的名义购买北京大成郡房产一套。仅在海南，王明南就有三套住房。

不要以为王明南是千万级的"大手笔"，其实对员工和下属的一些小钱他也照收不误。职工做工作服，他收取上海国文服饰有限公司滕州专卖店 10 万元"礼金"；职工吴某的妻子调动工作，他先后收受吴某所送 7 万元、黄金手镯一对、黄金长命锁一把。那黄金手镯和长命锁是给他外孙的；他手下的一个处长刘某怕在年度任务考核时有麻烦，请王总帮忙，王明南收了这个处长 18 万元；鞍山强力重工有限公司、山西省忻州市通用机械有限公司、沈阳北方重型机械有限公司为在枣矿集团综机设备招投标方面谋取利益，分别送给王明南 72 万元、27 万元和中国黄金投资金条一根（重 200 克），价值 6.052 万元。龙口市中兴建设发展有限公司为在承揽龙口柳海矿业有限公司土建工程、结算工程款等方面谋取利益，先后 13 次送给王明南 26 万元。沈阳北方重型机械有限公司送给王明南的黄金，被藏在了王明南岳母家的炉子后面。2013 年 6 月 4 日，检察院办案人员找到埋藏的东西，打开后发现里面装的都是金条、金项链等物品……

王明南还挪用公款让秘书为其炒股。炒股账户以孙红静名字开户，共计投入股市 516800 元，截至王明南案发，资金余额为 84679.51 元，股票资产 280800 元；此外，王明南的妻子和女儿还借给吴某 130 万元现金用于做生意……

王明南因涉嫌犯受贿罪于 2013 年 5 月 27 日被刑事拘留，同年 6 月 13 日被逮捕。法院审理查明，王明南利用股权收购，贪污 3000 万元；利用帮助他人晋升等职务之便，非法收受他人财物或者索取他人财物，共计价值 388.9098 万元，涉及十大项受贿事实。2015年1月，山东省泰安市中级人民法院依法判决，王明南犯贪污罪，判处死刑，缓期二年执行，剥夺政治权利终身，并处没收个人财产200万元；犯受贿罪，判处有期徒刑十一年，并处没收个人财产30万元，决定执行死刑，缓期二年执行，剥夺政治权利终身，并处没收个人财产230万元。一审的结论得到山东省高级人民法院的核准。（撰稿/晋珀）

编者点评：民谚有"财迷转向，走路算账"的说法，真可以说是对王明南之"贪官"类企业家的最好描述：购买企业股权要3000万元好处费，导致国资大量流失；下属调动工作或制定任务指标，他要"礼金"，甚至给员工定制工服他也要捞取回扣。王明南的钱实在太多了，给女儿、外孙、亲家、亲戚，在山东、北京等地到处买房子，一些黄金、项链竟然藏到岳母家的炉子底下！这样的贪官，人生道路不"转向"才怪呢！

资料来源：

山东省高级人民法院刑事裁定书（2015）鲁刑二复字第2号．王明南犯贪污罪、受贿罪复核刑事裁定书．http：//www.pkulaw.cn/case/pfnl_ 1970324843704759.html？match＝Exact．

刘伯权：典型的"双面"富豪

刘伯权　男，1962 年 7 月生，广东东莞常平人。东莞酒店业巨头，建汇酒店管理集团有限公司董事长，旗下拥有多家星级酒店。曾任政协第十二届东莞市委员会委员，常平商会会长。因"开直升机送儿返校""出动豪车汽艇直升机擒贼""成立慈善基金"等事情而闻名全国。2015 年 1 月 19 日，因涉嫌违法犯罪被撤销东莞市委员会委员资格。

广东东莞，又称"莞城"，位于珠江口东岸。改革开放以来，大量外商在这里投资设厂，经济高度发达，素有"广东四小虎"之称，号称"世界工厂"，是全国 4 个不设县的地级市之一。常平是东莞的一个集镇，领经济发展之先，有"中国电子信息产业名镇""中国最佳物流名镇"之称。户籍人口 7.5 万，但因为有大量的外来人口，总人口达 50 万，第三产业服务业也特别发达。

刘伯权，初中文化程度，很早就开始步入社会，在生意场混迹多年。凭借自己的聪明和勤奋，建立了广东东莞建汇酒店管理集团有限公司，旗下拥有多家星级酒店，包括东莞市汇华国际饭店（五星级）、东莞市汇美天伦酒店（五星级）、东莞市汇美酒店（四星级）等，身价不菲，曾被称为"常平首富""东莞酒店业巨头"等，其中仅汇华国际饭店投资额高达 3.9 亿元。刘伯权的生意涉猎广泛，除了酒店业，股市也不乏他的身影。2015 年 3 月，原本挂"ST"（Special Treatment，意即"特别处理"。1998 年 4 月 22 日，沪深交易所宣布，将对财务状况或其他状况出现异常的上市公司股票交易进行特别处理，因此这类股票称为 ST 股。）的昌九生化，由于刘伯权的投资，一时高歌猛进，其中的十大流通股的新进股东中，刘伯权以 2.05% 的持股率成为第四股东，当时其持股市值高达 8000 多万元。

不仅仅是经济领域，在各项社会领域，刘伯权也是一路"高歌猛进"。他是东莞市政协委员，是常平商会会长，是东莞尽人皆知的富豪之一。然而真正令他"闻名全国"的却是他的"见义勇为"和"慈善"之举。

刘伯权向来"乐善好施"。2008 年"5·12"汶川地震发生后，当时作为常平商会副会长的刘伯权曾亲自赶赴灾区，带头并动员会员为灾区捐款。

天生就爱冒险的刘伯权，是东莞考取三角翼动力滑翔机飞行拍照的第一人，驾机经验丰富，先后拥有多架私人直升机。2007 年，因道路拥堵刘伯权用直升机送儿子上学。此事后来在东莞传开，并在网上引起了轩然大波，他和他的直升机开始在公众的视野中出现。

2010 年 7 月 15 日，刘伯权开着自己的保时捷跑车在途经常平镇田美村时，刚好碰到两名"飞车党"正骑着摩托车实行抢劫。刘伯权当即边报警边加大油门边对劫匪进行追逼。在追逐了大约 3 公里之后，终于将劫匪逼停。劫匪弃车而逃，刘伯权在儿子和同伴的帮助下，将其中一名劫匪抓获，另一名却在逃跑过程中跳进了村里的鱼塘。当时岸上已被闻讯赶来的热心群众团团围住，劫匪担心上岸后会被殴打，不肯上岸。劫匪与已经赶来的警方陷入僵持状态，刘伯权担心长久下去，劫匪体力耗尽，会发生生命危险。与警方商议，先后开来了自己的直升机和游艇，对劫匪进行"拯救"。然而由于直升机和游艇的局限性，依然没有将劫匪救助上岸，最终特警队派出橡皮艇才将劫匪拉上了岸。

但是，谁又能想到，刘伯权却是个"双面"富豪。他一方面见义勇为，乐善好施，参政议政；另一方面却为富不仁，为了挣钱做着违法、行贿、涉黄的勾当。在他无比光鲜的表象之下，人们不禁要问，他那么多的钱究竟是怎么来的？

近年来，东莞宾馆住宿业中的涉黄现象屡见不鲜，作为东莞宾馆业的巨头，刘伯权难独善其身。刘伯权曾为了在宾馆楼顶违规建立直升机停机坪，向媒体行贿，被断然拒绝。2010 年，他居然在其旗下的东莞金朗酒店门前举行"小姐大阅兵"，公然挑战社会公共道德底线。

2014 年年初，央视对东莞酒店业涉黄进行公开报道，东莞掀起"扫黄风暴"。就在此时，刘伯权以常平商会会长的名义公开表示：常平酒店业过度饱和，如果没有"夜总会"和"桑拿"，单凭客房和餐饮，常平至少大半的酒店要倒闭……

狐狸的尾巴终究是藏不住的。2014 年 6 月 10 日，刘伯权涉嫌行贿犯罪被刑事拘留。24 日，经广东省人民检察院审查批准，刘伯权被逮捕。2014 年 8 月，此案被移送至广州市人民检察院审查起诉。随着案件逐渐调查深入，一个隐藏在背后的真相逐渐浮出水面，出现在公众的视野。调查显示，刘柏权为酒店桑拿业谋取不正当利益，从 2005 年开始行贿两名官员——原广东省公安厅治安局副局长、政委邹文强，以及原东莞市常平公安分局局长叶进田。

那么，刘伯权是如何勾搭上这两名公安官员的呢？原来，2005 年一次偶然的机会，刘伯权到增城吃荔枝，结识了邹文强。刘伯权认为："我自己开酒店，公安厅没有熟人，就想认识一个人也好，就是为了以后行事方便。"2005—2014年，刘柏权在经营东莞市几家酒店的过程中，为了谋取不正当利益，先后多次贿送时任广东省公安厅治安局副局长、政委邹文强财物，共计 46 万元、港币 20 万元。就连邹文强的司机也曾先后 4 次收到刘伯权共 4 万元礼金。

2011 年，叶进田从东莞石龙分局调到常平担任公安局长。当时刘伯权为常平商会副会长，在镇上开会时，他们二人相识。之后的刘伯权就迫不及待地结识这位局长。2011—2014 年，刘伯权经营东莞市汇华饭店、东莞市汇美酒店的过程中，为了谋取不正当利益，先后多次贿送时任东莞市公安局常平分局局长叶进田财物，共计 30 万元。

2015 年 1 月 19 日，东莞市政协召开常委会，东莞常平商会会长刘伯权因涉嫌违法犯罪而被撤销东莞市政协委员资格。（撰稿/宋小宽）

编者点评：东莞，一个让人五味杂陈的地方。曾经的政协会上，众多委员豪华服饰、傲慢姿态，与沉默死寂无人发言和提案的会场气氛让人诟病。富豪们的两面性发人深省。

资料来源：

[1] 观察者网. 东莞小姐阅兵照片　富豪老板刘伯权双面人生令人惊讶. http：//www. yangtse. com/guonei/2015 – 01 – 20/421585. html［2015 – 01 – 20］.

[2] 中国网. 东莞小姐阅兵组织者受审　富豪刘伯权曾开直升机擒贼. http：//news. southcn. com/g/2015 – 01/20/content_ 116654047. htm［2015 – 03 – 28］.

李宝俊：人大代表"坑"了北京大街

李宝俊　男，江苏省徐州市人大代表、政协委员，江苏海荧集团董事长，曾被授予"引领中国经济发展十大创新典型人物"。2015 年 1 月 24 日，李宝俊涉嫌在北京德胜门内大街（下称德内大街）93 号院私挖"地下室"，导致小院四周的大街、民居、宾馆严重塌陷，引发舆论的严厉谴责。2016 年 8 月 19 日上午 9 时半，北京市西城区人民法院对李宝俊等三人涉嫌重大责任事故罪一案一审宣判，李宝俊被以重大责任事故罪判处有期徒刑 5 年。

2015 年 1 月 24 日，腊月初五，首都北京，再过 20 多天就是羊年春节了。可是，年届六旬的老北京付成却不时用手抹去眼角上的泪：他有家不能回，这个年估计得在外面过了。他没有想到，中午自己出去遛个弯儿，也就十多分钟的样子，回来的时候家就塌了！

付成的家位于北京市中心的德内大街。除了他家，还有邻居的三间房屋也坍塌了，涉及 10 多口子人。大家此时都住在亲戚家或旅馆里，今年都不能在自己家过年了。

造成付成有家不能回的直接原因是，他的邻居 93 号院私挖地下室，挖了 6 层楼深的一个大坑。那天从凌晨到中午发生了两次坍塌，不仅带塌了他们四家人的房屋，整个德内大街当天中断——一个深 10 米、长 15 米、宽 5 米的大坑横亘在大街上。

这个大坑真是把大家"坑苦"了！

付成患病多年，自己一个人住，靠政府每月 600 元补助过日子。家里屋子塌了后，这几天付成都住在四环边的小旅社里，一个床铺 50 元一天。眼看就要过年了，可是付成还不知道自己什么时候能够回到家里。

更令付成不满的是，两天过去了，到现在塌陷事故后续结果还没有个说法，而 93 号院的主人到现在也没有出现，更不用说给周围居民一个交代了。

那么，93 号院主人究竟是谁？他的"挖坑"施工是否合法？他为什么迟迟不能露面给公众一个交代。

几天之后，大家终于看到了这个院主人的面目。原来他叫李宝俊，是江苏一家大型民营企业海荧集团的董事长，还是徐州市的人大代表！他躺在一家医院的病床上接受媒体采访。他说："（出事后）一直感到很不安，对社会、对周边的邻居，造成的伤害，我都有不可推卸的责任，我哪怕是砸锅卖铁，尽一切努力，对造成损害的居民赔偿。"至于为什么迟迟不露面，他说："因为媒体高度关注以及高血压复发，所以没有在第一时间回应此事。"

资料显示，海荧集团成立于 1995 年，公司注册资金 1 亿元，在职员工 800 人，固定资产约 20 亿元，现已建成前期占地 460 亩、建设面积 16 万平方米的办公和经营场所。集团业务辐射淮海经济区 20 余个地级市及周边地区，下辖汽配城（中国）有限公司（2007 年经国家工商总局核准的全国汽配行业唯一的"国字号"企业）、徐州汽配城有限责任公司、中汽海荧配件研究院有限公司、徐州市海荧汽车销售维修有限公司、徐州海荧混凝土有限公司、徐州海得道路清障有限公司、徐州海得汽车销售有限公司、中汽海荧配件连锁有限公司（下称中汽连锁）、徐州海荧汽配物流有限公司、徐州海荧信息科技有限公司、徐州海华汽车用品销售有限公司、徐州安通机动车检测有限公司、徐州海荧旧机动车交易市场有限公司、徐州海荧汽车驾驶学校、徐州海荧物业管理有限公司、徐州海荧机动车环保检测有限公司、徐州海荧广告信息传播中心、徐州海荧汽车贸易中心 18 家子公司，是集房屋租赁，汽车销售，混凝土生产销售，高速施救，汽车配件与汽车用品批发销售、汽车维修、仓储、物流配送，电子商务，汽配用品连锁，驾校、机动车安全与环保检测，机动车综合服务十大功能为一体的淮海经济区规模最大、功能最全的综合性集团企业。

2008 年，李宝俊当选徐州市第十四届人大代表，2012 年当选该市第十五届人大代表。

然而，正是这样的一个大型企业的老板，一个人大代表，2014 年 11 月，李宝俊却已经被徐州市中级人民法院列入第十批"限制高消费令"名单。徐州市中级人民法院宣传处处长慈延年说，在该院，涉及李宝俊的案件共有 9 件，成了典型的"老赖"。

慈延年说："目前在我们市中级人民法院涉及李宝俊的申请执行案件有 9 个，申请执行人有 8 个人、1 个公司，执行标的一共是 18.6137 万元，这 18 万多元钱包括本金、利息和仲裁费，9 个案件的被执行人都是徐州中际汽车用品有限公司，这个公司的法定代表人是李宝俊。"

2010年，李宝俊成了德内大街93号院的主人，很快，他就开始了院内的改造工程。北京市相关部门说，对于他们的改造工程，政府颁发了规划许可书，但只是院里房屋的翻修，不包括挖地下室。此后，李宝俊私挖地下室受到群众的举报。2014年10月13日，北京市西城区规划等部门对其下发了整改通知书，李宝俊本人当场表示愿意配合整改。但现场工人供述，直到塌陷为止，挖坑一直没停。

北京市严厉打击违法用地违法建设专项行动指挥部办公室相关负责人介绍，李宝俊私挖地下室造成的危害十分严重。事故不仅导致德胜门内大街道路发生塌陷，市政管线断裂，还造成4间民房倒塌，道路和水电供应一度中断。再加上事发后政府、自来水、燃气等部门出动的人力，回填地陷的近2000立方米混凝土，以及善后恢复的修缮，损失金额十分巨大。

受到事故影响的27名居民被迫离家，其中15人的房子已经垮塌。

让人惊异的是，在2015年1月召开的徐州人代会上，李宝俊曾附议了一份由10位人大代表提交的"关于统一规范违法建设认定处置程序的议案"。

这也意味着，李宝俊一方面在徐州的人代会上建议处置违法建设，另一方面在北京德内大街93号院犹如老鼠一般狂挖不止……

2016年5月11日，广受关注的北京德胜门私挖地下室案事主李宝俊涉嫌重大责任事故罪一案在北京市西城区人民法院一审开庭审理。据公诉机关指控，2015年1月24日3时许，因基坑支护结构不合理、支护结构承载力不足、地下水控制不力，导致施工现场发生坍塌，造成东侧毗邻的德胜门内大街道路塌陷、北侧毗邻的部分民房倒塌破坏，西侧毗邻的德胜门内大街103号原礼堂破坏，南侧毗邻的德胜门内大街103号办公楼破坏。经鉴定，除部分被破坏的房屋外，上述直接经济损失为5835234元。

2016年8月19日上午9时半，北京市西城区人民法院对李宝俊等三人涉嫌重大责任事故罪一案一审宣判。李宝俊被以重大责任事故罪判处有期徒刑五年，卢某富被判有期徒刑三年六个月，李某伦被判三年缓刑三年。（撰稿/晋珀）

编者点评： 一方面在人代会披着人民代表的外衣道貌岸然地建议处置违法建设，另一方面又在北京德内大街93号院犹如老鼠一般地狂挖不止。这样的人，何止不配人大代表的荣誉，简直有辱一个正常人的人格。

资料来源：

新华网. 起底"双面李宝俊"涉行贿及"老赖"往事. http://www.sc.xinhuanet.com/content/2015-02-06/c_1114272857.htm [2015-02-06].

李东光：中铝股份副总裁涉嫌受贿被调查

李东光　男，1957 年生，曾任中国铝业股份有限公司副总裁、中铝国际贸易有限公司总经理。李东光曾获得 2012 有色金属行业有影响力人物。2013 年 11 月 19 日，中国铝业股份有限公司晚间发布公告称，李东光已因个人原因接受有关部门调查并停止履职。2015 年 2 月 11 日，中铝公司原副总裁李东光受贿案一审在河北沧州开庭，法院将择期宣判。

李东光毕业于鞍山钢铁学院冶金机械专业，获得了工学学士学位，并获中欧国际工商学院工商管理专业硕士学位，是高级工程师。

如此傲人的成绩，让李东光的事业蒸蒸日上。据新华网 2013 年 11 月 20 日发表的《中铝副总李东光简介：曾主管贸易营销》这篇文章显示，李东光"曾先后担任北京有色冶金设计研究总院冶金设备室工程师，海南金海原材料实业公司副经理，中国有色金属工业总公司人事部副处长、人事教育部机关人事处处长，国家有色金属工业局人事司机关人事处处长、人事司副司长，中铝国际贸易有限公司副总经理，中国铝业公司市场贸易部主任，中国铝业股份有限公司营销部总经理、中国稀土开发公司总经理，中国铝业股份有限公司铝材营销中心总经理。目前任中铝金属贸易有限公司执行董事、总经理，中铝物资供销有限公司总经理。"

但就是这个曾经如此"风光"的男人，却犯下了令人不可饶恕的过错——涉嫌受贿！

党的十八大后，习近平总书记接过"反腐倡廉"的接力棒，从此反腐倡廉的力度空前加大。2013 年 5 月 9 日，中国铝业股份有限公司（下称中铝）公告称李东光被聘任为公司副总裁。本作为中央直接管理的国有重要骨干企业，中铝不但没有发展得"红红火火"，却在 2013 年的前三个季度靠"甩卖家产"来扭亏，加上中铝 2012 年也巨亏，可谓是进入 ST（在股票领域上是指上市公司连续两个财年亏损而被特别对待的股票）触发倒计时。如此情况下，不得不引发有关部门的调查。

2013 年 11 月 19 日，中铝晚间发布公告称："李东光已因个人原因接受有关部门调查；已向公司董事会递交辞呈，并停止履职。"仅仅半年时间，李东光从云端被拉到了谷底。相关部门及中铝官方并未就李东光被调查事宜披露更多细节，但是有关人士指出："除贸易营销外，设备、原材料等采购业务也是李任职期间的主管业务之一，相比于'上市公司不足一年的副总裁职务，更多的问题可能出现在这些层面'。"

但是，作为上市公司副总裁的李东光，在其他子公司中也兼任数职，并有着举足轻重的地位。而由李东光担任总经理职务的中铝国际贸易有限公司，一直在集团中充当"统购统销"的重要角色，其整体利润与中铝的大亏大损则形成了鲜明对比。"中铝国贸除了统一销售内部产品外，还负责集团内一些原材料的进出口业务，对外也可以承接一些业务，所以整体来说，在中铝的大摊子中，中铝国贸的话语权是非常大的。"

事实上，李东光在任中铝副总裁之前曾被人举报。举报材料表明，李东光在前往中铝下属子公司公务出差，却用公款购买茅台、五粮液等，并且出现了违反中央八项规定的行为。但因下属公司的调查不力，最后以"私人消费行为"告终。另有知情者举报李东光违反了公司财务制度，结果仍不得而知。

除了李东光，还有一个人在担任中铝总经理不到一年时间也落马，那就是孙兆学。

孙兆学，1962 年生，山西稷山人。1983 年后，他担任过山西铝厂车间主任、厂长等职，到 2002 年以后，孙兆学担任中铝山西分公司总经理，兼任山西企业协调委员会主任及华泽铝电董事长。20 多年的打拼，让孙兆学积累了大量的人脉关系。2006 年，孙兆学调任中国黄金集团公司总经理、党委书记。到 2013 年 10 月又被调回中铝担任总经理一职。与李东光一样，孙兆学也曾取得卓越成绩。在中国黄金集团任职期间，孙兆学带领集团从央企排名第 106 位跃升到第 43 位。2011 年，孙兆学当选为 CCTV 中国年度经济人物。

"山西铝厂在孙兆学负责期间，产能达到了一个高峰，孙兆学本人也是从这个时候起平步青云，今年来山西本土籍的官员陆续落马，可能孙兆学与这些人的交集就被牵扯出来了。"多名中铝下属公司的知情人士表明，孙兆学在调任中国黄金之前，在中铝担任职务期间就与李东光"暗送秋波"，传与李东光间存利益输送。

2014 年 9 月 15 日，中央纪委监察部官网公布消息称："中国黄金集团公司原总经理，现中国铝业公司总经理孙兆学涉嫌严重违纪违法，目前正接受组织调查。"同年 12 月 23 日，"经中央纪委审议并报中共中央批准，决定给予孙兆学开除党籍处分；由监察部报请国务院批准给予其行政开除处分；将其涉嫌犯罪问题及线索移送司法机关依法处理。"

2014 年 11 月 27 日，据最高人民检察院网站消息，李东光"涉嫌受贿犯罪一案，经最高人民检察院依法指定管辖，日前已由河北省邯郸市人民检察院向河北省邯郸市中级人民法院提起公诉"。2015 年 2 月 11 日，"经最高人民检察院依法指定管辖，由河北省沧州市人民检察院提起公诉的中国铝业股份有限公司原副总裁、中铝国际贸易有限公司原总经理李东光（正厅级）涉嫌受贿犯罪一案，在河北省沧州市中级人民法院公开开庭审理。法院将对该案择期宣判。"

不过，判刑路上李东光并不"孤独"。曾与中铝并称为"亏损双巨头"的中国远洋运输（集团）总公司副总裁徐敏杰，因为涉嫌贪污，已于 2015 年 6 月 10 日判处有期徒刑 10 年。

2015 年 7 月 16 日，中国铝业公司通报，鉴于时任总经理李东光还涉嫌受贿犯罪，已被提起公诉，给予其开除党籍、解除劳动合同处分。（撰稿/马霞）

编者点评："若想人不知，除非己莫为。"任何藏在黑暗中的肮脏，总有一天会公之于众。人活于世，需要的是堂堂正正、光明正大。所谓曼德拉的"人可以卑微如尘土，不可扭曲如驱虫。"就是这个道理。像李东光一样"扭曲"到贪污受贿的人只能在黑暗中过活，当光明来临的时候无处可躲。只有真正问心无愧之人才能真正不负一生所活，一步步走向成功的巅峰而不至于跌落。

资料来源：

[1] 新华网. 副总裁李东光履新半年被查　中铝"雪上加霜". http：//news. xinhuanet. com/fortune/2013 – 11/25/c_ 125755277. htm［2013 – 11 – 25］.

[2] 新浪财经. 孙兆学回归中铝 1 年被查：传与李东光间存利益输送. http：//finance. sina. com. cn/chanjing/cyxw/20140917/022420311528. shtml［2014 – 09 – 17］.

[3] 和讯网. 中铝副总李东光履新半年被查　上任前曾被举报. http：//stock. hexun. com/2013 – 11 – 20/159874687. html［2013 – 11 – 20］.

彭曙、胡浩龙："十八大"后贪官首获死刑

彭曙 1965 年 8 月生，硕士研究生文化，湖南省高广投资有限公司董事长。
胡浩龙 1963 年 3 月生，大专文化，湖南省高广投资有限公司总经理。从 2002 年任职到 2010 年案发，这一对湖南高速公路系统负责人利用职务便利联手上演了一场精彩贪腐"二人转"，涉案总金额高达两亿元。2015 年 2 月 3 日，两人因受贿罪一审被判处死刑。

彭曙、胡浩龙分别是湖南省高广投资有限公司董事长和总经理。这两位"搭档"联手"合作"，以巨大"胃口"上演了一场令人咋舌的贪腐"二人转"。

2002 年，彭曙和胡浩龙先后进入湖南省高速公路管理局下属的湖南省高速公路广告装饰有限公司任职，分别担任经理和副经理，这意味着他们在湖南省高速公路系统内部终于有了自己的一席之地。而在此之前，彭曙任职于湘潭市岳塘区政府，胡浩龙任职于株洲市广电局。两人能够如此迅速地实现巨大飞跃，真的要"感谢"一个人，那就是时任湖南省高速公路管理局（下称湖南省高管局）党委副书记、副局长冯伟林。当年彭曙在冯伟林老家当乡长的时候，对冯伟林的家人鞍前马后、尽心尽责的"服务"，冯伟林当然非常高兴，对彭曙赞赏有加，后来彭曙被调至湖南省高管局，还与冯伟林成了一对"铁杆兄弟"。尽管"加官晋爵"的彭曙不懂业务，但这没有使冯伟林对他的器重打折扣，就像一位高管局内部人士在接受记者采访时所说的那样："在投资、决策、用人等方面，冯伟林一般都会听取彭曙的意见，双方形成利益共同体。"彭曙成了冯伟林身边的红人，作为彭曙副手的胡浩龙自然也跟着"沾了光"。而且彭、胡两人还在 2001 年与 2003 年向冯伟林行贿，这种权钱勾兑的非正常手段更加强化了三个人的"合作"关系。

有了冯伟林这样一座"大靠山"，彭、胡两人开始为所欲为，目无法纪，从 2002 年任职到 2010 年案发，在短短 8 年多的时间里，利用职务之便多次收取贿赂，帮助他人在高速公路土建工程项目招投标中中标，或泄露公司重组等内幕消

息；涉案总金额高达 2 亿多元，其中单笔受贿金额达 1.03 亿元。因为贪得无厌，彭曙、胡浩龙曾被人背地里称为"彭鼠""胡耗龙"。

正所谓：手莫伸，伸手必被抓；心莫贪，贪心必起祸。这一对曾经风光无限的巨贪搭档在接过他人送来的钱后，也终于把自己送到了法律的审判席。

2010 年 9 月 27 日，彭曙、胡浩龙因涉嫌内幕交易罪被依法刑事拘留。2011 年 8 月 17 日，湖南省纪委公布消息称对冯伟林进行立案调查。彭、胡两人昔日的靠山追随着他们的脚步，也轰然倒塌了。

2013 年 6 月 18 日至 22 日，由娄底市人民检察院提出公诉的彭曙、胡浩龙及其同伙张晖、彭江林等人涉及受贿、行贿、贪污、内幕交易、泄露内幕信息犯罪，受贿金额达 1.98 亿元的特大受贿案在娄底市中级人民法院公开开庭审理。

娄底市人民检察院的起诉书指控：2002 年 1 月至 2010 年 12 月，被告人彭曙先后利用担任湖南省高速公路广告装饰有限公司经理、湖南省高速公路广告投资有限公司董事长、湖南高广房地产开发有限公司总经理、醴茶高速公路建设开发有限公司经理等职务便利；被告人胡浩龙先后利用担任湖南省高速公路广告装饰有限公司副经理、房产开发部经理、湖南省高广投资有限公司总经理、湖南高广房地产开发有限公司常务副经理等职务便利，为他人牟取利益，单独、共同或者伙同被告人彭江林（湖南景天建材商贸有限公司、湖南远东工程咨询有限公司、湖南雷赛特科技发展有限公司、长沙帕格斯热能设备有限公司、湖南卓天科技有限公司实际控制人），收受长沙、北京等多家公司及个人贿赂共计 18026 万元、港币 10 万元。

2009 年 1 月至 2010 年 6 月，被告人彭曙利用职务之便，在醴陵至茶陵高速公路项目土建工程某标段招投标过程中，多次收受柳某所送款物折合人民币 899.11 万元。2009 年 2 月至 3 月，深圳市富凯环保有限公司覃某与王某为了能在醴茶高速公路中标，为彭曙、胡浩龙、彭江林 3 人在深圳市南山区购买 3 套房屋，共支付购房定金、首付款、契税、按揭款等各项费用共计 933.814 万元。

此外，被告人彭曙、胡浩龙还利用职务上的便利，伙同被告人张晖（海南湘晖实业有限公司实际控制人、原张家界市龙阳公路建设有限责任公司法定代表人、董事长），在张家界龙阳公路建设的过程中，采取欺骗手段非法占有公共财物 3500 万元。

被告人彭曙、胡浩龙还利用职务之便，将掌握的"高广投"与北京赛迪传媒投资股份有限公司重组相关事项的内幕信息，单独或共同向他人泄露。胡浩龙利用其掌握的内幕信息，买卖赛迪传媒投资股份有限公司股票，非法获取收益。

娄底市中级人民法院认为，被告人彭曙的行为构成受贿罪、贪污罪、泄露内幕信息罪；被告人胡浩龙的行为构成受贿罪、贪污罪、内幕交易、泄露内幕信息罪；被告人彭江林的行为构成受贿罪；被告人张晖的行为构成贪污罪。被告人彭曙、胡浩龙受贿数额特别巨大，犯罪情节特别严重，社会影响极坏。

2015 年 2 月 3 日，法院对彭曙、胡浩龙等人的特大受贿案做出了一审判决：

（1）被告人彭曙犯受贿罪，判处死刑，剥夺政治权利终身，并处没收个人全部财产；犯贪污罪判处有期徒刑十五年，剥夺政治权利五年，并处没收个人财产 300 万元；犯泄露内幕信息罪，判处有期徒刑六年，并处罚金 300 万元。数罪并罚，决定执行死刑，剥夺政治权利终身，并处没收个人全部财产。

（2）被告人胡浩龙犯受贿罪，判处死刑，剥夺政治权利终身，并处没收个人全部财产。犯贪污罪判处无期徒刑，剥夺政治权利终身，并处没收个人全部财产。犯内幕交易、泄露内幕信息罪，判处有期徒刑八年，并处罚金 400 万元。数罪并罚，决定执行死刑，剥夺政治权利终身，并处没收个人全部财产。

（3）被告人彭江林犯受贿罪，判处有期徒刑十一年六个月，剥夺政治权利一年，并处没收个人财产 300 万元。

（4）被告人张晖犯贪污罪，判处有期徒刑十一年，剥夺政治权利一年，并处没收个人财产 320 万元。

（5）被告人彭曙扣押在案的赃款 1957.51 万元，被告入胡浩龙扣押在案的赃款 1646.21 万元及彭曙、胡浩龙扣押在案的共有赃款 16480.8 万元，依法予以没收，上缴国库。不足部分继续追缴，予以没收。

（6）被告人彭江林扣押在案的赃款 565 万元依法予以没收，上缴国库。不足部分继续追缴，予以没收。

（7）被告人张晖扣押在案的赃款 1200 万元依法予以没收，上缴国库。

有外媒评论称，这是中共十八大以来，对贪官首开杀戒，以祭反腐大旗。（撰稿/吴路路）

编者点评： "多行不义必自毙。" 这是任何人都无法改变的永恒的定律。历史上多少血淋淋的事实已经证明，当贪欲发展成为狂欲，就如同在脚下埋了一枚定时炸弹，爆炸只是早晚的事。所以，彭曙与胡浩龙之间的那份用金钱铸就的 "兄弟" 情意最终将他们引入 "地狱"，悔之晚矣！

资料来源：

［1］东方网. 湖南高广投两主管涉案两亿 高速路腐败远超想象. http：//news. eastday. com/c/20150319/u1ai8627907. html［2015－03－19］.

［2］财新网．湖南高广投资董事长彭曙涉特大贪贿案被判处死刑．http：//china. caixin. com/2015 – 02 – 04/100781463. html？from = bd［2015 – 02 – 04］.

［3］中国新闻网．逾两亿贪贿大案牵出湖南交通腐败窝案．http：//www. chinanews. com/fz/2013/07 – 05/5006469. shtml［2013 – 07 – 05］.

［4］新华网．湖南高速公路系统彭曙、胡浩龙受贿获死刑．http：//www. sc. xinhuanet. com/content/2015 – 02/07/c_ 1114287446. htm［2015 – 02 – 07］.

张雷达：日记"雷达"捕获29名贪官

张雷达　男，山东德州人，德州福源生物淀粉有限公司（下称福源）董事长兼总经理、福洋生物科技有限公司（下称福洋）董事长。2014年，因其"行贿日记"在网上曝光而被调查。他的日记像他的名字"雷达"一样，曝光和捕获了29名飞蛾般的贪官。2015年2月4日上午10时，法院一审判决被告单位福源生物淀粉有限公司犯单位行贿罪，判罚人民币60万元；判决被张雷达犯单位行贿罪，判处有期徒刑3年，缓刑3年。"行贿日记"涉及的29名贪官均被处理。

雷达，是英文"Radar"的音译，即用无线电的方法发现目标并测定它们的空间位置，是一种现代化的战争手段，比如捕捉飞机等。其实，雷达的起源也是仿生学，犹如蜘蛛网捕捉飞虫一般。而在企业家中，也有一个叫张雷达的人。不过，他这个"雷达"不是电磁波而是日记。他捕捉的不是飞虫，而是贪官。

张雷达2003年就任福源总经理。2004年，福源被评为"德州市农业产业化重点龙头企业"和"德州市高新技术企业"；2005年又被评为"山东省农业产业化重点龙头企业"和"银行系统'AA'级商业信用企业"。同年5月，公司通过ISO 9001质量管理体系认证，在山东省淀粉行业首家获得QS认证。然而，随着公司逐渐变大变强，张雷达的心思渐渐歪了，感觉"拉关系""行贿"是"经营"的捷径。

终究是纸里包不住火。2014年年初，一本山东商人"行贿日记"在网上曝光，而其主人正是张雷达。其近20本日记记录了向近百名山东官员行贿的明细，上至山东省厅局级官员，下至一般公务员，牵扯党政、国企、银行、公检法等各大机构，行贿手段也是花样百出，有送现金、购物卡、轿车、房产、境外出游、红白喜事随礼、贷款回扣等。

2014年11月初，又传出平原县照东方纸业集团赵传水在网上发帖举报张雷达，披露其向当地部分官员赠送现金、购物卡及土特产等问题——赵传水的举报与张雷达的日记基本吻合。

　　德州市纪委立即成立调查组，最终查实 29 名党员干部（市管干部 17 人，县管干部 12 人）被张雷达的日记"雷达"捕获，其中包括当时的平原县政协副主席兼平原县财政局局长宋振兴。当月中旬，检察机关便对张雷达提起公诉。2015 年 2 月山东德州市德城区人民法院公开审理张雷达案，判决被告单位"福源"犯单位行贿罪，判罚 60 万元；被告人张雷达犯单位行贿罪，判处有期徒刑 3 年，缓刑 3 年。4 月 2 日，德州市纪委会同平原县纪委等对张雷达行贿问题涉及的于建华等 28 名党员干部做出处理。对其中 11 名违纪人员做出党纪政纪处理，留党察看 1 人，党内严重警告 4 人，党内警告 6 人；行政降级 2 人，行政记大过 2 人。对 17 名违纪情节轻微、收受礼品折合金额较小的党员干部进行诫勉谈话、批评教育；全部违纪所得均收缴上缴财政。宋振兴被另案审理。

　　案发前，宋振兴是平原县政协副主席兼平原县财政局局长，人称全县的"财神爷"，企业要想申请财政拨款，必须先过了他这一关。张雷达于 2009 年成立"福洋"。作为福洋和福源两家公司的负责人，张雷达与宋局长之间免不了"礼尚往来"。为了缓解资金周转压力，公司每隔一年都要通过县财政局申请财政拨款 80 万元到 100 万元。而为了争取到这笔"过桥资金"，张雷达曾多次求助于宋局长，先后 8 次赠送高达 4 万元的购物卡。由于申请扶助基金的名额仅有一两个，竞争相当激烈，热情的宋局长总是积极替福洋公司"说情"。为感谢宋振兴对福洋公司的关照，张雷达"知恩图报"，几乎对宋振兴有求必应。2008 年 8 月，张雷达应要求为宋振兴送去 10 万元；2009 年 9 月，张雷达又资助宋振兴 56 万元，助其在济南购置房产。每逢年节，更是宋贪婪敛财的大好时机，2008—2012 年，宋振兴利用职务便利为福洋、福源公司谋福利的同时，也是在为自己谋福利——共收受张雷达 69 万余元的现金及购物卡等。

　　张雷达东窗事发，起因是"行贿日记"的曝光和赵传水的实名举报。而赵传水实际上是张雷达的老板，为何要老板举报自己的"下属"呢？他们之间又有什么纠葛？

　　赵传水原为照东方集团的法定代表人，照东方集团于 2003 年发起并成立福源公司，共有 5 名股东，其中包括一个法人股东和五个自然人股东。张雷达最早是赵传水的司机，经赵传水介绍担任福源公司总经理一职，但当时赵传水并未在股东之列。根据赵传水及原始股东孟庆和所说，2007 年至 2009 年赵传水因身体原因和集团事物缠身将福源公司全权交予张雷达，张雷达乘机伪造授权委托书及相关变更材料夺走原始股东全部股权，自己当上了董事长。在得到福源公司控制权之后，张雷达并不满足，成立福洋公司，并将原属于福源的土地直接卖给福洋，企图掏空福源。最终，福源公司因欠款被平原县农村信用社及建行平原支行起诉，法院最终将福源公司整体拍卖。而当时建行对福源公司的估价低得令人惊奇，张雷达甚至利用争取到的"过桥资金"参与竞拍。其中奥秘，不言自明。

贪官受贿应当严惩，而张雷达行贿也罪不容赦。在反腐不断深入的当下，行贿与受贿同罪，这是犯罪共同体。我们不能对官商之间双向需求、互相利用的继存共荣的畸形现象视而不见或是淡然处之。除主动索贿外，行贿者挖空心思、花样翻新行贿手段也是官商勾结的主要原因。如果"行贿日记"未被披露，张雷达的日记还会写到第 21 本、第 22 本，还会有更多官员被拉下水，所以应当像曝光贪官那样曝光行贿者。自媒体时代，社会公众的监督力度空前，群众的眼睛是雪亮的，政府官员一定要廉洁自律、警钟长鸣。我们对收"糖衣炮弹"的党员干部施治力度增强的同时，对发"糖衣炮弹"的不法商人治理也不能滞后。

张雷达的"行贿日记"摞倒了 29 名政府官员，也揭露了官商"共荣""俱损"的畸形关系。人们常说，一个落马官员的背后有一个不法商人，反之亦然。官商勾结成了腐败的"标配"。领导干部与老板之间保持相对稳定的关系，进行封闭式的钱权交易，与商人形成所谓的"利益共同体"。更严重者，官商共谋窃取国有资产，通过资本运作、杠杆收购、资产重组等手段将国有转为私有，这比一般的钱权交易更为隐蔽、更为复杂。官商双簧、官商两栖型腐败问题，是不少国家政坛上挥之不去的政治雾霾。反腐倡廉的关键是净化官商关系、官商并治。一方面，建立健全相关法律法规，让一切贪腐"闻风丧胆"，使政府官员做到法无授权不可为；另一方面，加大对商人行贿的打击力度，提高贿赂的机会成本，让行贿人无利可图。（撰稿/吴迪）

编者点评：张雷达案揭露了令人瞠目的钱权交易，映射出当下官商"共荣""俱损"的畸形关系。各级政府官员面对纷繁复杂的物质利益，要做到"君子之交淡若水"、公私分明，不能因为蝇头小利便"乖乖就范"。官商"共荣"只是暂时的，如若相互勾结，最终结果必然是"俱损"。中国自古以来便讲求"官商两道、重义轻利"，当前正逢反腐的关键时期，净化政治社会生态必须构建规范有序的官商关系。

资料来源：

[1] 中国新闻网. 山东商人"行贿日记"披露 摞倒 29 名党员干部. http：//www. chinanews. com/fz/2015 - 04 - 04/7184467. shtml［2015 - 04 - 04］.

[2] 凤凰财经. 上东德州 29 名官员被查幕后 民营企业被掏空. http：//finance. ifeng. com/a/20150425/13663494_ 0. shtml.

刘汉、刘维：涉黑"汉龙"终伏法

刘汉、刘维 亲哥俩，四川绵阳人。他们"黑道"起家，以四川汉龙集团公司等企业为依托，以当地乃至中央一些领导为保护伞，组织、领导、成立黑社会组织，作恶多端，制造多起涉枪、涉暴凶杀案件，造成故意杀人5起致6人死亡，故意伤害2起致2人死亡，非法拘禁1起致1人死亡。2015年2月9日，刘汉、刘维被执行死刑。

1965年，刘汉出生于四川省广汉市一个普通的教师家庭。1969年，弟弟刘维（亦用名刘勇）出生。20世纪90年代初，刘汉带领刘维在广汉市从事赌博活动，牟取非法利益。1993年，刘汉通过打牌向大通信用社主任行贿并贷款达数千万元。之后，刘汉通过经营建筑材料、期货交易等业务，逐步完成了原始累积。1997年3月，刘汉在四川绵阳成立汉龙集团，注册资本9998万元，法人代表为蒲万昌。从此，刘汉、刘维两兄弟以汉龙集团等经济实体为依托，逐步形成了稳定的犯罪组织团伙。刘氏兄弟为了掩饰各种违法犯罪、非法牟取经济利益的事实，2008年汶川地震，刘汉曾捐款5000万元并建立了震中最坚固的"刘汉希望小学"。在"2009胡润慈善榜"中，刘汉以各项捐款累计2.09亿元人民币位列榜单第16位。刘汉因此也拥有众多光环和头衔。

自1993年以来，刘汉、刘维等36人借现有的经济实体为依托，多次无视国家法律，组织、领导黑社会组织。该组织人数众多，大肆进行违法犯罪活动，摄取巨额非法经济利益，称霸一方。其中，故意杀人5起致6人死亡，故意伤害2起致2人死亡，非法拘禁1起致1人死亡。此外，被告人还千方百计拉拢腐蚀国家工作人员，寻求保护，巩固和扩张其社会影响力。

在四川省内外，很多人都知道刘汉是"有大背景、大靠山"的人物。广汉市一位不愿透露姓名的干部说，刘汉在当地被称为"第二组织部长"。据其团伙成员供述，近年来，刘汉的关系网从最先起家的广汉、德阳，辐射到绵阳、成都，乃至北京。

1997 年 3 月，刘汉成立四川汉龙集团公司后，便以设立保安部为名，建成一支打手队伍；授意刘维网罗一批"小弟"，购置大量枪支弹药，在广汉建成一支"地下武装"。这支队伍的武力之强大，令人震惊：2013 年该组织被一网打尽时，仅公安机关追缴的就有军用手榴弹 3 枚，国产五六式冲锋枪、美制勃朗宁手枪等 20 支，子弹 677 发、钢珠弹 2163 发，以及管制刀具 100 余把。

1998 年，刘汉的公司在绵阳市游仙区小岛村开发房地产，因拆迁补偿问题与村民发生激烈冲突。为此，公司保安唐先兵等人将村民熊伟乱刀捅死。此案一出，村民噤若寒蝉，房地产开发"顺利"推进。就在熊伟被杀 5 天后，在广汉，为了垄断赌博游戏机市场，刘维派"小弟"曾建军等人将竞争对手，另一"超哥"（四川方言、社会混混的意思）周政当街枪杀。杀害周政后，刘氏兄弟在广汉的赌博游戏机、高利贷市场一家独大，后来陆续控制了广汉及周边县市的采砂、建筑、建材市场。王永成，绵阳另一黑道人物，外号"大叫花"，曾扬言要炸汉龙集团，1999 年 2 月 13 日被孙华君、缪军、唐先兵等人在绵阳市凯旋酒廊杀害。杀死熊伟、王永成后，刘汉在绵阳的房地产开发从此没了阻力。此后，刘汉又拿下绵阳机场、绵阳"汉龙大桥"等优质项目，并以远低于市场的价格收购丰谷酒业。

2000 年，刘汉将汉龙集团总部从绵阳迁往成都，势力范围进一步扩张。汉龙集团所向披靡，只要是刘汉出面，几乎没有拿不下来的项目；只要是该组织插手的工程和项目，其他参与者自会主动退出。

2000 年 9 月，仅因为怀疑老街坊梁世齐私吞 3 万元养狗费，刘维指使手下将其杀害。

2002 年 5 月，刘汉的保镖仇德峰、桓立柱等人在成都一娱乐城无故生事，召集多人猖狂殴打无辜群众，致 1 死多伤。

在刘汉黑社会组织一系列命案中，只有仇德峰被轻判四年，其他凶手逍遥法外。依靠肆无忌惮的血腥打杀，刘汉黑社会组织在广汉、绵阳等地迅速确立了"江湖老大"地位。

专案组侦查获取的大量证据表明，在长达 10 多年里，刘汉黑社会组织涉嫌实施故意杀人、故意伤害、非法拘禁等严重刑事犯罪案件数十起，造成 9 人死亡，9 名被害人中有 5 人遭枪杀身亡。

2009 年 1 月 10 日下午 3 时，广汉城中心的鸭子河堤，露天茶铺如同往常一样人声鼎沸。突然间，品茶、聊天的客人们听到了几声枪响。"我回头一看，几个人从椅子上慢慢滑落在地。"据当时多名目击者回忆，从凶手下车开枪到上车离开，整个过程不到一分钟，除了散落的十多枚弹壳外，茶杯、躺椅都没被碰倒，"速度太快了，就像恐怖片一样！"法医鉴定证实，案发现场三人被射杀身亡，两名无辜群众被流弹击伤。当天正逢"110"宣传日，几个小时前，广汉警方的街头宣传活动刚刚结束。经警方调查，死者陈富伟2008年7月出狱后网罗无业人员，在广汉从事敲诈勒索、寻衅滋事等违法犯罪行为。陈富伟因与刘维互有积怨，多次在各个场合扬言要对刘实施报复。刘维听说后，遂授意"除掉"陈富伟。这起光天化日下的惨剧的幕后主使者正是刘维。这起枪杀案在四川省内掀起轩然大波，并惊动中央高层。公安部挂牌督办。当时，刘维已经潜逃，随后成为公安部 A 级通缉犯。

经济实力加速扩张的背后是更多的黑幕。大量证据显示，刘汉安排孙某、刘小平（刘汉之姐）等人通过放高利贷、操纵股市、违规并购，从高利润的房地产、矿产、电力、证券等领域敛财数以亿计。

刘汉等人掌控的全资、控股、参股公司多达 70 家，其中上市公司 2 家，境外公司 4 家；以汉龙高新、广汉佳德、凯达实业、四川平原、丰谷酒业等公司为贷款融资平台，骗取贷款 46 亿元；入股境外赌博公司，组织邀约境内居民前往澳门参赌，以"洗码"方式非法获利 2.3 亿元港币。

专案组查明，截至落网前，刘汉黑社会组织已坐拥资产近 400 亿元。

刘维等人在潜逃的过程中，一直得到刘汉和汉龙集团的包庇和帮助。

2013 年 3 月 20 日，因涉嫌窝藏、包庇等严重刑事犯罪，刘汉在北京被警方控制。

2013 年 4 月，公安部指定此案由湖北侦办。办理该案的公安民警辗转四川、北京、广东等 10 余个省市，掌握了大量刘汉、刘维组织、领导黑社会组织犯罪和指使杀人等主要犯罪证据。

该案经依法指定管辖，由湖北省咸宁市人民检察院于 2014 年 2 月 20 日向咸宁市中级人民法院提起公诉。该案涉案人员涉嫌多项严重犯罪，其中刘汉、刘维涉及 15 项罪名，情节恶劣、危害严重，是近年来国内公诉的特大涉黑犯罪集团。

2014 年 3 月 31 日上午，刘汉、刘维等 36 人在湖北咸宁的 5 所法院受审。历经 17 天审理，一审全部休庭。在庭审过程中，公诉人出示了大量证据，多数被告人当庭认罪、悔罪，对自己的行为感到后悔，对被害人及其家属表示歉意，恳请法庭从轻处罚。

5 月 23 日上午，咸宁市中级人民法院对该案进行一审公开宣判，判决被告人刘汉、刘维犯组织、领导黑社会性质组织罪、故意杀人罪等罪，均被决定执行死刑，剥夺政治权利终身，并处没收个人全部财产。

被告人唐先兵、张东华、田先伟、袁绍林、文香灼、张伟、曾建军、黄谋、刘岗、旷小坪、钟昌华、桓立柱犯参加黑社会性质组织罪、故意杀人罪、故意伤害罪等罪，分别被决定执行死刑、死刑缓期两年执行或无期徒刑，剥夺政治权利终身，并处一定数额罚金。

被告人孙华君、缪军、陈力铭、曾建、詹军、李波、旷晓燕、郑旭、仇德峰、李君国、肖永红、孙长兵、王万洪、闵杰、车大勇、王雷、刘光辉、刘小平、刘淼犯参加黑社会性质组织罪、故意杀人罪、故意伤害罪等，分别被处以二十年至三年不等的有期徒刑，其中部分被告人并处一定数额罚金或没收个人部分财产。

被告人刘学军、刘忠伟、吕斌犯包庇、纵容黑社会性质组织罪、受贿罪，分别被决定执行有期徒刑十六年、十三年、十一年，并处没收违法所得。

被告单位汉龙集团犯骗取贷款、票据承兑、金融票证罪，判处罚金3亿元。

法院共判处5人死刑、5人死刑缓期两年执行，4人无期徒刑，22人有期徒刑。

一审宣判后，截至6月3日，刘汉、刘维等七案上诉期满，刘汉、刘维、唐先兵、田先伟、张东华、刘小平等20名被告人和被告单位四川汉龙（集团）有限公司向湖北省高级人民法院提出上诉。

7月14日，湖北高院分别在咸宁市中级人民法院和咸宁市咸安区人民法院公开审理上述被告人及被告单位上诉案。刘汉等上诉案经过6天开庭审理于19日休庭，刘维等上诉案经过4天开庭审理于17日休庭。2014年8月7日，湖北省高级人民法院二审宣判，维持一审对刘汉、刘维的死刑判决，死刑判决将报请最高人民法院复核。

2015年2月9日，刘汉、刘维等人被执行死刑。（撰稿/晋珀）

编者点评：刘汉、刘维为富不仁、作恶多端、久行不义、死有余辜。同时，他们的黑色发迹史具有深厚的社会背景和显著的社会特征，深刻地反映出建设廉洁社会、纯洁政商关系的极端重要性。"廉吏久，久更富，廉贾归富"，1000多年前司马迁《货殖列传》中的话值得所有的官员和商人沉思与践行。

资料来源：

新华网. 黑恶伏法 正义终至——写在刘汉刘维等五人死刑执行之际. http://news.xinhuanet.com/legal/2015 – 02/10/c_ 127476557. htm［2015 – 02 – 10］.

廖永远："染缸"的堕落

廖永远　男，1962 年 9 月生，湖北松滋人，中共党员，教授级高级工程师，先后毕业于江汉石油学院钻井工程专业和石油大学（华东）管理科学与工程专业。2013 年 5 月任中国石油天然气集团公司总经理。2015 年 3 月 16 日，廖永远涉嫌严重违纪违法，接受组织调查。2015 年 6 月 15 日，被开除党籍。2016 年 9 月，检察机关依法对廖永远以涉嫌受贿、巨额财产来源不明案提起公诉。

2015 年 3 月 16 日，中国石油天然气集团发生重大人事变动，总经理廖永远涉嫌严重违纪违法接受调查。作为中国石油天然气集团的二把手，正值 52 岁有着"西北虎"之称，本来完全有望"登顶"的廖永远人生跌落谷底。

回顾廖永远的人生轨迹，检讨其堕落缘由，确实令人惊叹。

廖永远出生于湖北松滋一个穷困村庄的普通农民家庭，该村经济条件、自然环境都十分恶劣，后来走上权力高位的廖永远并未忘记这个生他养他的贫困家乡，自己出资在村里修了一条水泥路。1978 年即恢复高考第二年，当时报名参加高考的廖永远仅 16 岁，幸运地考上了，被原江汉石油学院（现长江大学）钻井工程专业录取。从小艰苦的家庭环境，造就了他能干懂事、聪明要强的性格。在学校的廖永远是一个勤奋努力，追求上进的好学生，无论在学业还是在事业上有很大的雄心，一切的努力都只为了走得更高更远。

1982 年，廖永远大学毕业，被分配到胜利油田工作，从事最底层的场地工。一直到 1992 年，廖永远在胜利油田基层工作整十年，这期间经历了抑郁不得志的苦楚，才华无处施展的无奈。作为一个早期大学生，廖永远人生远不至于此，这段颇为苦闷曲折的经历为其之后事业上的快速升迁奠定了基石。

1987 年，年纪尚轻的廖永远升职为油田钻井队队长——这是他人生的第一次转机。从油田钻井队场地工到井队队长，廖永远花了 5 年时间。然而就在第二年，由于其所在井队出了安全事故，身为队长的廖永远遭到撤职，一下被打落谷底。被撤职后，廖永远的意志并未消沉。此后几年时间廖永远潜心研究工程技术，同时广交机关单位办公室的职员，发展自己的社交圈。在 1982 年到 1992 年这 10 年间，廖永远攻克了多项技术难关，屡次获得技术进步奖。

终于在 1992 年，廖永远迎来人生的第二次转折。国家当年打算树立一批扎根在基层、默默奉献的大学生典型，在基层已经工作十年的廖永远被选上了。不是他多幸运，而是他实实在在努力干出来的。按照一般规律，大学生到基层往往锻炼两三年便会坐办公室，而廖永远却锻炼了十年。1992 年，他参加了大学生演讲团，在人民大会堂向党和国家领导人汇报演讲。廖永远脱稿演讲半个小时，他还朗诵了自己撰写的一副言志对联——"干事业有风有雨有得有失得比失多；搞钻井有惊有险有苦有甜苦比甜少"。横批"志在奉献"。凭着这场演讲，廖永远红极一时。

1994 年，廖永远主动请缨参加塔里木勘探会战，其后数年间塔里木油田的探明储量和产量都在不断飞跃，业绩辉煌。廖永远凭借辉煌的业绩、丰富的工作经验、出色的业务能力以及强烈的事业进取心和良好的政治素养在中石油内部干部选拔机制中脱颖而出，1999 年成为塔里木油田总经理，一度被称为"西北虎"。

2001 年 10 月，廖永远挂职任甘肃省经济贸易委员会副主任、党组副书记；2004 年 1 月任中国石油集团总经理助理，4 月兼任川渝地区石油企业协调组组长，四川石油管理局局长、党委书记；2005 年 11 月被聘为中国石油天然气集团公司总经理助理、中国石油天然气股份有限公司副总裁；2007 年 2 月任中国石油集团副总经理、党组成员，7 月起兼任中国石油集团安全总监；2008 年 5 月被聘为中国石油天然气股份公司执行董事。

其后廖永远因 2010 年中石油在大连所属企业"7·16"输油管道爆炸火灾等 4 起责任事故的影响，受到国务院给予的记过处分。事件发生在 2010 年 7 月 16

日，位于辽宁省大连市保税区的大连中石油国际储运有限公司的原油库输油管道发生爆炸，当时的爆炸引发了大火同时造成大量原油泄漏，直接导致部分管道和设备损毁，更为严重的是部分原油泄漏直接流入了附近的海域造成大面积污染。整个事件最终造成作业人员 1 人轻伤、1 人失踪；消防战士 1 人牺牲、1 人重伤；财产损失达 22330.19 万元。

廖永远的"上位"是由于中石油内部一系列"反腐"风暴后"歪打正着"的结果。2011—2012 年，中石油集团内部相继曝出高管被调查事件，牵连人数甚广，足有 45 名干部被抓。其中包括原中石油集团董事长、原国务院国资委主任蒋洁敏，以及原中石油集团副总经理兼大庆油田有限责任公司总经理王永春、原中石油集团副总经理兼中国石油董事会秘书李华林、原中国石油副总裁兼长庆油田分公司总经理冉新权、原中国石油总地质师兼勘探开发研究院院长王道富等。在工作经验方面，廖永远长期待在基层，在天然气行业有近 30 年的丰富经验，还有地方政府工作经历，在多个岗位接受过锻炼。在业务能力方面，廖永远作为教授级高级工程师，在天然气方面有出类拔萃的业务能力，对工程技术这块十分了解，从钻井到地面工作无一不通。于是廖永远在众多高层纷纷落马的境况下扶摇直上，于 2013 年顺利升迁为集团总经理。

廖永远在中石油主管的项目为西气东输管道建设，这是一项仅次于长江三峡工程的国家级重大投资项目，涉及资金高达 3000 亿元，招标过程中产生的贪污受贿现象可能是导致廖永远案的主要原因。

据悉，中石油所属的中油管道物资装备总公司 2014 年 8 月 18 日受轮吐 PC 项目部委托、组织的轮吐支干线增输工程仪表电缆采购招标工作（招标编号：2014XM－LT－YQZB－027，A 包、B 包），中石油有 22 家以上电缆甲级供应商，却仅有 4 家投标人竞标。有关网站曾就这 4 家产品预警提示说可能存在设计选型不合理、中标成交价格畸高、涉嫌围标串标等严重问题。但 2015 年 3 月 17 日，中石油"2015 年电工材料集中采购定商定价招标"再次将此"选型不合理的电缆产品"纳入监管体系进行招标，并于 4 月发布了挂网价格。该项目标的物如按 2015 年挂网价格结算，只有 527.67 万元，而中标人却高达 1448.13 万元；扣除铜价影响因素，也远高于市场价格近 3 倍。有人分析，廖永远其中起了很大"作用"。当然了，这只是偌大中石油工程的冰山一角。

熟悉廖永远的人说："廖永远的江湖气很重，任人唯亲、独断专行，还喜欢吹牛说大话，曾遭到多名中石油员工的举报。"也有消息称，廖永远在北京有一个秘密据点，他经常在此纵情声色，而只有与他极其亲近的"心腹至交"，才能和他一起到访这个隐秘的"风月场";他贪婪又充满野心,回湖北老家过年时,送礼的车能绵延数里……

调查显示:廖永远严重违反组织纪律,隐瞒个人不法事项;收受贿赂违反廉洁自律的规定;在项目运作方面利用职务之便牟取私利,通过收受或索取巨额贿赂提拔下层干部,通过行贿上司达到升官目的;与他人通奸严重违反社会道德伦理。身为党的高级领导干部,廖永远严重违反了党纪党纲,受贿行贿等问题甚至触犯法律,种种行为性质恶劣、情节严重。

2015 年 6 月 15 日,中央纪委监察部网站公布,依据《中国共产党纪律处分条例》等有关规定,经中央纪委审议并报中共中央批准,廖永远被开除党籍处分;监察部报请国务院批准给予其行政开除处分;收缴其违纪所得;将其涉嫌犯罪问题、线索及所涉款物移送司法机关依法处理。

2016 年 9 月,山东省检察机关依法对中国石油天然气集团公司原党组成员、董事、总经理廖永远涉嫌受贿、巨额财产来源不明案提起公诉。(撰稿/胡祁)

编者点评:我们应该深刻汲取廖永远涉嫌严重违纪违法案件的教训,并作出反思。很多媒体曾披露,廖永远精通诗词歌赋。著名歌曲《国脉》就是由他作词,歌词中写道:"你把温暖播撒千家万户,让生活更多彩。"称颂的正是廖永远主持的西气东输工程。但很可能正是这样一个造福民生的工程中的贪腐行为,使得廖永远跌落在染缸。这警示我们,应该充分认识到,腐败不除国家永无宁日,坚持零容忍的态度不变,严厉惩处的尺度不松,防止有更多的廖永远出现。

资料来源:

[1] 中央纪委监察部网站. 中国石油天然气集团公司总经理廖永远涉嫌严重违纪违法接受组织调查. http://www. ccdi. gov. cn/xwtt/201503/t20150316_53398. html [2015 - 03 - 16].

[2] 中央纪委监察部网站. 国家工商总局原副局长、党组成员孙鸿志,中国石油天然气集团公司原总经理廖永远严重违纪违法被开除党籍. http://www. ccdi. gov. cn/xwtt/201506/t20150615_ 57835. html [2015 - 06 - 15].

[3] 荆楚网."西北虎"廖永远的起落人生. http://news. 163. com/15/0616/15/AS888PRK00014Q4P. html [2015 - 06 - 16].

[4] 中国质量新闻网. 廖永远任下的中石油电缆价格何等任性?. http://news. cableabc. com/exposure/20150831014763. html [2015 - 08 - 31].

戴学民："红通"落网第一人

戴学民 男，1958 年生，安徽蒙城人。曾任中国经济开发信托投资公司（下称中经开）上海营业部总经理，直接参与指挥了轰动全国的"327 国债事件"等证券市场操控事件，并被诉贪污 1100 万元。2001 年 8 月，戴学民潜逃出境。2015 年 4 月 25 日，由"天网行动"抓捕归案，成为"红通"落网第一人。

2015 年 4 月 25 日，在国际刑警组织中国国家中心局发布"红色通缉令"仅三天后，潜逃境外达 14 年之久，经过"改名换姓"，持英国护照潜回国内的戴学民（更名"DAI GEOFFREY"）落入警方精心编织的"法网"。戴学民的落网，是我国开展"天网行动"发布"红色通缉令"后第一个被抓捕的外逃人员。

"天网行动"是党的十八大后反腐行动的重大部署，于 2015 年 3 月启动。"红色通缉令"属最高级别的紧急快速通缉令，是国际刑警组织成员要求他国协助侦查犯罪时发放的七种国际通报之一。此次"红色通缉令"中包括涉嫌犯罪外逃的国家工作人员、重要腐败案件涉案人等 100 名，戴学民在名单中排名 90 位。

说起戴学民，就不得不提起发生于 1995 年 2 月 23 日的上海证券交易所"327"国债期货事件。英国《金融时报》则将这一天称为中国证券史上最黑暗的一天。

"327 国债"是对 1992 年发行的 3 年期国债期货合约的代称。我国国债市场起步较晚，更多的民众是将其作为"定期""高息"的存款方式来看待的。国家为了鼓励国债的上市流通，也是煞费苦心。中国国债期货交易始于 1992 年 12 月 28 日。"327"国债期货发行总量是 240 亿元。1994—1995 年，国债期货飞速发展。但是，由于通货膨胀居高不下，国家决定对国债进行保值贴补。这种保值贴补的不确定性就造成了市场的投机机会。

1995 年 2 月，"327"国债的价格一直在 147.80 元至 148.30 元徘徊。时任万国证券总经理的管金生预测，"327"国债的保值贴息率不可能上调，即使不下降，也应维持在8%的水平，于是万国证券联合辽宁国发集团成为了市场空头主力。

2月23日，财政部发布公告称，"327"国债将按148.50元兑付——市场形势骤变。

中经开公司按说有很深的政府背景，时常有内幕交易的嫌疑。而此时，中经开却开始进场坚定地做多，而且市场其后的发展与其判决"不谋而合"。空头判断彻底错误，中经开率领多方借利好大肆买入，将价格推到了151.98元。

随后万国的同盟军辽宁国发集团突然改做多头，"327"国债在1分钟内涨了2元，10分钟后涨了3.77元！

"327"国债每涨1元，万国证券就要赔进十几亿元！下午4时22分，空方万国证券突然发难：大举透支，做空国债！先以50万口把价位从151.30元轰到150元，然后把价位打到148元，最后一个730万口的巨大卖单把价位打到147.40元。这笔730万口卖单面值1.46万亿元，接近中国1994年国民生产总值的1/3！管金生此举，造成了40亿元的国家财政损失。

夜里11时，上交所正式下令宣布23日16时22分13秒之后的所有"327"品种的交易异常，是无效的，该部分不计入当日结算价、成交量和持仓量的范围，经过此调整当日国债成交额为5400亿元，当日"327"品种的收盘价为违规前最后签订的一笔交易价格151.30元。这意味着万国证券的损失高达60亿元。鉴于"327"国债违规事件的恶劣影响，5月17日，中国证监会发出《关于暂停中国范围内国债期货交易试点的紧急通知》，开市仅两年零六个月的国债期货结束。中国第一个金融期货品种宣告夭折。

根据1995年上交所规定，个人持仓不得超过3万口，机构不得超过5万口，最多只允许开40万口。而不论是万国证券，还是中经开、辽宁国发，都大大超出上证交易所的持仓额，明显违规。

此时，中经开的直接"操盘手"是魏东。据说，时任中央财经大学教授的魏东的父亲魏振雄大战前一天就在财政部开会，从会计司打印室里亲自拿了一份本来属于国家最高机密的关于"保值贴补率"提高到12.98%的红头文件回家给儿子看——这正是彻头彻尾的内幕交易！而作为当时主管证券、期货业务的中经开上海营业部总经理的戴学民正是魏东的"顶头上司"。

魏家在"327"事件中盈利超过2亿元。这一年，魏东掌控的北京涌金即以2亿元注册资金，成立上海涌金实业公司。

"327 国债事件"戴学民难辞其咎。

事后，万国证券元气大伤，不久被重组。1995 年 5 月 19 日，管金生被捕，罪名为贪污、挪用公款 40 余万元，后被判处有期徒刑 17 年。而同样违规的中经开和戴学民，则成为此事件中最大的"受益者"，戴学民被业界称为中经开"一代枭雄"。此后，戴学民继续带领着中经开在资本市场"兴风作浪"，相继导演了让中国的股市为之蒙羞"长虹配股事件"、臭名昭著的"东方电子违规股票炒作事件"和 2002 年 6 月的"银广夏造假事件"。

2000 年 6 月，作恶多端的中经开终于被取缔。

戴学民涉嫌贪污 1100 万元，被江苏省南京市检察院立案。

至今，"327 国债事件"中多头"老鼠仓"非死即入狱：魏东于 2008 年 4 月跳楼身亡，辽宁国发控制人高原、高岭兄弟二人潜逃出国，袁宝璟涉嫌雇凶杀人于 2006 年 3 月 17 日被执行死刑，2015 年 2 月 9 日刘汉因"涉黑"与他兄弟刘维一起被执行死刑。

2001 年 8 月，戴学民却潜逃出境。此前曾流传戴学民于 1995 年年底在北京遇到不明身份人员刺杀，伤及肝部。戴学民并未报案，只是到医院草草包扎后，当天即乘航班离开北京。

如今，距离 2001 年戴学民逃往国外已经过去了十几年。而这十几年的逃亡生活，对于戴学民来说，就像一场"噩梦"。2001 年戴学民出逃后，先是被美国拒绝签证申请，之后他辗转英国、伯利兹等地。而戴学民逃到国外的十几年，与父母和家人的联系也不得不中断，背井离乡、众叛亲离，戴学民无论如何也想不到出国后的日子会变成这样。

戴学民的忏悔还提到自己初到伦敦时（2001 年 2 月），英美报纸没有什么文章报道中国，而到了 2005 年后几乎每天都有中国的新闻。他深深体会到了中国飞速的发展和国家实力的不断增强，"于是，我决定回国看看。国内每个城市都是崭新的，高楼林立，拔地而起。各地都富了起来，到处是人流、车流；旅游胜地人山人海。此时，我觉得自己已步入老龄，已不属于这个时代。"（撰稿/薛艺抒）

编者点评："红色通缉令"名单中的首个外逃人员戴学民落网，让我们感受到中国的司法尊严和国际上逐步接轨。正应了那句话："天网恢恢，疏而不漏。"曾经的中经开的主管，为一己私利操纵、炒作股票，贪污千余万巨款，终究难逃法律制裁。不论是戴学民和管金生的贪污，还是非死即入狱的"老鼠仓"们，他们的下场一再说明：不义之财要不得！

资料来源:

［1］新华报业网. 首名落网"红通"戴学民逃亡心路:孤独无助妻离子散. http：//news. xhby. net/system/2015/10/13/026606031. shtml［2015－10－13］.

［2］期货日报网. 327 国债事件始末. http：//finance. sina. com. cn/money/future/fmnews/20120209/145911345933. shtml［2012－02－09］.

［3］南方都市报. 从喧嚣到沉寂　中经开是如何走向末路. http：//finance. sina. com. cn/t/20020616/221791. html［2002－06－16］.

华雄：将贪一窝贪

华雄　1973 年生，国有企业江苏格林艾普化工有限公司总经理。在该公司搬迁过程中，他伙同公司朱锡文、董维新、杨加清等人，贪污受贿，造成公司塌方式腐败。一个投资 20 亿元的国企，仅仅在搬迁 3 年后就宣布破产。

　　格林艾普公司是江苏省新世纪盐化集团下属的核心企业，也是一家老牌的国有企业。其创建达半个世纪之久，生产的烧碱、聚氯乙烯等产品曾享誉全球。

　　格林艾普公司原驻江苏无锡市，2009 年，决定搬迁至镇江市。经过近 3 年的规划设计、招标建设，格林艾普公司于 2011 年年初重新投产。

　　但是，2013 年 4 月，镇江市经济开发区检察院在开展职务犯罪预防活动中了解到，承接格林艾普公司搬迁项目 7000 余万元电缆采购业务的电缆供应商王平，在得知新世纪盐化集团对电缆价格进行审计时，竟主动退出高达 1200 余万元的超付货款。

　　合同价值 7000 多万元，退出的超付货款竟达 1/6！这里面的问题太严重了。于是，检察机关决定围绕项目招投标、设备采购，尤其是电缆供应环节全面初查。

　　总经理华雄也算是格林艾普公司的"老人"了。自大学毕业后就一头扎进公司，2008 年起，华雄先后担任格林艾普公司总经理助理、江苏省东泰精细化工股份有限公司（新世纪盐化集团另一下属企业）常务副总经理、总经理。2011 年，38 岁华雄就被任命为格林艾普公司总经理，正处级干部，坐享近 30 万元年薪。华雄喜欢钻研技术，是业务骨干，也很能吃苦，有时遇上公司项目建设，几天几夜不回家，坚持吃住在现场。在公司职工眼里，华雄有点"书呆子气"，踏实肯干，务实低调。2011 年 5 月，公司发生化工尾气吸收塔氯气泄漏事故，氯气很快扩散到与之相邻的东泰化工公司。时任东泰化工总经理华雄抓起安全帽，迅速朝着格林艾普公司方向跑。他害怕工人忘了关闭吸收塔阀门，赶去现场检查抢修。

但是，谁也没想到，他们敬爱的总经理华雄，竟然是公司最高级的贪腐分子。更令人无法想象的是，就在冲去事故现场的前一刻，他还在办公室里收下了某设备供应商贿送的 5 万元现金……

2006 年，华雄担任格林艾普公司机动部经理，"好朋友"张亮承接的土建业务刚好落在了华雄的管辖范围。华雄利用职权，尽可能多地让张亮承接业务，在给付工程款时也为张亮出了不少力。张亮的土建生意做得很顺利，先后五次送给华雄 16 万元现金。在被检察机关查办后，华雄很快就交代，自己曾与多达 10 余名供应商之间有贿赂往来。

上行下效。有了总经理的领头，公司上上下下大大小小有点权力的人物，都很快被"拉下水、湿了腿"。

朱锡文和董维新年龄相仿，都是公司的老员工，又在同一年被任命为副总经理。

朱锡文作为分管招标建设的副总经理，从制定招标文件评标办法到合同审批资金支付，都全程参与。

电缆供应商王平为了能够承接格林艾普公司搬迁过程中的电缆业务，多次登门拜访朱锡文，送上"感谢费"共计 40 万元。于是，朱锡文"无意"泄露招标规则，"有意"审核合同不严，为其提供"服务"。

而设备供应商周锐在格林艾普搬迁项目招投标过程中，多次找公司设备采购负责人董维新帮忙。董维新不具体负责招投标，但他利用自己能够向公司招标负责人推荐设备供应商的职权，踊跃推荐周锐的公司。周锐成功中标一次，董维新就收一次钱，先后 6 次收受周锐奉上的"感谢费" 18 万元。

一般干部也是如此。时任公司机械动力部副经理杨加清作为搬迁项目组组员，负责大型设备招投标及安装管理，被电缆供应商王平视为"财神爷"。检察官发现：杨加清的建行账户上有一笔 20 万元的转账收入，汇款人名叫王大顺，汇款地点在江苏宝应。经调查，王大顺就是王平的父亲。原来，在杨加清的帮助下，王平多次以超出原合同价格 25% 左右的高价，与格林艾普公司签订电缆采购增补合同。为感谢杨加清的帮助，王平委托自己的父亲王大顺给杨加清转账 20 万元。

最终，法院认定华雄、朱锡文、董维新 3 人的受贿金额分别为 74.4 万元、148 万元、64.69 万元，而普通中层干部杨加清敛财 153 万元。与此同时，各色老板用价格虚高的合同掏空了格林艾普的资金。在搬迁过程中，格林艾普公司光是花费在土建上的投资，就比工程预算整整超标一倍。

有这样的干部，国企格林艾普公司还会好吗？

塌方式腐败殃及企业经营，格林艾普公司的产业结构老化、产品与市场严重脱节。于是，产品积压，没有订单就没有收入；资金紧张，搬迁工程预算又严重超标；拆东补西，工程预算超标再次大量挤占流动资金。最终的结果是负债累累。

2013 年年底，这家占地 600 亩的大型工厂竟连电费都支付不起，2014 年 3 月申请破产申请。投资 20 亿元，正式破产仅花 3 年。2015 年 7 月，格林艾普公司厂房、机器电子设备的拍卖公告，出现在淘宝司法拍卖列表中，拍卖价分别为 2. 35 亿元、1. 72 亿元。截至发稿，两次拍卖均告流拍。

2014 年 8 月 25 日，江苏格林艾普化工股份有限公司总经理华雄因涉嫌受贿罪，被镇江市人民检察院决定逮捕。2015 年 5 月 27 日，华雄、朱锡文、杨加清因犯受贿罪、非国家工作人员受贿罪，但有自首情节，被从轻判处七年六个月至六年不等的刑罚。其中，被告人华雄犯非国家工作人员受贿罪，判处有期徒刑二年；犯受贿罪，判处有期徒刑五年十个月，并处没收财产 10 万元；数罪并罚，决定执行有期徒刑六年，并处没收财产 10 万元。董维新因犯受贿罪，被判处有期徒刑十年。行贿人王平、周锐也因行贿罪被判处有期徒刑。（撰稿/晋珀）

编者点评：国有企业说到底还是国家和人民的企业。而身为国企领导干部的"华雄们"，不是兢兢业业谋发展，反而自上而下一窝风地干起了监守自盗的勾当，理所当然地受到法律的严惩。国有企业家们，戒之！

资料来源：

[1] 新华报业网. 江苏格林艾普化工公司总经理华雄涉嫌受贿被批捕. http：//js. xhby. net/system/2014/08/25/021713973. shtml［2014 - 08 - 25］.

[2] 镇江经济开发区人民法院刑事判决书（2015）镇经刑初字第 00032 号：华雄受贿罪. 华雄非国家工作人员受贿罪一审刑事判决书. http：//www. court. gov. cn/zgcpwsw/jiangsu/jsszjsszjrmfy/zjjjkfqrmfy/xs/201508/t20150822_10371058. htm［2015 - 05 - 27］.

[3] 无锡新传媒网. 格林艾普"塌方式腐败"：投资 20 亿 3 年就破产. http：//www. wxrb. com/news/ywtx/201509/t20150911_1114375. shtml［2015 - 09 - 11］.

石涛：掀开一汽案中腐败的遮羞布

> **石涛** 男，一汽大众销售公司原执行副总经理。2015 年 4 月 8 日因受贿罪被判处无期徒刑。法院判决认定，被告人石涛受贿 3303 万余元，另有 2674 万余元的巨额财产来源不明，已被认定的 48 家行贿单位中有 10 名行贿人被另案处理。

石涛于 1992 年进入一汽大众销售公司，仅用十年多时间便升至副总经理的位置，这当然离不开他的聪明才干。2007 年 7 月担任执行副总经理以来，石涛主管一汽大众在销售方面的工作，更是对一汽大众的网络建设有一票否决权。在其任职期间，正值中国汽车行业鼎盛时期，全国汽车产销总量从 2006 年的 700 多万辆发展至 2013 年的 2200 多万辆。同时，这段时间也是中国汽车经销商发展与布局的关键时期。一汽大众当属国内最为畅销的几个汽车品牌之一，经销商若能拿到一家 4S 店，便相当于拿到一棵"摇钱树"，由此产生一汽集团乃至整个汽车行业的市场"寻租"（寻租，外文名：rent seeking，又称为竞租，是指在没有从事生产的情况下，为垄断社会资源或维持垄断地位，从而得到垄断利润，亦即经济租，所从事的一种非生产性寻利活动）现象，滋生腐败土壤。

腐败的实质就是权力"寻租"！石涛作为一汽大众销售公司的高层领导，可以直接接触到大众品牌的市场计划、网络建设和售后服务等，权力空间巨大。在市场寻租的利诱下，他未能把持住，利用职务之便，为相关单位承揽广告、市场推广和服务咨询等业务，帮助相关行贿人成为一汽大众品牌的特许经营商并为他们争取 4S 店、调配热销车型等。毫无疑问，石涛是个聪明人，但是他的聪明最终都用错了地方。1998—2013 年，石涛先后多次收受 48 家公司的"贿赂"，主要为广告公司和汽车贸易公司。在金钱等各种诱惑面前，石涛渐渐变成利欲熏心的魔鬼，越发贪婪、越发扭曲。然而，终究纸里包不住火，在一汽案的冲击下，石涛腐败、贪婪的德行大白于天下，2013 年 10 月石涛被双规，2015 年 4 月 8 日石涛被吉林省白山市中级法院一审判处无期徒刑，被认定受贿 3303 万元，另有2674 万元巨款来路不明。判决结果显示，石涛被认定共受贿 48 笔，其中最高一笔达 486 万元人民币，其家庭财产达 7823 万元人民币，包括长春、北京等地的14 套房产，其中至少包括 3 套别墅，其长春市的一处房产中还窝藏了大约 2000万元现金。

石涛事件曝光始于 2011 年 10 月国家审计署对一汽大众公司的审计。一汽大众公司是一汽集团下属中外合资企业，而一汽大众销售公司则是一汽大众公司的全资子公司。起初，各大媒体不断爆出一汽集团地产辅业和 4S 渠道拓展的权力寻租弊案，而一汽大众销售公司就成了一汽案的突破口。

审计初期，石涛担心通过转账收受北京东方仁德广告有限公司 50 万元行贿款的事情暴露，于 2011 年 10 月 31 日将 50 万元外加 5000 元利息退回了东方仁德公司。但事后石涛以现金形式要回，试图以这种方式抹掉自己的受贿痕迹。同样的戏码，石涛百用不厌。2011 年中期，石涛要求东方仁德公司一名出资人向其表弟账户打入 999999 元，在 2012 年年底审计期间又把该笔款项连本带利退回，但不久后又令其妹妹以现金形式要回。最终，一汽集团公司的纪委查实了最早的那笔 50 万元，但因证据不足无法认定石涛的受贿罪，因此只是建议给予开除党籍、行政开除处分。

事态走向在 2012 年 6 月发生改变。一汽大众销售公司副总经理静国松（2013 年 12 月 24 日，因贪污受贿，被判处死刑，缓期二年执行，剥夺政治权利终身，并处没收个人全部财产）被带走调查。紧接着在 2013 年 4 月，一汽大众销售公司原总经理、一汽集团原副总工程师周勇江被调查。两位与石涛颇有点交集的高层领导被调查，石涛当然不能幸免。2013 年 10 月，石涛被双规，直至2015 年 4 月 8 日，法院判决石涛无期徒刑。

石涛案牵连面甚广，在向石涛行贿的 48 家单位中，有 35 家汽车经销商，也有 13 家一汽大众的广告及公关代理公司、展览公司。

从 2012 年一汽大众销售公司副总经理静国松被双规起，一汽大众销售公司一直是一汽集团案的"重灾区"。之后的石涛受贿案波及甚广，彻底掀开了一汽腐败的遮羞布。直至 2015 年 3 月 15 日，一汽集团原董事长徐建一被调查，一汽案中的反腐之火烧到了"最高层"。(撰稿/吴迪)

编者点评："君子爱财取之有道""不义而富且贵，于我如浮云"，古人尚且知道"奢则不逊"的道理，石涛这般贪婪无度更加令人发指，被判无期亦是罪有应得。石涛不是个案，他掀开了一汽案中腐败的遮羞布。在经济社会转型期，像这样利欲熏心的人不在少数，权力寻租现象也普遍存在，因此加大监管、处罚力度，进一步传导社会主义核心价值观迫在眉睫。

资料来源：

[1] 凤凰财经. 一汽大众销售公司原副总一审被判无期拥 14 套房产. http：//finance. ifeng. com/a/20150408/13615401_ 0. shtml [2015 - 04 - 08].

[2] 网易新闻. 一汽大众原副总石涛一审被判无期. http：//news. 163. com/15/0724/02/AV8LRIQC00014Q4P. html [2015 - 07 - 24].

[3] 新浪财经. 一汽大众副总受贿被判无期 曾有 48 人对其行贿. http：//finance. sina. com. cn/chanjing/gsnews/20150415/134921962094. shtml [2015 - 04 - 15].

冯杰：顶风作案被调查

冯杰　男，1963 年 7 月生，上海人，酒泉钢铁集团公司董事长、党委副书记，曾任第十二届全国人民代表大会代表。2015 年 10 月 9 日，冯杰因涉嫌受贿罪，被依法逮捕。

1982 年 9 月，冯杰从天津大学毕业，踏上了自己的人生征程。不久后冯杰即进入了酒泉钢铁公司。酒泉钢铁公司始建于 1958 年，是国家"一五"期间重点建设项目之一，是我国西北地区最大的碳钢和不锈钢生产基地，可谓地位显赫。酒泉钢铁公司无疑给冯杰提供了更大的上升空间。1982—1996 年，冯杰从安环处技术员上升为酒钢生产处副处长，事业蒸蒸日上。后又依次被调任为酒钢焦化厂厂长、酒钢总经理助理兼总经理办主任、酒钢公司副总经理、党委常委、董事等，深受领导重视。

2004 年 3 月至 2011 年 7 月，冯杰先后任甘肃省国资委副主任、白银有色集团有限公司董事长、甘肃省环境保护厅党组书记兼厅长。然而，冯杰和酒泉钢铁集团公司的"牵连"并未"终结"。2011 年 7 月，冯杰被调回酒泉钢铁集团继续"掌舵"，成为了酒泉钢铁集团公司的董事长和党委副书记。

成为酒泉钢铁集团公司的董事长和党委副书记的冯杰，在谈起"舞动丝绸之路经济带"时说："随着集团多元化产业格局的初步形成，酒钢将在充分利用周边地区丰富资源的基础上，聚天时地利人和因素，紧抓发展机遇。"他认为，建设丝绸之路经济带将推动区域内钢铁、有色金属、能源等资源依托型产业的发展。2013 年，酒泉钢铁销售收入达 1223 亿元，同比增长了 3.6%。但冯杰坦言："在全行业不景气的情况下，3.6% 的增长确实来之不易，但如果考虑到 CPI 等因素，我们也就打了个平手。"

冯杰不仅在经济领域"叱咤风云"，在政治领域，也有着自己的一席之地。2014 年 11 月 17 日，光明网发表的名为《冯杰入围"甘肃 2014 年度 十大经济人物"候选人名单》中提道，"备受各界关注的首届'甘肃骄傲——甘肃省 2014

年度十大经济人物'候选人评选投票活动于 11 月 13 日正式开始，酒泉钢铁集团公司董事长冯杰入围候选人名单"。除此之外，当选为人大代表的冯杰，在 2014 年的全国"两会"期间积极发言，提出目前国企改革过程中"最着急"与最核心的问题就是国家对国企如何定位。冯杰认为，"这需要一个明确的要求。"他解释说："如果国家对国企定位明确了以后，国企负责人就明确了努力的方向。"2015 年的全国"两会"上，身为全国人大代表的冯杰就"一带一路"接受媒体采访说："我对未来充满着憧憬。"

不料这一次"憧憬"，却成为了冯杰最后一次"风光"，自此后冯杰的辉煌生涯"戛然而止"。

2015 年，钢铁行业反腐风潮再起，大型钢铁企业因腐败导致的高管被查事件已发生多起。冯杰便于此时期落马。甘肃省纪委网站于 2015 年 5 月 7 日发布的消息显示：冯杰涉嫌严重违纪违法，目前正在接受组织调查。

在外界看来，冯杰遭查与贪腐有关。2012 年 12 月 4 日，中共中央政治局召开会议，出台了"关于改进工作作风密切联系群众的八项规定"，提出要厉行勤俭节约，严格遵守廉洁从政有关规定，严格执行住房、车辆配备等有关工作和生活待遇的规定等。全国上下纪律严明，认真推动中央八项规定精神的贯彻实施。就在这"风口浪尖"之上，冯杰作为酒泉钢铁集团公司董事长，竟"下令"装修驻京办敦煌大厦。装修该敦煌大厦的目的，不仅是为了接待集团公司来京办事人员，也是想以内部会议的形式接待部委各级领导。为装修该敦煌大厦，酒钢集团投资达到了 7600 万元，着实令人惊讶。2013 年 4 月 7 日，硅谷网发表的一篇名为《网曝：酒钢集团董事长冯杰顶风违纪，7000 万豪华装修驻京办》的文章中这样写道："在钢铁行业全面萧条的大环境下，酒钢 2012 年亏损 30 亿元。为了完成政府的 GDP 目标，根据董事长冯杰的授意采用做两套账目的方式应对省政府，给省政府上报的经营业绩是全年盈利 8 亿元。"在钢铁行业低迷时期，冯杰如此大手笔地造"假象"给政府看，令人愤慨。

不仅如此，冯杰曾在驻京办开会时明确指示："现在企业竞争激烈，各种关系需要大力协调。怎么协调？关键靠花钱。2012 年，酒钢集团本部接待费达到 8000 万元，是上一年的三倍。如果不花钱协调，酒钢的项目怎么能够批复？酒钢的环境评价怎么能够通过？"有记者查阅酒钢集团旗下上市公司酒钢宏兴发现，此公司仅支付的招待费、差旅费、修理费等费用，2011 年就达到 2.94 亿元，到了 2012 年增加到 7.16 亿元，2013 年为 7.50 亿元，到 2014 年费用已疯狂地突破 10 亿元。而 2012—2014 年，这家公司归属上市公司的净利润并不乐观，分别为

4. 84 亿元，－23. 38 亿元和 3913. 37 万元。

2015 年 5 月 6 日，甘肃省人民政府网发布消息："免去冯杰的酒泉钢铁董事长职务。"2015 年 7 月 31 日，甘肃省人大常委会公告："甘肃省嘉峪关市人大常委会罢免了冯杰的甘肃省第十二届人民代表大会代表职务。依照代表法的有关规定，冯杰的代表资格终止。"

2015 年 10 月 11 日，甘肃省人民检察院"依法对酒泉钢铁集团有限责任公司原董事长、党委副书记冯杰以涉嫌受贿罪决定逮捕"。案件侦查工作还正在进行中。（撰稿/马霞）

编者点评： 冯杰在任酒泉钢铁集团公司的董事长期间，弄虚作假，贿赂领导，行为实不可取。冯杰的做法无疑会让他接受法律的制裁，这不禁对领导干部敲响了警钟。作为一名领导干部，要修身律己，提升道德修养，并且深思笃行，不越雷池，才可"担当起该担当的责任，脚踏实地地奋斗、扎扎实实地工作，才能无愧于人民期待和时代责任"，否则只能在冰冷的监狱铁门背后思过。

资料来源：

[1] 新浪网. 酒钢集团原董事长冯杰涉嫌受贿罪被逮捕. http：//news. sina. com. cn/o/2015－10－11/doc－ifxiqtqy0767169. shtml ［2015－10－11］.

[2] 网易新闻. 酒泉钢铁董事长冯杰被查. http：//news. 163. com/15/0509/02/AP50UPT400014AED. html ［2015－05－09］.

[3] 硅谷网. 网曝：酒钢集团董事长冯杰顶风违纪 7000 万豪华装修驻京办. http：//www. guigu. org/news/nengyuancailiao/2013040220542. html ［2013－04－07］.

徐敏杰：老婆"美容"，自己"贪污"

徐敏杰　男，1955年生，江苏人，研究生文化，中国远洋运输（集团）总公司原副总裁、中远太平洋公司总经理。2013年11月1日，徐敏杰因挪用公款报销妻子30万美容费等费用被羁押，同年11月15日被逮捕。2014年6月，被开除党籍并以涉嫌严重违纪违法问题立案调查。2015年6月10日，徐敏杰因贪污罪，终审判处有期徒刑10年。

中国远洋运输（集团）公司（下称中远集团）成立于1961年，经过50多年的发展，如今已经成为中国大陆最大的航运企业，国中央直管的特大型国有企业，全球最大的海洋运输公司之一，世界500强企业之一。然而，作为中国航运业的巨头，中远集团在最近几年却遭遇到了"多事之秋"，不仅自身陷入巨额亏损的泥沼而无法自拔，而且还被卷进一场"贪腐风暴"，多名高管因贪腐被查，其中包括青岛远洋原副总经理宋军、广州远洋运输公司原总经理徐惠兴、大连远洋运输有限公司原总经理孟庆林。可笑的是，在出事之前，这些人中，像孟庆林、徐惠兴都是劳动模范，外界大概怎么也不会想到，昨天的劳模一夜之间竟变成了今天的阶下囚。正如一位中远集团人士说的那样："不查，大家都是好人；一查，都是坏人。"经过这场强烈的"人事地震"，还没恢复元气的中远集团在孟庆林案之后的短短四个月——也就是2013年11月1日——再次引爆一枚"重磅炸弹"：中远集团第五号人物徐敏杰被挑落马下。消息一出，立即在社会上引发轩然大波。

那么，徐敏杰是何许人也？根据相关资料可知，徐敏杰于1955年出生，江苏人，毕业于上海海运学院与荷兰马斯赫里特学院合办的工商管理专业，硕士、高级经济师。1980年加入中远集团，历任上海远洋船舶船长，上远货运公司副总经理，中远集运亚太部上海分部（上海中货公司）总经理，中远（集团）总公司运输部总经理，中远太平洋董事会副主席兼董事总经理，中国远洋副总经理等职。应该说，这一路下来，徐敏杰走得顺风顺水，尤其是2011年7月，他从中远太平洋执行董事、副主席兼董事总经理升迁为中远集团副总经理，使他的事业一下子达到了巅峰。一位中远集团的人士称，徐敏杰能够迅速得到晋升，当上集团领导，并不是依靠他的学历，也不是依靠他的工作能力，而是他找到了一条通向成功的捷径，那就是"中远海外公司的历任负责人都得把领导的孩子照顾得非常好，回来才会升官。"

徐敏杰任中远太平洋董事会副主席兼董事总经理时，魏家福担任中远集团董事长。魏家福有两个女儿，都在美国读书，毕业后都曾进入中远美洲公司工作，尤其是魏家福的小女儿 Celine Wei 于 2005 年 2 月起出任中远太平洋下属的佛罗伦美国公司市场总监，2009 年 6 月升任佛罗伦美国公司副总经理，2011 年，30 岁左右的她就接替了年近 60 岁的石小东成为佛罗伦美国公司总经理，并且担任佛罗伦全球副总经理。Celine Wei 的一系列升迁与 2007—2011 年任中远太平洋董事总经理的徐敏杰在时间上至少是重合的。接近中远的知情人士透露，Celine Wei 一系列升迁的背后是徐敏杰对她的特殊照顾，也正因为徐敏杰对 Celine Wei 照顾得非常周到，讨好了中远集团"船长"魏家福，最终才如愿以偿地获得了提拔，当上了集团领导。

正当徐敏杰在仕途上飞黄腾达，并有望接替魏家福坐上"船长"宝座的时候，一场让他人生和事业的巅峰发生急剧逆转的麻烦却降临了。

2013 年 11 月 7 日，中远集团突然发布消息称，副总经理徐敏杰于 11 月 5 日被中纪委带走，目前"正接受相关部门调查"。8 日，中远集团再次发布公告称，徐敏杰因个人原因辞去非执行董事和副董事长职务，其所担任的战略委员会委员的职务自行解除。2014 年 6 月，国务院国资委纪委对徐敏杰涉嫌严重违纪违法问题进行了立案调查，而后给予其开除党籍的处分。在不到两年时间的时间内，"功勋卓越"的徐敏杰又是被调查，又是罢官，又是被开除党籍，那么他到底干了什么违纪违法的事？难道真如外界所传的，徐敏杰涉及贪污问题？

要说清楚这些问题，必然绕不开一个人，那就是徐敏杰的妻子。

随着徐敏杰在中远集团的地位越来越高，权力越来越大，他的妻子也就脱离了"劳苦大众"，抬高自己的身价，出入上流社会，当起了阔太太。在 2007—2011 年徐敏杰担任中远太平洋副主席兼董事总经理期间，徐敏杰的妻子在征得徐敏杰同意后，拿着中远太平洋公司秘书给他的赛马会会员卡跑到澳门赛马会做香薰美容，此外，她经徐敏杰同意，也用该卡去赛马会吃饭签单。值得注意的是，这种会员卡由中远太平洋公司购买，仅限于该公司公务消费，不承担私人开支。这就说明，不论是美容还是就餐，身为国有企业高级领导干部的徐敏杰却公私不分，利用职务便利，将 30 多万元以交际和礼品费名义在公司予以报销，这里面还包括其儿子在香港酒店的住宿费。

2014 年 11 月 19 日，法院以贪污罪，一审判处徐敏杰有期徒刑 10 年。检方指控，徐敏杰于 2007 年至 2011 年，利用其担任中远太平洋有限公司总经理的职务便利，将儿子在香港酒店的住宿费用以及其妻子在澳门赛马会香薰美容、就餐费用在本公司报销，共计港币 354121 元，折合人民币 31 万余元。检方认为，徐敏杰身为国家工作人员，利用职务便利非法占有公共财物，应当以贪污罪追究其刑事责任。

一审宣判后，徐敏杰提出上诉，他辩称妻子是在自己的安排下在澳门赛马会接待合作伙伴或领导家属，邀请上述人员就餐、做美容保健，属于公务接待，理应以公务报销；至于妻子用公款报销私人消费这件事，自己因公务繁忙并不知情，而且他还认为一审判决认定事实不清，证据不充分，要求法院对其无罪释放。

法院审理后认为，徐敏杰的辩词纯属无中生有，徐敏杰之妻并非中远太平洋公司工作人员，其在澳门赛马会所进行的香薰美容、就餐等消费费用显然与徐敏杰的公务无关。徐敏杰在行政财务审批等职权过程中，将妻子的美容、就餐等费用，以交际和礼品费的名义在公司报销的事实，证据确实、充分，足以证明徐敏杰明知而利用其职务便利将妻子在澳门赛马会的私人消费在本公司报销，非法侵吞公共财产，其行为已经构成了贪污罪，故驳回徐敏杰的上诉。

2015 年 6 月 10 日，徐敏杰因贪污罪，终审判决有期徒刑 10 年。（撰稿/吴路路）

编者点评：徐敏杰案值得我们每一个人深刻反思。据说徐敏杰早在 2009 年执掌中远太平洋公司期间，年薪就高达 519 万元，更别说那些高福利、高额奖金等其他一些额外的收入了，那么他为什么还冒着丢乌纱帽的风险违规报销妻子做美容、就餐等私人费用？为什么他会为这些蝇头小利而迷失了方向？这也正说明了高薪并非能养廉，要想保证官员的清正廉洁，除了官员要加强自身修养之外，还要把权力关进制度的笼子里，建立起一个好的有效的约束机制，杜绝腐败现象滋生。

资料来源：

［1］国际海事信息网. 中远徐敏杰案背后内幕. http：//www. simic. net. cn/news_ show. php? id = 147398 ［2014 - 06 - 17］.

［2］法制晚报. 中远副总徐敏杰被判 10 年. http：//dzb. fawan. com/html/2014 - 11/19/content_ 518805. htm ［2014 - 11 - 19］.

［3］新华网. 中远集团原副总裁给妻公款美容. http：//news. xinhuanet. com/local/2014 - 11 - 21/c_ 127235602. htm ［2014 - 11 - 21］.

刘延涛："不是杀了你，是剁了你！"

刘延涛　男，1967 年生，河南邓州人，原河北省委书记周本顺的小舅子。近年来，他借助周本顺的势力，"黑白通吃"，作恶多端，成为当地"实力最强"的房地产开发商。2015 年 7 月 28 日，刘延涛被警方带走。

刘延涛出生于 1967 年，早年曾是河南邓州农业银行资产保全部的一名普通职工。自小混黑社会，从前只是做一些小产权房开发，赚钱不多。在生父去世之时，与同父异母的姐姐段雁秋互通消息，两家开始建立联系。当时段雁秋的丈夫周本顺官至湖南省邵阳市委书记。刘延涛的亲生兄妹一共四个，段雁秋在他们四兄妹中很看重刘延涛，因此两家交往密切。在这层"关系"下，十几年来刘延涛资产膨胀非常快，并垄断着整个邓州不少于 1/3 的房地产市场，资产规模不少于 2 亿元。

除却河北省委书记周本顺妻弟这一身份之外，刘延涛还被指是邓州市通吃"黑白两道"的"最有势力"的房地产开发商。2005 年 3 月 23 日刘延涛成立了金川城乡建设有限公司。该房地产公司近五年来开发了大量位于邓州城市中心的楼盘，这些楼盘造价之高，面积之广都是其他房地产商可望而不可即的，如金川盛世的建筑面积为 10 万平方米，而金川东王府的面积则高达 12 万平方米。像这样的大型房地产项目还有很多，例如金川美景春天、金川花园、新御花园等，无一不占据中心位置，售价极高。此外，金川城乡建筑有限公司还拿下邓州市陈湾村旧城改造这一大项目，面积达千亩多；以及位于邓州市瑞州新社区的经济适用房项目也被该公司承建。直到刘延涛被捕前，该公司囤积的待开发土地在 2000 万平方米以上，可见刘延涛势力之大。

邓州市房地产界对刘延涛的看法只有两个字——霸道。只要是刘延涛看上的土地项目，不择手段也要拿下。在刘延涛手下培养着一大批社会闲杂人员，帮助其以"非常"手段获得想要的项目。如果需要国土局等政府部门的配合，也只需要和官员打个"招呼"即可。另外，刘延涛名下资产众多，其中名车就有多辆，如路虎越野车、保时捷、卡宴等，而且即使不挂车牌上路，在邓州市内也没有交警敢查。

如今的邓州市佳美商业广场文化路店所属物业，为刘延涛 2004 年所开发，开发方式十分霸道，直接导致土地所有者陈松竹一家不得不背井离乡，这样一个在 20 世纪 90 年代坐拥百万身价的大户顷刻覆灭。

陈松竹的父亲陈荣耀是当地"能人"，早年做水果和烟花爆竹生意，积攒下百万家业。早在 20 世纪 90 年代就盖起了二层小楼，家里电视、冰箱等现代化家具一应俱全。等陈松竹考上北京某高校外语专业上大学时，陈松竹还用上了当时颇为昂贵的 BP 机和大哥大。但不料，就在陈松竹读大二时，家景突然逆转。父亲瘫痪，家里拥有的土地房产全被霸占，而且全家人不敢再在邓州居住，逃往郑州亲戚家。此时，还有人警告他家："不是杀了你，而是剐了你！"

霸占陈松竹家业并威胁他们的，正是刘延涛的手下。

2001 年，陈荣耀借给邓州市东城办事处春风阁四组 206408 元，约定利率两分。后春风阁四组无力偿还，以书面协议形式将所属集体企业中的 8 间石棉瓦房以及地皮抵押给陈荣耀。但刘延涛看上这块地，想要拿来做商业开发。

陈荣耀不同意，于是 2003 年 9 月，刘延涛派出三名"打手"到他家中，一通打砸，并威胁他们全家离开邓州，否则将遭遇灭门之灾——"不是杀了你，而是剐了你！"当时陈荣耀患有脑梗，躺在床上不能说话，更不能受到惊吓。这样，他们不得不背井离乡逃亡他乡，并在此后 12 年再不敢回到邓州。

随之，这块原属于陈家的地块被刘延涛霸占、开发。期间，陈松竹通过司法程序确认了其对该地块的所有权，邓州市人民法院也曾多次给刘延涛的公司下达过停工通知，但怎么可能起作用？很快，这块地块上便盖起了商业广场。

直至 2015 年 7 月 24 日，中央纪委监察部宣布，周本顺涉嫌严重违纪违法，接受组织调查。其亲属刘延涛等人也一并被带走。

在周本顺落马后，周本顺两位妻弟的隐蔽裙带亦进入中纪委视野。2015 年 7 月 28 日，在邓州市区内，刘延涛就被数名省外警员围堵在一处建筑内并被带走。（撰稿/胡祁）

编者点评：在近年企业家的犯罪案例中，一个突出的特点就是政商勾结、群体腐败现象严重，企业家因卷入官员腐败案，纷纷因被其他案件牵出而接受调查。刘延涛利用与原中央委员、河北省委书记周本顺的亲属关系，在暴利的房地产开发行业中，为谋求更大的经济利益和优惠折扣，滥用政府权力，并且私下培植恶势力，侵害民众的合法权益，以达到非法目的。因此，在刘延涛的案件中，我们应该受到警示，政治与商业应该保持距离，维持纯洁的政商关系。多行不义必自毙，为富不仁难长久，企业家们当戒之。

资料来源：

［1］腾讯新闻. 周本顺的隐蔽裙带：妻弟通吃黑白两道. http：//news. qq. com/a/20150808/008153. htm？pgv_ ref = aio2015&ptlang = 2052［2015 – 08 – 08］.

［2］中国青年网. 周本顺妻弟刘延涛手下威胁上访者：不是杀你是剁了你. http：//henan. china. com. cn/renwu/2015/0908/791579. shtml［2015 – 09 – 08］.

徐建一：被"双开"的首个央企老总

徐建一　男，1953年12月生，江苏南京人，毕业于吉林工业大学汽车系汽车专业，原大型央企中国第一汽车集团公司（下称一汽）董事长、党委书记。2015年3月，徐建一因涉嫌严重违纪违法，接受组织调查；2015年7月1日，被终止全国人大代表资格；2015年8月13日，被开除党籍、开除公职，立案侦查。

徐建一可谓一汽的"老人"了。自1975年12月他从吉林工业大学（已并入吉林大学）汽车系汽车专业毕业后，就被分配到一汽工作，直到2003年，历时28年，从汽车研究所底盘设计科技术员直到集团公司常务副总经理、党委常委兼一汽轿车股份有限公司副董事长。这28年可谓徐建一人生中最宝贵的年华，可以说他把自己的青春献给了一汽。他的名字"建一"也被赋予了"建设一汽"的深远意味。

此后的四年，他"商而优则仕"，由吉林省人民政府党组成员、省长助理升至中共吉林省委常委、吉林市委书记、市人大常委会主任。如果他一直从政下去，想必与一汽再无瓜葛。然而，他却回来了，2007年12月，他又回到一汽任集团公司总经理、党委副书记。三年后的2010年12月，他任一汽集团公司董事长、党委书记。两年多之后，他又任一汽股份有限公司董事长，并被选为中共十七大代表、第十一届全国人大代表。

再次"政而优则商"回到一汽，如果徐建一能继续发扬他一汽"老人"的优良传统，一心一意地"建设一汽"，他的人生也必然是一个辉煌的顶峰。不料，他"断崖"了。2015年3月15日，第十二届全国人大第三次会议上刚刚结束，徐建一"涉嫌严重违纪违法，接受组织调查。"

再次回到一汽的8年中，徐建一的官位升得很快很高，但是他的业绩却背道而驰，跌得很快很低，甚至几乎退出了第一阵营，更兼以整个领导团队的贪腐成风几乎全军覆没！

徐建一作为集团的主要责任人难辞其咎！

徐建一刚重新"接手"一汽的时候，其汽车"老大"的位置已经交给了上海汽车集团。徐建一自然要重新夺回"老大"身份，并提出了两大"战略任务"，即先自主品牌开发后集团整体上市。但从2008年到2012年，一汽集团累计投入研发费223.4亿元，其中相当大的比例用于"红旗"品牌研发，但自主品牌却收效甚微。2014年，中央巡视组针对一汽集团提出的巡视意见中提到，"自主发展滞后"。以2014年为例，一汽首批量产的四款新能源汽车终于上市，但是却无一入围当年新能源汽车销量前十位，远不及那些民营企业；一汽自主品牌瞄准冲击高中端市场的奔腾B90销量仅为3951辆，同比下滑47.15%。后来，一汽集团轰轰烈烈大手笔营销，斥资10亿元打造的全新自主品牌欧朗，2014年的销量也只有6933辆。就连被认为是中国自主品牌里程碑式的车型——夏利，也是市场份额缩减，销量下滑。好像除了与德国大众集团合资企业的业绩亮眼之外，其他都收益平平。本以为凭借"红旗复兴"项目可以在中国车市占据一席之位，但却并未取得突出成效。

2008年全国"两会"时，徐建一就说"要把握好整体上市时机"。2011年，国资委就批复了一汽集团整体改制并上市的方案。但此后，一汽由于不能通过审计，整体上市屡屡推迟，完全丧失了"整体上市良机"。

国有企业的业绩不佳，必然与领导集体的贪腐有极大关系。早在徐建一出事的前几年，一汽集团存在的贪腐问题就已经凸显。2011年、2012年，中央巡视组进驻一汽，一汽大众销售公司副总经理静国松首先落马，一汽大众大客户销售部门负责人跳楼自杀，引起中央高度警觉。徐建一似乎也"警觉"了起来，在一次内部会议的间隙，竟然当众掌掴一位下属公司的总经理；2013年4月，一汽集团总经济师周勇江等多名高管也被有关部门突然带走；2014年7月底，中央第十三巡视组对一汽集团开始了为期一个月的专项巡视，3 名高管被查；2014 年 8 月 26 日、29 日，中央纪委监察部网站先后发布消息称，一汽集团原副总经理安德武（被调查时已退休六年）、一汽大众汽车有限公司原副总经理兼销售公司总经理李武、一汽大众奥迪销售事业部副总经理周纯因涉嫌严重违法问题被立案调查。一汽贪腐之水究竟有多深，令人惊叹！

2014 年 10 月 29 日，中央第十三巡视组向一汽集团反馈专项巡视情况。问题主要是：党风廉政建设责任落实不够到位，执行"三重一大"（即重大问题决策、重要干部任免，必须经集体讨论做出决定"的制度）不力，顶风违纪问题时有发生，对 2011 年巡视发现问题整改不力，汽车销售、资源配置领域腐败问题多发。

业绩惨淡、团队贪腐，那么这个集团的"头"——徐建一，肯定也好不到哪里去！

答案是肯定的，问题是严重的。早在 2002 年度，一汽集团领导就未经集体决定，违规挪用公款 2340 万元在净月开发区购买土地为历任领导建 131 栋别墅。徐建一到任后，不仅没有对此追责，自己也分得了一套别墅。更为恶劣的是，他对别墅样式不满，蛮横要求推倒重盖，又白白耗费数百万元公款！

中央巡视组曾指出，一汽顶风违纪，对之前查处的问题整改工作不力。

一汽有大量的运输任务，自己也有三大物流公司，但在具体的业务时也经常与民营物流企业合作。于是，徐建一的妻弟张强就"创办"了一个物流公司。大量信息表明，张强的公司通过徐建一的关系，拿到了一汽集团许多运输业务，而且包括很多最赚钱的线路。依靠这种特定的关系，张强的物流公司可谓收获颇丰。不过，令人意外的是，张强的公司在当地不仅不"著名"，甚至根本"无名"。

刘茂昌，长春天茂集团的董事长，在业务上与徐建一有过多次合作，包括一汽集团总部大楼的开发工程。有消息称，2015 年春节前刘茂昌被纪委带走配合调查。

注册 4S 店是汽车的必备环节。而在一汽总部长春，开一家大众汽车 4S 店竟然需要 1000 万元给一汽各级领导"打点"……

2015 年 7 月 1 日，全国人大常委会终止了徐建一的全国人大代表的资格。8 月 13 日，徐建一被开除党籍开除公职，并对其严重违纪问题进行立案审查。中纪委《通报》指出："经查，徐建一不认真履行党风廉政建设主体责任，不执行组织决定；为其子在职务晋升方面谋取利益；严重违反廉洁自律规定，收受礼金、在购买住房中侵占国家利益、违规领取奖金；利用职务上的便利在干部选拔任用、企业经营等方面为他人牟取利益，收受贿赂。其中，受贿问题涉嫌犯罪。

此外，徐建一还存在干扰、妨碍组织审查的行为。"

"徐建一身为党的高级领导干部，本应牢记党的宗旨，严格遵守党的纪律，保持清正廉洁，但其严重违反党的政治纪律、政治规矩和组织纪律，且党的十八大后仍不收敛、不收手，性质恶劣、情节严重。依据《中国共产党纪律处分条例》等有关规定，经中央纪委审议并报中共中央批准，决定给予徐建一开除党籍处分；由监察部报国务院批准，给予其行政开除处分；收缴其违纪所得；将其涉嫌犯罪问题、线索及所涉款物移送司法机关依法处理。"

同日，最高人民检察院依法对徐建一以涉嫌受贿罪立案侦查并依法采取强制措施。

徐建一由此成为第一个被"双开"的央企老总。北京市第一中级人民法院2016年9月29日一审公开开庭审理了中国第一汽车集团公司原党委书记、董事长徐建一受贿案。庭审结束后，法庭宣布休庭，择期宣判。（撰稿/闫红梅）

编者点评：上梁不正下梁歪，徐建一和一汽的问题印证了这个道理。徐建一本身就是一个贪腐之人，由他带队，团队和企业会好吗？或许有些案件未必是他直接参与，但是他的主体责任是免不了的。同时给人警示的还有国企的"衙门式"经营体制问题，这种体制下，有些问题难以除根。只有在国企内部建立真正的现代企业制度，只有实现真正的"国企市营"，才是根本的出路。

资料来源：

[1] 新浪汽车. 徐建一被查前：巡视组两月三发文话锋陡转. http：//auto. sina. com. cn/news/2015 – 03 – 15/18081411264. shtm［2015 – 03 – 15］.

[2] 搜狐汽车. 功过徐建一. http：//auto. sohu. com/20150316/n409854991. shtml［2015 – 03 – 16］.

[3] 腾讯财经. 徐建一落马身后：小舅子、一家店和一座城. http：//finance. qq. com/original/lenjing/yiqixjy. htm［2014 – 04 – 13］.

于学伟、董社轩：天津港"8·12"大爆炸的罪魁祸首

于学伟 男，1974 年生，瑞海公司的实际控制人。**董社轩** 又名董蒙蒙、董瑞海，男，1983 年生，已故天津港公安局原局长董培军之子，瑞海公司副董事长。他们二人是天津港"8·12"大爆炸的罪魁祸首。2016 年 11 月 7 日至 9 日，该案 49 名责任人获刑，瑞海公司董事长于学伟被判处死缓。其他相关人员顶格重判，挂名、签字的均难逃。

2015 年 8 月 12 日 23 时 30 分左右，天津滨海新区塘沽开发区的天津东疆保税港区集装箱堆场的瑞海国际物流有限公司危险品仓库发生了剧烈大爆炸！根据中国地震台网发布的数据，此次爆炸引发了两次地震：第一次地震震级约 2.3 级，相当于 3 吨 TNT 炸药当量；第二次爆炸在 30 秒后，地震震级约 2.9 级，相当于 21 吨 TNT 炸药当量。等值换算，第一次爆炸相当于近 7 个战斧式巡航导弹的能量，第二次爆炸的能量则接近于 46 个战斧式巡航导弹落的能量，天津塘沽、河北河间等地均有震感。爆炸造成重大人员伤亡，截至 2015 年 9 月 11 日下午 3 时，本次爆炸已发现遇难者共 165 人，还有 8 人失联。另有住院治疗 701 人，其中重症伤员 71 人；爆炸也造成重大财产损失，在距离爆炸现场南侧不到 400 米处，四五个足球场大小的停车场上，停放的上千辆全新汽车，其中包括大量的大众甲壳虫和雷诺科雷傲进口车，几乎全被焚毁仅剩框架，仿佛一片汽车坟墓——爆炸保险损失可能高达 15 亿美元。不得不说，此次爆炸给天津港及周围地区的人民带来了深重灾难。

国务院总理李克强说："这起事故涉及的失职渎职和违法违章行为，一定要彻查，公布所有调查结果，给死难者家属一个交代，给天津市民一个交代，给全国人民一个交代，给历史一个交代。"

究竟是谁导致了这场令人悲痛的爆炸？不仅是天津人，我们全体中国人都在死死盯着媒体和政府动向，希望"幕后凶手"尽快浮出水面，并将之绳之以法。

很快，"神秘人"李亮走进了人们的视线。

　　天津东疆保税港区瑞海国际物流有限公司（下称瑞海公司）成立于 2012 年 11 月 28 日。工商注册资料显示，此公司最初注册资本为 5000 万元，法定代表人是李亮。2015 年 1 月 29 日，公司增加注册资本到 1 亿元。其中，李亮认缴出资额为 5500 万元，舒铮认缴出资额为 4500 万元，法定代表人也变更为只峰。公司经营范围还只限于在港内从事装卸、仓储业务经营（以中华人民共和国港口经营许可证（津）港经证（ZC－543－03）号为准），国际货运代理（海、陆、空运），船舶配件，商务信息咨询等，是不允许仓储危化品的。

　　几年来，瑞海公司在李亮等人的"带领"下，年营业收入达 3000 万元以上，面向大众一直秉承着"更科学、更严谨、更规范，对生命负责"的安全文化方针，并且打着"金钱再好，没有生命美好；时间再紧，没有安全要紧""安全不是万能的，没有安全却是万万不能的"的旗帜。

　　但就是看起来如此"风光"的一家公司，在 2015 年 8 月 12 日发生了爆炸。后来侥幸躲过爆炸事故的一名瑞海公司装卸工人称，此前从没有经过危化品培训，不禁让人唏嘘！新浪新闻中还提到，瑞海公司于 2014 年许可经营项目做出了变更，由明确为"危化品除外"改为"在港区内从事仓储业务经营（以津交港发）（2014）59 号批复第二项批准内容为准，有效期至 2014 年 10 月 16 日"。并且，瑞海公司是 2015 年 6 月获得的《中华人民共和国港口经营许可证》和《港口危险货物作业附证》，而在获得证件以前，该公司已经从事危化品经营。

　　而后来的追究结果更让人大吃一惊。李亮只是"股份代持"人，真正的"幕后黑手"是他的姐夫于学伟！而李亮的父母也只是天津市东丽区的基层职员，家境平平。其父李某某出生于 1951 年，是天津市东丽区老干部局保健医生，母亲吴某生于 1956 年，是东丽区供热站副总经理。目前，两人都已退休。

　　2015 年 8 月 17 日，李亮在接受记者的采访中回答："真正的大股东叫于学伟，是我表姐的老公。55% 的股份是我替于学伟代持的。"并且说自己"没有开过一次会，没有签过一个字，没有拿过一分钱"。

　　于学伟，1974 年出生，是瑞海公司的实际控制人，拥有公司 55% 的股份。他 1994 年进入国企中化集团天津分公司工作，经过 18 年的摸爬滚打，对危化品行业了如指掌，2012 年 9 月在分公司总经理的位置上离职。曾经有人质疑：如此"大好"形势下，他的辞职不禁让人生疑。

　　李亮还透漏过，不仅自己的股份是代持的，公司占股 45% 的股东舒铮也是替人代持股份，真正的股东叫董社轩。舒铮说，他根本不认识李亮、只峰等人，从未以股东的名义参加过公司的任何会议、签署过任何文件。

董社轩，又名董蒙蒙，董瑞海，男，1983 年生，已故天津港公安局原局长董培军之子，瑞海公司副董事长。2006 年从一所军校毕业。2012 年年底，于学伟找到董社轩，希望和他组建一支队伍，并称"中化的客户都在他手里，他能拉到中化八九成的客户。"在公司，董社轩一个月只拿 1.5 万元的工资。按董社轩的说法，因为他老爸是公安局长，怕有人说"闲话"。

虽然董社轩只是"二股东"。但公司以他的名字命名，可见其在公司的实际地位和分量。

除瑞海公司外，董社轩还拥有经济开发区瑞轩船务公司和经济开发区港轩商贸有限公司。

瑞海公司从成立后到获得危化品经营资质用了一年半时间。期间，瑞海公司走了应走的流程，拿到了应拿到的认证。其"认证""流程"速度之快，令人匪夷所思。在瑞海公司 2013 年申请建设危化品仓库时，消防部门通过了其消防鉴定。其后，在"参考"了消防部门出具的建设工程消防设计审核意见书后，瑞海公司拿到了建设工程规划许可证。之后的环评同样获得通过。不仅如此，"瑞海公司取得了全国甲级安全评价机构——天津中滨海盛安全监测有限公司的安全审查报告后，相关主管部门根据安评结果对现场及结论进行审查，认为符合相关规定。"

而对于"没有反对意见"的环评民意调查，没有附近居民声称看到过这份调查报告；拿到安全报告的瑞海公司，堆放大中型危险化学品仓库距离万科清水港湾小区直线最近距离约 560 米，而安监部门规定至少需要 1000 米；不仅如此，氰化钠的实际存放量达到 700 吨，是存放规划的 29 倍之多！

21CN 财经于 2015 年 8 月 19 日发表的《李亮承认替于学伟代持股份 于学伟系其表姐老公》一文中这样重述董社轩的话："我的关系主要在公安、消防方面，于学伟的关系主要在安监、港口管理局、海关、海事、环保方面。公司成立时，我去找的天津港公安消防支队负责人，说想做危化品仓储。当时我把天津市化工设计院给设计的改造方案这些材料都拿了过去，很快消防鉴定就办下来了。"

另外的法定代表人只峰任总经理，因事故发生时在现场受伤，在院治疗，称只负责公司日常事务，并不是公司的实际控制人。

2015 年 8 月 17 日，有名为《警方调查瑞海国际 董事长李亮与高层在多家公司交叉任职》的文章，其中提道："工商信息显示，瑞海国际至少与五家公司存在关联，李亮、陈雅铨、陈默、尚庆森这几个名字反复出现。""例如瑞海国际董事长李亮，除投资瑞海国际外，还投资天津市山川国际贸易有限公司（下称山川国贸）、天津市山川物流有限公司（下称山川物流）这两家公司，并分别担任执行董事、监事。"

与瑞海公司相关联的山川国贸也拥有多类危险品经营资质。

天津爆炸事件发生后，天津市交通运输委员会、天津市安全生产监督管理局、滨海新区规划和国土资源管理局等相关人员以涉嫌玩忽职守罪、依法立案侦查并采取刑事强制措施，此外，公安机关已对于学伟、李亮等人依法刑事拘留。

2016年11月7日至9日，天津港"8·12"特大火灾爆炸事故所涉27件刑事案件一审分别由天津市第二中级人民法院和9家基层法院公开开庭进行了审理，并于9日对上述案件涉及的被告单位及24名直接责任人员和25名相关职务犯罪被告人进行了公开宣判。49名责任人获刑，瑞海公司实际控制人于学伟被判处死缓。其他相关人员顶格重判，挂名、签字的均难逃。（撰稿/马霞）

编者点评：看来，李亮、舒铮确实是"代持者"，是"替罪羊"，真实的罪魁祸首表面上看是他们或者说是他们背后的于学伟、董社轩，倒不如说就是那个曾经的公安局长和其背后的"人脉资源"。官僚主义、官商勾结、玩忽职守、渎职犯罪，相对于巨大的人民生命和财产损失，怎么说他们都不为过！"一定要彻查，公布所有调查结果，给死难者家属一个交代，给天津市民一个交代，给全国人民一个交代，给历史一个交代。"这是总理的话，也是人民的愤怒心声。

资料来源：

[1] 西陆网. 警方调查瑞海国际 董事长 李亮与多层在多家　公司交叉任职. http：//www. xilu. com/news/jingfangdiaocharuihaiguoji1_ 2. html ［2015－08－17］.

[2] 东方网. "股份代持"不是官员涉腐的通关绿卡. http：//pinglun. east-day. com/p/20150825/u1ai8853829. html ［2015－08－25］.

[3] 21CN财经. 李亮承认替于学伟代持股份 于学伟系其表姐老公. http：//finance. 21cn. com/newsdoc/zx/a/2015/0819/13/29939608. shtml ［2015－08－19］.

王宗南：商业教父"沦陷"上海滩

> **王宗南** 男，1955 年生，上海人，曾任中共黄浦区委组织部副部长，黄浦区财政贸易办公室副主任、主任，黄浦区区长助理、副区长等职务。2003 年 4 月，任上海百联集团股份有限公司总裁兼友谊股份董事长、联华超市董事长。2006 年 8 月，任光明食品集团董事长、党委书记。2013 年 7 月因病退休。2015 年 8 月 11 日，因涉嫌挪用公款 1.95 亿元，一审判处有期徒刑 18 年。

王宗南曾是上海滩的"红顶企业家"，先后统率过上海的上海百联集团和光明食品集团，在任职期间都做出了不菲的业绩，有"商业教父"之称。但就是这样一位知名企业家，却在 2015 年 8 月因涉嫌挪用公款而判处有期徒刑 18 年。

王宗南是上海人，在 40 岁之前一直是官场中人，和商界并没有什么交集。40 岁时，他主动请缨离开了政府机关，转而在国企任职，担任上海友谊集团有限公司总经理的同时兼任联华超市股份有限公司董事长。有人说他是下海经商，但事实上他并不是辞职去了私企，而是去了国企。在国企任职期间，他的级别也从副厅级变成了正厅级。抛开这些不谈，单是他对一个亏损国企的信心都能看出来他对这份工作的热情。那个时候的联华，可以说是惨淡经营，年营业额不到 2 亿元，并且连续 5 年亏损。但是在王宗南接手后两年的时间里，就把联华超市发展成为了全国连锁超市中的第一名，并在 1999 年取代了上海第一百货，跃居中国零售业销售排行榜榜首。直到今天还有不少联华超市的员工对王宗南干工作时的拼命劲头记忆犹新。他们说联华超市每次开新店前，王宗南都会守在现场，从排除安全隐患到检查后勤保障等，一丝不苟，这样的工作态度和热情让许多的年轻下属都自叹不如。王宗南曾在接受采访时表示："做企业有一种成就感，这个和做副区长不一样，副区长不直接管一个企业，不能直接看到效果。但是搞一个企业呢，最大的快乐就是把你的思路化为你的决策，有一种成就感。"

百联集团成立于 2003 年，是由上海市第一百货集团等单位合并重组后成立的商贸流通产业集团，王宗南出任了首任总裁。就是这一次的机会成就了他在上海商界的"教父"地位。王宗南带领着百联集团成为了中国零售百强第一名，旗下的产业更是星罗棋布，从上海 1197 家快客便利店到遍布上海的百联购物中心，从亨达利钟表到茂昌眼镜，百联集团成为了上海人耳熟能详的企业。

但是，也正是这样的"成绩"不知不觉中成了王宗南沉沦的"陷阱"。当时有许多厂商都希望将自己家的产品纳入百联的销售渠道，所以这些人都想与王宗南"攀上"些关系。据说有一次王宗南去北京开会，被安排在一个商务单间，闻讯而来的不少厂商就给他在王府井附近的五星级酒店预定了套房。但是王宗南并没有领情，还是住在了商务单间。但从后来的情形看，与其说王宗南是清廉的官商，倒不如说他看不上这点"蝇头小利"更真实些。

对于王宗南商业才能的赞誉，有不少人持有反对意见。在他们看来，政界与商界是密不可分的，而王宗南更多的是有效地利用了他曾积累的政商两界人脉"资源"。对应这种说法的例子就是联华的扭亏为盈。当时许多人都觉得联华应该降低成本，减少网点。但是王宗南反其道而行之，偏偏大规模扩张。事实证明他的确"成功"了，但反对赞誉他才能的人认为，其成功的关键是在于他拿到了大笔的银行贷款，而这正是他此前的人脉资源发挥了作用。用一名商界人士的话来说，从联华超市到百联集团，企业资产成倍扩张，这绝不仅仅只是王宗南经营有方的功劳，更多的成功因素在于他借助了国企改革的东风。

"东风"也罢，"西风"也罢，不管怎样，企业的"发展"有目共睹。但其中王宗南的"个人行为"却鲜有人知了。据知情人透露，连续几年一直都有联华超市的内部人员举报王宗南，而举报材料中频频出现一家名为上海立鼎投资有限公司。据说这家企业数次秘密现身在联华，短短几年的时间都从联华套现了 6000 多万元。虽然之前也有不少人举报王宗南收受贿赂的情况，但大多只是有收红包的情况发生，并没有切实的证据。但是立鼎之事显然比收红包更为严重。根据相关资料显示，2001 年 7 月 24 日，上海工商局青浦分局核准成立了上海立鼎投资有限公司，该公司的股东构成是三个自然人，均为联华超市中层管理人员。2003 年 6 月联华超市在香港成功上市后，上海立鼎持有公司 2.94% 的股权。在王宗南离开联华超市开始执掌光明集团的 2006 年之后，立鼎也开始抽身离开联华超市。根据当时媒体的计算，上海立鼎套现 6724 万元抽身离开联华。

在立鼎一事被揭露之前，联华超市财务总监及非执行董事徐苓苓曾由于经济问题接受调查。同年 12 月联华超市发公告称，曾任联华超市职工监事的道书荣正接受上海市国资委纪委部门的调查。而道书荣正是在联华改制期间担任王宗南助理的人。另外，在王宗南被调查后，上海商界以及国资系统多名人士先后都被叫去协助调查。也就是在那一年的 11 月，王宗南以身体欠佳为由，主动申请离开领导岗位。

虽然王宗南的故事落幕了，但是曾经做过的错事还是需要付出相应的代价的。据说在友谊集团，曾担任总经理的王宗南贪污受贿早就不是什么秘密了。他数次接受了大额贿赂，同时还利用职务之便伙同集团他人挪用公款高达 1.95 亿元。法网恢恢，在"离休"不到一年的时间里王宗南就落网了，2015 年 8 月 11 日，王宗南因犯挪用公款罪，判处有期徒刑十二年，剥夺政治权利三年；犯受贿罪，判处有期徒刑十一年，剥夺政治权利三年，并处没收财产 100 万元。最终决定执行有期徒刑十八年，剥夺政治权利五年，并处没收财产 100 万元。对于其挪用公款的违法所得 120 万元、受贿款 269 万元及受贿收益 833 万元予以追缴。

（撰稿/叶赫那拉）

编者点评： 王宗南说得上是上海滩名副其实的风云人物，这点从他人生的履历就可以看得出。然而曾在百姓心中是位"优秀企业家"的他，却在最终晚节不保，丧失了党性，陷入了犯罪的深渊。习近平总书记曾指出，鱼和熊掌不能兼得。尤其是国有企业的领导干部，要"当官"就别想"发财"，否则稍有偏颇，就是万劫不复的境地。当然了，从制度层面讲，对于王宗南这样的情况，也许只有将国企去行政化，建立相应健全的企业制度才能控制相似情况的再次发生。

资料来源：

[1] 中国证券网. 王宗南案宣判：因挪用公款、受贿一审获刑 18 年. ht-

tp：// news. cnstock. com/news/sns ＿ bwkx/201508/3526503. htm ［2015 － 08 － 11］.

［2］凤凰财经. 光明原董事长王宗南挪用公款被查 行事铁腕强势. http：// finance. ifeng. com/a/20140729/12816339＿ 0. shtml ［2014 － 07 － 29］.

［3］新华网. 原上海联华超市董事长王宗南一审获刑 18 年. http：//news. xinhuanet. com/2015 － 08/11/c＿ 1116215483. htm ［2015 － 08 － 11］.

邓志平：国企老总嗜赌渎职

邓志平　男，原为国企湖南湘东钨矿公司总经理，2015年1月任国企湖南瑶岗仙矿业有限责任公司总经理。他嗜赌渎职，不仅经常参与组织员工赌博，甚至依此作为提拔干部的条件；在2015年1—8月短短的8个月时间里，该公司就发生3起生产事故，死亡6人，均被邓志平瞒报。

邓志平是大型国企五矿有色金属控股有限公司下属的湖南瑶岗仙矿业有限责任公司总经理。据该公司官网信息，该公司位于有着"有色金属之乡"美誉的湖南省郴州市，矿区面积23.325平方公里，现有员工1800多人，是湖南省最大的黑钨精矿生产基地。矿山始采于1914年，现年采掘能力40余万吨，年产一级黑钨精矿2000余吨，综合回收伴生元素钼、铋、铜、锡、银、砷等。主产品"天宝"牌黑钨精矿具有高钨、低钼、低硫、低磷的特点，主要成分与杂质元素含量优于国家标准GB 2825—1981，是水冶、火冶生产钨铁、硬质合金、钨材、钨丝及其他合金的优质原材，40多年来，一直保持100%的一级品率，长期被国家授予免检产品。1950—2009年，共为国家提供钨精矿8万余吨，为促进我国有色金属工业的快速发展和壮大地方经济做出了积极的贡献。瑶岗仙钨矿田是世界上独特的同时蕴藏着黑钨矿床和白钨矿床的特大型矿田。黑钨、白钨资源丰富，其伴生元素有钼、铜、锡、银、砷、锌、铋等，综合回收大有可为。矿区所属的裕新白钨多金属矿床所蕴藏的钨资源量居世界已探明白钨资源储量的第四位，共探获白钨金属量20万吨，同时富含铜、锡、钼、铋、铅、锌、银等元素。2011年正式启动建设，2012年年底建成投产，2013年实现达产达标，达产后每年可产白钨精矿4500吨，钼金属166吨，铋金属577吨。

该公司的企业精神是：艰苦奋斗、爱岗敬业、求真务实、勇于创新。

作为如此大型国企的总经理，按说邓志平应该兢兢业业尽职尽责地做好工作。不料，他却嗜赌成性，经常组织中层干部和项目负责人打"业务牌"，甚至"合股"开设赌局。那些经常陪他打牌的臭味相投的干部竟然能获得提升的机会。

有知情者拍摄视频透露，邓志平经常在矿区的住所里组织公司中层干部、外包项目部的老板打"业务牌"，每场输赢均上万元。而且，"绝大多数时候，邓志平都是常胜将军。"

邓志平在矿区打牌的场所本是单位的廉租房，其将一套房子安排专门用于赌博。邓志平在该房内开设多桌牌局，其不在场的牌局上，由其指定心腹负责，并称其和该心腹"合股"。

邓志平不仅仅在矿区打牌，还要求瑶岗仙矿业公司长沙办事处购买了麻将机供其赌博。

"邓志平只要在矿里休息，就经常组织人在他家打麻将，打跑得快，打字牌，而且只打大牌，低于100元的长沙麻将不打，有的中层干部通过打牌取得他的欢心，在人事安排上可以提级享受公司助理待遇，项目部老板通过输钱可以得到优惠政策或增加某些工程项目，每天晚上打牌搞得乌烟瘴气，有时甚至打通宵，邻居敢怒不敢言。""他（邓志平）经常在矿区领导公寓组织'业务牌'，有时一打就是一通宵，第二天上班迟到，或者就是上午睡觉。""只要说到打业务牌，大家都心知肚明，让着他（邓志平）一点，让他多赢。"

知情者透露，邓志平还经常以出差、开会为由，在外地组织公司中层干部和外包项目部老板多次在郴州奥米茄酒店、温福特酒店等五星级酒店开房赌博。

邓志平不仅赌博成性，而且"渎职成性"。据湖南省纪委消息，自2015年1月从湘东钨矿总经理调任瑶岗仙矿业公司总经理以来，邓志平任职的短短八个月时间，瑶岗仙矿业公司就发生过三起瞒报安全事故，共导致至少6人伤亡。同年8月11日，瑶岗仙陈家村一名为欧阳典成的村民就在瑶岗仙矿十九中段的安全事故中被电击死亡。而邓志平早在湘东钨矿担任总经理期间，就被该矿党委书记实名举报瞒报多起安全事故，因其多方活动后来不了了之。

2015年9月下旬，五矿有色金属控股有限公司对邓志平多项违纪违规行为发表声明称，称邓某停职并接受调查。声明全文如下：

近日，有关媒体曝光了五矿有色金属控股有限公司（下称我司）所属湖南瑶岗仙矿业有限责任公司（下称瑶岗仙公司）领导邓某多项违纪违规行为。我司在获悉此报道后高度重视，针对该报道中反映的相关问题，立即组织开展了如下工作：

1. 对于报道中反映的涉嫌瞒报安全生产事故的情况，我司已在第一时间布置安全生产管理部门赴企业现场了解情况，并立即与当地安监等有关部门联系，积极配合相关部门的进一步调查，目前郴州市安监局已接受湖南省安监局指令开展调查工作。具体调查由地方政府部门主导展开，我司已敦促瑶岗仙公司积极予以配合。

2. 对于报道中反映的瑶岗仙公司邓某及相关人员的违纪违规问题，我司已立即开展相关调查，目前已对涉嫌违纪违规的邓某停职并接受调查，对参与的其他相关人员免职并接受调查。

3. 我司一贯坚决遵守法律法规，高度重视安全生产、公司领导干部廉洁从业等工作。一旦查实所属企业存在安全生产事故瞒报及公司领导干部相关违纪违规行为，将严肃处理，绝不姑息。

查看该公司官网，有关邓志平等领导活动的新闻不多但还有几条。比如，2015 年 1 月 22 日上午，公司总经理邓志平一行到选矿厂、精选厂、白钨试验选厂等基层单位调研；2 月 13 日下午，在新春佳节即将来临之际，公司领导邓志平及相关单位负责人到部分离退休老干部、困难党员和特困职工家中走访慰问；2 月 18 日《公司总经理邓志平新年致辞》……

该公司官网自 2015 年 9 月 26 日邓志平"出事"后，截至本稿撰写时的 2016 年 12 月 16 日，几无更新。当日，"企业新闻"栏目刊发的稿件为《老而年轻的瑶岗仙》；"企业党建"栏目，自 2012 年 12 月 12 日刊发了《公司党员干部代表赴彬学习十八大》后也一直没有刊文，2015 年 10 月 10 日刊发了两篇稿件。其一为《关于进一步改进工作作风、密切联系群众的规定》。其二为 8 日公司党委通过的《关于"九个一律免职"的通知》。

这两个通知，算是对邓志平"出事"亡羊补牢之举措吧。不过，具体邓志平"出事"企业官网只字不提。(撰稿/晋珀)

编者点评：有钱、任性、官僚，这是群众对国企诟病最多最大的问题。但国企就是这样，衙门作风，领导一支笔，谁也改变不了。制度不变，邓志平这样的干部便层出不穷。

资料来源：

[1] 新浪网. 媒体曝五矿下属企业老总爱打业务牌 回应称已停职. http：//finance. sina. com. cn/chanjing/gsnews/20150926/123323358952. shtml [2015 - 09 - 26].

[2] 南方都市报. 五矿下属企业老总爱打"业务牌"中层干部陪赌获提拔. http：//news. sina. com. cn/o/2015 - 09 - 27/doc - ifxieynu2456735. shtml [2015 - 09 - 27].

王天普："少帅"终成阶下囚

王天普 男，1962 年 9 月生，山东昌乐人，教授级高级工程师，博士研究生，中国石化第四届董事会原董事、原副董事长，并于 43 岁时曾担任中国石化总裁，有"少帅"之称。2015 年 9 月，王天普因严重违纪被开除党籍并被给予行政开除处分。

2015 年 4 月 27 日，中纪委官方网站通报称，现年 52 岁的中国石油化工集团公司总经理王天普因涉嫌严重违纪违法，目前正在接受组织调查。王天普是十八大以来落马的第 103 只"大老虎"，也是近两年来继中石油原董事长蒋洁敏和原总经理廖永远之后，第三位落马的石油央企正职领导。

王天普可能出事的传言，从 2015 年春节前后即在中石化内部流传。王天普的最后一次公开露面，是在 2015 年 4 月 24 日中石化集团公司第一届董事会第二十五次会议上。没想到三天之后，即 4 月 27 日下班之前，王天普被叫去谈话，并当场宣布被调查。

经过组织调查，王天普严重违反了党的组织纪律，其中包括：为谋求个人职务升迁搞利益输送，隐瞒不报个人有关事项；严重违反了廉洁自律规定，收受礼金；利用职务上的便利，为亲属经营活动谋取利益，且在组织责令整改后拒不整改，继续支持、纵容；严重违反中央八项规定精神，违规公款宴请；利用职务上的便利，非法占有公共财物，在企业经营等方面为他人谋取利益，索取、收受贿赂。其中，贪污、受贿问题涉嫌犯罪。

王天普是山东昌乐人，1962 年 9 月出生。1985 年 7 月从青岛化工学院基本有机化工专业大学本科毕业，1996 年 7 月取得大连理工大学工商管理专业硕士研究生学历，2003 年 8 月获得浙江大学化学工程专业博士研究生学历、教授级高级工程师。1999 年，王天普被任命为中国石化集团齐鲁石油化工公司副经理，后来又先后担任了中国石油化工股份有限公司齐鲁分公司副经理、齐鲁分公司经理。2001 年 7 月调入中石化集团，任中国石油化工集团公司党组成员，2011 年 8 月升任为中国石油化工集团公司总经理。

2005 年，42 岁的王天普打破了中石化逐级升职的传统，一跃成为了中石化的新任总裁、副董事长。他就像是半路冲出的一匹黑马，创造了中石化集团的奇迹，成为了中石化历史上最年轻的总裁，被称为"少帅"。

走马上任的王天普曾针对外界舆论质疑的中石化存在"高额垄断利润"进行辩护。2009 年，作为亚洲最大炼油企业的中石化再次陷入舆论的旋涡，并背上了"垄断"的骂名。针对这一质疑，王天普在接受网上采访时，曾经明确否认这一指责，称公司盈利基本用于国家能源和企业自身发展。"中石化不存在'高额垄断利润'问题。"王天普说。

王天普表示，中国成品油价格仍属国家宏观调控的范畴，在国际上出现高油价的情况下，政府出于稳定经济和社会发展的考虑，对成品油价格从紧调控。过去几年，为满足国内市场需求，公司在国际市场价格远高于国内的情况下，先后大量进口成品油，并为此承担了巨额价差损失……然而，他的这些解释舆论却并不买账。

正当王天普在中石化逐渐一手遮天时，中石化响应政府号召，也悄无声息地开启了反腐模式。相比中石油的"全面沦陷"，中石化在反腐领域一直以来都比较安静。但随着中石化石油工程技术服务有限公司总经理薛万东被查，中石化的反腐风暴也越刮越猛。

随着 2013 年 11 月 22 日凌晨 3 点钟的一声爆炸，王天普的锦绣前程也被"炸"出了一个大缺口。

那天深夜，正当人们处于黑夜沉沉的睡眠中时，位于青岛市黄岛区秦皇岛路与斋堂岛路交会处的中石化输油储运公司潍坊分公司输油管线破裂发生爆燃。该事故共造成 62 人遇难，136 人受伤，直接经济损失 7.5 亿元。

调查认定，山东省青岛市"11·22"中石化东黄输油管道泄漏爆炸特别重大事故是一起生产安全责任事故。在这次事故中王天普被处以行政记大过处分。王天普的黑色历史也由此被一点点揭开……

　　此后，中央巡视组进驻中国石油化工集团公司开展专项巡视工作，中石化组织监督处也同时开通了专用举报电话，主要受理反映直属单位领导人员作风问题及选人用人违规违纪问题的群众举报。而在中央巡视组进驻期间，有多位中石化的干部举报了王天普，有的甚至是直接实名举报。举报说，王天普内弟成立的山东环海物流公司，就一直承揽中石化的运输业务。2013 年群众路线教育实践活动中，王天普曾向党组表态，该公司 2011 年已停止与中石化的业务往来。但事实是 2012 年之后仍在继续。当年其内弟承揽的海上运输聚丙烯颗粒业务，在香港附近集装箱落海，造成环境污染；举报说，在胜利油田钻井平台顶驱设备的采购中，周滨公司没有列入中石化物资采购网，不具备供应资质。但王天普亲自出面，给多位机关局长和企业一把手打招呼，让周滨的公司中标，并在计划外追加 7 台设备让周滨供货。

　　2013 年 9 月 26 日，中石化原总经理王天普在中石化北京昌平会议中心公款宴请同学，一顿饭消费了 4 万多元。当时宴请了 26 个人，每个人按照 400 元钱的标准，还有随行的一些人员是按照自助餐 120 元钱的标准。除此以外比较大的部分就是酒水，当时喝了 8 瓶茅台酒，7 瓶红酒。这些费用酒水就是 2.3 万元。

　　据中纪委网站 2015 年 9 月 18 日通报，王天普至少涉及 8 个方面的问题，排在首位的是违反政治规矩和组织纪律。依据《中国共产党纪律处分条例》等有关规定，经中央纪委常委会议审议并报中共中央批准，决定给予王天普开除党籍处分；由监察部报国务院批准，给予其行政开除处分；收缴其违纪所得；将其涉嫌犯罪问题、线索及所涉款物移送司法机关依法处理。目前王天普已被移送司法机关，将由江西省检察机关负责对其审查起诉。

　　在向中石化反馈巡视意见时，中央第六巡视组组长赵文波指出，中石化的一些腐败现象贯穿上下游、内外贸、产供销全产业链。中央对领导干部亲属在系统内任职和经营早有规定。但根据巡视组的掌握，仅中石化党组管理的正职以上干部中，71.5% 的人都有近亲属在系统内任职。

　　2016 年 9 月 26 日，据最高检消息，王天普涉嫌受贿、贪污一案侦查终结，移送江西省南昌市人民检察院审查起诉。南昌市人民检察院已向南昌市中级人民法院提起公诉。

　　陈同海、王天普、苏树林……至此，中石化集团自 2003 年 3 月以来产生的连续三位总经理，皆已在目前为止的 10 余年里先后落马。（撰稿/陈小敏）

　　编者点评：都说民营企业存在着难以处理的政商关系，其实，国企更难。因为，起码在民营企业方面，在人事和体制上，政商是分开的。但在国企，恰恰是"政商同体"。在这种体制下，国企的反腐要艰巨得多。王天普只是其中的个案，供国有企业领导干部借鉴。

资料来源：

［1］网易新闻．中石化总经理王天普涉严重违纪违法接受组织调查．http：//news. 163. com/15/0427/19/AO7V8IAR00014JB5. html［2015－04－27］．

［2］南方都市报．中石化首虎王天普腐败细节：请客一次花4万公款．［2016－10－20］．

［3］财新网．媒体曝王天普被查疑因给周永康之子提供便利．http：//news. qq. com/a/20150427/060693. htm［2015－04－27］．

［4］网易财经．王天普坠落轨迹：从"黑马少帅"到"阶下囚"．http：//money. 163. com/15/0430/09/AOEHVO2K00254STO. html［2015－04－30］．

宋林：悲哀的国企"精英"

宋林　男，1963 年生，山东乳山人。同济大学工程力学学士，华润集团有限公司原董事长兼党委书记，十八大代表。2014 年 4 月 17 日，宋林涉嫌严重违纪违法，接受组织调查。2015 年 9 月 11 日，被开除党籍并以涉嫌受贿罪立案侦查。

宋林可是一个了不起的人物，他是国有重点骨干企业华润集团董事长兼党委书记。华润集团是全球 500 强企业之一，2012 年名列 233 位，2013 年名列 187 位。而华润之所以能有如此业绩，与宋林的才能和努力不无关系。宋林 40 岁当上华润集团总裁，是国资委体系最年轻的副部级干部。宋林最突出的能力表现在并购交易和资产处理上。宋林 2004 年出任总裁时，华润的总资产为 1012 亿元、经营利润为 45 亿元。到十年后的 2013 年，这两个数据分别为 11337 亿元和 563 亿元，增长幅度均超过十倍。正因为如此，在《财富》2012 中国最具影响力的 50 位商界领袖排行榜中，宋林排名第二十位；2012 年他还当选为党的十八大代表和中国改革年度人物。2013 年 7 月 1 日，宋林获任受香港特区政府委任的太平绅士（行政上称为"非官守绅士"）。

令人遗憾的是，宋林尽管走到了人生和事业的巅峰，但很快便被逆转。

2014 年 4 月 15 日，新华社记者王文志在微博上公开向中纪委实名举报宋林包养情妇，并涉嫌贪腐！

17 日，中央纪委监察部网站发布消息，宋林涉嫌严重违纪违法，目前正接受组织调查。其实，早在 2013 年 7 月，王文志就曾在微博举报宋林在华润收购山西金业资产过程中存在严重的渎职行为，造成巨额国有资产流失，并有巨额贪腐之嫌。

2010 年 2 月 9 日，华润集团的子公司华润电力，携旗下山西华润联盛能源投资有限公司和金业集团签订《企业重组合作主协议》，约定华润联盛、中信信托、金业集团以 49%、31% 和 20% 的比例出资，成立太原华润煤业有限公司，并以太原华润为重组平台，收购原金业集团（其老板为山西前首富张新明，已被查）的资产包。该资产包由金业集团旗下 10 个实体组成，包括 3 个煤矿、两家焦化厂、一家洗煤厂、一家煤矸石发电厂、一家运输公司、一个铁路发运站和一家化工厂。统计以上各笔资产账务，金业集团资产包权益整体作价约 103 亿元。

而在此前的仅仅不到 3 个月，2009 年 9 月，前买主同煤集团与金业集团达成的这部分资产股价约为 52 亿元。二者相差竟高达 50 多亿元！

有媒体报道称，当时的金业集团资产大多处于"撂荒"状态，有的煤矿竟然沦为放羊场；焦化厂也一直处于停产、半停产状态。更令人质疑的是，金业集团诸多煤矿证件已过期，却在收购时顺利过关。而且，在宋林的指示下，华润电力迅速向金业集团直接或间接支付 81 亿元收购款，其中违反收购协议提前支付 50 多亿元。

而金业集团的老板正是山西前首富张新明，收购案的"牵线人"正是 7000 万元嫁女的山西煤老板邢利斌。二人现在均被查。

王文志举报的宋林情妇即是杨丽娟。正是宋林利用职务影响，将其安排到华润的合作方瑞士联合银行集团（下称瑞银）香港和上海分支机构上班。王文志举报，杨丽娟是宋林的"钱袋子"，她本人及其亲属名下，在境内外拥有 10 亿元以上资产，在苏州、常州、上海、香港等地拥有大量别墅等高档房产，在境内外银行有巨额存款。

2015 年 9 月 11 日，经中共中央批准，中共中央纪委对宋林严重违纪问题进行了立案审查。相关材料显示：经查，宋林严重违反政治规矩和组织纪律，利用职务上的便利在干部选拔任用、企业经营等方面为他人牟取利益，索取收受贿赂；严重违反廉洁自律规定，用公款支付应由个人支付的费用，违规兼职取酬，挥霍浪费公共财产，违规领取薪酬和项目开发奖；严重违反中央八项规定精神，用公款打高尔夫球等；贪污公款；与他人通奸。其中，贪污、受贿问题涉嫌犯罪。依据《中国共产党纪律处分条例》等有关规定，经中央纪委常委会议审议并报中共中央批准，决定给予宋林开除党籍处分；由监察部报请国务院批准，给予其行政开除处分；收缴其违纪所得；将其涉嫌犯罪问题、线索及所涉款物移送司法机关依法处理。

2015 年 10 月 23 日，第二轮中央专项巡视 26 家单位反馈公布。反馈中显示：华润总公司原主要负责人宋林在任期间弱化虚化淡化党的作用，长期不设纪检监察机构，主体责任缺失，监督责任履行不到位。组织纪律执行不严，一些"三重一大"事项未经集体决策，选人用人缺乏规范；违规自定薪酬、超额发薪，巧立名目滥发奖金，领导人员职务消费过高，清理持有会员卡滞后，顶风违反中央八项规定精神问题多发。在企业发展中一度监管缺位，存在打"擦边球"、违规经营等问题，特别是收购并购和招标采购中输送利益，银行信贷审批把关不严，内控漏洞和腐败风险较大。

自宋林后，集团多位高管被查。就在 2014 年 4 月 17 日宋林被调查几小时之后，华润金融控股有限公司行政总裁吴丁便被带走。华润置地此前发布公告称，执行董事、董事会副主席王宏琨因个人健康原因辞职。9 月 21 日，华润集团旗下的华润电力公告称，公司执行董事兼总裁王玉军涉嫌受贿及贪污。之后，华润集团原审计总监黄道国及曾任华润集团协同办主任的张春，相继被查。华润（集团）有限公司党委委员、副总经理蒋伟被免职。（撰稿/晋珀）

编者点评：有人为宋林"致哀"，"哀一代为国服务的商业精英群体。制度的创新若无破局，宋林式人物势将层出不穷。"必须指出，目前的国企制度是有很大缺陷的，但这不能成为"宋林式人物势将层出不穷"的理由。毕竟，人性和人格的力量还是重要的。这也是近日中央修订颁发的《中国共产党廉洁自律准则》和《中国共产党纪律处分条例》中"抓小抓早，把规矩和纪律挺在前面"的意义所在。

资料来源：

[1] 凤凰财经. 新华社记者实名举报华润董事长宋林包养情妇. http：//finance. ifeng. com/a/20140415/12127356_ 0. shtml［2014 - 04 - 15］.

[2] 东方早报. 宋林在华润长期不设纪检机构. http：//money. 163. com/15/1023/09/B6JOT6RA00253B0H. html［2015 - 10 - 23］.

[3] 时代周报. 华润多位高管疑涉金业并购案 公司上下处于惶恐. http：//finance. sina. com. cn/chanjing/gsnews/20150915/070323247860. shtml［2015 - 09 - 15］.

[4] 新京报. 华润集团原董事长宋林被立案侦查. http：//business. sohu. com/20150912/n420945869. shtml［2015 - 09 - 12］.

张海："身怀绝技"的"企业屠夫"

张海　男，1974 年生，河南开封人。在他 40 多年短短的人生中，可谓"传奇"不断。先是有"特异功能"，自封为"气功大师"；继而又在香港和内地创办企业，不仅成为"中国最年轻的上市公司董事长"，而且竟然成为当时最著名的健力宝董事长。把健力宝掏空后，他被判处有期徒刑 15 年。后因"检举了一起抢劫杀人案""立功"，服刑仅 6 年就悄然出狱，之后踪迹全无。现已查明，他的"立功"同样也是骗术。

20 世纪 80 年代，中国曾掀起一阵全民气功热，街谈巷议的都是某某气功大师，田间地头练习的也都是能够"强身健体，治愈百病"的气功。而当时年仅 14 岁的河南少年张海就是这样一位"大师"，据说他可将冬青树叶含于嘴中，变小后吐出，而轮廓不变；还可借特异功给他人治病，当时盛极一时。

张海于 1974 年出生于河南开封，其父亲是当地的公务员，母亲是一位中学老师。张海曾就读于开封十三中学，但由于成绩差没有毕业。1988 年，正赶上河南大学办的武术班招生，不限学历，对学习成绩也没有什么要求，就这样，初中都没有毕业的张海成了河南大学武术专修班的一名学生。

就在张海一出一进的一年时间里，突然传出张海有了特异功能，成了气功大师的消息。张海"聪明"地把握了这个契机，四处搞起了带功报告和治病救人活动。

1989年，由于头号"气功大师"严新招摇撞骗被有关部门调查，"全民气功热"开始逐渐降温。1990年，张海悄然"隐身"去了香港，加盟了香港康达集团公司。1992年，18岁的张海回到河南，并以藏密大师的身份成立了河南省社会科学院藏密瑜伽文化研究所，自封所长。

张海最热衷于做带功报告，当时全国各地请他作报告，按人头收费，高级班每人100元、低级班每人40元。张海自称："这两年将近30万人接受我的传授。"他从弟子那里收取费用高达1000万元以上，捞到了"第一桶金"。

随着社会上此等借着"大师"的名义招摇撞骗的人越来越多，1994年，中央下达了《关于加强科学普及工作的若干意见》，点明要破除伪科学，气功开始在讨伐下渐渐"偃旗息鼓"。此时有了一定经济基础的张海看出了气功盛极而衰的兆头，赶紧"转型"。

1995年，张海举家南迁至广州，购置豪宅名车，并不断结交社会各界的名流巨贾。凭借着与香港康达集团董事长张金富的亲密关系，还与康达公司夺得了香港新机场的ITM网项目。同年，张海在河南郑州成立了河南菩提泉农业发展有限公司，在河南进行一个农业项目的开发。

1996年11月，张海和原河南省审计厅干部李友等人共同发起成立河南心智实业发展有限公司。张海还改组了中航科技下面的一家财务公司，改组后的公司为深圳凯地投资管理有限公司（下称凯地）。自此张海南北呼应，在资本界玩得不亦乐乎。

张海改组凯地后，立即展开了大规模的收购。2000年4月，凯地联手河南心智收购了深圳东方时代投资有限公司，并借机入主中国高科集团，成为"中国最年轻的上市公司董事长"。借着中国高科集团这块垫脚石，顺利地介入方正科技、中科健等多家高校和中科院系的上市公司。2001年，凯地又先后介入银鸽投资、深圳大通、浙江国投。同年，张海又借机会以3.38亿元的价格收购了健力宝公司75%的股权，成为健力宝集团最大的股东，健力宝公司正式完全属于张海"一人"。

在不到两年的时间内，凯地用资金链进行超级捆绑的关联公司已经超过百亿元市值。至此，张海彻底完成了从"藏密大师"到"资本大鳄"的转变。

2002年年底，张海开始以健力宝品牌介入资本运作。此后两年间，主业经营频频失策，而资本运作亦劳而无功。健力宝日渐衰颓。原有股东祝维沙、叶红汉二人更怀疑张海在外的一系列资本扩张属于谋私之举，有转移集团资产之嫌。2004年8月下旬，祝、叶二人又联手召开健力宝集团董事会并决议，免去张海集团董事长及总裁职务，仅留董事身份。祝维沙全面掌控公司经营大权。虽然祝维沙将张海踢出健力宝，但已无法挽回企业的颓势，健力宝全面停产。

2005年3月，张海因涉嫌以做假账、虚假投资、侵吞健力宝资金等被健力宝集团举报，后被立案调查。23日，张海因涉嫌挪用资金被刑事拘留。

2007年2月12日，广东省佛山市中级人民法院对备受关注的健力宝原董事长张海一案做出一审宣判，张海利用职务之便，侵占健力宝集团资金12074.9万元；挪用健力宝集团资金8644.7万元。以职务侵占罪、挪用资金罪判处张海有期徒刑15年。张海对此判决表示不服，申请上诉。2007年2月27日上午，广东省高级人民法院做出终审判决。由于张海"检举"了一起抢劫杀人案，并已被警方侦破，有立功情节，法院改判张海有期徒刑10年。然而后经查实，张海的立功情节为假，系其律师徐某委托时任佛山市看守所负责工作的罗某，要求其为张海寻找检举立功的线索材料，并送给罗某好处费3万元。罗某利用职务便利，将一条抢劫案的线索告知张海，并将涉嫌抢劫犯罪的嫌疑人张磊（化名）调至张海同一监仓，由张海检举张磊。

2011年年初，服刑仅6年的张海悄然出狱。其女友曾说，张海在狱中是因有立功行为和表现良好等情节，而获得两次减刑机会：第一次从10年减为8年，第二次减到6年后直接出狱。而真实情况究竟如何还不得而知。

目前，张海的行踪全无。2015年11月3日，广东省检察院在披露检察机关加强刑罚执行监督典型案例时，剖析了健力宝集团原董事长张海违法减刑系列案。据介绍，涉及张海系列案共有24人被查办，其中广东省司法厅原党委副书记王承魁因犯受贿罪已被判处有期徒刑十二年，检察机关目前正依法定程序对张海开展境外追逃。（撰稿/晋珀）

编者点评：邪教，犹如毒蛇，恶性难改。其徒亦然。孰知张海之流竟能从大型国企到法院竟然一路"过关斩将"，可见其骗性之难改和骗术之高。不过，魔高一尺道高一丈，料定他终将在劫难逃，特别是在中纪委"红色通缉令"全球捉拿的当下。

资料来源：

［1］中国日报. 健力宝原董事长张海违法减刑后外逃，广东检方开展境外追逃. http：//www. chinadaily. com. cn/micro－reading/dzh/2015－11－04/content_14308664. html［2015－11－04］.

［2］中新网. 张海违法减刑案揪出保护伞17名司法人员被立案. http：//news. sohu. com/20150212/n408946618. shtml［2015－02－12］.

徐翔：给中国股民上了重要的"一课"

徐翔　男，1978 年生，浙江宁波人，曾任上海泽熙投资管理有限公司法定代表人、总经理。中国资本市场最神秘的人物，人称"宁波涨停板敢死队"总舵主，"私募一哥"。2015 年 11 月 1 日，涉嫌违法犯罪，被公安机关依法采取刑事强制措施。从此，徐翔的"资本神话"破灭。

古往今来，我们这个世界从来不缺少神话。像愚公移山、精卫填海者，已经作为我们民族的基因，历久弥坚；但更多的，则是经不住雨打风吹，很快便灰飞烟灭。尤其是现代人，也往往迷恋于各种"封神"。孰料，总是很快走下"神坛"，露出"凡夫俗子"真面目。

被称为中国资本市场上"私募一哥"的徐翔便是如此。

有"神话"，必有"神童"。徐翔就是一个"神童"。据说，在 1993 年，他主动放弃了高考，怀揣父母给的 3 万元钱进入股市，当起了专职股民。"我学习股票，看书，听券商培训，也看国外投资方法。三人行必有我师，对宏观经济也懂一点。"宁波本来就是我们市场经济的前沿地带，早在明末清初，这里就较早自发地诞生了资本主义经济形态的萌芽，改革开放以来更是如此。无论是做小商品、搞企业还是后来的资本市场，宁波人总是得风气之先。

不过，徐翔的操盘天赋何尝了得。据传其 19 岁时，曾被上海黑帮胁迫，替黑帮操盘——相传两大黑帮为争他做操盘手而打了一次。从此，徐翔名噪宁波资本市场。

2000 年后，沪深股市持续走熊，徐翔开始琢磨短线套利技术。他组织了一个包括他还有徐晓、张建斌等为核心的 20 人左右的操盘团队，以银河证券宁波解放南路营业部为核心进行操作。他们对股市热点非常敏感，操盘风格彪悍，经常大进大出。选中股票后，他们集中资金将股价突然而迅速地拉到涨停，之后往往再拉升一到两个涨停板就大举出货。因为其操盘手法极为凶悍，打一枪换一个地方，决不恋战，因此，这些人被市场称为"涨停板敢死队"，徐翔在成名后更被媒体封为"涨停板敢死队总舵主"。

他们的事迹经 2003 年 2 月 15 日《中国证券报》头版报道后，"涨停板敢死队" 1 号人物徐翔自此进入公众视野，名噪中国资本市场。

2005 年，徐翔从宁波迁到上海，经历了 2007—2008 年 A 股的一波大牛市。2009 年 12 月 7 日，徐翔在上海成立了泽熙投资管理有限公司，注册即实收资本 3000 万元。从此，徐翔以优异的业绩，开始了资本市场"封神演义"的进程。

2011 年年末，重庆啤酒乙肝疫苗揭盲数据失败，连续 11 个跌停，一向在其中抱团炒作的大成基金被深套。徐翔认为，这是一次非常好的伏击庄家的机会。于是在 24 元左右第一次抄底。二次揭盲失败后，市场一片哗然。重庆啤酒继续跌停之旅，在 20 元左右徐翔再次入场抄底买入 3000 万股。此后，重庆啤酒一路涨到 40 元，他在短短一个月内获利数亿元。

2012 年年底，泽熙的资金管理规模即突破 100 亿元，规模仅次于当时排名第一的上海重阳投资。从正式披露的信息看，泽熙投资可谓是阳光私募中中长期投资业绩最优秀者之一。《甬商》梳理的信息显示，2014 年徐翔管理的 4 只基金产品，均排名私募前十，其中冠军和亚军都是徐翔管理的产品。

徐翔的泽熙公司也是典型的家庭企业，其父亲徐柏良、母亲郑素贞、妻子应莹也都在其中长袖善舞。徐翔的父亲徐柏良早年在资本市场即有"最牛散户"之称。2008 年，其以个人名义出资 1.43 亿元参与青岛双星定向增发，入围"2008 年百强散户榜"第 42 位。2014 年，长航油运退市之前，徐翔、应莹、郑素贞、徐柏良全家齐上阵，合计买入长航油运 2200 万股，赌的就是"重组概念"。2014 年年底，泽熙投资进入东方金钰、东源电器等 8 家上市公司的前十大股东行列。同时，徐翔的母亲郑素贞也在资本市场频频亮相，从通过定增介入南洋科技到斥资 12 亿元入主大恒科技，目前郑素贞已经是大恒科技的实际控制人。按当时的股价计算，大恒科技一笔投资就为徐翔系带来近 120 亿元的收益。此外，从文峰股份、赤天化、南洋科技、美邦服饰获得的投资回报都在亿元以上。业界惊呼："牛市风口，私募大佬徐翔一笔交易狂扫 120 亿，四笔交易浮盈 200 亿！"

"超越徐翔是一种志向，徐翔是近二十年来人类历史上最成功的投资经理之一，无论从收益率和身家而言，他都可以媲美全球顶尖的私募基金经理。"如此，坐拥数千亿元的资金和成千上万的"粉丝"，站在神坛上，徐翔确实有傲视群雄的感觉。

　　然而，业界在惊呼之余，对徐翔的业绩也引发颇多诟病和诸多揣测，其中不乏内幕交易等。

　　徐翔基金的收益率曲线实在是太"不科学"了。资本界有一条资金量和收益率互损的定律。也就是说，通常情况下，随着资金量的增大，操盘的收益率递减。但徐翔的泽熙一期和泽熙三期的表现却"打破"了这一铁律。泽熙一期的净值从 1.0 到 3.0 花了 3 年多，从 3.0 到 9.0 只花了 13 个月，从 9.0 到 27.0 只花了惊人的 6 个月！更为"变态"的是，泽熙一期的净值曲线上几乎没有回测，在 2015 年 6 月中旬开始的"股灾"中，净值更是在一个月内上涨了 80%！

　　泽熙公司成立以来管理 6 只产品，其中 5 只产品于 2010 年 3 月至 7 月之间成立，截至 2014 年 5 月 9 日，收益率在 138.5% ~ 298.8%。其间，沪深 300 指数下跌 34%。

　　2015 年以来，资本市场持续低迷，但泽熙旗下 5 只产品的表现却堪称惊艳。泽熙一期今年以来实现了 323.55% 的总回报，泽熙二期实现了 160.34% 的总回报，泽熙三期实现了 382.07% 的总回报，泽熙四期和泽熙五期则分别实现了 210% 和 180% 的回报。若论成立以来的长期收益，泽熙 5 只产品更是包揽了前五的座席，创造了中国私募界的收益神话。

　　近年来，徐翔也是频频被传"违规被查"，但后经证实均系"谣传"：早在 2011 年 7 月，徐翔因此首次接受证券媒体的采访；2014 年中期，再次风传，泽熙公开否认传言；2014 年 5 月，因被媒体报道卷入东方锆业重组交易而被证监部门调查，徐翔再次接受媒体采访；2014 年 12 月 19 日，证监会新闻发言人张晓军通报了包括中科云网、百圆裤业、宁波联合等在内的 18 只个股涉市场操纵违法违规行为的执法工作情况，并称已对涉嫌机构和个人立案调查。而在宁波联合，徐翔持股高达 1554 万股，成为仅次于浙江荣盛的第二大流通股东；2015 年 8 月，徐翔被传言接受调查……真真假假，难以分辨。

　　出乎意料的是，2015 年 11 月 1 日，新华社播发了一条资本市场界的重磅消息："徐翔等人通过非法手段获取股市内幕信息，从事内幕交易、操纵股票交易价格，其行为涉嫌违法犯罪，被公安机关依法采取刑事强制措施。"头发稀疏、手戴镣铐、眼神淡定，身穿皱巴巴的灰色衬衣和白色休闲西装，徐翔的被捕照引发了互联网热议。据说，这件价值 26999 元的阿玛尼白色西装是徐翔的"标配"，曾经给他带来无数次的好运。不过，这次显然没有了。

　　截至发稿，相关案侦工作正在严格依法进行中。（撰稿/晋珀）

　　编者点评：资本市场从来都是云诡波谲，但无论如何，市场都是有规律的。市场有起有落，别人有赚有赔，而你一个人只赚不赔，这怎么可能？短时间可能是运气，但长时间呢？徐翔等大鳄们总是很"低调"，"从不在公开场合发声，极少接受媒体采访，更不允许拍照"。监管意识、手段、制度、水平一定要跟上。只有这样，才能确保我国资本市场的健康发展。徐翔的被捕给中国的股民上了一课，那就是：别信神！

资料来源：

［1］搜狐公众平台．牛市风口 私募大佬徐翔一笔交易狂扫 120 亿. http：// mt. sohu. com/20150415/n411315662. shtml［2015－04－15］.

［2］中国新闻网．私募巨鳄徐翔"翻船"揭开"泽熙"操纵股价内幕. http：//finance. chinanews. com/stock/2015/11－04/7605339. shtml［2015－11－04］.

马乐："老鼠仓"中大"硕鼠"

马乐　男，1982 年生，河南南阳人。2006 年博时基金管理有限公司工作，2010 年 7 月担任博时公司精选基金经理。2013 年 7 月 17 日，马乐因涉嫌"老鼠仓"被捕。2015 年 12 月 11 日，马乐以未公开信息交易罪被判处有期徒刑三年，并处罚金 1913 万元，成为"老鼠仓"中最大的"硕鼠"。

　　"老鼠仓"是证券领域一个术语，通俗地说就是股市操盘手（庄家）利用其掌握的内部信息，在公有资金拉升某只股票之前，偷偷摸摸地在低价"地下建仓"（即"老鼠仓"），伙同"自己人"低价购买大量股票，然后待公有资金拉升股价之后他便大量抛售，获取巨额利润。这是一种无良经纪对客户不忠的"食价"做法。这种做法丧失了基本的诚信原则，坑害其他投资人、公有资金方或者国家利益。他们的收入为非法所得，其做法属于犯罪行为。这种偷窃别人劳动成果，"食我黍、食我麦、食我苗"，"三岁贯女，莫我肯顾、莫我肯德、莫我肯劳"的人，早在三千多年前的《诗经》中，便被称为"硕鼠"。

　　无疑，马乐，曾经的清华大学高才生，曾经的博时基金管理公司的经理，就是"老鼠仓"中最大的"硕鼠"。

　　1.83 米的身高，五官端正，1982 年出生的马乐颇具精英气质。2006 年，马乐从清华大学硕士毕业后进入博时基金管理有限公司工作。这是我国最早成立的五大基金公司之一，条件优越，待遇优厚。2010 年 7 月，马乐担任博时精选基金经理时才 29 岁，当时的他已经顶上了年薪百万的金领光环。这对于大多数同龄人来说，岂止是自叹不如，简直是"羡慕嫉妒恨"了。

　　"精英"的背后往往都有一个"梅花香自苦寒来"的励志故事，马乐也如此。1982 年，马乐出生在河南南阳的一个普通的农民家庭，日子过得很是清苦。但可喜的是，马乐人穷志不穷，他深知"知识改变命运"的道理，通过自己的不断努力，终于以优异的成绩考上了清华大学，并一路靠奖学金和助学贷款支撑着自己完成了本硕连读。毕业后顺利进入博时基金，历任研究部研究员、公用事业与金融地产研究组主管兼研究员、股票投资部投资经理。由于表现优秀，仅仅过了四年，他就坐上了博时精选基金经理的宝座，并将这只规模上百亿元的"大象"基金业绩从原来在同类基金中业绩排名垫底提升至前1/3左右，上演了一场精彩绝伦的"屌丝逆袭"大戏。

如果故事就此戛然而止，那么精英阶层又多了位励志的寒门贵子，成功学的教科书上又多了个精彩案例。然而，人生就是如此奇妙，总是在风平浪静之时突然掀起一股惊涛骇浪。可能谁也没有想到，就是这样一个人竟与"老鼠仓"扯上了关系，并最终从人生的巅峰狠狠地摔了下来。

2011年3月9日至2013年5月30日短短两年的时间里，马乐在担任博时精选基金经理期间，全权负责投资基金和股票市场，掌握了博时精选股票证券投资基金交易的标的股票、交易时点和交易数量等大量内幕信息，操作自己控制的三个股票账户，通过临时购买的不记名神州行卡电话下单，先于、同期或稍晚于其管理的"博时精选"基金账户买入相同股票76只，成交金额10.5亿余元，获利1883万余元。

这是新中国成立以来迄今为止持续时间最长、交易股票数量最多、交易金额最大、违法所得最多的基金"老鼠仓"案件，马乐也被称为最大硕鼠。然而，这起案件的男主角马乐的生活方式却让人大跌眼镜。根据马乐在法庭上所说，虽然自己在逍遥法外的这几年"捞"了不少钱，但他迄今为止仍然无房产、无豪车甚至也无奢侈品，案发前和妻子仍然租房住。与此同时，他也是个"好员工"，天天熬夜研究股票，年纪轻轻30岁不到的时候，就患上高血压和腰椎间盘突出。他以前的一位同事说："如果一直不出事儿，马乐可以作为基金界的焦裕禄来宣传。"

马乐不愧是社会"精英""高才生"。他曾认真研究李旭利等"基金老人"案例，查找其违规手段的漏洞，并找出一些应对的办法，"弥补"老鼠仓的破绽，显示了超强的反调查的意识和能力。马乐等人在操作中从不留下真实身份——操作的股票账户，全都是他人的名字，任何亲朋好友的账户都不用；与他人签署的合作合同，也用的是假名；在外租房、办宽带网，同样使用假名，以此避免在办公室下单；也从不使用MSN和QQ聊天，甚至连手机微信都很少。

接群众举报，深交所排查出300个可疑账户，将这些可疑账户的交易记录与博时精选基金一一作对比，从而找出一个10亿元账户和一个3000万元的账户，这两个账户与马乐管理基金的重合度最高。

马乐由此东窗事发。

2013年7月11日、12日，证监会冻结涉案三个股票账户，共计3700万元。17日，逃往美国的马乐到深圳市公安局投案。深圳市公安局于同日对其立案侦查并对其刑事拘留。9月2日，深圳市人民检察院以涉嫌利用未公开信息交易罪批准逮捕马乐。

2014年3月28日，深圳市中级人民法院一审宣判，以利用未公开信息交易罪判处马乐有期徒刑三年，缓刑五年，并处罚金1884万元，上缴国库。马乐当庭表示服从判决。

马乐"硕鼠"在股市引发高度关注。不料，更引发关注的是检察系统对此案的三次抗诉。

4月4日，深圳市检察院认为一审判决法律适用错误，量刑明显不当，提出抗诉。广东省检察院支持抗诉。10月20日，广东省高级法院终审裁定驳回抗诉。11月27日，广东省检察院再次提请最高检抗诉。12月8日，最高检检委会研究该案，认为本案终审裁定法律适用错误，导致量刑明显不当，决定按审判监督程序向最高法院提出抗诉。

2015年7月8日，马乐案再次开庭审理，最高检派出两名检察官出庭履行抗诉职责。12月11日，最高人民法院在广东省深圳市最高人民法院第一巡回法庭对该院再审的被告人马乐利用未公开信息交易一案进行了公开宣判：依法对马乐改判有期徒刑三年，并处罚金1913万元；违法所得19120246.98元依法予以追缴，上缴国库。

最高人民法院经再审查明，原审被告人马乐在担任博时基金管理有限公司博时精选股票证券投资经理期间，利用其掌控的未公开信息，从事与该信息相关的证券交易活动，买卖股票76只，累计成交金额10.5亿余元，案发后马乐投案自首的事实与原审认定一致。另查明，马乐非法获利数额应为19120246.98元。

最高人民法院认为，原审被告人马乐的行为已构成利用未公开信息交易罪。根据《刑法》第一百八十条第四款规定，应当参照该条第一款规定的内幕交易、泄露内幕信息罪之规定进行处罚，且马乐案发时属全国查获该类犯罪数额最大者，应当认定其犯罪情节特别严重。依照《刑法》第一百八十条第一款规定，对马乐本应在五年以上十年以下判处刑罚，鉴于马乐能主动从境外回国投案自首、退还了全部非法所得和全额缴纳了罚金，认罪悔罪态度良好等情节，对马乐可予以减轻处罚。原审裁判因对法律条文理解错误，导致降格评判马乐的犯罪情节，对马乐判处有期徒刑三年，缓刑五年不当，应予纠正。

最终，"硕鼠"马乐也得到了应有的惩罚。（撰稿/吴路路）

编者点评： 自 2008 年上投摩根基金管理有限公司的基金经理唐建首开"老鼠仓"被查处之后，证监会已处罚十余例案件。而这一次通过对马乐案的再审改判，使公众更加清晰地看到了司法机关打击"老鼠仓"犯罪行为的坚定决心。

资料来源：

［1］凤凰网."老鼠仓"马乐背后的双面人生. http：//finance. ifeng. com/a/20140 226/11752232_ 0. shtml ［2014 － 02 － 26］.

［2］和讯网. GAY 同事戳破凤凰男秘密. http：//m. hexun. com/funds/2014 － 03 － 26/163386988. html ［2014 － 03 － 26］.

［3］中国经济网. 国内最大"老鼠仓"马乐案今再审 将择日宣判. http：//www. ce. cn/xwzx/gnsz/gdxw/201507/08/t20150708_ 5876681. shtml ［2015 － 07 － 08］.

［4］中国经济网. 最高法再审对马乐案改判有期徒刑 3 年 处罚金 1913 万. http：//finance. ce. cn/rolling/201512/11/t20151211_ 7493681. shtml ［2015 － 12 － 11］.

王志忠："从工人到世界500强一把手再到阶下囚"

王志忠 男，1953年生，高级经济师，天津物产集团原党委书记、董事长（正厅级），同时兼任集团下属天津港保税区瀚通国际贸易有限公司、天津市浩通物产有限公司、天津浩安矿产有限公司董事长。2014年11月，因涉嫌严重违纪，接受组织调查；2015年4月被开除党籍；2015年12月被天津市第一中级人民法院以受贿罪依法判处王志忠有期徒刑十一年。

说起王志忠的"职业生涯"就不得不提另一个人——刘地生，这个和他共事了13年的人，这个在事业上始终都和他"携手并肩"的人。

刘地生，男，汉族，1949年12月生，天津市人。1973年12月加入中国共产党，中央党校研究生学历，经济师。

1997年11月起，刘地生任天津市物资集团总公司党委书记时，王志忠任集团党委副书记、副总经理。

1999年4月至2010年9月，王志忠升任天津物资集团总公司党委副书记、总经理。

2010年5月，刘地生担任天津市人大法制委员会委员。9月，王志忠正式接替刘地生出任集团党委书记，并担任董事长一职。

2011年，经天津市工商行政管理局批准，天津市物资集团总公司正式更名为天津市物产集团有限公司，王志忠则继续担任集团党委书记、董事长。

天津物产集团有限公司，注册资本25.3亿元，拥有企事业单位216家，全球雇员达到1.9万人。集团经营领域涵盖大宗商品（含进出口，包括金属、能源资源、矿产、化工、汽车机电五大类）、现代物流等。营销网络遍及华北、东北、华东、华南、西北等地，外贸进出口涉及欧美及中南亚等国家和地区。共建立了21家境外经营网点，形成辐射全球的网络布局。

天津物产集团有限公司是现今天津市最大的国有生产资料流通企业，天津市第一家进入世界500强的企业，并且自2012年起连续五年入围。在"2016年财富世界 500 强"中，天津物产集团排名第 122 位，是天津市唯一入选企业；在登上该榜的中国企业中排名第 27 位。

在这样一家规模庞大、实力雄厚、级别较高的国有企业工作，王志忠前途可谓一片光明。如果他每日恪尽职守，也可安享晚年，成为受人尊重的领导人。实则不然，王志忠并非一个"安分守己""两袖清风"之人，反倒是用道貌岸然、装腔作势这样的词语形容他更为合适。

关于王志忠被抓的原因简要概括如下：滥用职权，牟取私利；道德败坏，包养情妇；嗜赌成瘾等，这样的"标签"，沾染上一个就像是"招惹"了"毒品"一样，欲罢不能，最后只能是毁灭了自我，"自食其果"。

2016 年 8 月 5 日，中央纪委监察部网站上刊登了一篇王志忠案件的警示录《从工人到世界 500 强一把手再到阶下囚》，文中极尽详细地罗列了王志忠如何高升，又如何一步一步堕落的过程。

据了解，王志忠在进入天津物产集团之前还曾经在天津市木箱二厂、市胶合板厂、市福津木业有限公司、市木材总公司、市人造板厂等企业任职。他曾在工作上严谨认真、拼搏努力，一点点地通过提升自己的能力进入领导阶层；曾不辞辛苦和干部职工们并肩而战、齐心协力，使 8 个木材企业扭亏为盈；曾带领集团广大干部职工，秉承做强集团、做精主业、做大价值的发展理念，加快生产性服务业发展，创新了供应链经营管理模式，建立了"制度＋科技"现代化管控体系；曾在 2009 年时把天津物产集团打造为市属国有企业唯一一家千亿集团；曾在 1992 年、1996 年时，被评为天津市劳动模范，1994 年，荣获部级劳动模范荣誉称号，甚至在 2009 年，他还荣获了"全国五一劳动奖章"。

在许多朋友的眼里，他是一个"低调内敛"的人，领导、同事、员工眼里都有极好的口碑。殊不知，这些美好的表面之下，却是决疣溃痈。

作为党员，他曾在出国工作期间到赌场赌博。被纪检部门发现后屡教不改，将自己在集团班子会上做的检讨抛诸脑后，一次又一次地放纵自己。

作为党员，他曾沉湎于声色犬马，流连于灯红酒绿。据了解，在 2007 年，王志忠包养了一位姓安的女子，他先是为她租了房间，支付她的生活费；后来，又为了她购买房子、轿车等，为了这位安姓女子共计花费大约 340 万元。

作为党员，他收钱收得明目张胆，来者不拒。他曾收受物资集团下属某公司原总经理安某和葛某 315 万元、200 万元，然后再在工作中对他们委以重任，给二人发放高额年终奖励；曾收受物资集团原副总会计师穆某 21 万元，为穆某成为总会计师牵线搭桥；曾收受天津某集团有限公司董事长陈某 430 万元，为陈某获得资金支持提供帮助；曾收受天津市国家税务局直属分局原局长庞某折合329.03 万元，为其与他人合作开发水上公园某地块写字楼的项目疏通关系，"保驾护航"；曾收受某投资有限公司董事长蔡某折合 504.1929 万元，让物资集团为该投资有限公司及旗下企业提供资金及贷款担保的支持；曾收受天津市政协原副主席、公安局原局长武长顺（人称"天津第一虎"，曾经被中央领导人批评为"无法无天""前所未闻"）190 万元，通过物资集团所属某公司将武长顺控制的天津市某实业有限公司 6000 万元投资款转给某公司，变相为该实业有限公司的投资提供担保，后来，在 2011 年至 2014 年每年春节之际，武长顺都会委托其亲属张某给王志忠送礼。共计现金 190 万元，王志忠无一例外收入囊中。

甚至于在十八大以后，在中央的三令五申之后，王志忠依然不收敛、不悔改，2013 年、2014 年王志忠共收受民营企业负责人、下属企业负责人的贿金、礼金共计 255 万元。

自 2004 年开始收受贿赂直至案发，王志忠累计受贿金额近 2000 万元。

2015 年 1 月，中共天津市纪委对王志忠严重违纪问题进行了立案审查。

2015 年 4 月，经天津市纪委常委会议研究并报市委、市政府批准，给予王志忠开除党籍、行政开除处分，并将其涉嫌犯罪问题和线索移送司法机关依法处理。

2015 年 12 月，天津市第一中级人民法院以受贿罪依法判处王志忠有期徒刑十一年。

在王志忠被查之后，他曾合作 13 年之久的"老搭档"刘地生，也在 2015 年11 月因涉嫌受贿犯罪一案，被移送公诉部门审查起诉。

中纪委网站自 2015 年 2 月 25 日起推出了一个《忏悔录》的专题，定期推出十八大以来查处的典型案件，剖析案情及违纪违法者的心灵忏悔。至今已刊发10 余人忏悔录，包括山东原省委常委、济南市委书记王敏，河南原人大副主任、公安厅长秦玉海等官员。

在中纪委网站的《忏悔录》里，第三次刊发的落马国企老总的忏悔录就是王志忠的，其中他自己所犯罪行做了四大总结："一是放松世界观的改造，理想信念丧失，导致人生观、价值观严重扭曲；二是忽视学习，法制观念淡薄，缺乏抵御不正之风的能力；三是对反腐倡廉工作重视不够，落实不力，廉洁从业意识淡化；四是律己不严纪律松弛，失掉了作为一名党员的基本标准。"（撰稿/杨婷婷）

编者点评：在中央纪委监察部网站上刊登的王志忠案件警示录《从工人到世

界 500 强一把手再到阶下囚》一文中剖析说："随着企业的一天天发展、职务的升高，王志忠却放松了对世界观的改造。"一语点出了很多国企领导人腐败的"通病"，当世界观坍塌之后，也只会是在安享之中迷失方向，丧失自我，最终走向犯罪。但愿王志忠这一份《忏悔录》，能够给更多的人以警醒。

资料来源：

[1] 网易. 王志忠案警示录：从工人到世界 500 强一把手再到阶下囚. http：//money. 163. com/16/0805/09/BTMOCPCN00253B0H. htm [2016 - 08 - 05].

[2] 新华网. 天津物产集团原董事长王志忠一审被判有期徒刑 11 年. http：//www. tj. xinhuanet. com/tt/jcdd/2015 - 12/17/c_ 1117487054. htm [2015 - 02 - 17].

[3] 中共中央纪律检查委员会 中华人民共和国监察部. 世界 500 强"一把手"王志忠悔过书. http：//www. wzrb. com. cn/article718192show. html [2016 - 08 - 05].

[4] 新浪财经. 天津物产原董事长受贿被立案 两任书记先后被查仅隔 8 个月. http：//finance. sina. com. cn/roll/2016 - 08 - 06/doc - ifxutfpc4629932. shtml [2016 - 08 - 06].

廉金枝：涉嫌"非法"吸金112.3亿元被逮捕

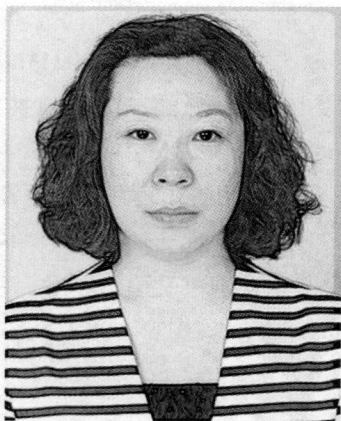

> **廉金枝** 女，1980年生，河南省孟州市廉桥村人，中宏昌盛（香港）投资控股集团（下称中宏昌盛）、河南忠昊农业发展有限公司董事长。2014年8月15日，廉金枝因涉嫌非法集资被警方带走。9月26日，廉金枝被正式批捕。2016年4月，案件进行了初审。截至本书截稿时，还没有宣判。

三十来岁的廉金枝，在河南省焦作市是个"大名鼎鼎"的人物。

"孟州市人大代表""投资焦作十大风云人物"、焦作市"十佳农业合作社女理事长"这些都是她名字每次出现时的前缀。一位当地退休的政府官员说："政府该给她的荣誉都给了。"

孟州市，隶属河南省焦作市，为焦作市代管县级市。孟州政府下属平台公司甚至还和廉金枝共同经营公司。一份《孟州市人民政府关于成立焦作鑫桥投资管理有限公司的请示》的文件显示：焦作鑫桥投资管理有限公司注册资金1亿元，其中财政出资20%，社会募集80%。焦作鑫桥的《募股委托书》显示，焦作鑫桥委托"信雅达"（中宏昌盛旗下子公司之一）通过委托理财方式或借款方式，向特定理财客户募集8000万元资金。之后，这项业务又被转交给了中宏昌盛代理。

"她是一位极其注重诚信经营的老板。"一位曾在中宏昌盛工作过的员工说。公司经营 7 年来，她没有拖欠过一位老百姓的钱，在她这里投资，任意时间都可以取走钱；不到期取款的利息算一分，不够一月取款的不算利息。每个月利息都会如约地打到投资者的卡上，赶上休息日或是节假日她都会安排人提前打钱给投资者。人们都觉得钱投在中宏昌盛靠谱！

"报纸、电视、网络上经常有廉金枝的报道，感觉她还是很诚信的。"一位投资者面对媒体采访时这样说。

只是如此注重诚信，企业资金链运转正常的廉金枝却被警方突然带走了，许多投资者以及中宏昌盛的一些员工对此都感到无比诧异。

2014 年 9 月 26 日，官方消息报出：中宏昌盛投资控股集团有限公司董事长廉金枝因"涉嫌非法集资罪"被批捕。警方初步查明，廉金枝及其公司涉案金额高达 112.3 亿元左右，涉及范围包括山西、山东、安徽、陕西、北京等 8 个省市，受害人数达 9 万人。

廉金枝究竟何许人也，竟有这番能耐？

公开资料显示：廉金枝的老家在孟州市廉桥村，大专学历。毕业之后在中原内燃机配件厂做一名技术员；2003 年，她进入郑州中信银行工作，开始接触投资理财行业；2007 年，她在焦作市创建了众信商务有限公司，开始做一些企业项目对接的业务；2010 年，廉金枝又以注册资金 5 万元成立了众信投资咨询公司，主营业务是融资理财，通过这家公司，她赚得了人生第一桶金。

到 2013 年，廉金枝已经一手建立起一个庞大的集团公司网络，经营业务涵盖资产管理、融资服务、旅游地产、文化产业投资等十几个领域。

中宏昌盛 2013 年的工作报告显示：一年的时间里他们设立了 20 多家的分公司。集团公司号称在中国境内拥有 17 家控股公司，旗下拥有独立法人资格的公司及子公司共有 40 多家，合作与参股的典当行、合作银行 3 家。这其中最重要的四家子公司分别为：亿登峰（北京）资产管理有限公司（下称亿登峰）、信雅达、千森宇（北京）国际投资担保有限公司（下称千森宇）和焦作市忠昊农业经济合作联社（下称忠昊农业）。其中，亿登峰的法定代表人为许卫东，股东为廉金枝，主要通过开会、理财的名义揽取资金，公司集资最多时达到 7000 万元。

廉金枝的公司大部分都是提供"咨询服务"的公司，虽然名字各不相同，业务模式也有所差异，但是"换汤不换药"，终极"目的"一律是向客户拉存款、放贷给企业、投资相关项目。值得注意的是，这些企业中除了忠昊农业有一些林业、果蔬种植、奶厂的实体项目外，其余均为"徒有其表的空皮囊"。

廉金枝是一个很懂得做"面子工程"的人。为了塑造一个"有实力""有担当"的公司形象，她真是下了"功夫"的。

其一，中宏昌盛坐落在距离焦作市政府仅300米的距离，这样的"风水宝地"成了她天然的"屏障"。她有一个很是"唬人"的头衔，叫作"中国高层决策协会副会长"。公司的也有着"眼花缭乱"的称号，比如：中国投资委员会理事单位、中国河南商会成员理事单位、大型企业及个人财富管理机构、最具实力风控机构成员单位、专业资本管理机构、中国高层决策协会理事单位等。谁也不知这些竟是她"招摇撞骗"的"幌子"。

其二，中宏昌盛对外宣称注册资金9亿港币，实则只有1万港币。在内部，中宏昌盛办有自己的报纸《中宏金报》，用来宣传企业形象。在2013年11月28日的一期报纸上显示：2013年，中宏昌盛集团共签约市值约30亿元的合作项目，涉及矿产、商业地产、汽车附属品加工、新能源、矿产开采、生态养殖、高端服务业等多个领域。与此同时，还极其详尽地罗列了当时签约的八个项目，但是，当人们到网上去查询这八个项目的资料时却是"一片空白"。曾有《南方周末》的记者打电话找到了八项目之一的焦作市天益科技有限公司，却被告知："公司并未和中宏昌盛进行过合作，也从未向廉金枝贷过款。"据一位内部员工透露：公司收的投资者的现金，都会打到相关负责人的个人账户上。领导说这是为了"避税"，也有的说这是为了便于支付利息。

其三，建立一些象征性的实体企业——"瞒天过海"。中宏昌盛旗下的子公司忠昊农业建有大规模的现代生产基地，但是这里的大棚蔬菜及果园基地却多是用来参观的；他们还创立了自己的品牌"忠昊""太极拳""怀川""荣誉"等，"怀川牌"的产品甚至获得了"绿色食品A级产品"和"中国郑州国际农博会金奖"。除此之外，焦作市内还建有20多家"农枝花"超市，这些超市的主要作用就是配合廉金枝，"糊弄"一些不明真相的投资者，让其觉得廉金枝"家大业大"。

其实，廉金枝的掩饰也并非每次都可以"完美无缺"。

2013年9月，焦作市一些大大小小的投资公司相继倒闭，亿登峰也出现了一时无法取钱的现象，一些投资者到公安局报案。最后，廉金枝从信雅达抽调1000余万元支付，事件得以平息。当时就有投资者对公司提出质疑，亿登峰的总经理史邵林说："我们公司是航空母舰，别的公司都是小船，我们是全国连锁，绝对没事。"

但是，纸是包不住火的。

不久后，中宏昌盛被爆出公司真实登记地址为香港尖沙咀金马伦广场 16 楼 F 室，并非官网显示的 11 楼。公司仅有的一位在册登记董事为董振方，但是在公司内部却从未听说此人。

2014 年 8 月 15 日，廉金枝因涉嫌非法集资被焦作市警方从办公室带走，随后该公司旗下多个担保和资产管理公司相继被查封。2014 年 9 月 26 日，廉金枝被正式批捕。

2016 年 4 月 6 日上午廉金枝等集资诈骗、非法吸收公众存款案在市中级人民法院第一次公开开庭审理。焦作市人民检察院指控，2010 年 10 月至 2014 年 8 月，被告人廉金枝先后成立信雅达、中宏昌盛等多家公司，并在河南、山西、山东、安徽、陕西、北京等多个省市设立 30 余家分公司，向 26565 名投资群众非法集资共计 7852996401.57 元，给投资群众造成经济损失 998121568.45 元。截至本书截稿，廉金枝一案还没有正式宣判。（撰稿/杨婷婷）

编者点评：廉金枝的非法集资金额是巨大的，人们说这是焦作市的"吴英"。然而，像廉金枝所从事的非法集资案之所以一再爆出，屡禁不止其一方面是因为许多中小企业有融资需求，又遭遇融资困难；另一方面，现在一些普通人手中的闲置资金增多需要一个保值的、收益较高的投资渠道。这些成了非法集资案频频出现的"不竭动力"。

资料来源：

[1] 南方周末. 七年吸金 12 亿，好人廉金枝的灰色金融路. http://www.360doc.com/content/16/0918/15/36648196_591752523.shtml [2014 - 10 - 24].

[2] 焦作日报. 廉金枝等集资诈骗、非法吸收公众存款案今日开庭审理. http://www.0391fc.com/news/djtj/bendi/25961.html [2016 - 04 - 06].

邹园林："以暴力换取暴利"的"80后"人大代表

邹园林　男，1981 年生，陕西安康市汉滨区县河镇巩固村人，安康市汉滨区前人大代表。2013 年 5 月 3 日因涉嫌赌博罪被刑拘。同年 6 月 9 日，因涉嫌组织领导黑社会罪被依法逮捕。2016 年 6 月 22 日，邹园林被判处无期徒刑，剥夺政治权利终身，并处没收个人全部财产。

2013 年 5 月之后，"80后""老板""人大代表""涉黑"这样的字眼便没有从邹园林的名字前剥离过。而说起他"涉黑"案的披露，我们还得"感谢"一位叫作陈默的人。

陈默，1989 年出生于安康市河西镇二档村，做建材生意，与邹园林也算是老乡。2013 年年初，他做生意资金周转不灵，急需"支援"时，从朋友那里听得邹园林是安康市龙跃融资担保有限公司的老板，便约见邹园林"融资"。

在邹园林的手下有个叫"张某"的人，不学无术，平时喜欢用各种"下三滥"的手段赌博"炸"钱花。当时他刚弄到一套可以作弊的赌具，于是，邹园林在见陈默时同时约了张某，两人沆瀣一气为陈默设了一场局，等其"自投罗网"。

2013 年 2 月 21 日晚，邹园林邀请找他融资的陈默打牌，一心借款的陈默欣然应邀，却没料到这是一场"必输的局"，他是自投罗网。最终，他不仅输完了自己的 8 万元，还向身旁的张某等人借下了高利贷，共 120 万元。第二天，陈默来到了邹园林的公司，补交了部分"借款"，并以工程款的名义，给邹园林的手下胡某打了一张 100 万元的借条。

不费吹灰之力便揽财 110 万元的邹园林本以为陈默会"口吃黄连"，自认倒霉，却不料后来识破骗局的他竟"不屈不挠"讨要说法。陈默将骗局共犯之一胡某带到荒山上，逼迫他交出欠条，并传话要找邹园林算账。

2013 年 3 月 2 日下午，陈默带着五个人找邹园林"要钱"，却在门口被"埋伏"在那里的邹园林手下挡住。冲突加剧，双方"拔刀相见"。最终，陈默被砍倒在地，抢救无效身亡。

案发后，邹园林想要"息事宁人"。先是要求参与斗殴的人统一口径，再安排部分参与斗殴的人外逃，最后让两个手下去向警方自首做假口供。

但是，法网恢恢，疏而不漏。警方抽丝剥茧，最终"揪出"了幕后真凶邹园林。这时，人们才发现邹园林居然是陕西安康市汉滨区十七届人大代表，而这位"人大代表"居然是一位又"会赌"、又"能打"的"黑老大"。

"扒开"邹园林的人生历史，他初中毕业便放弃学业，迈向了社会。因为父母一直是做生意的，他家境还不错。他在社会上"广交朋友"，很快便成了一个"混混头儿"，整日无所事事就开始"找事儿"。

1999年7月，邹园林因抢劫被刑拘，随后取保候审；2000年3月因殴打他人被罚款；2000年8月因殴打他人被行政拘留15日；2000年8月因斗殴打伤他人被劳教三年，2007年8月因涉嫌故意毁坏财物被拘留劳教。

2009年，他"干了一票大的"。

这年春天，当地要新修建一条公路，邹园林凭着积累的"人脉"拿下了其中一个标段的砂石供应权。但这些显然不能满足邹园林的胃口，为了谋求更大的利益，邹园林让手下骑摩托车故意与另一个标段的经理张某发生碰撞冲突。随后带着自己的手下"小弟"对张某派来协商处理的人进行人身威胁、殴打。迫于无奈，张某只得将自己标段的全部砂石供应权让给了邹园林团伙。

陈默的"这一票"邹园林赚来了"一家公司"——他用赚来的110万元注册了一家主要经营砂石供应业务的公司。之后，他对这家公司内部进行了"股份制"改造，让那些曾经跟着他混的人也捞到了好处。后来，他又在安康开办了商行和担保公司。

2012年4月，邹园林在一家洗浴中心与工作人员发生冲突被打伤。他便授意陈某等人到洗浴中心打砸，最终损毁财物10万余元、砍伤保安。之后，他采用惯用的手法——花钱让这些手下出去"躲风头"。

2010年8月，邹园林的奥迪车被三轮车无意刮擦。邹园林当场痛殴三轮车车主，甚至将上前劝阻的民警踢倒在地，围攻打骂。

2012年7月18日，邹园林等人在安康一家娱乐城与老板马某发生了争执，便让手下成勇、汪玉等人凌晨冲进娱乐城打砸。随后，这些手下被警察带走受罚，而他多次到监狱探望代他受罚的手下，并给予数万元奖励。

除此之外，他还在安康多地开设赌场，现场放高利贷，事后再持砍刀威胁赌客催债。

2010—2013年，在邹园林的组织领导下，一个具有黑社会性质的犯罪组织就这么一步步"壮大"。

有着种种劣迹的他，依然拥有汉滨区人大代表的头衔，不禁让人哑然。

对此，安康市汉滨区人大常委会相关负责人给了回答：

"区县一级人大代表的推选渠道有两种，一种是社会组织推荐，一种是基层选民直选，邹园林的代表资格属于后者，即由他户籍所在地的县河镇群众直选而来。每个公民只要没有被剥夺政治权利，都有选举和被选举权，虽然选举法里未规定受过刑事处罚者不能参选，但我们当时还是建议他不参选。"

据了解，区人大常委会还曾给邹园林所在的县河镇去过一封函，表明了希望能给选民做做工作，让邹园林退选。但最终，邹园林仍然当选。县河镇领导给区人大的答复是，邹园林给村里赞助过一笔修桥的资金，"群众基础好"……

2013 年 5 月 2 日，邹园林人大代表职务被中止。

2013 年 5 月 3 日，邹园林因涉嫌赌博罪被刑拘。

2013 年 6 月 9 日，邹园林因涉嫌组织领导黑社会罪被依法逮捕。

经过深入调查发现，邹园林这看起来只是一起简单的聚众斗殴致人死亡的案件，实则是一起具有黑恶势力特征的团伙犯罪案件。

半年之后，案件告破。警方抓捕涉案人员 78 人，其中 30 人被检察机关指控犯罪，涉罪名目 10 多项，审理时间长达 1 个多月，这些数据创造了安康历史上多个第一。

2016 年 6 月 22 日，一审宣判。

"被告人邹园林，犯故意杀人罪、判处无期徒刑、剥夺政治权利终身。犯组织领导黑社会性质组织罪，判处有期徒刑 10 年，并没收个人全部财产。此外，邹园林还犯诈骗、故意伤害、寻衅滋事、开设赌场、强迫交易、故意毁坏财物、赌博、虚报注册资本、抢劫等罪。数罪并罚，决定执行无期徒刑，剥夺政治权利终身，并处没收个人全部财产。"（撰稿/杨婷婷）

编者点评：邹园林这位 80 后老板落得此番下场，只能说是"罪有应得"。只是如此劣迹斑斑的他仅仅因为捐建过一座桥就当上了人大代表，似乎不能"服众"。

资料来源：

[1] 网易新闻. 安康：原汉滨区人大代表邹园林涉黑案宣判. http：//news. 163. com/16/0622/18/BQ6FF4D400014AEE. html［2016 - 06 - 22］.

[2] 安康法院网. 邹园林涉黑案件庭审圆满结束. http：//akzy. chinacourt. org/public/detail. php? id = 1871［2014 - 10 - 24］.

［3］百度百科. 邹园林. http：//baike. baidu. com/item/％ E9％ 82％ B9％ E5％ 9B％ AD％ E6％9E％97 ［2016 – 01 – 24］.

［4］搜狐新闻. 安康 80 后"人大代表"邹园林涉黑调查. http：//news. sohu. com/20150728/n417660455. shtml ［2015 – 07 – 28］.

王华："漯河杜月笙"

王华　别名王银华，男，1957 年生，河南漯河人，漯河三鑫稀土有限公司董事长，曾获得河南省百佳慈善大使、漯河十大杰出民营企业家、河南总商会副会长等职。但他在当地为富不仁，称霸一方，人称其为"漯河杜月笙"。因涉嫌雇凶纵火杀人，被依法逮捕、受审。2015 年 8 月 10 日，王华等三人一审被判死刑。2016 年 6 月 3 日，河南省高级人民法院对此案进行二审宣判，依法维持了鹤壁市中级人民法院判处王华、孙培国死刑的判决。

王华是土生土长的漯河人。他高中毕业后在漯河市轻工机械厂上班，1982 年至 1990 年，王华在当地的服装鞋帽公司上班，1991 年后开办了出租车公司、华颖集团公司和漯河市三鑫稀土有限公司。

据媒体公开报道，王华是漯河当地知名企业家，曾获得河南省百佳慈善大使、河南省关爱新农村十佳慈善人物、漯河十大杰出民营企业家等荣誉称号，并任河南总商会副会长、河南漯河市政协常委。曾有媒体报道过时任河南省工商联副会长的王华向漯河市社会福利院捐赠一部价值 15.8 万元的电梯的消息，说王华作为漯河市的优秀企业家代表，在推动漯河市慈善事业的蓬勃发展方面做出了突出贡献。十多年来，定期到福利院看望孤老残幼已成为王华个人和整个企业长期坚持的优良传统。此次向福利院捐赠的电梯，也是市社会福利院自建院以来接受的价值最大的一笔个人捐赠。

但是，正是这个头上闪着慈善光环的人，却是实实在在的"披着羊皮的狼"！

20 世纪 90 年代初期以来，王华以其开办的华颖集团及多处赌博场所为依托，纠集、组织有前科劣迹人员和社会闲散人员，逐步形成了以王华为组织领导者，以孙培国、方民、朱文祥、郭保才、罗东军、杨培生、董国平、李锋、王胜涛为骨干的人数众多、成员稳定的黑社会性质组织。后来的检察机关公诉材料显示："（王华）通过开设赌场、敲诈勒索等违法犯罪活动以及开办华颖实业公司、腾达汽车出租公司、双龙公交公司、万通房地产公司、华颖广告公司等经济实体，获取巨额经济利益。""该组织采取暴力、威胁或者其他手段，多次实施敲诈勒索、故意伤害、寻衅滋事、非法拘禁等一系列违法犯罪活动，在漯河市称霸一方，为非作恶……严重破坏了漯河市的经济和社会生活秩序。"

王华众多的罪名和犯罪事实中，最受关注的是涉及两条人命的"放火罪"。

宛振宇是 20 世纪 90 年代漯河市一名小有名气的生意人，他和妻子孙玉兰在漯河闹市区开了一家金店，专卖金银首饰、手表和高档服装。当时，王华曾向宛振宇借过几十万元钱，过期不还。宛家人曾几次索要，王华不仅赖账，还出口伤人、动手打人。宛振宇的女婿马明很是气愤，甚至拿刀砍伤了王华。后来尽管宛家又是道歉又是拿钱了结了此事，但王华不仅拒不归还欠下宛家的几十万元钱，而且还对宛家人怀恨在心，总想置之死地而后快。

1998 年，王华经人介绍认识了毒贩孙培国。王华对他说，要他"把宛振宇打残，让他在漯河街上丢丢人"。后来，双方专门谈了这事。孙培国说："当时王华先给了我 3000 元。"

过了将近一个月，孙培国都没下手。"王华问我，'弟弟，咋弄哩（方言：怎么回事）？'之后又给我 2000 元，让我先花着。"事后，孙培国供述说。

又过了一个月，孙培国还是没下手，理由是"没下手机会，对面就是派出所"。当时宛振宇夫妇就住在自己开的金店——觉醒商行里。商行的对面就是漯河市源汇区公安局老街派出所。

王华便对他说："不行就弄点汽油把他的金店烧了。都摸好了，店里晚上没有人。"

孙培国有些犹豫。回家后，他和哥哥孙培超、嫂子苗会菊说了此事。孙培超和苗会菊都是瘾君子。因为吸毒，经常缺吃少喝。而且，苗会菊曾因给孙培超顶罪被判刑 5 年，夫妻关系并不好。孙培超说要找个外地人干，苗会菊则说："别找人了，咱们两口干，钱我们自己赚。"

很快，孙培国和哥哥孙培超、嫂子苗会菊就开始实施犯罪。

1998 年 10 月 17 日夜晚，孙培国兄弟俩前去"踩点"。次日凌晨 4 点钟，孙培超和苗会菊骑车到觉醒商行。他们把装汽油的塑料袋放在木条箱里，把箱子靠在金店的卷闸门上，然后用烟头将汽油引燃。他们在汽油袋里设计了个漏斗，以便他们在烟头烧到汽油前有一定的逃跑时间。

就在他们点了根烟准备往火柴棍上扔的时候，这时街上过来人了。孙培超和苗会菊躲到一边。等人走后，苗会菊拿着那根烟，过去放在火柴棍上，随后离开。

不一会儿，金店便火光熊熊，宛振宇和他的妻子孙玉兰被活活烧死了。

孙培国事后也很害怕。他问王华，你们不是都摸好说商铺里没人吗，怎么有人呢？王华说："谁知道有人……这真是老天爷让他死，这怨不了咱！"

宛振宇的弟弟宛振水说："事发当天凌晨5点左右，有人打电话跟我说哥哥的金店失火了，我赶了过去，看到哥嫂他们两个人在厕所里，躺在地上死了，背上都被烟熏黑了。"

知情人透露："由于大火高温，店里的金子都烧化了。宛振宇夫妇也出不去，他们于是从卧室退到卫生间。当时现场很惨，他们腿上全是受到高温烫的疱。"

案发后，宛家人很快就向警方报案。但源汇区公安分局认为是自燃起火。宛家不认可这一说法，说："门口都烧成那样了，那里根本没有电源，况且金店里还充满了刺鼻的汽油味。"后来，还是宛家人自己掏钱，直到11月20日，警察才到沈阳做了火灾鉴定，得出外来火源引起火灾的结论。

即使是外来火源引起火灾，警察也没有立案。因为，王华在警界有众多的保护伞。

当时，负责此案的是漯河市公安局源汇分局原副局长杨威和已退休的源汇分局刑警大队原副大队长孙景炎。杨威在消防部门出具火灾认定书、认定火灾系人为纵火后，违反法律规定，没有安排、督促案件承办人办理该案刑事立案手续，对发现的重点嫌疑人王华未安排采取侦查措施，致使案件久拖不破。孙景炎作为具体主办负责人，对侦破工作严重不负责任，不办理立案手续，对已经发现的嫌疑对象不进行认真排查，向接手该案的侦查人员隐瞒重要线索不移交，移交案件后仍多次私自提审重要证人。

那场大火，后来竟然成了王华发达的"资本"之一。大火之后社会上很多人议论，认为是王华雇人放火，犯了这么大的事都没被调查处理，说明他"厉害"。

之后王华的"江湖地位"明显提高，以后再干什么事没人敢说"不"，一直顺风顺水。社会上跑的人都知道他，并且以认识他为荣，平时办事，只要王华到场了，大家觉得比省长来了都有面子。"社会上的人"都说："王华是漯河的杜月笙。"

事后，王华分多次给孙培国现金30余万元，孙培国也只给他哥嫂孙培超和苗会菊几千元！

就这样，此案竟然一拖就是15年。即使后来案发也纯属偶然，甚至让人颇有"无厘头"之感。

孙培超后来与苗会菊闹离婚，因房产纠纷问题，苗会菊就拿此事威胁孙培超；孙培国兄弟俩的关系很不好，孙培国忌恨孙培超把纵火杀人的事透露给情人，要杀掉他。孙培超为此长期不敢回家，孙培国便要杀掉苗会菊。苗会菊受到死亡的威胁，便要鱼死网破。2012 年 9 月，宛家人得知这一消息后，便努力去做苗会菊的工作。10 月，宛家人接到了一封留有电话和假名字的信，内容大概是——振宇哥和嫂子祭日快到了，我想到坟前去祭奠，一个漯河都知道谁害的大哥大嫂，你家里人都不想弄清楚吗？——写信人正是苗会菊。由此，案件才终于告破，真相大白。

2013 年 1 月 5 日警察抓捕王华时，他住在一处装有防弹玻璃的别墅里。民警进不去，又调动武警、防暴队，拿大锤砸碎玻璃，僵持了半个小时，才将王华抓捕归案。

很快，王华手下的马仔悉数被抓。

2015 年 8 月 10 日，鹤壁市中级人民法院对河南漯河原政协常委王华等 19 人组织、领导、参加黑社会性质组织罪以及放火罪、故意伤害罪等案件一审公开宣判。王华等三人被判死刑。法院判决：判决被告人王华犯组织、领导黑社会性质组织罪、放火罪等罪，数罪并罚，决定执行死刑，剥夺政治权利终身，并处没收个人全部财产；被告人孙培国也被判处死刑；被告人孙培超被判死刑缓期二年执行；被告人苗会菊、方民、朱文祥、郭保才、罗东军、杨培生、董国平、李锋、王胜涛、彭来喜、徐德洲、王永记、季永团、赵艳芳、李一男、李延炬分别判处有期徒刑二年至十五年不等的刑罚，对其中三名被告人适用缓刑。

王华等人不服，提起上诉。2016 年 6 月 3 日，河南省高级人民法院对此案进行二审宣判，依法维持了鹤壁市中级人民法院判处王华、孙培国死刑，其他被告人死缓、有期徒刑等刑罚的一审判决，并对王华、孙培国的死刑判决报请最高人民法院复核。（撰稿/晋珀）

编者点评：杜月笙有他当时特定的社会背景。更关键的是，在民族危亡关头，杜月笙对抗日大业是有重大贡献和牺牲的。而王华对社会有什么？他有的只是坑蒙拐骗、欺诈勒索、烧杀抢掠，简直是无恶不作了！因此，说他是漯河的杜月笙，不配！

资料来源：

[1] 大连晚报. 王华雇凶案受审 称霸一方被称"漯河杜月笙". http：// www. minnanwang. cn/news/20150325/c_ 109698. html ［2015－03－26］.

［2］云南信息报. "绝望主妇" 举报 17 年前纵火案　漯河黑老大王华被查.
http：//www. mnw. cn/news/china/883787. html［2015 - 04 - 07］.

［3］人民网 - 河南分网. 漯河原政协常委王华一审判死刑 人称 "漯河杜月笙".
http：//henan. people. com. cn/n/2015/0810/c356896 - 25924298. html［2015 - 08 - 10］.

［4］华商报. 河南 "漯河杜月笙" 终审获死刑 曾开赌场杀人放火. ht-
tp：//news. sohu. com/20160605/n452977646. shtml［2016 - 06 - 05］.

石学和：涉嫌强奸多名女学生，禽兽不如

> **石学和**　男，1964 年生，内蒙古满洲里市扎赉诺尔矿区人。呼伦贝尔市呼伦湖建筑安装工程有限公司执行董事、总经理，满洲里呼伦湖度假服务有限公司执行董事，曾任满洲里人大代表。但他却涉嫌强奸多名女学生，6 月 8 日被满洲里检察院批准逮捕。

将石学和的名字放进百度搜索，得到的不是他翡然卓越的成就，却是"满洲里人大代表石学和性侵 4 名女初中生"，惊愕众人。

原来这是一位披着"荣耀与尊贵"的皮囊、做着"卑鄙与无耻"之事情的人，是披着人皮的禽兽。

如果不是 13 岁的胡云（化名，满洲里某中学初一学生）要服用安眠药自杀，我们还无法看清石学和这位"金玉其外，败絮其中"的企业家、"人大代表"的色狼嘴脸。

2016 年 5 月 10 日，胡云偷偷地将安眠药藏进书包，想要用死来为自己解脱，却被同学、老师发现，报了警。

家长、老师、同学都无法理解，活泼开朗的胡云为何突然间要自杀。躺在她书包里的一封"遗书"告诉了人们一个极为黑暗的秘密。

这年早些时候，胡云认识了徐某（满洲里某中学高中生），两人互生情愫，很快发展为男女朋友。王红（化名，满洲里某中学高中生）、郑喜红（无业游民）看到胡云的"新生活"有点气不过。4 月 10 日，她俩带着吴月（化名，满洲里某中学初二学生）在学校操场围住胡云，威胁她："你现在的'关系'很乱，你'必须'接一次'活儿'。"

"我根本不想'接活儿'，'接活儿'代表我第一次没有了，而且还是个陌生人。但是我又不得不去，不去她们就打我。"胡云后来对家长说。

当天下午，胡云无奈只得跟着她们来到了福润兴酒店。在酒店里胡云看到了一位身着西装、白衬衫，头发向后梳的油光发亮的 50 多岁男子，外号"老姨"。

之后，"老姨"强奸了胡云，并给了王红她们一笔钱。

而后，4月17日、5月2日，胡云又先后两次被带到这家福润兴酒店，遭遇了"老姨"性侵。在第二次，胡云得知这位"老姨"是满洲里市人大代表石学和，这家酒店为石学和的儿子石磊任执行董事、总经理，石学和为实际控股人。

之后，胡云还被王红等人威胁先后"接过两次活儿"。一次是4月底在市内某宾馆，胡云被安排给一位长脸、秃顶，年龄30岁左右的男子，后证实为满洲里海关的干部赵洪波。另一次是5月9日，在满洲里明珠公寓常某酒店9楼，一个脸上有坑，大约40多岁的男子，他是中国银行满洲里支行的干部常忠义。常忠义两次强奸了胡云，还抱怨她不是处女，因此胡云又被王红她们打了耳光。

胡云每次被性侵都是在王红等人的威胁、恐吓下发生的。事后，王红会从石学和等人那里得到一部分钱，一次1000元左右。

终于，在2016年5月9日，当胡云第六次接到了王红的通知，让她晚上8时到满洲里口岸大厦909房间"接活儿"时，胡云谎称家里看管严，拒绝了。后来在极度恐慌之中，她想选择自杀。

自此，这起藏于黑暗之中的涉嫌未成年少女和幼女的案件才显于日光之下，满洲里人大代表石学和道貌岸然的面具才昭然若揭。

除了胡云，同为初中生的吴月、李莉、周畅也有过同样的遭遇。

周畅（化名），13岁。满洲里某中学初二学生，和王红曾是好朋友，第一个遭受"老姨"性侵。

吴月（化名），14岁，周畅同班同学。被王红等人带去和"老姨"先后发生4次关系，第一次时只有13岁。

李莉（化名），13岁，被王红、周畅以带她出去玩的名义骗到宾馆与"老姨"发生关系。

每次在被带去见"老姨"之前，都会吩咐她们，"老姨喜欢学习好的处女""告诉老姨，自己17岁了"。如果她们拒绝，就会遭遇到王红等人的各种威胁，或是扇耳光、拳打脚踢暴力，或是把她们送去洗头房卖淫、拉到后山埋了的恐吓。胡云等人对于这些事只得"打碎了牙往肚里咽"。

而随后，王红又将被性侵过的女孩发展成她的下线。周畅、吴月就是这样。

周畅说，第一次"接活儿"后，王红又多次在学校堵她，就算绕道走，也会被逮着，校服被用烟头烫坏，人被打倒在地上。

家长问胡云为什么不向学校或他们反映，胡云说："不敢说啊，怕告诉老师后，王红他们知道了，往死里打，通知爸妈，又会骂我。"

吴月说："这是不光彩的事，怎么能对外说呢。"

5月19日，在满洲里市第十四届人大常委会第三十一次会议上，依法确认了关于许可对市十四届人大代表石学和采取强制措施的决议。

6月24日，市第十四届人大常委会第三十二次会议，决定接受石学和辞去市十四届人大代表职务。

承办该案的检察官说："这个案子审查特别复杂，石学和在被提审时不承认犯罪，但能够被捕，是因为多人指认；而涉案的中间人和赵洪波、常忠义之间，双方均不承认有交易，也没有痕迹证据，只能退回公安机关补充侦查。"

除去3位涉案男子外，还有5名女子被批捕：王红、郑喜红涉嫌强迫卖淫，尹淑蕾涉嫌组织卖淫，赵燕涉嫌协助组织卖淫，曹静如涉嫌协助组织卖淫。这5人中，王红还是一位高二的在读学生，其余均为社会无业人员。

据了解，案发后石学和的家属还派人给胡云家属协商，想要60万元私了，被拒绝了。胡云的爸爸说："如今为了维护权益而上访，对多数人看来都在加重侮辱，但我总得找个说理的地方。"

中国政法大学刑事诉讼法教授洪道德说："未满14周岁的为幼女。我国刑法明确规定，只要与未满14周岁的女孩发生性行为一律按强奸罪论处，在实践中，不再设立有没有明知的条件。"2015年8月29日，第十二届全国人大常委会第十六次会议表决通过了《中华人民共和国刑法修正案（九）》，删除嫖宿幼女罪的规定。凡与幼女发生性关系者，一律按强奸论处。

原来那个活泼开朗，爱说爱笑的胡云再也回不来了。在2016年4月和5月两个月的时间里，13岁的她遭遇了3人6次性侵。她变成了一个不爱说话呆坐不动的女孩。今天的她只要看到30多岁的男子就紧张，哪怕是自己的爸爸。父母带她到北京求医，被诊断为"亚木僵"（指患者不言不语、不吃不喝、不动，言语活动和动作行为处于完全的抑制状态）、"精神障碍"，不得不选择了辍学。

"2015年全年媒体公开曝光的性侵儿童（14岁以下）案例340起，平均每天曝光0.95起。"这是中国少年儿童文化艺术基金会女童保护基金统计会统计的数据，引人深思。

中国少年儿童文化艺术基金会女童保护基金会认为，这样的性侵通常具有隐蔽性，性侵者的施害行为具有长期性，如果不及时发现、及时报警，就可能延续时间长、危害更多儿童。（撰稿/杨婷婷）

编者点评：一个花季少女就这样被毁了，人们感到惋惜，更加感到愤怒。石学和作为一位"功成名就的企业家"，作为代表人民意愿、服务人民的"人大代表"，却做出了这等"伤天害理"之事，足以可见他是一个多么肮脏龌龊之人，是企业家之中的害群之马，是"人大代表"之中为人不屑的"狐鼠之徒"。他给胡云等几位花季少女留下的心理阴影，是我们所无法想象的。当然，如今的结果，学校、家长也都有不可推卸的责任。留守儿童缺乏爱与交流，性教育知识不够普及等，这些都是造成悲剧不可忽视的因素。诚愿，祖国这些美丽的花儿，能够生活在一个健康的、积极的、阳光的环境下。

资料来源：

[1] 新京报. 满洲里市人大代表石学和性侵 4 名初中生. http：//www. mshishang. com/a/20160708/102450. html ［2016 - 07 - 08］.

[2] 新京报. 满洲里市人大代表石学和资料长相　强奸幼女欲 60 万私了. http：//www. mnw. cn/news/shehui/1251197. html ［2016 - 07 - 02］.

王义芳：中国最大钢企河钢集团原董事长落马

> **王义芳**　男，1958年2月生，河北平乡人。1985年2月入党，1975年2月参加工作，曾任中国钢铁协会副会长，河北省冶金协会会长，河北钢铁集团有限公司董事长、总经理，第十一届全国人大代表。2016年7月19日，涉嫌严重违纪，接受组织调查。

　　除去2016年7月19日的"涉嫌严重违纪，接受组织调查"这一笔记录，王义芳的这份档案是绝对"辉煌"和"完美"的。然而现实、事实、生活就是大浪淘沙，他的"污浊"终于暴露于日光之下。

　　曾经王义芳的"人生经历"也很"励志"。

　　1978年，王义芳在武汉钢铁学院（现武汉科技大学）冶金系炼钢专业学习；

　　1982年，王义芳历任邯郸钢铁总厂二炼钢厂技术员、转炉工段副段长、铸锭工段、转炉工段段长、生产科科长；

　　1994年，王义芳任邯郸钢铁总厂二炼钢厂副厂长；

　　1995年11月，王义芳任邯郸钢铁（集团）有限责任公司二炼钢厂厂长；

　　1998年1月，王义芳任邯郸钢铁（集团）有限责任公司副总经理；

　　2002年7月，王义芳任邯郸钢铁（集团）有限责任公司总经理；

　　2003年3月，王义芳任邯郸钢铁集团有限责任公司总经理、董事会董事、党委常委；

2005 年 12 月，王义芳任唐山钢铁集团有限责任公司总经理、党委书记、副董事长；

2008 年，王义芳担任河北钢铁集团有限公司董事长、总经理、党委副书记；

2014 年 1 月，王义芳任河北省十二届人大财经委副主任。

除此之外，王义芳还曾担任中国钢铁协会副会长，河北省冶金协会会长，河北钢铁集团有限公司董事长、总经理，并当选全国劳动模范和第十一届全国人大代表。

不仅如此，王义芳曾参与、创造了闻名全国的"邯钢经验"（邯钢经验简称"模拟市场核算，实行成本否决"，形成于 1990 年，于 1991 年正式全国推行）。"邯钢经验"基本内涵是模拟市场价格核算，将成本与效益挂起钩来，将效益与分配挂起钩来，并以成本否决为杠杆，充分调动了广大职工当家理财、精打细算、加强管理、深挖潜力的积极性，进而达到个人增收、企业增效的目的。王义芳的参加，曾推动了唐山钢铁、宣化钢铁、承德钢铁的"三钢合一"。因为当时正是全球钢铁并购的大浪潮，在其强势冲击下，唐钢集团、邯钢集团合并成立河北钢铁集团。所以王义芳也被誉为"重组中国第一大钢企的操盘手"。

2001—2008 年，他先后被河北省科学技术协会、科学技术厅、中共河北省委组织部、河北省人事厅授予河北省优秀科技工作者；被河北省人民政府授予河北省劳动模范；被河北省企业家协会授予"河北省优秀企业家"；并荣获全国"五一劳动奖章"。

甚至在 2010 年时，他被时任国务院总理的温家宝邀请，参加了亚洲重工业交流论坛大会。在会上，他代表中国钢铁业总部签署了和英国钢铁业的十年合作协议。

这样的辉煌史今日细数，不免有些讽刺，有些无奈。人生长梯一步步地高升，本以为功成名就，他却在年过半百之时，被扫落马下。

是何人、何事将其拖至马下？王义芳对此措手不及，人们也感到些许诧异。其实，一切早有征兆。

2012 年，王义芳在唐钢集团任董事长时，就被曝出涉嫌聚赌、嫖娼等绯闻，只是绯闻最终"石沉大海"。除了当时的几个"涟漪"，几乎毫无痕迹可循。

2013 年 3 月，河北青龙县斯利矿业公司被揭露"私吞国有资产"。据了解，这家企业的生产场地开设在河北钢铁集团下属的庙沟铁矿矿场内，打着唐钢集团尾矿库名字"挂羊头，卖狗肉"，一直无偿使用唐钢矿场高品位矿石 140 万吨左右，价值高达数亿元。这家企业的法人代表叫王义平，是王义芳的弟弟。

这件事情之后，王义芳为掩人耳目，悄悄辞去了河北钢铁集团董事长、董事、党委书记、常委职务。这件即将"发酵"的事情就这样"熄火了"。

2014年，王义芳任河北省十二届人大财经委副主任。据知情人士透露，他的名下隐藏着75条投诉记录。但无一例外，都被他拦下了。

然而。不仅如此！据说，他还曾买卖职位，受贿：

从2012年起，经他手所有进入唐钢集团的员工需要支付超过40万元的"手续费"。

2013年时，王义芳将29名不明员工调入唐钢集团，收受贿赂380多万元。

2015年时，他又多次涉入唐钢裁员决案，将政府所批示的裁员名单私自调改，非法裁退部分员工，并收取60万元贿金。

如此猖狂的王义芳也被相关部门怀疑过，只是无奈屡次查访都一无所获，只得不了了之。

后经唐山市纪检委重新调查，将唐钢集团近5年的内部财账和王义芳账上的个人财产做了比较，发现王义芳私吞公产超1400万元，收取的贿金累积多达5000万元。

7月15日，唐山市纪检委将调查结果如实汇报至河北省检察院。18日，河北省检察院将此案移交到河北省纪律检查部门配合调查。调查后发现王义芳个人财产严重超过国家法律规定，案情重大。19日，王义芳被依法逮捕。

2016年7月29日河北省第十二届人民代表大会常务委员会第二十二次会议决定：接受王义芳辞去第十二届全国人民代表大会代表职务的请求。

王义芳的落马，使得国有钢铁巨头的腐败"朋友圈"又添了一位"大咖"。之前，太原钢铁集团原董事长陈川平（曾出任太原市委书记）、武汉钢铁集团原董事长邓崎琳、上海宝钢集团总经理艾宝俊（曾出任上海副市长）、酒泉钢铁集团董事长冯杰，他们都曾是高高在上，最后也都纷纷落马，殊途同归。

截至本书截稿时，王义芳的案件正在进一步调查中。（撰稿/杨婷婷）

编者点评：为何权力、利益会让一个高级知识分子、一个具备着高层领导能力的人膨胀？是不可知的欲望，还是勃勃的野心？当欲望无休止，野心不可测时，用什么可以让一个人在手握权力，面对利益诱惑时"坐怀不乱"？或许对制度的恐惧可以让人收敛，如果代价足够大，怕是这些"大咖"也不敢拿手上的幸福孤注一掷了。

资料来源：

［1］和讯网. 中国最大钢企河钢集团原董事长王义芳落马. http：//stock. hexun. com/2016 – 07 – 25/185145817. htm［2016 – 07 – 25］.

［2］中国经济网. 河北钢铁王义芳辞职 于勇任董事长. http：//news. hexun. com/2013 – 12 – 11/160488901. html［2013 – 12 – 11］.

［3］中国经济网. 中国最大钢企河钢集团原董事长王义芳被查. http：// www. ce. cn/xwzx/gnsz/gdxw/201607/20/t20160720_ 13998046. shtml［2016 – 07 – 20］.

［4］凤凰财经网. 中国最大钢企原董事长王义芳接受组织调查. http：//finance. ifeng. com/a/20160719/14615977_ 0. shtml［2016 – 07 – 20］.

闫永明："红通5号"回国"投案自首"

闫永明 男，吉林省通化县人，吉林通化金马药业股份有限公司前董事长。因涉嫌职务侵占，外逃澳大利亚、新西兰，遭"红色"通缉。2016年8月，据传在新西兰交2亿元人民币巨额罚金调解"私了"。11月12日，经中国和新西兰两国执法部门密切合作，潜逃海外15年之久的闫永明回国"投案自首"。

闫永明是A股上市公司吉林通化金马药业股份有限公司前董事长，他利用这一身份侵占大量资金。2015年4月，被"红通"通缉，位列第五位。但是，其"身世"却让人莫衷一是。闫永明拥有3个身份证号、3个护照号，证件上显示其出生年月分别为1969年6月、1971年6月和1972年10月。

闫永明出生在一个普通家庭，据说只有初中文化水平。但是，20世纪90年代初他在北京待了一段时间，却突然从北京大学经济管理系"毕业"了，那是1992年的事。更为要命的是，他成了注册资金达4.416亿元的通化三利化工公司的创始人和绝对的控股股东（股份占比达96%），简直是天方夜谭！

在当时的情况下，即使是民营企业，全国范围内注册资金如此丰厚的也是寥寥无几，更何况是在通化小城？而且，据说三利公司没有开展什么业务，甚至完全是个皮包公司。但是，没有人查闫永明的实底。

当时，以建立现代企业制度为核心的国有企业改革正如火如荼地进行。而所谓现代企业制度就是实行股份制，并积极促成有条件的国有企业上市。1993年，通化市拿出了自己最好的几个企业——生物化学制药厂、通化市特产集团总公司、通化市制药厂，定向募集发起组建了股份有限公司——通化金马药业集团股份有限公司。当时，三利公司出资1000万元购买了金马1000万股份，以后又增加了352.9万股。其总持股达1352.9万股，成为金马第四大股东。

1997年4月30日，金马成功在深交所上市，闫永明也因此成为"名副其实"的富豪。更出人意料的是，两年之后，闫永明突然成为了金马的实际控制人。

2000 年 4 月 9 日，三利化工与金马第二大股东通化特产集团签署了股权转让草案，受让特产集团持有金马的全部股份 2934.36 万股，进而获得超过第一大股东的股份总额与比例。之后，金马的第一大股东二道江国有资产经营公司、第三大股东通化金鑫纸制品厂，以及第六大股东通化中兴建筑安装工程公司，除二道江国有资产经营公司象征性地保留了不足 1000 万股之外，也纷纷将各自在金马的股份尽数协议转让给了三利化工，让三利化工一举成为金马持股比例达 26.28%（也有说实际超过 32%）的控股股东，而其他第二至第十大股东的持股比例总加起来才 11.364%。

就这样，神通广大的闫永明仅靠几纸协议，就绝对控股了一家当时年利润 8000 万元左右的上市公司。2000 年 5 月 22 日，闫永明成为通化金马的董事长，于 8 月 6 日兼任总经理。接着，金马的董事会成员由 15 人砍到 5 人，有 3 人来自三利化工。

就这样，曾经作为通化市优质国有企业之一的金马，经过 8 年的"改制"，最终"改"给了闫永明。

然而事情很快峰回路转。仅仅一年之后，2001 年 10 月，闫永明辞去金马董事长一职；12 月，他进一步辞去金马董事职务，董事会其他三个来自三利的股东系也一起出局。再之后，闫永明人间蒸发。后来被证实他是逃到了国外。

2002 年 4 月，吉林省公安厅对闫永明以涉嫌职务侵占犯罪开始了立案侦查。2015 年，他被"红通"通缉。

除了"身世"，人们对闫永明可谓疑窦丛生：在金马改制的过程中，他与其他国有股东的"交易"有的简直匪夷所思。比如，1994 年 3 月，参与改制的通化制药厂明知公司一旦上市，手中股票可能大幅增值的情况下，却"慷慨"地将其 352.9 万股转给三利化工。如此明显的利益输送，当时的领导和职能部门却视而不见！

再比如那臭名昭著的"中国伟哥"——安徽芜湖张恒春药业有限公司生产的"奇圣胶囊"。那本来是一款普通的性保健品，但经过当时的卫生部医药卫生科技发展研究中心、芜湖张恒春药业有限公司、深圳市亿槌国际拍卖有限公司等单位的"包装"，一下子变得神奇无比！神奇无比的不仅对其"疗效"的吹嘘，更是刚刚上市的金马药业 2000 年 9 月 1 日竟然以 3.18 亿元的"天价""拍"得其经营权，一举写下中国单项科技成果转让成交额的"最高纪录"。

尽管当时包括党报在内都对闫永明进行了大量鼓吹，但行业人士普遍认为闫永明要么无知要么"存心有天知"。不料，更荒唐的还在后头。2 日，闫永明与张恒春药业公司的母公司——北京裕思明商贸有限公司签署了一份《股权转让意向协议书》，以每股 1.00 元的价格，购买北京裕思明商贸有限公司持有的 1.8 亿股芜湖张恒春药业有限公司股权（占张恒春药业总股本的 100%）。人们的疑问是，既然购买了"奇圣胶囊"，张恒春药业公司已经成了空壳，闫永明为什么还要投 1.8 亿元的巨资二次购买？事后证明，裕思明公司就是闫永明的资金周转通道，前后 3.5 亿多元的资金都是从这里流向他的腰包的。

此后的两个月，"伟哥"创造"奇迹"，成为全国最"牛"的股票。2000 年度分红派息中，闫永明的三利化工获得了 2768 万元的现金股利，几乎让他收回所有在金马的投资成本。闫永明"空手套白狼"，真的做的是无本的买卖。但很快，2001 年的金马年报显示，公司不但没有再从"奇圣胶囊"之前的 12 亿多元预售款中挣到分文，相反全年只实现 1 亿元的营业收入，并净亏损 5.84 亿元。如此巨额的"亏损"，实际上绝大部分也流入了闫永明的腰包。

闫永明从通化金马套取资金的办法还包括：第一，让金马以支持大股东名义，借给三利化工 1.088 亿元；第二，让金马借给被认为是他实际掌握的北京飞震广告公司 3.8 亿元，而北京飞震广告公司注册资金只有区区的 100 万元！

红色通缉令上说闫永明从金马带出去的钱 2.5 亿美元，近 20 亿元人民币。要知道那是在十几年前的 2001 年。

闫永明 2005 年逃到新西兰，改名"刘阳"仍然过着骄奢淫逸的生活。他花费 240 万新西兰元购有 Metropolis 酒店顶层的一半房产，又花费 600 万新西兰元购买豪宅。此外，闫永明在多家中国餐馆拥有股份，其中最出名的是聚德轩（Jade Terrace）。闫永明有 4 辆豪车，分别是法拉利、保时捷、宾利和宝马。

为了掩盖自己的罪行，闫永明来到海外后迅速与海外民运人士接触，参与反华活动。2006 年 11 月，他参与了所谓的"自由文化运动"，他捐助了 9 万新西兰元和 6 万美元，建立"自由文化运动特别人权英雄奖"。2007 年 1 月，自由文化运动评奖委员会还对他发公告公开进行了表彰。

《新西兰先驱报》2016 年 2 月 20 日报道，闫永明在潜逃新西兰后，累计在新西兰赌场参赌超过 20 亿元。不但挥霍掉将近 12 亿元，还曾创下一天连赌超过 15 小时，一个半小时内输掉超过 2000 万元人民币多项纪录。如此的巨额财富，必然是金马所赐。我们所不知的是，他究竟从金马掳走了多少民脂民膏！

2007 年 6 月 7 日，澳大利亚联邦警方曾将闫永明部分赃款 2125 万元移交中国。

　　据《新西兰先驱报》2016 年 8 月 23 日报道，新西兰警方日前证实，高等法院批准警方与中国"百名红通人员"闫永明就一起洗钱调查达成"和解"，闫永明须向警方上缴 4285 万新西兰元（约合人民币 2.08 亿元）的财产。新西兰警方官员称，这是该国历来金额最高的一次财产充公，也是中新合作侦办长达两年多的成果。据报道，中方向新方通报的涉案金额达 1.29 亿新西兰元。针对闫永明在新西兰受罚脱罪的疑问，24 日，外交部发言人陆慷在例行记者会上对此作出回应。陆慷说，据向有关部门了解，近年来，中国警方与新西兰警方就追捕经济犯罪嫌疑人闫永明并追缴其犯罪所得一直在进行密切合作。新方此次罚没闫永明的资产是双方合作的阶段性成果，下一步，中国警方将同新西兰警方继续共同推进闫案相关执法合作。这一结果，对妄图通过潜逃海外逃避法律制裁的闫永明等腐败分子而言，无疑当头棒喝，让他们幻梦破碎。

　　2016 年 11 月 12 日，在中国中央反腐败协调小组国际追逃追赃工作办公室的统筹协调下，经中国和新西兰两国执法部门密切合作，潜逃海外 15 年之久的闫永明回国"投案自首"。等待他的，将是法律的严惩。（撰稿/晋珀）

　　编者点评： 闫永明的贪婪成性自然应该遭受谴责和惩罚。但我们还应该进一步的反思，曾经的个别的国企改革，当时究竟是让谁得利并由谁"埋单"？还有，闫永明一个人怎么有那么大的能耐瞒天过海？当时的各职能监管部门呢？相关领导呢？据说现在还有人身居高位！看来，匪夷所思的不只是闫永明一个人！

　　资料来源：

　　[1] 新华社新媒体专线（广州）. 真相｜"红通 5 号"闫永明的新西兰脱罪幻梦. http：//news. 163. com/16/0826/15/BVDHFK97000146BE. html ［2016 - 08 - 26］.

　　[2] 网易财经. 中国伟哥之父闫永明外逃后生活奢靡：拥 4 台豪车. http：//money. 163. com/15/0424/15/ANVOUS4500252G50. html ［2015 - 04 - 24］.

常小兵：涉嫌受贿被"立案"

常小兵　男，1957年3月生，河北涉县人。曾任中国联通董事长11年后于2015年8月任中国电信集团公司董事长、党组书记。因涉嫌严重违纪，2015年12月被"双开"；2016年8月，因涉嫌受贿被立案侦查并被采取强制措施。

常小兵无疑是勤奋的。虽然年少时客观条件不允许，但他在参加工作之后仍然考取了大学。1982年，他从南京邮电学院电信工程系毕业，获得工学学士学位。之后，又赶上国家提出干部"四化"方针（革命化、知识化、年轻化、专业化）重用知识分子的政策，他从安徽省六安地区邮电局一个小小技术员，"一步一个脚印"地由地区到省发展，直至江苏省邮电管理局电信处副处长、南京市电信局副局长。1996年，他更是大跨步到国家信息产业部，任中国邮电电信总局副局长、信息产业部电信管理局副局长。此时的常小兵仍然勤学不辍，2001年获得清华大学工商管理硕士学位，2005年获得香港理工大学工商管理博士学位。2004年11月，常小兵被任命为中国联合通信有限公司董事长、党组书记（2008年电信重组后，任联通集团与网通集团合并后的中国联通董事长），执掌中国联通长达11年。2015年8月，他调任中国电信集团公司董事长、党组书记。他还是十六届中央纪委委员、十一届全国政协委员和中共十八大代表。

没想到高升到电信仅仅 100 多天后，12 月 27 日，他就因涉嫌违纪被调查。当然了，他的问题仍然在联通。

或许是国企中体制惯性的使然吧，常小兵非常善于"集权"管理。再加上他管理的企业集团往往是来自"五湖四海"的"乌合之众"，他更善于"专权"管理。国企的垄断加上管理的集权，便为腐败提供了温床和土壤。常小兵也难以独善其身。

常小兵 11 年的联通工作，可分两个阶段。第一个阶段是 2004 年 11 月到 2008 年，他任中国联合通信有限公司董事长、党组书记。第二个阶段即 2008 年至 2015 年，2008 年电信业重组后，常小兵任联通集团与网通集团合并后的新联通董事长。2004 年，常小兵可谓是"临危受命"，因为当时中国联通盈利能力是当时几大运营商中最弱的。2008 年，中国电信史上又一次大重组，联通与网通合并组成了新联通。两支队伍的旗鼓相当，"联而不通"。如何将他们真正"有机"地融合，对常小兵确实是一大考验。除了集权、强权管理，常小兵别无他法。

因此，常小兵在中国联通期间，很看重下属对他的忠诚度。对其忠诚之人，就提拔重用，相反就给穿"小鞋"，即使再有能力，他也弃之不用。原中国联通信息化和电子商务事业部总经理宗新华，在中央巡视期间落马，就被认为是常小兵的嫡系。另外，有爆料称，因为常小兵曾经长期在江苏任职，因此"江苏帮"在联通内部颇受重视。2014 年 8 月，中国联通集团公司副总经理、三大运营商出名的营销大将之一李刚离职，其身边 4 位亲信也相继跳槽，据分析就是常小兵专权和给穿"小鞋"的结果。

当然了，从管理学角度来讲，集权与分权都是一种方式；如果管理者洁身自好，管理方式未必是腐败的必然原因。常小兵就是输在了自己身上。

党的十八大之后，反腐秋风劲吹。只是在领导岗位上浸染多年的常小兵仍然没有认识到自己的问题，仍然按"习惯"行事。2014 年 11 月 17 日，中央巡视组进驻中国联通，进行了长达一个月的巡视。期间，举报信塞满举报箱，巡视组共收到内部举报信多达 2000 多件，还有大量短信举报，内容涉及 400 多名处级以上干部。

2015 年 1 月，中国诚信信用管理有限公司曾实名举报"中国联通现任董事长常小兵为首的处置房产决策群体存在违规违纪及腐败犯罪等问题"。问题包括常小兵在联通任职期间：①将处置资产以低价转让给私企国澳实业，致使 8 亿元国有资产流失；②联合中证公司、国澳实业偷逃 3.2 亿元税款；③无理处理处置资产周边物业。此外，信中提道"其不仅内外勾结，沆瀣一气，损公肥私，还涉嫌向郭伯雄家族进行利益输送，造成国有资产损失及税款流失"。

也有举报，说常小兵在香港、北京拥有两处不明房产，其亲戚在广东的关联公司从联通获利。

2015年2月初，中央巡视组向中国联通反馈巡视情况，指出的几大问题几乎全与"受贿"有关。包括"有的领导和关键岗位人员利用职权与承包商、供应商内外勾结，搞权钱、权色交易"，"有的纵容支持亲属、老乡或其他关系人在自己管辖范围内承揽项目或开办关联企业谋利"，"有的在子女出国留学、就业等方面接受供应商利益输送"，"有的收受客户所送有价证券，收受贵重礼品"，"有的接受供应商安排打高尔夫球、外出旅游"。然而，此时的常小兵仍然没有对照自身认真检查，更没有意识到问题的严重，反而"此地无银三百两""掩耳盗铃"般地表白自己的清廉。2015年3月全国"两会"期间，同时也是中央对联通巡视期间，常小兵在接受采访时表示，他现在的薪水为税后每月8000元。常小兵此言引发公众广泛不满。据中国联通A股上市公司2014年财报，常小兵当年薪酬107.5万元。业内人士称，作为联通董事长，常小兵收入除了月薪外，还有绩效工资以及中长期激励。除此之外，还有联通股权收入。

2015年4月30日，中国联通发布整改报告称，清理裸官11人、违规兼职12人、离退休违规任职17人。对集团公司2014年内部巡视发现的问题和88名相关人员进行了责任追究。但仍然没有涉及常小兵自己。后来中央纪委给出的结论是：常小兵严重违反政治纪律，干扰中央专项巡视工作，没有认真履行全面从严治党主体责任，对中央巡视组反馈的问题整改落实不力；严重违反中央八项规定精神；严重违反组织纪律，利用职务上的便利在干部选拔任用中为他人牟取利益并收受财物，违反国有企业"三重一大"决策制度，不按规定报告个人有关事项；严重违反廉洁纪律，利用职权和职务上的影响为亲属的经营活动牟取利益，默许亲属利用其职务影响牟取私利；严重违反工作纪律；利用职务上的便利在企业经营等方面为他人牟取利益并收受财物，涉嫌受贿犯罪。

2015年8月24日，常小兵调任中国电信任董事长。表面上看，这是一次普通的正常的工作调动，但又何尝不是中央的"调虎离山"之计？中国联通如此集权，不把常小兵调走，怎样巡视？

就这样，2016年7月11日，常小兵被"双开"。8月9日，最高检网站披露了常小兵案的最新进展。最高人民检察院经审查决定，依法对中国电信集团公司原党组书记、董事长常小兵以涉嫌受贿罪立案侦查并采取强制措施。截至本书截稿时，案件侦查工作正在进行中。（撰稿/晋珀）

编者点评：从能源到交通再到电信，只要是具有垄断地位的国企，其腐败都很难避免；但垄断也好，集权也好，只是经济的一种形态和管理的一种方式。如果从思想上建立牢固防线，管理者"强身健体""守规矩"，那腐败自然也就难以涉及了。因此，十八大后的反腐风暴非常必要。

资料来源：

［1］新京报. 自称月薪8000的常小兵涉受贿　他在联通都干了啥. http：//news. sina. com. cn/c/2016 – 08 – 09/doc – ifxutfyw0985779. shtml ［2016 – 08 – 09］.

［2］中国企业报. 涉受贿常小兵被立案. http：//money. 163. com/16/0816/00/BUI3GU2700253B0H. html ［2016 – 08 – 16］.

张津津："吃喝"贪腐变花样

张津津　男，1956年10月生，天津人，天津市委原委员，天津医药集团原党委书记、董事长。矿泉水瓶装茅台酒，吃一米长的鳄鱼尾，"吃喝"贪腐出新花样。2015年8月，张津津接受组织调查。10月，被免去董事长职务。2016年8月18日，因涉嫌受贿案，被移送公诉部门审查起诉。

张津津从18岁参加工作起，一天都没有离开过天津医药行业。但是，他的医药行业生涯，却最终没有"治病救他"。

1974年，张津津就到天津力生制药厂参加工作。这可是中国医药界的老牌子，也是后来天津医药集团的骨干和支柱企业。在这里，张津津历任团支部书记、党支部书记和厂革命委员会副主任。

后来，他由企业兼向仕途，历任天津市医药管理局团委书记、经营处处长，天津市医药工业销售公司经理、党总支书记，天津市医药管理局副局长兼药材集团公司总经理，天津市医药总公司副总经理，天津市医药集团有限公司副总经理，天津市食品药品监督管理局党组书记、局长，天津市医药集团有限公司董事长、总经理、党委副书记，天津市医药集团有限公司董事长、总经理、党委书记……

40多年的"医药"浸染，张津津显示出不凡的工作能力。尤其是自他2006年担任天津医药集团总经理以来，短短三年时间，截至2010年年末，天津医药集团资产总值236亿元，拥有天津中新药业集团股份有限公司和天津力生制药股份有限公司两家上市公司及一家国家级药物研究院——天津药物研究院。集团以医药产业为主体，科研、生产、商业销售配套，在产业结构上形成化学药、现代中药、医疗器械、医药商业互相依托这样一个较为完整的产业格局。集团拥有控股或参股企业超过100家，其中包括与英国葛兰素史克、日本大家、美国百特、法国益普生等世界著名企业合作，建立合资企业12家。2010年，集团实现工业总产值74.5亿元，实现工商销售收入189.7亿元，实现利润16.05亿元。2011

年，张津津集集团党委书记、董事长于一身，大刀阔斧进行改革，又是短短三年，各项工作突飞猛进。2014 年，集团资产总额 433.75 亿元，实现销售收入 338.87 亿元，实现利润 20 亿元。其中，国有及国有控股企业实现销售收入 293.92 亿元，实现利润 17.09 亿元。集团位列 2014 中国企业 500 强第 348 位，排名比 2013 年提升 36 位。曾荣获"国家科学技术进步一等奖""中国企业 500 强""中国企业影响力十大品牌""中国医药行业企业集团综合实力十强"等荣誉称号。

但是，随着职务的步步高升，张津津的权力越来越大，"官僚"气息也越来越浓，凡事都要讲究，甚至是最起码的吃喝——他不吃五谷杂粮了，甚至不食人间烟火了，他酒非茅台非醇香非年份不喝，甚至要吃一米长的鳄鱼尾……

天津医药集团是大型国有企业，张津津是"一手算盘、一手官印，亦官亦商、左右逢源"的"官商"，掌握着相当的行政权力；即使在纯经营方面，他的"下游"也聚集了不少"嗷嗷待哺"的各种商人，张津津的举手投足都会对他们的生意有相当的影响力。一些老板就投其所好，和他拉近关系。

张津津爱喝酒，而且几乎是非茅台不喝非醇香不喝非年份不喝。老板们迎合张津津这个爱好，他们的后备箱里，长期放有各种茅台，15 年的茅台、30 年的茅台。2013 年，一私企老板为张津津庆祝生日。张津津看到他带来的是普通茅台，便不屑一顾地当众要求改用其他人带来的 15 年的茅台酒；这位曾被张津津弄得颜面扫地的老板再次与其吃喝时，便主动带来 30 年的茅台酒"一雪前耻"。

张津津不仅在国内"庆生"，他的生日宴会甚至要搞到国外去。2014 年，张津津因公务出访意大利米兰，还不忘让陪同的私企老板为其举办"生日 PARTY（聚会）"，邀请中外高管，聘请外籍名厨，吃高档西餐，喝名牌洋酒，一餐花费高达上万欧元（合七八万元人民币），竭力显示其国企大老板的"气派"。

酒非茅台不喝，吃也要出新花样。2013 年，张津津在香港接受被其"关照"而获取巨大利益的港商奢华宴请，其中有一条鳄鱼尾"盘踞"餐桌，众人围绕，胡吃海喝。后来张津津说："跟他们（老板）在一起，吃饭喝酒应该说都是高档的吧。海鲜为主的餐厅里边，都是一些活的龙虾、鲍鱼、海参、东星斑等。这些鱼有的原来吃就是清蒸，后来就是有的吃那个火锅；他们给安排了一条鳄鱼的尾巴，那条尾巴应该很大，差不多得有一米，当时就摆的是整个带形的，也很好看，但是我觉得应该是很贵的，肯定也是预订的，反正就是显示他的热情。"

热情不会无缘无故的。张津津深知，他（老板）为什么会请你吃饭，点高档的菜，喝高档的酒，而且花很多钱。因为他的钱也是做生意赚来的，他也不是自己就有银行。因为自己是一个国有企业的负责人，负责着一个企业的经营管理。所以别人投他所好，他高兴了可能跟这些老板们合作中的一些事情就多一些，老板可能获利的机会就多一些。

因此，私企老板通过和张津津的交往得到了药品的独家代理权，获得了丰厚的经济回报。而张津津也在觥筹交错中越陷越深，不能自拔。

更为恶劣的是，党的十八大以后，张津津仍然不收敛不收手，更是变换花样地想吃喝。网上流传的"矿泉水瓶装茅台"的段子，就发生在张津津身上。他说，你明显地在桌上摆个瓶子，你放的是茅台还是五粮液，如果人家用手机给你拍个片子，那网上不就有证据了吗，所以就把那个茅台酒倒在矿泉水瓶里，然后拿矿泉水瓶子在大家分酒的时候，再分着喝。除此之外，他为了逃避检查掩人耳目，为了吃喝更加方便、更加隐蔽，竟然还让医药集团一家下属单位把会议室改造成了临时餐厅，在这里宴请有关单位的人员。他们会请下属人员采买一些海蟹、辽参等海鲜食材，请来餐厅的专业的大厨，当场做大餐吃喝……

当然了，张津津的问题不仅仅是吃喝，或者说吃喝只是他"生病"的根本路径之一。除此之外，他还化整为零报销，以办公用品、加班餐费等名目入账。除了严重违纪，也因涉嫌受贿等犯罪行为被移送司法机关处理。截至发稿，他的问题正在审查之中。

2016年10月19日，中央纪委宣传部、中央电视台联合制作的八集专题片《永远在路上》播放第三集《踏石留印》，其中以张津津等为案例现身说法，深刻反省和剖析由大吃大喝到奢侈腐化、由违纪到违法的过程，希望给国企的广大领导干部以深刻警示。（撰稿/晋珀）

编者点评： 俗话说，"病"从口入，什么"病"都是吃出来的。生理的医学上的病是这样，精神上的病也是这样，政治上和作风上的"病"更是这样！国有企业家，作为国家委派的企业领导人，往往在一些行业方面有相当的"特权"，而这也是一些人觊觎的，突破口往往就在于他们的"嘴"。像张津津这样的，非茅台不喝，还要吃一米长的鳄鱼尾。这样的"嘴"必定会"喝坏了党风喝坏了胃"。

资料来源：

央视网. 顶风违纪招数：矿泉水瓶装茅台　办公室藏暗室. http：//www. a
– cerc. com/a/qiyejiaxinwen/2016/1020/1014. html［2016 – 10 – 20］.

司献民：南航最不合格的"机长"

司献民 男，1957 年 11 月生，河南平顶山人，中共党员。毕业于民航 14 航校飞行驾驶专业，1975 年参加工作，中国南方航空集团公司原党组副书记、总经理，中国南方航空股份有限公司原董事长。2015 年年初，南航陷入腐败窝案风波。更令人没想到的是，作为南航"机长"的司献民也深陷其中。2015 年 11 月司献民涉嫌严重违纪，接受组织调查。2016 年 9 月，因涉嫌受贿案，被提起公诉。

司献民是地地道道的从农家走出来的苦孩子。他的家乡在河南省平顶山市鲁山县，是个多山的地方。因县东北十八里有鲁山，据《读史方舆纪要》："山高耸，回生群山，为一邑巨镇，唐改县名鲁阳为鲁山。司献民 1957 年出生的时候，家乡山高河深，贫穷不仅冻馁着他的身体，更寒冷着他的心。不过司献民是勤奋刻苦有出息的好孩子，凭着自己的努力，他考入了民航第 14 航校（即中国人民解放军第十四航空学校），学的是飞行驾驶专业，于是便当上了令人羡慕的飞行员。后来还考取了清华大学经管学院高级工商管理硕士。1975 年参加民航工作，1992 年加盟南航。

南航即中国南方航空公司，属大型央企，总部设在广州，是中国运输飞机最多、航线网络最发达、年客运量最大的航空公司。南航机队规模居亚洲第一，世界第四，是全球第一家同时运营空客 A380 和波音 787 的航空公司。司献民能到这样的大型企业工作，自然是非常地高兴，也曾全身心地予以投入。他卓越的工作能力真可谓"南航飞机挂暖瓶——高而平稳"，他的职位也随着南航每一架飞机的起飞而步步高升。1992—1998 年，他任南航河南分公司政治处副主任、主任；1998—2000 年，他任民航贵州航空有限公司党委书记兼副总经理；2000—2002 年，他任中国南方航空股份有限公司党委副书记；2002—2003 年 7 月，中国南方航空股份有限公司党委副书记、纪委书记；2003—2004 年 10 月，他任中国南航集团公司北方公司党委书记；2004 年 10 月—2009 年 1 月，他任南航股份总经理；自 2009 年 1 月起，司献民任南航集团总经理、南航股份董事长，成为整个南航的"机长"。

不过，有过纪委书记工作经历的司献民却不是个合格的"机长"。在 2000 年以来他担任的相关党委、纪委领导及总经理、董事长长达 16 年的时间里，整个南航真可谓腐败频发，甚至于在他当"机长"的七八年间，形成了腐败"窝案"。而他即是整个"窝案"的中心，成为南航最不合格的"机长"。

司献民新官上任时，或许也曾勤奋有加。2009 年 5 月 6 日《中国民航报》上有一篇关于他的报道《每一步，都看到他积极的一面——印象司献民》。文中写道："随和敦厚、包容开朗……他几乎做遍了航空公司的所有职级，待过的地方，天南地北，他总能走一处，爱一处，有一份豁达的胸怀……司献民说，一个人，你无论走到哪里，做什么，首先你得热爱她，一定要看到好的地方。这样，你才能有激情、有责任，并且迅速地融入到这个群体当中去，才能干好事，干成事……'胸有惊雷，而面如平湖'，这也许是司献民真实性格最贴切的比喻。南航人都记得司献民一个最经典的桥段：跳松花江。那是 5 年前，司献民在东北主导南航北方各分公司人事制度改革，他宣言：改革不成功，我们就去跳松花江。改革方案获得高票通过，许多人失去官位，但拖累企业前行的多年积弊也一扫而光……"不过，现在看来，用"笑面虎"和"双面人"来比喻他似乎更加贴切。

其实，司献民的前任离休审计就遭到了国家审计署的追责。2009 年 6 月 9 日，南航股份的总工程师张和平被检察机关带走检查。张和平在南航股份 11 名高管团队中名列第九。6 月 11 日，南航股份发布公告宣布免去张和平职务。检察机关指控张和平收受贿赂 719.1 万元，2012 年被判处 15 年有期徒刑。与张和平前后时间被带走检查的还有南航股份重庆公司总裁周英里等 7 名高管。6 月 16 日前后，南航营销委运力网络部副总经理江晓中及前任总经理也被带走调查。令人难以置信的是，"前车之鉴"并没有引起司献民的高度重视。在 6 月 30 日的南航股东大会上，由于代表股东出席的基金公司对此事强烈关注，司献民的回应竟然是"完全是胡扯！"的咆哮！

这或许也为他的最终下场埋下了伏笔。

2015 年年初，南航爆发贪腐窝案，先是公司副总经理陈港、公司运行总监田晓东因涉嫌职务犯罪被立案侦查，随后，集公司董事、副总经理、财务总监、总会计师多位职务于一身的徐杰波，公司副总经理周岳海也被宣布接受调查。但司献民好像是安全的。3 月，他参加博鳌论坛，面对外界关注的南航窝案风波，他表示："我们那边的事（窝案风波）还没完……"

一语成谶。

2015 年 11 月 4 日，据中央纪委监察部网站消息，司献民涉嫌严重违纪，接受组织调查。

2015 年 12 月，司献民辞去第十二届全国人民代表大会代表职务。

2016 年 1 月 15 日晚间，南方航空发布《中国南方航空股份有限公司关于董事长辞职的公告》，宣布司献民因个人原因申请辞去公司董事长，该辞任即日生效。

2016 年 2 月 3 日，中共中央纪委对司献民严重违纪问题进行了立案审查。

经查，司献民严重违反政治纪律，干扰巡视工作，严重违反中央八项规定精神，用公款打高尔夫球。严重违反组织纪律，不按规定如实报告个人有关事项，严重违反廉洁纪律，收受礼品、礼金，利用职权为他人牟取利益，其子收受财物，利用职权为亲属经营活动谋取利益。违规批准所在公司向他人支付公款。利用职务上的便利在企业经营等方面为他人谋取利益并收受财物。其中，利用职务上的便利为他人谋取利益并收受财物问题涉嫌受贿犯罪。

2016 年 9 月 26 日，据最高检官网消息，司献民涉嫌受贿一案，由最高人民检察院指定广东省人民检察院侦查终结后，移送广东省深圳市人民检察院审查起诉。深圳市人民检察院已向深圳市中级人民法院提起公诉。

检察机关起诉指控：被告人司献民利用担任中国南方航空集团公司总经理、中国南方航空股份有限公司总经理、董事长等职务上的便利，为他人谋取利益，非法收受他人巨额财物，依法应当以受贿罪追究其刑事责任。

截至本书截稿时，本案还没有审判结果。（撰稿/晋珀）

编者点评：我们常说，一个人的所作所为要对得起自己的身份。国企领导干部往往是"双重"身份：一是共产党员，那就必须遵守党章，必须遵守党的政治规矩和纪律；二是你是受党和政府任命代表人民来管理企业，这权利不是自家的，不能随意使用更不能为自己牟私利。无疑，司献民和他的南航贪腐集团乃至所有贪腐的国企高管，都违反了这一常识。等待他们的只能是法律的严惩。

资料来源：

腾讯财经. 南航司献民被调查　内部人称其曾包庇被查前高管. http://finance. qq. com/a/20151105/016585. htm ［2015 – 11 – 05］.

于铁义：贪腐3亿元，新中国第一贪

于铁义　男，1954年生，研究生毕业。曾担任黑龙江龙煤矿业控股集团有限责任公司物资供应分公司副总经理、党委副书记、党委委员等职务（副厅级）。2013年4月11日于铁义因受贿被逮捕，2014年，被公诉至黑龙江省林区中级人民法院。2016年10月21日，被黑龙江省林区中级人民法院一审判处死刑缓期两年执行并终身监禁。受贿3亿元金额特别巨大，真可谓"新中国第一贪"。

现年62岁的于铁义在黑龙江省曾是一位"本分"的企业家。

在任职黑龙江龙煤矿业控股集团有限责任公司之前，他曾在子公司鹤岗矿务局选煤厂当厂长。那时的于铁义还是一位"尽职尽责"的厂长，为提高选煤厂的效益绞尽脑汁想办法："开发优质动力煤、混末煤新产品，引进国家专利技术气流干燥新工艺，树立强烈的品牌意识"等。因为他的努力，选煤厂还被鹤岗市誉为"财税支柱、煤海明珠"，被黑龙江省政府授予文明单位标兵、出口创汇先进单位、"用户满意单位"等荣誉称号，被煤炭部评为质量标准化选煤厂、现代化选煤厂、行业二级企业和煤炭工业优秀企业"金石奖"。

后来，于铁义转到了黑龙江龙煤矿业控股集团有限责任公司（下称龙煤集团）物资供应分公司任职。龙煤集团物资供应分公司是经黑龙江省委、省政府批准，在重组鸡西、鹤岗、双鸭山、七台河四个重点煤矿优良资产的基础上组建的大型煤炭企业集团。主要生产经营煤矿物资为主，集招标、采购、仓储、配送和投资加工制造业、普通货物运输及进出口贸易于一身，注册资本3.3亿元，年物资流转额超50亿元，是东北地区最大的煤炭物流企业。

物资采购和供应部门，因其掌握一定权力和巨大利益，历来是个"肥差"；同时也是个严峻的考验。遗憾的是，于铁义的"答卷"不及格。

随着地位的高升，权利的增大，利益的诱饵越发诱人，于铁义也变得越来越膨胀，开始通过不正当的手段疯狂敛财。终于在2013年4月11日于铁义因贪污受贿被逮捕，"赢"得了"新中国第一贪"的称号。

2014年年初，于铁义被公诉至法院。公诉机关指控："2005年至2011年间，于铁义利用担任龙煤供应分公司负责人、副总经理负责全面工作职务便利，为二十余家供货商提供增加订单和采购数量、提高采购价格、及时支付货款等帮助，以收取销售产品代理费、咨询费、购买车辆、投资入股等名义索取、收受供货商贿赂共计人民币3.06亿余元。"

于铁义在被逮捕之后，对于自己所犯下的罪行供认不讳，甚至主动交代了办案人员还不曾了解的受贿事实，同时，检举揭发他人犯罪线索，具有坦白、立功表现，他的亲友也积极帮助其退还赃款。基于这些，最终法院判处其死缓，剥夺政治权利终身，并处没收个人全部财产。缓刑期满后减为无期徒刑，终身监禁，不得减刑、假释。于铁义这才逃过一死。

关于于铁义受贿的案件已审理完结，但是人们都很好奇他是如何贪得这3.06亿元的？或许我们能从一部名为《四风之害》的专题片中找到答案。

2014年，中共黑龙江省委党的群众路线教育实践活动领导小组办公室组织录制了一部《四风之害》的专题片中，在其中"享乐主义之害"的篇章中，披露了于铁义的部分案情细节。

第一，"只赢不输的赌博"。于铁义经常会"召集"一些供货商陪他玩斗地主，这些老板在陪他玩牌时有个潜规则：一是必须随叫随到，不管你是在飞机还是高铁上；二是要带着巨额资金来；三是只许输不许赢。一旦有人违反了规则，赢了牌，于铁义立刻翻脸。往往一场牌局下来，于铁义就能赢个几十万元。

第二，"包套房"，"不早朝"。据了解，他花几百万元在北京五星级酒店包下总统套房，常年不在单位上班，通过电话、视频等指挥工作，甚至让下属到北京的总统套房里来开会。荒唐至极。

第三，"奢侈品排排站"。他爱好名车，于是奔驰宝马几十辆，还有价值四五百万元的宾利和上千万元的劳斯莱斯"镇宅"。他家中的世界名表"欧米茄""宝格丽""卡地亚"加起来有几十块。有媒体爆料："珠宝首饰更是成堆成串、琳琅满目，十几万元、几十万元的钻戒就有几十个。"

不仅如此，"其一家人在三亚、大连、青岛、厦门等城市拥有房产就有58套，很多别墅豪宅于铁义从来都没去过，其女儿佩戴的一条红珊瑚项链价值118万元。"这是2014年9月，黑龙江省纪委官网一篇名为《官员失德，社会不可承受之重》的文章里描述的。足以见得，于铁义对于金钱的欲望已经到了一种"疯狂入魔"的程度，而他自己也在后来坦言："我也说不清楚要那么多钱有什么用，但是收钱已经成了我生存的最大意义，一天不进钱我都心里难受。"

2015 年 9 月 27 日，另一部名为《从疯狂到灭亡》的专题片在网上被疯狂浏览、转发。据了解，这一部纪录片全称为《从疯狂到灭亡——黑龙江省龙煤集团物资供应分公司原副总经理于铁义受贿案剖析》，是一部警示教育片，由黑龙江省纪委在 2015 年 8 月录制，其中披露了于铁义的具体贪腐金额。2015 年 9 月下旬，黑龙江多级政府部门还组织观看了这部警示片。

不可否认，于铁义敢于如此肆虐的受贿，离不开那些"主动送上门"的人。

曾任湖南双马电气有限公司代理商的龙义清，为与于铁义拉关系，牟取不正当利益，曾在 2008 年至 2011 年，向其女儿于晗、妻子李影"变相贿赂"价值724662.01 元的财物。具体罗列如下：

（1）2008 年 12 月，龙义清在于晗生小孩期间送给于晗"欧米茄"手表一块，价值 4.83 万元。

（2）2008 年 12 月，龙义清在于晗生孩子期间，为于晗支付住院费 3.8 万元。

（3）2009 年 5 月 6 日，龙义清在北京新光天地百货商场给于晗购买"通灵"牌钻戒一枚价值 7.24 万元。

（4）2010 年 8 月 1 日，龙义清在香港给于晗购买"宝格丽"牌手表一块，价值 157948.02 元。

（5）2010 年 8 月，龙义清在北京送给于晗翡翠手镯一只，价值 11.3 万元。

（6）2010 年 9 月，龙义清在北京于铁义家中，他的妻子李影过生日时送 1 万元。

（7）2011 年 8 月，龙义清在北京于铁义的家中送给其玉石摆件两个，价值 8 万元。

（8）2011 年 9 月 8 日，龙义清与于晗一起去香港时给其购买了"宝格丽"牌手表一块，价值 106601.99 元。

（9）2011 年 9 月 9 日，龙义清与于晗一起去香港时，给其购买了"卡地亚"牌手表一块，价值 98412 元。

以上这些仅仅是龙义清一人的"输送清单"，相信与他"如出一辙"的不止一人。而尤义清也因为多次向国家工作人员贿赂财物，触犯了《中华人民共和国刑法》而受到处置。

2016 年 10 月 21 日，于铁义因受贿 3 亿元，被黑龙江省林区中级人民法院一审判处死刑缓期两年执行并处终身监禁。（撰稿／杨婷婷）

编者点评：于铁义的受贿案是迄今为止法院认定的全国受贿案件中金额最高的案件。因此，他成为了第三名被终身监禁的国家工作人员。之前有全国人大环境与资源保护委员会原副主任委员白恩培，2016 年 10 月 9 日，因受贿、巨额财产来源不明，被判处死刑，缓期 2 年执行，终身监禁，不得减刑、假释。国家能源局煤炭司原副司长魏鹏远，2016 年 10 月 17 日，因受贿、巨额财产来源不明，被判处死刑，缓期 2 年执行，终身监禁，不得减刑、假释。三人的判决结果一样，均是死在了"贪污受贿"上，所谓"法网恢恢，疏而不漏"，正是如此。无论你权居多高，财积多厚，公平、正义面前，都是平等的。

资料来源：

[1] 网易新闻. 受贿超 3 亿龙煤原高管于铁义：一天不进钱我难受. http：//news. 163. com/16/1024/07/C44JTIGG00014AEE. html ［2016－10－24］.

[2] 环球网. 龙煤集团于铁义受贿超 3 亿：一天不进钱我都心难受. http：//www. huanqiu. com/www/mobilenews/hot/2016－10/9588614. html ［2016－10－23］.

[3] 中铁新闻网. 新中国"第一贪"于铁义受贿 3 亿为何判死缓. http：//www. ztyj. net/ShowNews/？175769－1. html ［2016－10－23］.

[4] 腾讯新闻. 受贿超 3 亿创纪录龙煤集团分公司副总被判死缓. http：//news. qq. com/a/20161022/013383. htm ［2016－10－22］.

第五部　褐色记忆·不朽篇· 抗战中的企业家

　　2015年是中国人民抗日战争和世界反法西斯战争胜利70周年。为此，我们在《中国企业报》上开辟了"抗战中的企业家"专栏，采访、收集和整理了一些当年的企业家（民族实业家、资本家）积极抗日的事迹。为表达对抗日先辈企业家的尊重，特收录本书中，希望现在的企业家能继承先辈的精神，保持和发扬企业家精神，为实现中华民族伟大复兴的中国梦而努力奋斗。

陈嘉庚：华侨旗帜民族光辉

陈嘉庚，原名陈甲庚，1874 年 10 月 21 日出生于福建省泉州府（现属厦门市集美区），著名的爱国华侨领袖、企业家、教育家、慈善家、社会活动家，成长于郑成功抗清复明故垒的陈嘉庚，一生为辛亥革命、民族教育、抗日战争、解放战争、新中国的建设做出了卓越的贡献。

成立商会支援抗战

深受孙中山思想影响的陈嘉庚，于 1910 年加入同盟会，并慷慨资助孙中山的事业。1937 年"七七事变"之后，陈嘉庚成立"南洋华侨筹赈祖国难民总会"（不同时期简称南侨商会、南侨总会），并被推选为主席。向华侨募捐、支援抗战是南侨商会当时的首要任务。

仅 1939 年一年，南侨商会就向祖国汇款 3.6 亿块银元。1942 年南洋沦陷，日军得知陈嘉庚是南侨商会的主席和他在南洋华侨之中的威望时，开始劝说陈嘉庚为日军效力，被他断然拒绝。陈嘉庚郑重声明：绝不能和日军有任何合作，誓与外敌抗战到底！陈嘉庚由此遭到日军的"通缉"。为了不当俘虏，陈嘉庚组织募捐的时候，总是随时携带一剂剧毒氰化钾，时刻准备为国家和民族而牺牲。在陈嘉庚的组织与号召下，1937—1945 年的 8 年中，南侨商会共捐献飞机 217 架、坦克 27 辆、救护车 1000 辆、大米 1 万包以及大量药品、雨衣、胶鞋等用品，年总数达 3000 批以上，捐款共达 13 亿块银元。

抗战时期，很多富家巨商恨不得把自己所有的资产全部藏起来、转移或是迁资海外，陈嘉庚却把自己的大部分资产全部拿出来支持抗战，带头募捐。

与汪精卫斗争，也是陈嘉庚"抗战"的重要内容。陈嘉庚早年与汪精卫相识，两人私交甚好。1938 年 10 月武汉、广州相继失守，后传出汪精卫与日寇苟和之事。陈嘉庚遂以朋友的身份询问是否属实，他怒斥道："我们乃民族之儿女，应团结一致对抗外敌，怎么能轻易和谈言败！我们虽然武力比较弱，但是我们不能在思想上摧毁自己！"

寻求出路心向延安

1940 年，陈嘉庚回国慰问考察，在重庆期间，大小宴会每天都有，而且不止一次。

有一次，接待他赴宴的地方竟然是一座富丽堂皇极其奢华的达官府邸，那是赫赫有名的国民党财政部长孔祥熙的官邸。遂后陈嘉庚便登报声明："鉴于国难当头，任何浪费都与国家利益不容。"由此他宣布：不管何方邀请，凡盛会一律不参加。

陈嘉庚看到重庆的国民党达官贵人花天酒地、铺张浪费、挥金如土的作风，很是不悦。后来，他还将自己在重庆慰问考察时，所看到的国民党官员铺张浪费大肆挥霍等情况，向蒋介石作了汇报。

在重庆期间，中共中央领导董必武、叶剑英等人，曾亲自拜访陈嘉庚，向他赠送了延安的土特产还有三件陕北出产的羊皮衣，并转达了毛泽东对他到延安考察的邀请。

陈嘉庚在延安受到了边区军民的热烈欢迎。他一到延安，就十分注意观察共产党领导们的日常生活，他不但听其言更观其行。有一天毛泽东请陈嘉庚吃"党宴"，只有白菜、咸萝卜干，外加一碗鸡汤。

所有这些，陈嘉庚看在眼里，记在心间。

抗战意志坚定不移

抗日战争全面爆发后，中国各入海口岸均被日军占领，大量的军用和民用物资只能靠滇缅公路来运输。且不说公路的崎岖难行，也不说日军的狂轰滥炸，单是熟练的司机和修理工（当时称"机工"），国内当时都非常奇缺。

1939 年，南侨总会受国民政府委托，在南洋招募华侨机工，成立了南洋华侨机工回国服务团。陈嘉庚明确说道，此次招募是为了支援国家抗战，只管吃住和微薄的薪金，甚至什么都没有，要义务为国家贡献。他招募机工的广告一出，立即得到新加坡、马来西亚等地南洋华侨青年积极响应，报名踊跃。经过严格筛选，3200 多人分批回国，大都奋战在滇缅公路上，最后有 1000 多人战死、受伤和失踪。

1940 年春，陈嘉庚亲自回国看望南侨机工，他看到这些南侨机工驾驶汽车在敌机的轰炸之下，用鲜血和生命护送着抗战所需要的各种物资，赞美他们是不穿军装的军人！

为了培养更多的机工人才，陈嘉庚回到南洋后，从国外高薪聘请技术工人，开办机工学校，准备继续为祖国服务，直到抗战的完全胜利。

抗战胜利和新中国成立后，陈嘉庚接受政府邀请，回到北京定居。1961 年 8 月 12 日，陈嘉庚在京病逝。政府给予了陈嘉庚国葬的隆重礼遇，治丧委员会主任由周恩来总理担任，周恩来总理和朱德委员长亲自执绋，陈毅元帅在吊唁的时候激动地说："陈嘉庚是一个有骨气的中国人。"由于陈嘉庚对抗战和祖国的独特贡献，毛主席赞誉他是"华侨旗帜，民族光辉"！

1961 年陈嘉庚去世之后，把自己大部分资产捐献国家用作公益、教育事业，他并没有给子女留下过多的财产。为贯彻先辈对教育事业的支持，"李氏基金会"负责人李成义（陈嘉庚外孙），向厦大捐赠 1000 万元新币（约合人民币 5000 万元），用于资助厦大医学院和护理学院的建设和发展。

在 2015 年 9 月 3 日北京天安门广场纪念抗战胜利 70 周年的盛大阅兵式上，陈嘉庚先生的孙子陈立人、陈君宝和孙女陈佩仪还应邀参加了相关活动。（原载 2015 年 6 月 14 日《中国企业报》"抗战中的企业家"专栏，撰稿/晋珀、郭婕、薛怡然）

范旭东：用实业对抗侵略

1945 年 8 月 15 日，日本天皇裕仁广播《停战语书》，宣布无条件投降。中国浴血 14 年的抗日战争结束。

当天，天津塘沽的一个工厂里，许多职工正用大把的刷子，从桶里蘸上石灰水，拼命地刷去"共存共荣"、"大东亚共荣圈"的口号。

这家工厂是中国第一家精盐工厂———天津久大精盐公司。它是著名民族资本家范旭东化工实业帝国中的一员，在抗战期间被日本人强行占领。

宁举丧，不受奠仪

1905 年，中国第一座精盐厂在塘沽诞生，老板是 27 岁的湖南人范旭东。

范旭东后来被称作是中国化工业之父，他在回忆他的第一个工厂的厂名"永大"时说，寓意就是民族工业永远发扬光大。其永利碱厂"红三角"牌纯碱名扬海外，他的另一个企业被誉为"远东第一大厂"的南京永利铔厂生产出了中国第一批硫酸铵产品和中国第一包化学肥料。抗战期间，范旭东在大后方办厂，推进了大西南的建设。

正当范旭东的事业如日中天时，时局突变，日本侵华战争全面爆发。在整个亚洲都首屈一指的盐碱大王范旭东和他的能够生产重要化工产品和军需物资的化工厂，自然是日本人眼中迫切想占为己有的"肥肉"。1937 年秋，日本军部派代表以日中亲善为由，多次"拜访"永利碱厂的负责人李烛尘（范旭东的好友），李烛尘对合作经营避而不谈。多次碰壁的军部代表找来了以前和永利有过合作的日本三菱公司，让他们以民间财团的名义，提供技术和资金进行投资，由两家"合办"永利，再次被李烛尘严词拒绝。

日本军部再也耐不住性子，1937 年 12 月 9 日，日方代表拿着预先拟好的"协定"文本，逼迫李烛尘在文本上签字。自此之后，范旭东在塘沽的产业全部落于日本人手中。

随着战火的不断蔓延，范旭东将永利铔工厂由原来生产化肥改为生产硝酸铵，日夜不停地赶制炸药，以供应前线军需。

日本也深知南京永利铔厂的重要性，于是故伎重施，"一再要求合作"。范旭东深知他们的手段和目的，他知道南京永利铔工厂的存亡迫在眉睫了。于是范旭东发下誓言："宁举丧，不受奠仪。"随后，他痛下决心命令凡是可以搬动的机器材料、图样、模型都抢运西移。笨重巨大无法移动的设备，则将仪表拆走，其余设备拆下投入长江，并布置全部技术人员和老工人向内地转移。

"不是逃难，是创业"

损失巨大的搬迁，严重匮乏的资金，交通辗转难行，人员拉家带口，但范旭东认为这不是一次"逃亡"，而是创业，他决定在中国的内地再建一个化工中心。

1939 年，范旭东在乐山五通桥（现属于四川省乐山市）重建了永利化工基地。

基地为了恢复生产，设备是必不可少的。范旭东决定从美国购买生产器材，但是器材从美国运往四川，运输异常困难。

范旭东亲赴美国，购置福特牌载重汽车 200 辆，又转赴缅甸。可是，就在范旭东认为一切都准备就绪时，1942 年 3 月，仰光失守，永利购买的设备经过千辛万苦，还是功亏一篑。

"屋漏偏逢连夜雨"，重庆作为抗战时国民政府的陪都，经常遭到日军的轰炸，范旭东在乐山的永利化工基地也在劫难逃，不仅楼房坍塌，还死伤好几位技术人员，损失惨重。

除了设备之外，永利面临的一个更大的问题就是制碱用的盐。抗战前的永利一直使用的是廉价海盐作为原料的"苏尔维制碱法"，然而在四川用的都是昂贵的井盐，当时的永利并没有用井盐制碱的方法。范旭东一边在国内成立了相应的研制机构，一边委派侯德榜（永利化工基地总工程师）远赴美国进行新的制碱方法的研究。侯德榜不负众望，研制出了新的制碱方法，后来范旭东把新的制碱方法命名为"侯氏制碱法"。

工业先导，功在中华

历经千难万阻，永利在大后方的经营可以说还是很惨淡。最艰苦时候，甚至连员工的一日三餐都得不到保证。即便是这样，范旭东和他的员工们仍激情未减。范旭东曾经说：我从不后悔当年的撤厂内迁，不管多么的艰苦，我都会不遗余力地支持抗战，继续生产抗战急需物资，直到生命终结。

1945 年 9 月 17 日下午，被蒋介石邀请赴重庆进行和平谈判的毛泽东接见了范旭东。毛泽东说："久仰范旭东不辞辛苦创建民族工业，功盖华夏，今日相会三生有幸。"

不料，半个月之后，范旭东因病辞世，年仅 62 岁。

听闻范旭东逝世，毛泽东十分震惊并赠送挽联"工业先导，功在中华"。蒋介石赠送挽联是"力行致用"。

1945 年范旭东去世之后，侯德榜接任总经理，并将永利公司资产平均分成 11 份，其中一份，平均分成五份，五分之四奖励经历抗日战争的永利员工，五分之一赠给范旭东的妻子谢氏和两个女儿范果恒、范果纯。（原载 2015 年 6 月 30 日《中国企业报》"抗战中的企业家"专栏，撰稿/晋珀、郭婕、薛怡然）

李烛尘：一心报国无所惧

李烛尘，出生于湖南省永顺县一个小康家庭里，19 岁考中秀才，1909 年他毕业后来到北京。当时革命浪潮峰起，辛亥革命后，1912 年李烛尘去日本留学，攻读电气化学，1918 毕业后怀着"实业救国"和"科学救国"的理想回国。

研制新品打破垄断

回国后，李烛尘获高瞻卓识的范旭东邀请，在久大、永利、黄海三位一体（史称"永、久、黄团体"）的化工企业任经营部长、厂长等职务。1925 年由永利终于生产出纯碱，行销国内外，打破了英国财团在中国市场上的垄断，居于我国当时民族资本化工事业的前列。

1937 年"七七事变"后，华北的久大、永利被日寇劫占，"永、久、黄团体"决定全部内迁：李烛尘被推为内迁总负责人。当时"永、久、黄团体"内迁员工、眷属共千余人，在他的指挥和安排下，于 1938 年 3 月全部安全撤至重庆。他奉范旭东之命，将 300 余名技术人员，除一部分安排在黄海化工社进行研究工作外，其他分别安排在他任厂长的几个分支厂，继续发挥他们的技术专长，使他们各得其所，才尽其用，为"永、久、黄团体"的发展做出贡献。

战火中保护产业

塘沽沦陷后，日本军队把久大、永利厂包围。李烛尘按照范旭东的要求，指派员工将厂内留下的部分蓝图和资料集中在制碱炉内烧毁，部分图纸资料则秘密保存，以为到后方建设碱厂做技术准备。

随后，李烛尘又派人以复查测绘为名进入塘沽永利碱厂，他们的主要任务，一是拆散处理掉石灰窑顶部的分石转盘及遥控仪表；二是拆除当时属最新技术的蒸馏塔上的温度传感器；三是拆毁碳化塔的部分管线。拆下来的仪器和图纸一起，在当年的 8 月底由碱厂职工携带分批乘船南下，再经香港转道武汉和长沙，之后又陆续转移进川，成为在大后方重建盐厂、碱厂的重要财富。

1937 年秋，日本军部华北开发公司授意其下属兴中公司夺取永利碱厂。由于永利碱厂在国际上负有盛名，日本人起初还有所顾忌，兴中公司代表曾几次"拜访"李烛尘，大谈"日中亲善"，企图与永利合作经营。李烛尘避而不谈。碰壁的代表找来以前与永利有合作的日本三菱公司，由三菱公司出面向李烛尘提出，他们以民间财团的名义提供技术和资金进行投资，由两家"合办"永利。

痛斥强盗野心

"侵略者的伎俩，不管它以什么形式出现，在我祖父眼里都是露骨的强盗逻辑。他理所当然地拒绝了。"李烛尘的孙子李明智回忆说。

但三菱公司的代表仍纠缠不休，李烛尘搬出永利碱厂的章程说，"我们是民营企业，公司章程明文规定，必须是华籍人士才能入股。我个人是无权更改公司章程的。"

日方并未就此善罢甘休。与此同时，永利碱厂过去的主要竞争对手英国的卜内门公司华行的总经理吉勒理，也派其华人董事孙仲立多次找到范旭东和李烛尘，建议把永利制碱厂改为中英合办。卜内门公司愿意用在日本银行的存款 30万块银元做抵押，作为合作的前期投股。

对那段历史，天津社科院历史研究所张利明说："卜内门公司的意图是十分清楚的，一方面，他们为了保全自己的资金不受损失或少受损失；另一方面，趁此机会将其资本加入永利，准备在战后作为与永利碱厂合作的依据。"范旭东、李烛尘对此建议也都予以拒绝。

日本军部再也耐不住性子。1937 年 12 月 9 日，日方军代表拿着预先拟好的协议，逼迫李烛尘在文本上签字。李烛尘忍无可忍，一改往日斯文儒雅风范，怒斥道："世界上哪有强盗抢了东西还要物主签字的道理！你们做强盗也太无勇气了！"

　　1949 年 1 月，天津解放后，永利、久大两厂随即复工，他积极宣传党的政策，领导工商界恢复生产，支援前线，为解放全中国效力。同年 4 月，刘少奇到天津对工商界作重要讲话，鼓励工商界发展生产，繁荣经济，并参观了永利碱厂，与李烛尘进行了三次长谈，表扬他对工商界所做的工作，鼓励他继续前进，还对永利、久大存在的具体困难，提出解决办法，给予很大支持。新中国成立前夕，他代表产业界参加了新政协会议。新中国成立，李烛尘被选为中央人民政府委员。（原载 2015 年 7 月 7 日《中国企业报》"抗战中的企业家"专栏，撰稿/晋珀、郭婕、薛怡然）

卢作孚：梦寐不忘国难

毛泽东谈及中国近代实业发展时说到有四个人不能忘：重工业的张之洞、化工业的范旭东、航运业的卢作孚和轻工业的张謇。

卢作孚不能被忘记还因为他对抗日战争的卓越贡献。他三次被当时的国民政府授予勋章：三等采玉勋章（1938 年）、二等卿云勋章（1944 年）和胜利大勋章（1945 年）。

为探访卢作孚抗战"足迹"，2015 年 5 月 19—22 日笔者专程去重庆和成都采访了他的二儿子卢国纪和三儿子卢国纶以及孙子卢晓钟，参观了合川卢作孚故居和卢作孚广场，到北碚瞻仰了卢作孚纪念馆和卢作孚陵园；后又通过邮件和电话采访了他的孙女卢晓蓉和孙子卢铿。听卢作孚的后人们讲述他的事迹和精神，真实亲切、催人奋进。

理想的力量

20 世纪初，中国正处于半封建半殖民地社会的灾难深渊。特别是 30 年代以后，日本帝国主义一家"独大"，中华民族到了亡国灭种的危急关头。此时华夏优秀儿女的理想就是要拯救祖国！为此，他们可以抛弃优裕的富家生活，背井离乡、远渡重洋，甚至不惜"抛头颅、洒热血"，"大江歌罢掉头东，邃密群科济世穷。面壁十年图破壁，难酬蹈海亦英雄"，"国不可以不救。他人不去救，则唯靠我自己；他人不能救，则唯靠我自己；他人不下真心救，则唯靠我自己。""作息均有人群至乐，梦寐毋忘国家大难"……这些豪言壮语，就是当时的最强音。

作为那个时代的先进分子，卢作孚抵御外侮、救亡图存、服务大众、建设社会的理想已具有鲜明的爱国主义、社会主义、共产主义的色彩。

卢作孚 1893 年 4 月 14 日出生于四川省合川县（现为重庆市合川区）。卢国纶说："父亲很小的时候就对甲午战争印象深刻，经常在思考为什么我们会败？他在小学时就动脑筋想着如何让国家富强起来。"卢作孚在数学方面有相当的天赋，只是小学毕业的他，通过刻苦自学，使他日后不仅能当中学数学老师和师范学校国文教员，16 岁的时候还以卢思的笔名出版了《应用数题新解》。文史方面，卢作孚尤其喜欢唐宋八大家之首韩愈的文章，"这对于他后来讲话和写文章简洁有力起了重要的作用"（见卢国纪《我的父亲卢作孚》，P12）。强烈的救国激情、富有号召力的文才、缜密的数学理性，构成了他个人魅力之"三维"。

18 岁时，卢作孚加入了同盟会，参加了四川保路运动。为了寻求救国救民的真理，20 岁时他只身来到了当时中国经济和文化中心的上海，并结识了黄炎培、恽代英、杜重远等大批有识之士。为了静思深学，他躲进上海的一间小阁楼内，三天水米不沾几近虚脱。此时，卢作孚与黄炎培探讨出的结论是："启迪民智，开发民力，淳化民德，遂以教育救国为根本路径。"

有了想法，便马上实践。之后，卢作孚当老师当记者，还在泸州、成都、北碚开展通俗教育活动。他大胆起用少年中国学会成员王德熙、恽代英为川南师范学堂的教职员。1922 年年初，卢作孚也加入了少年中国学会（见《卢作孚年谱长编》P57）。这是一个革命的青年社团，毛泽东、恽代英、邓中夏、高君宇、李达、蔡和森、赵世炎、张闻天等后来的众多的革命领袖都是其中的成员。在这一活动中，卢作孚用新道德新思想新文化代替旧道德旧思想旧文化，建立了图书馆、音乐厅、剧场、体育场……他送书下乡、送戏下乡，推行男女平等，赌馆、鸦片馆、妓院绝迹了，孩子种上牛痘天花灭绝了，妇女的头发剪短了裹脚放开了思想解放了，街道变得卫生了，民众变得文明了，所在之处呈现出欣欣向荣的新气象。1927 年，卢作孚出任嘉陵江三峡峡防团务局局长，驻地就在北培。他剿清了土匪，确保了一方平安。他整治街道，把臭气熏天的"九口缸"治理得井井有条。当时的北碚街道纵横交错，设计精巧，抗战中分别改用北平路、南京路、天津路、太原路等被日寇侵占的城市命名，使大家勿忘收复。他修建科学院、中学、图书馆、公园、体育场，使人们生活得文明又健康；他开办天府煤矿、北川铁路、发电厂，使北碚的经济得到迅猛的发展；他破除迷信、教育青年、培养新人，使北碚的面貌焕然一新；他大胆引进人才，不仅国内著名专家学者，就是许多外国人像德国的昆虫学家傅德利来、丹麦的铁路工程师守而慈等也来到北碚……所有这一切，无意中竟为后来爆发的抗日战争建立了巩固的后方。在当时联合国绘制的地图上，中国只标注了三个地名，分别是北平、上海、北碚。

但是，卢作孚的社会改革实践也多有困惑，他的建设"每每随（军阀）军事上的成败，而使事业共沉浮"。他觉得，要进行社会变革，必须有相应的经济基础，于是他产生了实业救国的想法。后来的民生实业股份有限公司便是他最丰硕的实践成果。即使创办实业，他也明显地与众不同：他"好而不恃""为而不有"，在他创立的诸多企事业单位中，他只是召集人、创立者、职业经理人，但不曾拥有股份，是"没有钱的大亨"，甚至他生病了家里都没钱买鸡来给他滋补。最后，他创办实业的归宿还是国家和人民。新中国成立后，他主动向国家提出民生公司实行公私合营的要求，并于1950年8月与中央政府签署了协议，此为全国第一家。当代著名的"三农"教育专家温铁军先生说，民生公司是"世界上第一个社会企业"，卢作孚是"世界上第一位社会企业家"。

只要为了国家，卢作孚什么都舍得。理想，成为他一生奋斗的动力，也是他积极投身抗日战争的思想基础。

抗战开始了，民生公司的任务也开始了

卢作孚对日本帝国主义的侵略非常警惕。1930年6月21日至7月25日，他曾到东北等地考察。他在游历日记序言中写道："我们一度游历东北，见日本人在东北之所作为，才憬然于日本人之处心积虑……一旦东北各地，没于日军，然后举国震惊，起谋救济，已太迟矣……这岂止是东北问题？实是国家根本问题。"

1925年10月民生公司成立之时，卢作孚确定的宗旨就是"服务社会，便利人群，开发产业，富强国家""绝不是帮助本身，而是帮助社会"，就是要担当起社会和国家的责任。从1926年到1935年秋，民生公司通过租赁、参股、收购等方法，将众多但分散弱小的华航公司联合了起来，又通过发动乘客的爱国热情，与外商轮船比服务、比价格等竞争方式，把美商捷江、英商太古、怡和和日商日清等公司赶出了川江。截至1936年，民生公司已经拥有了民生轮、民用轮、

民望轮、民福轮、民享轮、民贵轮、民俗轮、民宪轮、民主轮等 46 只船（另租借 3 只），总吨位达到 2～4 万吨（《卢作孚年谱长编》P633），成为了长江上游最大的民营运输企业集团。10 年川江航务，他们积累了丰富的经验。尤其是"以技术克服自然"，枯水期三段航行保持长江上游不断航，为日后的宜昌大撤退奠定了基础。

东北考察回来，卢作孚在心中已经"对日宣战"。他在北碚和民生公司成立了东北问题研究会，组织重庆救国会，号召抵制日货。"一·二八"事变后，卢作孚又组织了"北碚抗日救国义勇军"，要求奔赴前线。他为重庆救国会审定了致四川各军长的"紧急代电"，敦促他们出川抗战。

"七七事变"后，卢作孚断然提出："民生公司应该首先动员起来参加战争"，"国家对外战争开始了，民生公司的任务也就开始了！""要作牺牲的准备，于值得牺牲时不惜牺牲！"

卢作孚和民生公司义无反顾地担当起全面抗战战略大转移的艰巨任务。他先是抢运川军出川参战，川军 29、30 两个集团军共 8 万人从万州坐船时，便是卢作孚亲自安排。这些部队，参加了上海和南京的保卫战，涌现出包括 21 军 145 师上将师长饶国华在内的大批爱国抗战英雄。

早在抗战爆发之前，卢作孚就意识到四川必是大后方，要尽快把即将沦陷区域的各类企业迁川，加强建设。他将大成纺织厂迁到北碚，与三峡染织厂联合组成大明染织厂。他将河南中福煤矿的全部设备由武汉撤退到重庆，与原有的天府煤矿合作经营，提供了抗战期间陪都重庆一半的燃料；他把汉口周恒顺机器厂迁到重庆，更名恒顺机器厂，是大后方仅次于民生机器厂的重型机器厂；他把上海的大鑫炼钢厂运到重庆，改名为渝鑫钢铁厂，是迁川工厂开工最早的一个。周恩来曾题词祝贺："渝鑫钢铁厂的生产已为我民族工业打下了初步基础"……所有的这些厂矿企业，都为抗战胜利做出了重大贡献。

上海沦陷后，西撤任务加重。1938 年 1 月 1 日，卢作孚被任命为交通部常务次长兼军事委员会下属的水陆运输委员会主任，全面担负起了战略西撤任务。

20 日，积极抗日的四川省政府主席刘湘病逝。危难之际，国民政府派卢作孚等德高望重之士入川做各方面工作，四川大后方才保持了稳定。

此间，南京政府各机关、大学，金陵兵工厂的设备，500 名失去父母的难童、汉口纺织厂的全部女工，包括中央大学试验用的各类小动物，全部由民生公司撤退到重庆。整个抗战期间，全国曾有包括复旦大学、勉仁文学院、江苏医学院、立信会计学校等 85 所大中专学校集中在北碚区。此时，卢作孚与周恩来等共产党人过从甚密，相交深厚。

最艰难的莫过于"宜昌大撤退"。1938 年 10 月，武汉、广州沦陷，抗日战争艰苦的相持阶段开始了。下旬，大量的政府机关、军政人员、伤兵难民约 3 万多人，包括湘桂兵工厂的第 1、第 2 和第 41 厂在内的大批的航空、国防的武器装备在内的 9 万多吨物资，一下子拥堆在了长江边上的小城宜昌，亟待后撤。再过 40 天长江上游就要进入枯水期，届时，所谓战略西撤便不可能了——后果不堪设想！

23 日，卢作孚到达宜昌亲自指挥。他看到沿江两岸货物杂乱，宜昌分公司里挤满了抢购船票和洽谈运输的人群，根本就无法办公。见此情景，他站在一把椅子上大声叫道："大家不要乱！我是卢作孚，我们将连夜开会，研究大撤退计划，请大家今天先回去，明天早上我们将向大家公布抢运计划。"

紧接着，民生公司开会商讨，把各单位的人员和物资分门别类进行安排，决定再次采取分段运输的办法：特别重要的物资，一次性直接运往重庆；次要一些的，先运到万县即卸下；更轻、更次要的，运到奉节、巫山或巴东即卸下；有的干脆就先运到三峡里面的三斗坪，然后再想办法转运。他们晚上装卸货物，白天运输，一分钟都不得耽搁。为了配合大撤退，卢作孚以交通部次长的名义，紧急协调从重庆等地调动了 2000 艘木船分段转移物资。此时的长江上，百舸争流，蔚为壮观。

民生公司的船舶此时成了日机轰炸的重要目标。晚上，日机到码头炸；白天，日机在长江上追袭。宜昌大撤退期间，民生公司有 117 人牺牲，76 人伤残，船只损失无数。仅民俗轮，就有 70 名船员遇难。据统计，在整个抗战期间，民生公司先后有"民元""民众""民权""民俗""民宪""民主""民康""民俭""民泰""鹦鹉"等 11 艘轮船被日机炸沉；有"民平""民享""民勤"等轮被日机炸伤；有"民彝""民来"轮卸汽油爆炸，"民风"轮卸弹药被毁……

著名的平民教育家晏阳初先生将宜昌大撤退比作为"中国实业上的敦刻尔克"。史学家评论说："西方的敦刻尔克是靠英国一个国家的力量、850 艘战舰完成的。而中国的宜昌大撤退，只是由一个实业家指挥完成的。"晏阳初说，"在中外战争史上，只此一例。"

笔者要指出的是，敦刻尔克有如此强大的力量，仅仅 240 公里的海运，也只是抢运了 30 余万的士兵，所有的重型武器全部落入德军手中！而宜昌大撤退，水运距离达 680 公里，不仅有 3 万人员，更有 9 万余吨的"国脉"物资！

卢作孚交通部次长的重任尚在肩头，1940 年 7 月 30 日，又被任命为全国粮食管理局局长。当时，全国战事正紧，但军粮却收不上来。卢作孚临危受命，他先是做了深入的调查研究，得知并不是乡村没有粮，根本的问题就是国民党的官僚机构和官员层层腐败，而四川的乡村又是高山江水阻隔交通不便，就没人想着怎样运出去。此时卢作孚的数学天赋又一次地发挥了作用，演绎了"几何运粮"计划。简言之，就是各地粮食先背挑肩扛集中到沿江的几个点上，然后再用船运到重庆等大城市和前线。大量的人员和运输工具被动员起来，仅巴中地区一次就同时动员了30万人，半年时间就征集了600万担（1担=100斤）粮食，解决了军粮民食危机。当时的通信条件不好，电话机经常听不清，他必须大吼大叫地进行指挥，以至于肺膜破裂，疾病缠身……

在抗战最艰苦的1943年，卢作孚毅然将还在中央大学上学的大儿子卢国维送到"中国远征军"，赴缅甸和印度参加对日作战，直到部队完成任务，才随部队撤回昆明。

然而，就在抗战胜利的前后，身兼国民政府交通部次长、全国粮食管理局局长等重职于一身的卢作孚，却挂印而去，再次专注于他的"民生"事业。

卢作孚的事业和精神代代相传

国学大师梁漱溟盛赞道："作孚先生胸怀高旷，公而忘私，为而不有，庶几乎可比于古之贤哲焉。"

1980年，四川省委统战部为卢作孚作出的结论是："为人民做过许多好事，党和人民是不会忘记的。"

著名企业家张瑞敏称赞道："卢作孚先生在我心目中可谓是高山仰止。他于兵荒马乱中竟然不可思议地创办了卓越一流的企业；但在民族危难之际，他却拼上倾注了自己心血的企业，谱写了一曲中国版敦刻尔克的救亡曲；而在巨富面前他的那种'生而不有，为而不恃'的淡定超然，又无人企及。"

是的，党和人民不会忘记卢作孚，他的事业和精神代代相传。

1984年10月1日，民生公司得以重建。当时已经从重庆市煤管局退休的卢国纪应邀担任了筹备处主任和总经理，卢国纶一度也担任副总经理。如今，卢国纪已经是92岁高龄，他任民生公司董事长，而且不拿一分钱的报酬（他有退休工资和国务院特殊津贴），笔者称他为"全球最年长的在职义务董事长！"卢国纶也已是84岁高龄，头脑清晰，不知疲倦，对父亲的事业和人生颇有研究，对当前学界相关的研究状况也无比洞悉多所评判。担任民生公司总裁的卢晓钟是卢国纪的儿子，他原来在重庆大学教学，1988年民生公司要开展港澳台业务的重要时刻，他加盟民生。他曾任重庆市人大常委会副主任和第十一届全国政协常委。

2009 年，民生实业（集团）有限公司和上海国际港务（集团）股份有限公司合资成立民生轮船股份有限公司。正是在此次改制中，卢国纪把民生公司70% 的股份捐给重庆市政府，对于卢国纪和卢晓钟共有的30% 股权，他们也全部捐献出来成立"重庆市卢作孚教育基金会"，用于帮助贫困地区的教育和学生。2014 年 10 月 15 日，时任重庆市市长的黄奇帆评价卢国纪："老人家一生忠义，两袖清风，严于律己，令人感佩。"

如今，民生公司已成为中国大型的现代综合物流企业，服务范围覆盖全球。

民生公司卢晓钟总裁自豪地说，现在，国家三大经济发展战略（"一带一路"、长江经济带三大战略、京津冀协同发展）我们就占了前两个……

卢作孚和民生公司的优良传统在卢国纪和卢晓钟父子身上得以充分体现。他们董事长和总裁两人合用一个办公室，这在全国恐怕绝无仅有！办公室只有两间屋子大，白墙壁日光灯，没有任何的装修。办公桌仍然是 20 世纪 80 年代的普通写字台，脸对脸地拼在一起，椅子也只是普通的竹质圈椅，已经有多处破损。就是这么小的屋子还兼用作会议室——没有会议桌，两排普通的竹质长条椅，中间放了几个普通的茶几……

民生事业在继续，民生精神在传承。

大儿子卢国维于 1980 年代先后在武汉和广州成立大通实业公司；1989 年，又在香港成立安通国际航运公司，继续他的航运梦想和为国家招商引资。在其三个子女的协助下，引进大量外资而从未向国家要过分文佣金，直到 2007 年去世。大女儿卢国懿，早年留学赴美，一家人都在美国工作。二儿女卢国仪，南京大学副教授。其丈夫程镕时是南京大学教授、中科院院士。长子程晓刚在海南从事文学创作，次子程昕在美国经商，三子程昀曾在南京大学工作。

其他的孙辈们也都在普通的工作岗位上默默奉献，有的尽管步入老年，但仍向社会贡献余热。卢国维长女卢晓蓉是著名作家，三次获得国内"冰心文学奖"散文奖，她现在是香港作家联会永久会员。卢国维的小儿子卢铿 1950 年生于香港，在大陆长大，1966 年初中毕业时逢"文化大革命"，后来在大巴山当了两年农民和八年工人。1978 年靠自学考上大学，1984 年"下海"，为父亲招商引资担任主要助手，一直从事房地产事业。1999 年 12 月，他倡导的"新住宅运动"被誉称为"以住宅产业为载体的一次意义深远的文化创新运动"，他也因此被誉为地产界的"思想者"，四度荣膺"CIHAF 中国房地产'十大风云人物'"。谈及祖父的影响，卢铿说："祖父仅有六年小学在校读书经历，后奋发努力自学成才，引导我长期学而不倦"，"对于祖父的尊敬和爱戴，来自于长期耳濡目染人们对祖父的尊敬，阅读大量的与祖父相关的书刊资料，以及在创业过程中的心灵交流"，"我父亲曾告诉过我一个真实的故事，在他十几岁时，一位长者曾告诉他：'做卢先生的后代不容易啊！'这句话潜移默化地影响着我"。现在，已经退休的卢铿，一直在参加"三农"（农业、农村、农民）和民企振兴的研究及实践工作，他希望利用余生力量，为国家社会的进步贡献绵薄之力；卢国纪女儿卢晓琪，一直在重庆煤管局工作，现已退休。小女儿卢晓陵，在外地做人民教师。小儿子卢晓渝，现任民生实业（集团）有限公司副总裁；卢国纶的四个孩子均是共产党员。大女儿卢晓南，曾任成都铁路局资金中心结算部部长。长子卢晓惕，曾任成都铁路局成都办事处财务室主任。次子卢晓宜，曾任成都铁路局办公室财务科副科长，曾获铁道部团委"全国铁路新长征突击手"称号。三子卢晓曦，现任成都工业职业技术学院图书馆副馆长，高级讲师。

采访中，卢国纪给笔者讲了一件趣事：2014 的马年春节，中央电视台《新春走基层："家风是什么"特别节目》引起了社会极大关注。他说，"巧合"的是，我们家在各地的孩子，答案几乎都是"忠实地做事，诚恳地对人（卢作孚语）"。

不仅仅是家人，全社会更没有忘记卢作孚。1989 年，各界人士在北碚公园修建了"作孚园"。园中，卢作孚先生身着中山装的巨大的汉白玉雕像端坐在翠柏丛中。身后，是他和夫人蒙淑仪女士的骨灰合葬墓，纪念壁上写着卢作孚先生的名言："愿人人皆为园艺家，将世界造成花园一样"；2001 年 7 月 6 日，重庆市和合川区将合川区的卢作孚旧居作为"抗战遗址"和"文物保护单位"进行了很好的修缮；2009 年，北碚的卢作孚纪念馆修缮开放；2011 年 7 月 17 日，合川区修建了一个面积达 3.5 万平方米的大型卢作孚广场，其中卢作孚先生塑像高度 5.9 米，象征着他走过的 59 个春秋。广场设有青铜主题雕塑及"创办民生、激荡川江、抗日救亡、实业报国"四大主体浮雕，供人们世代瞻仰……（原载 2015 年 7 月 14 日和 8 月 25 日两期《中国企业报》"抗战中的企业家"专栏，收入本书时有较大改动。撰稿/晋珀、郭婕、薛怡然）

穆藕初：衣被天下

"合而言之，政治清明，实业发达，人民可以安居乐业，便是我个人梦想中的未来中国。"这是抗战时期著名企业家穆藕初在 1933 年《东方杂志》"新年梦想"的专栏里所说的话。

穆藕初（1876—1943），生于上海浦东。他不仅是一位民族工业家、民族教育家、文化活动家，更是一位爱国实业家和抗战革命家。

穆藕初一直认为农业是中国工业发展的基础。1914 年穆藕初学成归国后与兄长合办了一家纺纱厂，取名"上海德大纱厂"，并以现代科学管理之父泰勒的科学管理理论（体制）为依据，开始在德大纱厂进行实践。当时的中国企业还不知道报表是什么，穆藕初的德大纱厂已经建立了严格的报表统计。在管理上，他以工程师、技术员代替传统的工头制；在生产上，他还引进了国际上最先进的美式纺织机。在穆藕初的管理下，德大纱厂在 1916 年北京赛会同类产品评比中名列第一。穆藕初依靠先进的科技和管理，继德大之后又集资创建了厚生、豫丰大型纺织厂，成为国内屈指可数的纺织工业企业家。被上海人誉为"棉纺大王"。同时穆藕初还创办了中华劝工银行，并经营着颇具规模的棉种试验场。穆藕初这一初吃螃蟹的成功，为中国近代企业科学管理做出了巨大贡献，堪称中国企业管理现代化的奠基人。毛泽东曾称之为"新兴商派"的代表。

穆藕初不仅仅是商人，而且一贯关心政治，热爱国家。早在民国初年，他就政治立场鲜明，不畏强权。当他看到曹锟等人驱赶"民选"大总统黎元洪，便以上海总商会的名义发表宣言，不承认曹锟代表国家。毛泽东在《向导》中撰文，赞誉他是"商人出来干预政治的第一声。"

1932 年 1 月 28 日午夜，日寇在上海发动突然袭击，震惊世界的"一·二八"抗战由此爆发，日本侵略者把魔爪伸向了中国的内陆，上海成了全国抗战的最前线。穆藕初在第一时间即义愤填膺地（主动）投入了抗战。29 日上午为支持前线抗战，以穆藕初、史量才、杜月笙、黄炎培四人为代表成立了"上海地方维持会"，穆藕初出任该会交通委员会主席。并前往当时驻守在上海的第十九路军进行慰问和物资捐助。穆藕初在慰问十九路军时曾对蔡廷锴军长说："作为中华之儿女，反抗侵略者是我们每个人的义务和责任，我们虽没有上战场与敌人真刀真枪的对抗，但是我们会尽最大努力为前线的抗战提供军需物资。"随后他还以个人名义捐献财物，并购买大量的医药和抗战设备送往前线。同时，他还刊登抗日宣传文章，唤醒每个国民的救国意识。1933年年初，长城抗战爆发后，穆藕初不顾北国隆冬的刺骨寒风，与朱庆澜、杜重远等人以社会贤达身份参与劳军。1937年，"八一三"上海抗战开始后，穆藕初任市救济委员会给养组主任，筹供难民给养。1938年，他担任国民政府行政院农产品促进委员会主任委员，主管国民党统治区农业和手工业生产技术的推广。在"注重实际、讲求效率、实惠农民"的思想指导下，农促会对全国农业生产进行了资金扶助和技术推广工作，截至1941年，累计投入资金736万元，而收益则高达1.9亿元，效益颇佳。

随着日本侵略者嚣张跋扈的气焰不断扩张，上海许多爱国企业家都受到他们的威胁、逼迫甚至杀害。穆藕初作为上海有名的"棉纺大王"同样成为日寇的眼中钉肉中刺，日寇分别以拉拢、利诱、威逼等老套手段迫使穆藕初为其效力。穆藕初面对日寇这些雕虫小技毫不为之所动。同时面对日本企业对中国纺织印染行业的巨大冲击，穆藕初通过创新的技术、科学的管理和保家卫国的士气来对抗日企。为了抵制日本财阀在上海建立的上海取引所（即交易所）操纵市场，穆藕初与中国纱厂企业家联合起来，自设上海华商纱布交易所（下称纱交所）来与之抗衡。由于经济大萧条的影响，穆藕初的三家纺织厂相继陷入困境。再加上日本侵略者蓄意从中破坏，最终导致德大被收购，厚生因发生股东争吵而清盘，郑州豫丰被迫抵押给美国洋行……面对着这一连串的突变，穆藕初陷入了人生的困境，但是在他的思想里，对抗外来侵略者仍然是第一位。为了改善后方棉布极缺的情况，穆藕初发明了"七七棉纺机"。由于该机每台仅需1人操作，生产效率超过旧式手摇纺机数倍，因而在国统区和共产党的西北根据地大为流行，"七七纺织机"之名寓意在于勿让国人忘记"七七事变"。该纺机试制成功以后，在有关部门的大力推广下，迅速成为内地纺纱机械中的主力。四川、陕西、河南、湖北、贵州、广西、浙江等省，共建立了专门普及七七纺织机使用技能的训练所43所。内地广大农民十分欢迎七七纺织机。这既促进了内地棉纺业的发展，又改善了农民的生活，对抗战期间大后方增产棉纱起过一定的作用。

1941年年初，穆藕初出任国民政府经济部农本局总经理，主管国民党统治区棉花纱布统制政策的实施。他采取"以花换纱、以纱换布"的办法，既解决了棉农的生活困难，又增加了市场的纱布供应量，从而打击了中间商人，促进了棉花生产和销售。除了调节花、纱、布的供、产、销关系外，穆藕初还领导农本局对棉花和棉纱的生产技术做了改进。他在汉中、宝鸡等棉产区设立机器打包机，组织车船运输队，成立车船运输队站和修理厂；在川东北的三合、乐至等棉产区设立手纺办事处，推广手纺技术，并以棉布回收棉纱，再把土纱运到纱厂，与机纱搭配织成棉布，既满足了市场对棉布的需要，又开辟了农村手工业和副业，增加了农民的谋生之路。

穆藕初非常热爱中国文化，其中最为人称道的莫过于振兴昆曲。1921 年起，他创办了苏州昆曲传习所，三年间累计资助 5 万元，使昆曲一缕香火不绝，对保护这一高雅艺术有"不朽之功"。

他还热心资助教育事业，推荐一批年轻学子去美国留学，条件只有一个，要选送培养真正的人才，学成后报效祖国。他先后资助过罗家伦、段锡朋、康白情、汪敬熙、周炳林、方显廷、张纯明、江绍原共计 20 人。穆藕初以其远大眼光培养了一批学业有成的人，成为后来中国业界与学界举足轻重的力量。

1943 年 9 月 19 日，穆藕初因癌症病逝于重庆张家花园寓所，享年 68 岁。他死前留下遗言："我一生从事棉纺织事业，棉纱事业为我心之所归。我死之后只须为我穿土棉织之物，不需丝绸之物，不宜厚葬。"重庆《新华日报》还专门发了短评，称"这是我国民族工业的一个损失"。（原载 2015 年 7 月 23 日《中国企业报》"抗战中的企业家"专栏，撰稿/晋珀、郭婕、薛怡然）

虞洽卿：我更是一个中国人

1932 年日本发动了"一·二八"事变之后，侵略者的铁蹄便踏进了中国的经济中心——上海。自此以后，上海各阶层人民开始了轰轰烈烈的抗日救亡运动，资产阶级在此运动中充当了先锋。

虞洽卿（1867—1945），中国近代航运业巨子，上海市商会会长、宁波同乡会会长，也积极投入到了抗日救亡的潮流中。他组织了各种救亡组织，筹集捐款，支援抗战，救济难民，铲除汉奸。他拒绝日军的拉拢，维护了自己的民族尊严，为中国的抗日救亡事业做出了应有的贡献。

成立维持大会，实业救国

耳听着隆隆的炮声，眼看着熊熊的火焰，上海受到了日军的蹂躏。在此情景下，虞洽卿召集上海实业界、银行界等领袖人物成立了上海市民地方维持大会（后改名为上海地方协会），为日后的抗日救亡运动起到了领军的作用。

1937 年"八一三"事变爆发后，上海出现大量的伤兵，需要大量的救护资金。虞洽卿得此消息后，随即以上海维持大会的名义，呼吁各界仁人义士为支持抗战和救助伤兵募捐善款，虞洽卿自己也毫不吝啬，积极募捐。他还亲自探望伤兵，看到伤兵牺牲自己，保家卫国的民族精神甚是感动。此次呼吁得到了积极响应，最后上海维持大会共募捐慰劳将士款 7300.85 万元，慰劳伤病费 1785 万元，捐献慰劳物资无数。战争造成的另一个问题就是难民问题，在日军的不断轰炸下，大量的老百姓纷纷逃到租界避难，租界内一时人满为患。难民的急剧增加导致了上海这一座"孤岛"粮食短缺的问题日渐严重。为救济难民和解决粮食短缺的问题，1938 年 10 月 18 日虞洽卿成立了上海难民救济协会，以难民居住、衣服、给养、医药、教育及粮食救济为协会宗旨。为了使更多的难民得到救济，切实得到帮助，必须筹备更多的款项，于是虞洽卿以上海难民救济协会的名义公告各界，认为"救难如救火，积少可成多，人人行善之机会，即人人救难之职责，凡我同胞当能兴襄此举也"。同时虞洽卿还利用自己的航运公司（三北轮船公司），从西贡、仰光（均属越南）运来平粜米，以解决这座"孤岛"的粮食短缺问题。虞洽卿在运粮的途中屡次遭到日军的威胁甚至炮火的袭击，但是侵略者的猖狂气焰并没有打消虞洽卿救国救民的信念，反而激发了他抗击外来侵略者的意志。虞洽卿在救济难民和运输粮食的同时，还不断地捐献军需物品支持前线抗战，帮助抗战人员辗转内地。虞洽卿不仅对上海做出了贡献，更对支持抗战做出了巨大贡献。

除参加抗日救亡组织外，虞洽卿自己的轮船公司也为抗战做出了巨大牺牲。在抗战前夕，虞洽卿的轮船公司共有轮船 65 艘 9 万余吨，占当时全国轮船总吨位的 13% 以上。抗战时，为阻止敌军从沿江航道进犯，号召轮船公司无条件的贡献轮船，封锁长江航道。虞洽卿带头积极响应，捐出多艘海轮有 3 万吨载石自沉于江阴（现属于无锡市江阴市）要塞口，阻止日舰进犯。此后，三北公司的 9 万余吨轮船中，还有 2 万吨滞留宜昌，既不能进川江三峡，又因江阴封锁退不回长江下游，留在上海的只有 4 万吨轮船了。

我更是一个中国人！

虞洽卿是上海有名的"闻人"，如果得到他的支持，日军在上海的统治将会稳固得多。因此日军占领上海后，虞洽卿就成了日军拉拢的对象。在经济和政治上多方施加压力，迫使虞洽卿与其合作。1937 年 8 月，虞洽卿在运送难民的途中，在上海海关外被阻。日方趁机提出，要他参加日伪政府组织的"和平运动"条件，但遭到了虞洽卿的拒绝。但是日方并不死心，1937 年 12 月日本军方在上海组织成立了"大道市政府"诱惑虞洽卿当"市长"，专门派代表到上海找虞洽卿洽谈，虞洽卿当场予以拒绝。虞洽卿回言道：我虽然是一个商人，看中的是商人的利益，但是我更是一个中国人！1938 年 8 月日本海军也公开出面，对虞洽卿施加压力，要求虞洽卿经营的三北公司加入由日伪控制的船舶联合局，为"中日经济提携"效力，这样三北公司"可以确实的得到海军的保护"。虞洽卿予以拒绝，并回信称："盖在此中日不幸事件中，按环境事实，殊难共同海运事业，况且三北公司现在并无轮船可资运用。"相反，在这种情势下，虞洽卿却加入了由中共江苏省"联委"领导发起举办的"物品慈善义卖会"。随着上海形势的不断恶化和沦陷，1941 年春，虞洽卿悄然离开上海赴重庆，继续他的抗日救亡生涯。

虞洽卿 1945 年 4 月 26 日在重庆病逝，其故居有蒋介石题写的匾额："输财报国。"（原载 2015 年 7 月 28 日《中国企业报》"抗战中的企业家"专栏，撰稿/晋珀、郭婕、薛怡然）

古耕虞："猪鬃大王"撑起"抗战命脉"

古耕虞（1905—2000），重庆人，清朝光绪三十一年（1905 年）四月十一日出生，中学阶段就读于教会办的广益中学。1919 年到上海，考入美国教会办的圣约翰大学学习英语。1923—1924 年，古耕虞遵父命赴张謇创办的南通学院（今南通大学）纺织专科学习。

1925 年，21 岁的古耕虞学成归来，子承父业，接手了父亲古槐青创办的企业"古青记"。父亲的"古青记"是"老山货"了，在重庆久负盛名。古耕虞当上了少掌柜后，仅两年便"拥有重庆山货业天下之半"，仅 8 年便垄断了四川猪鬃出口业，使其"虎牌"猪鬃驰名欧美市场。

猪鬃是指猪颈部和背/脊部生长的 5 厘米以上的刚毛刚韧富有弹性，不易变形，耐潮湿，不受冷热影响，是工业和军需用刷的主要原料。猪鬃的主要用途是制刷，油漆军舰、飞机及各种军车，清刷大炮的炮筒等，都离不开它。猪鬃是中国传统的出口物资，出口量占世界第一位。

古耕虞将猪鬃定名为"虎牌"，意欲一跃而起，吼啸世界。以前，四川的猪鬃等皮毛出口是由在上海的英国的中间商代理，而美国是中国猪鬃最大的需求国。古耕虞早就想摆脱英商，直接把猪鬃出口美国。1927 年左右，古耕虞凭借超凡的智慧和外交能力，与美国最大的猪鬃进口商达成了秘密协议：一部分猪鬃交给在上海的英商，一大部分直接出口到美国。古耕虞通过这个途径垄断了美国从中国进口猪鬃的生意，成为当时重庆最大的"山货大亨"。

到 1934 年，在四川只有古青记、鼎瑞、祥记、和祥四家经营猪鬃出口生意。而且他们达成了协议：古青记占重庆出口猪鬃的 70%，另外 30% 由其他三家各占 10%。而和祥是古耕虞出资并兼任经理的，实际上古耕虞几乎垄断了四川猪鬃出口生意。1938 年，由古耕虞任总经理的四川畜产公司成立，而对外出口仍称古青记，用的仍然是虎牌商标。

1937 年，卢沟桥事变爆发，大后方的民族资本发展步履维艰。国民党官僚资本更以抗战为名，对 13 种传统出口物资进行垄断，实行所谓统购统销。特别是猪鬃，因为是战略物资，出口利润大得惊人。官僚资本企业向民营企业收购的猪鬃，按牌价每箱只有法币 5 万元，而在昆明或宜宾一装上飞机，出口到美国的价格竟高达 67 万元法币，相差达 10 多倍之巨，赚了个盆满钵满。古耕虞的民营公司受到了残酷的盘剥，因此，他对国民党官僚企业的统购统销有些抵制。

此时，周恩来代表中共中央驻在重庆，常常邀请一些爱国民主人士在著名民主人士鲜特生的公馆"特园"聚会，有时也邀请一些民族工商业家谈话。在当时于《新华日报》工作的南方局统战工作委员会经济组组长许涤新的热情邀请下，古耕虞来到"特园"，并与周恩来相识，开始了交往。

周恩来一见到古耕虞，就亲切地询问"古青记"的经营状况。古耕虞也不隐瞒，一一道来，据实以告。对于国民党官僚资本大搞与民争利的官方垄断和掠夺，言谈中极为愤慨。周恩来沉思着认真地倾听，同时一针见血地指出，"国民政府战时的统购统销"其实质就是"官僚资本凭政治特权与民营企业争夺暴利的行为"，"猪鬃是美、英、苏等盟国急需的战略物资，为了支持中国长期抗战，应当保持政府必要的外汇收入，但国民党种种阻碍生产发展的措施必须改进，要使鬃商有一定的利润。"同时，周恩来还开导古耕虞说，"为了支援抗战，鬃商又不应要求过高的利润，工商业家要有远见。抗战胜利后，国家要建设，还要发展猪鬃的生产和出口。"

这些话在古耕虞心里打下了深深的烙印。为了抗战大局，古耕虞深明大义作出牺牲，他接受了国民党政府贸易委员会下的复兴公司与官办机构富华公司的统购统销。此时重庆市场上猪鬃的价格暴跌，古耕虞果断地将所有猪鬃全部收购下来，并全部出口，成为中国战时外汇收入的重要来源。

抗战初期，中国沿海港口相继沦陷敌手，古耕虞率先利用公路试运猪鬃到越南，通过东南亚转运到美国市场。抗战后期，中国内地对外的陆路交通包括滇缅公路相继断绝。古耕虞旗下的虎牌猪鬃又通过中印航线，源源不断输往美国，换回宝贵的外汇，支撑起中国抗战的财政命脉，也支持了反法西斯盟军的作战。

抗战胜利后，古耕虞马上在汉口、天津、沈阳成立了分公司，在上海设立了总经理办事处。在 1946 年至 1948 年，汉口的 80% 猪鬃，天津的 50% 猪鬃，重庆的 50% 猪鬃，均被古耕虞任总经理的四川畜产公司收购，美国进口的猪鬃有 70% 是四川畜产公司的，古耕虞成了中国的"猪鬃大王"。

1948 年，在中国共产党的支持、帮助下，古耕虞赴香港设立四川畜产公司，成为我解放区发展外贸的重要窗口。从 1948 年年底到 1950 年，各解放区输出的猪鬃都是由古耕虞先付钱、后来货。因为当时解放战争还没有完全结束，新成立的人民政府与资本主义国家间的贸易还没有开展起来，国内需要的进口物资没有外汇支付。特别是后来发生了抗美援朝战争，帝国主义封锁了中国海岸，实行禁运。当时古耕虞在香港，一方面把解放区的猪鬃输向美国和西欧，另一方面为新成立的人民政府在国外购进所需要的战略物资，为新中国的对外贸易和经济建设做出了巨大的贡献。

新中国成立前夕，中共中央邀请古耕虞列席新政协。同时请他参加全国猪鬃会议。1949 年 10 月 4 日，周恩来在中南海接见了古耕虞，并希望古耕虞任中国猪鬃公司经理，全权负责。古耕虞接受了这个任务，并表示把四川畜产公司交给国家经营。古耕虞说："私营四川畜产公司的机构再大，也只是个小团体，我们必须看到一个大团体，是国家的、民族的团体。是小团体利益服从大团体利益，还是反过来？有常识的人，一想就能明白。"古耕虞担任中国猪鬃公司经理后，想方设法把猪鬃出口到美国、英国、加拿大、日本等国，为发展我国外贸事业做出了重要贡献。

"文化大革命"中，古耕虞受到了长期不公正的批判。党的十一届三中全会后，古耕虞如沐春风，老骥伏枥。1979 年 1 月 17 日，邓小平把他与胡厥文、胡子昂、荣毅仁、周叔弢邀请到家里谈话，主要是国际贸易问题、发挥工商业者作用问题。此时已经 74 岁高龄的古耕虞认为，虽然自己年龄大了，但仍要为国家尽可能地多做贡献。之后，古耕虞担任过全国工商联名誉副主席，对外贸易经济合作部特邀顾问，中国人民政治协商会议第一届全国委员会特邀代表，第二、三、第四届委员、第五届常委，全国人民代表大会第六届常委、第七届全国人大代表等多个政界要职。

2000 年 4 月 29 日，古耕虞因病在京逝世，享年 96 岁。（原载 2015 年 9 月 1 日《中国企业报》"抗战中的企业家"专栏，撰稿/晋珀、郭婕、薛怡然）

胡厥文：抗战美髯公

　　胡厥文又名胡保祥，1895 年 10 月 7 日出生于江苏省嘉定县（现属上海市）。著名爱国民主人士、杰出实业家。为了抗战，他蓄须明志，被称"抗战美髯公"，一时传为佳话。

　　胡厥文出生在一个开明的绅士之家。青少年时代，他受爱国主义和民主主义思想的影响，痛心于国弱民贫，外侮日亟，立志一生办工业以振兴民族。为此，他在 1914 年报考了北京高等工业专门学校学习机械。1918 年大学毕业后，胡厥文经人介绍进了当时国内最大的工厂——汉阳铁工厂，从学徒工做起，开始了"实业救国"道路的摸索。1921 年，胡厥文变卖了祖传的土地，在亲友资助下创办了自己的第一家工厂——新民机器厂，主要业务是生产纱厂机器零件和承接纱厂机器的维修，后又转向生产彩色油墨机，开始闯出一条设计和制造机器的新路。在办企业的过程中，他先后又陆续创办合作五金厂、黄渡电灯公司、长城机制砖瓦公司、石城窑厂等企业，任厂长、总经理职务。在胡厥文的不断摸索中，他开辟了一条机器工业与日用品相结合的发展道路：以机器制造工业武装日用品工业，以日用品工业开拓市场，发展生产。他勤奋从业，悉心研究和仿制新的机器，不少产品成本比外国货低，而质量甚至比外国的还好。1927 年，上海机器制造业同业集会，成立了上海商民协会机器同业公会，胡厥文被推选为同业公会主任委员。为抵制日货，胡厥文亲自组织中华机器联合公司，并担任上海市棉布市场理事长职务。胡厥文从自己工厂的活动范围，进入到上海工商界的更广阔的天地，继续"实业救国"的探索。

1932 年 1 月 28 日，日本帝国主义进犯上海，"一·二八"事变爆发，蔡廷锴将军率十九路军奋起抗敌。此时，胡厥文与黄炎培等人通过中华职教社等组织，发动全市工商界支援抗战。他日夜奔走，联络、组织工商界拆迁机器到沪南建立工厂，抽调技术工人支援兵工厂，为守军赶制武器弹药。淞沪抗战的 33 天，是胡厥文有生以来情绪最高昂的日子，他扑在各项抗日救亡活动中，废寝忘食，日夜奔忙，甚至都顾不上理发和剃须，以致胡须长了满腮。他表示不再剃须，要"蓄之以记国难，等赶走了倭寇时再剃"。

1937 年 8 月 13 日，日本侵略军在上海金山登陆。为了保存民族工业，支援抗战，胡厥文又以高度的爱国热忱号召奔走，组织江浙沪宁的百余家民营工厂内迁。在内迁动员会上，胡厥文说："现在神圣的抗日救国战争已打响，这次战争不可能像'一·二八'抗战那样快结束，日本的胃口大得很，它的目标就是要占领全中国。""须知亡国之日，守财者财不能守，惜命者命也难全。""租界不是保险箱，依靠租界并非万全之策，要知道日本帝国主义是法西斯强盗，说不定有那么一天，它不管什么租界不租界，占了再说。""我们大家都不愿做奴隶，更不愿当汉奸，人同此心，心同此理。后方工业很落后，我们到那里是可以大有作为的。"胡厥文当即表示将自己所办的工厂率先迁往内地，使得在场的爱国实业界人士深受鼓舞。

随后，胡厥文全身心投入到组织内迁工作中。其时，淞沪抗战正在激烈地进行，胡厥文冒着日寇飞机和大炮的狂轰滥炸，顶着烈日，四处奔走。在很短的时间里，他先后落实了迁移中急需政府补助的款项 56 万元和运输工具等，保证了迁移工作的顺利进行。

8 月 27 日，20 余艘满载着新民机器厂、合作五金厂、上海机器厂、顺昌机器厂的机器、设备和物资，以及 160 余名技工的船队，冒着日军的炮火从苏州河率先驶出，驶上了内迁的征途。11 月 12 日，上海沦陷。在胡厥文等爱国企业家的共同努力下，终于把包括机械、造船、纺织、炼钢、化工等行业的 146 家工厂，1.48 万吨物资和 2500 多名技术人员和工人迁到了大后方。

对这次民族工业内迁的壮举，国人给以很高的评价，胡厥文对此亦感慨万千，他在《题逸千画马》一诗中写道："朔风凛冽天初明，群骥奔腾万里情。丹毛动，白鼻鸣。壮心天赋予，千古此长征。"

1937 年 9 月上旬，胡厥文所办的新民机器厂、合作五金厂的机器设备由上海运到武汉，随后马上进行了安装、调试，并于 10 月开工生产，成为首批开工的工厂。这两个工厂接受了大量的军需订货，先后生产出大量的飞机炸弹弹头、弹尾引信，还与其他迁鄂工厂一起生产出 10 万多枚手榴弹，2 万多枚迫击炮弹、弹尾翼片以及大量地雷、水雷、军用镐、军用铲等军需器材。合作五金厂同时还完成了军需署被服厂干粮袋背包上的大批铜件订货。1937 年 10 月，内迁至汉的机器工厂首批开工生产的有 15 家，到 1938 年 1 月开工的有 27 家。这些工厂生产的产品，有力地支援了抗日前线。

很快，武汉也面临沦陷。1939 年 3 月，新民机器厂、合作五金厂又只得从武汉迁至重庆。不久，两厂便开工生产。新民机器厂以制造工作母机为主，批量生产。合作五金厂因有电镀设备，制造各种医疗器械。两厂还承制各种军用品，曾大批量生产手榴弹和迫击炮弹的壳子、刺刀、军用剪刀、军用铲、军用锅等支援前线。

在此期间，胡厥文还在桂林、祁阳等地创办了大中机器厂、新民机器厂湘厂等企业。1945 年年初，大中机器厂承接制造 10 万套 4 号甲雷引信的任务，并于 4 月正式开工，至 8 月如期完成全部任务。国民政府经济部长翁文灏亲自来厂视察，并颁发书面表扬。这是内迁工厂中唯一获得政府书面表扬的工厂。

1938 年 4 月，迁入四川工厂联合会成立，胡厥文当选执委。1942 年 4 月，又被推选为理事长。该会章程规定："本会以适应抗战建国之需要，协助各厂迁川恢复生产，增强国力，并于抗战胜利后协助迅速复员，增加生产为宗旨。"1942 年 1 月，迁入四川工厂联合会在重庆举办了一次会员厂矿出品展览会，参加展览会的有 230 个单位、97 家工厂，共展出 49 类产品，显示了我国民族工业的巨大生产能力和重大成就。新民机器厂生产的万能铣床做了现场表演，博得了好评；合作五金厂生产的镀铬医疗器械引人注目，填补了后方生产的空白，被誉为"抗战中的火花"。当时的《新华日报》在社论中写道："这个展览会就是厂家和职员工人四年来奋斗的成果，就是他们用血汗滋培出来的好花。"

胡厥文之子胡士华曾说过，"在我父亲的一生中，支持抗战是他立志倾尽全力去做的一件大事。"自淞沪抗战到抗战胜利整整 13 年的时间，胡厥文一直留着盈尺的长髯。于是，大家亲热地将他的这把大胡子称为"抗战胡子"，传为美谈。这把胡子现今仍保存在嘉定博物馆。

抗战胜利后，胡厥文与黄炎培等人发起组织了工商业界自己的政治团体——民主建国会，为建立和平、民主、统一、富强的新中国而斗争。

新中国成立后，胡厥文怀着极其兴奋的心情投入新中国的革命和建设事业中。党的十一届三中全会以后，全国的工作重点转移到社会主义现代化建设上来，胡厥文开始思考如何调动民建、工商联成员为社会主义建设服务的积极性，为"四化"建设服务。他领导中国民主建国会与全国工商联密切配合，提出"坚定不移跟党走，尽心竭力为四化"的行动纲领，为四化建设和改革开放献计献策，做出了积极贡献。

1989 年 4 月 16 日，胡厥文因病医治无效在北京逝世，享年 94 岁。（撰稿/晋珀、郭婕、薛怡然）

附录 中国企业家大事记（2013—2016）

2013 年

1 月 10 日，百胜餐饮集团中国事业部主席兼首席执行官苏敬轼代表百胜集团，发布《致广大消费者的公开信》，就"速成鸡"事件中所出现的各种不足公开致歉。

1 月 18 日，"中国杰出质量人"颁奖典礼在北京钓鱼台国宾馆隆重举行。波司登集团董事长高德康因其多年来全面推行卓越绩效管理，推动企业走质量效益型发展道路所取得的成绩，被授予"中国杰出质量人"称号。

2 月，药企富二代接班潮起。

2 月 8 日，南京华瑞医疗器械有限公司董事长孙澎决定：把私营企业性质的华瑞公司 2 亿元资产无偿捐献给国家。

3 月 3 日，桑德集团董事长文一波、金州集团董事长蒋超、中持集团董事长许国栋等多名企业家人大代表，在全国工商联环境商会主办的"环保企业家媒体见面会"上建议，应加快环境立法工作，制定主要污染物减排时间表和重点区域流域达标"时间表"，力争用 10 年至 20 年时间使各重点区域流域环境质量实现达标。

3 月 6 日，第十二届全国人大代表、TCL 集团董事长李东生，以实现教育中国梦、美丽中国梦、创新中国梦、幸福中国梦和品牌中国梦为主题，在"两会"上提出涉及"关爱乡村教师、加强环境保护、发展云计算产业、推动收入分配和促进企业国际化"五项提案。

3 月 28 日，《财富》中文版发布了 2013 年中国最具影响力的 50 位商界领袖，华为创始人任正非连续 3 年占据榜首，腾讯 CEO 马化腾紧随其后，联想集团 CEO 杨元庆位居第三。另有美的集团董事长兼总裁方洪波（46 岁）、民生银行董事长董文标（55 岁）、小米科技创始人、董事长兼 CEO 雷军（43 岁）等新面孔首次上榜。

4 月 15 日，2013 年福布斯华人富豪榜公布，香港首富李嘉诚以 310 亿美元净资产，连续第 15 年蝉联华人首富。

4 月 19 日，由民政部主办的我国慈善领域最高政府奖——第八届"中华慈善奖"获奖名单在京揭晓，共有 99 个在 2012 年为我国慈善事业做出较大贡献的个人、企业及项目获奖。

4 月 19 日，在孔子故里山东曲阜举行的"会盟天下儒商"高峰论坛上，中国百位企业家宣誓以"新儒商精神"化解市场诚信危机。

4 月 22 日，原广东健力宝集团有限公司董事长兼总经理李经纬逝世。

4 月 22 日，梁海山正式当选青岛海尔的新一届董事长，72 岁的中国最年长的上市公司董事长杨绵绵卸任青岛海尔董事长一职。这意味着青岛海尔完成了管理层的新老交替。

5 月 18 日，2013 年全国企业家活动日暨中国企业家年会在江西鹰潭开幕。年会主题为"经济转型时期中国企业家的使命与责任"。中国企业联合会、中国企业家协会常务副会长兼理事长李德成、江西省副省长胡幼桃、中共鹰潭市委书记陈兴超、中国工程院原副院长、院士邬贺铨等出席年会开幕式。

5 月 28 日，国内首份针对企业家群体的幸福指数调研白皮书——《中国企业家幸福指数白皮书》在沪发布。调研发现，中国的企业家在总体上是偏乐观的。同时，多数企业家也表示，他们处于明显的压力状态下，有近四成承受了"很大的压力"。相较于 2011 年，2012 年中国企业家整体幸福水平有所提升。

5 月 28 日，马云担任董事长的"菜鸟网络科技有限公司"在深圳宣布成立。银泰集团董事长沈国军担任该公司首席执行官（CEO）。

6 月 2 日，外滩金融峰会在上海召开，著名企业家王石、马云等都呼吁向民营企业放开金融业。

6 月 6 日，2013 成都《财富》全球论坛开幕，习近平致信祝贺，张高丽出席开幕式并发表演讲。

6 月 13 日，聪慧网副总裁、CTO 洪广志病逝，年仅 43 岁。

7 月初，美国《财富》杂志日前公布 2013 年世界 500 强企业排行榜，中国建筑材料集团第三次上榜，位列第 319 名；中国医药集团首次上榜，位列第 446 名，成为进入世界 500 强的第一家中国医药健康企业。这两家企业的董事长都是宋志平。

7月12日，曾成杰，湖南三馆房地产开发集团有限公司总裁被执行死刑，引发社会高度关注。

7月12日上午，前御泥坊董事长吴立君因劳累过度，急性脑血栓病逝，年仅36岁。

8月2日，全国人大常委、财经委副主任委员辜胜阻在"2012—2013最受尊敬企业颁奖典礼"上发表题为"打造经济升级版必须推进企业转型"的演讲。他指出强调经济转型需要重振企业家精神，其中最重要的，是作为企业家精神之灵魂的"创新精神"。

8月23日，国务院正式批准设立中国（上海）自由贸易试验区。试验区范围涵盖上海市外高桥保税区、外高桥保税物流园区、洋山保税港区和上海浦东机场综合保税区4个海关特殊监管区域，总面积为28.78平方公里。9月29日上午10时，中国（上海）自由贸易试验区正式开始运行。

8月23—25日，"亚布力中国企业家论坛2013年夏季高峰会"在合肥举行。

9月，浙江谛都集团实际控制人、浙江人民书店创始人林作敏因负债13亿元并涉及非法集资，被警方刑拘。

10月11日，美国《财富》杂志正式发布了2013年的"全球最具影响力的50位商界女性"排行榜，华为董事长孙亚芳等7位中国商界女性以杰出成就上榜。其中，SOHO中国CEO张欣，摩根大通董事总经理、亚太地区副主席李晶成为新入选者。

11月9日，中国共产党第十八届三中全会召开，通过了《中共中央关于全面深化改革若干重大问题的决定》（下称《决定》）。《决定》在坚持和完善基本经济制度方面，要求"完善产权保护制度"，不仅明确"公有制经济财产权不可侵犯"，还强调"非公有制经济财产权同样不可侵犯"。在企业改革方面，要求积极发展"国有资本、集体资本、非公有资本等交叉持股、相互融合的混合所有制经济""完善国有资产管理体制""推动国有企业完善现代企业制度""健全协调运转、有效制衡的公司法人治理结构""建立职业经理人制度""长效激励约束机制"，同时，"鼓励有条件的私营企业建立现代企业制度"。

11月，《财富》杂志公布了全球2013年度"商界风云人物排行榜"，其中共有4位中国企业家上榜，腾讯公司CEO马化腾名列该排行榜第三，另外还有3位中国企业家上榜，他们分别是百度公司CEO李彦宏、大连万达集团董事长王健林和SOHO中国CEO张欣。张欣是首位出现在该排行榜的中国女企业家。

11月28日，"2013年紫荆花杯杰出企业家奖"颁奖典礼在香港举行，奇虎

360科技有限公司总裁齐向东、福建七匹狼集团主席周永伟等16位优秀民营企业家获奖。

12月9日，中冶华天工程技术有限公司董事长、党委书记黄平华逝世，享年53岁。

12月12日，2013中国经济年度人物奖公布，小米公司董事长兼首席执行官雷军，中国航空工业集团公司董事长林左鸣，格力集团董事长、格力电器董事长兼总裁董明珠，上海绿地集团公司董事长、总裁张玉良，中国联合网络通信集团有限公司总经理陆益民，渤海商品交易所董事长、总经理阎东升，新兴际华集团有限公司董事长刘明忠，华晨汽车集团控股有限公司董事长、总裁祁玉民，山东高速集团公司董事长孙亮，科大讯飞信息科技股份有限公司董事长刘庆峰获奖。在中国经济年度人物颁奖典礼上，董明珠与雷军定下十亿元赌约。

12月17日，2013中国企业家发展年会（香港）暨中国品牌企业盛典隆重开幕。

2014 年

1月2日，小马奔腾集团董事长李明去世，年仅47岁。

1月4日，中铁公司总裁白中仁去世，年仅53岁。

1月14日下午14时52分，浙江省温岭市城北街道杨家渭村台州大东鞋厂发生火灾，造成16人死亡，5人受伤。火灾被定为责任事故，市长被记过，台州大东鞋业有限公司法定代表人林剑锋被判处有期徒刑五年六个月。

1月中旬，全球最权威、最有价值的环境领域至高奖项，第六届"扎耶德未来能源奖"获奖名单揭晓，比亚迪创始人兼总裁王传福摘得"扎耶德未来能源奖"个人终身成就奖，并获得50万美元奖金。

1月17日，"第六届中国企业社会责任峰会暨第三届《中国企业社会责任报告白皮书》发布会"在北京隆重举办。2013中国企业社会责任杰出企业、企业家等奖项揭晓。杰出企业家奖名单：内蒙古蒙牛乳业（集团）股份有限公司总裁孙伊萍、合肥荣事达三洋电器股份有限公司董事长金友华、中华联合财产保险股份有限公司董事长李迎春、波司登控股有限公司董事长高德康、广发银行股份有限公司董事长董建岳、亿利资源集团董事长王文彪、河南启福置业董事长卢福明、苏宁云商集团股份有限公司董事长张近东、中国建设银行股份有限公司党委书记、董事长王洪章、中国银联党委书记、副董事长、总裁时文朝。

1月22—25日，2014年冬季达沃斯论坛举行。

1 月 26 日，塔塔汽车总经理林思恺去世，享年 51 岁。

2 月 6 日，"国企承包第一人"，两次"全国五一劳动奖章获得者"，原石家庄造纸厂厂长马胜利去世，享年 76 岁。

2 月 9 日，央视新闻频道《新闻直播间》栏目报道中国广东省东莞市色情服务猖獗，引发全国关注。事后证明，梁耀辉、郑伯权等当地多名知名企业家涉案。

2 月 11—14 日，2014 亚布力中国企业家论坛在黑龙江亚布力举行，其主题是：理念与行动，市场的决定性作用。

2 月 19 日，中石化宣布，公司将启动油气销售业务重组，引入民资实行混合所有制，且授权董事长在社会与民营资本的持股比例不超 30% 的情况下，行使有关权力。此举被视为混合所有制改革的破冰之举。

3 月 26 日，中国东风汽车集团完成收购法国标致雪铁龙的所有手续，正式签订合同。

4 月 1 日，《财富》中文网宣布，42 岁的马化腾领衔本刊马年的中国最具影响力的 50 位商界领袖排行榜，不久前宣布以 29 亿美元收购摩托罗拉手机业务的杨元庆紧随其后。连续三年高居本排行榜榜首的任正非，位居第三。

4 月 4 日，2014（第七届）中国绿公司年会在广西南宁召开，其主题：改变的年代：现实与远见。

4 月 30 日，美国"爱迪生国际"旧金山颁发了 2014 年度的"爱迪生奖"，联想集团董事长兼 CEO 杨元庆获选。杨元庆是首位获得该奖项的亚洲企业家。

5 月 18 日，福建省 30 位企业家致信习近平总书记，以《敢于担当 勇于作为》为题，就贯彻党的十八届三中全会决定，加快企业改革发展建言倡议。

5 月 26 日，著名企业家，中国人民政治协商会议第八、第九、第十、第十一届全国委员会副主席，中华文学基金会会长，澳门中华总商会永远会长，澳门大华行投资有限公司董事长马万祺去世，享年 95 岁。

5 月 28 日，《中国企业家价值报告（2014）》（即"中国上市公司高管薪酬与持股状况综合研究报告"）在京发布。通过对 2363 家上市公司的有效样本进行评估，方大特钢、万科 A、中国平安、爱施德、华远地产、中信证券、中集集团、平安银行、红日药业、TCL 集团等十家公司登上 2013 年上市公司高管年薪前十位。报告显示，2013 年上市公司最高年薪持有者为方大特钢董事长钟崇武，高达 1973.54 万元。

6 月 18 日上午，2014 年全国企业家活动日暨中国企业家年会在福州举办，大会颁发了袁宝华企业管理金奖。联想控股有限公司董事长柳传志、大唐电信科技产业集团董事兼总裁真才基、中国北车集团公司总经理崔殿国等三名企业家获得了袁宝华企业管理金奖。

6 月中旬，中国泛海控股集团有限公司党委书记、董事长卢志强因在中国光彩公益事业中的突出贡献，被授予"中国光彩事业 20 周年突出贡献奖"荣誉称号。

7 月 8 日，中共中央总书记、国家主席、中央军委主席习近平给福建 30 位企业家回信，希望广大企业家继续发扬"敢为天下先、爱拼才会赢"的闯劲，为国家经济社会持续健康发展发挥更大作用。

7 月 12 日，江阴市长江村原党委书记、江苏新长江实业集团有限公司董事局主席李良宝逝世，享年 75 岁。

7 月 15 日，第六次金砖国家领导人会晤，五国正式签订协议，成立金砖国家开发银行。金砖银行总部设在中国上海，首任总裁来自印度。

7 月 30 日"学习贯彻习近平总书记给企业家回信座谈会"在中国企业联合会举行。

8 月 9 日，天津荣程联合钢铁集团董事长张祥青逝世，享年 45 岁。

8 月 15 日，河南中宏昌盛投资控股集团有限公司老板廉金枝被焦作市警方从办公室以涉嫌非法集资带走。

8 月 22—24 日，2014 亚布力中国企业家论坛夏季高峰会在河南郑州举行。主题为：可持续增长的动力。

8 月 21 日，世界经济论坛（WEF）基金董事会宣布，选举来自中国的企业家马云作为世界经济论坛基金会董事会董事，以推进该论坛汇聚全球核心领袖的使命及让世界更好的宗旨。马云由此成为首位获任世界经济论坛基金董事会董事的中国内地商界人士。

8 月 29 日，中央政治局召开会议，审议通过了《中央管理企业负责人薪酬制度改革方案》，将于 2015 年年初开始实施。

9 月，全国人大代表、蓝翔技校董事长荣兰祥被老婆举报"七宗罪"。

9 月 2 日，《财富》（中文版）公布了 2014 年"中国 40 位 40 岁以下的商界精英"榜单，其中京东集团 CEO 刘强东（39 岁）蝉联榜首，排名第二、第三位的分别是搜狗公司 CEO 王小川（36 岁）和 58 同城 CEO 姚劲波（37 岁）。最年轻者翎客航天 CEO 胡振宇仅 21 岁。

9 月 15 日晚间，中纪委官方网站披露的消息称，中国黄金集团公司原总经理、现中国铝业公司总经理孙兆学涉嫌严重违纪违法，目前正接受组织调查。

10 月 28 日，胡润研究院发布《2014 胡润慈善榜》，中国首富——阿里巴巴的马云以 145 亿元捐赠额刷新中国慈善纪录，成为新一届"中国最慷慨的慈善家"，同时成为"2014 大中华区最慷慨的慈善家"。

11 月 3 日，中共中央政治局常委、中央纪委书记王岐山在人民日报撰文指出，党风廉政建设和反腐败是一场输不起的斗争，现阶段工作重点是：惩治腐败要坚决查处十八大后不收敛不收手，问题反映集中、群众反映强烈，现在重要岗位且可能还要提拔使用的领导干部及顶风违纪行为，越往后执纪越严。

11 月 10—11 日，APEC 会议在北京怀柔雁栖湖举办，是继 2001 年上海举办后时隔 13 年再一次在中国举办，此次峰会的主题是：共建面向未来的亚太伙伴关系。

11 月 17 日凌晨，被公安机关网上追逃 4 个多月的山西"煤老板"田寨禾赴京自首。

11 月 19 日，首届世界互联网大会在中国浙江桐乡乌镇西栅景区召开。

11 月 20 日，中国远洋运输（集团）总公司原副总裁、中远太平洋公司原总经理徐敏杰，被北京市第二中级人民法院一审以贪污罪判处有期徒刑 10 年。

11 月 24 日，瑞银与研究机构 Wealth - X 发布的《2014 年世界超级财富报告》显示，2014 年中国超级富豪 100 人，居全球第五。其财富总额为 1.56 万亿美元，约占全国财富总额的 7.3%，而他们的平均年龄仅为 53 岁，全球最年轻。

11 月 24 日，著名房地产企业家任志强正式退休。

11 月 25 日，乐视公司董事长兼 CEO 贾跃亭在香港胸腺瘤手术取得成功，目前已经回到北京。

11 月 26 日，贵州省纪委在中纪委监察部网站上发布消息称，已经出任茅台集团党委副书记、副总经理、国酒文化研究会副会长的房国兴被调查。

11 月 27 日 11 时 15 分，台塑集团创始人王永在在家中安详辞世，享寿 93 岁。2008 年汶川大地震，他与哥哥王永庆捐赠 1 亿元为华人崇敬。

11 月 28 日，据最高检官网消息，中国铝业股份有限公司原副总裁、中铝国际贸易有限公司原总经理李东光（正厅级）涉嫌受贿犯罪一案，经最高人民检察院依法指定管辖，日前已由河北省沧州市人民检察院向河北省沧州市中级人民法院提起公诉。

11 月 28 日，深圳远望谷原董事长、法定代表人徐玉锁主动回国投案自首，积极配合检察机关办案，检察机关对徐玉锁采取了取保候审措施。

12月3日，广东官员因用断肠草毒死亿万富豪广东省高州源林兴业有限公司总经理龙利源而被执行死刑。

12月3日，中国石化新闻办公室官方微博透露，中石化石油工程技术服务公司副董事长、总经理、党委副书记薛万东正在接受组织调查，这也是中央巡视组入驻中石化以来被查的第一名厅级干部。

12月6日，巨亮光电董事长刘巨勇"跑路"，欠供应商货款超过2亿元。

12月6日，法院以行贿罪、非法经营罪判处山西商人丁书苗有期徒刑20年，并处没收个人财产2000万元，罚金25亿元。

12月9日，被称为"广东第一贪"的白云农工商联合公司原总经理张新华，被广州市中级人民法院一审判处死刑，立即执行，并处没收个人全部财产。法院认定，张新华犯受贿罪、贪污罪、非国家工作人员受贿罪，涉案金额总额近4亿元。张新华当庭提出上诉。

12月10日，网易发声明，向陌陌CEO唐岩开炮：涉嫌腐败及个人作风问题。

12月12日，彭博社亿万富豪指数公布的最新数据显示，阿里巴巴创始人马云已经超过香港富豪李嘉诚，成为新的亚洲首富。

12月12—14日，由《中国企业家》杂志社主办的2014（第十三届）中国企业领袖年会在北京举行，其主题为"创造不一样的增长纪"。

12月15日，中国联通网络分公司副总经理、网络建设部总经理的张智江涉嫌严重违纪正接受组织调查。

12月18日，中国联通电商部总经理宗新华被免。

9月、12月，内蒙古达拉特旗公安局两次向该旗人大常委会发函，请示对旗人大代表杨宾刑事拘留，警方认为，杨宾涉嫌合同诈骗。但该旗人大常委会召开联席会议，会上多位专家认为是民事纠纷，人大常委会投票否决了警方的请求。

12月15日，2014两岸企业家峰会在台北举行，本年度台北峰会旨在深化企业合作，推动转型升级，峰会设7个产业合作推动小组，针对各项重要的企业议题进行深度会谈。

12月29日，由于董明珠系列"出格"言论，使其身陷十面埋伏：海尔等6大企业下战书。这种"6+1""围剿"一个品牌的情况，中国空调史上罕见。

12月29日，北京著名小吃、百年老字号"爆肚冯"的第二代传人冯广聚逝世。

2015 年

1月1日，晋珀《新年献词：廉贾归富——写给 2015 年的企业家们》发表。

1月4日，东莞市兆信通讯实业有限公司董事长高民因企业破产选择一氧化碳自杀，预示了中国手机业"寒冬"的到来。

1月4日，李克强在深圳华侨城"柴火创客空间"，鼓励"创客"小伙伴：众人拾柴火焰高。

1月5日，温州中院对温州立人教育集团董顺生等 7 人近 50 亿元的非法吸收公众存款案做出一审宣判。该案超"吴英案"案值 7.7 亿元的 5 倍多。被告人董顺生被判处有期徒刑十年，另 6 人分别被判处六至二年十个月不等有期徒刑。

1月15日，由新华网主办的第七届中国企业社会责任峰会在京举行。恒大集团董事局主席许家印因其在慈善领域的突出贡献荣膺"2014 年度中国企业社会责任杰出企业家奖"。

1月18日上午，由人民日报社人民论坛杂志社主办的 2015 首届中国自主品牌峰会在人民大会堂隆重举行。大唐电信集团董事长真才基、娃哈哈集团董事长宗庆后、曙光公司董事长李国杰、立白集团董事长陈凯旋、东风柳汽总经理程道然、黄埔再生资源利用有限公司董事长陈光标等被评选为"2015 中国自主品牌十大领军人物"。

1月19日，东莞市政协委员、常平商会会长刘伯权因涉嫌违法犯罪，被撤销市政协委员资格。

1月21日，李克强总理出席瑞士达沃斯论坛，发表《维护和平稳定 推动结构改革 增强发展新动能》的演讲。

1月24日，徐州海荧集团董事长李宝俊"挖断"北京德内大街。

1月27日，汉能薄膜（00566.HK）暴涨 10.36%，收报 3.73 元，总市值达1552.93 亿港币，这其中，李河君占股 90% 以上。再加上汉能水电资产和其他地产及能源资产，李河君的身价起码抬高至 2000 亿元左右。这个数字足以使其一举超越马云，重登中国首富宝座。

1月27日上午，国务院总理李克强正在主持召开科教文卫人士和基层群众代表的座谈会。与另外 9 位与会代表诸如复旦大学校长许宁生、作家王蒙、篮球明星姚明、演员陈道明等"大咖"相比，"90 后"大学生创业者代表王锐旭显得非常稚嫩，但他毫不怯场。

1月28日，国家工商总局向人民财经首度披露了 2014 年《关于对阿里巴巴集团进行行政指导工作情况的白皮书》，指出阿里系网络交易平台存在主体准入把关不严、对商品信息审查不力、销售行为管理混乱、信用评价存有缺陷、内部工作人员管控不严五大突出问题，并对阿里巴巴集团提出相关工作要求。

1月30日，第十一届中国企业发展论坛暨第二十届中国企业十大新闻、十大人物、最具影响力企业、最具成长性企业揭晓仪式在山东省德州市举办。

2月3日，湖南省高广投资有限公司董事长彭曙、总经理胡浩龙等五人涉嫌特大贪贿系列案被判死刑。

2月9日，经最高人民法院核准，咸宁市中级人民法院依法对犯组织、领导、参加黑社会性质组织罪、故意杀人罪等罪的罪犯刘汉、刘维、唐先兵、张东华、田先伟执行死刑。

3月2日，福布斯发布2015全球富豪榜。其中，排名前三的分别为比尔·盖茨、卡洛斯·斯利姆、沃伦·巴菲特，财富数分别为792亿美元、771亿美元与727亿美元。王健林成为中国内地首富，全球排名第29名，积累242亿美元财富。中国内地富豪排在第二的是马云，全球排名第33名，净值资产为227亿美元。中国内地第三富豪由李河君获得，全球排在第38名，资产总值达211亿美元。

3月4日，最高人民法院颁布《关于依法平等保护非公有制经济促进非公有制经济健康发展的意见》。

3月，全国"两会"上，全国人大代表、腾讯公司董事局主席马化腾提交了《关于以"互联网＋"为驱动，推进我国经济社会创新发展的建议》的议案。5日上午，李克强总理在政府工作报告中首次提出"互联网＋"行动计划。

3月5日，创新工场董事长李开复、真格基金创办人徐小平、天使投资人蔡文胜联合发起面向互联网创业者的创业辅助计划"群英会"。

3月23日凌晨3时15分，桔子水晶酒店董事长兼CEO吴海通过他的微信朋友圈发了一篇给李克强总理的公开信《做企业这么多年，我太憋屈了》，中央领导在多个场合给予积极回应，引起较大反响。

3月23日，福布斯2014年中国慈善排行榜发布。在2014福布斯中国慈善家排行榜上，王健林以捐助43800万元排名第一，中国民生银行行董文标捐助27201万元排名第二，恒大集团许家印捐助25937万元排名第三。

3月26—29日博鳌亚洲论坛在海南博鳌举行。期间，围绕"亚洲新未来：迈向命运共同体"这一年会主题，国家主席习近平做主旨演讲。

3月30日，湘妹子周群飞成为新的中国女首富。蓝思科技（300433）自3

月 18 日上市后，股价就连续"一"字涨停，昨日报收于 70.98 元/股，公司董事长周群飞手中所持的 5.92 亿股市值高达 420.2 亿元，正式跃升为中国女首富。

4 月 1 日，中央反腐败协调小组决定启动"天网"行动。公安部、最高检、央行、中组部将展开联合行动，从追逃、追赃、打击地下钱庄、管理官员护照等方面展开行动。

4 月 2 日，胡润研究院发布了《2014—2015 中国超高净值人群需求调研报告》，报告显示，中国超高净值人群约 1.7 万人，总计资产规模约 31 万亿元，上榜门槛为 20 亿元，平均财富为 64 亿元。个人职业以企业家为主，平均年龄 51 岁，男性占 84%，女性占 16%。

4 月 21 日，广日集团党委书记、总经理黄升华、副总经理林峰、胡梓实等涉嫌违纪被查，广日集团现塌方式腐败，落马高管增至 5 人。

4 月 25 日，上海高通半导体有限公司董事长程儒萍向有关方面实名举报，商标评审委员会在相关美国卡尔康公司商标侵权案中，涉嫌违法腐败的问题。

4 月 25 日晚，南京市人民检察院在公安机关的协助下，将潜逃境外 14 年多的原中国经济开发信托投资公司上海证券营业部总经理戴学民从上海押解回宁。这是国际刑警组织中国国家中心局公布百名外逃人员后的首个落网人员。

4 月 28 日，2015 年庆祝"五一"国际劳动节暨表彰全国劳动模范和先进工作者大会在北京人民大会堂隆重举行。中共中央总书记、国家主席、中央军委主席习近平发表重要讲话。

5 月 2 日凌晨，著名湘籍慈善家余彭年逝世于深圳北大医院，享年 93 岁。

5 月 7 日下午，甘肃省纪委官网公布：酒泉钢铁公司董事长、党委副书记冯杰涉嫌严重违法违纪，目前正在接受组织调查。

5 月 7 日，传闻中的"七大央企换帅"行动已全部完成，"三桶油""两辆车"、中国五矿和中国建筑在一周之内迎来了新的掌门人。

5 月中旬，著名企业家燕京啤酒集团董事长李福成卸任董事长职务，正式退休。

6 月 5 日，中央深改小组 13 次会议，审议通过《关于在深化国有企业改革中坚持党的领导加强党的建设的若干意见》和《关于加强和改进企业国有资产监督防止国有资产流失的意见》。

7 月 4 日，经李克强总理签批，国务院日前印发《关于积极推进"互联网 +"行动的指导意见》，这是推动互联网由消费领域向生产领域拓展，加速提升产业发展水平，增强各行业创新能力，构筑经济社会发展新优势和新动能的重要举措。

7月中旬，习近平总书记在东北调研提出了"推进国有企业改革，要有利于国有资本保值增值，有利于提高国有经济竞争力，有利于放大国有资本功能"的"三个有利于"标准。

7月25日起，一则署名"释正义"举报少林寺方丈释永信有关问题的贴子开始在网上流传。此后，释延鲁等人实名举报，引发社会持续关注。11月28日，河南省方面公布调查结果，前述举报均"子虚乌有"。

7月30日，民政部启动了第九届"中华慈善奖"评选表彰活动。

7月31日，国际奥委会第128次全会在吉隆坡举行，中国北京、张家口获得2022年第24届冬季奥林匹克运动会主办权。

8月11日上午，上海市第二中级人民法院对原上海友谊（集团）有限公司总经理、上海联华超市股份有限公司董事长王宗南挪用公款、受贿一案做出一审判决，对王宗南犯挪用公款罪，判处有期徒刑十二年，剥夺政治权利三年；犯受贿罪，判处有期徒刑十一年，剥夺政治权利三年，并处没收财产100万元，决定执行有期徒刑十八年，剥夺政治权利五年，并处没收财产100万元；挪用公款违法所得120万余元、受贿款269万余元及受贿收益833万余元予以追缴。法院认定，复星集团董事长郭广昌与王宗南有利益输送。

8月13日，南阳通宇集团董事长王庆来因突发脑出血经抢救无效死亡。

8月13日，经中共中央批准，中共中央纪委对中国第一汽车集团公司原党委书记、董事长徐建一严重违纪问题进行立案审查。

8月15日，对外贸易经济合作部副部长、华润（集团）有限公司原董事长、党委书记陈新华同志，因病医治无效，在北京逝世，享年71岁。

8月22日，由中国企业联合会、中国企业家协会发布的2015年中国企业500强排行榜出炉。与2014年相比，榜上前五名的位次保持不变，中石化以2.89万亿元的营收成功卫冕榜首，中石油、国家电网、工商银行、建设银行紧随其后。中石化已经连续第11年排名榜首，榜单前19名全部为国有企业，前四名超级企业营收超过万亿元，工商银行营收首次突破万亿元；140家超大型企业营业收入超过1000亿元。500强的营业收入总额达到了59.5万亿元，相当于2014年中国国内生产总值63.4万亿元的93%。

8月24日，中共中央、国务院近日印发了《关于深化国有企业改革的指导意见》，这是新时期指导和推进中国国企改革的纲领性文件。

8月25日，安徽省高级人民法院在《亳州晚报》第16版刊登公告，向邱超等"集资诈骗案"19 名蒙冤者道歉。这在全国是第一次。

8 月 28 日，广西梧州中恒集团股份有限公司原董事长兼总裁许淑清以涉嫌单位行贿罪被立案侦查。

9 月 8 日，北京宏地投资集团老板赖克江被控虚构工程项目涉嫌诈骗罪及合同诈骗罪案，终审由北京市高级人民法院改判无罪，赖克江回归自由。

9 月 19 日，民政部《2014 年度中国慈善捐助报告》发布。

9 月 22 日，习近平主席对美国进行国事访问，阿里巴巴的马云、腾讯的马化腾、百度的李彦宏；中远集团的马泽华、中国建筑的官庆、中国银行的田国立、工商银行的姜建清；万向集团的鲁冠球、联想集团的杨元庆、新奥能源的王玉锁、双汇集团的万隆、伊利集团的潘刚、海尔集团的梁海山；以及玉皇化工的王金书和天津钢管集团的李强等企业家随行。

9 月中下旬，李嘉诚撤资风波。12 日，因李嘉诚从香港和内地先后共撤资7000 多亿元，新华社旗下智库机构"瞭望智库"刊发了《别让李嘉诚跑了》文章，批评其撤资是"失守道义"的行为。21 日，《人民日报》刊发《斯人已去，不必挽留》。29 日，李嘉诚公开发表声明《我身本无乡，心安是归处》以回应"撤资"事件。

10 月 14 日，第五届全国道德模范名单公布，天津市桂顺斋糕点有限公司董事长、总经理孙世福获全国诚实守信模范。

10 月 19 日，中共中央政治局常委、国务院总理李克强在北京出席首届"全国大众创业万众创新活动周"。

10 月 19—23 日，国家主席习近平对英国进行国事访问，双方签署多项协议，总金额约 400 亿英镑（约合人民币 4000 亿元）。

10 月 23 日，国信证券总裁陈鸿桥自杀。

10 月 26—29 日，中国共产党第十八届中央委员会第五次全体会议在北京举行，审议通过了《中共中央关于制定国民经济和社会发展第十三个五年规划的建议》。

11 月 2 日，泽熙投资管理有限公司法定代表人、总经理徐翔等人被公安机关依法采取刑事强制措施。有人统计，20 年间近 20 位资本大佬"跌倒"包括管金生、刘汉、周正毅、魏东、张海等，其中多数获刑，部分自杀或出逃。

11 月 2 日，"我爱洗车"倒闭，成为 e 洗车、赶集易洗车、云洗车等之后，又一家洗车 OTO 倒闭潮中的一个样本。

11 月 3 日，天津市政府宣布免去郑庆跃天津港（集团）有限公司总裁、天津国际贸易与航运服务中心主任职务。

11 月 4 日，三一集团在美国的关联公司罗尔斯宣布，已正式和美国政府就该公司收购位于俄勒冈州 4 个美国风电项目的法律纠纷达成全面和解。至此，这场绵延 3 年多之久的中国企业状告美国总统的案子画上了句号。

11 月 4 日晚间，中纪委通报了中国南方航空集团公司党组副书记、总经理，中国南方航空股份有限公司董事长司献民被查的消息。这是首家民航老总在反腐中落马。

11 月 9 日，河南郑州"1999·12·5"特大持枪抢劫银行案成功告破，靠抢劫银行起家的河南"企业家"石二群被抓捕归案。

11 月 10 日，上市公司、广东金莱特公司董事长、总经理田畴因患心肌梗死抢救无效不幸逝世，年仅 43 岁。

11 月 25 日，最高人民检察院宣布，湖南省人民检察院决定，依法对中石油重庆销售公司原党委书记、总经理朱明玉（副厅级）以涉嫌受贿犯罪立案侦查。此前，自 2014 年后中石油重庆销售公司已经有多名中高层被查，其中副总经理彭小虎、总会计师李建华、加油站管理处处长江崇林等都因涉嫌受贿被查。

12 月 4 日，前实德集团、实德俱乐部董事长徐明因病在狱中去世，终年 44 岁。徐明 1992 年创建大连实德集团，2012 年 3 月涉嫌经济案件被相关部门控制后获刑入狱，2016 年 9 月将刑满释放。

12 月 16 日，第二届世界互联网大会在浙江乌镇开幕。在"互联网＋"论坛上，中国互联网发展基金会联合百度、阿里巴巴、腾讯共同发起倡议，成立"中国互联网＋联盟"。

12 月 27 日下午，中国联合网络通信集团有限公司原党组书记、董事长，现中国电信集团公司党组书记、董事长常小兵涉嫌严重违纪，目前正接受组织调查。

12 月，全球最大住宅公司万科出现了股权之争。

2015 年 1—9 月，金融业高管辞职潮出现。1 月，民生银行原行长毛晓峰请辞；2 月，交行第一副行长钱文辉辞职；3 月，兴业银行副行长陈德康、中行副行长岳毅等辞职；4 月，浦发银行行长朱玉辰请辞；6 月，建行副董事长、执行董事及行长张建国辞职。9 月，宁波银行副行长洪立峰、浦发银行副行长穆矢等辞职。

2016 年

1 月 7 日，中兴通讯公告称，公司将选举第七届董事会成员，提名里没有出现现任董事长侯为贵的名字。这意味着中兴通讯创始人侯为贵即将卸任和退休。

1 月 18 日，百度创始人、董事长兼首席执行官李彦宏在"未来论坛 2016 年会"上作为第一个发言嘉宾，一上台就对百度贴吧一事进行道歉。这是百度贴吧事件后，李彦宏首次公开回应。李彦宏称："过去的一个星期对于百度来说是一个非常特殊的星期，感谢朋友们关心，我们也会非常深刻地反省，希望能够把危机变成机遇，让百度能够陪大家走得更远一点。"

2 月 1 日，太平洋建设集团创始人严介和发布长微博公开炮轰万科董事局主席王石，怒斥其排斥民营资本。严介和发表评论称，王石的话不是偶然的，也不是孤立的，它代表了传统观念和习惯势力的傲慢与偏见，也反证了国有企业的垄断地位和民营企业的不公正待遇。

2 月 24 日，国务院总理李克强主持召开国务院常务会议，确定进一步支持新能源汽车产业的措施，以结构优化推动绿色发展；部署加强文物保护和合理利用，传承文化根脉凝聚民族精神。

2 月 25 日，湖北知音传媒集团向中高层开会通报，原董事长胡勋璧因涉嫌违纪被调查。

2 月 25 日，《2016 胡润全球富豪榜》发布，微软创办人比尔·盖茨以 5200 亿元人民币蝉联世界首富，王健林家族以 1700 亿元超过李河君，重回中国首富宝座，同时超过李嘉诚，首次成为全球华人首富。

2 月 28 日，国家互联网信息办公室责令新浪、腾讯等网站依法依规关闭任志强微博账号。国家网信办发言人姜军发表谈话称，网络空间不是法外之地，任何人不得利用网络传播违法信息。

3 月 3 日，2016 年全国"两会"。继 2015 年全国两会带来有关"互联网＋"的重磅建议之后，马化腾拿出分享经济、互联网治疗、数字版权保护等提案，受到各界广泛关注。

3 月 4 日，据湖南省纪委消息：经湖南省委批准，湖南省煤业集团有限公司党委书记、董事长覃道雄涉嫌严重违纪，目前正接受组织调查。

3 月 4 日，习近平总书记在"两会"上纵论新型政商关系：新型政商关系就是"亲""清"。习近平说，对领导干部而言，所谓"亲"，就是要坦荡真诚同民营企业接触交往，特别是在民营企业遇到困难和问题情况下更要积极作为、靠前服务，真心实意支持民营经济发展。所谓"清"，就是同民营企业家的关系要清白、纯洁，不能有贪心私心，不能以权谋私，不能搞权钱交易。对民营企业家而言，所谓"亲"，就是积极主动同各级党委和政府部门多沟通多交流，讲真话，说实情，建净言，满腔热情支持地方发展。所谓"清"，就是要洁身自好、走正道，做到遵纪守法办企业、光明正大搞经营。

3月15日，在被"3·15"晚会曝光平台上存在黑作坊外卖后，处在风口浪尖的"饿了么"CEO张旭豪在内部邮件中表示，这暴露出公司在资质审核和管理环节存在着无法回避的问题，"我们必须承认，在食品安全管理上，饿了么确实存在失职之处。我和管理层也应对此承担责任。"

3月24日，东北特殊钢集团有限责任公司董事长、党委书记杨华（男，53岁）在其居所自缢死亡。

3月29日，第二届中国质量奖颁奖大会在京召开。国务院总理李克强批示："弘扬工匠精神，勇攀质量高峰。"

4月9日上午，中国中小企业协会"一带一路"工作委员会新闻发布会暨2015世界博览会优秀参展企业颁奖典礼，在钓鱼台国宾馆芳菲苑隆重举行。

4月中旬，国务院办公厅印发了《贯彻实施质量发展纲要2016年行动计划》，明确2016年工作重点为增强质量和品牌提升的动力、优化质量和品牌提升的环境、培育质量和品牌竞争新优势、夯实质量和品牌提升的基础、实施质量和品牌提升工程等五大项。

4月17日上午，顺丰快递一员工驾驶电动三轮车运送快递，与一辆黑色现代发生剐蹭。现代车司机下车后连续掌掴快递员6次。事后顺丰董事长王卫发声："我王卫向着所有的朋友声明！如果我这事不追究到底！我不再配做顺丰总裁！"在机场排队等出租车的任正非、捐钱做公益的马化腾和替员工出头的王卫，被网友并称为"中国好老板"。

4月22日，人社部新闻发布会上，人社部新闻发言人李忠公开表示，自中央管理企业负责人薪酬制度改革实施以来，企业负责人的基本年薪目前已经按照有关薪酬审核部门核定的标准发放。

5月10日12时30分许，大同市华岳集团公司董事长昝宝石被歹徒绑架并遭索要赎金2000万美元。经过18小时连续奋战，5月11日6时30分，大同市公安局成功侦破了这起特大绑架案，安全解救人质，当场击毙2名嫌犯。

5月11日，刚升任县委常委、副县长的晏涛毅然辞职，下海创办的宜慧元素食系列休闲食品在湖北四板挂牌，成为官员下海的成功范例。

5 月 17 日（美国当地时间），中国著名企业家、阿里巴巴集团董事局主席马云在白宫跟美国总统奥巴马共进午餐。

5 月 19 日，内蒙古满洲里人大代表，呼伦贝尔市呼伦湖建筑安装工程有限公司执行董事、总经理，满洲里呼伦湖度假服务有限公司执行董事石学和，因涉嫌强奸幼女，在市第十四届人大常委会第三十一次会议上，被依法确认了关于许可对其采取强制措施的决议。6 月 24 日，市第十四届人大常委会第三十二次会议，决定接受石学和辞去市第十四届人大代表职务。

5 月 23—25 日，中共中央总书记、国家主席、中央军委主席习近平亲自考察黑龙江的伊春、抚远、佳木斯、哈尔滨等地，深入农村、企业、林场和科研单位，深入林区和林场职工家庭，对东北振兴提出了更远景的规划和要求。

5 月 25 日，在陕西宝鸡家喻户晓的"小花牛"酸奶创始人、宝鸡圣丰乳业董事长权天林自缢身亡。他在遗书中说："牛场要了我的命，农发行釜底抽薪，我害了大家，来世相报。"

7 月 19 日，中纪委在官网发布消息称，曾创造了闻名全国的"邯钢经验"的河钢集团原董事长王义芳涉嫌严重违纪，目前正在接受组织调查。

8 月 22 日，据中智咨询·调研中心数据部提供的数据，2014 年国企领导年薪在 25 万～133 万元，平均 76 万元；2015 年国企领导年薪在 24 万～133 万元，平均 73 万元，限薪效果不明显。

8 月 23 日，涉嫌职务侵占犯罪的吉林通化金马药业有限公司董事长闫永明（"红通 5 号"）与新西兰警方达成协议，他将缴纳破纪录的 4285 万新西兰元罚金，折合约 2 亿元人民币，与当局就涉及洗钱的民事调查进行和解。11 月 22 日，经中新两国密切合作，闫永明回国"投案自首"。

9 月中旬，著名"暴力慈善家"被曝出其单位搜出 170 枚假公章和股东"被死亡"事件，媒体又在质疑陈光标究竟是"首善"还是"首骗"？

9 月 21 日，电子科技大学官网刊文称，该校 1986 级校友、重庆博恩科技（集团）有限公司董事长熊新翔在母校 60 周年校庆之际，捐资 10.3 亿元设立"博恩教育发展基金"，以支持电子科技大学的发展。

9 月 27 日，商界传奇人物牟其中出狱。其因"信用证诈骗罪"于 2000 年 8 月终审被判处无期徒刑入狱，现又裁定"与信用证没有直接法律关系"。

10 月，媒体曝出湖南民企老板祈锦坤在因贷款诈骗罪被判决十一年徒刑、因肺癌死亡四年后，于 2016 年 5 月 27 日获得无罪判决。

10 月 21 日，因受贿 3 亿余元，黑龙江省林区中级人民法院一审判处，黑龙江龙煤矿业控股集团有限责任公司物资供应分公司原副总经理于铁义死刑缓期两年执行，并处终身监禁。受贿金额之最，为法院认定受贿案中的新中国"第一贪"。

11月27日，《中共中央国务院关于完善产权保护制度依法保护产权的意见》正式发布。

12月15日，中国网和《21世纪人才报》发布"2016中国90后富豪榜"。龙光地产纪凯婷财富蝉联"90后富豪榜"榜首，以身家80亿元稳坐首富宝座，成为"最年轻女亿万富豪"。

12月14—16日，2016年中央经济工作会议在北京举行。会议认为，2017年经济社会发展特别是结构性改革任务十分繁重，战略上要坚持稳中求进、把握好节奏和力度，战术上要抓住关键点，主要是抓好去产能、去库存、去杠杆、降成本、补短板五大任务。

12月31日，马云隔空与董明珠、宗庆后喊话，激起了虚实经济大辩论，给2016年画上了一个惊人的句号，更给来年的新的经济周期开启了一个更高端的起点。

12月31日，大型系列丛书《中国企业家档案》之第三部——《中国企业家档案（2013—2016）》截稿。

跋

拙作大型系列丛书《中国企业家档案》的第三部——《中国企业家档案（2013—2016）》，终于编撰完成付梓出版了。

这部书历时五年，前前后后动用了采编、撰稿、统筹人员近百名，直接耗资近百万元。如果算上此前出版的两部《中国企业家档案（1978—2008）》和《中国企业家百年档案（1912—2012）》，从 2003 年最初收集资料开始吧，整整 14 年过去了，耗资应该在三五百万元。文人传统，君子不言利，羞于谈钱。但市场经济、商品社会，无时无事不需要钱。而钱恰恰成为丛书的最"短板"。有人说我们是以一介书生，一个微民（企）做了大事，而且是十四年如一日。虽有"过奖"之嫌，但确乎道出了实情。本书以 200 余位企业家的案例如实折射出了当时中国企业家整体的生存状态，尤其是其中的"灰色档案"和"黑色档案"与《中共中央国务院关于完善产权保护制度依法保护产权的意见》不谋而合，顺应了社会发展大趋势。但也正是这样的"个性"，为一些图书经销人员所忌讳；再则，近年来整体经济和社会环境的不利，企业（尤其是实体经济、民营经济）挣钱难，企业家"低调"处世，宣传意愿差。这些，都加重了本书的筹备难度，甚至几度饥寒交迫，难以为继。

当然丛书的创作过程有苦有甜，"饥寒交迫"时也有"雪中送炭"人。感谢中国绿色供热产业联盟、中国三水能源股份有限公司董事长张俊发，上海联孚新能源科技有限公司董事长兼总裁张根发，山西汇丰兴业集团董事长曹建军，山西大运集团董事长远勤山，拜博口腔医疗集团董事长黎昌仁，山西晋非投资集团董事长行连军，攀枝花兴辰钒钛有限公司董事长、七星光电科技有限公司总经理雷在荣等企业家的雪中送炭；感谢吴晓波、黄如论、吴昀国、刘彤等前辈和领导的大力支持；感谢吴蕴庭、雷景、石贵明、王再文、张万准、孟育建、江金骐、许先锋、段光平、魏明明、武剑波、陈俊健、常平、李民刚、刘亮、王军军、张兴坤、杨宗岳、白洪、宁仁梅、杨文连等同人的智力支持，他们的工作全部是无偿的；尤其要感谢杨婷婷、马田艳、赵博超、马霞、吴迪、吴路路、高凯、杨漠、白宗战、张磊、邵琦、任敏睿、宋小宽、闫红梅、陈小敏、孙鸣远、李美君、胡祁、薛艺抒、侯丽丽、宁泽慧、常珀、王丰等撰稿人员，他们在极少酬劳的情况下，不辞辛劳，反复修改，确保了我们的稿件篇篇都是精品。

不忘初心，方得始终。雄关漫道真如铁，而今迈步从头越。既然选择了远方，就只顾风雨兼程。既然从事了企业家太史令的工作，我们就只有抱定"在齐太史简，在晋董狐笔"的信念，一如既往地做下去。

按照编后的套路，总要有这么几句话以表结尾。笔者引用于此，态度却是至诚的：

由于作者水平有限，且时间仓促，不足之处在所难免，恳请读者批评指正。

总编辑晋珀（常建功）

2017 年 1 月 5 日

中国企业报

关于开展"创业实现中国梦"
大型企业家系列宣传活动的邀请函

各相关企业家：

中国共产党十八届三中全会通过的《中共中央关于全面深化改革的若干重大问题的决定》，奠定了中国企业（家）今后五到十年的发展基调。特别是"要让市场在资源配置中起决定性作用"、"打造中国经济的升级版"，更让全国的企业家感受到了"创业实现中国梦"的强大动力。

为了深入贯彻党的十八届三中全会精神，充分展现中国企业家在中华民族复兴的伟大进程中的卓越成就，塑造他们在国内外良好的社会形象，给他们以崇高的历史定位，本报从即日起，举办以"创业实现中国梦"为主题的大型企业家报告文学企业形象系列宣传展示活动，诚邀全国各地各行业优秀企业家踊跃参与。

本活动将采用报告文学（长篇通讯）的体裁，多角度、全方位、大视野、深层次地报道企业的创业背景、创业历程、经营业绩、经营理念、企业文化、技术创新、制度创新、产业转型、节能环保以及企业公民建设、赞助慈善事业、承担企业社会责任方面做出的突出贡献，全面宣传报道他们业绩、奉献、坎坷和思索，为宣传企业的产品服务，

晋珀主持的《中国企业报》大型企业家系列宣传活动

为宣传企业家的人格魅力和企业的优秀文化服务，对优秀企业家"创业实现中国梦"的事迹和精神进行大张旗鼓浓墨重彩的宣传。

《中国企业报》于 1988 年 1 月由原国家经委创办，2010 年年底，报社积极响应党中央、国务院有关文化产业发展的号召，引入大型国企作为战略投资者，共同出资设立《中国企业报》股份有限公司，成为我国文化体制改革的先行者。每期报纸除正常邮发外，还向国务院各部委及国资委、全国人大、全国政协提供免费赠报，包括中国企业500 强在内的 20 多万家中国企联会员企业均有订阅。报社组织的国企改革发展系列报道，围绕中心，突出重点，服务企业，积极作为，得到时任中宣部部长、现任中央政治局常委刘云山，时任国务院副总理、现任中央政治局常委、全国人大常委会委员长张德江，时任天津市委书记、现任中央政治局常委张高丽以及王忠禹等领导同志的关注和批示。

为了高质量地完成本活动，本社决定选派资深记者和企业家报告文学作家深入企业采访和创作，同时也热忱欢迎地方和企业的宣传部门的领导和同志踊跃投稿。希望各企业接函后，抓住机遇，高度重视，认真安排，积极加入到本活动中来，共同为贯彻落实党的十八届三中全会精神、为中国企业家"创业实现中国梦"的愿景而努力奋斗！

联系人：常建功（晋珀）总主笔　电　话：13701270242

邮　箱：13701270242@163.com　网　址：

《中国企业报》股份有限公司

二〇一四年六月二十四日

一个民营企业家的中国梦

"全国梦想企业家"需在深改为循环经济实现永续发展纪实

梦想·思梦·理论

实践·奋斗·结累

危机·新科·希望

晋珀主持的《中国企业家》大型企业家系列宣传活动样报（一）

【中国企业十大新锐人物系列报道】

张根发："还人类一片蓝天"

上海联孚新能源科技集团公司研发新能源汽车纪实

人物名片 绿色动力，混合动力，天然气，合金电车，储氢，多能，三箭齐下，三足鼎立

产品名片 两化合零配高排天然气燃油产品

晋珀采写和出版的部分作品（一）

晋珀采写和出版的部分作品（二）

晋珀组织召开的"第一届中国企业家和谐成长精华论坛暨《中国企业家百年档案（1912—2012）》首发式"